南马坊村志

淄博市临淄区齐都镇南马坊村志编纂委员会　编

方志出版社
Publishing House of Local Records

图书在版编目（CIP）数据

南马坊村志 / 淄博市临淄区齐都镇南马坊村志编纂委员会编. — 北京 ：方志出版社，2019.1

ISBN 978-7-5144-3669-3

Ⅰ. ①南… Ⅱ. ①淄… Ⅲ. ①村史-临淄区 Ⅳ. ①K295.25

中国版本图书馆CIP数据核字（2019）第029930号

南马坊村志

编　　者：淄博市临淄区齐都镇南马坊村志编纂委员会
责任编辑：陈效

出 版 人：冀祥德
出 版 者：方志出版社
地址　北京市朝阳区潘家园东里9号（国家方志馆4层）
邮编　100021
网址　http://www.fzph.org
发　　行：方志出版社图书经销中心
电话（010）67110500
经　　销：各地新华书店
印　　刷：山东黄氏印务有限公司

开　　本：889×1194　1/16
印　　张：31.25
字　　数：609千字
版　　次：2019年1月第1版　2019年1月第1次印刷
印　　数：0001～2000册

ISBN　978-7-5144-3669-3　定价：280.00元

《南马坊村志》编纂委员会

名誉主任：齐秀生
主　　任：贾宝书
副 主 任：于志勇　于联社　刘景清
委　　员：（按姓氏笔画为序）
于明孝　朱光文　齐　涛　孙爱红　初光顺
林建斌　贾宝胜　徐立亚　韩毓英

《南马坊村志》编审人员

主　　审：齐秀生　贾宝书
副 主 审：于志勇　于联社　刘景清
主　　编：齐　涛
副 主 编：贾宝胜　韩毓英
（以下按姓氏笔画为序）
编　　辑：于恒春　朱光文　初光顺　贾明远　韩玉春
编辑助理：于立臣　于宝忠　王洪美　史玉富　刘来元
刘景元　贾　胜　贾宝福　徐广来　商宜学
韩玉岭　董寿山
摄　　影：于恒春　刘景清　林建斌　贾宝胜
编　　务：王冬燕　许　垒　初建国　张海英　贾春花　崔荆华

《南马坊村志》志稿评审会人员

徐　杰　淄博市地方史志办公室副主任
张爱云　淄博市地方史志办公室史志科副科长
梁小明　临淄区政府办公室副主任、政策研究室主任
刘华武　临淄区史志办公室副主任
赵　航　临淄区史志办公室史志科科长
刘　静　临淄区齐都镇党委副书记、镇长
于海南　临淄区齐都镇副镇长
张文灼　临淄区史志办公室编辑
褚继友　临淄区史志办公室编辑
贾宝书　齐都镇南马坊村党支部书记、村委会主任
于志勇　齐都镇南马坊村党支部副书记、村委委员
于联社　齐都镇南马坊村党支部副书记、村委委员
齐　涛　《南马坊村志》主编
贾宝胜　《南马坊村志》副主编

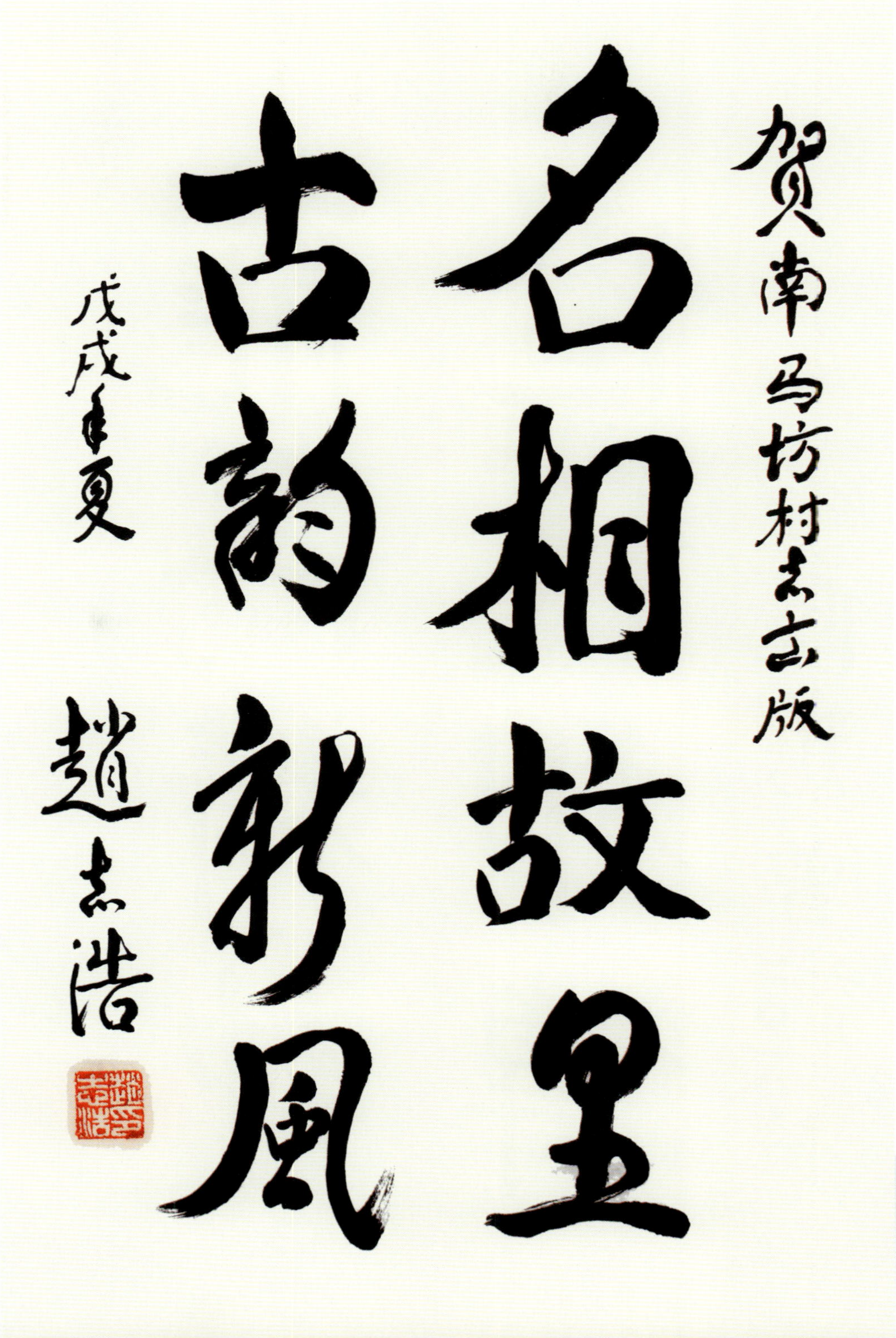

赵志浩　中共山东省委原书记、省人大常委会原主任

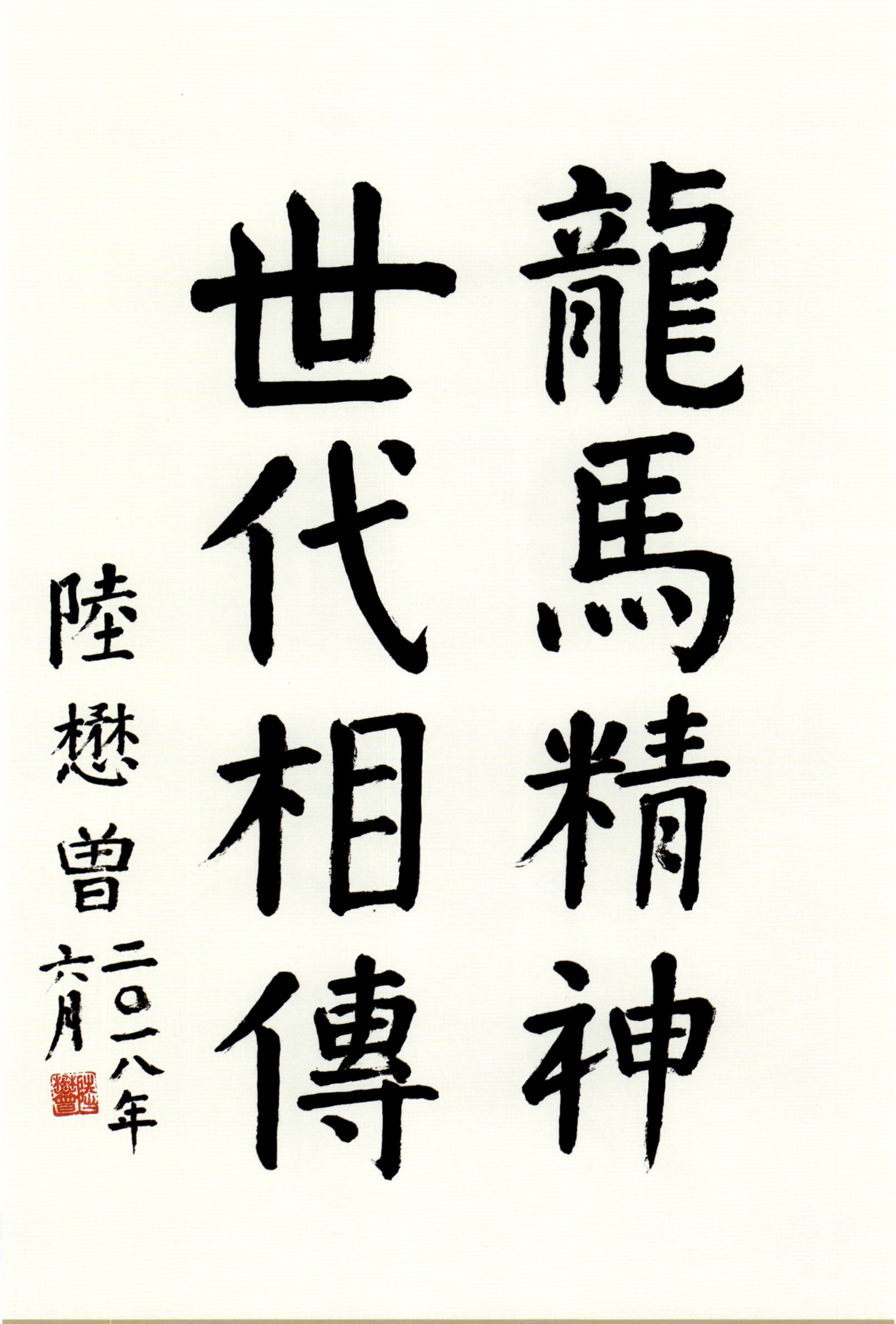

陆懋曾　山东省政协原主席、党组书记

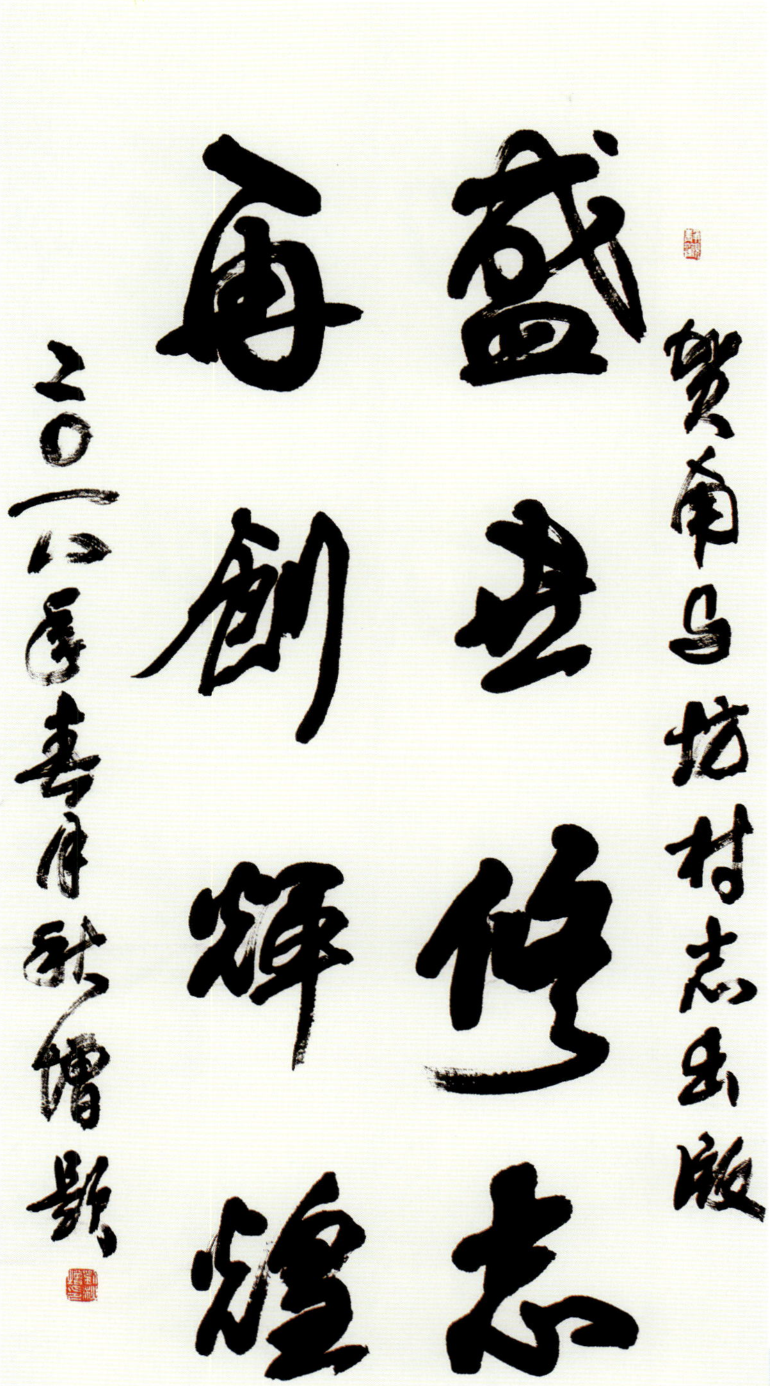

刘秋增　山东省地方史志办公室原主任

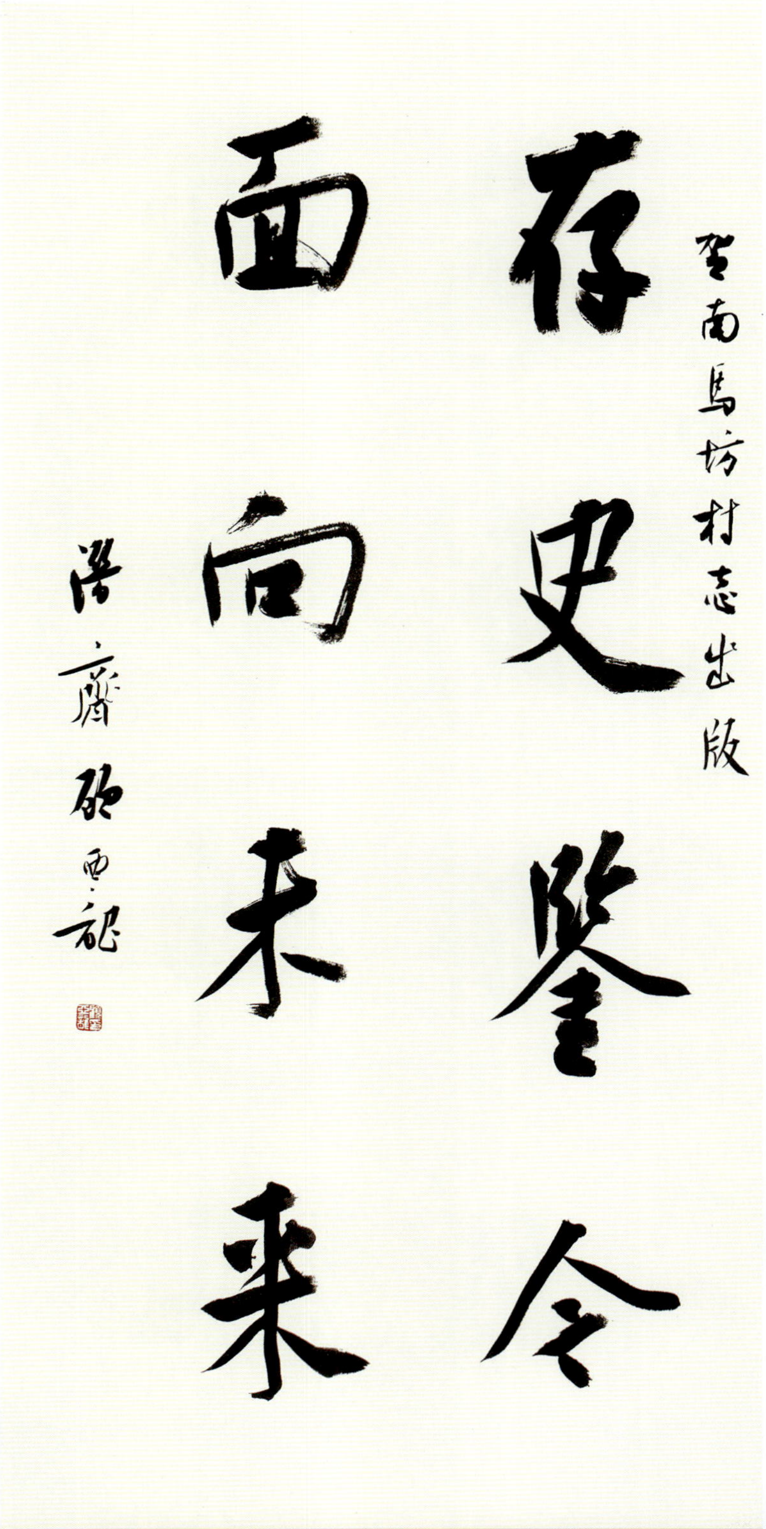

顾亚龙　中国书法家协会副主席
山东省书法家协会主席

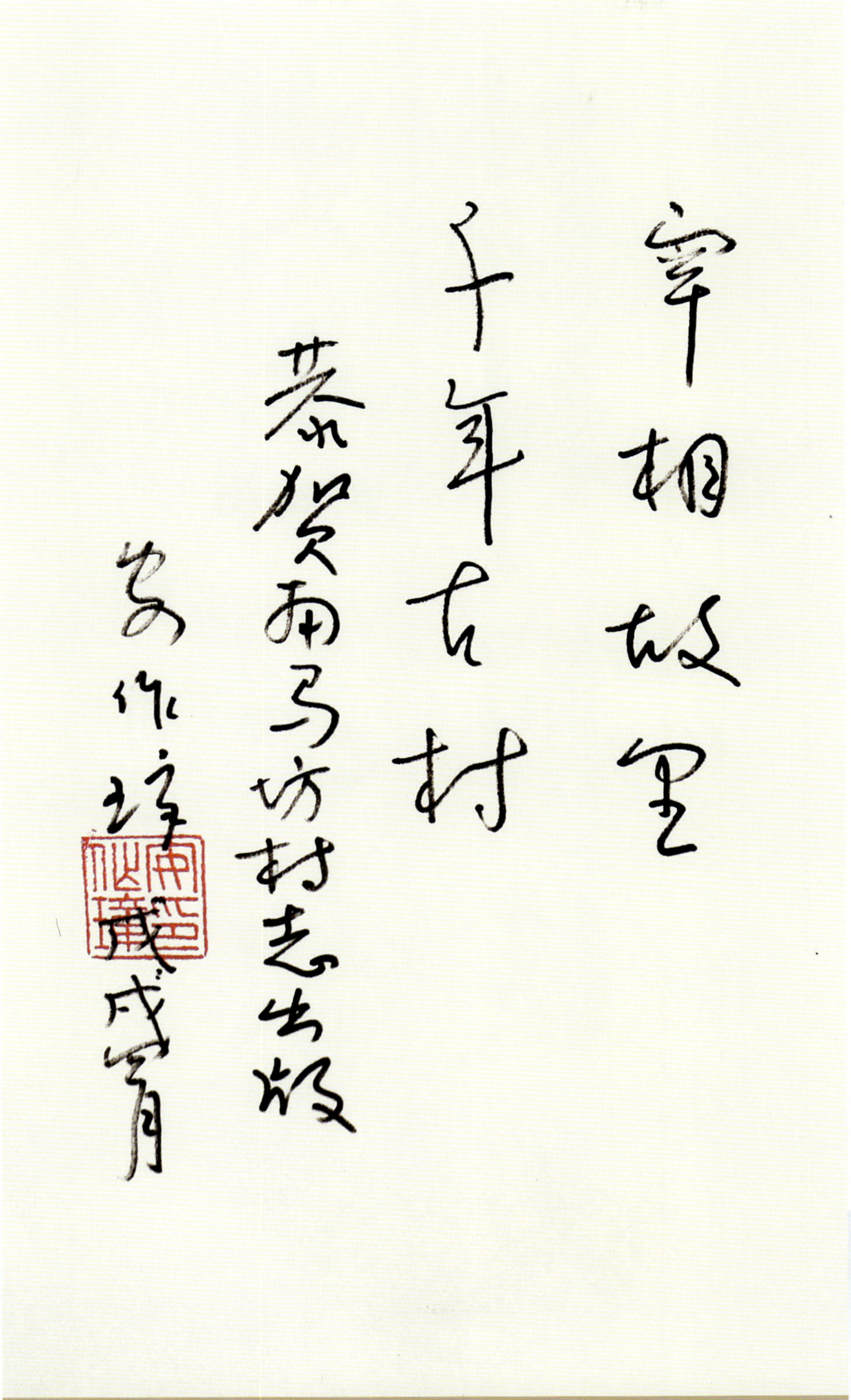

安作璋　山东地方志学会副会长
山东师范大学教授、博士生导师

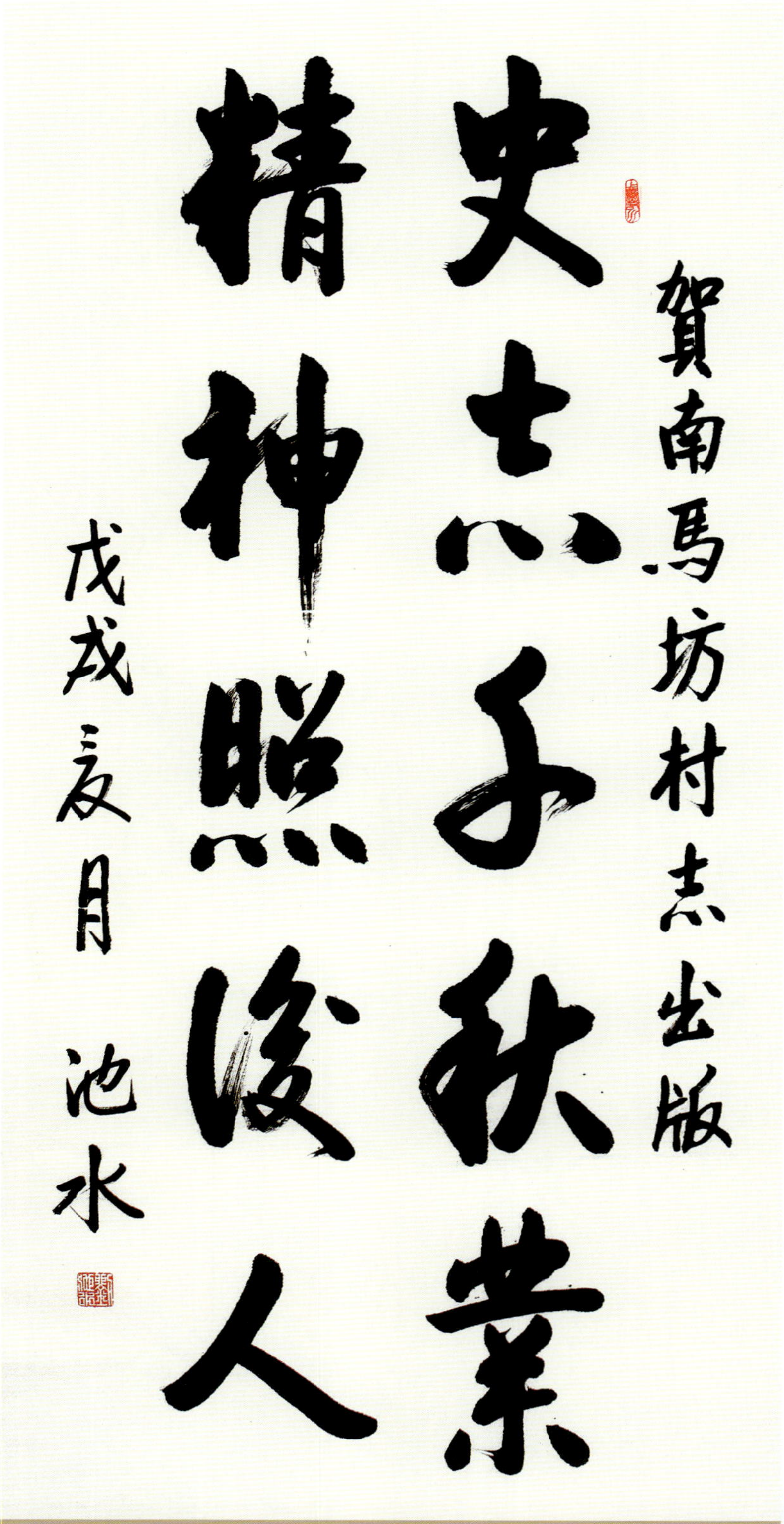

刘池水　淄博市人大常委会原第一副主任、党组书记

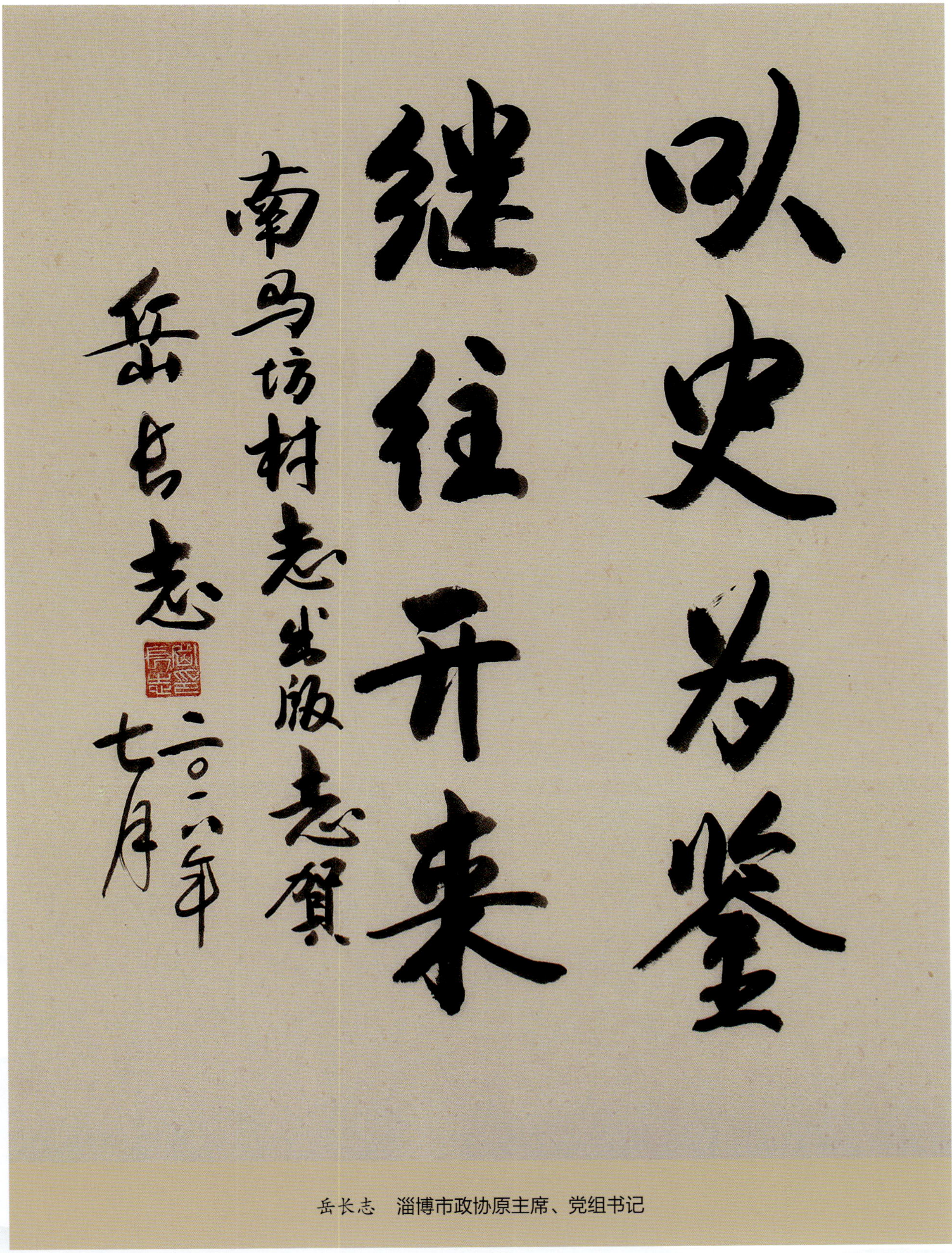

岳长志　淄博市政协原主席、党组书记

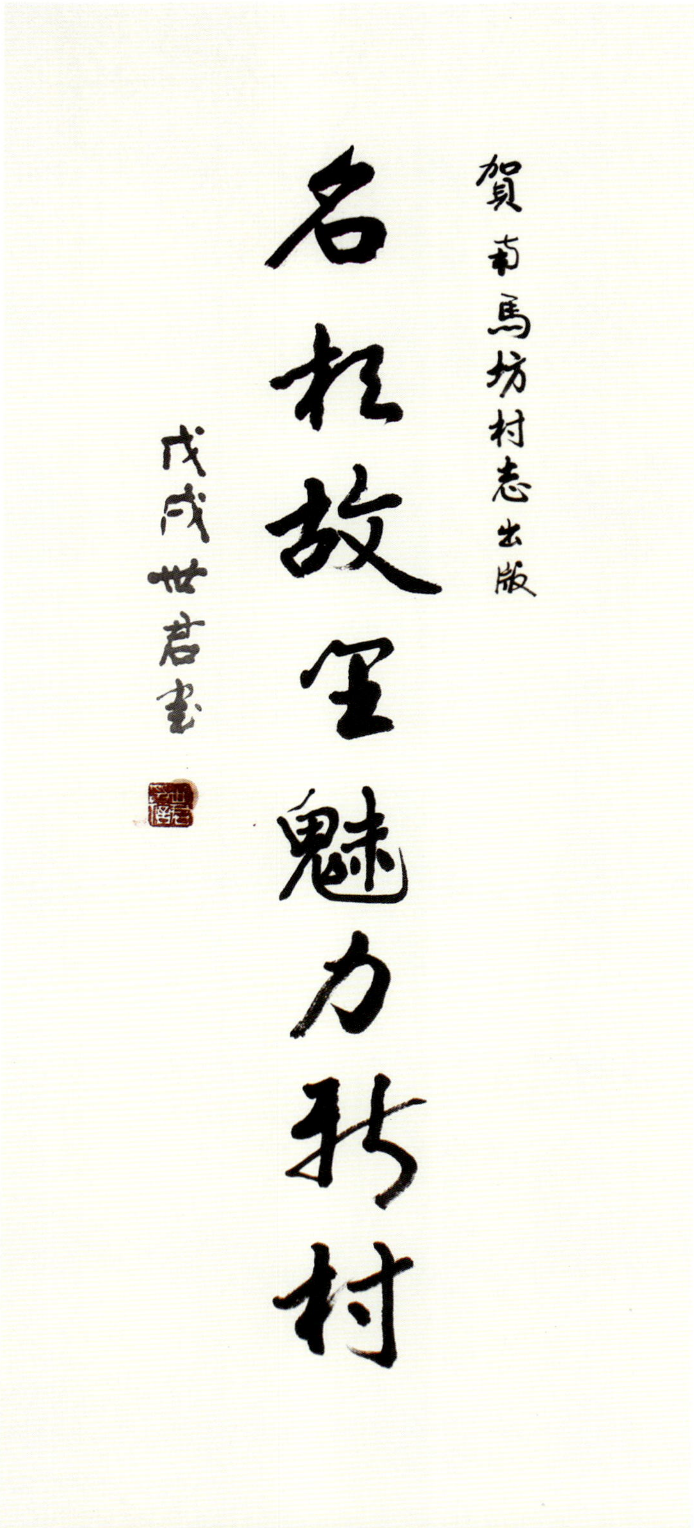

于世君　临淄区政协原主席、党组书记

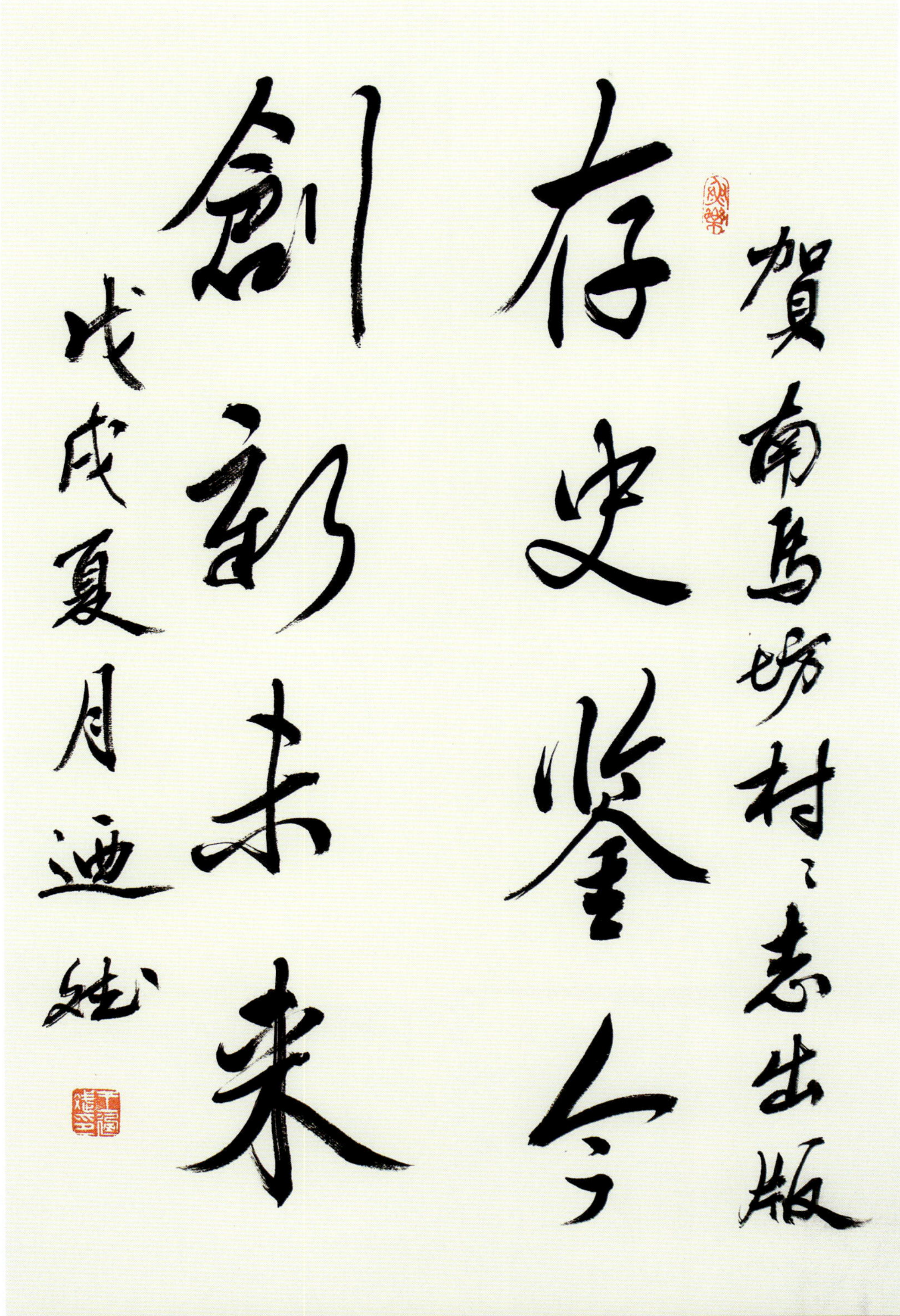

王乃斌　临淄区人大常委会原副主任

2015年12月4日，山东省妇联主席、党组书记邢善萍（前右二）在副市长许建国（前左一）中共临淄区委书记宋振波（前左二）等陪同下，到南马坊村调研妇女维权工作

2004年8月1日，淄博市市长刘慧晏（左一）在中共临淄区委书记解维俊（右二）区长唐福泉（右一）等陪同下，视察南马坊农村“两网”建设

2015年12月30日，淄博市体育局局长翟慎政（右二）在区政府副区长王克林（左二）、区体育局局长赵增明（左三）齐都镇镇长刘静（左一）等陪同下，到南马坊新村调研体育设施建设

区五大班子领导出席南马坊新村奠基仪式（2009年）

2009年12月23日，区委副书记、区长毕荣青（左）、区政协主席王秀荣（右）为南马坊新村奠基

2015年11月20日，区委书记宋振波（前左）、区政府区长白平和（前右）与区五大班子领导点评南马坊新农村建设

2016年8月31日，区政协主席孙海清（中）区政府副区长乔昌明（前右一）到南马坊新村调研

2006年1月5日，区委副书记许子森（右三）等调研南马坊旧村文化体育设施建设

2006年4月15日，区政府副区长张士友（右二）等到南马坊村旧村调研文化大院建设

2015年12月18日，区政府副区长齐昌成（前左二）在齐都镇镇长刘静（前左一）陪同下到南马坊新村调研

1974年党支部成员

左起：朱光文　刘德胜　徐广兴　董洪军　初光顺

2016年村“两委”成员

前排左起：于联社　贾宝书　于志勇

后排左起：刘景清　于明孝　孙爱红　徐立亚　林建斌

党员会议（2012）

党员大会（2015）

村民代表大会（2015）

区人大代表选举（2016）

老年节大会（2015）

村务中心

南马坊村南门村名石

日月同辉雕塑

骏马雕塑

旧村南门

新村玄龄大道

社区一角

新旧住宅区

新旧村务中心

旧村巷

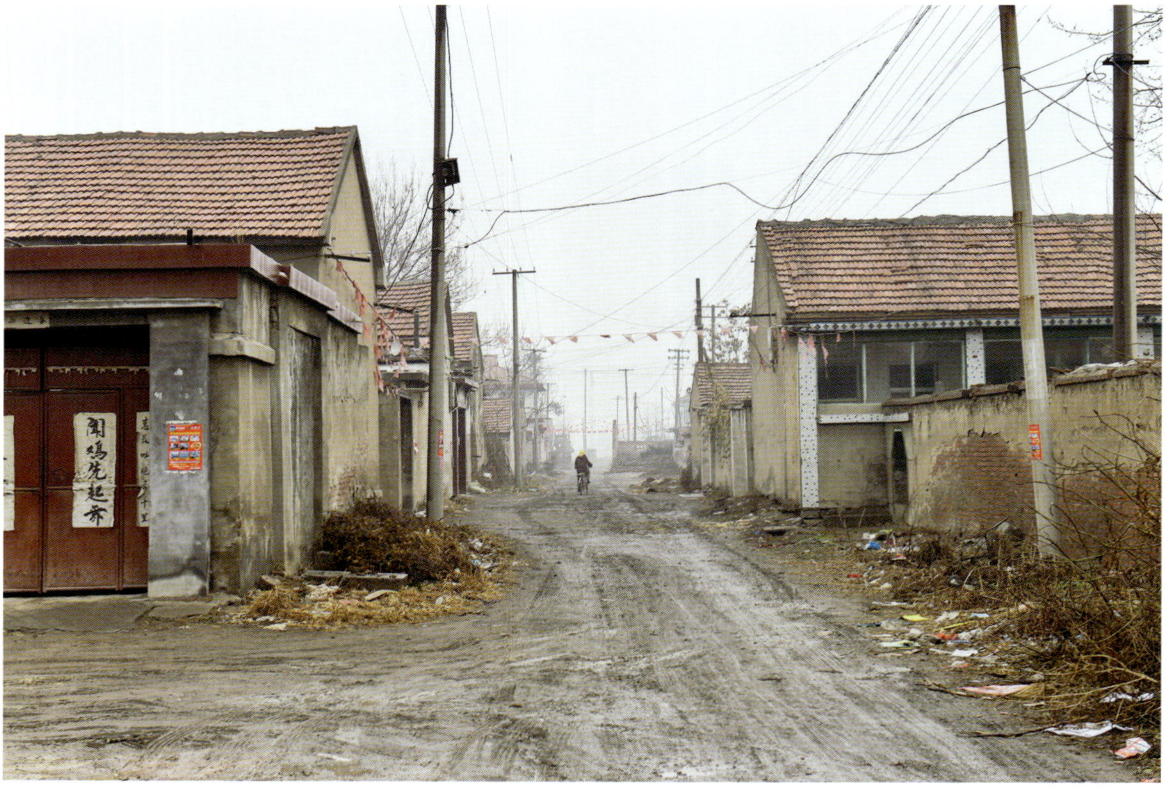

旧村巷

南马坊旧村的街道

南马坊旧村

旧村鸟瞰

分房抓阄（2014）

分房大会（2014）

南马坊分房纪实

分房总结大会（2015）

南马坊村服务大厅

元宵节南马坊村腰鼓队

元宵节南马坊村扇子舞队

老年娱乐

第六届农民运动会入场式

篮球比赛

南马坊村太极拳队部分队员（2015）

南马坊锣鼓队

助学奖励

老年公寓

南马坊爱和乐幼儿园的孩子们（2016）

新村大道

地下车库

南马坊新村工地殉马坑（2010）

围子墙遗迹（2015）

围子沟遗迹（2015）

将台冢

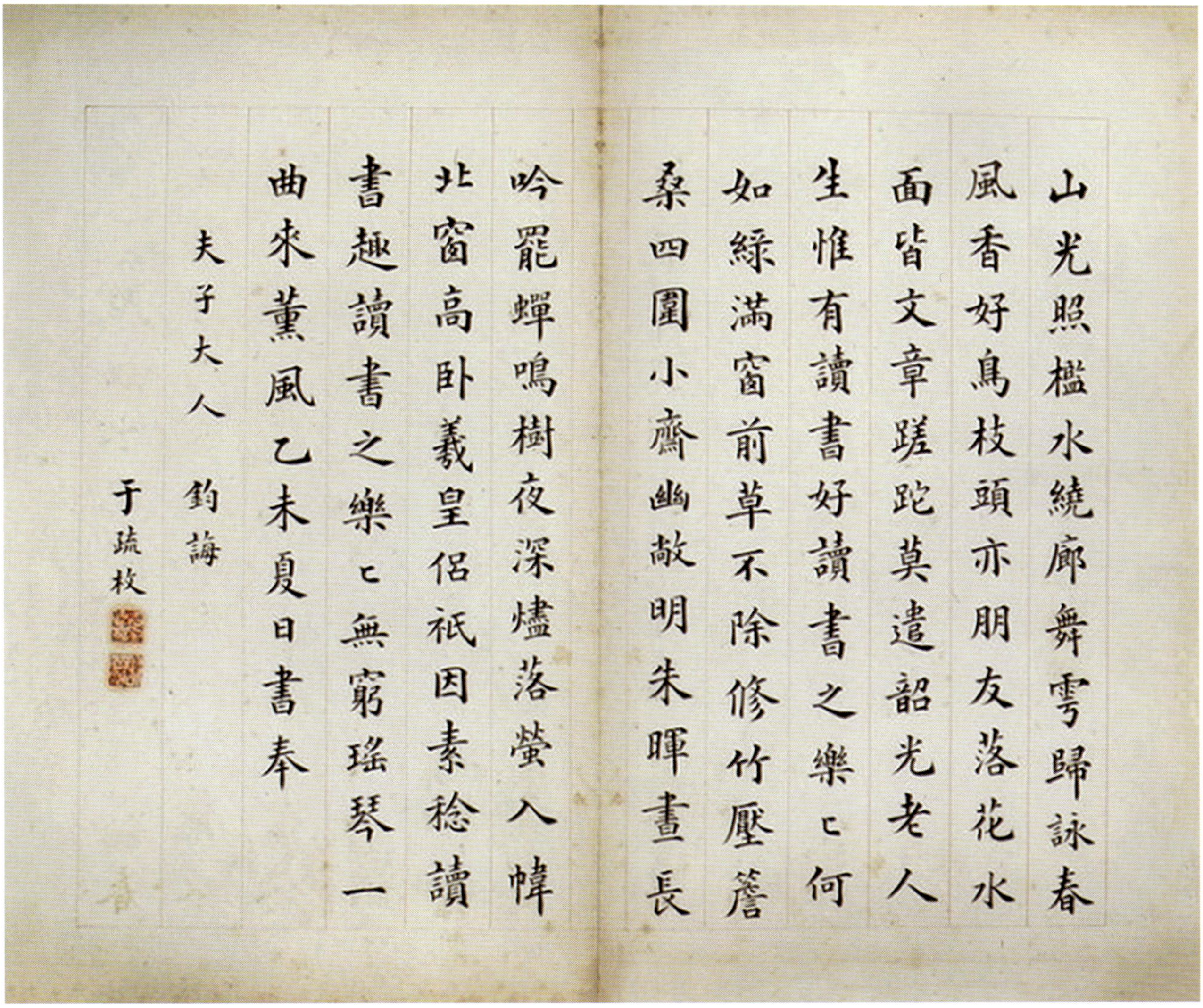
山光照檻水繞廊舞雩歸詠春
風香好鳥枝頭亦朋友落花水
面皆文章蹉跎莫遣韶光老人
生惟有讀書好讀書之樂々何
如綠滿窗前草不除修竹壓簷
桑四圍小齋幽敞明朱暉晝長
吟罷蟬鳴樹夜深燼落螢入幃
北窗高卧羲皇侶祇因素稔讀
書趣讀書之樂々無窮瑤琴一
曲來薰風乙未夏日書奉
夫子大人 鈞誨
于疏枚

于疏枚书法

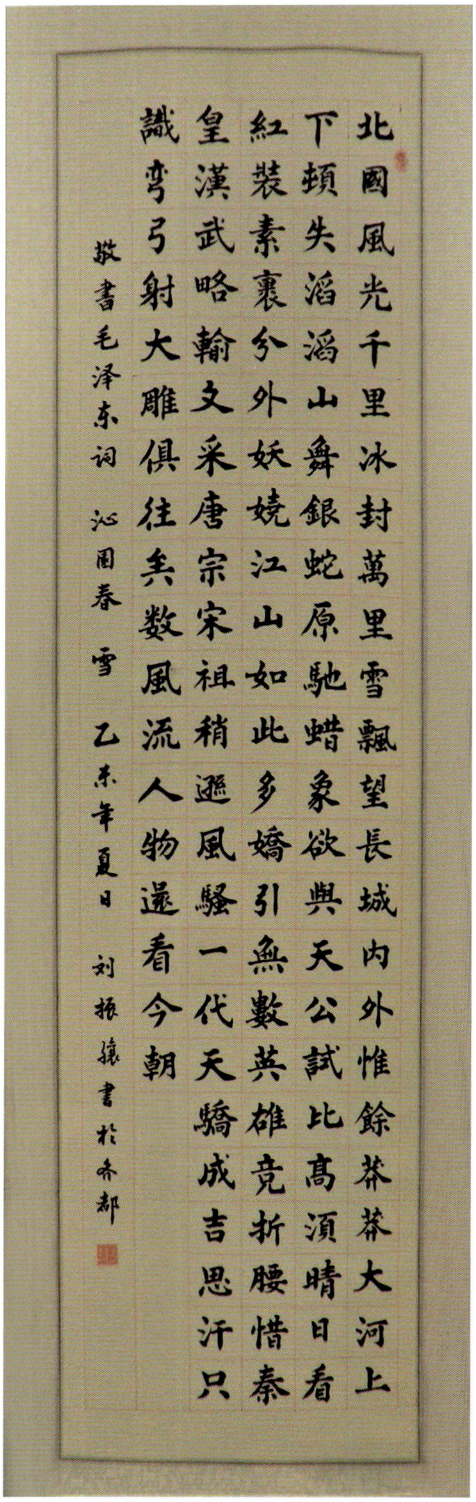
北國風光千里冰封萬里雪飄望長城内外惟餘莽莽大河上
下頓失滔滔山舞銀蛇原馳蠟象欲與天公試比高須晴日看
紅裝素裹分外妖嬈江山如此多嬌引無數英雄竞折腰惜秦
皇漢武略輸文采唐宗宋祖稍遜風騷一代天驕成吉思汗只
識弯弓射大雕俱往矣數風流人物還看今朝
敬書毛泽东词 沁园春 雪 乙未年夏日 刘振骧書於京都

刘振骧　书

書海情緣
志平

董志平　书

吴翠香 作

刘振骧 作

铜剑（战国）

铜镜（战国）

陶拍（战国）

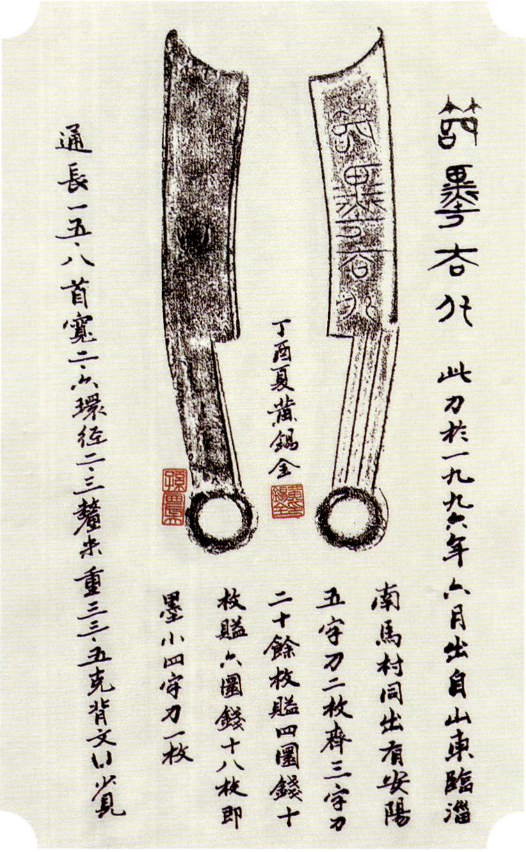

刀币拓片（1992 年出土）

铜壶（战国）

南马坊地保地亩碑

南马寺石经幢

自左至右：贾宝胜　张文灼　褚继友　于海南　梁小明　张爱云　徐杰　刘静　贾宝书　刘华武　齐涛　于志勇　于联社

《南马坊村志》志稿评审会（2017.9）

村“两委”成员与村志编纂人员合影

前排左起：齐　涛　初光顺　贾明远　韩玉春　朱光文　韩毓英　于恒春

后排左起：孙爱红　刘景清　于志勇　贾宝书　于联社　于明孝

村“两委”成员与编纂组讨论村志编纂工作（2013年）

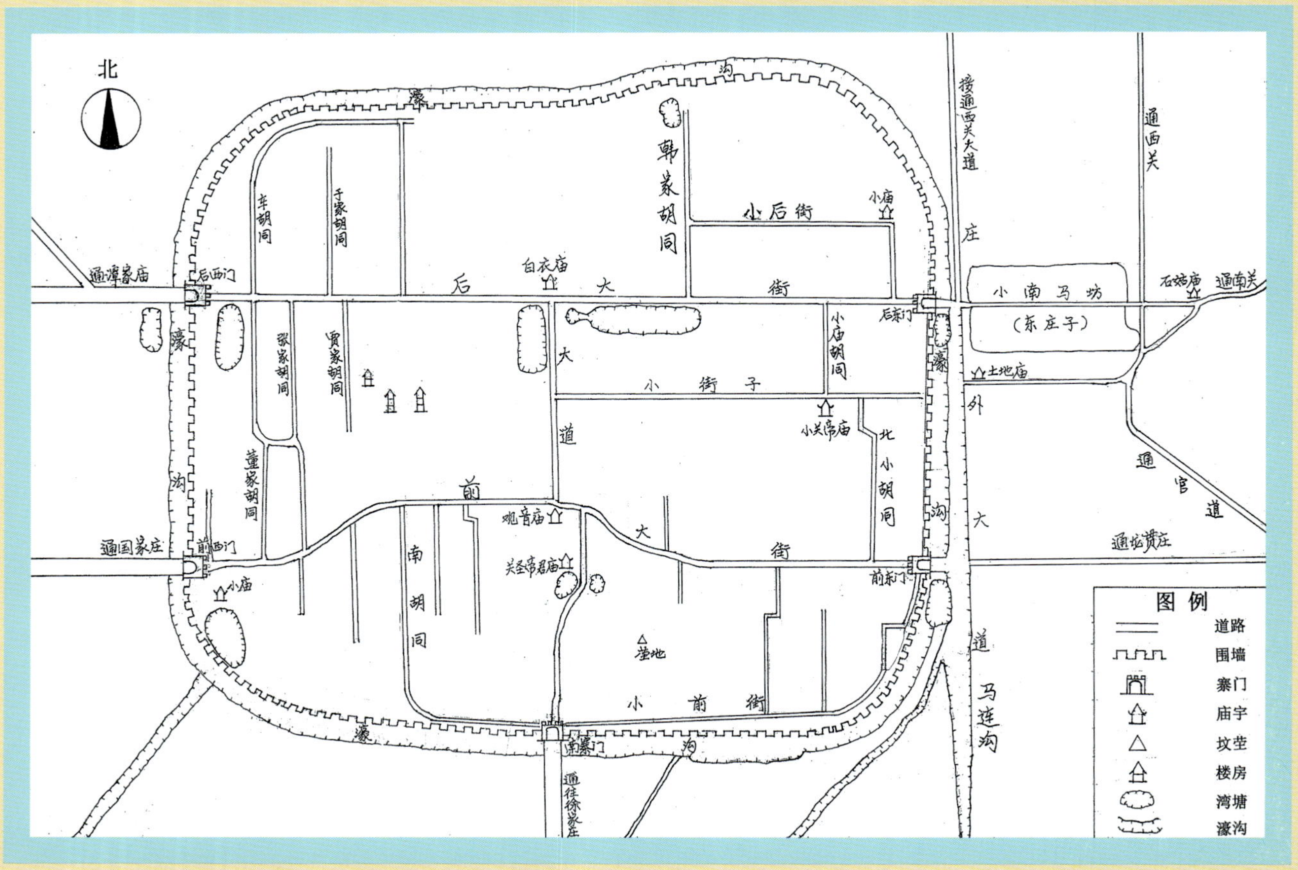
北
濠
沟
韩家胡同
辛胡同
于家胡同
小后街
小庙
接通西关大道
通西关
庄
通潭家庙
后西门
白衣庙
后
大
街
后东门
小南马坊
(东庄子)
石姑庙
通南关
土地庙
张家胡同
贾家胡同
小庙胡同
小
街
子
小关帝庙
外
董家胡同
道
北小胡同
通
官
道
前
观音庙
大
街
通国家庄
前西门
南胡同
关圣帝君庙
前东门
通坨贯庄
小庙
茔地
道
马连沟
小
前
街
南寨门
通往徐家庄
图例
道路
围墙
寨门
庙宇
坟茔
楼房
湾塘
濠沟

南马坊村旧貌示意图

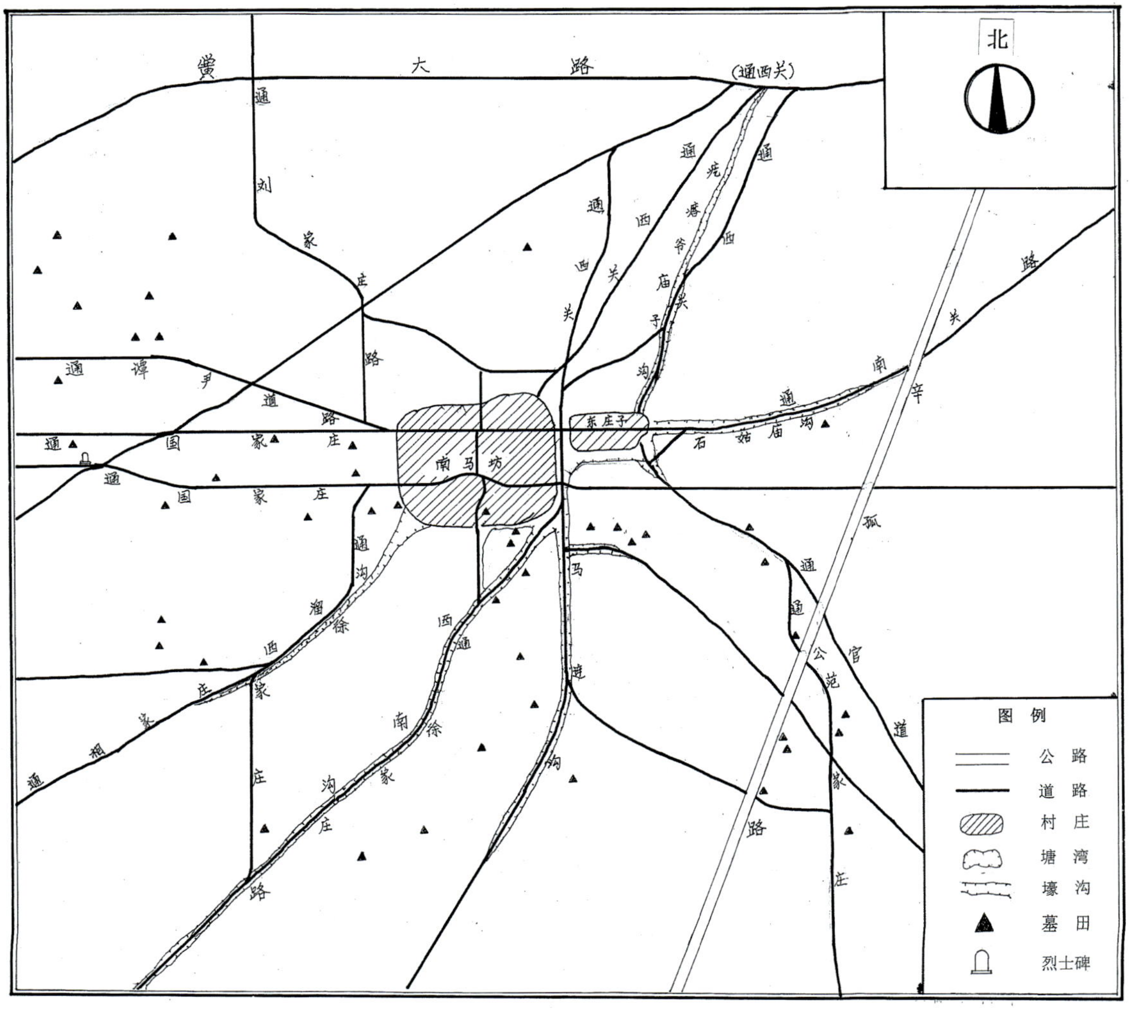

一九五〇年南马坊村外地貌道路图

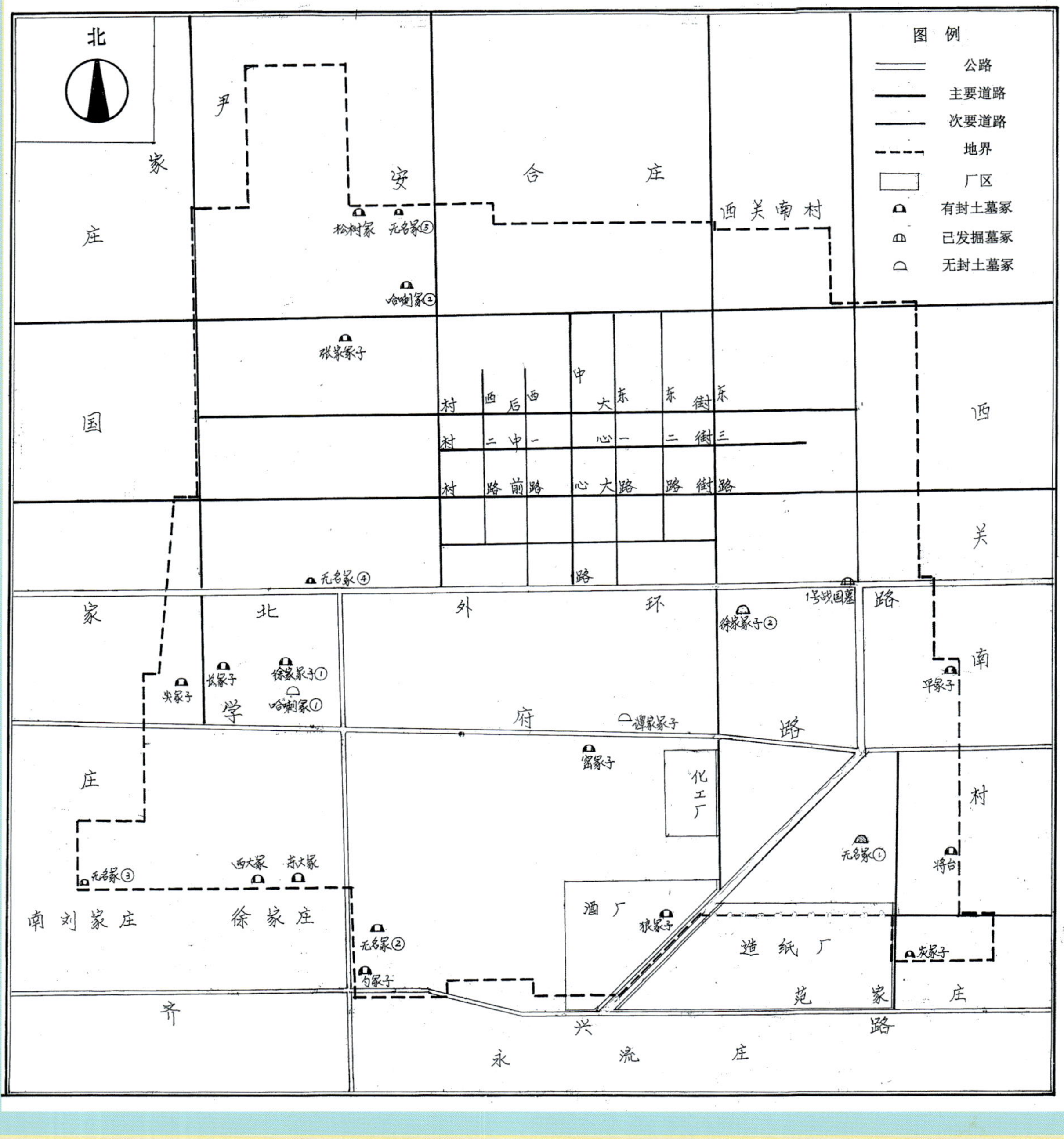

一九五六年南马坊村地界图

序　一

历时五载，内容翔实，凝聚着全村人心血汗水和智慧的《南马坊村志》，将要付梓面世了！我作为一个南马坊人，看到这样一项填补村史空白的重大文化工程，一部数十万言的鸿篇巨著，感到无比骄傲和自豪。

3000年前，灭商兴周第一功臣姜太公在临淄建立齐国。齐国尤为重视养马业，建起了大型养马场，成为“万乘之国”。伴随着养马业的发展，一个古迹村落形成了，这就是因坐落于都城之南大型养马场而得名的南马坊村，距今已有近三千年的历史。

特殊的时代背景和地理条件，造就了南马坊村众多的文物古迹，也孕育了灿烂的地域文化。村东有“马连沟”“韩信河”，村西有“落星（陨石）地”“龙帽碑”，村南有“石像群”“殉马坑”，村北有旧“遗址”“石羊口”等，古庙众多，古碑林立，古冢成群，文物遍地。南马坊村人杰地灵、人才辈出。村北是我国最早的官办大学堂——稷下学宫旧址，南马坊村自古受到熏染，孕育了众多杰出人才，其中进士就有两名。有谋略过人的唐朝名相房玄龄，他18岁时成为临淄县历史上第一名进士。有才华出众的清朝翰林于疏枚，考中进士后被皇帝钦点为翰林，是临淄县仅有的三名翰林之一。有辛亥革命先驱贾振琨，1905年在日本留学时加入同盟会，辛亥革命爆发后回国参加诸城光复起义，英勇牺牲。

南马坊村具有光荣的革命传统。战争年代，不畏强敌，浴血奋战，许多仁人志士、普通百姓为革命抛头颅、洒热血，献出了宝贵的生命。新中国成立后，南马坊人艰苦奋斗，战天斗地，谱写了一曲曲胜利的赞歌。20世纪70年代，全村人冒风雪、战严寒，历经六个冬春，硬是把5000余亩耕地、七沟八梁等不平地块普整一遍，使南马坊村粮食亩产过千斤，一季上交国家粮食超百万斤，成为临淄区第一个一季贡献超百万斤的村，受到表彰。

古老的南马坊村，在上级的正确领导和村党支部村委会的组织带领下，在全体村民的共同建设下，已经成为一个融乡村文明美、历史传承美、村容村貌美于一体的现代化宜居社区，进入了一个崭新的时代。勤劳智慧的南马坊人不仅创造了一流的业绩，打造了一流的居住环境，更展现了一流的精神风貌。

盛世修史，以史励志。把南马坊村的历史面貌和发展足迹写出来，把南马坊村的发展潜力和美好前景写出来，把南马坊人的聪明智慧和精神风貌写出来，是这次村志编写做出的最大贡献，功不可没。感谢村党组织和村委对村志编写的高度重视，提供了良好的编写条件；感谢编写组全体成员不畏艰难，忘我工作，出色完成了编写任务；感谢所有为村志编写做出贡献的人！

南马坊人必将以这次村志编写为新的契机，以崭新的姿态，更加昂扬的斗志，创造更加辉煌的明天和美好的未来！

山东省人民政府参事

山东省委高校工委原常委副书记 齐秀生

2018年6月

序　二

一部资料翔实，图文并茂的《南马坊村志》就要与读者见面了，这是齐都镇第一部正式付梓面世的村志，也是齐都镇文化生活中的一项重要成果，可喜可贺。

南马坊是齐都镇境内的一个古老村庄，有着悠久的历史和厚重的人文底蕴。是唐代名相房玄龄故里，清代翰林于疏枚、民主革命先驱贾振琨的家乡。抗日战争和解放战争时期，村内先后有42人参加八路军和解放军，为新中国的建立做出了贡献。

新中国建立后，南马坊村人在中国共产党的领导下，坚定走社会主义道路。艰苦奋斗，克服困难，生活不断得到改善。改革开放后，南马坊村民在历届村“两委”的带领下，扎实苦干，努力进取，创新经济发展，不断向小康水平迈进。跨入新世纪以来，村“两委”带领广大村民抓机遇，抢发展，走经济多元化发展之路，在实现小康道路上快步前行，不断有所建树。2014年12月，南马坊新村全面落成，村民喜迁新居，实现了生活环境城市化，成为全镇社会主义新农村建设的样板。

盛世修志，志载盛世。这部近70万字的《南马坊村志》，遵循详今略古的原则，翔实地反映了本村政治、经济、社会、文化及民生等方面的历史和现状，堪称一村之百科全书。志书指导思想明确，体例编排科学，篇目设置合理，事实考订清楚，图文并茂，集历史性、知识性于一体，是献给读者的一部好读物。

史以继往，志以开来。相信这部倾注了编纂人员心血和汗水的《南马坊村志》，能给读者以启迪、鼓舞和力量。

是为序。

中共齐都镇委员会书记　田军

齐都镇人民政府镇长　刘静

2018年8月

序　三

《南马坊村志》经过编纂人员的辛苦努力，历经五载，即将付梓问世。这是南马坊村民政治、经济和文化生活中的一件大事，也是有益当代、泽被千秋的一项重要文化成果。

南马坊村位于古齐国都城之西南隅，周代立村。历史悠久，人杰地灵。是唐初名相房玄龄、清代翰林于疏枚、民主革命先驱贾振琨的故里。世代更替，古往今来，一代代南马坊人在这片土地上辛勤劳作，繁衍生息。新中国建立前，南马坊人受到日军及国民党地方势力的压迫蹂躏，但其追求真理、向往美好生活的脚步一刻未停。村内先后有11名英烈，为新中国的建立献出了宝贵生命。

新中国建立后，勤劳朴实的南马坊人跟党走。20世纪50年代，建立互助组，成立高级社，走集体化道路。六七十年代，大搞农田水利基本建设，开展土地整平会战，改造自然，粮食作物亩产“过长江”。麦季一次向国家贡献小麦超过百万斤，全县绝无仅有。

改革开放后，南马坊人解放思想，抢抓机遇。办企业，搞养殖，发展蔬菜生产和多种经营，村民生活水平不断提高。进入21世纪后，村民利用毗连城区优势，经济发展实现多元化。随着城区范围的扩展，村“两委”将旧村改造纳入议事日程。2009年12月奠基，历时5年，新村落成。2014年12月，村民乔迁新居。其环境和居住条件可与城市相媲美，社会主义新农村在这里得到体现。历年来，从南马坊走出了3名将军，7名博士，35名硕士。这是南马坊人的骄傲。

抚今追昔，鉴往知来。《南马坊村志》客观翔实地记述了本村的历史与现状，是部值得一读的百科全书。愿她成为村民和在外游子的益友。

是为序。

中共南马坊村党支部书记
南马坊村民委员会主任

2018年8月

凡 例

一、本志坚持中国共产党的指导思想，坚持实事求是，详今略古，力求把南马坊的历史和现状呈现在人们面前。

二、本志上限始于建村，下限至2016年底，部分图片延至2018年。

三、本志采用述、记、志、传、录、图、表等形式，以志为主，全面、系统、客观地记述。述以总括全貌，记以综记大事，传以记载人物。附录寄存文献，图、表随文穿插。本志设篇、章、节、目四个层次。前有概述、大事记，中有专志10篇，后有人物、荣誉、附录、编后记。采用横排门类，纵写历史的方法。

四、本志资料来源于采访当事人、知情人的口碑资料和查阅各级档案及有关历史文献记载，均经考察核实，一般不注明出处。

五、本志人物篇分人物传略、人物简介、人物表三部分。人物传略，坚持生不立传的原则，记录与南马坊村有关的历史人物、革命英烈、逝世村干部、教师及有关人员，以卒年为序。人物简介，记录在任及离任的村干部；工作在外、户籍为本村的副科级以上干部；研究生以上学历人员；中学高级教师及小学校长；医护人员主治医师、护士长；企业厂长、经理及总工程师、总会计师；区级以上人大代表、政协委员及受区级机关表彰的人员，还有部分乡贤达人。人物表，记录村的其他在外工作人员。人物简介、人物表及有名望的乡人以出生年月排序。

六、本志所记区（县）政府所在地，1974年区（县）政府驻地搬迁之前，指今齐都镇政府所在地。1974年后，指今驻地辛店。

七、本志为照顾村民习惯，仍使用亩、斤、公里等计量单位。

八、本志采用公元纪年。中华民国成立前的历史纪年在括号内标注公元纪年。解放前，指1948年3月前。建国后，指1949年10月1日后。

九、人物身份，如无记载性别、民族，均系男性和汉族。

目　录

第四篇　农　业

第五篇　工商服务业

第六篇　党群组织

第七篇 村政 军事

第八篇 文化 教育

第九篇 体育 卫生

第十篇 民俗 民风

荣 誉

人 物

附　录

概 述

南马坊村位于临淄城区东北部，齐国故城西南。周代立村，距今2800余载。因立村于古齐国养马场而得名。东与齐都镇南关村、龙贯村相望，南与稷下街道范家村、永流村、徐家村、刘家村相连，西与齐都镇国家村、尹家村接壤，北与齐都镇刘家村、小徐村、安合村、西关南村毗邻。2016年底，全村有812户、3030人，传统姓氏37个，婚入姓氏73个，在册姓氏110个。南马坊人民风淳朴，各姓氏和睦共居，互帮互助，团结向上，共谋发展，各自事业有成。

一

南马坊村域地势南高北低，落差3米之多。1978年前，村东及村南有数条历史上形成的古道、大沟。村内有3条东西大街，6条南北贯通的大道及若干小巷，纵横交织，出行便利。村周围于清咸丰元年（1851年）修筑的围子墙，按龟形设计，5座寨门按五行理念布局。整个建筑气势恢宏，相传历时3年竣工，动用土方6万多立方米。

南马坊村域文物古迹众多。临淄为齐国都城800余年，有众多王孙贵族、公侯勋爵、上卿大夫亡后葬于村域周围，有高大封土墓冢23座。在新村建设基槽施工中，发现多处墓葬中殉有战马、战车。文物专家考证，其中有一座齐国卿大夫墓。1998年，修建村南城区北外环路出土的南马寺石经幢，记载南马坊宋代属青州临淄县天齐乡，填补了一段历史建置空白。以村庄冠名寺庙，证明南马坊在宋代已是一个人口众多、土地尽有其主的大村。村东南房玄龄衣冠墓前，用青石雕刻的石像群栩栩如生。村西有辛亥革命烈士贾振琨的龙帽碑楼。2016年，在村内寻觅的6通石碑，记载有村内白衣大士庙、南海观音庙、关圣帝君庙及土地祠四座大庙的修建、修缮及民风历史。这些文物古迹，充分说明南马坊人文历史的厚重。

二

农业是南马坊村传统的主导产业。村民崇尚勤劳、节俭、朴实的民风。在漫长的历史长河中，使用着简单的农具，遵循着传统的耕作方式，过着日出而作，日落而息，靠天吃饭的日子。如遇旱涝等天灾，只能是半年糠菜半年粮的生活。1951年，进行土地革命，打破了几千年封建社会土地所有制，使贫苦农民分得了土地，成了土地的主人，生产热情高涨。1953年，共产党员宗效明组织群众成立生产互助组。1955年，成立初级社。1956年，成立高级社。

1958年，成立人民公社，一切生产资料归集体，生产成果由集体按政策分配。1960年前后，因指挥失当，加之天灾，发生3年自然灾害，生产、生活受到不同程度的影响。但南马人不怨天忧人，安分守己，勒紧裤腰带，想方设法共渡难关。1962年，中共中央提出“调整、巩固、充实、提高”的八字方针，实行“三级所有、队为基础”的措施，生产得以恢复。1966年，“文化大革命”波及南马，群众组织相继成立，开始“闹革命”。但广大社员排除干扰，稳定局面，响应上级号召，学大寨、抓革命、促生产。1972年，组织队伍，整平土地，改造自然。社员们冒风雪、战严寒，吃在田间地头，大干苦干。经6个冬春，搬运土方40多万立方米，填平七沟、一河、一窑湾，把南马大队5000余亩土地的不平地片普整一遍，旧貌换新颜，成为南马坊历史上的一大壮举。中共十一届三中全会后，进入改革开放时期，实行家庭联产承包责任制，村民思想大解放，蔬菜生产进入鼎盛时期。土温室、塑料大棚在村域遍布，支柱产业得以夯实，收入大幅增加。养殖业转型，由图攒肥转化为食肉。大兴水利建设，发挥电力作用。农业生产自主经营，多种经营随之出现，经济收入全面开花，生活水平大幅提高，村民享受着改革开放的成果。

工商业大发展。建国初期，南马坊村只有零星手工业。人民公社时期，组成多个生产服务组，服务于民。改革开放后，村办企业大发展，先后建起十几个工厂，成为齐都镇的标兵。1997年，根据上级有关指示，结合南马坊实际情况，村办企业实行改制，全部改为自主经营、自负盈亏的民营企业。

三

在稷下学风的影响下，南马坊村自古重视教育，名人辈出。唐初名相房玄龄，清代翰林于疏枚，都是一代英才。清代宣统年间，全县成立18所国民学校，南马坊名列其中。20世纪30年代，开展“庙产兴学”运动，村内进步乡绅拆庙建校。1949年，南马坊小学成立，纳生开课。1956年，南马坊成立完全小学，在当时全县屈指可数。1967年7月，南马联中成立，开始招收高小毕业生。1990年，全村干部村民踊跃捐款，建成高规格学校，被市政府命名为标准化学校。进入21世纪后，教育资源整合，南马坊取消学校设置，但仍大力扶持教育。对入托幼儿每人每年补贴300元。小学生到桓公小学就读，校车免费接送。为鼓励学子成才，村委对在读大学生、硕士研究生及博士研究生，每人每年补助2000元、5000元和10000元，多次被上级表彰为“尊师重教”先进单位。至2016年，南马坊有博士研究生7名，硕士研究生35名，大学生368名。深厚的文化底蕴，造就众多新时代英才。在国家雷达研究领域成就卓著的贾玉贵，山东省陶瓷艺术大师于川，山东省政府参议齐秀生，都是从南马坊村走出去的优秀人才。

四

篮球运动是南马坊传统体育强项。20世纪50年代中期兴起，60年代鼎盛，以“临超”队冠名，曾代表公社（镇）、县（区）多次参加各级比赛。东至青州、潍坊，南达齐鲁石化，西到张店，都取得优异成绩。1962年，获昌潍专区农民篮球赛第二名。1970年，获淄博市农民篮球赛亚军。两年举行一届的村农民运动会，除常规比赛项目外，还根据村民特点，增加自行车慢骑，乒乓球托球跑等项目。太极拳运动开展的红红火火。2007年，国家体育总局武术运动管理中心党委书记何青龙到村考察，对太极拳活动开展给予充分肯定。南马坊新村，建设7000平方米封闭式体育场。内设200米塑胶跑道6条，硅PU标准篮球场3个、羽毛球场2个。另有漫步机、太极轮、转腰器等多种健身设施，专人管理，定期开放。每到夜晚，灯光通明，跳舞的，慢跑的，村民各取所需。老年活动中心前，有封闭式标准门球场，老年人有组织的轮流参加活动。2016年10月26日，村门球队参加临淄区门球联赛，女子队取得第二名，男子队取得第四名。

南马坊华工贾文鑑，支援第一次世界大战后，从法国带回一台电影放映机，开创临淄地区电影放映先河。20世纪初，刘中美在潍县开设的丽芳美术照相馆，为潍县照相业之始。30年代，以其为代表的“刘氏三杰”经营的照相业，走在了临淄县及潍县地区的前列。1950年，南马坊京剧演出活动盛行，培养出不少好角色，有的被临淄县京剧团借用。20世纪六七十年代，革命“样板戏”流行，社员进行学唱和演出，轰动一时。1984年，村内建起百姓大舞台，京剧样板戏、传统戏年年有演出。2001年，村委投资两万元，添置戏装，演出一直未断。文艺宣传队、锣鼓队、舞蹈队、扇子舞队、腰鼓队相继成立，每年元宵节都组织200多人的表演队伍，参加全区汇演。

卫生事业大发展。从清光绪年间到20世纪30年代，南马坊有多名老先生坐堂行医，并有佳话传世。1954年，南马坊成立联合诊所。1958年，改称保健站。1969年，成立卫生室。1970年，全大队社员参加合作医疗，社员看病享受优惠。2004年，实行新型农村合作医疗，卫生室看病优惠，医院就医报销60%。

养老保险使村民减少了后顾之忧。1992年，在南马坊部分人员中实行。2008年全面推开。18岁以上村民全部投保，村集体代付一半保费。60周岁以上老人按月领到政府的养老金。村委按月每个老人发放200元补助，过年过节分发物品。2014年年底搬迁新村后，让老人无偿居住设备齐全的老年公寓，老人过着老有所养、老有所医、老有所乐的幸福生活。

五

南马坊村具有光荣革命传统。抗日战争时期，为救国救民，热血青年董善玉、韩长盛、贾明轩等有志青年参加八路军，不畏强敌，浴血奋战，有的为人民、为祖国献出了生命。解放战争时期，在中共党组织领导下，组织起农救会、妇救会、自卫团、联防委员会，斗财主、分田地，减租减息，拥军优属，支援前线。有优秀青年胸怀救国救民大志，参军闹革命。1956年，实行义务兵役制后，年年有优秀青年入伍，保卫社会主义建设。

党政领导的稳定是一个村庄健康发展的重要前提。纵观南马坊发展史，从成立高级社，组建党支部和队委会，至2016年，党支部书记有7任更替，村主任（大队长）有9任更换。

1971年，南马大队开始党政领导交叉任职，大队领导相对稳定。其间，创建村办企业，增加集体经济收入。组织专业队打井抗旱。购置各种农机具，实现农业机械化。2010年，村“两委”按照高起点规划、高品质设计、高质量施工理念，建设南马坊新村。2014年年底，新村全面建成，各项配套设施齐全。新村花木成荫，环境优雅，商铺毗邻，呈现出一派社会主义新农村繁荣景象。

1996年、2003年、2007年，被中共淄博市委、市政府授予市级文明单位。1998年、2002年、2004年，被市政府表彰为模范村委会。2004年、2006年、2008年、2011年、2015年，分别被中共临淄区委表彰为先进基层党组织、“五好”村党组织。2006年、2007年、2008年，分别被中共临淄区委、区政府表彰为文明村、平安和谐红旗村（居）。

勤劳淳朴的南马坊人，历经数千载，繁衍在齐国养马场的遗址上。黄土背天劳作，躬躯茅舍生息，弯街曲巷村容，柴门土屋庄貌，千年一象。在中国共产党领导下，沧桑巨变，地覆天翻，开创盛世，另谱新篇。惠民政策，以人为本，润泽万家，共奔小康。南马坊所经之路乃是当代社会主义新农村发展的缩影。

回顾历史，道路曲折，成就辉煌。展望未来，充满希望，前途光明。全体村民在中国共产党的领导下，在团结稳定、扎实肯干的村“两委”带领下，满怀信心，沿着新时代中国特色社会主义道路阔步前进。

大事记

周

南马坊立村，距今2800余年。

汉

高帝四年（公元前203年）

韩信在南马坊村东挖一条深沟，欲引淄河水淹临淄城，名韩信河，村民俗称“流沟”。

隋

开皇十六年（596年）

房玄龄被本州推举为进士，授羽骑尉，校雠秘书省。后补隰城县尉。

唐

武德九年（626年）

六月初四　房玄龄协助李世民发动“玄武门之变”。

贞观二年（628年）

房玄龄任尚书左仆射，行宰相之职。

宋

咸平四年（1001年）

南马坊隶属青州临淄县天齐乡，僧人购地建南马寺。

大中祥符五年（1012年）

十月　立尊胜幢子记碑，以记其事。

蒙古至元三年（1266年）

临淄县并入益都县，南马坊村随属。

元

至元十五年（1278年）

重新设置临淄县，南马坊村随属。

元贞二年（1296年）

临淄县城建孔子庙，庙内设乡贤祠，供奉有唐朝宰相房玄龄。

至正十九年（1359年）

五月　临淄发生蝗灾，草、树叶被吃净，大饥，人相食，村民几乎尽绝。

明

洪武三年（1370年）

贾姓先祖从冀州枣强迁徙南马坊。后戴姓等姓氏先祖陆续迁居南马坊。

景泰七年（1456 年）

秋 临淄大水，南马坊村受害。

万历四十五年（1617 年）

乡人捐资对南马坊土地庙进行修缮，立碑以记。

崇祯三年（1630 年）

乡人捐资修建白衣大士庙，3 年落成，立碑以记。

清

康熙八年（1669 年）

二月 乡人捐资修缮白衣大士庙东、西厢房，立碑以记。

乾隆二十五年（1760）年

村域齐氏十四世齐竞业为恩科举人，后任茌平县教谕又补兖州府滋阳教谕。俸满推升兖州府教授。

嘉庆七年（1802 年）

六月 乡人捐资对南马坊白衣大士庙、南海观音庙、关圣帝君庙及土地庙进行修缮，立碑以记。

道光二十二年（1842 年）

乡人捐资重修玉皇庙。

道光二十五年（1845 年）

七月 立南马坊地保地亩碑一座，碑文由村附贡生于汝澄撰，庠生韩奉璧书。

咸丰元年（1851 年）

在乡绅于汝澄倡议主持下，开始修筑南马坊村围子墙，历时 3 年竣工。

咸丰十一年（1861 年）

二月十九日 捻军，东进临淄城与县团练激战，南马坊人齐恩联、齐观经和齐著经战死。

同治十一年（1872 年）

南马坊林氏先祖林玉屏被清政府赐一悬匾，匾额题“恩赐翰林”四字。

同治十三年（1874 年）

南马坊人于承业任龙华观新建闻韶书院院监。

光绪十一年（1885 年）

南马坊人于恕堂等乡绅捐资整修城里闻韶书院，在东、西两侧各建考棚 10 间。

光绪十五年（1889 年）

南马坊人于疏枚乡试中举人。

光绪二十一年（1895 年）

于疏枚殿试中进士，入翰林院。

光绪三十一年（1905 年）

南马坊人贾振琨在日本加入同盟会。

宣统元年（1909 年）

山东提学使罗正钧为南马坊人宗聖修之妻

徐氏题“玉洁冰清”碑。

宣统三年（1911 年）

正月　南马坊国民学校成立，于疏朴任校长。

秋　贾振琨中断学业，回国参加推翻封建帝制的辛亥革命。

中华民国

1912 年（中华民国元年）

2 月 11 日　贾振琨在诸城起义中被清军杀害。春，临淄县在西关为其召开追悼大会。

是年　村民庆祝中华民国成立。

是年　辖区建社，南马坊隶属临淄县南十社。

1917 年（中华民国六年）

春　村大旱，小麦歉收。秋又大旱，小麦出苗不到半数。

是年　第一次世界大战爆发后，南马坊人贾青林、贾文鑑、韩敬修、徐兆庆、徐兆麟、刘吉祥、齐在田、许云照等应募赴法国，支援协约国参战。

1919 年（中华民国八年）

1 月 9 日　南马坊赴欧华工徐兆庆在法国被炸身亡。后联邦战争墓地委员会立碑，永久纪念。

是年　南马坊赴欧华工贾文鑑带回一台手摇电影放映机，在附近村镇放映黑白无声电影片，开临淄电影先河。徐兆麟带回华工纪念章一枚。

1920 年（中华民国九年）

10 月　《临淄县志》纂成。南马坊人于疏朴任编辑员，于疏梓任助理编辑员。

1921 年（中华民国十年）

1 月　大雪厚 1 米，有村民陷入井、沟而伤亡。

夏　张介礼、于明信等省内政要及各界名士捐资，为贾振琨树龙帽碑于村西贾氏坟茔。

1926 年（中华民国十五年）

12 月 11 日　大雪，致村民开门困难，积雪 50 余天。

1929 年（中华民国十八年）

3 月 2 日　崔云端率红枪会信徒攻打临淄城，未克，败退南逃，经过南马坊村时，抢夺村民财物。

1930 年（中华民国十九年）

5 月 1 日　天降冰雹，大如鸡蛋，有村民房屋被砸坏，小麦歉收。

7 月 14 日　晋军阎锡山部（北军），沿胶济铁路东追韩复榘部（南军），进入临淄境，以淄河为障，两军对垒激战，相持月余。南马坊遭抢劫，损失惨重。

1931 年（中华民国二十年）

是年　临淄县第一区南马坊村立小学成立，张华圃任校长。

1932 年（中华民国二十一年）

山东省督学和教育局长到临淄县进行教育视察。南马坊人贾明轩任校长的县立第一小学，教学方法新颖，教学质量突出，得到肯定。

1934年（中华民国二十三年）

8月 辛店至广饶石村沙石公路竣工，经南马坊村东通过，为临淄境内第一条公路。

1937年（中华民国二十六年）

秋 南马坊人于延令组织起一支抗日武装，名曰抗日救国军。该村于疏溪、于疏温等参加。

1938年（中华民国二十七年）

夏 南马坊部分仁人志士将白衣庙大殿中塑像拆除，腾出大殿及东、西厢房，辟为教室，纳生开课。

1940年（中华民国二十九年）

5月 《群众报》记者、南马坊人贾树青在“肃托”运动中被害。

7月28日 《群众报》载：驻临淄县城日军，到村内抢走小麦40石及大宗物品，村内一老者因准备车辆不及时遭到毒打，民众哀求，幸免于难。

是年 发生蝗灾，村域农作物受损严重。

1941年（中华民国三十年）

2月 王砚田叛变投敌，沦为汉奸，到处搜捕共产党人，村内有革命者受到牵连。

4月 南马坊人董善玉在利津县同日军作战时牺牲。

7月 临淄县抗日民主政府秘书科科长、南马坊人贾明轩在清河区“肃托”运动中被害。

1942年（中华民国三十一年）

春 春荒严重，村民以野菜充饥，有饿死者。

7月 村域遇到寒流突袭，扬花期高粱等秋作物被冻坏，几近绝产。

1945年（中华民国三十四年）

春 伪军王砚田部协同日军抓壮丁，村有多人被抓。

8月 南马坊村民庆祝临淄县城解放，日军投降。

1946年（中华民国三十五年）

2月16日（正月十五） 廖容标率山东军区第四师一部进驻南马坊，驻扎4个月后去张店，参加消灭以王砚田为师长的国民党剿共救国军第二师的战斗。

2月 乡政府成立，村农救会、妇救会、自卫团等群众组织相继恢复活动。

4月下旬 村组织人员到西关小学体育场，参加“四八”遇难烈士追悼大会，悼念叶挺、王若飞、秦邦宪、邓发等烈士。

5月 南马坊开展反奸诉苦、减租减息运动。

6月25日 国民党第八军占据临淄县城，南马坊受到骚扰。

8月 国民党第八军再次进犯临淄，国民党山东保安第六旅进驻县城。之后，该部及还乡团进行反攻倒算，南马坊村受害。

12月 徐振中部在南马坊村抓壮丁60余人，编入国民党七十三军，参加莱芜战役。战役结束后，多数回乡。

1947 年（中华民国三十六年）

3 月　中共临淄县委派出土改工作队，进村领导土地改革，部分贫、雇农分到土地。

7 月　山东保安第六旅再度占领临淄，革命形势恶化，共产党领导的部队为避敌锋芒，向小清河一带转移。将部分为国民党反动派服务的人员处决于城关区娄子村附近，南马坊村有 7 人。

是月　徐振中部进驻临淄城，开始在农村反攻倒算，南马坊村贫、雇农所分土地财物被清算。

是月　徐振中部在县城城墙外大修防御工事，到村内摘门板、伐树木，村民深受其害。

是月　村农救会会员肖桂堂被国民党徐振中部杀害。

9 月　村农救会会长齐永修被捕，后在西关被杀害。

11 月　村联防主任边浩然及母亲在村内被徐振中部杀害。

1948 年（中华民国三十七年）

3 月 14 日　华东野战军山东兵团发起胶济铁路西段攻势，国民党山东保安第六旅旅长徐振中率部逃跑，南马坊获得解放。

5 月 5 日　国民党十二军吴化文部队（俗称红脖子），东去解潍县战役之围，被解放军阻击于淄河一带，双方形成“拉锯”态势，在南马坊激战三天三夜，死 5 人，伤 2 人，村民房屋被炸毁数十间，遗留炸弹大坑 10 余个。

秋　南马坊在后大街设立集市，农历四、九为集市日，以韩家胡同南端为中心，向东、西、北方向沿街顺延。

是年　全村有 4 名青年参加中国人民解放军。

1949 年（中华民国三十八年）

2 月　全村有 21 名适龄青年参加中国人民解放军。

春　南马坊小学正式开学，校址在原于荣灿家南道厅、东西厢房、小书房及三层楼内，刘文熙任校长，教师有朱治邦、于寿春、董汉林、朱式之、王世诚及本村贾文炳等。

中华人民共和国

1949 年

10 月 1 日　中华人民共和国成立，百余名村民到临淄县城参加庆祝大会。

冬　村组织京剧班，40 余人参加。

是年　村开展扫盲运动，识字班、夜校、半日班及高级民校相继开班。

1950 年

春　南马坊小学由原址迁入白衣庙内，扩招新生，班级增多，增加教师吴玉芝、崔秀菊、于爱臣等。

5 月 1 日　全县庆祝“五一”国际劳动节，该村组成 300 余人文艺表演队参加庆祝活动。另有部分青壮年手持杈把、扫帚参加游行活动。

5 月 12 日　天降冰雹，村域小麦受损，秧苗被砸坏。

5 月　婚姻法颁布施行，提倡男女婚姻自主，反对包办婚姻，村民积极拥护，演出节目，大力宣传。

是月 临淄县划归淄博专区，南马坊随属。

8月 贯彻国家土地改革法，全村正式开始进行土地改革。

是年 临淄县供销合作总社成立，群众自愿入股，每股3元，入股后成为会员，年终分红，对紧缺物资优先供应会员。总社在村内设分店，商传桂为经销员，1964年撤销。入社股民的本利至2002年全部归还。

1951年

春 响应上级号召，声讨美国实施的细菌战，动员全体村民捕杀苍蝇、蚊子。

11月 支援抗美援朝，村民踊跃捐粮、捐款。

12月 土地改革结束，村民喜领土地证、房产证。全村划定地主成分12户，富农22户。

1952年

2月 南马乡普选，村民贾守恒任乡长。

8月 村域旱灾、蝗灾严重，秋季农作物大幅度减产。

1953年

4月 临淄县第三届各界人民代表大会召开，村民李怀英被推选为代表参加会议。

5月9日 村域雹灾严重，当年小麦减产。

7月1日 南马坊村开展第一次全国人口普查。

7月20日 临淄县划归昌潍专区，南马坊村随属。

8月 以宗效明为首组建南马坊第一个农业生产互助组，13户参加。

11月 按照上级指示，统购统销政策开始在村内实行。

1954年

9月 棉布实行统购统销，开始发放布票，村民每人每年3尺3寸（折合1米）。

年底 全村成立多个农业生产互助组。

1955年

3月1日 国家发行新版人民币，1元兑换旧币1万元，新版人民币开始在村民中流通。

秋 南马坊成立初级农业生产合作社，互助组成员、贫下中农优先加入，不接纳地、富、反、坏家庭。

1956年

1月 齐祥春应征入伍，为南马坊第一名义务兵。

是月 南马坊4个行政村的农业初级社合并为高级社，全村划分为6个生产队。次年，第二生产队又分为两个生产队，全村有7个生产队，所有土地、牲畜、农具及生产资料统归集体管理，社员按劳动情况记工分，年终按劳取酬，实行统一管理，统一分配。

7月 南马坊小学开始招收五年级学生，升格为完全小学。

是年 对村内鳏寡孤独户实行保吃、保住、保穿、保医、保葬的“五保”政策。

1957年

1月 广播设施安装到各生产队，社员首次听到有线广播。

2月 各生产队组织打排井，采用“下盘打井法”，掀起第一次农田水利建设高潮。

秋 村域大旱，新打水井发挥作用，人力拉水车提水种麦子。

1958 年

5 月 村民吴玉芝被选为临淄县第三届人代会代表，会中被选为出席山东省第二届人代会代表。

9 月 城关人民公社成立，南马农业社改称南马大队。

10 月 临淄县并入益都县，南马大队隶属益都县古城人民公社。

秋 在“跑步进入共产主义”号召下，各生产队办公共食堂，社员到食堂，吃饭不花钱。

秋 在“让钢铁元帅升帐”口号鼓动下，全县开始大炼钢铁，社员家中铁制农具、铁锅、铁鏊子等被收集，用于炼制钢铁。

秋 农村搞浮夸、“放卫星”，不切实际深翻地，搞“拔白旗”运动。大队长齐永成被拔白旗，撤销职务。

秋 开展大炼钢铁、深翻土地运动，全大队青壮年劳力大部被抽调，庄稼无人收获，农作物遭受重大损失。

1959 年

1 月 韩洪海任南马大队党支部书记。

春 生活出现困难，社员挖掘上年度遗留在土地的冻地瓜充饥。

秋 部分社员有组织的参加吉林省舒兰煤矿建设，另有社员自行到东北等地谋生。

秋 齐津考入山东师范学院，是全村解放后第一个大学生。

是年 社员吴玉芝参加全国妇女积极分子代表大会，受到中共中央主席毛泽东等党和国家领导人的集体接见。

1960 年

春 粮食短缺，部分社员患上水肿病。

1961 年

春 全大队开展生产自救，分自留地、猪饲料地，允许小片开荒，自由种植。

5 月 社员吴玉芝被选为临淄县第四届人代会代表。

10 月 恢复临淄县建制，南马大队随属。

是年 多种生活用品开始实行凭票供应，票证发放到社员中，凭票购买。

1962 年

1 月 1 日 临淄县与益都县正式分署办公，南马生产大队隶属临淄公社。3 月，临淄公社改称城关公社，南马生产大队随属。

1 月 5 日 临淄县司法机关在西关召开公判大会，“中国国民党军政指挥部”反革命集团案首犯刘子云等 3 人被判处死刑，村内有人受牵连。

1 月 贾守智任南马大队党支部书记。

春 贯彻国家“调整、巩固、充实、提高”八字方针，南马大队农业生产连续 3 年下降局面初步得到扭转。

春 实行“三级所有、队为基础”制度，南马大队划分为 12 个生产队，将土地、耕畜等下放到各生产队，独立核算，自负盈亏。各生产队在缴纳分配的征购任务，留足种子、饲料及备用粮后，其余按“人七劳三”比例进行分配。

是年 南马大队农田首次使用电力抽水灌溉。

1963 年

春 推行包产到户，大量种植地瓜。

5 月 社员吴玉芝被选为临淄县第五届人代会代表，会中当选山东省第三届人代会代表。

12 月 7 日 通过南马大队以东的辛店至南郝公路，沥青路面铺设完成通车。

1964 年

春 大队林业队成立，在大队东边划出土地种桑树。

7 月 1 日 南马大队组织人员参加第二次全国人口普查。

8 月 1 日 普降大雨，阴雨连绵几十天，村西北窑湾积水，深 1.5 米，社员地瓜窖内积水，墙倒屋塌。

12 月 县委派工作组进村协助社教，搞清工分、清账目、清财务、清仓库的“四清”运动，提出“人人过关”口号。

冬 响应农业学大寨号召，大队在东南坡五里槐集中开展土地整平工作。

是年 受“包产到户”政策牵连，党支部书记贾守智被撤销职务。

1965 年

春 南马大队贫下中农协会成立，董善良任主任。

7 月 南马农业中学成立，首次招生两个班。

8 月 徐广兴任大队党支部书记。

是年 有线广播“小喇叭”进户。

1966 年

2 月 社员吴玉芝被选为临淄县第六届人代会代表。

春 社员房屋建设开始由大队统一进行规划。

8 月 大队在东南坡划出公墓用地，去世社员不分姓氏、年龄、辈分，全部到公墓依序安葬。

10 月 大队成立“文化革命委员会”，推举贫协主任齐兴顺任主任。

秋 南马大队技术队成立。

秋 “文化大革命”波及村内，学校成立红卫兵组织，破“四旧”，立“四新”，群众收藏的古书画、族谱等被焚毁，古建筑遭破坏，停课闹革命，教师被称为“臭老九”受批斗。

冬 南马大队成立多个群众组织，农民参与“文化大革命”，大队“两委”成员被打成走资派，停止工作。

是年 大队开始平坟运动，将坟茔夷为平地种庄稼。

1967 年

7 月 南马联中成立，开始招收高小毕业生。

是年 大队内“东方红”“贫下中农学习班”两个群众组织互斗。

1968 年

4 月 27 日 在外来人员参与下，群众组织“贫下中农学习班”部分人员被打伤，住院治疗，成为当时影响很大的南马“4·27”事件。

8 月 全大队开展忠于毛主席、忠于毛泽东思想、忠于毛主席的无产阶级革命路线的“三忠于”活动。

10月7日（农历八月十六） 建立由大队老干部、群众组织、民兵组织代表组成的“三结合”革命委员会。

12月 公办南马小学下放到大队管理，公办教师返回原籍任教。

是年 实行贫下中农管理学校，贫下中农代表刘明洲、王德明、董洪书、齐永庆、许凤鸣、董洪军等先后参与南马小学管理。

1969 年

7月18日 渤海发生7.4级地震，波及村内，有多处民房发生坍塌损坏。

12月16日 临淄县划归淄博市，改称临淄区。1970年1月1日，正式对外办公，南马大队隶属临淄区城关公社。

1970 年

3月23日 反动道会门“龙天大会九宫坛”被取缔，道首张凤池被依法枪决，村内有社员参与道会门活动被牵连。

7月 全区开展合作医疗，大队卫生员称“赤脚医生”。

10月 南马大队开展整党建党工作。

1971 年

2月 南马大队革命委员会成立，恢复党组织，各项工作逐步走向正规。

春 南马大队计划生育工作全面展开。

夏 拆除大队革委会南道厅办公室，在新址修建北屋10间，作为大队革委会办公室、代销点、卫生室使用。同时，开通办公室西旁南北主干道。

12月 全大队组织开展批判林彪反革命集团罪行活动。

1972 年

3月 大队对农田进行划方整畦，对田、林、路、井、渠统一规划。

是月 组建南马打井队，于荣绵任队长，兴起第二次水利建设高潮。

9月21日 组建大队整地领导机构，制定施工方案。9月底，开赴窑湾北侧，整地运动从此开始，1978年底结束。

1973 年

春 房玄龄衣冠墓墓前石像群被毁。

冬 推行殡葬改革，社员去世后实行遗体火化。

1974 年

7月 大雨连绵十几天，村内房屋、院墙有多处倒塌，部分家庭遭受损失。

9月10日 第一批博山区知识青年到大队，接受贫下中农再教育。

10月 南马大队购进第一台50马力拖拉机。

1975 年

9月 齐秀生被推荐选拔推荐到泰安师专学习。

是年 大队社员家庭照明全部用上电灯。

1976 年

1月8日 国务院总理周恩来逝世，社员收听到广播后，心情沉痛，举行悼念活动。

春 大队组织生产队长等人员参观路山公社田旺大队抓阶级斗争、批走资派展览后，南马大队举办阶级斗争教育展览。

春 全大队掀起计划生育高潮，在知青院内设休养所，配备服务员、食堂，育龄妇女手术后在此休养。

7月6日 全国人大常委会委员长朱德逝世，大队组织社员举行悼念活动。

7月28日 河北省唐山发生7.8级地震，村域震感明显，大部分社员在街道、院内搭防震棚居住。

9月9日 中共中央主席、中央军委主席毛泽东逝世，干部社员沉浸在悲痛之中。次日，大队设置灵堂祭奠。18日，大队组织收听在天安门广场举行的追悼大会实况。

9月 以大队妇代会主办，在南马小学内设立育红班，招收幼儿。

10月 大队传达粉碎江青反革命集团重要文件。

是月 南马大队购进第一台12马力拖拉机。

1977年

是年 高考制度恢复，贾保平考入山东师范学院，成为恢复高考后全大队第一个大学生，于桂林、崔秀芳、韩培东、贾福春考入中专。

是年 第二批博山区知识青年到大队。

1978年

夏 小麦收割运进场院后，阴雨天持续十几日，小麦霉烂严重。

10月 社员谢秀英被推举为临淄区第八届人代会代表，会中被选为淄博市第七届人代会代表。

1979年

1月 大队组织学习中共十一届三中全会文件。

3月 全大队地、富分子全部“摘帽”，成为普通社员。

7月25日 大队干部参加中共临淄区委计划生育动员大会。会后，在全大队落实上级“一对夫妇只生一个孩子”政策。

1980年

是年 大队引进西瓜地膜覆盖种植技术获得成功。

是年 村内东水塔建成，在路边安装阀门向社员集中供水。

1981年

1月 大队党支部书记徐广兴、社员吴玉芝当选临淄区第九届人代会代表。

7月 村内西水塔建成，敷设地下管道，全村用上自来水。

10月 中共山东省委对在“肃托”运动中遇害的贾树青、贾明轩平反昭雪，恢复名誉。

是年 按照国家枪支管理办法，南马大队收缴民间枪支15支。

1982年

2月 山东省民政厅致函南马大队，批准贾树青、贾明轩为革命烈士。

7月1日 南马大队参与第三次全国人口普

查。

秋　全大队各户宅基地及林木进行第二次确权，颁发证书。

11月9日　村域遭受罕见暴风雪、冰凌灾害，南北走向电线杆大部分被折断或倒伏，停电多日，损失惨重。

是年　全大队实行大包干形式联产计酬责任制，集体土地分配给社员耕种，物资、农具等作价出售给社员，队为基础的集体经济体制解体。

1983年

春　全大队对土地进行二次分配，开始实行家庭联产承包责任制。

是年　第9生产队西南坡的部分土地被城关公社平调，建设养猪场。养猪场倒闭后归还南马大队。

是年　大队对烈、军属，残废军人由优待劳动工日改为优待现金。

1984年

3月　大队领导带领相关人员到安丘、烟台等地考察工副业发展情况。

4月　生产大队建制撤销，改为村民委员会。南马坊村民委员会成立，朱光文任主任。

5月　村党支部书记徐广兴被选为临淄区第十届人代会代表。

秋　南马砖厂开始筹建，当年建成全部生产设施。

1985年

3月　政协临淄区二届二次全体会议召开，村民于振明被增补为政协委员。

9月10日　庆祝第一个教师节，村领导到学校进行慰问。

9月　中共南马坊村支部委员会换届，选举徐社香为书记。

11月　南马联中初中部撤销，学校更名为南马小学。

1986年

4月　农村独女户有间隔地生育第二胎政策，开始在南马坊村实行。

10月　淄博市政府决定，每年农历九月初九为淄博市老人节，村委召开老年代表座谈会，庆祝老人节设立。

11月　经过领导及村民共同努力，全村用上工业电。

冬　在全村开展普法教育。

是年　村办企业石化厂、塑料制品厂相继建成投产。南马建筑队成立。

是年　在村内安装内部电话交换机，村办企业之间可免费通话。

1987年

3月　村民于振明当选临淄区第十一届人代会代表，同时被选为临淄区第三届政协委员。

4月　于强国当选第二届村民委员会主任。

5月23日　大风、冰雹成灾，村域农作物遭受损失。

10月　南马坊村与临淄区外贸公司联合建设联营养鸡场，场址在长冢子西北，占地66.55亩。

1988年

村民发放第一代居民身份证。

1989 年

3 月 2 日 突降暴风雪，全村多个塑料温室蔬菜大棚被压坏。

3 月 南马塑料彩印厂立项筹建，当年建成投产。

5 月 南马信用积金会成立。

11 月 6 日 村老年协会成立。

11 月 11 日 村委组织老年协会成员及生产小组长第一次外出旅游，到博山溶洞参观。

是年 永发实业总公司办公楼及招待所竣工，投入使用。

是年 村办企业助剂厂、临安塑编厂、纸箱厂、保温材料厂等相继建成投产。

1990 年

2 月 徐社香当选临淄区第十二届人代会代表。

4 月 第三届村民委员会换届选举，于强国连任村民委员会主任，村党支部随后改选徐社香连任书记。

7 月 1 日 南马坊村参加第四次全国人口普查。

10 月 执行临淄区农村宅基地有偿使用试行办法，村民交款使用祖辈留下的宅基地，试行 3 年后停止。

是年 在村东规划新址，筹建南马坊小学新校，集体投资，村民捐款，历时 3 年竣工，投入使用。

1991 年

秋 实行多年的粮食合同定购政策取消。

1992 年

5 月 于强国任中共南马坊村党支部书记。

6 月 26 日 村内安装有线闭路电视，每户村民交 150 元，村委补贴 100 元，全村 638 户安装。

10 月 粮食销售价格放开，村民所持各种粮票、食油票停止使用。

是年 辛北有机化工厂在村南筹建。

1993 年

2 月 于强国当选临淄区第十三届人代会代表。

4 月 第四届村民委员会换届选举，贾宝书当选村委会主任。

是月 党支部换届选举，于强国连任党支部书记。

是年 位于村南的北外环路开始动工修建。

1994 年

南马化肥厂建成。

1995 年

10 月 金凤制衣服装厂建成。

1996 年

4 月 第五届村民委员会换届选举，贾宝书连任村委会主任。

5 月 临淄区修建北外环路，抢救性发掘南马坊一号战国墓。

11 月 14 日 于强国辞去村党支部书记，村委会主任贾宝书兼任。

1997 年

2 月 19 日 邓小平逝世，全村开展悼念活动。

6 月 19 日 贾振琨墓被淄博市人民政府公布为第二批市级重点文物保护单位。

7 月 1 日 全村举行香港回归庆祝活动。

秋 企业改制工作全面展开，村办企业全部改制为民营企业。

是年 村“两委”多方筹集资金，归还村民在积金会存款。

是年 全村普及有线电视，村民可收看到清晰电视节目。

1998 年

1 月 贾宝书当选临淄区第十四届人代会代表。

2 月 村“两委”制定婚事新办新规定，在全村实行。

夏 扩建村南城区北外环路，出土八棱柱形石经幢一座，记载北宋时南马坊村隶属及建造南马寺买地等史事。

1999 年

3 月 村民集资、企业捐款、集体投资，将村内中心路改建为水泥路，并安装路灯。

4 月 第六届村民委员会换届选举，贾宝书连任村委会主任。党支部换届选举，贾宝书连任党支部书记。

12 月 20 日 村举行澳门回归庆祝活动。

12 月 第一批下乡知青代表到南马坊村进行回访。

2000 年

6 月 26 日 中共中央政治局委员、山东省委书记吴官正到南马坊人宗来沂创建的淄博顺齐塑纺制线公司考察党建工作。

12 月 淄博市副市长关玛莉到南马坊村考察村民自治工作开展情况。

12 月 30 日 村“两委”制定丧事新规定，并公布实施。

2001 年

9 月 在村西南域整平土地，修建大棚，举办物资交流大会，蔬菜批发市场及农贸市场同时开业。南马坊复立集市，5 天一个集市日，为农历一、六。

冬 村集体出资购置京剧新戏装。

2002 年

4 月 第七届村民委员会换届选举，贾宝书连任村委会主任。党支部换届选举，贾宝书连任党支部书记。

是年 村民办教师全部转为公办教师。

2003 年

1 月 贾宝书当选临淄区第十五届人代会代表。

4 月 传染性非典型性肺炎在国内流行，全村动员抗“非典”。

6 月 29 日 南马坊村举办第一届农民运动会。

2004 年

5 月 1 日 南马坊村举办第二届农民运动会。

8 月 1 日 省政府副省长张昭福在市长刘慧

宴等领导陪同下，到南马坊视察农村“两网”建设。

12 月 第八届村民委员会换届选举，贾宝书连任村委会主任。党支部换届选举，贾宝书连任党支部书记。

是年 村妇代会主任孙爱红出席临淄区妇代会，并当选淄博市第十次妇女代表大会代表。

是年 全村开始实行新型农村合作医疗，简称“新农合”。

2005 年

1 月 村委对年满 60 周岁老年人开始发放生活补助费，每人每年 200 元。

是月 全村双女及独生子女父母，满 60 周岁者，政府开始发给每人每月 60 元生活补助费。

秋 南马坊幼儿园开园招生，定名为齐都实验幼儿园。

2006 年

3 月 村领导以《奋进小康的南马坊村》为题，在齐都镇建设社会主义新农村动员大会上做典型介绍。

4 月 15 日 临淄区政府副区长张士友等领导到南马坊调研文化大院建设。

5 月 南马坊村举办第三届农民运动会。

春 村集体投资修建南马坊村灵堂，接纳去世村民骨灰盒存放。

是年 政府免征农业税，实行种粮补贴，村民每亩土地当年补贴 13 元。

2007 年

5 月 18 日 国家体育总局武术运动管理中心党委书记何青龙到南马坊村考察群众太极拳活动开展情况。

10 月 4 日 第九届村民委员会换届选举，贾宝书连任村委会主任。党支部换届选举，贾宝书连任党支部书记。

是年 村民换发第二代居民身份证。

是年 宗来沂、于强国当选临淄区第八届政协委员。

2008 年

1 月 全村 60 周岁以上老年人开始领取政府发放的养老金，每人每月 60 元。

是月 贾宝书当选临淄区第十六届人代会代表。

5 月 南马坊村举行第四届农民运动会，区政协主席孙海清等领导出席开幕式。

是年 18 岁至 59 岁的村民全部参加养老保险，保费由村集体代交 50%，个人交纳 50%。

2009 年

4 月 新建临淄中学，在南马坊地域内发掘多处墓地，出土众多文物。

8 月 齐都镇党委深入学习实践科学发展观活动“简报”第 9 期，以《南马坊村践行科学发展观为民办实事打造和谐宜居新农村》为题，作典型报道。

9 月 南马坊旧村改造领导小组成立。

12 月 23 日 南马坊新村举行奠基仪式，临淄区和齐都镇领导出席。

2010 年

2 月 南马坊旧村改造筹建处成立。

5月 南马坊新村动工建设，发掘墓地多处，出土一批重要文物。

是月 南马坊村举办第五届农民运动会。

7月16日 “南马遗址”被淄博市人民政府公布为第四批市级重点文物保护单位。

是年 南马坊村代表队获临淄区第七届农民运动会乒乓球比赛男子团体第一名。

2011年

4月26日 第十届村民委员会换届选举，贾宝书连任村委会主任。村党支部换届选举，贾宝书连任党支部书记。

秋 南马坊村代表队获齐都镇农民篮球赛第一名。

2012年

1月 村委再次提高年满60周岁以上老年人生活补助费，每人每月200元。另外，每年生日发给100元贺金。

1月17日 贾宝书当选临淄区第十七届人代会代表。

5月 《南马坊村志》编纂委员会成立。

是月 棠悦生活区动工建设，征用南马坊村土地300余亩。

是年 宗来沂、于强国当选为临淄区第九届政协委员。

2013年

1月 村民按相关规定办理丧事者，区民政部门发给800元补助费。

4月19日 下雪6厘米，时间晚、雪量大，百年不遇，部分果树受到冻害。

2014年

10月 南马坊新村全面落成，12月8日开始搬迁。

11月 第十一届村民委员会换届选举，贾宝书连任村委会主任。村党支部换届选举，贾宝书连任书记。

12月9日 村民代表大会通过《南马坊村人口与计划生育村民自治章程》。

2015年

3月 村第十届老年协会改选，于明孝任会长。

6月 南马坊村联合工会成立，刘景清任主席。

10月8日 南马坊村举办第六届农民运动会。

12月4日 山东省妇联主席邢善萍到南马坊村考察妇女维权工作开展情况。

2016年

3月 第二批下乡知青代表到南马坊村进行回访。

4月 村党支部组织开展“两学一做”学习教育。

5月7日 村太极拳代表队获临淄区齐风太极刀比赛第一名。

10月26日 村门球代表队参加临淄区门球联赛，女队获得第二名，男队获得第四名。

第一篇

村域环境

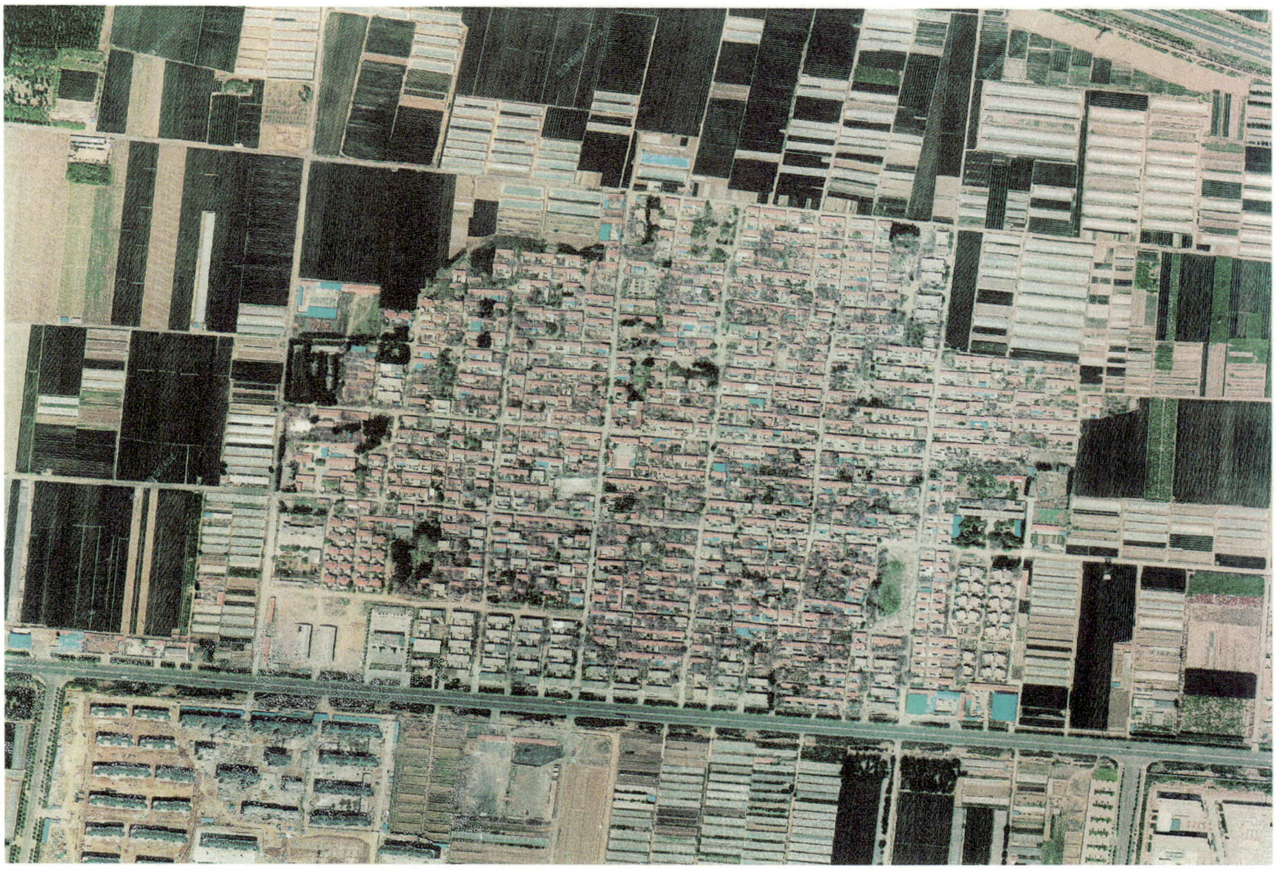

南马坊村航拍图（2012年）

南马坊村碑

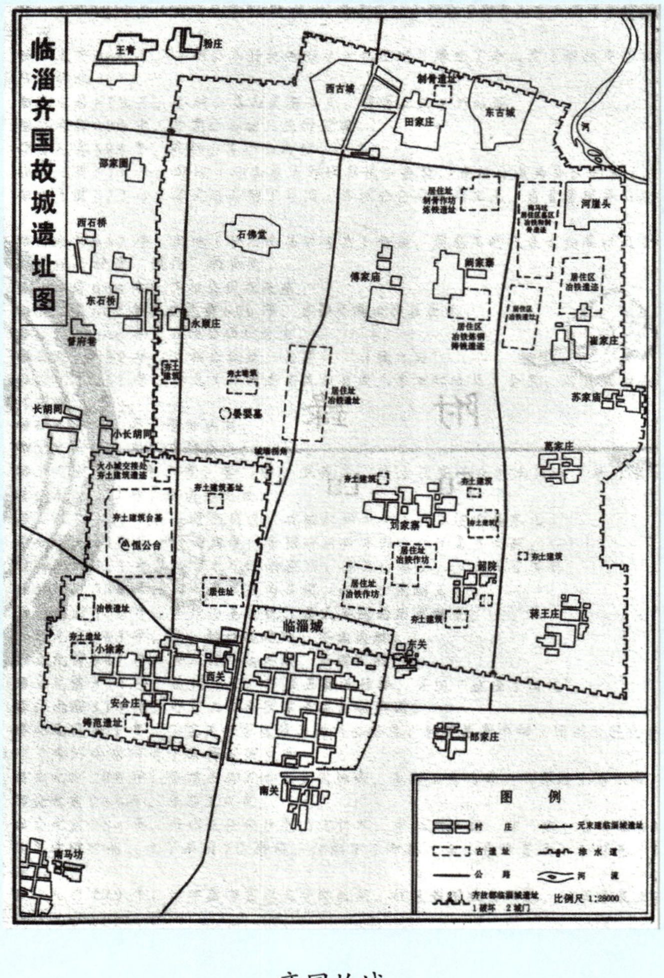

齐国故城

南马坊周代立庄，距今2800余年。南马坊的形成与齐国养马业密切相关。春秋战国时期，马匹是重要的战备资源，马在战斗中起着重要作用。马的多少是各诸侯国国力强弱的重要标志。姜太公建立齐国后，在齐国都城之南建立养马场。养马场延续几百年，逐渐形成村落，南马坊由此而立。据明嘉靖《青州府志》载：昔为故齐国之马坊，因在齐都城南，故称南马坊。后成村落，村亦为名。

南马坊地势平坦，土壤深厚，土质肥沃，水资源充足，适合农作物生长。地处北温带，气候四季分明。春季少雨，多西南风，空气干燥；夏季雨多，湿度大，气温高；秋季昼夜温差大，秋高气爽；冬季少雪，西北风强劲，干冷。

村域内土地资源、水资源等自然资源丰富。动物资源呈多样性，植物资源品种繁多。1970年前，自然植被茂密。1972年后，逐渐以人工植被为主，自然植被减少。境内自然灾害发生较少，适宜人群居住。

第一章　建置　沿革

第一节　位置面积

南马坊村位于鲁北平原南部，南依鲁中山地余脉北部边缘。村委驻地位于北纬36° 50′ 26″，东经118° 19′ 55″。村域海拔南部为57米，北部为48米，高度相差有9米之多。

村西南距临淄区行政办公中心驻地2.5公里，东北距齐都镇人民政府驻地2.6公里。东与齐都镇南关村、龙贯村相望，南与稷下街道刘家庄、徐家庄、永流庄、范家庄接壤，西与齐都镇国家村、尹家村相连，北与齐都镇刘家村、小徐村、安合村、西关南村毗邻。东距淄河4.3公里，南距齐陵街道境内牛山5.9公里，西至张店区中埠镇境内铁山13.9公里，村北0.8公里有济青高速公路过境。

村庄占地面积900余亩。

第二节　村庄渊源

村名由来　南马坊村的建立与齐国养马业密不可分。春秋战国时期，马匹是重要的战备资源，在战斗中起着重要作用。马的多少，是当时各诸侯国国力强弱的标志之一。

姜太公建立齐国后，在发展各业的同时，尤为重视养马业，遂在当时的齐国都城近郊建起了庞大的养马场。养马场建立后，历经几百年，从业人员不断增加，逐渐形成村落，南马坊由此始立。南马坊立村是一个漫长的过程，开始叫马坊庄，因在齐国都城南隅，后称南马坊。

南马坊，俗称南马。据出土的宋代八棱石经幢记载，北宋时期曾称南马村。1920年（民国九年）《临淄县志》称南马坊庄。1949年，新中国成立前一段时间，一直到1958年成立人民公社，称南马坊村。设立人民公社建制后，在官方档案和大队公章中均称南马大队。1984年，大队建制取消，改为村委会，遂恢复南马坊名称。但由于习惯原因，或是省略的叫法，在一些地方仍称作南马。

村庄形成　商周至春秋战国时期，马是奴隶主贵族的重要财富。当时，军队的主体是战车、马匹和士兵。每辆战车用四匹马曳引，称为“一乘”，每辆战车上配有三名士兵。战斗开始，战车在战马拉动下，纵横驰骋冲击，步兵紧随其后，以决胜负。战国后期，骑兵这一新的兵种出现，其机动性好，速度快，战斗力更强，杀伤力更大。骑兵是一人一骑，它的出现，需要更多的马匹。马在战斗中所起的作用越来越大。

养马业有两种形式，一种是放牧，一种是圈养。临淄和青州北部是一片广袤的冲积平原，气候温和，雨量丰沛，自然条件优越，具有放牧马匹得天独厚的条件，为齐国储备着大量的马匹。当时，齐国为了国家的安全，训练方便，调度快捷，在都城近郊建设一处大型圈养马场，南马坊所处位置是最佳选择。

齐国有发展畜牧业尤其是养马的优越条件，又加向北靠近少数民族，引进了北部草原山戎族的饲马技术和优良马种，养马业在各诸侯国中捷足先登，为军事装备的发展提供了可能。至齐桓公时，齐国就是各诸侯国中马匹最多的国家。号称“千乘之君”“万乘之国”。当时对马的分类有6种，供繁殖用的称种马，供军队用的称戎马，供仪仗祭典用的称齐马，供驿用的称道马，供狩猎用的称田马，供杂役用的称驽马。很显然，“千乘”“万乘”所指的马都是“戎马”。光戎马就有上万匹，再加其它5种马，当有多少，可想而知。这些马全部为圈养之马，都聚集在南马坊所处的养马场内。

至齐景公时期，养马业达到鼎盛。齐景公，公元前547年至前490年，在位58年，是继姜太公后第26代国君。在晏婴的辅佐下，是齐国强盛和执政时间最长的国君。据《论语·季氏》记载，齐景公“有马千驷”。千驷即4000匹马，仅齐景公一人供其娱乐狩猎的御马就有4000匹之多，养马场规模扩建一斑。

齐景公特别喜爱马，死后大量殉马当属必然。1972年，在齐都镇河崖头村西发掘的东周殉马坑，据考证为齐景公之墓。在墓的东、西、北三面有一“门”形殉马坑。坑的西面长70米，北面长75米，东面在清朝末期修筑村围墙时遭破坏，据残存的马骨推断，长度当与西面相等，坑宽5米。坑内殉马由西南端开始，按顺时针方向成两行排列，马头向外，昂首侧卧作奔跑状，前后略有叠压，距离均匀，井然有序。经鉴定，殉马系骟过的壮马，被处死后经人工排列而成，总数在600匹以上，反映了齐国养马业的发达和国力的强盛。从其他多处发掘的殉马坑看，厚葬必殉马，成为那个时期上层社会的潮流。而这些马的来源，都是从南马坊养马场调出去的马匹。

南马坊养马场不仅饲养马匹，还设有驯马场。一匹马由小到大，由驯到战，需经两个阶段，即技术训练和战术训练。在南马坊东南郊，有一条南北走向的大沟，是南马坊村最大的一条沟，古称“练马沟”，近代百姓称马连沟。此沟周围便是小型的驯马场。幼马先在此经过初级调教，进行技术性训练，待长大成熟后，再移到大型训练场去进行列阵、兵马配合、战术训练。遄台周围便是这一阶段的主要训练场所。

所以说，“练马沟”和遄台是两个不可分割的训马场所。

遄台，位于南马坊村西北方1.5公里处，是一夯筑台基。台高6米，南北长60米，东西宽50米，历经两千多年的沧桑风雨，仍高大如丘，台上松柏成林。

遄台，村域百姓又称为“歇马台”。据传春秋战国时期，强大的齐国士兵出征归来，先在故城西边稍息。士兵们磕磕战靴中的泥土，弹掉身上的尘土，然后整顿军容进城。这些泥土、尘土久日久之，堆积如山，夯实成台，故叫“歇马台”。

遄台的真正用途是齐国军队、士兵、战马训练的指挥台。春秋战国时期，两国交战，以战车和士兵为主体，后期以骑兵和步兵为主体。不论是车马战还是骑兵战都需经过严格的、反复的列阵训练、战术训练，车、马与士兵的配合训练。遄台既是大型训练场的指挥台。由于此处地势平坦，也适合赛马，齐国的王公贵族经常在此赛马，“田忌赛马”的故事就发生在这里。

从姜太公封齐，在城郊设养马场，到公元前221年，秦国灭齐，养马业萧条，前后跨越几百年。从最初设置养马场后，与养马业相关的各类人员随之大量增加。在这些人员中，既有马的繁育、驯养人员，也有官署派来的马政管理人员；既有为养马业服务的兽医，也有饲草供应等人员，形成了一条完整的养马产业链。这些人员聚集在一起，为南马坊村庄形成奠定基础。以后在漫长的历史长河中，养马场内众多人员去留不定，定居下来的人又在这里娶妻生子，繁衍后代，由最初的几个定居点逐渐扩大成片，形成村庄。因该村在养马场内，始叫“马坊庄”。因庄又在故城南面，后加其方位，叫“南马坊庄”。

第三节　村庄建置

村庄组成　南马坊由大南马、小南马组成。小南马即原来的3组所在地，俗称“东庄子”。据传这是南马坊村的起始地。以后在村庄西较平坦的地方陆续有移民迁入，形成大南马，自古隶属一个区划。

建置　南马坊村从有记载开始，即划为4个相对独立的行政片区，分为东南马、东北马（小东庄归东北马）、西南马、西北马。每个片区独立为庄，自设庄长，各自为政。

1953年，各庄开始自行成立若干个生产互助组，庄长权利有所减弱。1955年底，互助组联合组成初级生产合作社，简称初级社。1956年初，全村的初级社联合组成一个高级社，为南马坊高级社。按照村民的居住区域，高级社将其划分为6个生产队（以下简称队）。白衣大土庙以东、后大街东端两边住户、东北方围墙以内为第一队；小后街和东庄子合为第二队；东南马大街为第三队；小前街为第四队；西南马为第五队；西北马为第六队。1957年，因第二队社员居住距离较远，不便管理，又将其分为两个队。小后街仍为第二队，东庄子为第七队。

1958年9月，人民公社成立，南马坊高级农业社遂改为城关公社南马大队，下属7个生产队。10月，全大队按军事化建制编为三个连。即原一、二、七队为一连，三、四队为二连，五、六队为三连。1958年底，连队编制取消，复置7个生产队。1962年2月，中共中央发出《关于改变农村人民公社基本核算单位的指示》，明确人民公社以生产队为基本核算单位。9月，中共八届十中全会通过《农村人民公社工作条例修正草案》，人民公社实行“三级所有、队为基础”的核算单位后，全村重新规划调整为12个生产队。

1984年，公社建制撤销后，改生产大队为村，生产队为组，一直沿用至今的12个村民小组。

第四节　隶属沿革

周代立村至宋代之前，村庄隶属沿革不详。

宋咸平四年（1001年），隶属青州临淄县天齐乡。

明嘉靖四十四年（1565年），临淄县分4乡7店，南马坊隶属青州府临淄县端智乡。

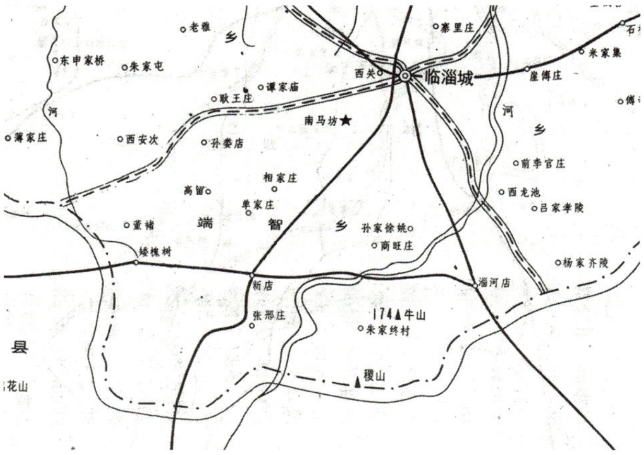

明嘉靖四十四年端智乡图

清康熙十一年（1672年），全县分5乡89社，南马坊隶属临淄县端智乡南十社。

1912年，中华民国建立，临淄县沿用清末乡社制。初设1城区40社，南马坊（包括小东庄）隶属南十社，并为南十社驻地。

1930年，临淄县废社改区，全县分5个区，

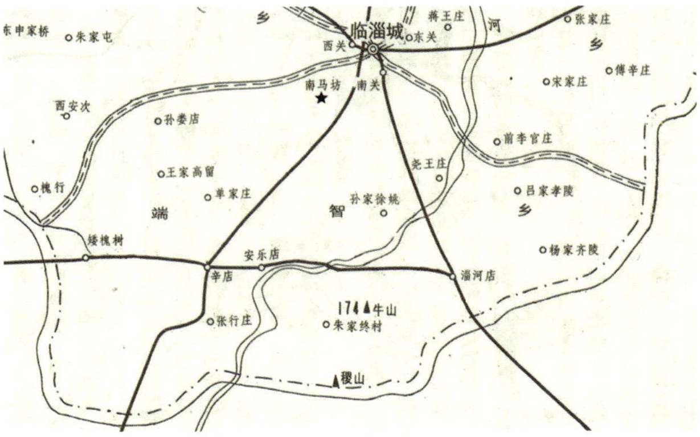

清康熙十一年端智乡图

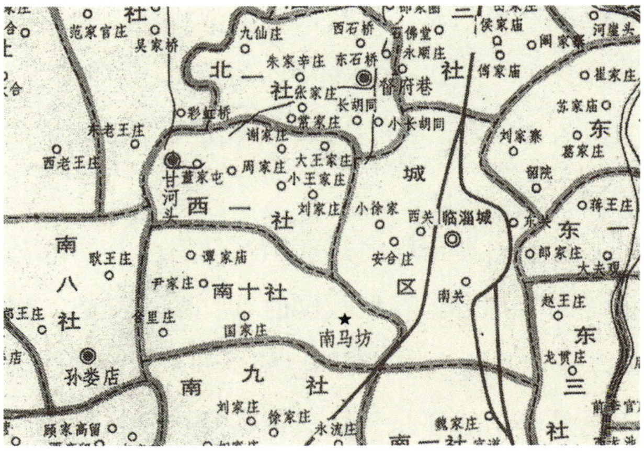

民国九年南十社图

南马坊隶属一区南马乡。1946年，全县按地名分设6个区，南马坊隶属城关区南马乡。

抗日战争开始后，中国共产党在敌后根据地建立政权。1939年7月至1945年8月，临淄县先后隶属中共清河特委和清河行政区，南马

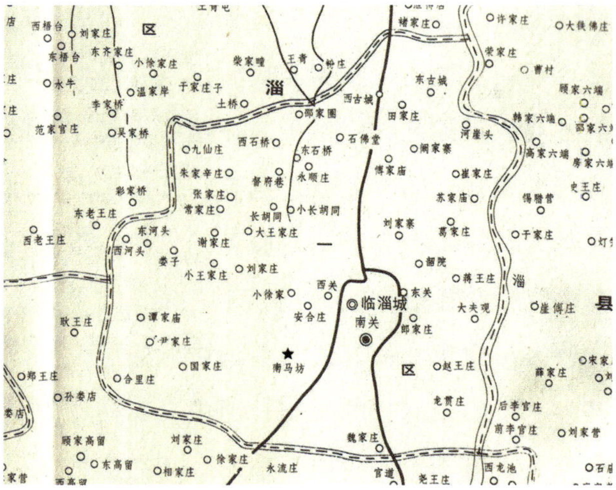

1937年临淄县一区图

坊隶属一区南马乡。解放战争时期，1946 年 10 月，临淄县属清河专区，南马坊隶属城关区南马乡。其间，中国共产党在这一带并未建立实质性政权，区域划分沿用中华民国建制。

1948 年 3 月，临淄县获得最后解放，全县设立 7 个区，南马坊隶属城关区南马乡。

1950 年 5 月，清河专区撤销，临淄县划归淄博专区。9 月，7 个区改以数字命名，城关区改称一区，南马坊隶属一区南马乡。

1952 年，全县设立 7 个区，恢复以地名命名，南马坊隶属城关区（曾称古城区、一区）南马乡。

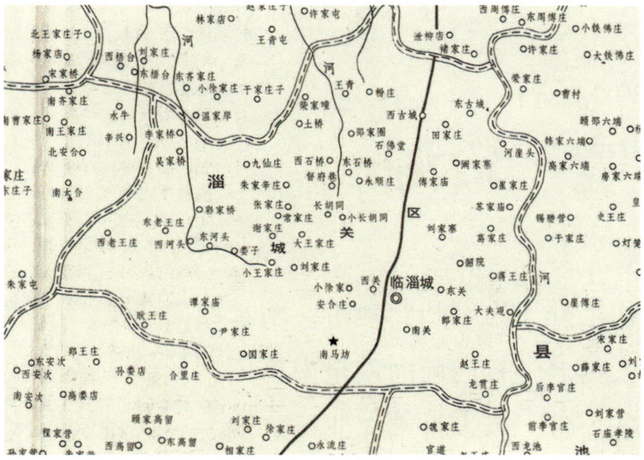

1952 年临淄县城关区图

1953 年 7 月，临淄县由淄博专区划归昌潍专区，仍属一区南马乡。1955 年 11 月，区又以地名命名，一区改称古城区，南马坊隶属古城区南马乡（时南马乡辖南马坊、国家庄两村）。行政印章为“临淄县古城区南马农业社”。

1956 年 6 月，全县区划调整，设立 6 区 2 镇 53 乡，南马坊隶属城关区南马管区。

1958 年 2 月，全县进行行政建制调整，撤销 6 区 2 镇 53 乡建制，设立 2 镇 12 乡，南马坊隶属城关镇。9 月，撤销 2 镇 12 乡建制，全县行政建制实行政社合一的组织形式，全县建立 7 个人民公社（以下简称公社），下辖大队。

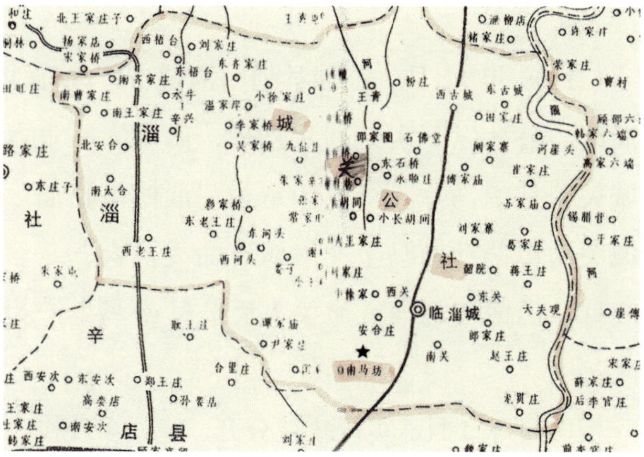

1958 年 10 月临淄县城关公社图

南马坊改称南马大队，隶属城关公社南马管区。10 月，临淄县并入益都县，城关公社改称益都县古城公社，南马大队属古城公社南马管区。行政印章为“益都县古城人民公社南马大队”。

1960 年，古城公社曾更名为临淄公社，但行政机构公章仍称益都县古城公社。1961 年 10 月，恢复临淄县建制。1962 年 1 月与益都县分署办公，南马大队隶属临淄公社。1962 年 3 月，临淄公社复称城关公社，南马大队仍属城关公社。行政印章为“临淄县城关人民公社南马生

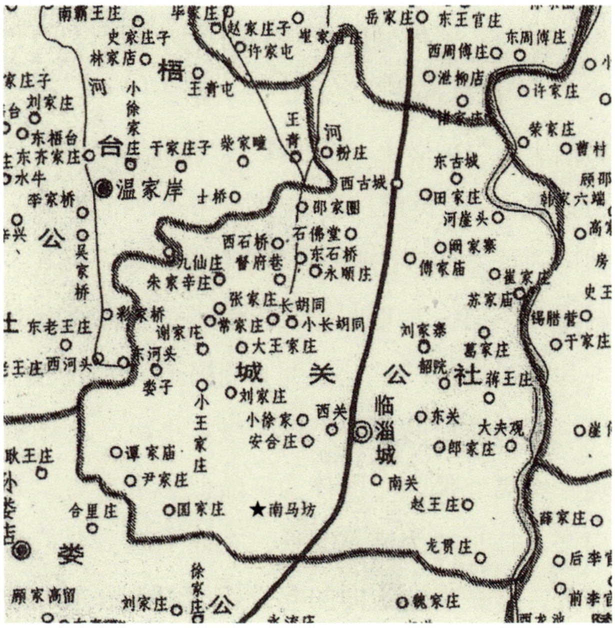

1970 年临淄县城关公社图

产大队”。

1969年12月，临淄县划归淄博市，改称临淄区。公社以下实行划片管理，南马大队隶属城关公社南马片。行政印章为“淄博市临淄区城关人民公社南马生产大队革命委员会”。后改称“淄博市临淄区城关人民公社南马生产大队”。

1984年4月，实行政社分开，建立乡政权。全区组建13乡5镇1街道。临淄区撤销城关公社，组建齐都镇，南马大队改称南马坊村，隶属齐都镇所辖。行政印章为“淄博市临淄区齐都镇南马坊村民委员会”。

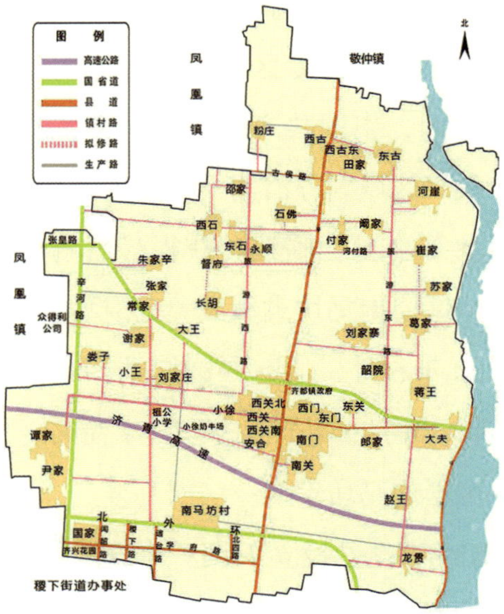

齐都镇行政区划图

第二章　环境　资源

第一节　自然环境

地形　南马坊村境内属冲积平原，地势平坦，微斜，整体呈南高北低趋势。土层厚度15米之多（据村打井队资料记载），活土层1～2米。村南土壤为黄褐土，俗称黄土。村北为潮褐土，俗称黑土、黑黄土。以村内前大街东西向划线，线南为黄褐土，个别地片略有沙粒，地力较差。村东南方有一片地叫“红土窝子”，村西南有一片地叫“落星地”。线北为潮褐土，地力较好。

南马坊村的地形大体平缓。小南马地势平坦，南高北低，三面环沟，酷似一个半岛。大南马总体地势为南高北低，东西平缓。在东水塔处，有一南北走向的起脊带，雨水分东、西流向。在10组董会章、张守成及11组贾明远住宅处，为一凸状地带，雨水四向分流。从后大街老学校门前向南至南寨门，形成一条沟状低洼带，雨水自南向北蜿蜒流去。这条沟是村内雨水的主要排泄沟，也是南马坊村东、西两个密集居住区的分界沟。村东北部地势平坦、低矮，较7组、8组地面低近2米。

地貌　全村地面总体平缓，实沟壑纵横，崎岖不平。全村5000余亩土地上，分布有七条大沟、一条韩信河、一处窑湾，另有土冢、坟茔。

七沟　主要分布在村东和村南。从3组东头数起，第一条叫疙瘩爷庙子沟，向北直通安合村南边的疙瘩爷庙子。第二条朝东北方向的石姑庙沟，经塔洼（以前此处有四座佛塔）直通南关村。第三条从3组东头向东南方，通过4组地片，伸向今稷下街道官道村，叫柳行子沟。第四条在东南寨门外，向南通向狼冢子（现在临淄酒厂内，俗称犸犹冢），此沟最北端宽有50多米，深达4米，最深处有5米以上，全长1300余米，是南马坊村最大的沟，古称“练马沟”，现称马连沟。此沟北端，有一条向西南方曲曲折折通往徐家庄（今属金茵生活区）的为第五条大沟，叫西南沟。此沟还是南通辛店，北通广饶的交通要道。解放前后，从此经过的人推车、牲口拉的钢脚马车，穿行不断。第六条从7组原村庄围墙外的柳行子湾，向西南到原刘家坟与第五条沟汇合的一条叫柳行子湾沟。第七条沟在10组地片，俗称西流沟，从村南朝西南方通往大冢坡。

一河　在村东南坡有一条低洼带，叫韩信河。相传为汉将韩信为借淄河水北淹临淄城所挖。经多年雨冲变化，河床宽而平缓，河床与两岸落差仍有2米多，耕种极为不便。

一窑湾　该湾坐落在村西北，是清朝后期至近代，南马坊于氏先祖制坯烧砖后遗留下的一处废弃大坑。砖坯垃圾成堆，低洼处积有污水，杂草丛生，总面积近60亩。

将台冢（2013年）

土冢　临淄素有城北看岭、城南看冢之说。在南马坊村域土地上，坐落着大小墓冢23座。较大的从村东依次为平冢子、将台、灰冢子、狼冢子、尧冢子、勺子冢、东大冢、西大冢、徐家冢子、长冢子、尖冢子、张家冢子、松树冢等。

坟茔　在旧社会，坟墓的设立无人管理。大的氏族圈地建坟，小的门户在自家土地上挖坑建坟，无土地者随意安葬，叫“乱葬岗子”。随着时间的推移，各氏族人丁繁衍，几经分支，多处建坟。至1966年，占地达一亩以上的坟墓群有60余处，最大的一处是村西北原林业队处的于家坟，占地88亩。小型坟地不计其数。“文化大革命”初期，破“四旧”运动开始后，南马大队开展平坟运动，除少数几个烈士的坟墓得以保留外，其余全部被平掉。

道路　有大道和小道。大道较宽，是通向邻村的主要路，可以通行牲畜拉的大车，为旧时延续形成。小道窄，是供田间耕作时通行，因地制宜，有地必有道。道与路的叫法不定，依习惯而称。村域外原有数条大沟，有沟即有道，或沟底，或沟沿，顺沟而设。道与道之间就近取路，称小斜道，可供单人行走，稍宽的可供车辆通行。道路在田间成不规则网状分布，纵横交错。1972年，农田实行畦田化，将大田划成方。在田间设有大路、社路及生产路。大路、社路宽6米，两边植树；生产路宽4米，在一边植树。以后，农田逐步实现林网化，彻底改变了大田道路杂乱无章的状况。

气候　南马坊村处于大气环流的西风带，气候带有明显的季风性和大陆性特征，属北温带半干燥大陆性季节气候，四季分明。

特征　春季，3—5月。气候特征是降水少，气温回升快，冷暖变化大，多风，有“行下春风下秋雨”之说。随着春季的延续，地温上升，万物复苏，人们播种、植树、种瓜菜忙碌。百虫出蛰，候鸟回归，惊雷阵起，春暖花开，一片生机勃勃景象。夏季，6—8月。气候特征是高温、炎热、多雷雨，连阴雨天气多，天气变化莫测。冰雹、暴雨不时来临，灾害多出现，降雨出高峰，气温达极限，万物茂盛，百虫活跃。秋季，9—11 月。气候特征是温度下降快，降水减少，天气干燥，温差大，早晚凉爽，午间炙热，晴空天气多，秋高气爽，天高云淡。冬季，12 月至翌年 2 月。气候特征是干燥、雨雪少，寒流频至，干冷，天寒地冻，大雪纷飞，铺天盖地，封道封路，出行困难。

气温　气温年度变化呈“一峰两谷”特征。据临淄区气象局资料，峰值在 7 月，平均气温在 26.5℃，两谷值在 1 月、12 月，平均气温在 –2.7℃和 –0.1℃。南马坊村未有具体记载。据村中老人回忆，高温最高达 40℃，但时间很短，一般在 38℃ ~ 40℃就算是高温；低温达零下 18℃，出现在 1957 年、1988 年，时间很短，气温接近滴水成冰。其时，下雪以后，雪在茅草屋面经太阳一晒，溶化成水，顺檐而下，边流边冻，边冻边流，越来越粗，越来越长，俗称“融坠”。有的呈宝剑形，有的呈水帘状，奇形怪状。

随着全球气温变暖，冬季气温明显高于以前同期。冬季趋晚，春季趋早。进入 21 世纪，最低气温一般在 –14℃。2012 年，冬季曾达 –16℃，是近 30 年最低气温。2016 年 1 月 22 日，气温达 –23℃，是近 70 多年之最。

地温　地温变化稳而慢，历年平均最高值，据临淄区气象局记载为 16℃。7 月份最高达 32.7℃。地温下降一般在 10 月下旬。12 月下旬，冬至节气后，地温最低，冻土层达 28 厘米。

地温低达极限后开始回升，在惯性作用下，气温反而继续下降，并进入数九寒天，地面被冻得裂了缝，有的年份裂缝达 1.5 厘米，呈不规则网状曲线，刻嵌地面。至 1 月份，地温回升到 1.7℃。立春节气后，气温仍很低，地温却渐高，有“冻人不冻水”之说。此时，一般小雪落不到地面就被地温溶化，“打了春的雪，狗也撵不上”，即为写照。

降水　四季分布不同，春季占全年降水量的 7%，夏季占全年的 70%，有“春雨贵如油，夏雨遍地流”之说；秋季占 18%，冬季最少占 5%。7 月份降水最多，1 月份最少。南马坊村每年的 7 月上旬到 8 月下旬为雨季，近 50 天时间降全年 70% 左右的水，雨大水多，极易造成水灾。有的年份，6 月中旬即进入雨季，赶上连阴雨天气，多日不转晴天，易造成小麦霉烂。

日照　太阳随季节的变化升落时间各不相同，对地球的日照时间也各不相同。据淄博市气象台资料，2015 年、2016 年两年都是夏至日出为 4 时 48 分，日落为 19 时 31 分；冬至日出 7 时 19 分，日落 16 时 56 分，时差为 5 时 7 分。时差用半年时间分耗，从而推算出每天天长和天短的时间，大约为 101 秒。

根据临淄区气象台统计，南马坊村历史平均日照时间 2441.4 小时，年日照百分率 57%。据 1963—2004 年统计资料，最大年日照量为 2831.6 小时（1965 年），最少日照数为 2186.2 小时（1984 年）。

风向　刮风有明显的季节性，春季冷空气势力减弱，暖空气势力增强，多刮西南风和东南风。春风拂面，温暖怡人。夏季由于西南暖湿气流和暖低压势力强，多刮西南风和东南风，空气湿润潮湿，随风多有雨云至，尤其是在台风盛行之时更为明显。秋季冷空气势力增强，暖空气势力减弱，偏北风增多，南风减少，天气干燥，日渐风凉。冬季受干冷的蒙古高压控制，盛行偏北气流，多以刮北风和西北风为主，遇有南来暖气流，形成雨雪，大雪纷纷，铺天盖地。

物候　南马坊村地处北温带，四季分明，动植物都根据天气的变化，为了繁殖和生存，本能性和相应的变化，从而构成各季节生存现状。

植物候　包括乔木类、灌木类、药材类、野菜类、瓜菜类、作物类等。共同特点是季节性强，遇热生根发芽，开花结果，繁衍后代。遇冷落叶自保，或整体眠、或种眠、或根眠，以待来年。

乔木类。榆树，2 月下旬发芽，3 月中旬开花盛期，4 月上旬展叶，下旬种子成熟脱落。梨树，3 月 20 日左右冬芽萌动，4 月中旬开花，8 月下旬至 9 月中旬果实成熟，11 月上旬落叶。枣树，4 月下旬开始发芽，5 月中旬开花，9 月下旬果实成熟。俗语说，“七月十五红鼻枣，八月十五呱哒哒”。10 月中旬落叶。刺槐，4 月上旬发芽，中旬展叶，5 月上旬开花，7 月下旬种子成熟，10 月上旬始落叶，11 月中旬休眠。

榆树

灌木类。柴穗槐，4 月上旬发芽，中旬展叶，5 月上旬开花，下旬花落，8 月中旬种子成熟，10 月上旬落叶后休眠。酸枣，4 月中旬发芽，5 月上旬展叶，盛花期 5 月中、下旬，9 月上旬果实成熟，10 月下旬落叶休眠。

紫穗槐

药材类。蒲公英，3 月中旬发芽，4 月中旬开花，5 月成熟，9–10 月根部养分积累，11 月叶子枯萎，根眠。另还有车前子、益母草、茵陈、瓜娄、黑白丑、青青菜、茅根、苏子等，物候各不相同。

野菜类。苦菜子，3 月下旬发芽，4 月中旬展叶，5 月上旬开花，下旬结子，6–10 月根部积累养分，11 月叶子枯萎，根眠。另还有谷楂头、蓬子菜、扫帚菜、灰菜、马齿菜等，物候各不相同。

瓜菜类。黄瓜，露地栽培（阳畦育苗），3 月下旬播种，4 月上旬定植，5 月下旬至 8 月上旬收获。番茄，春季露地栽培，2 月中旬播种，4 月中、下旬定植，6 月上旬至 7 月下旬收获。辣椒，清明至谷雨育苗，麦收后定植。芸豆，4 月中旬播种，6 月下旬至 7 月底收获。另还有菠菜、韭菜、香菜、白菜、茄子、大葱、西葫芦、冬瓜、苦瓜、甜瓜、丝瓜、菜花、豆角、甘兰、萝卜等，物候各不相同。

蒲公英

益母草

观赏花。芍药，3月中旬发芽，4月中旬展叶，5月中旬盛花，7月下旬种子成熟，10月下旬叶片枯萎。此类还有牡丹、一品冠、茉莉、杜鹃花、鸡冠花、君子兰、大头兰、单叶兰、吊兰、箭兰、蟹爪兰等，物候各不相同。

农作物类。冬小麦（济南13号），9月下旬至10月上旬播种出苗，10月中旬至11月下旬分蘖，12月上旬越冬停止生长，次年3月上旬返青。4月中旬拔节，5月初抽穗，“一穗、二穗，一月吃麦”，6月上旬成熟收割。玉米（夏玉米），播种期平均在5月下旬，6月上旬苗全，7月中旬拔节，下旬孕穗抽雄。8月上旬开花吐丝，9月中旬成熟。谷子，4月下旬播种，“清明秫秫，谷雨谷”，7月下旬，大暑抽穗，8月下旬成熟。

随着社会的进步，科学的发展，温室种植的推广，许多植物，根据人们的意志而暂时改变生长状况，让它们成为四季都有的物品，物候成全年侯。

黄瓜

动物候　包括候鸟、小动物、虫类、过往鸟等。它们的特点是随季节变化而变化，温度适宜，或出蛰活动，或迁来，或过往。遇冷，或整体休眠、或成蛹眠、卵眠或迁走，以待来年。

候鸟类。燕子，又叫小燕，家燕。4月上旬迁来，俗说“一百五，燕子来到济南府”。9月中、下旬陆续迁走。布谷鸟，4月中旬迁来，6月上旬始鸣，9月底迁走。斑鸠，4月上旬迁来，8月上旬迁走。另还有黄鹂、山大头、箭箭子、红下鸽、麦鸡子、黑翅等。

小动物。青蛙，惊蛰后出动，5月下旬水中始鸣，10月上旬绝鸣，11月初蛰伏。壁虎，4月初出蛰，6-7月繁殖，11月中旬冬眠。蜜蜂，4月中旬出巢寻花做蜜，10月上旬入眠。龟，5月上旬浮动，5月下旬至6月上旬下蛋繁殖，11月初蛰伏。

虫类。蛇，惊蛰前后出土活动，10月下旬入土。蝉，分三种，麦蛸、老蛸、独嘹。6月上旬麦蛸羽化始鸣，8、9月老蛸盛行，10月上旬独嘹等陆续绝鸣、死亡。蟋蟀，始鸣为8月上旬，10月下旬绝鸣。虫类还有金龟子、蜗牛、蝎子、蜈蚣、苍蝇、蚊子、天牛、桑蚕、蛴螬、蝼蛄、土蚕、蚂蚁、螳螂、屎壳郎、瓢虫等。

过往鸟。大雁，4月上旬飞往北方，从村域上空飞越，10月上旬经村域上空飞往南方。

近年因大量使用农药，部分动物已近绝迹。如屎壳郎、胡鼬等。

家燕

第二节　自然灾害

旱灾　自古有“十年九旱”的说法，多发生在春季。春旱影响春播，影响小麦返青、拔节；夏旱影响作物生长；秋旱影响小麦播种。解放前，小农经济抵抗旱灾的能力差。20世纪50年代，集体生产后开始打井抗旱，增强了抗旱能力，虽有大旱，也有好的收成。据历史记载和回忆，村内出现的旱灾、旱情主要有以下年份。1945年，出现过大旱。1952年，大旱。1957年，秋旱，种不好麦子，人拉水车种麦子。1965年，全年旱情严重。1972年，出现旱灾。1978年，先旱后涝。1986年，春大旱。1988年、1989年，连续两年春旱。1997年、1999年，春旱严重。2002年，出现冬旱和春旱。

青蛙

蟋蟀

水涝　夏季降水占全年的70%，涝灾多发生在七八月份。南马坊村土壤特性渗透性好，吃水性强，未造成大的灾害。20世纪70年代前，南马坊村有7条大沟，暴雨来时，顺沟而下，在村内低洼处汇集成片，有的地方达1米多深，然后顺沟向村北的渑水河方向流去，在村内造成墙倒屋塌。1978年后，土地经过整平，蓄水能力更强。村内院墙、房屋几经修缮，基本都换成砖墙、瓦屋、水泥平房、楼房，排水畅通，不怕风吹雨浸，虽有多次水涝，并无成灾。

据回忆，1930年6月4日开始，连续40余天的阴雨天气，对人们的出行、生活造成困难，对庄稼、房屋造成较大损失，是历史上有影响的水灾。1949年，水涝成灾，房屋倒塌。1957

年7月，大雨成灾。1962年，大雨多，水位上升，地瓜窖内有水。1964年8月1日，大雨，多处积水，阴雨30天，村西北窑湾积水1.5米深，有鱼出现，连续四年不干。1974年，连阴雨多日，村民几乎家家遭受不同程度的损失。1978年6月25日至7月5日，连阴雨，打下的小麦无法晾晒，把所有能腾出的房屋放进小麦翻晾，但仍造成部分小麦霉烂。1984年6月3日，暴雨成灾。1986年6月，连阴雨多日，造成一定损失。

冰雹　南马坊一带冰雹的出现频率较高，几乎年年都有。特别是夏季，时间短，面积小。俗话说：“雹打一条线”。同是一场雹，受害不一样。据回忆，村内有影响的雹灾有过几次。1953年5月9日下午3时许，电闪雷鸣，大雨滂沱，冰雹像软枣乒乓落下，地面冰雹一片，有牵黄牛作业的老农遭雹砸伤，一些小麦被砸倒地，当年小麦减产30%以上。1971年6月，1980年7月6日，都有过雹灾，危害相对严重。

霜冻　霜冻多出现在秋初至来年春末。南马坊村的初霜期在10月下旬，终霜期在4月下旬。有谚语，“清明断雪，谷雨断霜”，全年霜期在180天左右。1942年7月，寒流突至，大霜侵袭，高粱刚开花被冻绝产，大部分作物减产，是历史上受霜冻的典型。

雪　冰凌　1968年，农历腊月，大雪不断，春节走亲戚不能骑自行车，只能步行，道路被雪封，觅路难行，直到来年正月十五以后雪才化完。1982年11月9日，雨打底子下了暴雪，形成冰凌，电线被压断，电杆被拉倒无数，冰凌挂满树枝，很粗的树枝被压断，来不及收获的白菜冻烂，造成损失，是几年内最严重的一次。1989年3月2日，暴雪，铺天盖地，道路难寻，把未及时清扫积雪的土墙温室大棚压塌不少，里面的蔬菜全部冻坏，损失惨重。2013年4月19日，大雪，厚6厘米。4月20日为谷雨节气，在谷雨前后降大雪，百年未遇，小麦果树受冻害。

地震　历史上有多次地震波及南马坊村，震感不同。1966年3月8日5时29分，河北省邢台发生6.8级地震。3月22日16时19分，又发生7.2级地震，南马大队震感明显。

1969年7月18日中午，渤海湾发生7.4级地震。人们刚吃完午饭，突觉地动，站立不稳，院内的堆积物抖动，互相撞击发出声响，部分危房倒塌、裂缝。

1976年7月28日夜间，唐山发生7.8级地震，波及南马坊村。睡梦中的人们被震动惊醒，余震不断，来不及穿好衣服，携子带女冲向院内。家家户户响应政府号召，搭建防震棚，有的自作报警装置，时刻防震。十多天后，防震预警解除。

第三节　自然资源

植被　包括自然植被和人工植被。

自然植被　分布在村域的大小沟沿，斜坡地、坟地、土冢上，村内闲散地，大小道路旁。多为黄蒿、蒲公英、野菊花、墩草、青青菜、蓬棵、益母草、茅根草、蒺藜、三棱草、扫帚菜、夏枯草等温带杂草植物。1966年，平坟运动开始，坟地中的自然植被消失。1972年至1978年的整地运动，将大小沟沿、斜坡地变为农田，自然植被相继消失。

人工植被　1972年，农田开始实行林网化。

在生产路旁、社路旁大量栽种速生杨。在村内道旁、院落内外、空闲地大量栽种各种树木。主要有刺槐、榆树、梧桐、毛白杨、国槐、香椿、银杏等树木和枣、梨、杏、桃、山楂、苹果等果树。耕地内种植小麦、玉米、大豆、谷子等农作物。菜园地栽种各种季节性蔬菜。新村建成后，栽植大叶女贞、银杏、樱桃、法桐、国槐、红叶李、合欢、白蜡、红端木和连翘、紫薇、海棠、金娃娃、麦冬等绿化花草树木。

资源　包括动物资源、植物资源及水资源。

动物资源　境内动物资源丰富，分鸟类、兽类、昆虫类。

鸟类。麻雀、乌鸦、喜鹊、燕子、布谷鸟、斑鸠鸟、山大头、红下鸽、兰下鸽、麦鸡子、黑翅等。

兽类。刺猬、黄鼬、老鼠、田鼠、野兔、狐狸、獾等。

昆虫类。蚂蚁、金龟子、蜗牛、蝎子、蜈蚣、苍蝇、蚊子、天牛、桑蚕、蛴螬、蝼蛄、土蚕、瞎闯、螳螂、瓢虫、蝗虫、土元、蜘蛛、毛虫、八甲子、蟑螂、湿虱虫、青虫、豆虫、蚯蚓等。

植物资源　境内植物资源主要有树木类、蔬菜类、瓜果类、观赏花类、粮食类。

树木类。梧桐、松树、法桐树、枣树、杏树、核桃树、榆树、杨树、柿子树、国槐、刺槐、梨树、银杏树、丁香树、山楂树、石榴树、香椿树、柳树等。葡萄树、酸枣树、月季、蔷薇、无花果、荆条、棉槐等。

蔬菜类。西葫芦、菜花、大葱、圆葱、大蒜、大白菜、菠菜、芹菜、胡萝卜、茄子、香菜、甘蓝、莴苣、油菜、生菜、辣椒、空心菜、苔菜等。

瓜果类。冬瓜、苦瓜、丝瓜、南瓜、西瓜、方瓜、面瓜、脆瓜等。

速生杨

观赏花。牡丹、芍药、迎春、文竹、吊兰、君子兰、大头兰、一叶兰、鸡冠花、一品冠、茉莉、杜鹃、海棠花、月季花、一串红、百日红、菊花、瓜叶菊、荷花、美人蕉等。

粮食类。小麦、玉米、大豆、谷子、绿豆、高粱、地瓜等。

药材类。野菊花、车前子、蒲公英、益母草、茵陈、瓜蒌、茅根、兔丝子、黑白丑、苏子、薄荷、马齿苋、青青菜、蒿子、苍耳、夏枯草等。

另外还有谷楂头、荠菜、苦菜子、苜蓿、黄蒿、蒺藜、三棱草、狗尾草、曲曲芽等。

水资源　村域内主要为大气降水和地下水。

大气降水　1964年以来，境内年平均大气降水量620毫米，降水的年际变化大。丰水年最大降水量为1118.7毫米，枯水年降水量为330毫米。年内降水量分布不均，7 ~ 9月降水量占全年降水量的70%。1972年前，遇到丰水年，村域内降水产生径流，自然向北流去。土地整平后，大气降水不再形成径流，全部渗透入地下和自然蒸发。

地下水　南马坊村位于临淄区第四系地下水富集区域，为永流水源地的组成部分。其地下含水系统主要由松散岩类孔隙水组成，岩性为砂砾石、卵砾石层，厚度不等。以接受大气降水补给为主，也接受岩溶水顶托补给。属低矿化度、低硬度的 HCO^3-Ca.Mg 型水，酸碱度 PH 值 7 ~ 7.5，水质较好。

地下水排泄方式以农业灌溉为主。20 世纪 60 年代初，村南水位埋深 8 ~ 10 米，村北水位埋深 5 ~ 7 米，丰水年与枯水年有所变化。60 年代后期，山东胜利石油化工厂大量用水，大气降水偏少，地下水位下降，波及村域，原来所打农田灌溉用井陆续枯竭，开始新打机井。70 年代后，水位埋深村南为 11 米，村北为 10 米。基于境内具有丰富的水源条件，临淄酒厂、临淄区造纸厂两个用水大户先后在村域内建厂。80 年代，村域水质恶化，新打深水井一眼，作为村民饮用水。90 年代后，村域水质逐渐得到改善。

第二篇

居　民

明代大槐树移民图

九十岁以上村民（2016 年）

林保钦

孙子英

王凤华

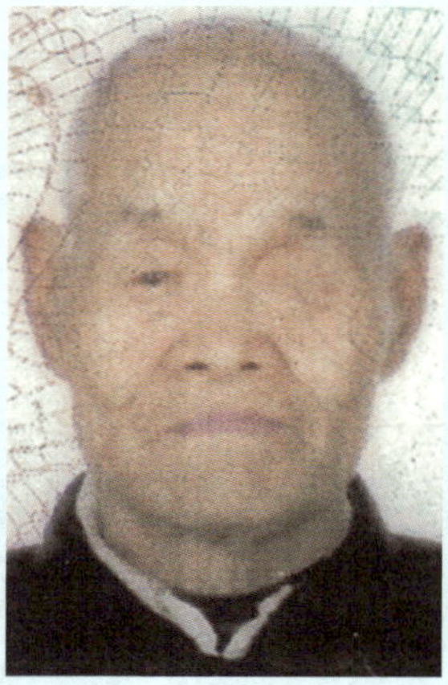

张永禄

谢建云

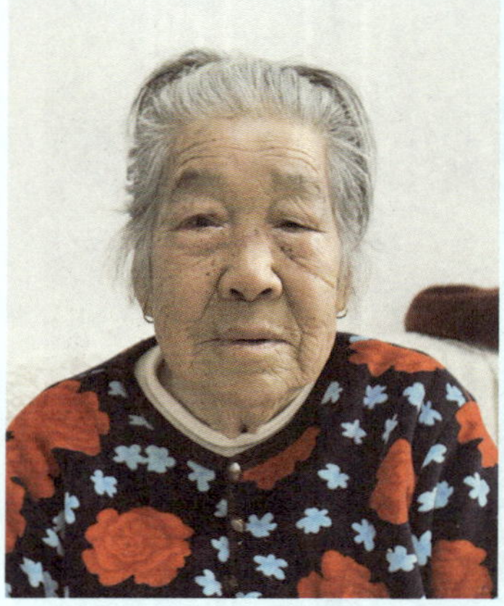

骆玉芝

许登科

相素英

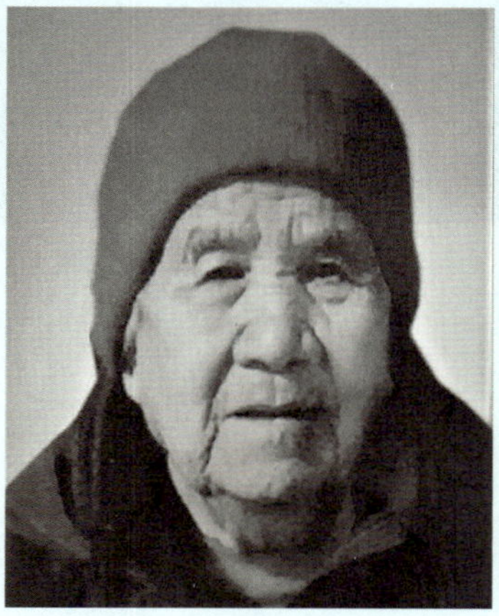

齐秀英

贾保顺

南马坊村人口变化起伏很大。元末明初，由于朝代更迭，连年混战，再加瘟疫、天灾，促成人口锐减，村庄几乎无人存在。从南马坊村民收存的族谱来看，充分说明这一点。明朝初年，实行移民垦荒政策，从山西省洪洞县、冀州枣强县及其他地方陆续迁来，南马坊人口逐渐增多。

新中国建立前，村民生活贫困，医疗条件差，人口死亡率高，增长速度慢。新中国建立后，在中国共产党领导下，走集体化道路，生活条件逐渐好起来，医疗条件改善，人口增长速度加快。

自20世纪60年代中期，面对人口无节制地增长，国家适时制定计划生育政策。推迟结婚年龄，提倡男结扎、女节育，鼓励一对夫妇只生一个孩子等措施，取得较好效果，南马大队人口自然增长率始终保持在5‰以下。1950年全村人口为1214人，到1970年即达2400人，20年净增人口1186人。实行计划生育后，到1990年人口为2693人，20年净增293人。2010年5月统计人口2868人，20年净增175人，至2016年，全村3030口人。

第一章 人口概况

第一节 人口变动

人口迁徙 元末明初，政权更迭，战争连年不断，加之旱灾、水涝、蝗灾及黄河决口，使山东大地饥寒流殒，积骸成丘，荆榛丛生，草莽弥望，狡兔出没，人口大幅减少，有些村庄已无人生存。据记载，1359年，春旱，秋季发生蝗灾，草、树叶被食俱尽，大饥，人相食，大瘟疫，村民几乎尽绝。南马坊村也和其他地方一样，处于荒芜状态。

朱元璋定都南京后，各地官吏纷纷上书尽言各地荒凉景象，特别山东地区，“人力不至，久致荒芜”“积骸成丘，居民鲜少”。朱元璋为恢复经济，制定奖励垦荒，移民垦荒，实行屯田、兴修水利等一系列发展生产的措施。从明洪武二年开始，到永乐十五年，前后40年的时间。从山西洪洞县、冀州枣强县向山东等地大量移民。南马坊村现在生活着的居民，大部分是那时移民的后裔。

明朝初，有两个姓氏直接从山西、冀州迁来；有14个姓氏是先从山西、冀州迁来山东其他地方，后又碾转来到南马坊；有6个姓氏记载不详；有12个姓氏是近百年间从其他村庄迁来的，他们大部分人口较少，有的单门独户。另有3个姓氏是从江苏等地迁来的。从山西、冀州迁来人员占主流。据贾氏族谱记载，明朝最早来南马坊居住的是洪武三年（1370年）贾氏先祖从冀州枣强迁来，其后又有戴姓等姓氏先祖迁来，村庄逐年扩大，延续至今。

人口分布 解放前，南马坊人口分布的特点与村民生活贫富程度有关。富有者拥有大量的宅基地，相比较人口稀少，密度即小。贫穷者宅基地少，有的几户居住在一个院落，密度即大。解放前人口密度最大的为东南马，尤其是经常所说的“小前街”（原7、8组所居住地），地少人多，有的一个院落住几户。东北马次之，人口密度最小的为西北马。西北马于姓占绝大部分，生活富足，宅基地多，相对人员较少，密度即小。从 1950 年南马坊人口统计表看，西北马总户数 59 户，人口为 181 人。东南马总户数为 125 户，总人口 404 人。两处占地面积差不多，人口相差一半。在 1951 年划阶级、定成分时，全南马坊所划出的地主 80% 来自西北马。

1950 年南马坊村人口分布情况表

表 2—1

名称	户数（户）	人口数（人）	男（人）	女（人）
东北马	128	417	203	214
东南马	125	404	201	203
西南马	61	212	112	100
西北马	59	181	92	89
合计	373	1214	608	606

1957 年南马坊村人口分布情况表

表 2—2

名称	户数（户）	人口数（人）	男（人）	女（人）
第一生产队	75	232	114	118
第二生产队	34	137	69	68
第三生产队	71	213	104	109
第四生产队	67	207	101	106
第五生产队	58	217	110	107
第六生产队	61	193	92	101
第七生产队	36	131	62	69
合计	402	1330	652	678

人口变化 对于人口生育问题，历史上任何一个政权都任其自然发展，处于一种无序状态。随着社会大环境的变化，起起伏伏。社会安定，生活好，就出现生育高峰。环境恶劣，条件变坏，生育就会下降，甚至出现负增长。新中国建立以来，到 1975 年推行计划生育政策止，南马坊人口的变化有四次生育高峰。

第一次 1948 年 3 月，南马坊村获得解放，人们的生活环境，精神状态有了新的变化，出现第一次人口生育高峰。但那时户数少，人稀，虽是高峰，并不十分明显，只是相对而言。

第二次 1956 年，南马坊村成立高级农业生产合作社，土地归集体所有，村民从毫无抗风险能力的小农经济走上集体化道路。体制变了，精神面貌变了，随之出现了第二次生育高峰。1957 年，全村人口为 1330 人，1959 年达到 1687 人，两年净增人口 357 人。

第三次 1958 年大炼钢铁，农业丰产不丰收，从 1959 年下半年出现粮荒，再加 1960 年的旱灾，促成了三年灾害。部分人远走他乡，部分人组织起来下关东，到吉林舒兰煤矿等地谋生，致使人口自然生长率出现减慢。后历经国民经济调整，生产体制改革，实行三级所有、队为基础的方针，农业生产迅速提高。1962 年后，人口生育开始回升，并形成了 1963 年的第三次生育高峰，一年净增人口 95 人。

第四次 “文化大革命”开始后，村级组织处于瘫痪状态。当时，实行的分配政策是“人七劳三”。这本来是从民生角度考虑，要保障群众的基本生活条件，让人人都有饭吃。“人七劳三”就是生产队将所分配物资七份按人口分配，三份按劳动工日分配。但那时生产力低下，粮食产量低，壮劳力虽在“劳三”中多得一部分，可他们吃的多，一年下来，粮食不够吃的。而孩子多的，虽在“劳三”上分的少，甚至欠生产队的，记了往来账，但孩子吃得少，一年下来粮食有余，还可出售换钱。当时有句戏语：“别看你劳力壮，不如我生一炕”（一炕指孩子多），导致人口呈阶梯型大幅增长。1968年一年净增人口123人，1972年有一个生产队一年增加新生儿13人。至1974年，全村总人口达到2570人。从1965年到1974年，10年间净增人口655人。

1959—1979年南马坊村人口变动情况表

表2—3

年份	人口数（人）	年份	总人口数（人）
1959	1687	1970	2400
1960	1675	1971	2455
1961	1731	1972	2494
1962	1820	1973	2499
1963	1915	1974	2570
1964	1973	1975	2570
1965	2103	1976	2548
1966	2141	1977	2551
1967	2176	1978	2589
1968	2299	1979	2563
1969	2299	—	—

注：1959—1969年，出生612人，相当于增加了三个生产队人口。1969—1979年，出生264人，增加了一个生产队人口。1969—1979年比1959—1969年少出生348人。

1990年5月南马坊村人口情况表

表2—4

组别	户数（户）	人口数（人）	男（人）	女（人）
1	92	283	140	143
2	91	288	140	148
3	83	237	116	121
4	72	237	118	119
5	72	224	108	116
6	77	235	125	110
7	68	225	112	113
8	66	209	102	107
9	58	192	92	100
10	64	192	94	98
11	57	195	91	104
12	55	176	94	82
合计	855	2693	1332	1361

1950—2016年南马坊村部分年份人口情况表

表2—5

年份	总人口（人）	男（人）	女（人）	非农业人数（人）
1950	1214	608	606	—
1960	1675	—	—	—
1970	2400	—	—	—
1990	2693	1332	1361	—
2000	2700	—	—	45
2010	2898	—	—	113
2011	2919	—	—	121
2012	2943	1413	1530	132
2016	3030	1458	1572	50

第二节 人口构成

民族构成 南马坊村村民中有5人是蒙古族，由齐陵街道刘家营村婚后迁入。其他村民为汉族。

文化构成 解放前，村民贫穷，无力上学，只有少数富裕子弟读过私塾和断续上过小学，知识匮乏，文盲占80%以上。新中国成立后，进行扫盲运动，开办午班、夜校。1952年学生也加入扫盲，每个三年级以上学生，利用假期包教一名成年人学文化脱盲。经过共同努力，至1954年文盲率下降，只占30%，后随着走合作化道路，学习风气日盛，文盲逐年减少。1959年，连续三年自然灾害，村民生活困难，部分儿童失学。“文化大革命”中，批判黑老九，受读书无用论影响，学习风气受挫。1978年，党中央提出恢复高考制度，学子争相进取。1986年，国家颁布《中华人民共和国义务教育法》，重视教育，加大投入，实行九年义务教育后，基本消除文盲，并向高学历发展。至2016年，（户籍在本村）学龄前儿童有159人，占5.2%。

小学文化程度，除在读的149人，其他434人，占19.2%，大部是年龄在60岁以上的老年人，是历次扫盲运动的受益者。初中文化程度有1080人，占35.6%，除在读的83人，另997人是国家推行九年义务教育的结果。高中文化程度包括中专生有861人，占28.42%，是重视教育的体现。另还有专科生175人，占5.8%；本科生153人，占5%；硕士研究生18人，占0.5%；博士生1人，是向高学历发展的趋势。

性别构成 1950年，南马坊总人口为1214人。其中，男性608人，女性606人，男女性别比例为1∶1。1957年，南马坊总人口为1330人。其中，男性652人，女性678人，男女性别比例为1∶1.04。1990年5月，南马坊村总人口为2693人。其中，男性1332人，女性1361人，男女性别比例为1∶1.02。2016年12月底，全村男性人口1458人，占48.12%；女性人口1572人，占51.88%，男女性别比例为1∶1.08。

分年龄段男女性别比例。1岁～6岁，男72人，女81人，男女性别比例为1∶1.12；7岁～17岁，男149人，女143人，比例为1∶0.96；18岁～40岁，男444人，女491人，比例为1∶1.10；41岁～60岁，男502人，女494人，比例为1∶0.98；61岁～70岁，男164人，女210人，比例为1∶1.28；71岁～80岁，男87人，女92人，比例为1∶1.06；80岁以上长寿老人，男41人，女62人，比例为1∶1.51。

年龄构成 新中国成立前，生活条件及医疗卫生条件差，人均寿命短。新中国成立后，随着物质生活和医疗卫生条件的改善，人均寿命延长。在三年自然灾害时期，由于物质生活水平的下降，致使人均寿命出现明显下降。1963年后，农村经济逐步恢复，物质生活水平提高，人均寿命得以延长。改革开放后，村内的物质生活和医疗卫生条件大为改善，健身、娱乐设施日臻完善，为村民的强身健体提供了较好的条件，人均寿命有很大提高，长寿老人增多。

至2016年底，全村812户，总人口3030人，户均为3.73人。总人口中，1～6岁的为153人，占总人口的5.05%；7～17岁的为292人，占9.64%；18～40岁的为935人，占30.86%；41～60岁的为994人，占32.80%；61～70岁的374人，占12.34%；71～80岁的179人，占5.91%；80岁以上的长寿老人103人，占3.40%。长寿老人中，男性为45人，女性为69人。年龄最大的男性老人93岁，年龄最大的女性老人96岁。

2016年12月南马坊村村民性别年龄构成表

表2—6

年龄	生年	小计	男	女	年龄	生年	小计	男	女	年龄	生年	小计	男	女
1	2016	9	2	7	33	1984	41	14	27	65	1952	40	16	24
2	2015	31	12	19	34	1983	24	15	9	66	1951	35	16	19
3	2014	40	16	24	35	1982	68	27	41	67	1950	26	10	16
4	2013	22	12	10	36	1981	58	30	28	68	1949	37	21	16
5	2012	38	20	18	37	1980	47	17	30	69	1948	29	12	17

续表 2—6—1

年龄	生年	小计	男	女	年龄	生年	小计	男	女	年龄	生年	小计	男	女
6	2011	13	10	3	38	1979	34	17	17	70	1947	28	13	15
7	2010	29	17	12	39	1978	23	11	12	71	1946	21	10	11
8	2009	20	8	12	40	1977	28	14	14	72	1945	19	9	10
9	2008	23	13	10	41	1976	34	16	18	73	1944	15	8	7
10	2007	23	11	12	42	1975	31	14	17	74	1943	22	12	10
11	2006	21	11	10	43	1974	34	20	14	75	1942	22	9	13
12	2005	35	11	24	44	1973	24	11	13	76	1941	27	16	11
13	2004	34	17	17	45	1972	55	21	34	77	1940	19	9	10
14	2003	16	9	7	46	1971	65	35	30	78	1939	13	3	10
15	2002	36	22	14	47	1970	91	51	40	79	1938	10	7	3
16	2001	26	15	11	48	1969	56	27	29	80	1937	11	4	7
17	2000	29	15	14	49	1968	60	35	25	81	1936	16	6	10
18	1999	24	8	16	50	1967	41	16	25	82	1935	23	12	11
19	1998	26	18	8	51	1966	58	33	25	83	1934	8	3	5
20	1997	44	26	18	52	1965	62	25	37	84	1933	12	6	6
21	1996	42	22	20	53	1964	54	27	27	85	1932	6	3	3
22	1995	39	22	17	54	1963	77	43	34	86	1931	11	4	7
23	1994	43	23	20	55	1962	57	33	24	87	1930	7	1	6
24	1993	30	14	16	56	1961	42	13	29	88	1929	4	3	1
25	1992	30	19	11	57	1960	31	15	16	89	1928	6	—	6
26	1991	35	16	19	58	1959	37	22	15	90	1927	4	2	2
27	1990	41	12	29	59	1958	28	17	11	91	1926	—	—	—
28	1989	50	24	26	60	1957	59	28	31	92	1925	2	—	2
29	1988	49	23	26	61	1956	42	16	26	93	1924	1	1	—
30	1987	58	31	27	62	1955	48	21	27	94	1923	1	—	1
31	1986	70	28	42	63	1954	50	25	25	95	1922	1	—	1
32	1985	31	13	18	64	1953	37	14	23	96	1921	1	—	1

注：1. 以上统计资料来源于居民身份证；2. 表内“—”线表示无。

2016 年 80 岁以上村民

表 2—7

生年	年龄	姓名
1937	80	李素兰 贾明远 胡桂英 崔秀芳 初宗滨 万春秀 徐会香 宗春辉 于继英 董秀英
1936	81	胡玉香 贾文煜 朱光文 贾守宏 孙光英 路善芳 宗春成 董桂岚 王枚生 孙爱香 谭风英 贾福成 孙月香 胡桂美 谢秀英 许凤鸣
1935	82	董岚香 于桂芹 于同心 谢月英 王瑞爱 刘中兴 初宗和 王玉梅 于锦章 崔继宗 孙祥华 刘福增 徐文汉 于宝铭 韩玉润 徐玉云 王桂芳 谭春芳 刘昭中 贾 琳 史振西
1934	83	冯秀英 许汉章 于志云 张美兰 李振江 刘兰贞 相爱云

续表 2—7

1933	84	胡长清　崔荆荣　孙怀美　齐桂春　李香岚　林淑英　崔桂英　于同文　刘承善　于桂真　孙凤兰
1932	85	贾保林　冯玉清　初光成　张英兰　于洪志
1931	86	于清芝　贾兰芬　梁献中　崔法英　刘爱英　徐泽香　王秀清　燕桂香　齐凤英　韩玉春　李香岚
1930	87	李永春　王秀华　张秀英　郭俊美　孙美英　范淑英　谭玉英
1929	88	徐亢宗　董洪军　胡玉凤
1928	89	朱陆凤　于德静　李月梅　代兰英　贾玉珍
1927	90	许登科　相素英　贾保顺　齐秀英
1925	92	骆玉芝　谢建云
1924	93	张永禄
1923	94	王凤华
1922	95	孙子英
1921	96	林保钦

第三节　人口管理

新中国建立前，南马坊村人口管理无详细记载。1950—1951 年，在土地改革运动中，第一次把人口管理提到议事日程。当时，将农村各户农民所拥有的土地、农具、牲畜等生产资料及房屋、宅基地等私有资产进行丈量统计，登记造册。此后，按各户实际人口数进行平均，划出标准，对照标准衡量，把所有农户划分成地主、富农、中农、贫农、雇农等阶级成份。土改中，对全村人口进行了摸底统计，有 373 户，1214 人，此为南马坊村人口管理之始。

为掌握人力资源和人口的增长速度，国家于 1953 年 7 月 1 日进行第一次全国人口普查。之后，又分别于 1964 年、1982 年、1990 年、2000 年和 2010 年进行过 5 次全国人口普查。南马坊村均按普查要求，规范完成各项数据汇总上报。多次被上级表彰为全国人口普查先进单位。

1955 年，初级农业生产合作社成立，开始走集体化道路。其时，分配制度是“人七劳三”，家庭人口的数量在分配中再次起到作用。人民公社成立后，村内人口由生产大队进行统计管理。1960 年前后，发生 3 年自然灾害。1962 年，农村经济由“一大二公”改为“三级所有，队为基础”的管理体制，生产队为基本核算单位，各生产队实行自负盈亏，人口的管理归属各生产队会计。各生产队的会计在每年 10 月底要作出分配方案。分配方案按生产队一年所创造的财富和当时各户的实际人口及劳动投工状况进行核算。凡是 10 月 31 日 24 时以前出生的婴儿，只要向生产队会计打个招呼，就视为落下户口，可以参与生产队的物资分配。10 月 31 日 24 时以后出生的婴儿，不能参与当年的分配。其时，新生婴儿若在 10 月 31 日夜间出生，在外人分不清具体时间的情况下，要找到接生员或医院出具证明。对学生户口的返迁及退伍军人的户口，原则上要落在生产大队。但在制定分配方案时，大队会计要向生产队会计通报人口的变动。这种粗放型的管理模式，一直延续到计划生育开始。

20世纪60年代中期，开始实行计划生育。1975年，人口的管理收归生产大队，开始严格起来，尤其对新生儿的落户管理更是如此。新生儿必须经计生办审批同意，方可落下户口。对某些超生、抢生的婴儿一律不得落户口。当时，无户口就不能参与生产队的分配。无户口的儿童，也就成了“黑人”“黑户口”。

20世纪80年代初，推行家庭联产承包责任制，对生产队的一切物资分配，土地分配也是按人口数量，不分男女，不分老幼，一人一份。1986年，年满18岁的公民开始办理个人身份证。2006年，开始换发第二代身份证。这是随着社会的发展，流动人口增加，对人口信息管理采取的一项重要举措。

20世纪90年代中期，人口管理开始规范化。新生儿落户，必须要有计生办出示的准生证和医院的出生证明。出生一个月后，方可办理落户手续。去世的村民，其亲属要携带死亡证明和户口本，尽快到所辖派出所办理注销手续。对迁入人员，如婚迁、学生毕业后的返迁等，要由村委领导按照村内规定进行审批，开具准迁证明，方可办理。每年年底，村委会对全村一年内人口出生、死亡及婚迁等变化情况汇总制表，上报镇政府及户籍管理部门。

第二章 姓氏 家庭

第一节 姓 氏

姓氏概况 南马坊是个多姓氏之村，自立村以后，先后有几十个姓氏村民迁此居住，大户族、小户族，都互敬互爱，互尊互让，和睦相处。南马坊自古有“发外来户”之说，说明南马坊人不欺异、不排外，友好和谐，共同生活。从1945年至2016年，南马坊村有传统姓氏37个，世代在此居住。有3个姓氏后继无人，婚入姓氏73个，在册姓氏110个。

2016年12月底统计，凡具有南马坊户口并登记在册的所有村民的姓氏，既有传统姓氏，也包括婚入姓氏，有110个（按笔画多少排序）。

丁 刁 力 于 万 马 王 韦 毛
尹 孔 艾 申 田 史 白 兰 冯
边 邢 毕 曲 吕 朱 任 伊 刘
齐 闫 安 许 孙 苏 杜 李 杨
肖 吴 邹 冷 沈 宋 初 张 陆
陈 邵 武 苑 范 林 国 季 郇
周 郑 宗 孟 赵 荆 胡 相 柏
侯 信 姜 娄 姚 骆 袁 耿 贾
夏 顾 徐 殷 栾 高 郭 桑 黄
曹 常 崔 商 盖 梁 寇 葛 董
韩 傅 焦 曾 谢 路 解 褚 蔡
谭 翟 熊 燕 潘 薛 霍 穆 戴
魏 瞿

传统姓氏 南马坊是一个传统农村，自古以经营土地为生，人员流动相对稳定，各姓氏基本为世代相传，形成一些固定姓氏，称为传统姓氏。其基本特点是父子（女）同姓，世代居住。有部分近代结婚迁入的姓氏，只要父子（女）

同姓，长期居住，也在传统姓氏之列。

传统姓氏 37 个（按笔画排列如下）：

丁　于　王　艾　田　史　朱　刘

齐　许　孙　李　初　张　林　周

宗　赵　胡　相　信　贾　徐　高

桑　崔　商　寇　董　韩　路　解

褚　谭　翟　戴　瞿

各姓氏渊源

丁姓（族谱，丁传芹）

全国排名第46位。姜太公长子名伋，周成王、康王时为重臣，谥号为齐丁公。其子孙便以谥号为姓，尊丁公伋为始祖。

20 世纪初，丁学厚（为十六世）从槐行迁至南马坊，传至十九世。

于姓

全国排名第 28 位。周武王灭商后，其次子姬诞被封于邘，建立邘国，号称邘叔。后来邘国被灭，邘叔的子孙即以国名为姓，有的姓了邘，有的则姓于。春秋战国时期，邘叔有后裔迁山东郯城。

①（族谱，于清芝、于宝忠）

明初，始祖居山东文登县斥山，后遭花马兵变，逃难走散，先父携子去安徽砀山，先母携余子迁居古齐都淄河东岸傅家庄（后改为于家庄），六世迁至南马坊，今传至二十五世。

②（据传，于振明）

1927 年，十七世从皇城镇于家庄迁至南马坊，传至二十一世。

王姓

全国排名第 2 位。周灵王之子太子晋，因直谏而被废为平民。其次子宗敬仍在朝中任职，因其是王族的后代，时人便称为“王家”，其后裔遂以王为姓。

①（王金平）

清光绪元年（1875 年）从孙娄店迁至南马坊，传有 5 代人。

②（王书圣）

清光绪七年（1881 年），王福昌（王书圣祖父）独自从合里庄迁至南马坊，传有 6 代人。

③（王秀云）

20 世纪 30 年代，王永修从今齐都镇郎家庄迁至南马坊。

④（王金业）

从敬仲镇胡家庄迁至南马坊，传有 5 代人。

⑤（据传，王秀成）

从博兴迁至南马坊，其余不详。

⑥（王树金）

1950 年，王树金（二十世）从孙娄店迁至南马坊，今传至二十三世。

艾姓（族谱，艾学民）

全国排名第 259 位。夏少康帝中兴夏朝的功臣汝艾，因其功高，少康帝赐姓艾。汝艾为艾姓始祖。据《通志·氏族略》载：艾氏为“夏少康臣汝艾之后”。

1947 年年底，艾永昌（二十世）随其姨夫崔香秋从广饶县艾家庄迁至南马坊，传至二十三世。

田姓

全国排名第 58 位。陈宣公杀太子御寇后，侄子陈完恐祸及己，逃于齐国，被齐桓公任命为公正，并封与田地。后子孙以封地为姓，称为田姓，尊田完为田姓始祖。

①（田家福）

1961 年，从敬仲镇西姬村婚迁至南马坊，传有3代人。

②（田成才）

1965年，田玉文从今凤凰镇南坞村婚迁至南马坊，传有3代人。

史姓（族谱，史振西）

全国排名第80位。上古时，黄帝属下有一位史官，名仓颉，史称“史皇”。他创立了象形文字，将人类带入文明。其后裔为了纪念先祖，便取他在世时担任的“史官”官职作为姓氏，称史姓。

明朝永乐年间，从冀州枣强县迁至临淄城里北门，后又迁至土桥庄（今属凤凰镇），十三世迁至南马坊，传至十七世。

朱姓（族谱，朱光文）

全国排名第14位。周武王灭商后，封曹挟于邾，建立邾国，附庸于鲁国。邾国贵族便以国为姓。战国中叶，邾国被楚国所灭，邾国贵族四处逃散，为不忘祖国，去掉耳字旁，改姓朱。

清光绪二十八年（1902年），十八世朱久远从朱家辛庄迁至南马坊，传至二十三世。

刘姓

全国排名第4位。刘累为夏朝帝孔甲驯养着四条龙，被赐姓为御龙氏。后来，由于饲养不善，死了一条雌龙，刘累怕被治罪，就偷偷带着家眷躲了起来，其后裔以刘为姓。

①（族谱，刘中兴、刘兴春）

明洪武年间，始祖自山西洪洞县迁至寿光县灶户村。明朝中期，从寿光迁至南马坊，传至二十七世。

②（据传，刘明信）

明朝洪武年间，始祖自山西洪洞县迁至寿光灶户村。后迁居青州阳河村，而后迁至南马坊，传至二十八世。

齐姓（族谱，齐涛）

全国排名第134位。姜太公是周朝的第一开国功臣，成王时封姜太公为齐国国君。春秋末年，田氏代齐后，原齐国王族乃以国为姓，尊姜太公为齐姓始祖，发源于营丘，即临淄。

明朝永乐年间，由山西平阳府洪洞县榆树沟迁到枣强县，稍作停留，奉旨东迁，至青州府临淄县城，在南门里落户生息。八世齐东表迁至南马坊，传至二十四世。

许姓

全国排名第35位。周成王时大规模分封诸侯，许国是被周分封的姜姓诸侯国，其始祖为许文叔。春秋时，许国为楚国的附庸，战国初期被楚所灭，其后裔便以国为姓。

①（许汉章）

清咸丰七年（1857年），从敬仲镇东姬王村迁至南马坊，传有6代人。

②（族谱许凤鸣）

十四世于清光绪末年从凤凰镇陈家庄迁至南马坊，许凤鸣为十六世，传至十八世。

③（许登科）

20世纪初，许汉三从今齐陵街道许家终村迁至南马坊，传有6代人。

孙姓

全国排名第12位。春秋时，陈完从陈国逃到齐国，不愿再以原来的国名为姓，改为田姓。田完的后裔田书，在齐国为大夫，因伐莒国有功，被齐景公封于乐安，赐以孙姓。孙书为孙姓始祖。

①（据传，孙长吉、孙连祥）

从稷下街道南安次迁至南马坊，传至二十四世。

②（据传，孙金柱）

1912年（中华民国元年），从稷下街道南张家庄迁至南马坊，传有4代人。

李姓

全国排名第1位。殷纣王时，理徵任理官。因执法如山，招来杀身之祸，妻携幼子利贞出逃。饥渴交侵，摘得树上果实李子充饥方得生存。为感李子救命之恩，也为改姓避难，理利贞改名李利贞。其后裔均以李为姓。

①（族谱，李亮）

明初自山西洪洞县迁到辛店街道单家庄，四世迁到今凤凰镇西河头村，解放前，二十世迁至南马坊，传至二十三世。

②（碑譜，李廷贵）

明朝初年，始祖自枣强迁到桓台棘托村，后迁居博兴县官厂庄，十一世李温迁至南马坊，传至二十三世。

③（据传，李振江）

十八世从博兴县迁至南马坊，传至二十三世。

④（族谱，李光耀）

高祖陇西人，明洪武年间，始祖李鼎明从直隶枣强县军迁至山东省临淄县淄河东岸上庄村。二世李文友迁至南卧石村。清朝末年，其十九世祖母于氏因生活所迫，携四个儿子从南卧石村投奔南马坊其娘家谋生，后落户并繁衍，传至二十四世。

初姓（据传，初光顺）

楚国第七代国君熊严第三子叔堪与兄仲雪、弟季徇争夺楚国君位，失败后避难于濮。后再夺君位，亦未成功，便隐居南衡，后以初为姓，子孙沿用。

清朝初，先祖从博兴县初家桥迁至南马坊，其余不详。

张姓（族谱，张召秀）

全国排名第3位。黄帝之长子少昊的第五个儿子张挥，是古代重要武器弓矢的发明者，黄帝封挥为弓长。后取弓长之意，赐姓张于濮阳，封地清河。张姓始祖为张挥，祖根濮阳。

始祖张有道自冀州枣强县于元至正三年（1343年）迁居青州府安邱县，后辗转多处。十一世张杨从齐陵街道薛家庄迁至南马坊，传至二十三世。

林姓（据传，林廷元）

全国排名第16位。商末，纣王无道，比干犯颜直谏被杀，夫人逃难，在树林石洞中生下儿子，取名坚。周武王伐纣取胜后，夫人携子坚拜见。因坚是在树林中出生，周武王赐以林姓。

世袭不详。

周姓（据传，周全成）

全国排名第9位。西周建立后，周文王四子姬旦的后人世袭周公爵位。春秋时，周公黑肩谋反被杀，周公世系爵位被废，黑肩的后裔以周为姓，王室后人沿用。

清雍正年间，从齐陵镇东龙池村迁至南马坊，世袭不详。

宗姓（族谱，宗来宾）

全国排名第280位。晋国大夫伯宗，因耿正直言，被把持朝政的三郤杀害。伯宗之子州犁逃到楚国，出任太宰，受封于钟离。其后裔以先祖伯宗的名字为姓，世代相传。

明洪武三年（1370年），由冀州枣强县迁居临淄区皇城镇訾家郭村，九世宗三江迁至南马坊，传至二十四世。

赵姓（赵良解）

全国排名第7位。周穆王与造父一起出行时，听到徐偃王造反的消息，命其驾车速返镐京，及时发兵打败了徐偃王。造父立有大功，穆王便把赵城赐给他，造父族便称为赵氏，为赵国始族。其子孙以封地命姓，世代相沿，尊造父为始祖。

1992年10月，从莱州市驿道镇台上村婚迁至南马坊。

胡姓（据传，胡献军）

全国排名第13位。周武王灭商后，把虞朝舜帝的嫡裔妫满封于胡，后又封于株野，建立陈国，谥号胡公。后陈国公族后裔以先祖谥号和封地“胡”为姓。

元末，始祖由冀州枣强县迁至稷下街道尧王村，清雍正年间从尧王村迁至南马坊。

相姓（族谱，相峰明）

全国排名第320位。夏朝第五代君主名叫姒相，是夏王姒仲康之子，史称夏帝相。在其后裔子孙中，以先祖名字为姓氏者，称相姓，世代相传。

元朝远祖从淮海（海东）鸿鹤林迁到山东日照县，后迁到博兴。元朝末年，始祖相士忠迁到临淄县相家庄（三世祖相友才处于明朝初年），相旭迁至南马坊，传至二十四世。

信姓（族谱，信月永）

魏昭王之子无忌，封于信陵，人称信陵君。他曾窃符救赵，率五国联军在函谷关败秦。后魏国君中了秦的离间计，罢去无忌官职，后来因忧郁而死。其后代子孙以其封号信字为姓。

明初，始祖信荣从冀州枣强县迁至山东博兴化龙镇信家桥，十七世迁至南马坊，传至二十一世。

贾姓（族谱，贾明远）

全国排名第45位。周康王把唐叔虞的小儿子公明封于贾国，史称贾伯。后来，贾国在春秋时期被晋国吞并，贾伯的后代为了纪念自己的国家，即以原来的国名为姓。

明洪武三年（1370年），从冀州枣强县迁至山东者兄弟四人。始祖贾仲刚居于临淄县南马坊庄，传至二十三世。

徐姓（碑谱，徐泽香）

全国排名第11位。伯益协助大禹治水成功立下大功，论功行赏时，伯益的儿子若木被封到徐城，建立了徐国。因若木首封徐国，其后代便以国名为姓。

四世从益都县老山迁至南马坊居住，传至二十世。

高姓（据传，高恩杰）

全国排名第15位。周武王灭商后，姜太公受封于齐国。后裔文公姜赤次子受封于高邑，称公子高。其孙傒取祖名为姓，多尊奉高傒为得姓始祖。

解放前，先祖从鲁西南兖州府邹县迁至南马坊，传有4代人。

桑姓（桑希周）

全国排名第286位。春秋时期，桑国是依附于鲁国的一个小诸侯国。战国后期，桑君反抗秦国统治被秦昭襄王破国，桑君被诛。桑国灭亡后，其王族子孙便以国名为姓，世代相传。

20世纪60年代，从寿光婚迁至南马坊，传有4代人。

崔姓

全国排名第74位。齐丁公伋卒后，嫡四子

季子应继君位，但他举贤让国于叔乙，季子携家人隐居崔邑。后以邑封姓，其子孙遂为崔姓，史称崔季子为崔姓始祖。

①（族谱，崔超）

明初，始祖由山西洪洞县迁到山东寿光县，后由寿光迁到敬仲镇王官庄，分支迁至南马坊，传至二十三世。

②（族谱，崔传文）

明初，始祖自山西洪洞县迁到山东寿光县，后由寿光迁到敬仲镇王官庄。分支到敬仲镇许家屯。1947年年底，十八世崔香秋从许家屯迁至南马坊，传至二十一世。

商姓（族谱，商传恕）

全国排名第244位。远古时期，帝喾之子契因辅佐大禹治水有功，被赐予子姓，敕封商邑，号为商国。契的后裔商汤建立商王朝，其后裔王孙贵族开始以国名为姓。

明中期，高祖自冀州枣强县分三支迁至山东。三支始祖商进迁至临淄城南商王庄。六世商腾云迁至南马坊，传至十六世。

寇姓（寇玉平）

全国排名第272位。周武王时任命昆吾人后裔苏忿生为司寇，封于苏，建立苏子国。其后裔子孙便以官名为姓，尊苏忿生为始祖。

何年何处迁至南马坊不详。

董姓（族谱，董龙章）

全国排名第29位。相传，廖叔安有个儿子叫董父，舜帝任命其为豢龙氏。在其精心驯养下，龙学会了表演，舜帝非常喜欢，封董父为鬷川侯，赐他以董为姓，其后世代相传。

明洪武二年（1369年），始祖从冀州枣强县迁至山东青州府临朐县。清雍正年间，十二世董成章迁至南马坊，传至二十二世。

韩姓（族谱，韩毓英）

全国排名第25位。周公灭唐后，封叔虞于唐。春秋时期，曲沃武公夺得晋国君位后，灭周成王之弟建立的韩国，封其叔父姬万于韩，称韩武子。武子曾孙韩厥以封邑为姓，代代相沿。

明洪武年间，始祖从山西洪洞县迁到枣强县，又迁至桓台县韩家老庄（今曙光村），再迁桓台县荣家庄。十二世韩廷凤携眷迁至南马坊，传至二十五世。

路姓（族谱，路俊平）

全国排名第152位。帝喾子玄元，在唐尧时为部落首领，后因功被封为路中侯，历经虞舜和夏朝，一直为侯爵。其后，子孙以国为姓，尊玄元为始祖。

明洪武二年（1369年），始祖由冀州枣强县迁居青州府鹿疃庄（今属淄博市博山区池上镇）。数年后，迁居临淄县大路庄。十九世路义德迁至南马坊定居，传至二十三世。

解姓（据传，解玉亭）

全国排名第193位。周成王封胞弟叔虞于唐，叔虞其一子良被封于解邑，称解良，其后裔世代以祖姓相沿。

明初从今皇城镇迁至南马坊，世袭不详。

褚姓（据传，褚文高）

全国排名第222位。春秋时，宋共公子瑕受封于褚地，被人尊称为褚师。子瑕的后代以褚师称号为荣，便以褚为姓，奉子瑕为褚姓始祖。

1948年，褚玉章从稷下街道大杨庄迁至南马坊，传有4代人。

谭姓（族谱，谭春祥）

全国排名第65位。禹治水成功后，舜赐姒

姓于禹。周初，姒姓的一支被封于谭国。春秋初期，谭国被齐桓公吞并，谭国国君之子逃亡到莒国，其子孙遂以国为姓。

先祖由潍县迁至临淄城西门村，后迁至南马坊，十九世始有记载，传至二十三世。

翟姓

全国排名第108位。春秋时，赤狄人活动于晋、卫、齐等国之间，称为翟姓。后翟国被晋国所灭，翟人逐渐融入晋人。翟人的后代就以原国名为姓，称翟姓。

①（据传，翟波）

翟纯美（十八世）自幼从太河庄（今属淄博市淄川区）到南马坊给地主扛长工。1951年参军入伍，复员后回到南马坊落户，传至二十一世。

②（翟国明）

1962年，翟慎元（翟国明之父）从山东省沂源县东里镇婚迁至南马坊居住，传有3代人。

戴姓（据传，戴长春）

全国排名第54位。西周初年，周公旦封商朝末代君王的庶兄微子启于商的旧都，建立宋国。宋国第十一位君主卒后，谥号宋戴公，其庶子便以王父谥号为姓。

明洪武年间，始祖自山西迁至南马坊，传至二十三世。

瞿姓（瞿杰宗）

全国排名第205位。商朝帝武乙，子姓名瞿，尊名瞿父。武乙时期，瞿为封地名，其后裔受封于瞿地，得名瞿上城。武乙后裔即以祖上尊名瞿父为姓。

1992年，自山东省莒南县婚迁至南马坊。

以上各姓氏所记载内容，凡一个姓氏有多个家族者分别记述。资料来源分三种情况：族谱、碑譜、据传。姓氏后的署名，为资料提供者。有族谱者按世辈记载，无族谱者按代记载。

婚入姓氏　婚入人员主要指女性，另有招赘女婿、养老女婿、坐山招夫等多种情况。落户后，有改随女方姓的，也有沿用原来姓氏的，均将其归属在婚入姓氏中。部分婚入姓氏与传统姓氏原则相同者，已纳入传统姓氏。

2016年12月底统计，婚入姓氏除与原姓相同者，另有73个，分别为：

刁	力	万	马	韦	毛	尹	孔
申	白	兰	冯	边	邢	毕	曲
吕	任	伊	闫	安	苏	杜	杨
肖	吴	邹	冷	沈	宋	陆	陈
邵	武	苑	范	国	季	郇	郑
孟	荆	柏	侯	姜	娄	姚	骆
袁	耿	夏	顾	殷	栾	郭	黄
曹	常	盖	梁	葛	傅	焦	曾
谢	蔡	熊	燕	潘	薛	霍	穆
魏							

无后人姓氏　新中国建立前夕至2016年，有3个姓氏后继无人。其中，有两个姓氏家庭是为南马坊求解放做出贡献，遭到敌人杀害，成为革命烈士。

边姓　1947年深秋，时任南马坊联防主任边浩然，被驻扎在南马坊的国民党七十三军逮捕后，被国民党县长徐振中杀害，其母一同惨遭杀害，无后人。

肖姓　1947年7月，时任农救会骨干成员肖桂堂，被国民党县长徐振中杀害，无子嗣。

程姓　1940年前，程文江到南马坊给于氏地主扛觅汉。解放后，正式落户南马坊，并分得田地，后育有一女，出嫁凤凰镇召口村，再无后人。

2016 年南马坊村传统姓氏人口数量排序表

表 2—8

序号	姓氏	人数（人）	序号	姓氏	人数（人）	序号	姓氏	人数（人）	序号	姓氏	人数（人）	序号	姓氏	人数（人）
1	于	445	2	刘	353	3	韩	302	4	贾	250	5	齐	190
6	董	185	7	宗	137	8	徐	126	9	商	107	10	崔	90
11	孙	89	12	谭	87	13	王	79	14	李	75	15	许	73
16	林	64	17	张	52	18	胡	49	19	信	41	20	朱	37
21	初	35	22	路	24	23	解	21	24	翟	19	25	褚	15
26	艾	14	27	史	11	28	丁	9	29	田	8	30	高	7
30	相	7	32	寇	6	32	周	6	34	桑	5	34	赵	5
36	戴	4	37	瞿	3									

注：计 37 姓，人口 3030 人。表中按男姓户主统计（不包括女姓户主），是依传统姓氏统计原则进行。

第二节　姓　名

南马坊人的姓名是随乡俗而起的。姓名是一个人在社会生活和交往中的一个代号。姓是指一个人的血统归属，一般不能更改。名是可变的，根据各自的情况多种多样。名，有小名，大名，曾用名之分，有部分老年人还有字、外号等。

小名　小名又叫乳名，是婴儿出生后由其父母或其他亲属根据自己的意愿起的名。起小名很随意，五花八门。

以地名为名的如：张店、烟台、青州、上海、北京等。

以地理物象为名的如：大山、大海、小云等。

以出生时的季节为名的如：春、秋、腊月等。

以动物为名的如：小龙、小虎、狗剩、牛等。

以金属为名的如：金、银、铜、铁、钢等。

以数字为名的如：大、二、三等。

以出生时遇到重大事件为名的如：建国、公社、国庆等。

以希望有出息为名的如：小刚、小强、小勇、小文、小武、大学等。

大名　入学和成年后起的名字，也叫学名。孩子大一些，一般不再叫乳名，改叫学名，以示尊重。

如何起学名，很有讲究。首先是按照家族世系行辈起名，这是传统的起名办法。学名一般为三个字，前边为姓氏，中间或第三个字为行辈。行辈的确定有两种，一种是为族谱确定，在编写族谱时早已定下。如孔孟颜曾四大族姓一次定 60 个字为行辈字，周而复始，一看那个行辈的字就知道是几世孙。一种是族谱未定下行字辈，就由族内德高望重的数人现时议定。剩下第三个字如何确定也有讲究，也有一定规律可循。

以统一偏旁的如：金、木、水（氵）、火、土等。

以字内含有同一个字如：日、鸟、艹等。

用联语的如：仁、义、礼、智、信，温、良、恭、俭、让，孔、孟、颜、曾，农、业、书、香等。

用吉祥语的如：富、贵、荣、华，全、财、吉、祥，忠、孝、义，勇、刚、强等。

有时为了引人注意，用些冷辟字如：淼、飙、焓等。

有的直接把乳名加上姓作为学名。

有的把父母的姓都写上，父姓在前，母姓在后，再填上名字，成四字名字。但这仍在父姓为主的范畴。有的现代人给子孙起个好名，不惜花重金到专门起名的地方起个名。

旧社会女子受歧视，只有官宦人家或城乡富裕人家给女孩子起个名，一般人家女孩子无大名。成人出嫁后，在婆家称某某氏。第一个字为婆家姓，第二个字为娘家姓，第三个字为氏。如李王氏，在碑文中写成李门王氏。

新社会妇女提高了地位，开始有名。一般带有英、花、兰、凤、芬、芳、美、玲等柔性名字。现在逐渐趋于男性化，并有赫男、胜男、亚男的刚性名字出现。

曾用名 成人后因种种原因，将原来的名字更改，另起一个新名字，原名就叫曾用名。

过去，尤其是解放战争年代，一些参加革命工作的人有时为了隐蔽身份，便于工作，或为保护自己的亲属免遭迫害，另起一个名字：如烈士徐广仁，在外叫徐金成；烈士刘成明，在外叫刘玉成。在他们的档案中，徐广仁、刘成明就称为曾用名。

另一种情况是现代人，尤其是年轻人，成人后感到自己的名字很俗气，而按自己的意愿，另起一个响亮的有气魄的名字，原名就叫曾用名。

字 也叫别名。过去一个人成年后，它的大名是不能随便称呼的，一般根据自己的意向或吸取他人的建议另起一个名，这个名叫作“字”。“字”和“名”同时使用。叫大名有些不敬之意，叫“字”显得尊重、亲切。一些人的“字”比名响亮。如：原12组的先期教育者、书法家、知名人士于镜三，实际他的名字叫于菱塘，镜三是“字”，真正知其名字的没有几人。过去一些人一生未取个“字”，但在去世后，在他的灵碑上也要临时起个“字”写在牌位上，以示尊重。现代人取“字”的很少了。

外号 村民在长期的生产生活中，根据某个人的性格、形象，某些行为等突出的特点，或大名、小名的延伸韵音或某些言语，在日常相处中带有嬉闹成份，给某个人起一名字，或私下称谓，或公开叫出。时间久了，被公众认可、传叫，便成外号。有的外号比他的大名都响亮。

第三节 家 庭

解放前，民间信奉多子多福，五世同堂，多有联合型大家庭，几代人或兄弟多人与父母共同生活在一个家庭，有的多达十几人，人多势众，显得团结。信奉重男轻女的世俗，无男受人欺，有男才算家。无男家庭，有女儿招女婿，无子女者过继或抱养一男，顶立门户。信奉男主外，女主内的观念。居家过日子，一人说了算，有父从父，无父从兄。女人养儿育女，缝衣做饭，侍候男人。

新中国成立后，多人口、多代家庭减少，提倡男女平等，妇女地位得到提高。合作社、人民公社时期，实行男女同工同酬，妇女在家庭内有一定话语权。随着计划生育工作的开展，倡导一对夫妇只生一个孩子，生男生女都一样，家庭规模趋向小型化，三口人、四口人之家多起来。根据现在的国情，家庭养老仍是主流。合作社、人民公社时期，是拨工分，供养生活。联产承包后，送粮送钱。进入新村，老人住公寓，子女住大楼，养老形式随改变。多子女者轮流照顾，独生子女不时探望，随时解决吃、穿、用及就医问题。村内开展“好媳妇”“好婆婆”“好儿女”“好妯娌”评选活动，倡导家庭和睦，邻里互助的良好风气。

1956年，总户数351户，人口1447人，户均4.12人。3口之家59户，占16.8%；4口之家58户，占16.5%；8口以上有25户，占7.1%。1988年，实行家庭联产承包责任制后，总户671户，人口2650人，户均3.94人。3口之家252户，占37.5%；4口之家196户，占29.2%；8口以上4户，占0.6%。2016年，总户812户，人口3030人，户均3.73人。3口之家181户，占22.3%；4口之家268户，占33%；8口以上2户，占0.2%。

第四节 族 谱

族谱，又称家谱，是记载同宗族人名和辈分的谱册。村域族谱大多始于明朝洪武移民政策后。族谱记述姓氏来源，始祖名称，修谱原由，修续时间，发展概况，出了多少名人，多为线装。封建社会，重男轻女，族谱只写男，不写女。南马坊村传统姓氏37个，有族谱的22家，有碑谱的2家。“文化大革命”中，破四旧，将多部族谱烧毁。20世纪90年代，国家倡导地方志的编写，族谱编修也兴盛起来，并添加了新的内容。多数族谱，把女性写入，体现男女平等。

于姓 始祖居山东省登州府文登县斥山寨。明初，遭花马军变。始祖携眷西迁，中途失散，祖父携第三子去安徽砀山，祖母携余子迁居临淄淄河东岸傅家庄生息。数十年后，子孙繁衍，遂更名于家庄。六世于光前，由于家庄迁居南马坊，至今传至二十五世。六世、七世、八世归葬于家庄。九世于源活始葬南马坊，墓落村东南三百米处，十一世于盛立墓村东南。新南马坊小学西南二百米处，于长立墓村西北，现南马坊公墓处。

清顺治十七年（1660年），九世于应龙（字晋佩）、于自珍创修族谱。乾隆五十六年（1791年），十三世于观瀛、于玳，十四世于又发、于延凤第一次续修。嘉庆十三年（1808年），十四世于凤诏、于德温、于德良，十五世于冠儒二次续修。道光二十四年（1844年），十二世于廉，三次修谱，并按六支分别记述。同治八年（1869年），十五世于尔鑑率领十四世于銮、十五世于雁来、于化功，十六世于习义、于涧清、于执衡等10人，共14人第四次续修。光绪十一年（1885年），十四世于荀，十五世

族谱

于邦大，十六世于澄清，于执衡等 8 人，十七世于遵樸、于茂盛等 8 人，共 18 人第五次续修。光绪二十四年（1898 年），于梅生、于甫悍、于吾识第六次续修。1915 年（中华民国四年），十三世于广大，十六世于炳麟、于嘉澍，十七世于向荣等 5 人，十八世于悦性等 4 人，十九世于锡琳，二十世于金田、于樽共 15 人，第七次续修。1926 年（中华民国十五年），十六世于殿擢，十七世于阳春等 5 人，十八世于锡庚等 11 人，十九世于善述等 5 人，二十世于金铭、于鸿儒共 24 人，第八次续修。1936 年（中华民国二十五年），十四世于繁，十五世于华丰、于田玉，十六世于富云、于恒敏、于允恭，十七世于保禄，于宝信等 8 人，十八世于锡庚等 9 人，十九世于文彬等 3 人，二十世于维聖等 3 人，二十一世于肇基共 39 人，第九次续修。1948 年（中华民国三十七年），十六世于允恭，十七世于修业等 9 人、十八世于毓庚等 9 人，十九世于象乾等 7 人，二十世于金铭等 5 人，二十一世于作修、于良图，二十二世于汉江共 34 人，第十次续修。2016 年，十八世于海亭、于文祥，十九世于逊宗、于振明、于星南，二十世于世君、于径儒等 6 人，二十一世于东华、于继圣，二十二世于保国、于汉邦，二十三世于连章、于文宝、于藏珍，二十四世于华春共 19 人第十一次续修。

南马坊于姓，过去是出人捐款，与于家庄共修总谱。1963 年始修南马坊于姓支谱，由十八世于增成，十九世于荣綍、于秉文，二十世于震坤、于茂增，二十一世于来盈、于钧堂参与编修。1995 年，由十八世于疏滨，十九世于荣志、于秉文、于清芝、于鸿志，二十世于介提、于泉芬、于川、于田，二十一世于锦璿、于锦璋、于澄州、于宝镛，二十二世于敬铭参与第二次续修。2016 年，结合于家庄总谱修订之际，由十九世于清杰、于清伟、于清孟，二十世于山、于田、于芬、于立臣、于德国，二十一世于宝忠、于新、于镜浩，二十二世于强国、于松年共 13 人，第三次修订族谱。

南马坊于氏字辈按金、木、水、火、土，交叉使用。

齐姓　祖籍山西省平阳府洪洞县榆树沟。于明朝永乐二年（1404 年），兄齐声、弟齐盘自洪洞县徙迁直隶枣强县后，奉旨东迁，至山东省庆云县城南一村庄，后改为齐家庄。兄齐声落户，弟齐盘稍停后携眷继续向东，至青州府临淄县城，南门里落户，繁衍生息，形成南门齐。八世齐东表，迁徙南马坊，现传至二十四世。

明正德十一年（1516 年），齐永恭创修族谱。清嘉庆十六年（1813 年），十三世齐中澄主持第一次续修。清道光十七年（1837 年），二次续修，编者无考。清光绪三十二年（1906 年），十八世齐淑沅主持，十七世齐福履，十八世齐淑澄，十九世齐毓桢，齐曰芳等 17 人，共 20 人三次续修。1991 年，十七世齐永祥主持，十七世齐会堂，十九世齐锡玖、齐永顺、齐玉檀，二十世齐肇立、齐永成、齐玉书、齐锦春，二十一世齐桂祥，二十二世齐素祯第四次续修。

2013 年，庆云县齐氏祖姑，十六世齐素萍提议，十八世庆云县齐洪亮、临淄区齐德聚主持，庆云县与临淄区齐氏合谱，进行第五次续修。在坚持“谱不丢一人”的信念下，齐氏族人，南下北上，东去西往，遍访山东、河北及吉林省百余村庄，基本续修成功。南马坊齐氏二十世齐明海、齐永吉、齐永贵，二十一世齐涛、齐兴福、齐玉春，二十二世齐秀生与族人积极参与。在此次续修中，制定族规，编排六十个字辈。字辈从始祖始，二十世为中，二十一世为立，二十二世为心。

字辈如下：

克 允 宗 思 永 应 来 守 三 景
子 宏 儒 盛 廷 圣 学 建 兴 中
立 心 焕 福 茂 培 德 蕴 高 清
祥 延 达 万 世 崇 厚 家 业 升
秉 法 传 昌 远 维 宪 泽 国 恒
乾 和 兆 丰 俊 坤 贤 尚 敬 英

李姓 祖籍真定。明朝洪武初年，始祖李鼎明于直隶枣强县军迁至山东省青州府临淄县淄河东岸上庄村。二世李文友，又迁至南卧石村。清朝末年，十九世祖母于氏携四个儿子从南卧石村迁至南马坊，依靠其娘家帮助为生，后落户南马坊，今传至二十四世。

早年修过族谱，现已无考。清乾隆二十七年（1762 年），十四世李君辅，续修族谱。清同治二年十一月（1863 年），十八世李中田、李椿坡，十九世李又成二次续修。1928 年（中华民国十七年），二十世李庆楷组织 26 人三修。2003 年，二十二世李金斗，协同 41 名族人四修族谱。

张姓 元至正三年（1343 年），始祖张有道自冀州枣强县迁居青州府安丘县，后为避白马军乱，迁到济南府新城县茅托，因子嗣繁衍日盛，遂叫张家茅托。四世张聪，幼年迷失到达贵州被人收养。后读书做官，年高辞官，率六子，璇、玑、玉、衡、骐、骥回张家茅托生息，后六支徙居各地。三支脉，八世张明凤（字三戒），携眷迁到临淄县乌河头，不久又迁到临淄西关，从西关又迁到宋家庄。九世张承基迁到薛家庄。十一世张杨迁来南马坊村，至今传至二十四世。

清乾隆三十九年（1774 年），十二世张汝翼提议，十三世张叔瑗经办，创修族谱。光绪九年（1883 年），十六世张子彬一次续修。光绪十七年（1891 年），十七世张承保二次续修。1919 年（中华民国八年），三次续修，续者无考。1933 年（中华民国二十二年），十七世张承兰，协同十七世张承琨，十八世张予明，按支采访，将六大支合谱，为第四次。1992 年，十八世张予梅，第五次续谱。

字辈，自十五世至四十四世如下：

思 子 承 予 聿
若（玉）肇 维 方 家
守 正 光 丕 茂
允 树 永 年 华
元 德 曾 百 代
万 世 绍 建 国

宗姓 始祖宗海。明洪武二年（1369 年）由直隶枣强县，迁居临淄城东北郭家庄（訾家郭村），九世，宗三江迁居南马坊，至今已传二十二世。以前曾编修过族谱，清雍正年间发大水，冲毁祖庙，谱牒散失。光绪三十年（1904 年），十九世宗宝珂、宗宝珠，内查外调，搜集资料，重新编纂。1927 年（中华民国十六年），十八世宗恩庆，十九世宗协中续修。1999 年，二十世宗汝甫、宗汝溪、宗汝江、宗汝汶再续。

相姓 远祖自元朝从淮海（海东）鸿鹤林迁到山东日照县，后迁到博兴县城北相呈。元朝末年，始祖相士忠迁到临淄县相家庄生息。

十一世后分六大支，康熙初年（1662 年），相旭迁到南马坊，现传至二十四世。

相姓前期谱牒，以碑记或墓志铭记述。清咸丰元年（1851 年），相雯紫创修族谱。清同治八年（1869 年），相子徽一次续修。光绪十一年（1885 年），十六世二次续修，编修者无考。1994 年，第三次续修，六大支合谱。是年，二十世相志辉来南马坊访询，相姓合谱。

商姓　明中期，商氏自直隶枣强县分三支迁至山东省。一支张店红庙商家庄，二支广饶北鄙商家庄，三支在临淄城南商王庄。三支始祖商进，在此繁衍生息，至今已传至十七世。六世商腾云、商腾翔由商王庄迁居南马坊。七世商效辂于清嘉庆十七年（1812 年）创修族谱。清宣统二年（1910 年）十一世商殿武续修。1963 年，由商殿斌、商立钦、商拙亭、商传恕、商孝同再次续修。并与张店红庙商家庄族人议定辈次。字辈均在名字中间，自十五世始为：宜、敦、克、昌；丕、顺、延、祥；祖、宗、宏、光。

韩姓　始祖韩得封，山西洪洞县人。元末，兄弟三人迁于冀州枣强县寄居。明洪武年间，奉旨东迁。韩得封到桓台县田家庄近处的桃园住下，子孙繁衍，因姓为庄，即韩家老庄（现曙光村），至今六百余年。韩家老庄韩琏的元孙，韩昌印（十世）迁居荣家庄。十一世韩廷凤携全家在清朝中期迁居南马坊。

韩姓于乾隆初年，始创修族谱，编者不详。乾隆后期，第一次续修，编者不详。同治二年（1863 年），第二次编修，编者不详。第三次在光绪二十九年（1903 年），编修人员韩钧平、韩世平、韩清平、韩和平。1963 年，第四次编修，编修人员韩玉春、韩玉润、韩毓英、韩秉华、韩玉亭、韩玉芬、韩玉林、韩玉富等。

韩姓字辈，第四次编修议定，从十九世开始用三字名，排中间字，如下：

成　家　兴（洪）　业（毓）

丕（培）　基（吉）　荣　庆

聿（才）　德　生　新

根（风）　深（华）　枝（正）　茂

英　杰　盛　传

普　照　乾　坤

路姓　始祖路通，明朝洪武二年由直隶枣强县，东迁益都县鹿疃庄，六世起分为三十六支脉。路孜为其中一支，迁至临淄城西二十里愚公山下高赵庄。因子嗣繁盛，遂改为路家庄。十九世路义德于 1900 年迁至临淄县南马坊，跟随其姨母生活，后落户结婚生子，路氏至今已传至二十三世。

九世路宇、路万钟于明万历十九年（1591 年）始创修族谱，后又续修九次。分别为：明崇祯八年（1635 年），编者不祥。清康熙四十八年（1709 年），编修者不详。清乾隆二年（1737 年），编修，路文英。清乾隆三十九年（1774 年），编修，路思治。清嘉庆八年（1803 年），编修，路琢章、路嵛玉、路缙亭。清道光二十年（1840 年），编修，路永保、路文德、路浩龄。清光绪十二年（1886 年），编修，路思贤、路永清、路西山、路文瀚。1937 年（中华民国二十六年），编修，路振玉、路良佐、路炳文等九人。1997 年 11 月，主编，路峻昌，编修，路善教，校对，路峻楼及路峻贵等 15 人参与编修，并议定字辈：继、祖、美、德、昌；育、才、成、栋、梁。从二十世起用“继”字，每世一字，依次类推。

第三章 计划生育

第一节 服务机构

南马坊开展计划生育工作始于1965年。其时，南马卫生保健站站长王秀春在公社卫生系统负责人指导下，在南马大队以宣传员的身份配合搞计划生育，倡导育龄妇女放节育环，大力宣传少生孩子，利国利己。1968年10月，南马大队成立“三结合”领导班子，革委会主任徐广兴兼管计划生育，当时主要工作是动员育龄妇女放节育环。1971年整党建党后，新的党支部建立，随即建立计划生育领导小组，党支部书记任小组长，妇代会主任谢秀英、副主任吕凤英及董桂香具体抓，至1975年计划生育工作全面推开。各生产队健全组织，把该项工作放到重中之重的位置，大力宣传，定期召开会议总结经验，各生产队及时反映进展情况，不漏死角。计划生育工作多次被评为公社及区级计划生育先进单位。

1985年，农村实行家庭联产承包责任制，体制改变，南马坊村设立计划生育服务站，统筹南马片（南马坊村、谭家村、尹家村、国家村）的计生工作。站长由镇政府委派，南马坊村有一名干部任副站长协助工作。两名站长在南马片所属村巡回检查指导，组织育龄妇女到南马坊或有条件的村庄查体，一年四次。

1997年，南马坊村成立计划生育协会，党支部书记、村委会主任贾宝书任会长，妇代会主任孙爱红任副会长。全村设6名育龄妇女小组长，每人负责2个生产小组的育龄妇女。作为协助村党支部、村委会搞好计划生育的群众组织和实现计划生育村民自治的重要载体，在村“两委”的领导下，通过开展优生优育的宣传教育，充分调动广大村民自我管理、自我教育、自我服务的积极性，认真落实上级计划生育的各项指标，使计划生育工作在南马坊平稳有序的进行。

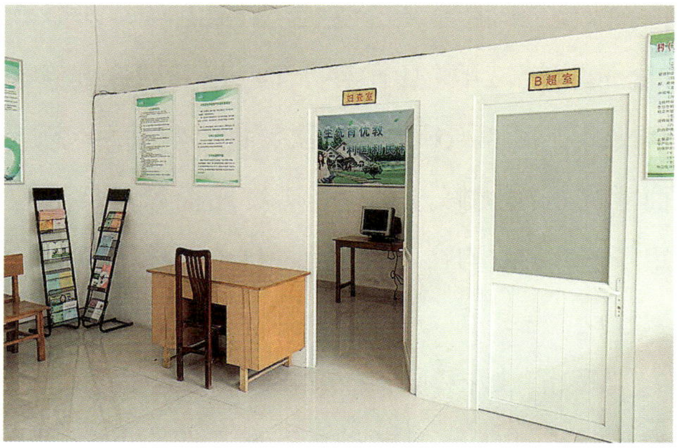

计生服务站

至2016年底，南马片计划生育中心服务站一直设在南马坊村，内有计划生育办公室、服务室、B超室、妇科检查室及人口学校等。

第二节 节育措施

晚婚晚育 1973年，国务院成立计划生育领导小组，在宣传教育上提出“晚、稀、少”的口号。“晚”指晚婚晚育；“稀”指有条件生育两孩的间隔时间要长；“少”指少生。

1976年3月15日，临淄区提出要求男女青年将结婚年龄推迟到25周岁，南马大队积极响应，除大力宣传外，在审签结婚登记介绍信时，说服动员结婚青年按新规定执行。1976年12月，正式施行晚婚年龄，男青年25周岁，女青年23周岁，在南马有一段时间还执行男女青年年龄相加达到50周岁。晚育是指育龄妇女首胎必须23周岁以后，对批准生2胎的育龄妇女，两胎间隔开始为6年，后推迟为8年，或2胎生育年龄女方必须达到32周岁以上。

男节育　南马大队首次推行男节育手术是在1971年，在整党建党形势影响下，分期分批，在很短的时间内，有71名男性社员做了节育手术，当时轰动整个城关公社。1972年和1973年，先后又有多人做了节育手术。1975年，南马大队规定凡有两个孩子以上的育龄夫妇必须有一方做节育手术。有些育龄妇女因其他原因不能做手术，就由男方做了节育手术。

计划生育讲座

女节育　节育措施有药具节育和手术节育等。药具节育、动员到医院放环是计划生育负责人的常规工作内容。南马大队育龄妇女做节育手术，集中在20世纪70年代。1976年，公社加大力度推行计划生育，规定已有两个孩子以上的育龄夫妇，必须有一个做节育手术。经过宣传动员，南马大队有一批育龄夫妇接受了节育手术。凡同意做节育手术的妇女，由大队计生负责人组织分批次到区医院，手术后统一到原知识青年点休养。大队在此设立临时休养所，在休养期间吃饭有专设的食堂，生活起居有专人服务。服务人员从各生产队挑选身体健康、品行优秀的社员担任，直到休养好后回家，并记一个月的工分。在休养所轮休过的节育妇女有135名。以后有几次做节育的妇女因人数少，就到大队院的东厢房去休养。1976年、1977年又先后做过几次，由于人数分散，一般在自己家休养，大队给予记工分和生活补助。

放节育环　1965年至1975年，南马大队计划生育的开展主要以放节育环为主。1976年，以做节育手术为主。1977年后，以放环为主。各级计划生育组织和专职干部，帮助妇女了解相关知识，搞好访视服务，发现意外及时做好补救，使放节育环成为育龄妇女的自觉行动。

第三节　奖惩措施

1977年，推行独生子女政策，规定对终身只生一个孩子的妇女，给予表扬和鼓励，发给独生子女证。一部分社员表示只要一个孩子，大队及时召开大会，大力表扬树典型，并发给钟表等物品作为奖励。并对独生子女户其子女在入学、入党、参军、招工时，在同等条件下优先推荐，形成一人实行独生子女政策、全家光荣的良好气氛。

在南马坊村人口与计划生育村民自治章程中明确规定，凡是在本村居住，计划生育关系在本村且领取独生子女证的夫妻，从领证之日起，至孩子 14 周岁可享受每月 10 元的独生子女父母奖励。凡在本村有生育行为的育龄妇女，孩子出生后在村专职干部的指导下，（顺产 4 个月，剖腹产 7 个月内）自觉采取长效避孕措施的由镇政府一次性补助 200 元。凡是本村初婚男女青年为晚婚晚育的（男方年满 25 周岁，女方年满 23 周岁），一次性奖励毛巾两条。35 周岁以内符合 2 胎生育政策，自愿放弃 2 胎且按规定签订终生只要一个孩子的合同的夫妇，由镇政府给予一次性补助 2000 元。对本村的计划生育家庭，养老保险补贴一半，医疗保险补贴一半，暖气费补贴一半。小学生免费坐校车。为 60 周岁以上 1 男或 2 女计划生育家庭，办理家庭计划生育奖励扶助，每人每月 80 元。

计划生育宣传画（1976 年）

对不实行计划生育的村民也有处罚，在 1976 年前后大规模掀起计划生育高潮时，有些人反对。当时大队及公社提出，凡是有一个孩子的育龄妇女，一律采取避孕措施，对躲藏者，不管跑到什么地方，千方百计一律追回，对包庇藏匿者，不管是领导还是普通群众，一律处罚。

1976 年，大批育龄妇女做节育后，仍有人超生。对超生的孩子不落户口，不参与分配。之后，对超生者给予经济制裁、罚款。

第四节　规章制度

1965 年，南马大队始开展计划生育工作。其时，对担任此项工作者称计划生育宣传员。1968 年，由大队妇代会兼管。1975 年，成立专职计划生育领导小组，建立计划生育服务站和计划生育服务协会。最初，制定临时性制度措施，后不断充实完善。2014 年 12 月 9 日，经村民代表大会讨论通过，制定《南马坊村人口与计划生育村民自治章程》。内容包括计划生育村民自治目标，村民的权利与义务，村委会职责，村计划生育协会职责，村计划生育专职干部职责，育龄妇女小组长职责，对育龄妇女的教育、管理、服务以及奖励与约束措施。对民主参与，民主监督也作了明确规定。全章程 11 章 33 条，使南马坊村的计划生育工作走上了正轨。

章程要求村委会按上级要求和实际需要，配备计划生育工作专职干部和小组长，定期召开会议，认真研究和解决计划生育工作中出现的问题和实际困难。定期向村民通报计划生育各项指标的完成情况，认真落实对独生子女和独生子女家庭的奖励及各项优惠政策，搞好对贫困独生子女家庭的帮扶工作，解除他们的后顾之忧。要求村计划生育专职干部当好领导参谋助手，协助村党支部和村委会完成人口与计划生育责任目标。利用活动室，积极组织育龄妇女开展活动。在各大节日开展好社会大宣传，并针对不同育龄人群开展有针对性的宣传与服务。帮助育龄妇女了解各种避孕方法的原理和优缺点，选择适合自己的长效避孕措施。认真做好各种村级工作档案的记录，确保各种档案整齐规范。为育龄妇女搞好生殖健康服务，每年为49岁以内的育龄妇女搞好三次查体，并做好档案记录。新婚、孕产、术前、术后的育龄妇女搞好访视服务，帮助他们解决实际困难。熟悉本村计划生育工作情况，发现计划外怀孕及时做好补救。每半年向计划生育领导小组总结、分析本村计划生育工作一次。

育龄妇女小组长对所管小组的育龄妇女每月至少走访一次，了解她们的需求并向计划生育专职干部进行信息反馈。做好宣传工作，有条件的可组成育龄妇女3～5人集中学习的小组，没有条件的上门宣传及有针对性的重点服务。

村计划生育协会组织会员带头宣传计划生育方针、政策、法规，带头实行计划生育，带头勤劳致富，联系群众并帮助特困户的独生子女家庭。协助搞好宣传，普及计划生育、避孕节育、优生优育知识。积极开展"三结合"，搞好帮扶及生殖健康服务，协助村委会做好群众的思想工作。通过开展多项服务，以稳定群众的低生育水平。

第四章　村民生活

第一节　收　入

南马坊人以农为生，收入大部分从土地中得来。解放前农民土地少，普遍贫困，以粮加糠菜度日，如遇灾年，生活更是苦不堪言。

新中国成立后，经过土地改革，农民有了自己的土地，生活开始改善。1955年，走合作社化道路，农民干劲大，生产大发展，粮食大增产。1956年，人均粮食434斤，虽吃不好，但能吃饱，生活安定。1959年后，三年自然灾害农业欠收，有些农民吃饭都是问题。经1962年的调整，1963年集体分配人均口粮382斤，现金63元，农民又分得少量自留地。加之家禽饲养，个人收入增加，生活逐渐好起来。经过"文化大革命"，农业学大寨，1978年粮食分配500斤，现金93元。1984年实行家庭联产承包责任制，生产资料归农户，生产收获归个人。1986年，响应上级号召，在村域内提出创万元户活动，种蔬菜，建大棚，粮食亩产超2000斤。村办企业兴起，集体、个人收入增加，至1989年，南马坊人均粮食600斤，人均收入1098元，是改革开放前1978年的11倍。至1999年粮食人均592斤，现金收入3880元，是1989年的3.5倍。

进入21世纪，随城市北扩，土地被占用，村民收入呈多元化，分三个方面。家庭经营收入、工资性收入及其他收入。有土地者，加大水肥投入，机械化耕地，培置地力，粮食连年丰收。2016年小麦单产达1200斤，玉米单产达1400斤，除生活所用大部出售。土地被占用户可外出打工，或工厂就业，或投入第三产业。成新型农民。年收入1.5～3万元不等。即是有土地者，因机械化生产，农业生产投入的时间短，腾出时间外出打工挣钱。另外国家对有土地者实行种粮食补贴，加之其他优惠政策，土地被征用农民，村委每亩每年补助2000元。

第二节 消 费

解放前，村域内农民购买力低下。新中国成立后，人们的消费逐步提高。60年代前，收入多用于吃和穿。80年代前后，衣食住行水平提高，偏重于盖房。90年代，解决了吃饭问题，开始盖楼。21世纪基本进入小康生活。1956年人均消费20元，1965年人均消费65元，1972年140元，1985年560元，1990年增到860元，2000年为1300元，2008年为2200元，2016年为11500元。

60年代前，饮食消费很少，以吃粗粮为主，70年代后，粗细搭配能吃饱，80年代以细粮为主，自己生产蔬菜，食油用量增加，吃到鱼、蛋。90年代粮多，鸡、鱼、肉比重加大，开始吃副食品，进入20世纪吃好，吃精、做饭用上液化气、高压锅，电饭煲，讲究食品搭配。

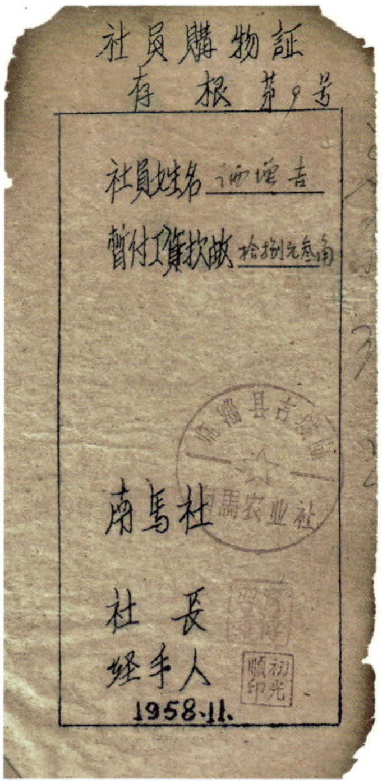
社员購物証
存根 第9号
社員姓名
暫付工資款數
南馬社
社長
经手人
1958.11.

1958年社员旧购物证

农民用于衣着消费，逐年提高。70年代前穿粗布，布鞋，大棉裤，对襟袄。后换成制服、中山装，小大衣。布料为国呢，条绒。70年代后，涤纶、华达呢、的确良。开始穿西服，皮衣、皮鞋。21世纪穿名牌服装，青年人赶时髦，着奇装异服，老年人舍得穿新衣。

建房是农民的重要消费处，解放前村内农民多住低矮土坯茅屋，以挡风遮雨为准。1965年，开始划排屋，建土坯屋，8层砖基础，砖镶门窗、麦秸盖顶。盖5间北屋，开支4000余元。1980年后，开始砖瓦到顶，石头基石，盖5间北屋或锁皮厅，开支1万余元。1995年后，开始建设坚固、美观、实用的平顶屋或二层楼房，地面铺瓷砖，墙面刮瓷，铝合金门窗，开支10万余元。

出行工具，发展很快，1960年前，外出多以步行为主，少数人家有自行车。1970年后，凭票供应自行车，大金鹿150元一辆。1980年，开支500元，购进二轮摩托车，自行车普及。1990年后，二轮三轮汽油摩托车普及。21世纪，汽车数量逐年增多，价格5～15万元不等。价格1500元～3000元，二轮、三轮电动车，每家都有一种。

青年结婚是一项大的开支，并逐年增多。1960年前，订婚（送柬）有几件衣服和礼品，结婚时3铺3盖，方桌、椅子、抽头，柜子。1970年后，时兴三大件，自行车、缝纫机、手表。1980年后，三大件是锁皮厅，电视机，大立柜，订婚礼金30～50元，接亲用自行车。1990年后，三大件改称洗衣机，彩电，电冰箱，订婚礼金6680元。寓意六六大顺一起发，接亲用六辆轿车。进入21世纪，三大件是汽车、楼房、电脑，订婚礼金10001元（万里挑一），17800元（大家一起发），37800元（三家一起发）。以前待客，请个厨师，在家待客，21世纪后都在酒店。接亲用8～10辆高级轿车，结婚随礼金逐年上

20 世纪 70 年代结婚老三大件

涨。1960 年前，随 5 角钱即待客，1970 年前后 3 元，1980 年 5 元，1990 年后 10 ~ 30 元，21 世纪后 30 ~ 50 元，2016 年一般友情 100 元，稍厚 200 ~ 500 元不等。

重视教育，加大投入，越来越多。21 世纪 70 年代，每个小学生，每学期的学费为 5 角钱另加书本费。80 年代，学费为 2 元钱 1986 年实行九年义务教育，学费由国家承担，农民负担减轻。书本费随物价上涨，90 年代为 80 元左右。进入 21 世纪，在望子成龙、望女成凤思想指导下，从娃娃开始培养起，至 2016 年，学龄前儿童每月入托费 800 元，另加伙食费，全年开支 1.2 万元左右。初中生、高中生，在假期都报补习班、特长班，支出按报班课时不同，费用不等。

第三节　生活用具

炊具　是人类加工熟食所用的日常生活器具。

古代炊具　有鼎、鬲、镬、甑(zeng 赠)甗(yang 演) 等。鼎是煮肉和盛肉的，较大以圆腹三足为多，也有四足的。口处有直立的两耳，可以穿进杠子抬举，在鼎下烧火。鬲是煮粥的，其形与鼎相似，三足是空的，与腹相通。镬是专门煮肉的，大腹、圆形、没有足。古代的酷刑烹，就是把人扔进镬里。甑是蒸饭的工具，类似今天的笼屉。米放在甑中，甑放在鬲上，鬲中放水，上下两器合成一套就叫甗。釜的用途与鬲相似，但所煮的不限于粥。釜也是量器，一釜为六斗四升。

近代炊具

铁锅。有大的、小的，都是生铁铸成的。小的锅炒菜用，中型的做稀饭，蒸馏给养，大的锅专门蒸饭用。

饼鏊子。三足，生铁铸成，直径 40 ~ 50 厘米的圆形铁器，主要是烙饼用。

煎饼鏊子。边沿有三足，直径在 70 ~ 80 厘米的圆形生铁铸造物，下边生火，上边倒上磨糊子摊煎饼。

笼扇。用柳树或桐树木板弯曲成圆形，中间两横梁上顶有竹条，放在大铁锅上，盖上笼盖，蒸馒头等食品。

茅箱子。用茅草编成圆形，编上底编上盖，专门盛熟食，特点是保温。

擀饼轴。是 3 ~ 4 厘米粗的圆形木棍。

面瓢水瓢。过去主要是种的葫芦成熟后，锯成两半，挖面、舀水用。

风箱

风箱。木板制成长方体，底部两层，为风道口，箱体中间有向前向后拉动的风板，风板周边是鸡毛摞成，箱体两头底部有通风口，带拍板，拉风板时敞开，推风板时挡闭风口，风箱底部右侧有风口，风吹向炉底，使烧柴火旺。

家具　旧时，富人家家具较齐全，有八仙桌、条山机，抽屉、柜子、椅子，大床、小床、罗汉床、藤子床等。有的农民家有方桌、椅子、柜子，穷人家只有简单的方桌、椅子、凳子等。睡土炕、坐玉米皮或麦秸编的敦子、蒲团等。

灯具　解放前，农村照明主要是用豆油灯。用泥塑上半尺高的灯台，上端放一浅碟，倒上豆油，用棉絮搓成细条，一头放进油中，一头点燃照明。后来，由白铁匠做上灯台，固定好上端玻璃瓶，倒进“洋油”，用烧纸捻上灯芯，点燃照明。在煤油灯的基础上，在灯焰下方做上带孔的托盘，托盘上放玻璃灯罩，用氧气助燃，使灯更明亮，称罩子灯。之后，用铁皮做成底部平的半圆形油箱，两边做上灯架，油箱上盖中间有能调节的灯芯，放上玻璃罩防风雨，罩外有网形铁丝护箍，上有提手，可提着走路照明，称“保险灯”。20 世纪六七十年代，村内通电后村民用上电灯。灯具从白炽灯、荧光灯发展到节能灯、太阳能灯等。

保险灯

第三篇

村庄建设

新村北大门（2015 年）

旧村航拍图（2014）

住宅楼一角

南马坊村历史悠久，村庄建成较早，清朝咸丰年间建成了规模宏大的围墙，使南马坊形似独立王国，街道纵横交错，多处古建筑，房屋多以土坯墙。低矮的茅草屋。

新中国成立后，勤劳智慧的南马坊人，在中国共产党领导下，走社会主义道路，逐渐把一个贫穷落后的村庄从弯街曲巷的村容、柴门土屋的庄貌，改变成街宽路直，砖瓦楼房的先进村。

2010 年，经上级批准，南马坊建设新村，至 2014 年底，一、二期工程建成，占地 282 亩，住宅楼 38 栋，公建房 4 栋，绿化面积达 70%。2015 年举村搬迁到楼房林立，道路平坦，设施齐全，环境优美的新社区。南马坊人掀开了新的一页，过上了城市化的美好生活。

第一章　旧村建设

第一节　房屋建设

过去宅基地属私有财产，建房选址由个人所定，布局杂乱无章，参差不齐，严重影响村容村貌。富裕户建筑豪华，占地几千平方米；贫困户四五口人只住几间狭窄、低矮的土屋。

土屋　旧时，村内院落、房屋差别大，具有当时农村不同阶层的明显特征。

土屋

富裕户　大门一般设置在院落东南方向，门外有的砌筑几步青石台阶，前面两侧有上马石。大门宽 2 ~ 3 米不等，门板厚重。两侧有大的门砧石，高踢脚板。青砖灰瓦到顶，四面挑稍，稍脊有兽头。大门迎面有影壁墙，中间雕刻“福”字。一旁有门房，专供看门者居住。偌大的庭院，或栽花植树，或当作打谷场院，偶有几间房屋或敞棚。二门院落内为居住处，多为四合院。北屋是正房，砖瓦到顶，门窗厚重结实。偏房以青砖做墙基砌至窗台，镶门镶窗，小瓦盖顶。饭屋、仓库等一应俱全。四合院内各房屋布局合理，建筑讲究，占地面积有的多达 2 ~ 3 亩不等。

一般户　建房随址而定，大门设在院落一角，大部为门厅式。既能出入，靠边又能放置物品。门宽 1.5 米左右，门旁设有“阳沟”，可排水。北屋为正房，8 层青砖作墙基，砖镶门窗，土坯墙，麦秸盖顶。内墙用石灰抹光，外墙用麦稂泥抹面。院落较大者，北屋两端接盖挂屋，可做饭屋。饭屋内有灶台，烟熏火燎，四壁黝黑。有的灶台后建一土坯炕，灶火穿炕而过，由墙间烟道至排烟口排出。此灶炕为一暖炕，年老体弱者多居于此，以过寒冬。

贫困户　宅基院落偏僻，门口只有两墙垛，一般建有“挑翅子”门。此门上面用几根木棒做成框架，薄薄地麦秸盖顶。两扇门板较薄，宽 1.2 米左右。也有的做成柴门，乡语叫“寨（zhái）门”。有两个墙垛，墙垛里边各有木桩，一木桩上部制成圆柱状。寨门用木板制成框架，中间有一横梁。在横梁的一端做一圆洞，将木桩圆柱插入横梁圆洞，作寨门的门轴。寨门中间插别上带刺的树条，也有的钉上薄木板。提起寨门的一端，放到木桩靠墙边，即是完整的寨门。此门只起到隔里外的作用，安全性很差。建房方位不定，房窄屋矮。墙基多者有 8 层砖，少者只有砖“拖脚”。全为土坯墙，麦秸泥抹平。麦秸盖顶，或囤或苫。门矮窗小，这便是土屋。其时，有的两代几口人起居生活，粮食、用具都在几间屋内，拥挤不堪。也有的几户人家住一院落。

排屋 1965 年，大队负责人根据宅基地所属权归集体所有的精神，决定打破旧的传统，实行统一规划，建设新型农村。规定每户院落的大小，东西长 18 米，南北宽 16 米，院前留有 4 米巷道。1968 年，将长 18 米改为 16.7 米，后又改为 14 米见方。各户房屋的定位，由大队组织人员扛着长长的高杆，利用三点成一线的原理，确定坐标，然后由大队负责人到场划定，方可施工。此举突破传统观念，一改几千年来私有、自由、无序修建房屋的历史。

住宅楼 社会的发展，村民生活的提高，经济的富裕，对住房有了新的要求，要住楼房。1995 年，村领导顺应民意，规划图纸，筛选样式，盖起第一批楼房，房间设计合理，阳光充足。内部墙面刮瓷，地面为地板铺设，外墙统一长条瓷板。东西两户对称，门当户对，中间相隔 8 米 ~ 10 米的大道，既美观大方，又居住舒适。

商业楼 临淄区北外环路在村南边的修建，带来巨大的商机，党支部决定修建沿路商业楼，以出租地基的方式，让有能力的村民自

商业楼（2014 年）

费修建商业楼，租期 30 年，一次性交纳租金，30 年后重新租赁。当年盖起 20 栋商业楼。有汽车、拖拉机维修店，汽车配件、水泥经销、种子化肥经销、家具销售、日用百货、酒店饭店等。

别墅楼 1997 年 3 月，村“两委”根据村民的要求，决定建设高标准的别墅型楼房。随后，选派有能力、懂建筑的人员外出考察，取经看样。找有威望的设计院绘图，进行比较筛选，最后选定五种布局合理，易修建，适合农村居住的好楼型。在全村按地区、方位、分片分型、统一规划，建设新农村。到 2003 年，全村共建 138 栋高标准别墅型楼房。其后，根据全区统一规划，有计划搞好新农村建设，南马坊村要整体搬迁，才停止审批修建。

别墅楼（2012 年）

第二节　街　道

旧时，南马坊村的街道是按“五行”理念而建，东西为金、木，是财路，街宽且直，畅行无阻。南北为水、火，水、火不相容，道窄不直通。

大街　南马坊有两条东西大街，依寨门而建。前大街东起东南寨门，西至西南寨门。后大街东起东北寨门，西至西北寨门。在村中心，有一条北起白衣大士庙，南接南海观音庙南北走向的大道。这三条街道呈“工”字形排列，组成南马坊的主要街道。前大街中段向北稍弯，似“弓”形，是因先有庙宇，大街若取直，影响庙宇，只能从庙前经过，故有“弓”形布局。后大街街面宽且直，每天人来人往，车水马龙，甚为繁华。此街是东去青州、潍坊、沂水、临沂，西至博兴、滨州、桓台等地的必经之路。街两边设有多家店铺客栈，大的有王家店、贾家店、于家店、临香楼，小的有杂货店、小饭馆等，为由此过境的客商提供饮食和住宿方便。此街西段路北有一砖石结构的大门，做工细致讲究，别致雅观，门上有一横匾，上书“翰院蜚声”四个鎏金大字，这便是南马坊才子、清光绪年间翰林于疏枚的府邸。之外，村内还有原7、8队处的小前街；4队处的小街子；村北边的小后街，也叫林家胡同。三条小街均为东西走向。

旧村前大街

胡同　南马坊村内除一条南北大道外，其它的南北道路都叫胡同。路面狭窄，且不直通。从布局看，胡同有三个方位。村东部，北起有许家胡同，西拐向南有小庙胡同，东拐向南有北胡同，东拐至围墙边有南向小胡同。村中间，北起韩家胡同，该胡同稍宽，是为有利排水缘故。西行拐向南为中心大道，至南海观音庙，东行拐向南，至关圣帝君庙，西拐向南到达南寨门。村西部，北起车胡同，东拐向南是董家胡同，再东拐向南为张家胡同。另在各街、胡同两边设立多条“半截”胡同，方便村民出入。各大街、胡同在村内成网状分布，有利村民出行。

旧村小巷

暗道　为弥补南马坊南北道路的不足，还有几条暗道相辅。所谓暗道，看似是一个民宅的大门，进入后，沿小巷穿行而过，能到达另一交通大道上，一则方便交通，二则有利安全。旧时，村内有三条暗道。东北马的商家大门。大门设在后大街，进门后弯弯曲曲，前行至另一出口，是在小街子上。东南马的徐家大门。大门前是南马坊的前大街，另一出口却是小前街。村西部“绳武堂”。大门设在后大街上，进大门后蜿蜒前行，出口在前大街。三条暗道有三个共性：都是坐南朝北的大门；大门设在大街上，另一出口却是另一交通大道不起眼的地方；都是南北向。

东西主街　村内民房宅基物属私有，街道布局沿袭旧俗，除村内后大街较宽且直外，其余街道皆弯曲狭窄，崎岖不平，严重制约村内的交通，与飞速发展的经济形势不相称，直到20世纪70年代，还有外村人戏说“南马是先进队落后街”。

1971年，整党建党后，以徐广兴为书记的新领导班子，决心改变村内的交通状况。党支部及大队领导，对村民大张旗鼓地宣传教育，深入说服动员，合理搬迁安置。从1973年开始，经两年时间的努力，拆除多间民房，推倒多处墙壁，终于将原来弯曲难走的前大街，修成宽8米，东起东南寨门，西到西南寨门，向西通向国家庄的笔直社路。北街是在4队地域，重新划地，修成宽10米，直通村外的大街。修此街，拆除4队、11队、12队村民的不少房屋，给他们重新划地盖新房，此街为南马的中心街。

南北大路　南马坊村自古无直通的南北大路，1986年，以徐社香为党支部书记的领导班子，上任伊始，大刀阔斧，雷厉风行，很快开通南北五条大路。加上从1971年建成的大队办公室西侧的中心路记起，向东为东一路、东二路、东三路，向西为西一路、西二路，共六条南北大路，加上原后大街，7组8组的东西街，从而构成村内街路六纵四横的局面。

中心路　1999年春，以贾宝书为党支部书记的领导班子，提出倡议，将中心路改建成水泥路，并决定以支部委员刘景清为主要负责人。村“两委”成员带头捐款，村民积极响应，企业领导纷纷捐资，很快资金到位，请专人设计，严把材料质量关，按规划施工，认真监督，环环扣紧，经过27天紧张施工，终于修成南起309国道，北至北大街，全长500米的水泥大道。月余后在路沿石外栽植冬青，一年四季常青。路东侧等距安装了路灯，通夜照明。在靠近309国道处，用粗钢管焊扎起框架式铁门，红漆粉刷，美观大方，被人们称作南马坊的“红门”。

筑路指挥部人员：

刘景清　于明孝　徐广兴

朱光文　贾明远　于敬文

于孝春　刘长清　孙爱红

第三节　公用设施

公用房　南马坊村在公房建设上从不讲排场，不攀比，都是量力而行，根据工作的需要，与经济的发展同步进行。

1970年以前，村集体经济不富裕，从大队办公室到各村办企业、作坊生产场所，都安排在解放初地主富农留下的闲散房屋内，因陋就简，有时根据工作需要，还要经常搬迁，期间未建一间房屋。1970年以后，随着大队集体经济壮大，积累增多，首次开始集体办公室修建。那时，只能修建石头坚脚，土坯墙，麦楷盖顶的草坯屋。1971 年，修建 4 间办公室、3 间代销点、3 间卫生室，建设油房 8 间、拖拉机站 13 间，都是茅草房。1974 年，为迎接下乡知青的到来，建成知青点 16 间草坯房。1975—1976 年，修盖房屋质量好些，用砖增多。其间，在学校建成两排 8 间砖瓦结构、宽敞明亮的教室，在前大街路口北建有 15 间门市部，公房建设越来越多。

1984 年，联产承包责任制在南马坊村贯彻实行，集体经济有了长足的发展。1986 年后，公房建设进入到一个新阶段，拆除原 10 间土屋，改建成石、砖、瓦到顶，出厦多用的办公室。拆除 16 间知青点土房，建成幼儿园。拆除 13 间拖拉机房，建成砖瓦结构宽敞的面粉厂。在办公室院内建有一排东屋，一排南屋，院外临街建有积金会、电工组、储蓄所等多处营业办公室。在村南临淄造纸厂北邻建有两层楼的永发实业公司办公楼、招待所。2002 年，修建办公院大门，整个大门砖砌贴瓷，夹框式，门楣上前后建落地池门脸，起脊挑梢，顶面琉璃瓦，顶脊装饰两条卧龙，朝向南、北，四梢象四条行龙探向四方。大门用钢管焊接，一眼望去，宏伟壮观，成标志性建筑。2004 年 5 月，建设的村文化大院落成。

供水　过去村内有多处水井，都是土井、砖井，有甜水井、涩水井之分，一般人吃甜水井，涩水井浇菜园。那时，群众到甜水井处，用辘轳提水桶。也有用一根粗绳，一头系好铁筲，把筲放入井水中，待水满后，双手交替拔绳到井口处，用担扙挑回家。井少，取水人多时要排号。1956 年，合作化后大牲畜都集中起来喂养，在饲养处都要打一眼深井，人畜共用。20 世纪60 年代中期，农田有机井后，靠近村边的农户还到坡里挑机井水喝。那时，每户都要准备一口大缸，一有空闲，就用担扙挑着两只铁筲去打水，挑回家倒在缸内备用。此状况一直延续到 70 年代中期。

水塔（2014 年）

1975 年，大队党支部、革委会着手解决群众吃水问题，在大队部北边、原来的西水塔南边打了一眼深水井。井北边用石头建了一个大的敞口水池，上面有盖，西面下方安有一排 6 个大的放水龙头。水从机井抽到水池内，群众从水龙头处接水挑回家。有的社员用简易地排车放上专用水箱拉水回家。

1980 年，大队着手修建东水塔及机井，井内安有深井泵。水塔为砖结构，水池是钢筋水泥结构，修成后铺设地下管道。地下管道为直径 6 厘米的钢管，向东铺到东三路徐振香家门口，向南铺到 7 队刘家大车门，向西铺到南北中心路口。尔后，向北至原北学校西南角，再向西至 11 队西头。沿途设置多个放水点，此为南马大队第一次用上自来水。

东水塔高度低，储水量小，供水不足。1980 年底，在大队办公室处，原机井口北边打了一眼深水井，井底放有深井泵，井旁建一水塔，称西水塔。塔修成后全村开铺地下管道，并和原地下管道对接互通。在原来管道的基础上，各生产队自筹资金，购置大直径塑料管道，

供水站（2014 年）

在生产队主要街道上铺设主管道，沿途群众接水管通往家中，小巷深的几家联合安一分管道，各户再从分管上安上三通管接到家中。安装完毕后，1981 年 7 月，一次开机放水成功，家家户户都用上自来水。从此，全村村民结束了吃土井水的历史。

因地下水污染，南马坊村的深水井也遭到污染，西水塔机井需加深。2008 年，上级出资金，把机井打到 180 米深，井打成后，因工序处理不当，水源很快又二次污染，村“两委”为让村民吃上放心水，投资 30 万元购设备，进行水质处理，制成净化水，经有关部门检测，南马坊村的净化水纯度高、质量好，并进行经常检测，确保质量长期稳定。制成纯净水后，专门定做“南马专用塑料桶”，让村民使用。从 2011 年开始，全村每人每年免费供应 12 桶净化水。2012 年，又增加到 15 桶，不足者按每桶 2 元购买，解决了群众的吃水问题。

村碑 根据临淄区人民政府地名管理规定，自然村应设置地名标志。1988 年 6 月，南马坊村民委员会立村碑一座，由临淄区地名委员会监制，安置于村东南方临淄区造纸厂北原辛孤路北侧。1995 年，临淄区北外环路开通，将村碑移至村中心路与北外环路交汇处。2003 年，北外环路扩建，又将村碑移至村西南南马坊大集西南角。

村碑安置在三层青石垒砌的台基上，通高 130 厘米，阔 190 厘米。正面楷书凹刻“南马坊”三个鎏金大字。字高 40 厘米，阔 30 厘米。下注南马坊三字的汉语拼音。四边镶以纹饰。上部纹饰为二龙戏珠，两侧为人物和云纹纹饰，下部为荷花纹纹饰。

背面书村庄渊源，全文如下：

座落于临淄城西南两公里，辛东公路西侧。系唐朝宰相房玄龄、清朝翰林于疏枚、民主革命先烈贾振琨故里。南马坊村名，最早见载于明《嘉靖青州府志》：昔为故齐国之马坊，因在齐都城南故称南马坊。后成村落，村亦为名，

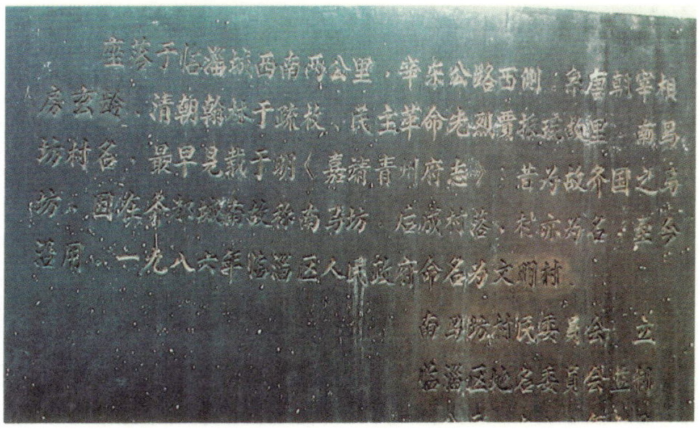

南马坊村碑

至今沿用。一九八六年临淄区人民政府命名为文明村。

南马坊村民委员会　立
临淄区地名委员会监制
公元一九八八年六月

第四节　古建筑　遗址

围子墙　清道光年间，政治腐败，加之天灾人祸，盗贼四起，百姓深受抢劫骚扰之苦，临淄县内有多个村庄酝酿修筑围子墙，以保民众安居乐业。清咸丰元年（1851年），南马坊在于汝澄等乡绅倡导组织下，开始修建环绕南马坊村的围子墙。经三年努力，修建成功。

据记载，于氏十五世于汝澄有族兄弟30余人，他排行十三，人称“十三老”。于氏家族人丁兴旺，族大财多，于氏居民区占据南马坊村的四分之一。于汝澄本身家庭殷实，而他又出嗣给族六叔，其六叔是候补县丞，内有财产，外有名声，加之于汝澄处事公正，德高望重，由他出面倡导，占尽天时地利人和。据传，于汝澄承诺：修建围子墙所占地基，凡为于姓者一律无偿使用，外姓者所有损失由于氏赔偿，

围子墙遗迹（2012年）

要地给地，要钱给钱。他一呼百应，很快围子墙便开始修建。

围子墙的图形经过充分酝酿，周密策划。围子墙东北面从原来的许国华住处起，向南至刘坦香住处，拐向西至南寨门，基本是沿沟而建。南寨门向北的分界沟为南马坊中心线，东西对称。整个围子墙大致呈无角四方形，似“龟形”。在民间，龟被视为一种吉祥物，有旺财化煞之说。龟又是长寿之物，寓意长治久安。

围子墙环绕大南马一周，长约2300米，地基宽约5米，上顶宽约3米，高约6米，动用土方近6万立方米，整个围墙内占地440.59亩。围子墙顶部，隔一段距离建一垛口，主要用于隐身及观察外部动静。围子墙外有壕沟，深约3米，宽约8米。其时，地下水位高，沟内常年积水，增强了围子墙的防护能力。整个围子墙建筑壮观。20世纪30年代，围子墙基本完好。1946年，廖容标率领的山东野战军四师在南马坊驻扎，铲平了白衣大士庙后面一段围子墙，辟做操场用。其后，村民深感围子墙对出入耕种不方便，分别在韩家胡同北端、小街子东端及东南方各扒开一个豁口，在小前街街南边平掉围子墙修建了房屋。新中国成立后，社会太平，生产发展，围子墙失去作用，反而成了村民出行的一个障碍。六七十年代，围子墙或被取土填坑，或被取土垫圈造肥，挪作它用，绝大部分已不复存在。2016年，只在西南寨门以北存20米遗址。

修围子墙时未将小南马圈进，考其原因为：小南马与大南马之间，有宽而深的沟，并且是南北交通要塞；小南马只有东西一条大街，并且较长，若把小南马圈进，按龟形修建，耗资相当巨大；小南马南边是深而宽的大沟，既是

交通要道，又是雨后泄水的主道，若圈进，雨水难以处理。

寨门 整座围子墙有5个寨门，分别为东南寨门、东北寨门、西南寨门和西北寨门，它们东西对应，南北有序。在南围子墙中段有一个南寨门。寨门的设置是按金、木、水、火、土五行理念而为。东为金，西为木，金木为有价之财。所以围子墙有两个东门，两个西门，寓意财源滚滚而来。南为火，火无情，只留一个南门。北为水，水为泄，故只留沟，不设门，意为财不外流。前4个寨门构造大致相同，大门两边用石灰和砖砌成，先修1.2米宽的两个门垛，门口上方用砖发碹。门楣处有一长方形横向凹形砖池，砖池四周用磨圆一角的青砖砌成，池中镶有四块大方砖，每一砖上刻有一凸形大字，对围子墙所起作用进行赞扬。东南寨门上部书“闾里长城”，意思是保护广大居民安居乐业的长城。东北寨门上部雕“乡曲重关”，意为虽处偏僻，仍是村民出入的交通要道。西北寨门上部刻“一村保障”意为有围墙的存在，一村人的生命安全有了保障。西南寨门上镌“百姓无忧”，意为村民赖以围墙而无忧。南寨门

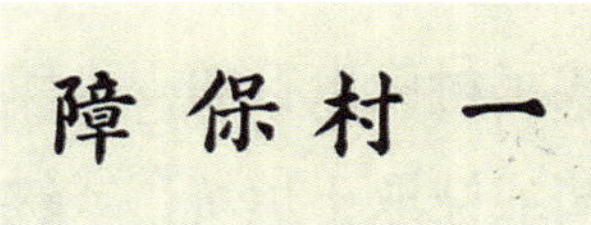

西北寨门

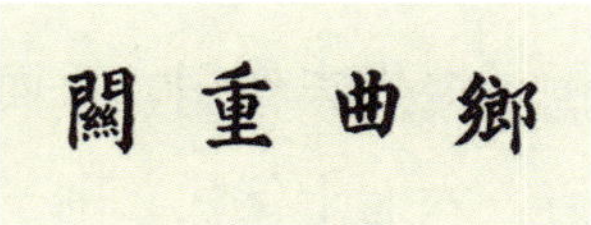

东北寨门

西南寨门

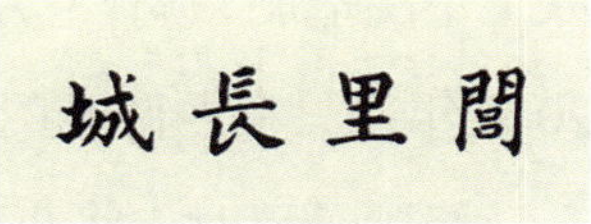

东南寨门

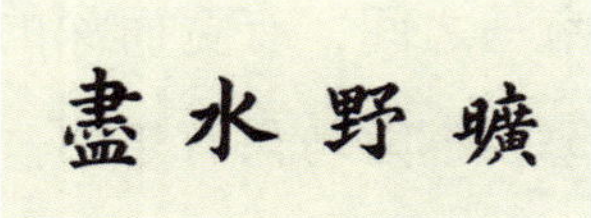

南寨门

刘振骧书各寨门门楣字

上部镂“旷野水尽”，意思是村南广阔高地上来水再大，不能进村害民，必须顺沟向东而去。

各寨门都用厚的结实木板制成两扇大门，门面上排列有序的铆上若干大的蘑菇钉，两扇大门的边缘和下部都用厚铁板覆盖。门内有木栓，叫门闩。大门两侧的墙上修建时留有相对称的两个洞，可插进碗口粗的木棒，叫“腰杠”。平时防盗只用门闩，如遇重大情况，掩门后可放“腰杠”。在寨门内一旁盖有一间房屋，叫“更屋子”，专为打更人休息用。危机时亦为寨门值守人员居住。寨门顶部用粗木棒覆盖，顶上用三合土填平，前面有矮墙，建有垛口，可放抬枪、土炮之类的防敌武器，建筑雄伟壮观。唯有南寨门与其它四个门不同，其顶为尖顶起脊式。据传，在规划修围子墙时，有意按龟形仿制。东西四个寨门形同龟的四只脚，脚面是平的，故寨门顶部为平顶式。南门为龟首，故南门的顶部为起脊式，似尖形龟首。按五行理念，修成“龟形”围子墙的村庄，只此一家。解放初期，5个寨门基本完好。1957年，高级社抗旱打井用砖，相继被拆除。

庙宇 旧时，村内有白衣大士庙、南海观音庙、关圣帝君庙和土地庙四座大庙和五座小庙，是一方百姓精神寄托的场所。

白衣大士庙 又称白衣寺、北庙，是供奉白衣观音的场所。白衣庙坐落在后大街中段路北，坐北向南。进山门后，向东不远处有一高约7米的钟楼。钟楼内悬铁钟一口，通高约1.5米，下端直径约90厘米。庙内每遇重大活动或动乱时期村内出现紧急情况时，鸣钟为号，召集村民集合应对。山门迎面有一影壁，绕过影壁有一院落，中间正北有三间大殿。大殿前墙

下部用青砖砌筑，上部为木条方格窗棂，正中有一大门，上书楹联。上联：大慈大悲大仁义；下联：救苦救难救众生；门楣横批：有求必应。

殿堂内方砖铺地，重梁挂柱，东西并排四根两人合围的立柱。柱身乌漆上光，绘有各种形态的游龙走兽，栩栩如生。大殿正中的白衣观音圣像，身披白衣，顶饰金色花环，左手持莲花，右手作与愿印，慈眉善目，容貌可亲，俨然端坐于莲花台上。大殿中摆有柏油香案，每到祭祀日或有事相求，善男信女都会前来焚香祷告，虔诚相拜。

大殿配有东、西厢房，可供僧侣作课之用。在近西厢房处有一棵粗大的核桃树，枝繁叶茂，郁郁葱葱，枝叶可覆盖半个院落。树上挂一小铁钟，主要为僧侣所用。

据《新建白衣观音庙修醮序》碑文记载，该庙建于明崇祯二年（1629年）。曾于清康熙八年（1669年）对东、西厢房进行过修缮。后又于清嘉庆七年（1802年）对大殿进行过修葺。

20世纪30年代初，开展“庙产兴学”运动后，大殿内的佛像被拆毁，庙址用作南马坊村立小学校舍。60年代中期，拆除大殿及东、西厢房，在原址改建南马小学。1990年，南马坊小学在村东新址开始建设。学校搬迁新址后，教室等设施全部拆除。现场尚有部分大殿青砖与条石。

南海观音庙　白衣大士庙南行160米是南海观音庙。南海观音庙与白衣大士庙南北相对，有村内唯一的南北大道相连，村民也称南庙。

观音庙坐落在前大街中段南侧，山门坐南向北，门前有9级台阶。拾级而上，迎门是一影壁。绕过影壁，正南是大殿。大殿东侧有一棵古松，树围近2米，树干高4米有余。树冠如伞，遒劲苍翠，气势壮观。大殿前廊矗立4根直径50厘米的立柱，下部有鼓形柱础，上部作檐檩支撑，柱身绘有色彩艳丽的花鸟、蜂蝶图案。大殿灰瓦盖顶，正脊两端龙头衔珠，四条垂脊分饰鸟兽陶塑，四方兽头挑梢。殿门有楹联。上联：古松古庙存千古；下联：福山福水留万福。

步入殿堂，观音菩萨端坐于正中的高台上。头戴天冠，手托净瓶，一副普救人间疾苦的端庄慈祥面容。两旁有善财童子和龙女陪侍，保佑给民间百姓带来更多福祉。旧时，众信徒常来此祈福求财、避祸消灾，分外虔诚。据碑文记载，此庙曾于清嘉庆七年（1802年）进行过修葺。20世纪40年代末被拆除。

关圣帝君庙　位于南寨门北约100米，坐北向南。相传，村中有一贾氏先祖精通阴阳，擅长风水，认为从南寨门进村的风脉于庄不利，关圣帝有驱邪避灾、招财进宝等法力，便在此建庙以镇之。该庙整个院落建筑在一个比周围高出一米多的台基上。从东侧台阶拾级而上，有一东西长20多米、南北宽10余米的平台。平台的东、西、南三面有1米多高用青砖垒砌、石板压顶的花墙。南面近处有一水塘，向北通过庙门可进入院内。

院内三间大殿为廊厦式建筑，隆脊挑梢，青砖灰瓦，建造恢宏。廊前矗立四根朱漆立柱，中间两柱有楹联。上联：赤面秉赤心骑赤兔追风驰驱时无忘赤帝；下联：青灯观青史仗青龙偃月隐微处不愧青天。大殿正中开两扇蓝漆门面、朱红门里的大门，门楣上方镶一蓝底鎏金大字木匾，上书“关圣帝君殿”。提步迈过高高的门槛进入殿堂，四周白灰涂壁，雕梁画柱，关圣帝端坐于正中的高台帷帐中。头戴平顶冕冠，前后冕旒垂挂。面如重枣，丹凤眼，细龙眉，两耳有轮。五绺长髯，绿色袍带披褂。左手捧带，右手推髯，形象威严，犹如天神一般。东西望去，双耳垂肩的刘备和燕颔虎须的张飞稳坐两山墙处的高台上。两殿角分别站立关平、周仓二将。关帝庙大殿内，一般是关羽居中，关平和周仓分别抱剑、持刀分立左右。该殿在供奉关羽的同时，也有刘备、张飞的塑像，关平与周仓的位置也与众不同。因此，该庙又称“三圣庙”。

殿内神台前有四足香案和化纸箱，善男信女常来此祈福求财，许愿消灾，一年四季香火不断。据《善士题名》碑记载，该庙曾于清嘉庆七年（1802 年）进行过修缮、彩绘。20 世纪 50 年代初被拆除。

土地庙　也称土地祠，位于大南马东，小南马西南。此庙威严壮观，庙门朝南，东旁有一棵硕大的古槐。门前有九级台阶，进门后有一大的院落，正中建有三间大殿。殿堂正中有土地公塑像，两旁是鬼差，判官手持生死薄，面目狰狞。

据明万历四十五年（1617 年）《重修土地祠记》石碑记载，该土地公当地人称为“都土地”，品级在其他土地公之上，为一方土地公首领。相传，该土地公有赌钱的嗜好，靠赌钱赢来了邻乡土地公的女人。因此，在大殿东边专门建有耳房，屋内供奉着两位娘娘，此举绝无仅有。旧时，此庙是村民对死者进行祭祀、送浆水、尊呼逝者向西方光明大道升天的场所。该庙虽是土地庙，但百姓每遇有人离世，都要来此进行祭拜，在村民心中显得尤为重要。大殿后面建有三间茅屋，专供守庙人居住。该庙在 1953 年被拆除。

玉皇庙　此庙坐落于村庄西南部，院落在贾家湾以北。因村内有四座大庙，村民俗称小庙子。

庙东紧邻前大街西段向贾家湾的排水道，院落周围有青砖砌筑、条石压顶齐腰高的花墙。在东侧花墙偏南处有一通道，踏 5 级条石台阶可到院内。步入院内，在左侧近处有一龟首向南的龟驼碑，碑文记载有该庙的修缮过程。

院内有北殿 3 间，青砖灰瓦，木格窗棂，中间有两扇厚实的铁环木门，门前有月台。殿内玉皇大帝端坐正中，头戴帝冠，双目微闭，似有所思，在此庇佑着一方百姓的平安。太乙天尊和东华帝君分立左右。前面摆有供祭拜者使用的供桌香案。南殿为 1 间，供奉着庇护众生、赏善惩恶的王母娘娘。院内中部分布有象征辟邪恶、调阴阳的青龙、白虎、朱雀、玄武四神兽。北殿殿前东、西两侧各有一株古松。院落东部偏北有一古槐，树冠遮天蔽日，夏无酷暑，风景优雅。树下分布多处石桌，村内百姓常来此饮茶下棋，聊天休憩。

此庙在道光二十二年（1842 年）曾进行过修缮和增建。20 世纪 50 年代初被拆除。

在 20 世纪四五十年代，村内还有 4 座小庙。东北寨门内向北，大约在许汉英老家处有一小院落，内有关帝庙。4 队于恒春北屋后墙处有一财神庙。3 队东头有一神姑庙，因神像为青石雕刻，又称石姑庙。村东南角有一小庙。在封建时代，各庙宇成为百姓求神祭拜、祈求平安的场所，四季香火旺盛。4 座小庙在五六十年代先后被拆除。

古楼　新中国建立前，临淄县有青砖灰瓦

楼房的村庄屈指可数，南马坊即有3座。其中，两座三层楼，一座二层楼。两座三层楼东西并立，相传为冯氏所建。东楼原在村民于爱庄家处，此楼在20世纪30年代被拆除，西楼转为于氏所有。其结构，外用青砖、石灰砌成，内用托塈备里，楼梯和铺板为木制，硬山隆脊，楼前有月台，可通过10层台阶登临。门板用铁皮包裹，铆钉加固，楼高在18米以上。旧时，从辛店北边，向北一眼就能望见此座高楼。此楼在1957年生产队修水井用砖被拆除。二层楼一栋，是于氏先祖经多年积蓄，耗费众多钱财，由一位于老太太掌管，于1912年建起，距今百年余，此楼于1970年大队修建饲养场用砖而拆掉。

塘湾 旧时，全村有11个塘湾，主要为蓄水和雨季存储调节大水。其分布基本按南马坊的地域、方位、村民取水方便，兼有意为之。五个寨门加排水沟处各有一个，村的中轴线，也是村中心排水沟南部，关圣帝君庙前有一南庙湾，左边有一初家湾。中轴方的北部，白衣大士庙前是北大湾，左边是大桥湾，南北排列，东西对称。夏季大雨时，四湾相通，直达排水沟。

南庙湾 初家湾 位于南马坊村内分水沟南端两旁，大湾蓄水，供周围村民使用。

北大湾 位于白衣大士庙前，是村内的中心大湾，水深时可达3米多，常年有水，夏天能游泳，冬天能滑冰。

大桥湾 从北大湾向东，隔一小石桥，为大桥湾。此湾面积最大，蓄水最多，向北能通到排水沟，是全村雨季排水的调节湾。此湾周围住有一于姓支脉，因两湾隔桥相对，因地取名“对池堂”。

韩家湾 位于韩家胡同北端。此处原为南马坊围墙北边的排水沟，为方便村民的蓄水、用水、挖掘而成。

商家湾 位于东北寨门外，因紧邻商姓人家故名之。结合修围墙，在门外修成蓄水池，为方便村内和东庄子村民用水。

东大湾 位于东南寨门外，相传南马坊老屠户冯氏，因故惹恼清朝官吏，家人被杀，屠宰场被掘成大湾。

柳行子湾 位于南寨门东旁，修围墙时遗留下的护城沟，大水从庄西南流来，南寨门阻水不让进庄，顺沟东去，沟深积水成湾，因沟边栽有成行柳树而取名。解放后有棵柳树之大，几个人联手相抱，湾东南处还有一棵大杨树，成为标志物。

贾家湾 位于西南寨门的南边，承接村西南地域的大水，久而成湾供村使用。

于家湾 在西北寨门里、外各有一处大湾，因靠近于姓村民而得名。寨门里大湾，收集村西北域的雨水，门外大湾有南来护墙河水。因于姓人多，在村内举足轻重，“于”和“鱼”谐音，鱼喜水，故西北寨门里多一处大湾。

20世纪60年代前，各湾内常年有水，既调节雨季大水，又蓄水供村民建筑、牲畜饮水之用，夏季水深，顽童游泳，冬季结冰，村民滑冰，成村内一景。60年代中期，随地下水位下降，各湾相继干涸，有的填平盖了房屋。

古树 村域内原有10多棵古树，20世纪五六十年代相继被砍伐。2016年，村域内经区园林管理部门登记的古树名木有两棵。

国槐 蝶形花科（豆科），槐属。南马坊村自明初移民在此定居后，多在村庄显要位置或自家门前植上国槐，以表达对故土的思念之

国槐

情。也有“门前栽棵槐，金银财宝家中来”之意。随着时间流逝，幼槐逐渐长成了古槐。在旧村小街子中段，崔超家内有一株国槐，位于北纬36° 50′ 25″，东经118° 22′ 04″。2013年，区园林局进行登记备案，编号A004，此槐为明槐，树龄近400年，是村内尚存的唯一古槐。胸径104厘米，树高13米，冠幅9米。生长旺盛，每年抽枝、开花、结籽。

20世纪60年代前，南马坊村域有4棵古槐。最大的一株在村西北窑湾处，树根凸起，破土外露，树径三人合围方可合拢。每遇盛夏，众人多在偌大的树冠下纳凉休憩，娱乐消遣。1954年，该树被伐掉。旧村小东庄宗华家门前、南大街中段于爱洲家门前及村东土地庙前，原来各有一棵大的国槐，均在五六十年代被砍伐。

枣树

枣树　鼠李科，枣属。古树位于北纬36° 50′ 19″，东经118° 19′ 30″。在旧村村内西南方，原贾秀珍家院内。2014年，经区园林局认定为古树，已登记备案。编号A126，树龄130余年，胸径44厘米，树高13米，冠幅6米。长势旺盛，果实为长形枣。

以上两株古树，区园林管理部门均与管护人签有管护协议。

第二章　新村建设

改革开放后，随着生活水平提高，南马坊村民一直憧憬“楼上楼下、电灯电话”的梦想。进入新世纪，村“两委”把新村建设提上议事日程。新村自2010年5月开工建设，经村“两委”和村民的共同努力到搬迁入住，历时四年多的时间。小区按高起点规划、高品质设计、严要求施工，一、二期工程已告一段落，占地283亩，建筑面积18.87万平方米。建成住宅楼38栋，公建房4栋，幼儿园1所，8处地下车库及部分地上停车位。还建设大型体育场、门球场、龙马广场等多处小型广场，4个宏伟气派的景观大门及各种配套设施、老年活动中心和儿童乐园。楼房林立，道路硬化，花木成荫，曲径环绕，空气清新，环境优美，商铺毗邻，生活设施智能管理。南马坊人在农村的根基上开始享受城市居民的待遇。

第一节　新村规划

规划位置　新村位于旧村以南，处在整个辛店城区的东北部。东与天齐路与临淄中学隔路相望，南靠近学府路，与棠悦生活区相邻，西是遄台路，北是国道309（今齐盛路，原来称辛店城区北过境路），连接南马坊旧村址。生活区总规划东西长800米，南北长400米，占地480亩。

规划原则　具有超前性、先导性、高起点、高标准。建成一个居住舒适，安全性好，布局合理，功能齐全，交通便捷，环境优美的现代村居社区。体现以村民为主的居住理念，既具有城市居住小区的属性，又含有社会主义新农村的属性；既把眼光放远，又从实际情况出发，把新村建成临淄区内从规划设计、配套设施、科技含量到居住环境、物业管理的示范居住区。

规划布局　南马坊新村总规划设计单位是广州大学建筑设计研究院。南马坊新村居住规划结构为一心、两带、四轴、多组团。

一心，指小区中部，规划路两侧公建房和绿地中心。包括村委办公楼、综合楼、社区服务中心、物业管理、幼儿园等公建房和健身广场及中心绿地。既可以营造居住中心的概念，也可以很好的营造出适合居民活动、交流的空间场所。

两带，指沿遄台路东侧、学府路北侧的公建带和沿规划路两侧的公建带。沿遄台路和学府路的公建带是城建规划和小区规划相结合的设施。将包括邮政储蓄、餐饮等第三产业的公共设施，既满足城市生活的需求，又兼顾满足小区居民的需要。沿规划路两侧的公建带主要满足小区内部自身的需求。

四轴，从北大门至南大门中间的规划路为规划主轴，连接东西两地块住宅区的路为规划副轴，东西两地块住宅区中部，南北方向的路为绿化景观主轴。

多组团，根据功能和路网结构，将整个小区分为多个组团，主要指多个小规模居住组团。

楼房建设　楼房是一个社区的主体，从总体布局，楼房高度的搭配，错落有序的安排，间距的设计，修建的质量，样式的选择，都能体现出小区的等级，直接影响到小区的知名度和居民入住的吸引力，所以对楼房的建设精心设计，坚持两个原则。

存储空间　现阶段村民还有部分土地须耕种，规划时必须照顾到村民存储空间和居住条件的需求。农具的存放、粮食的过渡性存储是实际问题。规划时在加大楼房单元面积的同时，还加大了地下室的建筑面积。

高度间距　楼房的高度和间距，从居住的最佳需求出发。新村建设不是商业房产开发，不能从增加高度，缩小楼距，以达最大盈利化为目的，居民的利益与需求是营造温馨家园的依据，村民所需要的是楼房不能太高，楼距不能太小，要留有充足的空间加大绿化面积，达到户户有阳光，开窗见绿地，视野开阔、空气通透的舒适性楼房。

第二节　规划实施

手续办理　南马坊村的建设，是拆除原来的旧村，在新的村址上建设新的社区，涉及农用地转用、土地征用、城市规划及土地补偿等工作，也涉及到省、市、区各级政府的土管局、规划局、建设局等部门。2003 年，南马坊就提出新村建设的规划，并有《南马坊地块控制性详细规划》文件，后因种种原因被搁置。

2009 年，经过改选后的村“两委”，继续上报申请。取得山东省人民政府鲁政土字〔2009〕1503 号文件，“关于淄博市 2009 年第三批次城市建设用地实施方案的批复”。此文件包括南马坊用地 6.6666 公顷。其后，临淄区发展和改革局下发“临发改发〔2009〕106 号”文件，关于临淄区齐都镇南马坊旧村改造（一期）商住楼建设项目的核准。至此，南马坊新村建设土地问题得到解决，建设可顺利进行。

2012 年 8 月 1 日，区政府区长宋振波在区住建局五楼会议室召集会议，就南马坊新村建设有关事宜，进行专题研究，会后形成临淄区政府 2012 第 14 号《会议纪要》。至此，南马坊新村建设工作，进入到快速建设轨道。

招标建设　经过几次现场公示后，面向社会公开招标建设，由多个建筑单位和南马坊村“两委”领导参加，在临淄区招投标中心召开投标大会，招标代理机构是淄博天一建设项目

奠基仪式

招标代理有限公司。按照有关规定和程序，最后确定青岛滨海建设集团有限公司、高青县建筑安装总公司、淄博天华集团有限公司、山东长城建设有限公司、山东华洲建设有限公司、山东千乘建工有限公司等 6 个单位中标建设，工程监理为淄博新都建设项目管理有限公司，淄博市建设委员会监制。会后，各中标单位与南马坊村签订《建设工程施工合同》，明确双方的责任、义务、施工期限和建筑质量。

奠基仪式 2009 年 12 月 23 日在施工现场举行，区、镇领导及有关单位负责人参加。参加仪式的领导有中共临淄区委书记、区人大常委会主任唐福泉，临淄区委副书记、区长毕荣青，临淄区人大常委会第一副主任李胜联，临淄区政协主席王秀荣，临淄区委常委、区政府常务副区长巩曰锋，齐都镇党委书记罗建等。巩曰锋代表区委、区政府讲话，主持奠基仪式，齐都镇镇长朱伯学讲话，南马坊村党支部书记、村主任贾宝书致词。工程于 2010 年 5 月 2 日正式开工。

成立旧村改造领导小组　2009 年 9 月，村“两委”成立旧村改造领导小组，全面统筹、规划实施建设新村的所有问题。

旧村改造领导小组

组　长　贾宝书

副组长　于志勇　于联社

成　员　刘景清　于明孝　孙爱红

村“两委”研究，提请党员、村民代表大会讨论并通过，2010 年 2 月，成立南马坊旧村改造筹建处，党支部副书记、村委委员于联社具体主抓该项工作。筹建处设办公室、财务科、材料科、施工科、安全科等机构。所有工作人员，都是从村民代表中讨论产生，个别专业人员由村委聘任。筹建处主要负责处理、协调建设中的一切事务和建筑质量的监督。

新村筹建处（2010 年）

旧村改造筹建处

主　任　于联社

副主任　于孝春　徐中海

成　员　商孝富　许新华　商孝明

　　　　韩培印　董志勇　崔荆华

　　　　徐光辉　李学志　刘炳元

　　　　刘长清　信月德　董文章

　　　　贾　胜　于清伟　周英杰

资金筹集　新村一、二期工程，建筑面积 31.5 万平方米，总投资 6.4 亿元。村“两委”决定让利于村民，自行建设，资金全部自筹，降低建筑成本。党支部书记、村主任贾宝书，主抓该项工作，他起早贪黑，日夜操劳，跑上跑下，多方协调，千方百计四处筹集，历经磨难，饱受辛苦。最后，资金及时到位，确保工程按时完工。

第三节　主体建筑

主体建筑勘察单位是淄博市临淄区建筑规划设计院，设计单位为点石建筑设计有限公司。

住宅楼　分为大三房、小三房和老年周转房。大三房为 7 层建筑，每层两户，建有 29 栋，1050 户，每户居住面积 125 平方米。每户有两个或三个地下储藏室，计 16 平方米，这是村民的主要居住楼。小三房与大三房样式结构基本相同，只是建筑面积小一些。每户建筑面积为 100 平方米，地下储藏室 13 平方米，建有 4 栋 112 户，是为有特殊需用的村民准备的。大、小三房均为砖混结构。建有 5 栋老年周转房，均为剪力墙结构，每栋 11 层，每层有 4 户，共 10 个单元，可入住 440 户。每户建筑面积平均 65 平方米，一间地下室，符合条件的老年人可以入住。所有住宅楼都装有电梯。

为选择楼房的样式，早在几年前，当时的村负责人就着手考虑、酝酿。并于 2009 年带领由各小组长、村民代表组成的考察团远赴烟台市，通过时任烟台市委副书记齐秀生的安排，参观考察烟台市多处楼房的建设，后经多处考察咨询，反复酝酿，选择对比，最后确定楼房总体样式采用简欧式。建筑色彩以浅黄色、灰色、红色为主，建筑外立面材质以建筑涂料、劈开石、文化石为主。坡顶为蓝灰色，勒脚为灰色毛石，墙体为黄灰色，同时局部加挂一些构件，整体建筑体现简约而不简单。

每栋住宅楼都做精装修，购置灯具、厨房用品及卫生洁具等，安装天然气管道、太阳能。老年公寓安装有热水器，免费开通电视网线，赠送一个电视机顶盒，居民若无特殊需要，只要携带日常生活用品，即可入住。

公建房 包括村委办公楼、综合楼、中心商业街和幼儿园。

村委办公楼 地上三层，地下一层为车库，总面积 4291 平方米。一楼有便民服务大厅、监控中心、物业公司及稷下学堂等，村民所办一切事项都在此处理。二楼有村“两委”成员办公室、党员活动室及大小会议室等。三层为预留办公室。

综合楼 为三层框架结构，平面布局呈反“L”型。东边南端一层为接待室。二楼为办公室，东边中间为报告厅，北边一层为多个临街商铺，二层以卫生室为主，三层为社区服务，总建筑面积为 5355 平方米。

中心商业区 社区中心位置周围地段，多为一层楼建筑，单间门面开设了多个商铺、餐饮和小吃点，为小区居民日常生活服务。

幼儿园 进南马坊村小区南门，右侧即是爱和乐幼儿园，幼儿园建筑为二层，局部三层，建筑面积 2663 平方米，8 个班，为中型幼儿园。活动室与服务供应用房，呈院内式布置。一至三层东侧为活动室、寝室部分，西侧集中布置服务供应用房，紧邻门厅，设晨检处、医务室、隔离室、办公室等服务性用房，西北角设置厨房，音体活动室设于三层楼。园内设置文体活动场地塑胶地面，幼儿玩耍体育设施，院内有多个

南马坊爱和乐幼儿园（2015 年）

监控器，推拉门。设门卫，24 小时值班。幼儿园的生源主要面向该村居民，适当招收部分周边的孩子。

景观 为提高南马坊村的知名度和社区的观赏性，在修建楼房的同时，还修建设置一些有影响的景点，主要有北大门、南大门、龙马雕塑、日月同辉等及部分景观石。

北大门 是南马坊村一个标志性建筑，呈门楼式，占地面积 224 平方米，建筑面积 416 平方米，仿古式建筑外墙体，使用仿古城墙石头，朝北山字形三开门，大门为二层，底层高 7.8 米，上层内收为双檐结构屋顶，8 个挑梢，每个挑梢上安有 3 个麒麟等兽头，屋顶坡为橘黄色琉璃瓦，屋顶有两个含珠龙头，朝向东、西。上层楼前后有 10 根红色半圆型墙体柱，木质门窗，面漆为栗色树脂漆，檐眉赭红色树脂漆，上层楼边建有城垛，整个建筑古朴典雅，雄伟恢弘，矗立在齐盛路南侧，彰显出南马坊村的悠久历史。

南大门 村名石卧立，左侧孤树参天，右侧树阵井然，喷泉如柱，两边梯型水流不断，塔灯作标，宽阔壮观，色调柔和浪漫，一派现代风范。

龙马雕塑 是一种传承性建筑。座落在西

部楼区，在一环形喷泉水池中，雕塑一飞马腾空而起，雄劲有力，冲向青天。雕塑形象逼真，栩栩如生，以追忆南马坊为古齐国大型养马场。骏马驰骋，象征南马坊人有勇往直前的精神，永远走在时代的前列。

日月同辉雕塑　坐落在南、北大门中间，东、西片区分界线。是整个社区的中心点。在放射型花岗岩铺设的圆形地石上，毛石环型花池内，双手托着日月星辰，像定海神针一样屹立其间。日光灿烂，星光闪闪，气氛融洽，日月同辉，象征南马坊人生活安定、祥和，和睦美满。

日月同辉雕塑（2015 年）

景观石　在小区内设置多处景观石。在北大门口、西大门口各设置大的景观石，旁边栽植着迎客松。从西大门门口向东望去，不远处

西大门景观石（2015 年）

有一像中国地图形的景观石迎门而立，象征南马坊人永远把祖国放在心中，永远做可爱祖国的儿女。另外，小区内还设置多处小型景观石，以提高景区的观赏度。

第四节　配套设施

供水　新村生活用水由淄博市天齐渊供水有限公司提供。西侧地块供水管网，从西侧遄台路城市管网接入。在规划地块，结合地下室设置加泵房一处。东侧地块供水管网从南侧学府路城市管网中接入，在规划地块结合地下室设置加泵房一处。供水管网采用环状和枝状相结合，管径为 DN200 ~ 300。总管下边设分管，每户一个分水表，每吨水 3.5 元，村服务大厅专人办理购水手续。

供电　西侧地块内电力线，从小区西部沿遄台路接入。结合西边主入口北侧的公建房，设置变、配电室一处，体育场北侧入口处设置配电室一处。东地块内 7 号地下车库北侧设置变、配电室一处。线路沿小区主要道路埋地敷设。采用枝状管网供电，各户使用智能电表，通过供电所与银行办理手续，用一卡通自动交纳电费，收费标准为 0.5469 元 / 千瓦时，每两月结算一次。

电讯（有线电视、宽带网）　新村内所有电视免费接通山东有线电视，每台电视配发给一套机顶盒。小区内有线电视与宽带网普及率 100%。管线与电讯线路共用一管沟，从遄台路及学府路接入，在小区东西两地块结合地下室各设置 1 个弱电中继箱，电讯管线沿小区主路埋地敷设。

供暖 规划东西两地块分别供暖。热源为城市热源，热力管线分别从遄台路和学府路的城市管网引入换热站。老年周转房南侧设地下换热站一处，东地块内在7号车库内设换热站一处，小区采用枝状管网供热。2014—2015年度免费试供暖，室温保持在24～25摄氏度。2015—2016年度在册的南马坊村民免交一半取暖费，老年周转房全免。

供暖换热站

天然气 由诚意天然气供应公司提供。天然气进入小区后，在东西两地块内各设一处天然气调压站，用于调节天然气压力，保证规划地块的天然气供应。管线采用枝状方式供气，沿小区主要道路埋地敷设，每户安装有智能天然气表。2015年每户免费提供10立方米气，用完后按每立方米2.7元自费购买。

雨水排泄 雨水管网沿小区的主要道路埋地敷设，采用分片汇集，就近排放的原则，雨水汇集后，就近排入北外环路一侧的雨污合流暗沟、南侧学府路和西侧遄台路的雨水管网。

污水处理 小区内所有污水，经管网分片收集，集中排放。西侧部分污水，依地势通过主干管排入遄台路、学府路污水管网和齐盛路的雨污分流暗沟，其余大部分污水沿小区主干道到达中水处理站进行回收处理。生活区有两个中水处理站，分别设在两地块的地下，建筑面积均为150平方米。污水经过处理后，成为理论上的中水，部分用于小区内绿化灌溉，余者排入齐盛路边的雨污分流暗沟去。

道路交通

出入口设置 为彰显南马坊村居住区的形象，在小区中心南北主干道的两端，各建有景观大门一处，为主出入口。另根据地块特点与人、车流出入的便利性，同时考虑封闭管理的安全性，在遄台路小区中段和学府路中段分别设置一个次要出入口。规划中，在学府路北侧，根据需要，还设置两个出入门口。在每个大门口，都建有门卫室，并派有专人，24小时值班，负责维护各大门口的秩序，各大门口都设有拦车杆，对大型机动车辆实行门禁制度，确保小区安全。

内部道路 居住区内部道路分三级，即小区路、组团路和宅前路。小区路红线9.5米，路面宽6.5米，是小区内的主要交通道路。组团路宽为4米，路口都有活动拦车石，平时只能小型车辆通行。遭遇火灾，去掉拦车石，让消防车通行。宅前路宽2.5米，东西两地块的小区路

步行道路

形成环状，居住组团内的组团路与小区路共同形成环状。

步行系统　主要指绿化区域内的小道，纵贯小区中部的横向公共绿化步行带，是步行系统最主要的一环。东西两地块内各有纵向的绿化步行带联系小区公建、组团或组团绿化，小区公共绿化步行带，形成主次分明，等级明确的步行网络，步行系统强调与本土绿化树种和绿地相结合，形成宜人的林荫步行道。

娱乐　健身设施　小区内设置高档的娱乐中心，建有标准化的健身设施。根据区域位置和居民居住情况，设置两处活动中心。

老年活动中心　在老年周转房集中的23号和24号楼衔接处的一楼，留有50余间的住宅楼，

老年活动中心

占地1100平方米，辟作老年活动中心，大门朝南，内部设有桌椅、板凳，扑克、象棋等娱乐品。安装两台大型空调机，整个活动中心能同时容纳几百人各自进行娱乐活动。大门前有铺着塑胶的太极广场，是供学习拳术人员训练及舞蹈的地方。四副乒乓球台，露天象棋棋盘，每台棋盘配有四个固定座位，还有若干健身器材有序的排列着。再向南为占地500平方米的封闭式门球场，四周护栏围绕，中间铺设塑胶地面，适合老年人运动。

体育场　位于村委大楼西邻，占地面积为7000平方米。西面和南面用护栏围绕，东面和北面依托公建楼房，形成一个独立的场所。内部建有200米的6条环形跑道和百米直跑道，有三个篮球场，两个羽毛球场，周边设有若干健身器材及座椅，地面全部用塑胶铺设。为居民提供运动健身，也是举行体育比赛的主要场所。

在操场的东边，靠近村委办公楼处，建有一大型的百姓舞台，上面遮有顶盖，后有大片幕布遮掩，是村民跳舞、唱歌、文艺演出及放映电影的地方，同时也是召开村民大会的主席台。为使场内安全洁净，在操场的北边，设有一护栏门，有专人负责，定时开放，并负责场内的卫生与秩序和体育器材的保养。每天早上晨练的人们，鱼贯而入，选择适合自身条件的运动项目。每到夜晚，在明亮的灯光下，跳舞的、打球的、散步的，环绕跑道跑步的、快步走的，更是热闹非凡，一派城市生活的景象。

体育场面积大、质量好、功能全，周围社区居民经常前来光顾，临淄区不时在此举行篮球比赛。

体育活动中心

停车场所 停车场是城市居民必备的重要设施，随着村民生活的提高，购置小轿车已成时尚。小区规划，结合居住区的建设，采用地面停车和地下停车两种方式修建。

地面停车 结合小区公建和组团路的实际情况，设置多处地面停车点，有279个车位。

地下停车 结合多层住宅楼和公建绿地的地下进行设置。生活区内设置8处地下停车场，层高3米，有停车位1207个。每个车库都建有玻璃罩顶的标准出入口，建有多个采光井。为确保安全，采取车、人分流措施，每个车库都建有多个步行出入口。车库内按行车线路标有指示线，设置拐角镜。车位分布在住宅楼地下室和电梯口附近，便于停车后就近取放物品和出入单元室。另外，公建设施有停车位35个。

地下车库入口

安全措施 为确保村民居住环境的安全，社区设置智能化管理系统。设有大型监控室和多个监控器，监控员全天候服务，发现问题及时处理。社区在各大门口交通要道，重点场所，出入频繁的地方，都安装监控摄像头。主要道路每隔80米安装一套旋转的监控器。社区还设有组团和单元两级安全出入控制。社区监控与周边红外防范报警系统、车辆出入管理、公共信息控制系统等联网，组成一个防范大网。从

监控室

地上到地下全方位无缝隙智能化安全管理，从而确保社区居民的人身与财产安全。

监控室配备监控操作员，社区领导专门制定监控中心管理制度和操作员的交接班规定，从制度上确保操作人员对任务的完成。

卫生室 做到小病不出社区，大病不耽误，以解村民就医之苦，设立了一个高档次的卫生室。卫生室设立在社区中心，人口密集区，卫生室分上下两层，下层为值班室，诊治病患，经营药品，尤其针对上楼不方便的老年人。上层是卫生室的主体，占用8个房间，设有诊断室、药品厨，设置多张床铺、多个座椅，能同时为20名病患者输液。所有设备全部新购，房间干净、明亮，并与临淄区人民医院联系成立心电图远程会诊中心，在卫生室就能检查心电图，与去医院检查的结果一样，价格一样，可省却去医

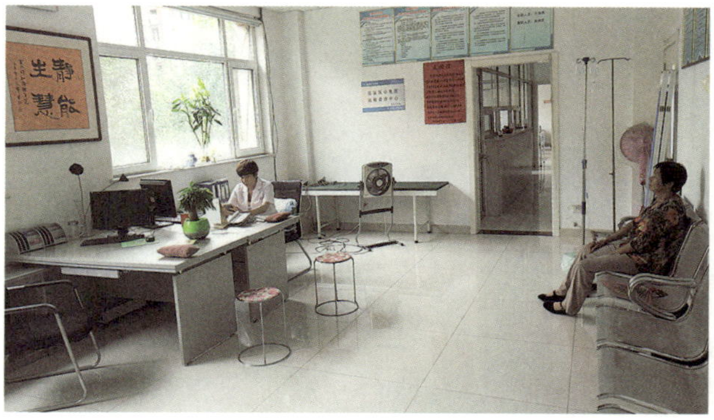

卫生室内部

院的麻烦。

四防设施

消防　小区内所有道路宽度都满足消防要求，以便发生火险时能够让消防车在最短的时间内到达，将居民损失降到最低。在小区内每隔 120 米设一处室外消火栓，消防用水管与生活用水管合用，最大好处是随时能知道水管内水流的情况，消除消防专业水管的弊端。住宅楼内，按建筑消防规范设置室内消火栓及灭火器，尤其是高层建筑的消防设置。

防空　防空设施的位置、规模，战时与平时的用途，根据人防建设与城市建设相结合的原则进行规划，地上与地下综合考虑，统筹安排，人防设施的重点，是结合地下停车库设计，内设指挥所，通讯工程及救护站，掩蔽室等，人防建设建筑面积按小区总建筑面积的 3.5% 设计，共 1.06 万平方米。

防雷　在建设时按照设计要求设置完善的防雷设施，有关部门不时查询防雷效果的完全性。

防震　在规划建筑时，依据抗震设计规范要求，本地抗震烈度按 7 度设防。

照明与音响　考虑到小区的美观性，对小区的夜景进行详细的设计，通过设置庭院灯、路灯、草坪灯、地灯、射灯和轮廓灯，为居民夜晚休闲提供安全优美的环境氛围。道路景观区采用庭院灯，灯高 4 米，每盏 70 瓦，间距 10 米 ~ 15 米。小区内主路和支路设置路灯，灯高 6 ~ 8 米，每盏 70 瓦，间距原则 30 米，根据不同区域间距不等。主要景观区采用造型庭院灯，灯高 3.5 米，每盏 30 瓦。草坪灯多设于拐角处，小径等地；地灯多设于中心广场处，以打造夜景效果，局部使用射灯，灯高 10 米，每盏 100

音响

瓦，4 组群，以突出景观效果。花池局部设置轮廓灯，院落景观区采用造型庭院灯、草坪灯。有专人负责灯光的开放，随着季节的变化，开、关灯时间作相应调整，灯光一亮，全生活区一片灯火通明。

在主要景观节点和人流密集区设置音响系统。对音响的设置，注重外形自然美观与景观相融合，在听觉上给人带来愉悦的同时，在视觉上也是一个景观的亮点。音响系统采用独立管理系统，主要在节假日和小区集体活动时使用。

第五节　拆迁安置

组织机构　2014 年 1 月，村“两委”经过研究，组织成立南马坊旧村改造拆迁安置领导小组，具体负责旧村改造拆迁安置工作的各项事宜，确保旧村改造拆迁安置工作的顺利进行。

旧村改造拆迁安置领导小组

组　长　贾宝书

副组长　于志勇　于联社

成　员　刘景清　于明孝　孙爱红
　　　　许　垒　商宜学　董志勇

于立臣　齐兴福　史玉富
刘炳元　刘来清　贾宝福
董继章　于哲学　于清伟
朱光文　初光顺　谭春祥
韩培中　刘长清　董文章
贾　胜

拆迁安置办公室

主　任　于志勇
成　员　于联社　刘景清　于明孝
孙爱红　朱光文　初光顺
谭春祥　许　垒　商宜学
董志勇　于立臣　齐兴福
史玉富　刘炳元　刘来清
贾宝福　董继章　于哲学
于清伟

思想动员　南马坊村历史悠久，村民在此世代生活，熟悉的院落，熟悉的环境，熟悉的邻居，熟悉的人际关系，使村民对旧村非常留恋。为解决村民思想问题，改变根深蒂固的传统观念，保证新村建设顺利开展，村“两委”不畏缩，迎难而上，做了大量的艰苦的工作。多次召开村民大会，广泛宣传动员，贴标语，大造声势，通过大会小会，反复向村民说明旧村改造、农村城镇化是社会主义新农村发展的必然趋势，是农民生活大改善的重要标志，动员村民破除旧观念，跟上社会发展的潮流。

村“两委”成员在统一思想、统一认识的基础上，首先从各小组组长、党员小组长、村民代表展开工作，讲形势、讲意义、讲好处，经过多次会议的学习、讨论，认识统一后，再向普通党员、群众、积极分子展开工作，最后以各小组长、党员、村民代表为基础，分片包干，开展一对一工作。经过几个月的艰苦努力，绝大部分村民提高了认识，同意拆迁，建设新村。

旧房评估和拆迁　为确保村民的利益，旧房拆除前，村委聘请有资质、有权威的淄博市临淄晨光事务所，于2014年10月对全村符合评估条件的个人建筑，进行全面细致、公平公正的评估。晨光事务所根据有关规定，结合南马坊村的实际情况，评估分为三个大级别：土房、普通砖瓦房、楼房，其中也包含围墙和其他附属建筑，在三大级别内还有小的细化分类，对每个级别的建筑物，都规定相应的价格。评估工作初步完成后造册填表，并将结果发到每个农户手中，让村民进行核实，有无遗漏、差错，对有问题的再进行二次复查。最后村委将评估情况张榜公布，让村民再次审查结果，并互相对比监督，同时给村民留出7天时间，进行最后的核对。7天内，评估部门有关人员驻在村委办公室，随时回答村民的咨询，解决复查提出的具体问题。

对所有拆迁安置范围内的农户，都必须与村民委员会签订拆迁合同，明确拆迁时限。自

拆迁（2014年）

签订合同后一个月内完成。拆除方式有两种：一种是自行拆除。自行拆除者，拆除物归个人所有。另一种是交由村委拆除，拆除物由村委处理。自行拆除者所使用的人力、物力原本应由个人负责，但为了减轻村民的负担，对坚固的砖瓦房、楼房，由村委免费提供机械协助拆除。

对按时拆除的农户，经村委验收合格后，分配新房时发给房屋评估补偿款，对不按时拆除的农户和破坏拆除的也做了相应的处罚规定。

安置分配方案　为维护村民利益，广泛征求党员、村民代表的意见，考察和吸取有关村庄的经验和教训，先后召开多次村民大会，最后制定出《齐都镇南马坊旧村改造安置实施方案》。安置方案包括总则、新村建设的位置和基本原则、房屋拆迁勘估规定、拆迁安置规定及结算方式、老年周转房安置办法、安置楼房的产权归属及管理、旧村改造拆迁安置奖惩办法及附则等八个分项。

分配住宅楼坚持三个原则。祖籍是本村，户口在本村，并长期居住，有独立宅基房产，户主到2014年年底未满60周岁的农户，原则每户分一套，并作价奖励24.9万元；若一户有两个男孩，可分两套。祖籍是本村，户口在外，但有宅基房产的，每户分一套作价并奖励3万元。有双女的户，分得一套，出嫁女户口未迁走的，按村民代表通过的优惠价购买一套。

分配老年公寓的原则有两点：到2014年年底年满60岁，有本村户口，不分男女，没有牵扯问题的，可分一套。出于人性化考虑，到2014年年底，一户有6个成员的可分一套。

入住安置　村“两委”在作拆迁安置时，主要着眼于大多数村民的利益，让百分之七十

搬迁

以上的村民，在拆迁中得到实实在在的好处。在酝酿要村民拿多少基础金时，反复讨论、考虑，最后决定，每户只收取10万元，其他费用由村委负担。而在旧房评估作价时，又稍微偏向于有土屋、老屋的村民，这样经过两作价后，大部分村民交纳很少的房款，有的不交纳房款就可以住到宽敞明亮的楼房，有76%的农户还要找回不少余款，绝大部分村民非常满意。村“两委”于2014年12月3日召开全体被安置户人员大会，党支部书记、村委会主任贾宝书就拆迁安置方案逐项进行传达解释。因方案公正透明，符合村民意愿，得到村民拥护。会后利用三天时间与各户签订了拆迁安置协议书。

2014年12月7日上午8时，召开新村楼房分配大会，区公证处现场公证，镇机关全体人员到场指导。村安置领导小组成员负责分配的全部程序，现场秩序井然。经过两轮公开、公平、公正的抓阄，分配率达99%以上。其后，在村“两委”规定的一个月入住期限内，至2015年1月6日，入住率达99%。

第六节　绿化景观

村“两委”把绿化作为小区规划的重要组

成部分，努力提升住宅的档次和居民入住吸引力。小区绿化面积 8 万平方米，种植观赏树 18 种 4000 余棵，花木 16 种 40 万株，花草 3 万平方米。绿化特色是突出植物景观的营造，通过植物景观的营造，使景观和生态和谐融洽，充分体现它的综合效应。绿化和景观的设计者为山东天泽规划建筑设计有限公司。小区分城市绿化带、中心绿地、组团绿地和宅间绿化四级设置。

城市绿化带　小区结合临淄区的市政绿化工程，在小区四周，形成一个长方形的绿化带，天齐路西侧 8 米，学府路北侧 8 米，遄台路东侧 8 米，齐盛路南侧绿化带宽度 15 米。绿化带中种植着法桐、马尾松、紫叶李、女贞、冬青等十余种绿化树木及多种地皮式草本绿化物种，将南马坊小区围在中间，使小区既具有地形上的独立性，又融入到城区版图中环境优美的社区。

中心绿地　从宏观看，中心绿地主要位于规划路两侧，这是中心绿地的纵轴，也是主轴，主要栽植以高大的银杏树为主，用地规划约为 10 亩，南端出南大门，与商业园地连接。贯穿东西两地块的中心绿地，是一横轴，也是绿地副轴，以栽植樱花和矮状花木、冬青为主，营造落樱缤纷的景观氛围，占地规模约为 10 亩。以小区中心绿地为核心，向四面辐射，连接各院落的绿化带，形成大片绿地开放空间，加之步行道路沿线的绿化种植，使之成为绿树成荫的绿化景区。

组团绿地　是社区绿化的主体，所占面积最大，种植绿化树木、观赏花的品种最多，加之草坪的铺设，使楼房建筑像大树一样耸立其中与绿地环境融合共生，成为大片绿地上的点缀。

楼间绿化（2016 年）

组团绿地根据区域、环境所需表现的主题，可分为院落空间和片区中心两部分。

院落空间　由亭玉园、帘青园、依藤园、落樱园、飞红园、垂绿园、暗香园、晨歌园、望霞园、寻午园、话梅园等 11 个园组成。主要体现生态主题，以丰富的植物景观为主，每个院落选择一种树种作为基调树木，结合广场等其他空间，创造自然生态的宜居空间。

亭玉园。处在 1 ～ 4 号楼之间。设置有活动广场，主要为 1 ～ 4 号楼居民集会交流、健身的活动场所。利用景墙和植物的合理搭配，创造半私密空间，减少空间活动的相互干扰。漫步小路，在局部形成环形，满足居民的漫步散心的需求。地下车库范围以外，种植高大乔木合欢树和白蜡，利用彩色水刷石，打造铺装彩带以丰富景观色彩上的变化。亭玉园的植物，以白玉兰、紫玉兰为主，搭配春景植物连翘、碧桃、榆叶梅等。夏季植物贴梗海棠、紫薇等。秋景植物红枫。冬景植物白皮松。形成三季有花，四季有景的院落景观。

帘青园。处在 3 号 ~ 6 号楼之间。以休闲广场漫步小路为景观构架，结合地形设置汀步，打造生态野趣的景观效果。设置景观石与花灌木相结合，创造自然和谐的景观。帘青园绿化品种以地被和灌木为主，地被植物选用金娃娃、萱草、鸢尾、麦冬，灌木选用棣棠、红瑞木、锦带花、丁香等。

依藤园。坐落在 5 号 ~ 8 号楼中间。主要为居民健身、休闲设置的健身广场、休闲广场。休闲广场设置廊架和紫藤的组合，作为广场的休息空间。紫藤可以夏季遮阴。彩叶植物带与漫步小路形成一致，增加了景观的灵动性。微地形处种植高大的乔木。依藤园以紫藤为主，以色叶植物，金叶女贞、紫叶小檗为辅，搭配观花植物，连翘、紫荆、丁香、合欢等。观叶植物有红枫、红瑞木、白皮松形成“花枝卓越摇清影”的景观效果。

落樱园。坐落于 9 号 ~ 12 号楼中间。主要设置健身广场、休闲广场，为居民健身休闲的场所。落樱园，顾名思义，所种的植物以樱花为主，搭配地被植物、小龙柏、金娃娃、萱草、麦冬等。灌木选用榆叶梅、碧桃、紫荆、锦带花和红端木等。乔木选用红枫、红叶李、大叶女贞、合欢和白蜡。乔、灌、地被合理的搭配，形成“落花缤纷”的独特景观。

飞红园。坐落在 11 号 ~ 14 号楼之间。主要设置休闲广场，木质活动平台做为活动空间，设置漫步小路，汀步，加之乔、灌木搭配在路侧，形成多样的植物群落，创造丰富的景观视线变化。飞红园的植物，以红色系列为主，有红叶石楠、红端木、红叶李、红枫等。搭配花灌木有连翘、紫薇、贴梗海棠、丁香等。乔木选用垂丝海棠、碧桃等形成观红花、赏红叶的独特景观。

垂绿园。坐落在 15 号 ~ 16 号楼之间。主要设置休闲广场，漫步小路，对景节点。栽植以龙爪槐为主，搭配地被植物石竹、四季玫瑰、麦冬。灌木有棣棠、碧桃、木槿、紫薇。乔木植物，樱花、玉兰、大叶女贞，形成错落有致，层次分明的独特景观。

暗香园。坐落在 16 号—17 号楼之间。主要设置休闲广场，漫步小路，木质活动平台，趣味汀步等丰富步行景观。暗香园以栽植芳香植物石竹、四季玫瑰、丁香、玉兰为主。搭配春景植物连翘、碧桃。夏景植物贴梗海棠、紫薇。秋景植物红枫。冬景植物腊梅。形成三季有花，四季有景的院落景观。

晨歌园。坐落在 20 号 ~ 24 号楼中间。主要是老年周转房活动空间，设置高雅运动门球场、太极广场。广场铺装采用色彩对比鲜明的图案化铺装，强调景观的俯瞰视觉效果。晨歌园所处位置无地下车库，栽植绿化物种无限制之忧，采用密植形式，植物丰富，层次鲜明。晨歌园植物以白蜡为主，乔木以合欢、白蜡、紫叶李、樱花、海棠为主。花灌木以丁香、锦带花、连翘为主。地被植物以石竹、金娃娃、萱草、麦冬为主。同时点缀花灌木和地被植物，利用植物形成一个幽静的空间。

望霞园。坐落在 25 号 ~ 26 号楼之间。通过在院落中心，设置休闲广场，休闲廊架和植物的合理搭配形成静谧安逸、亲切宜人的空间。望霞园以栽植碧桃为主。地被植物选用鸢尾、麦冬等。灌木选用贴梗海棠、锦带花等。乔木选用玉兰、樱花、大叶女贞等。藤本植物选用凌霄等。打造“种桃依竹似仙家，邀对春风共泛霞”的院落景观。

寻午园。坐落在 27 号 ~ 28 号楼之间。休闲座椅，序列花池和开敞草坪组成。通过植物的合理配置，为居民提供一处冬季享受阳光，夏季遮阴纳凉的空间。寻午园以树冠较大的乔木大叶女贞、柿树、樱花、紫叶李为主。搭配种植观花植物石竹、金娃娃、萱草、连翘、美人梅、碧桃。观叶植物金叶女贞、柴叶小檗、红叶石楠。观枝植物为红楠木。形成“盛夏浓荫，阳光斑驳”的院落景观。

话梅园。坐落在39号～42号楼中间。为住宅休闲空间，楼盘铺装环绕铺设，趣味汀步结合灌木设置，增加景观的灵动性。话梅园以腊梅为主，春景植物选用连翘、榆叶梅、广玉兰等。夏景植物选用贴梗海棠、紫薇等。秋景植物选用红枫。冬景植物选用腊梅。形成雪中赏梅的浪漫景观。

片区中心　为充分表达南马坊的悠久历史文化，特别设置两处片区中心，西片区为龙马精神园区，东片区为斗转星移园区。

龙马精神园区　为西片区主题园区。座落在8号楼以东、17号楼以北、18号楼以西、19号～20号楼以南，是涉及面积最大，景观最多的一个园区，以追忆南马坊为“古代齐国养马坊”的历史文化为背景，通过设置“龙马精神”主题广场，源远流长节点、追忆雕塑节点、序列花池，呼应历史文化，彰显时代精神。广场中心的龙马雕塑，设置于环形喷泉水池中，山石之上，塑以骏马，前蹄跃起，成腾飞状，雄壮有力，栩栩如生，寓意南马坊人精神抖擞，奋发图强，有赶超时代的精神。源远流长节点，主要由花钵和彩叶植物带打造景观效果，象征南马坊文化的源远流长，世代相传。序列花池的设置增加了景观的连续性，起到引导人流行进的作用，又能增加景观的趣味性。紧邻中心广场设置休闲树阵，与环形的漫步小路结合，为集中活动的人群提供一处漫步健身的空间。从休闲广场沿花岗石铺路北上即是儿童游戏区，在此设置了沙坑，沙坑周边采用木质铺装，以提高儿童活动的安全性，沙坑周边设置弧形廊架，种植紫藤，为照看儿童的家长提供休闲交流的空间，同时避免了夏季阳光的暴晒。儿童游戏区与龙马雕塑同设一区，寓意南马坊的未来寄托在下一代。

龙马精神园区，广场和花坛处，以树形优美的植物银杏、合欢、樱花为主，辅以石榴、山楂。花溪处以色叶植物金叶女贞、紫叶小檗、鸢尾为主。儿童活动区，以观花植物为主，并避免栽植有毒、有刺的植物。乔灌，地被和攀爬植物，合理搭配形成三季有花，四季有景，主次分明的特色景观。

斗转星移园区　是东区的主体园区，座落在34号～38号楼中间，主要体现以南马坊东有马连沟，西有落星地的历史文化为背景，设置广场作为东片区的主要集会活动空间，彩色铺装，增加景观的灵动性，小型休闲广场作为半私密空间为居民提供一处休憩、聊天的场所。

斗转星移园区，以种植乔木为主，同时点缀灌木和地被植物。乔木主要选用白蜡、紫叶李、樱花、海棠、红叶李、玉兰、大叶女贞、白皮松，花灌木主要选用丁香、锦带花、连翘、月季花等，地被植物主要选用石竹、金娃娃、萱草、麦冬等。

宅间绿化　在规划时，注重加大住宅楼之间的间距，留出充足的空间，设置漫步小路、汀步、乔灌木搭配，在路侧形成多样的植物群落，每座住宅楼的楼前楼后，按地域空间大小，采用见缝插针的办法，结合组团院落园地的绿化，种植各种绿化品种，在居民活动多的地方以嵌草砖铺装，以使居民达到“开窗见绿地”的境界，从而提高居民生活整体质量和居住的吸引力。

苗圃　村委对绿化种植在几年前就作了规划，先后开辟3处花木培育苗圃。

第一块在旧村东边，半截碑地片以西，占地31亩，是南马坊村培育花木的主要园地。园地内根据现代化城市绿化的需求，分批购进红玉兰、白玉兰、黄玉兰、广玉兰、紫叶李、石楠、大叶女贞、红枫、白蜡等10几个品种，近三千棵苗木，并派专人管理。随着社区的建成，分批移植区内，仅此一项就能节省一笔不小的开支。移栽后所空出的土地接着补种上1200多棵白槐树苗。此树原本就是一种观赏树，现为嫁接桂花而栽植的砧木。第二块在临淄区畜牧兽医局以东、稷下路以西，占地14亩。主要栽植银杏和国槐。第三块在原房玄龄衣冠墓遗址南边，占地11亩，主要栽植海棠和国槐。

绿化管理　村委采取了一系列措施，使绿化工作走上正轨。指定专人负责，作为绿化管理主管，下设管理小组和若干绿化员，分别制定管理制度。村委刘景清分管，业务主管为董志勇。

社区绿化主管职责

1. 主抓绿化管理工作，建立健全绿化管理的各项规章制度，抓劳动定额、抓劳动效率、抓工作质量。

2. 落实好岗位责任制，实行定人定管理范围，定管理标准，分片负责，责任到组、到人。

3. 抓好员工的政治思想工作，经常召集组织员工学习，提高知识，树立热爱本职工作的思想。

4. 作好绿化员工的业务知识学习，让他们熟悉各自管辖区内，各种花草树木的名称，生活习性，如何管理，使其具有一定的园林艺术性和观赏性。

5. 抓养护管理：根据不同园林花木的生长特性和情况，及时施肥、浇水、除草、剪草、松土、修剪与造型，病虫害的防治等技术措施的管理。

6. 建立健全检查、验收、评比工作制度，大的检查每月一次，小的检查随时进行，召集所有绿化员全面查看绿化工作情况，年底作总评、检查、奖优罚劣，以形成工作上相互竞争的局面，有利推动绿化工作的顺利进展。

社区绿化员职责

1. 绿化员工，要执行社委会及物业公司关于绿化工作的各项规章制度，服从分配，自觉接受住户的监督和建议。

2. 熟悉社区的绿化面积和布局，懂得主体绿化的基本知识与技能，熟悉本辖区花草、苗木的品种、数量和生长特性及管理要点。

3. 对花草、苗木定期进行培土、施肥，除杂草和病虫害的防治，剪枝叶浇水等，保持绿化区内清洁，不留杂草、杂物，对确认死亡的树木、花草、苗木及时清除更换。

4. 经常检查巡视绿化土地范围内的花木、草坪完好情况，插牌告示，严禁践踏花草、倒垃圾或用树干晾衣物等行为。

5. 绿化机械器材的领用，必须填写登记表，用完后清理干净入库，要正确操作，不能出现安全事故。

6. 出满勤、干满点、不迟到、不早退，有事要请假，工作期间严禁聚岗聊天、扎堆，严禁私自转让集体的花草、苗木和接受有偿服务。

第七节　物业管理

新村建成后，2015年成立物业管理公司，负责管理居民的用水、用电和取暖，各种设备的维修、安全保护，车辆存放、出入等社区居民的生活秩序，保证村民的生活质量。

公司成立后，社委会及时研究和参考其他单位物业管理公司的经验，结合南马坊新村的实际，制定《南马坊物业管理操作规范》，内容包括：

员工仪表、仪容规范，突发事件和异常情况处理规程，物业管理处接待来访投诉工作制度，车辆管理工作标准，小区出入秩序维护管理规定，社区娱乐活动室管理规定，社区车辆交通管理规定，安全用电管理规定，物品放行管理规定，拾遗物品的管理制度，安全巡逻管理办法，保安管理制度，社区保安巡逻制度，保安员交接班制度，安保维修巡检规定，配电房管理制度，现场安全规定，高空作业安全规定，

保洁员

常用工具作业安全规定，清洁剂的安全使用规定，事故及危险品的预防和应急处理等21章，若干小节。对重点工作还分别设立了主管负责人，并制定了主管负责人和员工的职责。如社区卫生主管职责和保洁员职责，社区维修主管的职责和维修员的职责，安保主管的职责和安保员的职责，社区监控，消防中心管理制度和交接班规定，从制度上确保居民过上安居乐业的生活。

为使制定的物业管理操作规定真正落实到实处，针对所有工作人员，还制定《员工守则》：

热爱祖国、热爱员工、热爱公司，遵纪守法，服从公司管理，顾全大局，善于合作，努力学习，踏踏实实做好本职工作，不断提高业务水平，一切为住户着想，减少人为差错，努力提供优质的服务，团结互助，尊重他人，树立集体奋斗的良好风尚，严守公司机密，自觉维护公司安全，待客热情、礼貌、服务周全，维护公司形象，谦虚谨慎，戒骄戒躁，勇于批评和自我批评，坚持真理，坚持原则，不做有损公理道德之事，爱护公司财物，坚持反贪污、反腐败，反盗窃、反浪费，保持环境整洁，注意仪表、仪容，加强品德修养，倡导精神文明等13条款，另还有细化说明等多项自身修养和约束的规定，从源头上对规范的落实，作了保证和打下了基础。

物业管理公司的宗旨是：“住户至上，服务第一”。追求是：让城市因我们更加文明，让社会因我们更加和谐，让社区因我们更加温馨，让物业因我们更有价值。

经　理　刘景清

成　员　徐中海　贾　胜

　　　　徐建平　韩培华

第四篇

农　业

麦田

▲ 人民公社成立（1958 年）

▼ 整地现场（1972）

南马坊村土地肥沃，地下水源丰富，有着发展农业生产的优越条件，农业生产历史悠久。春秋战国时期，以养马业为主，农业生产得不到重视。秦灭齐国后，临淄不再为京都，养马业萧条，农民开始以种地为主的发展历史。

解放前，土地大部集中在少数人手中，耕作制度落后，生产工具笨拙，农业生产发展缓慢。新中国建立后，实行土地改革政策，农民分得了土地生活安定下来。1955 年走合作社道路，解决“插花地”，土地连片，依靠集体的力量，打井抗旱，生产得以发展。1972 年依靠人民公社的力量，学大寨，改天换地。搞土地整平工程，南马坊干群齐努力，用 6 年时间，搬动土方 40 多万方，把南马坊的土地普整一遍，近 5000 亩土地，全部变成水浇田，粮食亩产过千斤，贡献超百万。随着联产承包制的实行，蔬菜生产成经济支柱，家家都有几个土温室，户户收入超万元，机械农具大力购买，农业种、收广泛应用，即减轻劳动强度，又节省种收时间。

进入 21 世纪临淄区城市化进程加速，村内土地逐渐被占，以农业为主的格局，开始改变，呈现出农、工、商多业并举的局面。

第一章 生产关系变革

第一节 土地私人占有

土地改革前，南马坊村一直沿袭着封建社会土地所有制经营模式，大部分土地被地主、富农所占有，绝大部分农民只有少量土地或根本没有土地，成为贫农、雇农和佃户，靠租地耕种或靠打短工、扛觅汉为生。1947 年四五月，南马坊在上级土改工作队的帮助下，农救会、妇救会组织带领广大贫苦农民进行了初次土地改革。其时，因时局不稳，秋收前，盘踞在县城的国民党徐振中部进行反攻倒算，第一次土改失败。1948 年 3 月，南马坊村得到解放。中华人民共和国成立后，1950—1951 年底，实行彻底的土地改革。按政策规定，划阶级，定成分。全村划出地主 12 户，富农 22 户。把地主、富农多余的土地、房产等生产生活资料，分给少地、无地的群众，并确定地权，发放土地证、房产证，真正实现了耕者有其田，终结了几千年的封建社会土地所有制。

丈量土地（1950 年）

第二节　互助合作

1952年，在中国共产党的领导下，引导农民走互助合作化道路。南马坊村以共产党员宗效明为首，联络12户群众，于1953年底成立南马坊第一个生产互助组，从而拉开了南马坊走合作化道路的序幕。1955年秋后，在多个互助组的基础上，又分别组成几个初级农业生产合作社，简称初级社。农民入社坚持自愿原则，实行土地、牲畜及农具折价入股，土地入股要交“地垫金”。其管理机构是社委会。社委会设社长、副社长、会计和保管，下设多个作业组。社委会领导群众努力发展生产，兴修水利，改善生产条件，增加社员收入。分配原则是按“地五、劳五”进行分配。实行凭工记分，多劳多得。财务民主，定期公布账目，接受群众监督。

1956年初，初级社制定的分配方案未彻底实施，全村即转入到高级农业生产合作社。高级社的负责人是党支部书记宗效明，社长齐永成，副社长商传习，会计刘昭荣，记账员刘昭庆，保管员于介禔，妇女队长吴玉芝。转入高级社后，土地全部归集体所有，取消土地分红，除划出少量自留地外，其余归集体统一耕种，打破了几千年的土地私有制制度，开始走共同富裕的道路。高级社制定了相关制度。劳动管理：实行三包（包工、包产、包成本）、一奖一罚（超产奖励、减产受罚，均以工分平衡）、四固定（土地、劳动力、牲畜、农具）。按农活难易、劳动强度大小和技术含量高低，确定生产定额。所有劳动成果，以记工分体现，年终按工分作分配依据。分配管理：高级社总收入中，首先完成国家的农业税、征购任务，留足种子、饲料粮、储备粮和公积金、公益金，然后按“人七劳三”方式分配。先按预算分粮分物，年终按劳动工日决算分配。劳动工日少的要向社里交款，无力交纳的，可记往来账，以后归还。劳动工日多的，参加余款分配。对烈、军属及特困户实行补助工分。对干部和公益活动，实行误工补贴。财务管理：贯彻勤俭办社、民主办社的原则，制定、完善管理制度，按月公布账目，接受监督。当时，除少数地主、富农和顽固不化者，全村群众都加入到高级社。

第三节　人民公社

响应中共中央主席毛泽东“还是人民公社好”的号召。1958年9月，城关人民公社成立，实行政社合一管理体制。开始时为部队编制，南马管区为营级，设正、副营长，正、副教导员。村为连级，南马坊村大人多，划分为三个连，设连长、指导员。生产队为排，设正、副排长。该编制至1958年年底后撤销，恢复生产队编制。人民公社规模大，管理集中，宣传“一大二公”的优越性，推行“一平二调”政策，群众一时不适应。有些干部错误的估计了形势，大刮共产风、浮夸风，“左”倾思潮占据主流。为赶超英美，让钢铁元帅升帐，全民大办钢铁。各家各户的铁锅、鏊子及部分铁制用具，都集中起来，砸碎炼了钢铁。并抽调农村部分青壮年劳力编入炼钢大军，实行土法炼钢，在既无技术，又无好设备的情况下，最后炼成一堆废品。为营造粮食增产假象，大放卫星，提出“人有多大胆，地有多大产”的口号，虚报瞒产。

组织农村青壮年劳力在田间安营扎寨，集体食宿，深翻土地，争创万斤粮。为显示人民公社的优越性，大办共产主义食堂，吃饭不要钱，走到哪吃到哪。为实现全社一盘棋，全县一盘棋，随意抽掉大批劳动力搞会战。1958年，粮食大丰产，因无人收获，大部分粮食都烂在地里。由此造成1959—1961年粮食极度匮乏，生活严重困难的状况。南马大队有部分人员分批结伙远赴东北谋生，或下煤井，或作其他营生，直到形势好转才回来生活。也有的在外地结婚生子，永住他乡。

1962年，中央实行“调整、巩固、充实、提高”的八字方针，在农村实行公社、大队及生产队“三级所有、队为基础”的经营体制，把基本核算单位下放到生产队。生产队占有农村主要的生产资料，土地、耕畜及农具等实行自主经营，独立核算，并分给社员少量的自留地、饲料地，短期实行过包产到户的措施，南马大队生产生活开始逐渐好转。

1964年，党中央提出“农业学大寨”的口号，全体社员积极响应，以艰苦奋斗，改天换地的精神，努力生产，使农业走向快速发展的道路。同时，全国范围内开展“四清”（清政治、清经济、清组织、清思想）社会主义教育运动。在农村实行清工分、清账目、清仓库、清财务的四清运动。运动尚未全面结束，1966年秋，开始了史无前例的“文化大革命”。破“四旧”，立“四新”，打倒一切走资本主义道路的当权派，各级领导受到打击，领导班子瘫痪，生产处于无序状态。多个群众组织相继诞生，相互指责谩骂，争权夺利，由文斗演变成武斗，终于在1968年4月27日发生了借助外力参与的“4・27”事件，影响极坏，被上级领导定性为“反革命事件”。事件本身的性质，充其量是两派之间人与人的肢体接触，仍属人民内部矛盾，但正因为这次事件的“不恰当”定性，促使南马大队提早结束了“文化大革命”带来的危害。并于1968年农历八月十六日（10月7日）建立三结合领导班子。更可喜的是，三结合领导班子中老干部占据了领导地位，为以后的生产发展打下了基础。

农业学大寨宣传画

1971年，经过整党建党，建立起新的领导班子，带领群众抓革命、促生产，把工作重心重新放到农业生产上。1972年9月，土地整平工作开始。其时，各生产队出工出力大体相同，但各生产队的受益情况却有很大差别。而且所付出的工作量，最后还要回到各生产队记工分，自己负担。这是当时互助合作的体现。人民公社的分配原则是按劳取酬，以社员完成生产队分给的任务，所挣工分的多少作为分配的依据。社员很看重自己劳动所挣的工分，也只能看中这些依据，因少有出轨。想搞点副业，就被当作资本主义尾巴被割掉，或以投机倒把被打击。所有工作都是有计划、按部就班，缓缓而行，这无形中就束缚了群众的手脚，群众的创造性得不到发挥。

1978年12月，中共十一届三中全会召开。作出了把全党工作重点从以阶级斗争为纲转移到社会主义现代化建设上来，建设具有中国特色社会主义，可以让一部分人先富起来。在农村，一些制约群众积极性的规定被取消，提倡群众放开手脚，发展经济。

第四节　家庭联产承包责任制

1982 年，酝酿实行联产计酬制，按人分田到户，各自经营，按规定纳粮。1983 年，实行家庭联产承包责任制，重新分配土地，并规定 3 年一小调、5 年一大调，解决人口变动带来的土地不均问题。承包土地的农民只有经营权，所属权仍归集体。原集体的农具、牲畜及农业机械等生产物资都折价售给群众，以队为基础的核算体制得以终结。1984 年，生产大队改为村民委员会，大队长改为村主任，会计改为文书，各生产队改为村民小组，生产队长改称组长，社员成为村民。

1993 年起，对农户承包的土地实行“两田制”，即口粮田，责任田。前者按人口，人均一份，后者按劳动力多少进行承包，并对机动地承包给种田能手。

1999 年 3 月起，土地承包期改为 30 年不动。并规定在坚持土地公有制的基础上，允许土地相互转让，可以在村内户与户之间进行，也可以跨村进行。为鼓励村民加大对土地生产的投入，后又规定，对所承包的土地长期不动，增人不增地，减人不减地。进入 21 世纪后，国家加大扶农力度，免交提留、公粮和农业税，实行种粮有补助。联产承包制激发了群众的积极性，村民发挥各自专长，各显其能，全面发展，广开致富门路。粮食产量大提高，经济收入大幅增长，生活水平大提高。

第五节　农民负担

农民负担，包括国家级、地方政府级及村级三个层面，都有一个设置和调整阶段。中国是传统的农业国，农业税一直被农民称为“皇粮国税”，人人都要种地，种地要交粮，人人都有义务交纳，农业税可用交公粮的款项相抵扣。1958 年 6 月，为规范农业税的征收，政府颁布农业税条例，标志着新中国统一农业税制度正式形成。

农业税作为国家的一个基本税种，半个世纪以来一直是国家财政的重要来源，并随着农业生产的提高，不断做出调整。1983 年，国家利用税收杠杆对农业生产结构进行调控，加征除粮食作物以外经济作物的农林特产农业税，称为农林特产税，这是农业税的一种补充。南马坊村涉税经济作物主要是蔬菜生产。

“三提五统”是乡、村两级对农民资产的征收。“三提”是用于村级扩大再生产、兴办公益事业和日常管理开支费用的总称。包括公积金、公益金和管理费。随着农业生产的发展，不同时期提留比例有所调整。“五统”是镇级政府统筹费的总称，包括教育附加费、计划生育费、民兵训练费、民政优抚费和民办交通费。这是保证镇级政府机构正常运转的财政来源之一，尤其是实行家庭联产承包责任制后，显的更重要。20 世纪六七十年代，人民公社时期，辛大铁路、边河整地、塌河工程等大型平调工，村民均无偿参与。90 年代，上级向农民摊派的义务工。1990 年起，在农村曾实行了三年宅基地使用费缴纳，都是农民的额外负担。

南马坊村部分年份农民负担统计表

表 4—1

项目＼年份	1956	1963	1978	1989	1995	2001
国家税金（元）	—	13709	15364	45586	412000	853400
农业税（元）	—	13709	15364	28786	62000	84900
公粮（斤）	350792	167984	1068922	510196	509112	381246
特产税（元）	—	—	—	2111	5368	68500
其它（元）	—	—	—	—	—	700000
村提留（元）	—	17245	45337	45969	400000	313000
公积金（元）	—	13452	35674	10611	250000	38100
公益金（元）	—	3793	9663	13500	150000	10900
管理费（元）	—	—	—	21858	—	264000
乡统筹（元）	—	—	—	67575	130395	212718
义务工（元）	—	—	—	—	40140	—

注：“—”处数据空缺。

第六节 惠民政策

国家惠民政策实施后，村民负担减轻，带来实实在在的实惠。随着国家惠民政策力度不断加大，村民的幸福感增强。南马坊村的惠民政策主要体现在惠农、惠民、惠医和惠教等方面。

惠农 2004 年，取消了开征 30 余年的农业特产税。2005 年 12 月，第十届全国人大常委会第十九次会议决定，1958 年 6 月通过的《中华人民共和国农业税条例》，自 2006 年 1 月 1 日起废止。从此，延续了两千多年的“皇粮国税”退出历史舞台，农业税取消。其后，对种粮农民给予种粮直补、良种补贴及农资综合补贴。开始每亩补贴为 13 元，2016 年，每亩补贴增加到 125 元。对购买小麦联合收割机、玉米联合收割机、拖拉机、深松机等农机具的农民，按每台机械马力的大小分档次进行补贴，并向大型农业机械逐步发展。推广配方施肥，无偿安排有关人员到村民土地取土化验及田间试验。不断完善粮食作物科学施肥，完善土地承包经营权，不断调整土地承包年限，并对土地流转作出规定。

惠民 2003 年，取消乡统筹等专门向农民征收的行政事业性收费和政府性基金、集资，取消了统一规定的劳动义务工。2008 年，推行养老保险制度，并按比例给予补助。对 60 岁以上老年人发放基础养老金，从开始的每人每月 60 元，逐步递增到 2016 年每人每月 105 元。对未满 18 周岁的独生子女，给予每人每月 10 元补助，其父母年满 60 周岁后给予每人每月 60 元补助。按殡葬改革规定办理丧事的家庭，民政部门每人给予 800 元补助。推行家电下乡，凡按家电下乡产品目录中品种购置者，政府财政部门均给予相应补贴。

惠医 2004 年，对参加新农合的村民，均通过医疗保险给予补助。农民住院按比例进行报销，并逐年增大。对20种重大疾病，已纳入农村大病保险范围。凡参加大病保险的居民，按比例进行报销后，可再由大病保险按比例给予补偿，困难居民还可得到一定数额的民政医疗救助金。对老年人定期免费查体，建立个人健康档案。

惠教　1986年，国家实行九年义务教育，免除学杂费，减轻了村民负担。后又对农村义务教育阶段贫困家庭学生实行免教科书费、免杂费和补助寄宿生生活费的“两免一补”政策。对解决农村义务教育阶段贫困家庭学生上学难起到重要作用。

第二章　生产条件

第一节　土地资源

南马坊的土地，1955年以前边缘参差不齐。有些农户的土地在其他村庄的地中，俗称“插花地”。1956年，南马坊成立农业生产高级社。高级社领导经过艰苦细致的工作，按照平等互利原则，与周边村庄解决了“插花地”的问题，把凌乱的地界取直成片，把插花的土地归笼统一。当时南马坊有5000余亩土地。以村中南大街东西划一条直线，线南有地3500亩，为金黄土，地力差。村东南有地块叫红土窝子，村西南有地叫落星地、磨齿地、茅子地。线北有地1500亩，黑黄土，地力好。村西北有大片地叫“案板地”，和大面板一样又平又肥。1966年前，南马大队的土地是沟壑崖头连片，坟茔散落。1966年“文化大革命”开始，破“四旧”、立“四新”，南马大队首先进行平坟运动。除几位烈士的坟墓暂留外，所有坟墓全部铲平，改种庄稼。

20世纪70年代初，南马是一个与辛店相距10里路的普通村庄。随着临淄区政府驻地的迁移和经济社会的发展，辛店成了临淄区经济、政治、文化中心的新型城市，并不断壮大向北扩展。到1995年北外环路修建，将南马坊五分之三的土地纳入了城镇版图。城市建设需要土地，土地被占用，可耕地减少，是必然趋势。

村民建房　学校占地　1968年以前，所有村民都在村庄的围墙内居住。其后随着人口的增加，生活水平的提高，房屋显得十分的拥挤，随着第一次大面积房改，打破围墙阻隔，在近村边的水沟和可耕地上划排建屋，至2003年共扩占420亩。1990年村东建学校，占地23.4亩。

区　镇企业占地　1975年，临淄酒厂在南马南边修建，以后又向北、向西多次扩建，先后共占去土地87.92亩。1976年，临淄区造纸厂修建，首批工程占地43.99亩，其后向东扩建料场，向北扩建多次，又占用土地29.01亩。临淄区武装部以东大冢为基点，建成弹药库，占地4亩。1976年，齐都镇在南马成立建筑公司，占地10亩，其后成立水泥预制厂，又占地14亩。70年代，齐都镇政府占用西南坡原九队地块28亩，建猪场，倒闭后归还南马。临淄区武装部又建靶场购去，后又转给临淄区畜牧局。

村办企业占地 1985年以后，全村掀起大办工厂企业的高潮，先后建起多个工厂，占去大片土地。

从村东三路向南到造纸厂西边，学府路南，有辛北有机化工厂，国强化工厂，保温材料厂，共占地39.69亩，其中占用21亩的辛北有机化工厂因经营不善倒闭，出售给蒋王村一王姓人士。

东三路以东，学府路以南，原辛孤路以西，造纸厂以北地片，包括永发公司楼、招待所、制线厂、临安公司、溶剂厂等多个工厂企业占地65.41亩。

辛孤路以东，学府路以南，造纸厂以北，包括多个饲养厂，企业总占地66.05亩，其中吴兵占地11.54亩，李思敏占地11.52亩已出售。

1987年，南马坊村与临淄区外贸局联合建成大型联营养鸡场，在西南坡共占地66.55亩。

北外环路占地 2003年，北环路重修加宽后，路北从南马坊村村碑向西至与国家庄交界路口，近629米的地段，全部给予开发，共占地38亩，其中区畜牧局，中德科技，加油站、停车场占地27.28亩已出售，其余全部为租用。

城市建设占地 遄台路占地41.94亩。稷下路占地15.972亩。学府路占地（东段）75.348亩。学府路占地（西段）23.9655亩。临淄中学占地205.123亩。北四路及停车场（临淄中学）占地44.8425亩。昊亿（兔巴哥）占地373.989亩，后又增加。309北环路占地101.86亩。凤凰城占地106.1亩。租用古墓保护区占地21.1413亩。新村一、二期工程占地282.74亩。

其他占地 村东原5组半截碑地片占地42.41亩，被李卫国承包。原公墓和现祠堂占地21.13亩。济青高速公路占地11亩。

第二节 土地整平

土地七沟一河一窑湾的局面，使农民深受沟头崖底、偏坡洼地难耕种之苦，南马坊人立志改变生产条件。1972年，在全国农业学大寨的号召下，经过反复论证，充分酝酿，广泛发动群众，在驻村干部的协助下，决定对土地集中开展整平。

大队“两委”决定，党支部副书记、大队长刘德胜主抓整地工作，党支部书记徐广兴，支部委员、会计朱光文等支部委员全力支持。韩玉春、齐涛、商传恕三人任技术员，俗称施工员。后续的施工员有齐秀生、王金亭、解玉忠、孙成吉等。聘请公社水利技术员姚子润（齐都田家村人）作为技术顾问，组成整地领导机构。各生产队以基干民兵为主，每队抽调15人，8辆小推车，自带工具，打上一面小红旗，由副队长带领，组成一个整地小组。全大队组成180余人的整地大军，并于1972年9月底，在村西

1976年土地整平

北窑湾打响整地的战斗。

刘德胜身先士卒，作出榜样，每天第一个到工地，晚上最后一个离开现场，帮助整地社员解决实际困难，调动社员的劳动积极性。朱光文抽空就到工地和社员一块推车运土，并组织附属劳力参加平壕，作整地的后续工作。

施工员为整地发挥了关键作用。当时全村需整平的地块少的七八十亩，有的上百亩。如何定点，如何定面，要挖走多少方土，填到什么地方，既不能剩下，又不能不够。既不能让他们窝工没的干，又要按规划好的方案做，可谓是责任重大。为此他们做好充分准备，不论所整地片面积多大，先从地片一个角开始，顺边长和宽每隔 20 米砸一个木橛，全地片排满 20×20 米的木橛方阵，把每个木橛编上号码，作上地平标志。然后用水平仪测好每个木橛的高度，作好记录，回来把所有木橛的高度汇总，算出所整地片的平均高度，再按 100 ∶ 1 的流水坡度，从南向北（个别地片为由北向南）依次计算出各个木橛所处位置的高度，第二天把所有数据写到相应的木橛上，需挖土的用蓝色笔写好，需填土的用红色笔写好，在需挖土的地段，按 2.5 米的宽度，划线准备挖壕。需填土的地段，按照实方与虚方 1 ∶ 1.25 的比例，插杆扯上线，做好动工前的准备工作。严把质量关。质量对整地十分重要，否则会前功尽弃，劳民伤财。大队负责人和施工员通过各种场合，大会、小会，反复宣传质量的重要性，要求一定要把好质量关。施工员每天满工地转，及时处理各种问题，做到该挖走的土一定挖走，该填上土的地方一定要填足。每天傍晚，施工员都把一个小队一天所挖的土方进行测量计算，叫“收方”。收方时，一般测量壕面的宽度，壕边的高度，掘进的长度。有的社员想投机取巧，把壕沟挖成上宽下窄形，施工员就量其底面宽，有的把沟底挖成弓形，施工员就量中间的垂直高度，有的把每天测量后所记进度的记号改换位置，施工员就用把总长度倒退数的办法应对。总之，要把该挖走的土一定挖走，在填土的地方，要求平土员边整边填边用脚踏实，填上足量的土。自创运距土方的换算比例。在整地中，运距与土方的关系是成反比，运距越大，同样出力，土方越少。整地开始后，只按土方数作为一个小队的成绩，群众很有意见，并有消极对待的情绪，当然这也是一个实际问题。如何解决这个问题？在整商家坟地片时，由韩玉春拿着一块马蹄表，在社员不知情的情况下，选择几个较好的小队，观察他们，在多长距离上运一车土，需用多少时间，在同样时间内，各种距离内各运多少车土，经过一下午反复观察，并作记录，然后由齐涛根据各种数据，列出计算试题，再由“铁算盘子”商传恕计算，经一晚上努力，第二天公布结果，规定了运距与土方换算系数。以 100 米距离所运土方为标准土方，从 100 米计算，每增加 20 米，增加十分之一的虚方数算作总方数，每减少 20 米减少十分之一的实方数，余数为总土方数，不足 60 米按 60 米算。结果公布后，社员很满意。此法一直用于整个整地过程中。

全力以赴变冬闲为冬忙。每年 9 月底，秋收尚未结束就开始整地，一直干到第二年三月底，真正把冬闲变成冬忙。整地开始后，先由副队长带队上阵，他们以身作则，服从安排，指挥到哪就干到哪，毫无怨言。秋收结束后，正队长也都纷纷投入到整地工作中。那时整地是全大队的中心工作，是压倒一切的重中之重，从领导至普通社员，能推车、铲土的青壮年都到工地，剩下的妇女也要参加平壕，作整平土地的善后工作。

为了营造声势，激励社员斗志，每到一处施工地块，都要扎帐篷设指挥部，工地插满红旗，安装扩音器，每天不定时广播报告各队的战绩，表扬先进的人和事，在主要的地方还要扎松门，挂红灯，造声势，振奋人心。

冬天白天短，为加快施工进度，每天天不亮社员就上工地，自带干粮、咸菜，由生产队每天两次烧好稀饭，送到工地。社员们席地而坐，就地野餐，一直干到太阳落山。有时为了赶任务，经常挑灯夜战到晚上 10 点。在工地上大搞比、赶、超活动，比质量、比进步、比贡献，推起泰山车，比谁干的欢。下雪天照样掘土推车大干，寒冬腊月，地冻三尺，社员们就用铁锹破土，用撬杠掀翻冻块，继续大干，从不休息。当时的口号是：干到腊月二十九（除夕），吃了包子就下手，大干苦干加巧干，整平土地创高产。他们不计较得失、报酬，只想为改变南马的面貌作贡献。刚结婚的新媳妇，仪式结束就到工地参战。正值知识青年上山下乡，到南马大队落户的博山区知青同样和社员一起，并肩战斗，汗水洒在了南马的土地上。经过六个冬春，调运土方 40 余万立方米，把南马大队 5000 多亩不平的地片普整一遍，扩大了耕地面积，使全部土地变成了水浇田。

整地工作在南马坊发展史上占有重要一页，是南马坊的第二次土地革命，彻底改变生产条件，为粮食高产打下坚实的基础。整平土地后，南马大队的粮食产量迅速提高，从南马大队历年收入分配统计表中看到，1974 年，粮食亩产 689 斤，整地后的 1975 年，便大见成效，亩产超过 1000 斤，总产也大幅提高，改善了社员的生活条件，对国家的贡献也加大了。当时国家分配给南马大队的公粮任务是 26.8 万斤，由于粮食的增收，从 1976 年开始，连续四年上交国家的粮食超过了百万斤。一个生产大队，上交粮食过百万斤，并在一季完成，全部是小麦，在全区、全市极为少见。整平土地，是南马大队经济进入快速发展的一个转折点，是南马人永远不能忘记的一个重大事件。

社员编了一首打油诗，抒发对整地前后的感慨。

七沟一河一窑湾，沟头崖底耕种难。
先辈劳作守旧制，吃饭穿衣全靠天。
六度春秋苦与难，五千亩地变良田。
农业机械显威力，丰衣足食笑开颜。

第三节　农具　农机

耕作农具

镢　是一种原始翻土工具，从封建社会到解放前后，除少数人家用牲畜耕地外，绝大部分农民都是用镢刨地、播种。一个壮劳力一天能刨 1 亩，劳动强度大，进度慢。农业合作化后虽有少量牲畜参与耕地，因牲畜少，地多，为赶进度，部分地块仍须人工用镢刨地。至 20 世纪 70 年代初，镢作为一个传统农具，在多个农事生产中，仍被广泛使用着。

犁耙　是传统耕地的主要农具，运送犁和耙的农具叫拖车，犁、耙、拖车是一整套，俗称“耕地家伙”。南马坊村解放前后，全村仅有少数人家具备。耕地时一般用三头牲口，叫“一犋”，靠右边的一个叫“领墒”，中间一个叫“盘墒”，边上一个叫“边墒”。犁叫木辕犁，有木把、木架，犁刀是一块有边刃的硬铁片按在犁架上，呈斜面状。牲口拉动木犁，土顺斜面向一边翻去，出现一条沟叫“墒沟”。耕地分“扶耕”“绞耕”，一年一轮换，耕地深度有15厘米，每犋牲口一天耕地3亩。至日落，换上耙，把一天耕的地耙平，算是一个工作日（耙是长方形木制框架，装上20多个20厘米的铁制钉齿而成）。

步犁　1953年，引进7寸步犁，与旧犁基本相同，不同的是犁架由圆木改成方木，犁铲由三角型改为梯形，前端拖架改为铁制导向轮，

木犁

双轮双铧犁

与旧式犁相比体积小，耕地深，沟底平，牵引省力，扶犁方便。

铁制犁　1955年，引进双轮双铧犁和双轮单铧犁，效率较7寸步犁高，但需用牲畜，费力很大，后被淘汰。

悬挂犁　20世纪70年代起，先后引进七铧犁、悬挂轻四铧犁，动力为50马力拖拉机。后购进悬挂重四铧犁，动力为链轨车、东方红一54。在铁犁架上有一操作手，操纵铁犁的升降和耕地深浅。后又改为自动升降，并配套合墒器，代替铁耙功能，耕地深度达20厘米以上，且松土面平，耕的快，可24小时连续干，适应于大面积作业。

旋转犁　旋耕机　进入21世纪后，用上旋转犁，动力为大型拖拉机，耕地用的铁犁片，不是固定的，换成旋转的，耕地时土壤可一边翻土，不再有“扶耕”“绞耕”之说，减少墒沟，少压地头，少跑空车，深度也大，并能压青，效益大大提高，从而达到深耕细作的要求。小型旋耕机，还可用于蔬菜大棚的畦面翻地。

筑埂　筑埂也叫“扶脊子”“打脊子”，是播种前必须作的一道工序，为以后的播种，灌溉打好基础。

先祖世代耕种缺少灌溉条件，只能靠天吃饭，随坡播种，从不考虑筑埂挡水，偶尔扶脊，也是在菜地里或种植黄烟时，筑埂抗倒伏。用的工具是铁锨和铁扒耙子，还有用双腿楼，腿上绑上一木板，畜力拉动，土向两边分土筑埂。

20世纪60年代末，大批使用镢条畦，根据地片大小，组织部分社员，每人一张镢，地内拉一根细铁丝，按人员多少，均等分段，并作好记号，所有人员同时用镢把自己分的段落，

扶脊子（1999 年）

刨土筑埂，这种做法延续多年。

1976年9月，大队购进第一台195型拖拉机，拖拉机悬挂扶垅器，改变了扶垅方式。扶垄器有两个转动的圆片，角度前宽后窄，由拖拉机拉动，把土扶起后成型为脊。筑埂器使用方便，效率高，一直广泛使用。

播种农具　耧是播种的主要农具，多用于小麦、高粱、谷子、大豆、玉米等农作物，也用于施肥和筑埂。

耧主要是木头做的，用于开沟破土部分是用铸铁做的，近似三角型叫“重金”，安装在耧腿上。耧腿是空心的，宽度有8寸、6寸不等。一条腿的叫单腿耧，有两条腿的是双腿耧，还有少量三腿的。1957年前，基本都用这种耧播种。1958年后，曾有一段时间，换成马拉播种机。1977年，用上195型拖拉机牵引的槽轮式播种机。80年代起，又购进不同规格播种机，后面挂一铁耙，边播边耙。以前从耕地到小麦播种完毕，生产队时须一个多月。之后，发展到上午耕地，中午扶垅，下午播种同时施肥，一天就播种完毕。

双腿耧播种（1957 年）

播种后，还有一些传统的保墒农具，“石墩子”俗称“墩轱辘子”，用来压实谷子、高粱等作物的垄沟，起保墒作用。“拖拉子”压实大豆的垄沟，“榔头子”压实小麦垄沟。

灌溉农机具　旧时，农田无灌溉条件，先祖们基本是靠天吃饭。随着社会进步，灌溉条件逐步改善。

辘轳　传统的提水工具。可分为“辘轳头”和“辘轳架子”两部分。“辘轳头上”有铁丝绳，一头固定在辘轳头上，另一端系上一“倒筲”（尖底大水桶）。辘轳头上安一弯把，叫“辘轳把”。架子一般是木头制成，用于支撑辘轳头，后期也有铁制的。将系着倒筲的铁绳放到井下盛满水，然后转动弯把，把倒筲提上井口，把水倒在排水沟内。周而复始提水浇地，只作小面积及菜园内灌溉。

鸳鸯罐　在木质梯形架上装有一个能转动的空心木轮，一半缠绕里转绳索，一半缠绕外转绳索。木轮两端分别安一个把，两把一个朝上，一个朝下，操作起来轮子受力均匀。两绳的另一端分别系上一个水斗，有自倾装置，木架中间固定一个排水槽，转动把时，盛水斗上升，自动倒入排水槽内，而对面空水斗同时下入水中。另一面转动时，效果反之，就这样不停更换转把方向，提水灌溉，其效率大于辘轳，由于是两只水斗工作，故称鸳鸯罐，但只能用于小面积灌溉。

水车　一座铁架子上有轮盘，把多个小型水斗连接成链条状，挂在架子上，通过畜力拉动轮盘，把地下水提升上来，由于水车是用畜力拉动，又能连续上水，能适用于大地块灌溉，但在解放前后，南马坊村拥有水车的农民屈指可数。

水机子　全名叫解放式水车，1953 年以后引进，利用皮碗，真空抽水的原理，提水灌溉，主要以畜力为主，也可用人力，上水量大于水车。

手摇水机子。简化的水机子，只有一个架子一条中轴，齿轮圆盘，环状链条，水盘，两人操作，提水很轻便，也可用于二次倒水。

水机子（1957 年）

锅砣机　1958 年引进的提水机械，动力是蒸汽机，通过传送带，扬程管提水。因供应少，条件要求严，又笨，使用不多，1963 年后不再使用。

柴油机　1959 年后开始使用，最早使用潍坊华丰柴油机。70 年代引进淄博内燃机厂生产的 195 型柴油机，动力为柴油机通过传送带，拉动抽水机提水。开始地下水位高，抽水机在井口，随水位下降，抽水机下降到井下。1975 年后又购进多种型号的柴油机。

电动机　1962 年后，随着生产的发展，电力开始用于农业生产，随之购进电动机抽水泵，叫离心泵，提水效率大大提高。由于当时供电不足，电机与柴油机同时使用。随水位下降，原用的离心泵不能使用，改为深井泵。1984 年后都换成潜水泵，浇灌一遍地只需 5 ~ 6 天时间。

中耕农机具

锄　传统的中耕农具是锄，分大小多个规格，用途有区别。大锄用来耪茬松土，如麦茬、谷茬等。也可用于高棵作物的松土、灭草，如高粱、谷子等。20 世纪 70 年代被淘汰。小锄用来锄草灭荒，小巧灵活，大部分农作物都能使用，沿用至今。

耘锄　是使用畜力拉动的中耕农具，构造简单，把加重的铁制锄头固定在特制的木架上，锄头朝前，使用畜力拉动，能把板结的土地划开，起松土作用。也使用于高棵作物的早期中耕、灭草，比人工锄地既省力又提高效率。20 世纪 80 年代中期随着农作物的密植和套种被淘汰。

中耕机　20 世纪 70 年代末，随 195 拖拉机的出现，引进了中耕机，逐步替代耘锄的功能。它能载 2 ~ 4 个锄头，主要用于夏玉米的中耕及无作物农田的松土。由于容易毁苗及其他原因，90 年代停止使用。之后，一般不再中耕，除草主要使用灭草剂、百草枯等。

收获农机具　各种农作物收割与脱粒前要整理场院。选一空场地，先用农具进行松土，然后耧平碾压泼上水，湿透表土，撒上麦糠，用畜力或人力拉碌碡碾压，致表土层板结后，扫去麦穰即成。在 20 世纪 90 年代前，生产队或农户都要准备场院。后来将场院设在硬化的地面上，省去此工序。

小麦收割脱粒　小麦成熟后，一人一张镰，

小麦收割机作业（2001 年）

腰间系着一把捆小麦的细绳（叫草月子），分段收割，并逐一捆好。壮劳力一天能割二市亩，割好或肩挑人抬，或用马车、地排、小车子运回到场院，妇女们把麦秆上的杂叶梳下，麦穗割下晒干，用碌碡压下麦粒，人工扬场，将其麦粒入仓，麦秸另做它用。

20 世纪 70 年代后期，拖拉机进入到农业生产。开始，把小麦割倒成一拢，社员在后边，把散棵的小麦用草月子捆好，运回脱粒。此时已经有小型脱粒机，把小麦送到脱粒机的进料口，借吸力进入脱粒机的仓膛内。脱粒后，把麦粒运到场内，人工扬场，收起粒。其后有了简易扬场机，把麦粒用扬场机扬播，省却了人力，一直延续到 80 年代中期。

家庭联产承包责任制后，开始使用“朝阳”牌大型收割机，边收割、边脱粒，村民只在车上用编织袋把麦粒接下，运回场院晾晒。进入 21 世纪后，多使用“谷神”牌联合收割机，边收割边脱粒，脱下的麦粒存放在后备箱内，到地头自动倾倒在早已等候的拖拉机或汽车箱内，拉到晾晒处晒干，又快又好又省工。

玉米收割脱粒　南马大队玉米传统收获方式是玉米成熟后，一人提一个筐子，顺玉米行，一个一个掰下，筐满放在一处。最早是肩挑人抬运回家，后来用上地排、马车、拖拉机。运回后，用人工一个一个扒开，去掉大部分包皮，只留几片内皮，两个或多个系起来，放到备好的木柱上或其他能悬挂的地方。晾晒一段时间后取下，用螺丝刀或剪刀或搓子在玉米体上间隔穿几道沟，用手搓下来，即可入仓。以后有了简易手摇玉米脱粒机，效率有所提高。70 年代中期先后用上小型动力玉米脱粒机，90 年代后用上中型脱粒机，效率大提高。2006 年后，使用联合收割机，掰玉米、秸秆切割粉碎同时作业完成。掰下来的玉米稍加收拾即可晾晒，脱粒机已成传送带式，只要人工把玉米放到传

手摇玉米脱粒机（1968 年）

玉米收割机作业（2002 年）

送带上，自动脱粒。

五谷杂粮　用机械收割脱粒只是玉米和小麦，杂粮一直采用人工方式收获。谷子是用镰把全棵割下，运回场院，割下谷穗晾晒后，用碌碡压下谷粒，秸秆叫干草，可作饲料。高粱是用镰割倒全棵，用钎刀割下高粱穗打捆运穗回场晾晒，碾压收粒，秸秆就地捆好，晾干后运回，做他用。大豆是用镰割倒，散装运回，晾晒后，碾压收粒，豆棵作燃料。绿豆因成熟期不一致，分批采摘豆荚，放在筐箩内晒干搓粒，最后把晚熟者连棵割运回晾晒，用碌碡碾压，收粒，秸秆作燃料。芝麻是用镰刀割倒运回，直立晾晒，待芝麻穗裂口，倒拿芝麻秸打砸，其粒自动落入箩筐内。五谷杂粮因其产量低，生长期长，种植面积逐渐被高产作物代替，至2016年，只有零星种植。

运输农机具

木轮推车　分木轮小推车和双人木轮推车，是农民的传统运输工具，较笨拙，只有少数家庭配备。双人木轮推车，俗称“二把手”“大车子”。车盘前后各有两个把，中间有一木质架子，也称“车普笼子”。下有木轮，“车普笼子”是保护木轮的。“二把手”很笨重，由两人驾驶，前边的叫“把前的”，后面的叫“把后的”，前拉后推。夏秋季节运送庄稼和平时运送体积较大的货物时，车上装的满满的，“把后的”根本看不到前面的道路，只能靠“把前的”用行话通知“把后的”路况如何。也有少数人家，在车前套上一头牲口帮着拉动。

木轮推车

胶轮小推车　是合作化时期引进的运输工具，其结构与木轮相似，只是木轮换成了胶轮。优点是轻便快捷、载重量大，运石头能载上千斤。开始使用的胶轮大部分是“骆驼”牌、“中南”牌和“双龙”牌。运货物时在车架两旁各放一个长方形车斗，最早是用席苞，后改用植物条子和棉柳、棉槐等编织而成，再后来用竹片、木板、铁皮制作。自合作化后引进。直到20世纪70年代末一直是农业生产上的主要运输工具。在南马大队6年整地过程中发挥了巨大作用。1980年后，使用者逐渐趋少并消失。

胶轮推车

地排车　20世纪70年代末引进，盛行于80年代，基本每户都有一辆，90年代中期退出历史舞台。此车是用木板或铁管、铁板做成一个长方形平排，排底部有一横铁轴，轴两头安上两个胶轮。排前方有两条楞木或铁管叫“车把”，是用人拉或套牲畜拉地排的地方。车排两边有两块防护车轮的板，叫“车帱”，是活动的，用时安上，不用拆下。另用四块木板（两长两短），做成一长方形框，按在排上，是活动的叫“挡板”。构造简单，使用方便，比胶轮车载重量大，用途广，不光用人力，还可用畜力拉动。既能在农业生产上广泛使用，还用在交通运输上。

马车　俗称大车，它的构造就是放大加重的地排车，车把变成车杆。解放前马车的两个轮是木头和铁制成，叫“钢脚子大车”，合作化后两木轮换成胶轮胎，既快捷，承载量又大，远大于地排车。两边“车軏”是固定的。用畜力拉动，有的用一头牲口，有的用两头牲口的，两杆之间的叫“驾辕的”，前边的叫“前梢”或“拉川”。20 世纪 80 年代，马车被 195 拖拉机代替。

小马车　俗称“二混子”，因它的构造大小，用料程度介于地排车和马车之间，是马车的一种衍生工具，小巧灵活。担当农业生产上的各种运输任务，农闲时搞运输，长途短途都行，深受群众欢迎。它盛行于 80 年代。90 年代后，一则受牲畜饲养的影响，二则用途也有局限性，被 195 拖拉机替代。

拖拉机　20 世纪 70 年代中期，拖拉机出现在农业生产中，动力为柴油机。广泛用于运输高棵作物、散装秸秆、肥料、粮食，逐步替代了马车、地排车等。安上相应农具，能作多种农活，被称为万能拖拉机。1979 年 9 月，南马大队第二生产队最早购进 12 马力拖拉机 1 台。

机动三轮　农用汽车　随着家庭联产承包责任制的实行，农户开始自己购买机动三轮车，分轻型、重型。农忙时参加生产，农闲时，轻型的贩卖蔬菜，重型的搞些运输。有“时风”牌、“五征”牌等。进入 21 世纪后，有农户开始购置农用汽车，用于各种农业生产。

牲畜用具

缨膀子　套在大牲畜膀子上，防止拉车拉犁时受伤的保护器具。

缨脖子

夹膀子　套在骡马膀子上，拴套绳的两块木棍。

肚带　系在牲口肚皮上的皮带。

溜绳　一头拴在牲口嘴部或左耳上，一头握在用者手中操纵方向的绳子。

吊盘子　牲畜套绳的后端，连接在农具套环上的一块长木板。

牛索头　牛拉东西时，架在脖子上，拴拉绳的三角形木棒。

牛索头

辔头　牲口双耳下的一个环，嘴上一个环，头两边有竖绳拴紧两环，缰绳拴上，牵牲口用的器具。

笼嘴　用竹篾子或细绳编成，套在牲口嘴

上，防止牲口吃东西的器具。

牛鼻圈　用细铁棍弯成圆形套在牛鼻子内，上头拴在两牛角的环形上，牵牛缰绳用的器具。

捂眼子　用麦秸编成圆形,盖牲口眼的器具。

遮眼子　放在牲口眼后，挡住眼不让看见身后事情。

牲口槽　喂牲口的长方形器具，有木质的和石头的。

马鞍　大牲口拉车时，放到背上的半圆形鞍子，是保护牲口脊背不受伤害的设备。

马鞍子

牲口掌　马、驴、骡蹄子上挂的近圆形铁。

牲口爵子　套在马、骡嘴中，人一拉，使牲口嘴紧箍起来，制约牲口的器具。

套钩子　两头弯曲成半圆的粗铁。

鞋底环　弯曲成象鞋底状的铁环。

第四节　肥料　病虫害防治

肥料　先祖们对农作物使用肥料十分重视，有谚语称，“庄稼不施粪，等于瞎胡混”“人哄地皮，地哄肚皮”，把施肥直接和吃饭连在一起。

施肥的方式有两种，基肥和追肥。施用基肥的办法有三种：铺施。在耕地前，把肥料均匀的撒在地面，耕地时把肥料翻到地下，长期有肥效。沟施。用耧施肥，有的单独施，有的和种子一块施，也有的用镢开沟，手撒肥后埋沟。窝施。用镢刨窝施肥后埋土。施用追肥的办法有三种：水冲式，在灌溉作物时，把肥料放到水里，水流到哪肥到哪，此法主要用于化肥和液体肥。窝施，刨窝施肥。沟施，氨水用氨水耧，化肥、细粪用单腿楼。

肥料的种类大体分为四种：

土杂肥　也叫农家肥、圈肥。主要来自大牲畜牛、羊、猪及各种家禽的粪便，以及人粪尿的积攒。1969 年至 1970 年，各生产队兴起拆房热，动员各户把陈旧的房屋，多年的土炕拆了当肥料。

划肥楼（1956 年）

人造肥　有两种，绿肥和“四合一”肥。造绿肥史上有两次，一次在 1958 年“大跃进”，放卫星时，让社员弄些青草，就地取土堆成堆，上边放些水就上报造了多少肥。有些人把当时的土坟刨掉尖顶，稍一整理就当作肥料上报，虚报成绩，劳民伤财。第二次在 1971 年，生产队把几个社员编成一组，有组长，先割青草，切碎，按比例取土，混合起来，加水合成泥，堆好四周抹平，顶部留坑盛水，过些日子再添水，经过一段时间的沤制，即成绿肥，成为很好的肥料。

“四合一”肥。即人粪、人尿、马粪及土四样东西混合沤制而成。自1962年开始，生产队安排责任心强的社员，在固定土场，备好土，到生产队牲口圈处推些圈粪，把各社员攒下的粪尿挑到土场，四样和成泥堆好，顶部留坑，经常向上倒尿，经多日沤制即成“四合一”肥。其肥力高，大田不舍得用，大部分用到菜园内。1977年后，化肥使用趋多，停止沤制“四合一”肥。

压青肥 主要指玉米秸的秸秆还田。1979年，开始使用与泰山12拖拉机配套的粉碎机。后因操作者劳动强度大，耕地进度跟不上，切碎的秸秆晒干不能用而淘汰。1980年，引进4DP-37型玉米秸秆还田机，操作方便被使用。1990年后，大型玉米秸秆还田机开始使用，小型机逐渐淘汰。之后又普遍使用玉米联合收割机，操作一条龙，效率高。玉米秸秆还田，减轻环境污染，地力得到培育。

化学肥料 简称化肥，就其形态分液体和固体两种。液体化肥主要是氨水和废水（次级氨水），施用方法为沟施和水冲施。化肥绝大部分为固体，合作化后开始使用，其时叫“肥田粉”。主要为硫酸钾、硝酸铵，多用于烟草和小麦的追肥。20世纪60年代，化肥品种增加，有过磷酸钙、硫酸钾、碳酸氢钙、氯化钾等。70年代引进磷酸二氨、尿素。80年代后期又推行配方施肥。之后又推行生物有机肥，针对性更强，肥效更大。90年代前，不论化肥、氨水都是计划供应，使用受到限制，90年代后敞开供应，施肥量增多。

另有把豆饼，或是煮熟的大豆当作肥料，但它成本高，易生害虫，只在菜园内用，大田内少有使用。

病害防治

小麦锈病 分叶锈病、条锈病、秆锈病。“锈”是铁锈的样子，成红色，也叫“疸病”。有的分布在叶面，或成片状或成条状，有的在麦秆上。严重时造成小麦叶片枯死，产量受到较大影响。20世纪60年代，推广抗锈品种。70年代，采取综合防治措施。20世纪80年代后，此病基本得到控制。

小麦白粉病 20世纪60年代开始发生，70年代发病频繁。主要在麦叶上呈现一片片粉状物，影响小麦的光合作用，造成减产。白粉病在有水浇条件好的地块发病严重。80年代推广粉锈宁防治，基本消除了危害。

小麦全蚀病 20世纪70年代由引进麦种传入，逐渐传播开来。其主要特点是小麦得此病后成片死亡，减产严重，村民称为小麦“癌病”。后经轮作换茬，使用粉锈宁拌种等综合防治措施，1985年之后，此病得到控制。

小麦黑穗病 也叫“黑粉病”，俗叫“乌霉”。

小麦黑穗病

穗鞘裂开时呈一黑棒。黑棒长高，随着成熟变成黑粉，遇风飞扬，造成减产。由于采用药剂拌种及轮作等措施得以控制。

玉米大小叶斑病　新中国成立初期开始发生。通过更换高产杂交品种和采取综合治理，80年代病情得到控制。

玉米粗缩病　1996年新传入的一种病害。植株粗，叶片紧密，不作果，群众称为“小老汉”。最初的办法就是将整株拔掉，以免与正常植株争肥、争空间。在实践中发现，套种时间越早，发病率越高。后来采用推迟套种时间的办法，粗缩病减少。至2001年后，只有零星地块发生。

玉米青枯病　1997年发现此病，局部玉米受害。1998年和2002年有轻度发病。经加强引种检疫等防治措施，控制了病情的发生。

地瓜黑斑病　是地瓜的主要病害。1954年由安丘县引进“胜利百号”瓜种而传播并蔓延，1960年后发病严重。起初在地瓜块上有零星黑斑点，遇有适合的温度，迅速蔓延。有的整块地瓜发硬变黑，不能食用。有的把整个地窖内的地瓜感染，是危害最严重的一种病害。以后采用选育、引进抗病品种，科学贮存，轮作地块，药剂防治的办法，病害减轻。

黄烟炭疽病　主要症状在叶片上出现多个斑点，大小不一。烟叶经烘烤，病叶成“糊片”，影响质量。此病自引种后就有零星发生。随着种植面积的扩大，逐渐加重，无对症之药。20世纪60年代发病减少。

黄烟黑茎病　主要发生在黄烟茎上，成段变黑或一半变黑，并枯萎。烟杆不能承重，而上部歪倒，影响生长，造成烟叶质量下降。后经喷洒波尔多液等措施，20世纪60年代得以控制。

番茄疫病　又称早疫病，晚疫病。20世纪六七十年代发生，80年代疫情加重，90年代后得到控制。

番茄苗期病害　主要是立枯病，从苗期到结果前一直发生，或整株枯萎，或一边枯萎，影响养分供应而减产。经综合防治，20世纪80年代得以控制。番茄脐腐病20世纪70年代危害严重。修建土温室后，环境封闭，加综合防治措施，疫病得以控制。

黄瓜霜霉病　20世纪60年代零星发生。由于药物治疗未跟上，至70年代大发生，是危害黄瓜的长期病。80年代得到控制。

黄瓜枯萎病　发生在茎上；黄瓜叶斑病，发生在叶片上，成斑状坏死，都影响黄瓜产量和质量。后经药物喷洒和畦田轮作，加强水肥调控，得以控制。

大白菜霜霉病　软腐病　俗称“坐烂”。从大白菜根部烂起。一旦发病，整株坏死。后经使用抗病良种，轮作换茬，得以控制。

大白菜病毒病　俗称“花叶病”。随着大白菜叶片逐渐包心，染病叶子也包在内。食用时需挑选后才行。此病在20世纪70年代发生，后经综合防治才得以控制。

虫害防治　危害农作物的害虫分两大类。一类是地下害虫，蝼蛄、蛴螬、金针虫。一类是地上害虫，主要有粘虫、蚜虫、韭菜线虫、小麦红蜘蛛、玉米钻心虫、大豆造桥虫、豆虫、秋狗子、菜青虫、烟青虫、土蚕、象鼻虫等。

蝼蛄　蛴螬　金针虫　地下三大害虫，为害历史久。20世纪50年代后期，推广砷石毒谷、六六六毒谷防治，后又推广滴滴涕、敌百虫拌种。1984年开始用种衣剂拌种综合防治，效果显著。

土蚕 韭菜线虫 栖息在作物根部，以根部的养料为生。危害严重，多以药物浇灌根部防治。

粘虫 俗称“子蝗”。是一种间歇性暴发成灾的害虫。主要危害谷子、高粱、玉米，专吃作物的叶子。严重年份减产50%。1973年，三代粘虫大发生，许多玉米叶被吃光，成“光杆司令”。南马大队损失粮食25万斤。1974年春，经大队党支部研究，在当时大队农科队成立病虫测报组。做到早发现，早预报，早防治。用药物粘虫散和化学除草等措施，得到防治。20世纪八九十年代每年都有不同程度发生，损失都降低到最低点。

玉米粘虫

蚜虫 俗称“蜜虫子”，是危害作物的大敌。它繁殖快，适应性强，危害性大。蚜虫是孤雌胎生的动物，繁殖极快。一天就繁殖几代，呈几何型增长，适应性强。小麦、大豆、玉米、烟草、各种蔬菜都受其害。蚜虫有吸针，专吸植物的营养液，危害很大。解放初期种植黄烟时，蚜虫附着在烟叶背面，看上去小，未引起注意。但烟叶经烘烤后成色大不一样。正常烟叶烘烤后呈黄色，有蚜虫的则变成浅黑色，俗称“糊片”。既无产量，又无质量，出售价格大幅下降。后来，农民想出原始的办法，用面筋粘。面筋是把面粉内淀粉清除后的一种东西，很黏。也有用草木灰、生石灰粉。开始用手撒，直到有六六六粉剂和喷粉器，效果较好。以后改用乐果剂、敌敌畏剂喷洒，蚜虫得以控制。

小麦红蜘蛛 新中国成立前发生普遍，20世纪50年代偏重发生。后经采取综合措施加以防治，至60年代得以控制。

玉米钻心虫 又称玉米螟，专吃玉米芽心，危害严重。20世纪60年代，采用向玉米喇叭口内撒毒沙、毒土、辛硫磷，以后用六六粉逐渐得到控制。20世纪70年代，随着套种夏玉米面积的扩大，春玉米播种面积减少，第一代玉米螟失去生存条件，产卵分散。二、三代玉米螟对夏玉米的危害减轻。

玉米螟

大豆造桥虫 豆虫 以危害大豆为主。大豆造桥虫行动迅速，危害大。行动时卷曲身体，中间凸起，似一桥梁，故名。豆虫专吃豆类叶子，食量大，一吃一大片，有时造成绝产。20世纪六七十年代，采用人工捉拿。后推广药物敌敌畏、乐果乳剂。药剂残留叶片，豆虫食之而死，得到有效控制。

菜青虫 又叫“菜粉蝶”。新中国成立前由美国传入，危害大白菜、甘兰、莴苣、菜花、小白菜、萝卜等十字科蔬菜。20世纪50年代，药物少，以人工捕捉为主。六七十年代，用乐果乳剂、速灭杀丁等药物喷洒作物叶片而毒杀，虫害逐年减轻。

秋狗子 学名“稀点雪灯蛾”。新中国成立前，在杂草中常见。20世纪60年代后，开始危害玉米、棉花、大豆。此害虫以植物叶片为食，体型硕大，全身长黑毛，容易捕杀。一般人工拿一树条，顺垅查看，见后用树条抽打致死。20世纪八九十年代，用药物喷洒叶面，食之而死，虫害得以控制。

烟青虫 主要危害黄烟叶片。20世纪70年代前，主要以人工捕捉，顺烟垅查看，见地上有青虫的黑色粪便，在烟叶上即能找到烟青虫，进行扑杀。

象鼻虫 又叫山猴子。春季危害谷子、高粱、春大豆，夏季危害夏大豆。有假死特性。一旦有危险，他假装死去，或落到地面，很难被找到，或让人认为它已死去，不再捕杀后逃之。对付它多用人工捕杀。20世纪70年代后，通过药物防治，危害得以控制，此虫也近绝迹。

地瓜茎线虫病 1970年，从胶县引进“青农2号”地瓜种时传入，导致大面积发病，危害严重。之后，随着地瓜种植面积减少得到控制。

鼠害防治 当地鼠害主要有两种，田鼠和鼹鼠。

田鼠 又叫仓老鼠。主要危害玉米、大豆，生活在大田中，善在田间打洞储存食物。田鼠所打之洞分两种，一种叫道洞，是在地下来回走动的地方。一种叫仓洞，专门储存食物，“仓老鼠”由此得名。仓洞一般设在道洞的某个地方。田鼠生有一个特殊器官——腮囊。长在嘴巴后边，一边一个。田鼠盗取食物后，通过口腔放在腮囊内，腮囊满了，回洞吐出，放仓洞内，洞满封存，再放第二个仓洞，以储足越冬食物。20世纪60年代前，以人工捕杀为主。后由于用机械化耕地，耕得深，把它的道洞铲除，仓洞破坏，田鼠无越冬食物，大部饿死。只有在杂草中打洞者侥幸存活，密度减少，造不成危害。之后几乎绝迹。

田鼠

鼹鼠 当地人称“地皮子”。平时生活在地下，前肢发达，脚掌外翻，有利爪，像两只铲子适于掘土，夜间在离地面2～3厘米处拱土打洞觅食。危害作物的根系，造成缺苗、死苗、断垄。20世纪70年代前，以人工捕杀为主。70年代后，用机井灌溉，水量大，淹没老巢，无法生存，几乎已灭迹。

随着科学的进步，各种农药先后大量上市，病虫害得到控制。农民把除虫防病看作是各种农作物丰收的一大关键，有病治，无病防，成为自觉行动。

鼹鼠

第五节　农田水利

南马坊地下水源丰富，灌溉条件优越。20世纪四五十年代，地下水位高，离地面只有3～5米。由于当时生产力落后，都是小农经济，财力不足，挖掘土井数量很少，即使能挖井，也不能购买配套设施。只有少数富裕农户才能挖井，有简陋的取水设施，绝大部分土地仍受着干旱的困扰。直到合作化前，农民仍然靠天吃饭。走向合作化后，靠集体的力量，南马大队先后进行三次打井高潮，打出若干眼大井，并加大灌溉投入，购设备，使南马大队5000余亩土地全部变为水浇田，为粮食增产作了贡献。

三次打井高潮

合作化时期　新中国建立后，政府鼓励和扶持农民发展水利。1956年后，组织起来的农民，依靠集体的力量开始土法打井。刚开始还是沿用古老的办法，叫“下盘打井法”。按照规划好的井眼位置，按尺寸大小下挖，直挖到地下土开始有湿气，按经验判断已近水源，此为挖井的第一阶段。然后在井口用三条木棒支起一个架子，架顶吊装上两个大滑轮，滑轮上安放粗绳，绳上多根横棍，棍两端各立一人，准备拉大绳。绳的另一端系有“倒筲”，可放入井下提物。井下有2～3人作业，井口有人守护，并作指挥。工作开始后，所有人员在井口人员的指挥下，有次序的进行，直到挖出好的水源，这是挖井的第二阶段。为防止井底水源被泥土、沙子淤死和井壁下塌，第三步要做好防护工作。先在地面用厚木板按井大小所用尺寸，作一圆盘叫做“楂”，圆盘分几块组成，用时再接成

打井（1957年）

圆盘。另准备些青砖或用土、石灰、沙混合制成的坯，这些砖、坯都是专制的。挖井至第二阶段后期，先把木圆盘分解放至井底后重新组合，每块木板靠近井壁处绑一根木棒叫“楂杠”，圆盘上垒放砖或坯，绑好三者成一体，随着井的下挖，“楂”体逐渐下降，直至把井挖好。有的是挖一段距离后快速下降，叫“落楂”，土井挖好后把“楂杠”抽出。为防坍塌和挡住流沙，井壁用砖垒起叫“砖井”。为保安全，井口可垒两层砖，以做加固。井深12米左右，水源3米。两年时间，全村挖了几十眼砖井，单井效益7亩，灌溉周期15天。20世纪五六十年代，所挖砖井在农田灌溉中起了重要作用。

60年代中期，随着抽水机的出现，及齐鲁石化大量使用地下水，水位大幅度下降，土井、砖井逐渐报废。

南马坊村的打井能手有于炳文、韩洪贞、韩洪祥、王兴业、韩洪文、于疏海、王宜业、胡麦青、齐兆立、初宗江、林廷谟、谭春元、张恒兴、董元吉、董凤章等，他们在南马第一次打井高潮中，都做出了很大的贡献。

人民公社化时期　20世纪60年代，齐鲁石化公司落户淄博，用水量大。另外，根据国家

的统一部署，把临淄地下水源用大口径管道抽取后供应外地，致使当地地下水位大幅度下降。50年代用土法打的排井相继干枯。1972年，全国抗旱打井工作会议后，党支部委员于荣绵根据大队党支部安排，抽调各小队的精兵强将，组成50人的南马打井队，开始了南马历史上第二次打井高潮，使用人力冲击钻打井。

打井的第一步由各生产小队准备，按大队总体规划，在选定的水井位置挖一直径为1.7米、深5 ~ 6米的井筒。在井筒底部中央再挖一直径为0.5米的小井，井深3米。小井井口放一用方木做成的“井”型架子。另备好红土及放压水的设备，再准备部分外径为50厘米的水泥管和20厘米的瓷管及纱网。第二步：打井队进驻工地，开始工作。首先在新井旁边扎一大帐篷，算是安营扎寨。在井口用三根木棒扎一架子，架子上安一大的滑轮，轮上放粗铁绳， 绳上端接两根带铁环的铁绳，铁环上各系有长短不齐的6 ~ 7根麻绳，每根麻绳端可立一人，握住麻绳，按照指挥员的口令拉放铁绳。铁绳的下端系一铁管，铁管底部焊接由钻体、钻翅、钻头组成的冲击钻。钻头上镶嵌有用合金钢制成的刀刃，冲击钻总重在200斤以上。再加套管等设施，最重时可达400斤。利用冲击钻的自重和惯性所产生的力量，钻头向下，遇土砸成泥，遇石砸成渣。再用特制的喝泥筒把废物吸出。经反复拉放，追击成筒。第三步：第一次打出的井筒为原始筒，在经过1 ~ 2次的扩筒，才能达到所需要的尺寸。然后清理水源，安放水泥管和瓷管，捆绑防流沙的纱布。至此，算打成一眼井。每眼井用时在30 ~ 40天。井深40米，单井每天浇10亩。

经过全体队员的共同努力，4年多时间，打井42眼。20世纪80年代初，有专业队打更深的井，才逐渐废弃。

家庭联产承包责任制后 新形势下，各小组为使水利灌溉条件趋于平衡，根据实际情况，有机井的地片，按照机井现状作价使用。无井的地片集体投资打井，各片使用。各小组利用存留的集体资金，雇请有机动钻的打井专业队打更深的井。两年内，全村打井52眼。形成南马坊村第三次打井高潮。同时，根据原先所打机井的情况，有的通过扩管、加深重新利用。经综合努力，南马坊村土地全部具备水浇条件，灌溉周期大大缩短。

水利灌溉 凡只借助人力不靠机械动力打的井都称为土井、砖井。南马坊村解放前后，地下水位高，农田灌溉使用原始的提水工具辘轳头、鸳鸯罐浇地。上水量小，劳动强度大，还不适应大田灌溉，仅有个别的富裕户农民能使用铁斗水车。1956年，农民走上集体化道路，依靠集体的力量，打了很多排井（按规划打的井），把过去个人的部分铁斗水车作价后稍作修理，重新使用。也购置了一部分木斗水车和铁斗水车，主要以畜力拉动，每天一车能浇地3 ~ 4亩。稍后购置部分“解放”牌水车，俗称“水机子”。因它体轻易移动，利用皮碗真空抽水的原理提水灌溉。人推、畜拉皆可，效益大增。还有一种手摇水车，构造与“解放”牌水车原理结构一样，只是简单一点。它是全靠人力提水，较费劲。但它有个特殊用途，遇有地势高的地块，按平常办法无法灌溉，但用手摇水机子可二次倒水的办法灌溉。1957年全村购置两种水车62部，浇灌面积达60%。

1958 年，引进了锅驼机，动力为蒸汽机，通过传送带拉动，用扬程管向上送水。因锅驼机体重、设备多，不长时间停用。1959 年后，购进潍坊产华丰牌柴油机作动力抽水，效率有了提高。

20 世纪 60 年代安装 140 型或 195 型柴油机，带动离心自吸泵抽水浇地。1962 年，南马坊安上农用电，使用电动机作动力抽水灌溉。凡用电动机作动力的井叫机井。机井上安有抽水泵提水，效益大提高。由于当时电力供应不足，电机和柴油机同时使用。随着地下水位的下降，原先放在井口上的抽水泵被逼放到井下部，最后安放在水源处，把原来的离心泵改为深水泵。

1984 年后，有专业打深井的队伍，农村大部都换成深水井，将原来的深水泵都换成潜水泵，上水量更大。全南马坊的土地都变成水浇田，浇水周期只有 5 ~ 6 天。

节水措施　天旱地干，长距离输水灌溉，机井开启半小时水还未到大田，大量灌溉用水在土渠输送过程中流失。20 世纪 80 年代中期，塑料水龙带问市，大口径的水龙带把水直接送到需浇的大田，既节水又省时间，作为一种相对节水的灌溉方式，一直受到农民欢迎。缺点是使用时间长了，塑料易老化，形成开口、断裂，使用不当易出现破洞及折断。

节水措施（1987 年）

1987 年，临淄区水利局提出大力推广防渗渠建设，在大片土地的地头，拉线取直，夯实基础，用混凝土浇灌，制成 U 型槽渠道，在渠一边留有多个缺口。在浇地时，水从渠道流来，谁家浇地，扒开就近缺口，浇完堵死缺口，再换另一家，依此类推。大水在水泥渠道中流失很少。随着农业机械的增多，有时无意中损坏了水泥渠道，村民会随时给予修补。全村大部分地块一直沿袭使用。

1988 年，曾使用过用内衬塑料管、外护现浇混凝土的地下水渠。但只是用在特殊地段，如过道压渠等，制作很少。

附：南马大队打井队

1972 年春天，党支部委员于荣绵受党支部的委托，抽调各队的精兵强将，组成了南马打井队，开始了用人工冲击钻打井抗旱的征程。

编制　全队近 50 人，分三个组，每组 16 人。1 ~ 4 队为一组，组长韩玉桐、韩玉湘，5 ~ 8 队为 2 组，组长齐兴武，9 ~ 12 队为 3 组，组长于清春。采取三班制四班倒的办法，既保证队员有充足的休息时间，又避免每天固定时间上班，确实是一个很好的办法。

准备工作　生产队在选定的水井位置处，挖一直径为 1.7 米的井筒，深 5 ~ 6 米，在井筒底部中央挖一直径为 50 厘米的小井，井深 3 米左右，小井井口放一用方木做成的“井”型木架，木架上放一木板，木板上可以站人，备好红土及放“压水”用的设备、外直径 50 厘米的水泥管和 20 厘米的瓷管和部分纱网。

冲击钻构造　由钻体、钻翅、（也叫钻翼，因形状似燕尾）钻头组成。钻体上方有接套，可接套管。钻翅用夹子固定在钻体上，钻翅有大号，小号，在钻体上安装后，小号直径为35厘米，大号为50厘米，下部安钻头，用电焊焊在钻体上，钻头上镶嵌有用合金钢制作的刀刃，以破石鎚进，整个冲击钻体重约200斤，再加上套管。最重时可达到400斤以上。

钻井　首先在小井筒内放满水，此水叫“压水”其作用是保护井壁在工作中不坍塌，在整个打井过程中任何时候压水都不能缺。打到水深处，在压水中放些红土块，其作用是：红土块被钻头打碎后利用它的粘性，把用钻头打碎的石块等杂物粘和在一起，再用喝泥筒吸走。在小井口上方，在连接钻头的铁管上绑一横棍，棍两头各有一人，站在井口木板上，其任务：扶正下打钻头的方向，帮助钻头旋转，注意观察压水的多少，随时通知加水。准备完毕，众人齐拉绳，通过铁绳把井下的套管、钻头拉起，然后一起往下放。钻头猛的一下沉，利用自重和惯力产生的力量，钻头向下，遇土砸成泥，遇石砸成渣，经反复拉放，追击成筒。打井一般分两步走，第一步：水源以上，先用钻头打井，一段距离后，在钻头上按小号钻翅，顺原洞下打，利用钻翅的作用，把圆筒扩大了，叫“扩筒”，用完小号用大号，这样一直打到水源处。然后，把筒内杂物用喝泥筒吸净，把备好的直经50厘米的水泥管放进，放完后算告一段落，叫做井筒。再打水源管，办法如上，只是井管稍细些，在整个打井过程中，必须做好详细的记录，什么位置是土质、石层，什么位置是流沙、水源，特别是水源部分，为下好瓷管提供数字依据，打到计划深度后，扫清杂物，下好瓷管，根据记载有流沙处按实管，有水源处可安放花管，即壁上有多个圆洞的瓷管，外绑纱网和粽子，安放完毕，打井部分结束。

喝泥筒　就是用一铁管，上口作一活盖，铁管下口边有锯齿，放到井底后，利用空气作用，活盖自动打开，利用铁管的重力，井底的杂物进入管内，这些杂物是用钻头击碎的石头、泥土与红土粘和在一起的混合物，铁管一上提，盖自动关闭，利用真空吸水的原理，杂物在管内，当把喝泥筒提到地面，把盖打开，一提铁管，杂物即滑落下来，看似笨拙，其实很实用，这种喝泥工作每天都要进行，遇到好打的地层，一天要几次。只有这项工作做好了，才能为下一次下鎚打好基础。

交工　当井筒打好，下完瓷管，最后一道工序是清水，按上一台抽水机，尽力抽水，直看到井水清澈，水位不下降，说明与地下水接通，水源充足，这才算打成一眼井。每眼井大约用时30天左右。

打井队员的生活是紧张又辛苦，钻机一开就不能停下，因停的时间稍长，钻头有被夹住的危险，不管刮风下雨，不管地冻天寒，一天24小时拉着200～400斤重的冲击钻连续干。换班要按时按点，吃饭要加快时间，累了替换替换，直到把一眼井打完。经全队人员共同努力，4年多时间，打井42眼。80年代初，专业打井队来打深井，才失去作用。

在整个打井抗旱活动中，于德国表现突出，打井队成立不久，便加入到这个队伍，并担任领导工作，一直干到1976年春天，打井队解散。

他工作兢兢业业、认真负责、任劳任怨、以队为家，全身心投入到打井事业中。每天的打井进度，每眼井的编号，每眼井的位置，都记录的清楚，光记录本就有好几摞，临淄区地质队也不时前来查阅和咨询，受到他们的高度评价。几年来他带领队员夏战酷暑，冬战严寒，不辞辛劳，为南马水利建设做出了很大贡献。

打井队号子歌　在实践中感到用口令指挥众人行动，一是单调，二是枯燥乏味。有人发明用喊号子的办法，调齐人们的行动，这样一则活跃了气氛，感到很有趣，二则还能增长不少知识，摘录部分如下：

打井队呀、哎吻，决心大那么、哎吻，拉起钻头，我说呀儿吻，力量大那么、哎吻，敢把地球、哎呀，来钻透，那么哎吻，誓把那旱田、哎呀，变水田那么、哎吻，叫到这里、我说呀儿吻，谁再叫那么、哎吻，你不叫了，哎吻，换咱的那么、哎吻，表一表那么、呀儿吻，水浒将那么、哎吻，水浒英雄、哎吻，一百单八将那么、哎吻，有那么个、哎吻，鲁智深那么、哎吻，倒拔垂柳、哎吻，真厉害那么、哎吻，手拿禅杖、哎吻，重百斤那么、哎吻，还有武松、哎吻，真英雄那么、哎吻，景阳冈上、哎吻，把虎打那么、哎吻，唱到这里、哎吻，谁来接那么、哎吻……

第六节　用　电

电力设施

1962—1970 年　1962 年，南马大队开始用电，有变压器 3 台，计 130 千伏安。其中，庄北 30 千伏安，安合、西关南、南马三个大队共用。1970 年，全村有变压器 6 台，总容量 200 千伏安，电杆全部木质，导线用 16 平方毫米裸铝线及铁丝。

1971—1980 年　1975 年，全大队社员用上照明电。1976 年，公路东新上一台 50 千伏安变压器，新建 10 千伏线路 300 米。1980 年，村东新上一台 50 千伏安变压器，庄西 50 千伏安增为 100 千伏安。农场新上一台 50 千伏安变压器，庄北 30 千伏安增为 50 千伏安，改为南马坊自用。至 1980 年底，全大队有变压器 13 台，容量 680 千伏安。

1981—1990 年　1982 年前后，南马大队对低压线路进行改造，电杆全部换成水泥电杆，导线换成 35 平方毫米裸铝线，照明实行各生产队一块总表计费，各户装分表，实施了二级保护器运行。1985 年，10 组 30 千伏安增为 100 千伏安与南马砖厂共用。面粉厂新上一台变压器 100 千伏安。1986 年，南马坊村全民集资建设工业线，新建 10 千伏线路 1500 多米，新增 100 千伏安变压器一台，年底送电，全村用上工业电，解决了农业线频繁停电的问题。1988 年，为联营养鸡场新增变压器 1 台，100 千伏安，10 千伏线路 2000 余米。1989 年，彩印厂新增变压器 1 台，容量 100 千伏安。至 1990 年底，全村有农灌机井 45 眼，10 千伏线路 5.8 千米，高规格配电室 7 座，配电台、垛 6 处，变压器 16 台，容量 1240 千伏安。

1991—2000 年　1991 年，铸钢厂新上变压器 1 台，160 千伏安，新建 10 千伏线路 400 余米。1992 年，村内新建配电室 1 处，新上变压器 1 台，160 千伏安，10 千伏线路 350 米，解决了全村村民照明超负荷及供电半径过大的问题。9 组 30 千伏安变压器增容为 50 千伏安。1993 年，制线厂新上160千伏安变压器1台。1998年前后，南马坊村对低压线路进行改造，全部更换成12米高的水泥电杆。导线换成50～70平方毫米裸铝线，各户电表及下户线更换一遍。1998年，村内照明变压器由100千伏安增为250千伏安。至2000年底，全村有变压器21台，容量2240千伏安，高规格配电室12座。

2001—2010年　2001年，南马坊村对各户照明电表实行集中更换电度表，下户线及进户线。南马坊村永恒木业新上变压器1台，250千伏安。2003年，南马坊村对低压线路又一次进行改造，全部更换成15米高的水泥电杆，导线更换为120平方毫米裸铝线。2005年，村内照明变压器由160千伏安增为315千伏安。2005年，南马坊村银齐公司新上变压器1台，250千伏安。2006年，南马坊村制线厂原160千伏安变压器增为250千伏安。2006年，南马坊村原公路东50千伏安变压器增容为100千伏安。至2010年底，全村有变压器22台，容量2695千伏安，配电室13座。

2011—2016年　2011年1月，新村建设新上变压器一台，1250千伏安。新村二期工程新上变压器一台，1250千伏安。2014年6月，新村新上变压器4台，5000千伏安。至2016年底，全村有变压器28台，容量10195千伏安。

电业发展　1962年，全县第一座35千伏城关变电站建成，开始向周围村庄、医院及个别工厂供电。南马大队开始用电，分配给变压器3台，130千伏安。由于当时刚从三年自然灾害时期渡过，集体财力有限，其后1966年“文化大革命”开始，党政领导被打倒，形成混乱局面，致使电力事业发展缓慢。至1970年，全村共安装变压器6台/200千伏安，电杆全部为木杆，导线用16平方毫米裸铝线及部分铁丝，全村机井配套用电有限，只有大队办公室及各小队办公室用电照明，及个别村民用上照明电。

电工工作

1971年整党建党后，新的领导上任，各项工作走向正规，电力工作也纳入议事日程，对原有农灌设施加强管理，充分发挥其效益。对村内的用电实行两条腿走路的办法：一方面，村集体积极向外采购电力器材。另一方面发动群众自筹电线，大搞村内照明和生活用电设备的安装。到1975年，全大队社员基本用上照明电，安装多台粮食加工机械和饲料粉碎机械。第一台磨面机是第4生产队购进的。

随着国家电力事业的发展，集体财力的积累，加大了对农灌设施的投入，先后又向上级申请争取到多台变压器，供电量大增，至1980年有变压器13台/680千伏安。1982年，对村内低压线路进行改造，电杆全部换成水泥电杆，导线换成35平方毫米裸铝线。对照明加强安全管理，实施二级保护运行，各生产队一块总表，各户装分表，按用电量收费。

安装工业电　南马大队经过6个冬春的土地整平，5000余亩地全部成为水浇田。经1985

年前后的水利建设高潮，设备大量增加。1985年后大办工厂，全村用电量剧增。齐都变电站供电有限，不能满足全村用电要求。机井只能轮流停电，企业等单位限制用电，生活用电时开时停。电力供应短缺，严重制约南马坊村各行业发展。党支部书记徐社香带领领导班子决心另辟捷径，寻找电源。经过多方努力，得到可以从临淄酒厂接用工业电的信息。他们与上级沟通，克服困难，写申请，寻求一切有条件人员的帮助。资金不足，广泛发动群众大搞集资，领导带头，企业赞助，村民踊跃捐资。经过全村人上至领导，下至村民，几个月的共同努力，终于从临淄酒厂下接二级工业用电线路，并于1986年年底通电成功。南马坊开始用上工业电。农业电、工业电并举，基本解决农业线路的频繁停电问题，村民生活用电得到解决，企业用电不受限制。

之后，南马坊人继续争取电力部门的同意，增加新的变压器，加大电力设施的投入，线路多次改造，电杆多次更换，导线多次更新，供电量不断加大。在新村建设中，两年两次新上变压器两台，增加的供电量接近前50年供电量的总和。至2012年，有变压器24台/5195千伏安。2014年6月，新村新增变压器4台，5000千伏安。

至2016年底南马坊历任电工

表4—2

姓名	任期（年）	备注
许凤鸣	1962—1966	
刘兴元	1962—1999	
于炳文	1966—1986	
相泽远	1966—1991	
韩玉明	1972—1973	
信子明	1972—1973	
商孝平	1973—1974	
商孝富	1975—1999 2010—	后调入镇电工组，2010年退休后回村继续担任电工
齐　宾	1987—2010	
董志亮	1987—2014	
初光来	1997—1999	
于国辉	1997—1999	后调入镇电工组
韩培岳	1997—	
刘昭坤	1997—	

第三章　农作物种植

第一节　粮食作物

南马坊村主要种植作物有小麦、玉米和地瓜等。另有大豆、谷子、高粱和绿豆等。

小麦　种植历史悠久，但长期受生产条件的制约，品种单一，管理方法落后，产量增长缓慢。至1958年人民公社化前，亩产不足200斤。主要品种有葫芦头、长芒、半芒、草大麦、宾大麦、荞麦、一撮毛等。20世纪60年代中期，由于生产条件的改善，开始引进优良品种蚰子麦、淄选2号、混线红等，产量开始提高，亩产达300斤。60年代末期，将产量低、占地时间长的五谷杂粮种植面积大幅缩减，扩大小麦种植面积，加大肥料使用量，加强田间管理，大量引进优良品种，产量大幅提高，亩产在

小麦

500～600斤。家庭联产承包责任制后，农民积极性提高，亩产达900斤左右，有的地片超千斤。

玉米　俗称"棒槌子"。解放前有零星种植，主要在菜地内间作一点。1956年合作化后，开始部分种植，品种有金皇后、大马牙、白玉米、黄玉米等。1962年后，开始大面积种植。其时对玉米需大肥大水的习性不掌握，选种就是将上年收获的玉米，选籽粒饱满的玉米粒留下，用作下一年的种子，产量增幅小。

60年代末期，上级重视玉米增产潜力，指示压缩杂粮种植面积，扩大玉米种植面积。各生产队加大肥水管理，引进使用优良品种，主要有掖单二号、掖单四号、掖单十四、莱农及鲁玉十等品种。并根据作物的生长期引进早熟、晚熟品种。经过努力，玉米单产及总产都有大幅度提高。至70年代末，亩产已达700斤，之后又超过千斤。1984年后，玉米不再是主要食用粮食，大部分用做饲料及工业用粮。

地瓜　20世纪50年代初，南马人才见到地瓜。南马坊村最早种植的户是第8生产队徐玉宗、徐亢宗家，第1生产队韩洪宾家，地瓜被当成赠送亲戚朋友的礼品。

1956年，开始小面积种植，有春栽也有夏栽。地瓜栽植是秧苗栽植。在一块空地上，盘一火炕，炕上放沙，把地瓜种整齐的排放在沙内，由有技术、认真负责的社员管理。炕底生火，24小时监护，经过一段时间，地瓜发芽，待长到一定高度，分批采拔，大田种植。当时由于地瓜产量明显高于其他粮食作物，而且抗旱能力强，好管理，种植面积迅速扩大，并逐渐成为主要食品。1959—1961年，粮食紧缺，生活困难，村民大面积种植地瓜。其时是上顿煮地瓜，下顿蒸地瓜，天天吃地瓜。地瓜成为南马坊人度过灾荒的救命粮。

地瓜种植一般都是秧苗栽植，需先育苗，比较费时费工，曾一度改种窝地瓜。此法是选一些小地瓜，直接栽种在大田内。此法简单，但成本高，种上地瓜易被偷，长出的地瓜质量不高，几年后被淘汰，重新改用秧苗种植。

地瓜产量高，生产队和农户都挖地窖进行储存，但容易腐烂。在实践中人们开始把部分地瓜切成片晾晒成干，称地瓜干，储存起来时间长。在晾晒过程中如遇连阴雨天或储存不当仍有霉烂，制作过程粗放不卫生。20世纪70年代后，地瓜种植面积逐渐减少，后只有零星种植。

地瓜

杂粮

大豆　以夏播为主，个别春播，产量低。20世纪60年代后，种植的很少，主要品种有小粒青、黑大豆、黄大豆、莱芜黄、平顶黄等。

谷子 种植历史悠久，一般多在春季播种。谷子营养丰富，用途也广，但产量低，至20世纪70年代，种植减少。主要品种有60日还仓（指从种到收只用60天）、阴天旱、一窝猴等。另有一种叫黍谷子、黍子，作年糕用，也归为谷子类。

高粱 俗称“秫秫”，种植广泛，是解放前后主要粮食作物之一。一般在春季播种。当地谚语：“清明秫秫，谷雨谷”，意思是，秫秫在清明前后播种。20世纪70年代后，不再大面积种植。主要品种有满天星、大路棰、稀码子、密码子及歪脖子等。

绿豆 以夏播为主，因产量低，只在零星地片种植。绿豆的成熟期不一致，需分批采摘。

第二节 经济作物

黄烟 自明代从吕宋岛传入中国，清朝末年，临淄始种烟，为晒烟。1916年临淄传入烤烟技术。1932年开始大量种植。解放前后，至20世纪70年代初期，黄烟是南马坊村农民的主要经济来源之一。

黄烟，春季播种，先浸种，催芽，调畦翻土，整平地面。待种子生芽后，撒在浇透水的畦内，细土覆盖，撒沙蒙畦。每天用洒水壶喷洒一遍水，直到烟苗出土长高。苗高1厘米后开始间苗，用一薄铁片卷成裤套在食指上叫作“铁指甲”，薅去弱苗、多余之苗，力争余苗所占空间均匀，经过三次间苗才定棵。待苗高15厘米以上后，分批采拔移栽大田。其后选派有经验，有技术的专人加强田间管理，培土、浇水、施肥、灭虫除害、防治烟病、抹杈打顶。

黄烟叶片在秸秆上都有名称，最下层靠近地面的几片叫“脚叶子”，再上几片叫“下二蓬”，中间的叫“中叶子”，再靠上几片叫“上二蓬”，顶部几片叫“顶叶子”。“脚叶子”质量最差，中叶子最好，黄烟叶是自下而上逐渐成熟，社员就分批采摘，上炉烘烤。

黄烟

新中国成立初期，单干时每家每户都种些黄烟，几家联合，找一处房子作烟屋，一块烘烤。合作化后，每个队都建有几栋烤烟屋。烟出炉后，让其夜间受潮，烟叶软化，从烟杆上解下，生产队安排人员逐片捋平，挑色分级，绑把装帘待售。出售时按四个等级分类，黄色烟，赤色烟，青色烟，级外。黄烟分1～7个级别，赤烟分1～4个级别，青烟分1～4个级别。出售价格，一级黄烟价最高，向后按级依次降低。一级赤烟价格与三级黄烟相同。一级青烟，同于四级黄烟。

解放前，辛店有烟草公司专门收购黄烟，多是外国人开设。其中，大华公司肆意压价，刁难、伤害烟农。解放后，国家在辛店设置收购站，叫烟麻公司，以质论价，公平交易，深受烟农欢迎。

20 世纪 70 年代中期，由于土地使用化肥较多，土质板结，黄烟质量下降，不再种植。

棉花　解放前就有种植，主要用于纺线织布。第 4 生产队于增成家就是一处简易家庭织布作坊。合作化后，种植面积扩大，并从高密县请来一位种棉能手李师傅，在南马指导种植棉花。李师傅技术好，工作认真负责，整地、浸种、施肥、播种、浇地、打头、抹杈、薅果、除虫样样工序一丝不苟，深受群众赞扬。李师傅在南马干了七八年，对提高全村社员种植技术和扩大种植面积起了很大作用。20 世纪 60 年代中后期，各生产队都扩大种植面积，亩产提高。各队按人口分配皮棉，有的家庭能分到六七十斤，除留下部分自用外，大部分上市出售。生产队把留下的棉籽兑换成棉籽油，分给社员。解放前，棉花品种以农家传统品种为主。农业合作化后，种植高密 933。70 年代后，种植徐州 1818。棉花是春播，秋后收获，一年一季。70 年代中期，全国经济形势好转，购布不用布票，棉花种植面积大幅减少，后只有零星种植。

蔬菜　蔬菜种植由来已久。解放前后，南马坊有水利条件的农户，在自家地头或村内闲散的宅基地上小面积种植，自种自用，很少出售。主要品种有方瓜、豆角、茄子、韭菜、大葱、水萝卜、胡萝卜等。

1959 年，在东南坡有一处集体耕种的菜园，所产蔬菜全部分给社员。

1962 年后，实行三级所有、队为基础的政策后，每个小队都有自己的蔬菜园地，所产蔬菜全部供给社员。

1965 年，临淄县蔬菜公司到南马大队搞试点，发展蔬菜基地，与第 2 、第 3 生产队和第 5 、第 6 、第 7 、第 8 生产队签订产销合同。公司对菜园批化肥、批农药、批优良种子，给予技术指导，对所生产的蔬菜包销。生产队划出地片，固定管理人员，加强管理，所产蔬菜分配给社员少部分，大部供应蔬菜公司出售。蔬菜成了各生产队的主要经济来源。

1974 年，临淄区蔬菜公司在南马大队搞土温室试点。首先在南马 5 队开始，由副队长齐永吉带领几名技术员修建土温室，叫“不等坡面阶梯式”温室。其构造，后边和两侧垒修土墙，两侧墙起脊，脊高于后墙，从脊处向前慢坡延至温室前沿，上面用竹竿支撑，覆盖塑料薄膜，薄膜上放置压条防风，留有风眼，调节温度，天冷盖稻草苫子保暖。一侧墙开门，门口挂上帘子和木门。温室宽 6 ~ 8 米，长短以地而定。这种土温室，保温性强，种植时间长，春提前，秋延迟，冬生产，可种反季节蔬菜，效益很好。其后，先后又有多个生产队相继建成土温室，还有建成塑料大棚，蔬菜生产在全大队收入中占的比例越来越大。

1983 年，家庭联产承包责任制实行，划分土地时各小队在有水利条件的地块，划出大片经济田，专门让各农户种植蔬菜。农户在自己承包的地块上用阳畦育苗，小弓棚生产。小弓棚构造简单，调好畦，用竹片或竹竿或长树条，扎成弓型，上面覆盖塑料，两边扶土压紧，日落时盖上草苫子保温，天明撤去，以利采光。小弓棚投资少，见效快，易操作，很受欢迎。主要生产西红柿等矮型作物，能使蔬菜早上市一个多月，经济效益可观。

大棚黄瓜

大棚西红柿

1985年后，土温室大普及，每户都建成一个或几个土温室。面积扩大，管理加强，主要种植辣椒、菜椒、芸豆、黄瓜、西红柿、西葫芦等，成为群众主要的经济来源。由于蔬菜面积不断扩大，塑料的使用大量增加，满地大棚呈现一片白色。“白色革命”的美名由此而生。

各种蔬菜大量集中上市，一时出现供大于求，南马坊村及时组建蔬菜服务站，组织车队，集中把当地所产的辣椒、菜椒和西红柿等蔬菜大批运往天津、北京及东北各省销售，也有部分村民自行结伙参与其中，从而促进了南马坊村的蔬菜生产，产量不断提高。

随着社会的发展，化肥、农药、种子等物资价格大涨，成本增加。病虫害及重茬的制约，周期长，有风险，收入相对减少。青年人选择外出打工，有的依托靠近城区优势，或经商，或办企业，老年人成了主力军，土温室的发展受到影响。再加上国家征用部分土地建学校、修道路及南马坊村改造，蔬菜面积减少。2007年前后，有的农户建起高档高温棚，有的用上机械操作。那只是个别户，不是主流，蔬菜种植面积趋于减少。

第三节 农业技术

轮作 轮作的历史悠久，类型也多种，多以禾谷类与豆类轮作，两年三收，小麦－大豆－（春田），谷子或高粱。

20世纪60年代，用抢茬、改茬的办法，试行一年二收，小麦－大豆，小麦－烟草，小麦－夏地瓜。70年代后因大豆、烟草及五谷杂粮产量相对较低，改为小麦套种夏玉米，并逐年扩大种植面积，90年代后，有的户还进行过一年三收种植，小麦＋玉米＋瓜菜。

间作 为充分利用空间，立体种植，合理利用地力，曾实行过作物的间作种植。玉米地内点播大豆，谷子混播高粱，地瓜地内点玉米，地瓜地种高粱或芝麻，小麦地种菠菜。

套种 主要是小麦套种玉米，20世纪60年代后期引进此项播种技术。主要做法是待小麦收割前5～10天，在麦田中套种玉米。麦收前出苗，既延长玉米的生长期，增加产量，也为一年两季种植打下基础。套种玉米需用点播器而点播机的使用有一个过程。开始是用一把泥匙，把玉米种用布兜挂在脖子上，吊在胸前，一手拿泥匙刨窝，一手撒种并埋土，蹲着干，一人一天种一亩。后来用镢，先刨窝，后撒种埋土，人可立着身，一个人或是两人配合干都行，人轻快，效率提高，但易损害小麦。后来就出现自制简易点播器。用一根木棍，前端套上一块带尖的铁片，操作时，两手用力把铁片的尖头插到地内，向前一推，铁片后出现一道缝，随手撒下种子，拔出点播器，把土踏实即可。有的在点播器铁片处加上一个踏脚，省劲，这样虽不损坏小麦，但劳动强度大，实行几年也淘汰了。80年代开始使用点播耧，形状像缩小的单腿楼，铁制，一人扶把，一人在前面拉，效率提升。90年代用动力点播耧，不用人拉，只用人扶，一天能种几十亩，一直在沿用。

玉米套种时间不能超过收割前10天。有些农户为赶早，提前到10～20天，玉米易发生粗缩病，俗称“小老汉”，减产明显。从2012年起，普遍推迟了播种时期。

技术队　1966年秋，在东南坡划出70亩土地，从各生产队抽掉热爱科技工作的社员，正式成立农科队，通称技术队，首任队长刘忠成。主要任务是服务和指导大田生产。凡是生产队出现的问题，需解决的薄弱环节，先由技术队通过实验，做出示范，提供第一手资料，再指导大田生产。具体工作是对各种作物良种进行繁育、引进和对比试验，指导各小队的玉米杂交制种，使全大队都用上高产的优良品种。技术队把病虫害预测、预报和大田防治指导作为重要科研项目。并配合上级科研部门对小麦锈病、麦蚜、粘虫等主要虫害做详细观察和防治实验，成为市、区农科所的重要测报点。定期发布病情情报，及时发至大小队和区农科所。各期情报均报道各种病虫害的发生情况、发展趋势及防治方法。

各种先进技术的推广和具体指导工作。如各种农药的配制、种子处理、各小队玉米制种田的布局、管理、授粉等。为各小队培养和输送农村技术人才。发展生产，提高产量，促使全大队多打粮食。

从1966年开始，每年都有十几个科学实验项目，对发展生产、提高产量起到一定作用。1976年，进行农田增施磷肥实验。划出几个畦，有施用磷肥的，有施用其它肥的，其后，同样进行田间管理，结果施磷肥的比不施用的增产40%。当时轰动了全公社，乃至全区，实验结果证明南马大队的土地极度缺磷，仅此一项使全大队粮食产量增产30%以上。

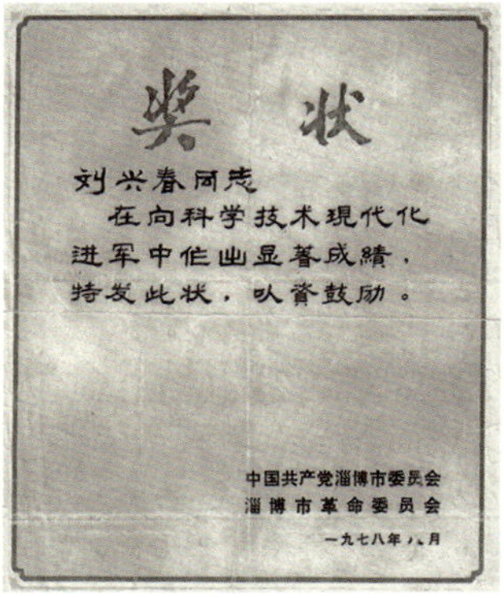
奖　状

刘兴春同志
在向科学技术现代化进军中作出显著成绩，特发此状，以资鼓励。

中国共产党淄博市委员会
淄博市革命委员会
一九七八年八月

奖状

作好植保工作指挥大田。1974年，开始成立病虫害测报组，定时定点对各种病虫害进行详细的观察、记录。定期印发病虫害情报，指导各小队的防治工作，粮食产量逐年增产，对国家的贡献逐年增大。

技术队总结防治经验，写成文章，先后在全国及省级学术会议上交流。主要文章有《小麦锈病的发生规律和防治办法》及《开展两查和三定防治病虫争主动》等。1977年，

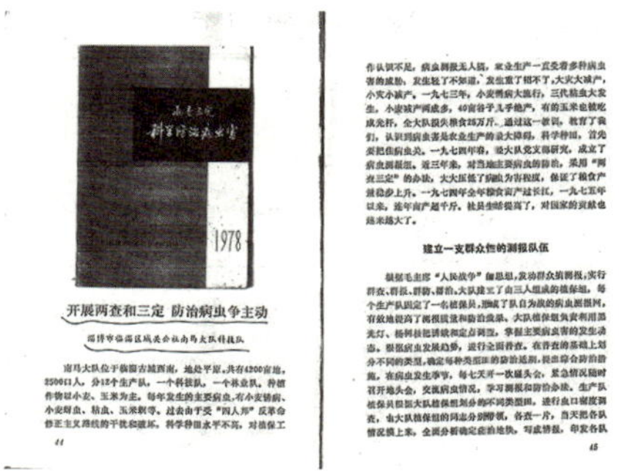
开展两查和三定　防治病虫争主动

技术队经验交流文章

《搞好病虫预测预报，确保粮食稳步增产》在省农业局召开的烟台农业工作会议上进行交流。1978 年，中国农科院在沈阳召开“防锈农药联合实验总结大会”，南马技术队撰写的《关于小麦锈病有效农药的实验研究》在会上进行交流。

刘兴春代表南马技术队于 1976 年出席中国农科院在沈阳召开的国家防锈农药大会，获荣誉奖。1978 年 8 月，出席淄博市科学大会。同年 9 月，出席临淄区科学大会都受到荣誉奖。同年 12 月，出席淄博市农林系统科学技术先进工作者代表大会受一等物质奖和荣誉奖。

技术队历任主要负责人

队　长　刘忠成　朱光武　翟慎元
　　　　解玉亭　贾福胜　董文章
技术员　刘兴春

第四章　植树　养殖

第一节　植　树

个人植树　南马坊村民多在自己的宅旁、院内、道旁、井旁、闲散之地种植树木，主要为木材类和果树类。木材类有大白杨、香椿、臭椿、柳树、刺槐、楸树、榆树、柏树、国槐、梧桐等。果树类有枣树、柿子树、软枣树、花红果子、桃树、杏树、葡萄树、梨树、山楂、石榴树等。此外，花椒树、桑树、棉槐、丁香、芙蓉树、楚马头、桔桑树等有少量种植。

树权归个人所有。也有的属族群，如在墓田、坟边的树，大多以柏树为主，有的还植有大白杨。其所有权归族群。此类树在 1965 年“平坟运动”后无存。

1958 年，受大炼钢铁和“共产风”的影响，“四旁”个人的树木大部分被砍掉，影响了个人植树热情，树木减少。1963 年，县政府为发展林木，重申林业政策，对集体和个人的树木进行确权，并颁发林木确权证，“四旁”植树重新多了起来。

“文化大革命”期间，一度将村民的部分“四旁”植树收归集体，再一次挫伤了村民植树的积极性。1982 年，上级又进行第二次林木确权，四旁之树又多起来。20 世纪 90 年代中期，随着富裕起来的农民开始建新房，地面大量硬化，村内植树相对减少。至 90 年代末期，人们的环保意识增强，国家此前规定每年的 3 月 12 日为植树节，大张旗鼓发展林木，全村个人植树增多。

林业队　始建于 1964 年，先在村东划出一块地，种桑树养蚕。主要人员有刘忠成、韩玉琴等。后扩大规模，林业队转到西北坡。其后经过平坟运动，在于家坟墓地扩大到 130 余亩。

林业队先后栽种 800 余棵苹果。主要品种为国光、红香蕉、青香蕉、秋花皮、金帅、红富士，还有少量祝光、印度等。还有 400 余株梨树，主要品种为晚三季、黄三翠。果树间种上花生、大豆，秋天硕果累累。盛果期每年产苹果 3 万余斤，梨子 1 万余斤，出售后收入归大队所有，是大队经济主要来源之一。

林业队还进行杨树、梧桐树苗的培育，以

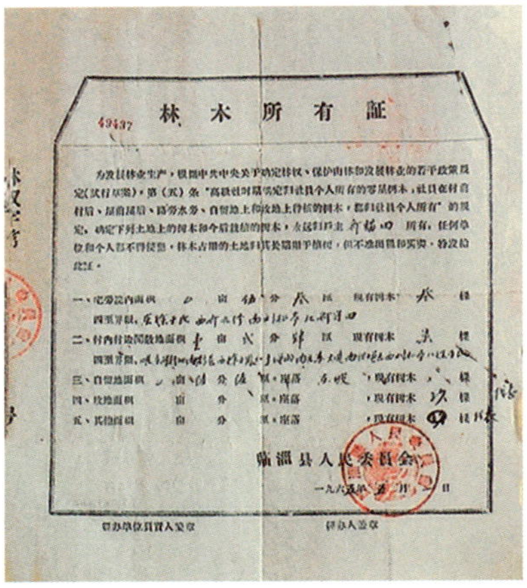

林木所有证

大队自用为主。1972年，林业队曾经划地建鸡舍养鸡。1981年至1983年，承包给韩秉俭、刘念成、贾文炳、齐兴武、韩炳良等五户村民，上交村委承包费。实行家庭联产承包责任制后，又转给11组村民，仍向村委交承包费。1990年，转为村内经营。

历任队长　刘忠成　韩玉琴　贾守翥
信子正　韩洪海　刘福增
于　田

技术员　张守成　韩玉军　李辉耀

农田林网建设　1972年，按照上级统一部署，对农田进行综合治理，要求达到田成方、树成网，水渠跟路走、机井排路旁，大地畦田化、生产路宽又长的目标。南马大队积极相应落实，南北修5条生产路。其中，一条北起北刘家庄，路经南马大队，南到南刘家庄的社路。东西修7条生产路。其中，一条东起龙贯村，贯穿南马大队，西至国家村的社路。生产路路面宽4米，社路宽8米。路边挖壕，规定东西路南边挖壕，南北路两边挖壕。壕底宽1米，上口1.8米。路两边栽树，东西路两边各栽一行。社路南边栽两行，南北路两边各两行。株距2.5米，为方便耕种土地，每隔50米，留4米空间作机械出入口。树苗来源，上级调拨部分，其余大队自购。主要品种是杨树，树权归集体。第一批全大队栽种1.4万余株。

林网化建设

管理措施　党支部把植树纳入到重要工作日程，召开社员大会，广泛宣传，加强教育，提出爱树光荣，毁树可耻的口号。并决定发现有人破坏树木，毁一棵罚款3元，并要栽活一棵。党支部同时决定让治保主任信子良从各小队选拔部分思想好、作风正派、忠诚、勤恳、热爱集体的社员组成养护队，一边维修生产路，一边对所在树木进行养护管理。养护队在养好路的同时对所栽树木不断浇水、锄草、剪叉、除虫，对部分社员堆放在路边的麦秸、玉米秸等杂物及时清理，对自然死亡的树苗及时补栽，使树苗成活率高，苗全苗旺。

党支部对养护队员实行四定，定路段、定任务、定报酬、定奖罚。不断组织他们互相检查，开展评比工作，对先进工作者给予表彰奖励。由于大队领导重视，宣传教育到位，措施得力，队员工作认真，社员觉悟高，南马的生产路畅通，树木长势茂盛，受到临淄区政府和城关公社的多次表扬，并到南马召开植树造林的现场会。

前人栽树，后人乘凉，南马大队20世纪70年代初所栽树木到80年代初，进行了第一次有组织的砍伐，报请公社批准，一次伐树近万棵，平均每颗10余元。伐后再栽，从1972年植树

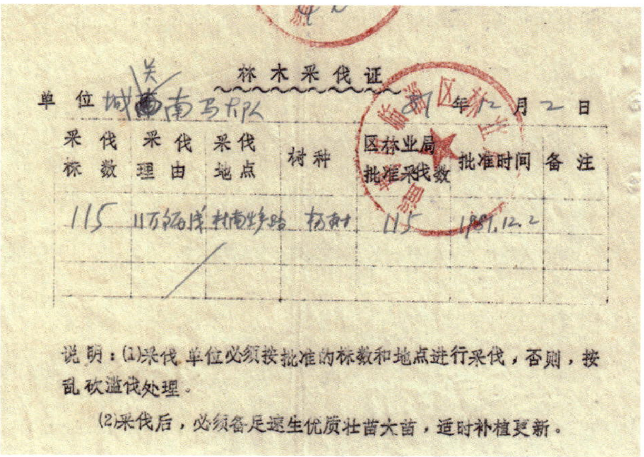
林木采伐证

单位 南马大队　　年 12 月 2 日

采伐株数	采伐理由	采伐地点	树种	区林业局批准采伐数	批准时间	备注
115				115		

说明：(1)采伐单位必须按批准的株数和地点进行采伐，否则，按乱砍滥伐处理。
(2)采伐后，必须备足速生优质壮苗大苗，适时补植更新。

林木采伐证

开始至 2001 年已伐三茬，所得收入全归集体。

1983 年后，土地联产承包后，体制改变，土地使用权变动，养护队的工作重点转入村内的街道管理，集体植树趋于稳定。

养护队员先后有

张玉春　张永禄　贾保顺　徐文修

齐兴武　许维勤　董洪书　于墀坤

许登科

第二节　养　殖

南马大队传统上大牲畜的饲养主要为使役，猪、羊等的喂养为积肥，家禽一般放养。解放后，国家提倡和鼓励养殖，养殖业逐渐发展。

1958 年成立人民公社后，实行“一平二调”，刮“共产风”，平调了各户的养猪，违背农民意愿，家畜家禽数量锐减。渡过三年灾害后，大牲畜下放到生产队，社员养猪分给饲料地，养殖业有所发展。

“文化大革命”期间，刮起了割“资本主义尾巴”之风，就连社员抽空割些青草晒干磨成饲料喂猪，也要受到批判，养殖业受到很大的影响。实行联产承包责任制后，畜牧业结构转变，由散养转成规模饲养，从为积肥转为肉用饲养出售，全村涌现出各种养殖专业户，养殖业进入蓬勃发展期。

牛　马　驴　骡饲养　牛的饲养，历史悠久，主要为耕牛。马、骡、驴并称为大牲口，一般拉大车，也可做农活，这四种牲畜解放前后数量很少，只有富裕农户才有。1955 年冬合作社后，都折价作股入社，从此所有的大牲畜都姓了“公”。都归集体所有，各户再也没养过，直到联产承包制后，才有个别户饲养过，主要作拉车运输。

生产队时期，各队都建有牲口圈，派有技术、认真负责的人专门饲养，定期到队内领取饲料粮，饲草用铡刀切碎，定时放在牛槽内拌上粮食供牲畜食用。圈前栽树遮阴，一到夏天就把牲口拴在树荫下的木桩上，让其休养。冬天，圈前培放柴草保暖，圈内有粪尿及时清除，垫上干土，如有病疫及时请医医治，饲养员看护得很周到。

所养牲畜都为农业役使，耕、耩、锄、耙，打场、运粮，成为社员的好帮手。为保证大牲畜的存栏量，队内要想宰杀一头牲畜，必须先打报告，上级查验批准后方能宰杀，否则，私下宰杀视为犯法。牲畜自然病老而死，也要上报查明原因，此做法直到 1979 年才结束。

养猪　当地传统养猪方法是圈养，以农户个体为主，主要品种为长嘴黑猪，其时养猪是以积肥为主，因而流传着“养猪图攒粪，挣钱是枉然”的谚语。自 20 世纪 60 年代初，生产队鼓励社员养猪，实行斤猪斤粮政策（长一斤猪发一斤粮）给养猪户饲料地，出售生猪时，肉食店还配发相应的奖励粮，奖励粮到粮管所

养猪

去购。奖励政策促进养猪业大发展。20 世纪 70 年代中后期，生产队按猪的大小划分等级，按级别每头猪每月攒多少粪，粪折算成工分，工分直接参加生产队的经济分配。为鼓励繁育仔猪，对老母猪不伦胖瘦一律按最高等级对待。生产队分配粮食时，还要另外拨出部分当作猪奖粮分给养殖户，养猪户得到很大实惠，养猪业大发展。1983 年，全区召开农业大会，请一年内养殖 30 头生猪的农户参加大会，并大张旗鼓的表彰奖励，南马大队齐涛参加大会，带动了全村养殖业的大发展。

20 世纪 90 年代中期，化肥使用量增加，“养猪图攒粪”的观念淡化，养猪从积肥转为肉食用为主，家庭养猪逐渐减少，专业户、规模型养猪多了起来。南马坊村专业户有贾桂书、孙洪亮、韩涛、于作文、于振铎、刘光国、褚文明、贾新国等。

生产大队为协助农户养猪，挑选刘学永为兽医防疫员，参加培训，结业后服务全大队及各农户生猪的防疫治病。刘学永经过多年实践和自学深造，成长为一名兽医，在镇政府驻地开设兽医门诊。

集体养猪始于 1958 年，每个生产小队都建起猪舍，并找专人饲养，一般存栏量在 30 头左右，一则积肥，二则逢年过节，宰杀后给社员食用，一直延续到联产承包责任制开始前。

1962 年，生产大队也养过猪，在第 6 生产队地片徐家塚子南面建有几栋猪舍，养了几年。后又在技术队、林业队分别建舍养猪。林业队养猪时间短，技术队养猪时间长，直到技术队撤销。

养羊　羊都是个体饲养。解放前后，南马坊养羊有影响的农户，当属东南马谭增修、东北马于疏邦、西北马于疏坦。谭增修解放前就养羊，羊多肥多，地种的特别好。谭增修去世后，其后代继续养羊，一直到 2000 年。所养品种是当地绵羊和青山羊。

为提倡养羊积肥，1962 年后，各生产队规定各农户买羊后，由生产队派人集体放养，生产队得肥料和羊毛，各农户的母羊所生小羊归各农户、放牧员挣工分，三者各得其所。由于放牧员年龄小、经验少，对羊的照顾不够周到，农户不放心，几年后自动停止。

养羊

20 世纪 70 年代后期，南马大队曾购进部分小尾寒羊，主要为产毛羊，毛长、毛好、绒厚，产毛量高于当地绵羊好几倍。由于价格昂贵，买羊户少。后又引进了波尔山羊，价格被炒得很高，几年后就不喂了。

随着国家经济快速发展，人们的生活大提高，对羊肉的需求大大增加。南马坊村抓住时机引进了一种高腿寒羊，此羊适应性强，既可放养也可圈养，繁殖能力强。当地绵羊一只母羊一年一般只生一胎，一胎一只羊，一年生两胎的羊极少。高腿寒羊一年生两胎，每胎 2 ~ 4 只，是当地绵羊繁殖的好几倍，很快占领了市场。进入 90 年代后，养羊专业户增多，有 1 组韩龙，2 组韩玉森，4 组于进海，5 组许德忠、许德成、齐金春 ,9 组信子明，10 组董昌等。养羊不再仅仅为积肥，而是朝着肉食羊的方向成规模型发展。也有个别农户饲养少量奶羊，产奶自己食用。

养鸡　南马坊村自古家家养鸡，素有“鸡腚内有钱财”的说法，也是农村主妇的小金库，品种为当地传统笨鸡。“文化大革命”期间，被当作资本主义尾巴限制养殖。

1972 年拆掉村内二层楼，把砖瓦材料运到林业队，建起鸡舍大量饲养，主要为肉食鸡。负责人解玉亭，养几年后停止。1976 年后，村内养鸡户数和只数逐渐增多。1984 年后，兴起养鸡热，不少农户开始大量饲养，并逐渐成为专业户。养的鸡有蛋鸡，也有饲养周期短、效益快的肉食鸡。主要品种先后有星杂 288、京白 3、莱航鸡等。肉食鸡为白洛克、星布罗等。专业户有贾新、于新、韩涛、贾学书、刘光国、许富有、于镜浩、于学良等。

1987 年，南马坊村与临淄区外贸局冷藏厂联合建成南马联营养鸡场，协议规定南马坊出土地、提供人员，外贸局冷藏厂负责饲养技术、职工培训、生鸡销售。所用资金双方共担，利益双方分成。达成协议后南马在西南坡划拨土地 66.55 亩，并于当年 10 月 7 号破土动工。建成后建筑面积达 15697 平方米，固定资产投资 126 万元。

养鸡场实行科学管理，建立各种规章制度，对职工先培训后上岗。养鸡场小鸡孵化、育雏饲养及饲料加工、饲料配兑、疫病防治，实行一条

养鸡

龙作业。由于管理得当，每年出栏商品肉食鸡都在 40 万只以上，占当时全区出口肉食鸡的 65% 以上。后因形势变化，1996 年 12 月停止生产。

养鸡场主要负责人

场 长　刘景清

副场长　徐中华（外贸局）

供销科长　贾　新

行政科长　韩玉春

生产技术科长　贾学书

会计　贾文平

养鸭　以前饲养鸭的农户很少，只有家靠村湾、池塘边少量的农户饲养，产蛋自用为主。

1980 年后，引进北京鸭、康布贝鸭，均属旱型鸭，适应性强，在缺水的情况下，也能繁殖生长，产蛋率高。

2000 年后，随着人民生活水平提高，对肉

养鸭

食鸭的需求大增，南马坊适时引进肉食樱桃谷旱鸭，此鸭生长期短，抗病力强，好饲养，一年可养几茬，经济效益好。南马坊村的养鸭专业户以养此鸭为主。养鸭专业户先后有徐春忠、刘光禄、齐玉明、谭新军、于爱昌、许世革、董昌等。

另有兔、鹅等，也有零星散养。徐中华、刘光国、吴秀梅还饲养过狐狸。1975年，村集体还在原学校南边的湾内放养过草鱼，因水质不好，难管理，放养两批后即停止。

第五篇

工商服务业

永发公司办公楼（1997 年）

蔬菜批发市场

旧村经销店

新村商业设施

南马坊人世代为农，只有少数村民学些手艺，主要以贴补家用为主。清代后期至民国年代，南马坊出现韩氏算盘等民间作坊。以后，瓦工、木工、土布纺织及手工卷烟相继出现。由于战乱不止，发展缓慢。新中国成立后，各行各业开始复苏，有的手工业户农忙种田，农闲搞副业。走上合作化道路后，由集体统一安排，组织多个作业小组，有木工、红炉、瓦工、马车运输、磨面及油坊等，主要服务于本村各小队，兼作对外加工。中共十一届三中全会后，工作重点转移到经济建设，大力发展工业。村领导携各方能工巧匠、能人英才外出考察，参观咨询，开始大办企业。一时间，南马坊各类工厂相继开办，成为区、镇先进单位。也有村民开始开办酒店和从事生产、生活用品经营。之后，由于技术含量低，经验不足，负债经营，村办企业发展缓慢。1998 年，企业进行改制，对各企业采取关、停、并、转措施，重新确立法人代表，私人经营和股份制并存，企业基础得以夯实。

第一章　工副业

第一节　个体手工业

20 世纪四五十年代，南马坊村只有少数家庭、家族制作小手工制品。西南马的制糖作坊，东北马宗效明、宗效德、商玉峩、韩玉梓、许汉文、于疏海、于荣志等手工卷烟，于增成的织布机，刘中美、刘中秀、刘中令、韩景武在外地及临淄县城的照相业，于氏的手工制砖厂，木工行有王兴业、王成业、林廷训、林廷诰、林廷谋、王永修、刘天申等，风箱匠刘维勤，铁匠贾立忠、贾文奎、贾文远、刘成云、刘学顺、刘学志等，锡匠李开吉、李开业、徐文周、李云田等，白铁匠朱崇德，扎风筝的谭春元，棚匠徐文修，染坊铺子韩洪仁、韩洪义、韩洪礼、韩洪智、韩洪信五兄弟，面食业孙洪吉、孙元吉、韩洪海、褚玉章等。有影响的瓦工齐采智（齐四窑匠）、周福祥等。

村内有名气的手工艺制作技术有韩氏算盘、制糖等 8 种。

韩氏算盘　是中国古代发明创造的一种简便计算工具。南马坊韩氏制作的算盘坚固耐用，选用名贵的黄杨木、枣木、桔桑木等材料制作，工艺精湛。特点是算盘珠不拨不动，拨后定珠，不混乱，远近闻名。

其制作工艺复杂、细致。算盘的架、框、轴、珠，标准统一，尺寸一丝不差。架、框主要用枣木红心扣成。加底板的算盘最难做，因为底板完整一块，四周全镶在木架槽内，纹丝不动。

韩氏算盘

算盘轴是实心硬竹，均匀劈成长条，经过钢眼磨刮而成。成轴后放入蒸锅内蒸半个小时，取出速放进冷水，半小时后拿到阴凉处，剔除走形的其余备用。算珠的制作最费工，首先选好木料，用细锯割成方块，人工用旋刀旋成圆形，再用细砂磨，然后放入锅内，倒入橡树树脂水，煮开半小时，闷锅半小时，捞出放到阴凉处，去掉有裂纹的废品，再把优等算珠放进琉璃小球串成的网兜内，人力上下拉动球网，将算珠磨得明又光为止。巧匠装制好算盘后，在算盘框架的底部一角刻上标记，即成产品。标记刻法，例如，算盘是乙未年六月制造，则刻：乙未荷月。

解放后，韩洪儒是传承人，制造经营三年后停业。南马坊村现存的韩式算盘只有两三个。

相传，于疏枚考中翰林后，有挚友重礼相送，打开一看，原是韩家制作的算盘。翰林向在场者说，此物为本村近邻制作的名产。可见清光绪时韩氏算盘已闻名京城。

制糖　南马坊的制糖在当地久负盛名，近代以来从事制糖人员主要有董元普、董元吉、董元明、董元福及贾名正等。主要在每年冬闲时，自愿插伙开设糖坊。年节时制造的糖瓜、糖棍、芝麻糖等在市场上很受青睐。其制作工艺，按黍子 10 份、大麦 1 份的比例配制。黍子煮到一定火候，掺入生芽的大麦，发酵后打浆，把谷皮沥出，浆汁用锅熬制成糖料，即糖坨子，存库。制糖时，把坨子放到锅里翻炒一定程度，做成剂子，把糖剂子放到热水锅上，使其变软，拔糖，越拔越白越有劲。把拔好的糖捋伸到长案上，按规定长短切段，即成白条，也叫糖棍，糖棍上撒上芝麻即成芝麻糖。若在捋伸的糖条一端，包一竹筒，随吹随捋至中空，用线逐个切断，即成糖瓜。南马坊制糖又酥又脆，既美观又好吃远近闻名，为此，有多个制糖人，被一些村庄聘请为师父传授技艺。

刘氏（维勤）风箱　相传明代移民时，风箱技艺从枣强县传入临淄，刘氏先祖学此手艺并不断改进。制作风箱的木料和规格，都有严格的要求。木料必须是楸木或桐木，因其木料质量好，轻便且不易变形。把锯好的木板晒干，烘烤定型后，根据制作风箱所需板材尺寸的大小，锯下并进行严缝，把粘接牢固的板材刨平，就可制作风箱了。

风箱有三种规格。打铁、冶炼用的稍大型的，生活用的稍小一点的，锡匠等用的小型的。另外，可根据用户的需求，制作任意规格的风箱。

刘氏风箱，箱体周正，密封性好，下风口角度合理，风舌安装适度，拉动轻快，风大，不变形，不开裂，很受用户欢迎。

锡匠　相传，锡匠工艺是明初从山西移民时传入。南马坊村锡匠有徐文周、李开业、李芸田等。多为业余，以农为主。冬春农闲时挑着担子外出，为人加工锡器，他们大都到胶东一带去。因胶东种地瓜的多，酿酒的多，用香案、茶、酒器、锡器的多，锡匠活路也多。他们常用的工具有：熔锡用的铁锅，小风箱，硬木质方板数块及木锤，粗细不等的麻线，剪刀若干把，铁角撑榄，大小型号的钢制烙铁，焊锡松香，弯嘴和直嘴钳子，铁圆规及规尺，镟刀若干把及小型镟床等。主要是锡器加工和小件叫卖，制作产品有烧水壶、酒具、蜡台、锡灯等。

为了保护锡器行业的秘密，行内规定了“行话”，以在公共场合中，用来相互交流情况，识别真假同行的特殊语言，一般人听不懂。如

"锡"称"后"，锡匠称"后老"，"好"谓"吃难"。一、二、三、四、五、六、七、八、九、十分别叫一、立、增、搜、母、老、爱、考、曲、节等等。

豆腐干　解放前，南马坊的豆腐干很有名气。制作精细，配料讲究，口味好，软硬适中。是当时东北马于疏栗从徐家庄（今稷下街道金茵社区）其岳父家所学，后与商氏、韩氏联营制作。解放前因时局不稳，其中一传人去青州台头村避难，将制作过程和配方传于台头村人。台头村将其发扬光大，并发展成一方名牌。该村有"台头豆腐干，师承南马坊"的说法。

韩氏染坊　清朝光绪年间，"南马染坊铺子"开张营业。至20世纪三四十年代，已成规模，远近闻名，顾客络绎不绝。早期比较有名的主管人是韩儒林，主要经营项目是染布和织布。染料从上海购进，布匹主要是百姓自织的粗布和来料、来线加工织成的粗布。当时主要由韩儒林带领两个学徒工染布，聘请韩洪礼共同完成繁重任务。

印染过程沿用传统程序，制作工艺较简单，产品粗糙。后期的掌管人是韩洪仁、韩洪义、韩洪礼、韩洪智、韩洪信五兄弟。

白铁　1939年冬，日军入侵山东，朱崇德由坊子南洋公司白铁工厂回到南马坊。自此操起白铁业，挑担下乡、赶集上店维持生计。1953年春，临淄县筹建联合厂，朱崇德受聘加入，任白铁车间组长，他技术高超，在临淄地区很有名气。1957年春，曾代表临淄县去北京参加技术改革大会。1977年，退休后由其子朱光武，孙子朱玉芝、朱英芝等相继干起白铁业，创收持家，成为南马坊村的家庭传统手工业。

铁匠世家　南马坊铁匠以贾立忠为代表，已传四代，都从事铁业生产。

贾立忠一生从事铁匠生意，技艺高超。有箍炉子扁担，可赶集下乡，做些小活。有超强金钢钻，大的敢揽铸铁器具，小的能做茶碗瓷器的箍铁。家有地炉和台式炉，能造水车、鸳鸯罐，凡铁制的农具、工具基本都能造，在临淄地区享有盛名。他总结出打铁淬火的要领，"白火硬、蓝火软，不软不硬是姜黄"，被世人传用。

1943年，汉奸王砚田（绰号一眼六、王六）开办兵工厂，将他招去为其服务，无奈前往，与同村的刘成云曾为王六制造机枪。王六垮台后，与其两个儿子回村继续操持铁业生意。1958年，城关公社联合厂成立后，长子贾文奎被招从事农业机械、农机加工。在深挖洞广积粮的备战年代，临淄县武装部曾授权联合厂制造枪支，他参与其中，曾受到县政府表彰。次子贾文远在大队农机维修组干红炉多年。长孙贾春德，曾在城关农机厂（后为淄博管件厂）任技术员、工程师，研制开发的热推无缝钢管弯头，曾获市科技进步奖，填补省内空白，出口多个国家。1987年回村，创建村属企业临淄铸钢厂，并任厂长。

曾孙贾靖，继承祖业，管理经营临淄德龙水泵厂，年产近千台不锈钢水泵，供应市场。

第二节　集体工副业

集体（村办）副业　1956年合作化后，南马坊先后组建起刘成云为首的铁工组，韩秉良为首的马车队，刘天申、林廷元、徐文美等组成的木工组。以手工制坯的砖窑，先在西北坡，后迁到村东马连沟。1963年，队为基础后，第1、2、5、8、9生产队先后建起砖窑，集体还有油房、缝纫组。主要为本村服务，兼作对外加工，填补了集体经济收入的空白。

1968年后，南马大队组建起人力地排车队，为胜利炼油厂的先期建设搞运输。当时，每个生产队出一人，带一辆地排车，全大队12辆。收入归大队所有，个人提成，按大队工计算，各小队计工分。地排车队人员劳动强度大，干粮自带，住临时“窝棚”，装货多，爬坡上坎全凭人力。其收入是当时南马大队的主要来源之一。大队同时还成立铁工组、磨面组、弹花组，主要服务于各生产队及社员，对外也搞来料加工。技术队、林业队的收入也逐步增大，集体经济有了一定起色。

村办企业　20世纪80年代，改革开放初期，南马大队组织有关人员外出考察、学习、取经后，开始建立村办企业，短时间内建起多个工厂。1989年8月31日，成立了南马坊村经济联合社，并制定了统一管理章程。1992年4月，村“两委”申请成立淄博永发实业总公司。下属集体企业有塑料制品厂、铸钢厂、联营养鸡场、纸制品厂、塑料彩印厂、砖厂、保温材料厂、建筑公司、塑编厂、染色助剂厂等。后又接收了齐都冷藏厂。另有南马招待所、废品收购站。成立南马信用积金会，吸储大量资金，对工厂的发展及资金的周转起了一定作用。南马集体经济收入增长迅速，一时成为齐都镇的先进典型。

南马砖厂　1984年建立，是全村建起的第一个厂子，由时任党支部副书记徐社香及王德明、齐涛、孙成吉四人创办。一年后，上级规定从政者不参与企业领导，徐社香退出砖厂。当年，从9组村民手中租赁60余亩土地，下半年投资建起35米高的烟囱，占地长60米，宽20米，拥有16个排风口环形窑池，建起职工宿舍和办公场所，购置机械，招聘人员，1985年早春便开工烧制红砖，生产持续至1994年。10年间，生产红砖1亿多块红砖，面向村内外销售。大量用于村庄改造、房屋修建、院墙更换等。1995年之前，全村建设用砖量的95%由该砖厂提供。

砖厂生产期间重视安全生产，专门制定《南马砖厂安全操作规程》，杜绝了大的安全事故发生。齐都镇在该厂召开现场会，推广宣传其管理经验。严抓质量管理，从挖土、制坯、晾晒、烧制，严把质量关，一丝不苟。为了让职工把土内的杂质捡出来，砖厂实行用钱买杂质的办法，让职工从翻的土内捡出砖头、瓦片、石头用称称好，用现金按斤购买后倒掉。1985年后，在全区组织的多次检查中，红砖的四要素（形状周正，尺寸适合，抗压、抗折达标）都是名列前茅。后期，砖厂负责人先后为厂长王德明、谭春祥，会计于清杰，供销于联合、刘福永等。

砖厂是个功过相抵的企业。1994年，为减少土地占用和保护环境，南马坊砖厂停止生产。

南马砖厂

第三节　企业改制

1995年后，南马坊村办企业生产运营面临产品科技含量低、资金周转慢、整体效益差等困难，急需整顿。

党支部书记贾宝书带领一班人学习领会上级企业体制改革文件精神，结合南马的实际情况，决定对所有企业进行改制。1997年秋，经党支部与永发实业总公司研究，报请齐都镇政府同意，镇政府从镇经委抽调人员与公司财务科组建班子，对全村企业进行评估和清产核资。通过评估核算，全村企业负债3000余万元，严重资不抵债。党支部一班人相继召开了“两委”会、党员会，并报请政府批准，申请临淄区人民法院依法对亏损严重的石油化工厂、养鸡场进行破产，把齐都冷藏厂归还给银行，并对其余无力经营的企业进行关停、嫁接，实行企业改制。

通过区公证处和镇法律服务所监督、开会，公开招标落实承包人，签订承包合同，明确双方的权利和义务，把辛北化工厂（国强化工厂、后改为国强实业有限公司）厂长于强国、塑编制线厂厂长孙成吉、耐磨材料厂（原铸钢厂）厂长刘金元、塑料彩印厂厂长王秀成、临安塑编厂厂长张兆秀、纸制品厂厂长贾孝书、染色助剂厂厂长刘金亮负责的七家企业，由集体企业改制为私营企业。土地、水、电等设备，归集体所有，企业使用。各企业仍属淄博永发实业总公司。各企业在南马信用积金会的借款，以村委担保的贷款，统归个人企业负担，每年按企业当时负债率和场地及固定资产，交纳租赁金。一个多月内，所有企业全部完成改制，速度快，效果好，成为全区的典型。

企业改制后，村集体面临的各企业借款和贷款风险解除，集体收入增加，企业活力增强，对固定资产投入加大，企业发展步入正轨。

第四节　企业选介

旭佳化工有限公司　前身是“临淄国强实业有限公司”，成立于1996年，于强国创办。公司成立初期，技术不成熟，企业效益不佳。经过努力，公司经营逐渐走上正规，产品需求日益扩大，1999年1月，企业抓住时机第一次扩产，成立临淄区浩源有限公司，公司当年建成，当年投资，当年创利。两年后，再次扩产增加产量。2003年5月，在广饶县李鹊镇工业园成立东营市浩源化工有限公司，新上国内唯一一条对叔丁基苯酚连续生产线，产品质量和数量达到国内一流水平。

2005年，临淄区成立齐鲁化学工业园，于强国在工业园购买土地筹建淄博旭佳化工有限公司，2007年公司建成。国强实业和东营市浩源化工有限公司于2007年6月同时并入。

经过10年发展，公司拥有对叔丁基苯酚、

旭佳化工厂办公楼

旭佳化工厂车间

对特辛基苯酚连续生产线5套，固定资产近亿元，年销售收入4亿元，在国内同行中名列前茅，产品相继出口日本、美国、印度、荷兰等国外市场。

为打开产品的国际高端市场，2012年1月，公司正式启动高纯度对叔丁基苯酚、对特辛基苯酚技术改造项目。该项目投资850万元，将所有设施、设备更换为全不锈钢材质，生产操作实现自动化。至2015年底总产量达3万吨。公司由原来的劳动密集型企业逐步走向机械化操作，职工逐年减少，由2000年几百人减少至126人，职工绝大部分来自村内及周边村庄。先后在该厂工作过的村民有460余人。

于强国2000年被评为临淄区十佳优秀青年企业家。2004年、2005年被评为优秀厂长(经理)。2009年、2010年，公司被金岭回族镇政府评为齐鲁化学工业区纳税大户。2011年、2012年，淄博市国税局授予依法纳税、强国惠民荣誉称号。2013年至2015年，连续被评为临淄区安全生产先进单位。

淄博顺齐塑纺制线有限公司 前身为淄博顺齐塑料厂，宗来沂创建。始建于1993年1月，主要生产塑料编织袋、工业涤纶线等产品。1999年5月改制为股份制企业，是集纺纱、制线为一体的综合性纺织企业，总资产5000万元。2016年底，拥有淄博顺齐塑纺制线有限公司2万锭及淄博顺齐青州分公司1万锭纺纱和2400锭倍捻制线加工能力，年产20～32支涤纶纱6000吨，涤纶线2000吨，产品主要供应沂水恒泰纺织集团、滨州亚光纺织集团等大中型纺织企业。主要生产设备郑纺机清花及青岛纺机FA213A清梳联，沈阳宏大FA306高速并条机，天津纺机FA458粗纱机，山西经纬FA506细纱机，青岛纺机ESPERO自动络筒机，沈阳华岳FA706A并线机，浙江经纬倍捻机等先进纺织设备，自动化程度高，处国内领先水平。

公司有职工300多人，下辖顺齐纺纱厂、制线厂和青州分公司，年生产各种纱线5000多吨，以生产各种涤纶纱、缝包线二大支柱产业，产品销往全国十多个省、市，出口韩国、日本，销售收入过亿元。是山东省大型纯涤纶纺纱制线加工企业。“顺齐”牌产品，在省内外有较高的知名度和信誉度，被山东省农业银行评为“AA”级信用企业。

2000年6月，中共中央政治局委员、山东省委书记吴官正到该公司视察，对党建工作给

顺齐制线公司

予高度评价。公司先后获得齐都镇企业投入先进单位、企业发展先进单位、2006年度齐都镇优秀企业等荣誉。公司党支部获2011年度临淄区先锋基层党组织、2012年临淄区先进党支部。

吴官正视察党建工作（2000年）

耐磨材料厂（原铸钢厂）　该厂筹建于1985年，厂长贾春德，副厂长徐广玉，技术员刘昭坤。主要设备为杭州开关厂生产的中频感应电炉，产品为合金耐磨钢球、高锰钢衬板，沈阳铸造研究所为技术协作单位。为提高自身抗风险能力，委派刘昭坤到杭州开关厂进行设备使用维修培训，1986年投产，年生产能力500吨。主要销往潍坊纯碱厂、淄博热电厂、金岭铁矿、招远金矿等企业。由于质量好，供不应求，效益良好，是当时南马坊上缴利润最多的村属企业。1990年，村委派刘金元、刘希贵进厂。1993年，刘金元主管经营，效益大幅提高。1994年12月，他任厂长。1997年村办企业进行改制，承包该厂。2003年初，将该厂搬到公路东，又投资10多万元，重新建厂，更名临淄耐磨材料厂。该厂抓质量，求效益，以信誉求生存，老客户不败，新客户盈门，生产效益大幅度提高。

淄博富临塑编制线厂　其前身是齐都塑料制品厂，1986年成立。开始是用再生塑料造粒，生产打包带。1993年，投资上制线设备，生产各种型号的涤纶线，成为南马坊村办企业，1997年改制，企业负责人为孙成吉，更名为淄博富临塑编制线厂。该厂树立“诚信为本，质量立业，服务立誉”的经营理念，以市场为导向，靠质量求生存，先后取得史丹利集团、齐鲁石化公司的准入资格，被农行系统评为“AA级信用企业”。获得临淄区企业合法权益重点保护单位、临淄区个体私营纳税大户等荣誉称号。

淄博智泉包装制品有限公司　淄博智泉包装制品有限公司前身为1992成立的淄博市临淄区临安塑料制品厂，时为村办企业，注册资金10万元。至1997年企业改制时，年产值达400万元，利税35万元，职工从最初的12人增加到50人。2008年8月，企业名称注册为淄博智泉包装制品有限公司，注册资本150万元。公司位于临淄区学府路与天齐路路口南侧南马坊村路段，交通便利。公司有职工69人。其中，高级技术人员7人，中级技术人员14人，管理人员7人。技术工人38人，后勤人员3人。公司董事会由2人组成，董事长于春玲。公司占地面积2000平方米，建筑面积1400平方米。专业化生产车间4个，分别为编织车间、制袋车间、复合制袋车间、成品车间。编织车间拥有浙江雁峰机械总厂产SJ-FS/1000拉丝机组，日产聚丙烯扁丝5吨或聚乙烯扁丝4吨。配备三阳圆织机10台，日产编织布1.8吨。复合袋车间有汕头产大型制袋机组一套，日产各种规格复合袋6万条。成品车间有自动切袋机一台，手动切袋机三台，印刷机二台，工业缝纫机11台，日加工成品编织袋4万条。公司有圆织外协加

智泉包装制品有限公司

工单位三处，外协单位有15台高速圆织机，日加工编织布2.5吨。公司另有成品加工外协单位一处，配有各种缝纫机70余台，日加工编织袋20万条，公司每月生产各种规格编织袋180万条左右。

2013年，销售收入1800万元，实现利润58万元，生产各种规格包装袋1800万条。主要产品复合阀口袋、多层阀口袋、M折双层阀口袋在同行业中占主导地位。公司和淄博元顺化工有限公司、山东凯日化工股份有限公司、淄博诺宏化工有限公司签订了长期原料供应协议，从源头上保证公司产品质量的稳定。拥有山东东瓷集团、山东东佳集团、淄博鲁华泓锦化工有限公司、吉林助滤剂有限公司、青岛中联油国际贸易公司、青岛中塑有限公司等稳定客户。产品进入澳大利亚、阿根廷、巴西等国外市场。

第二章　商贸　金融

第一节　个体商户

新中国建立前，南马坊村内没有正式的物资供应点。多为个人自发或结伙到外地成批采购部分物资，回来后再分批零售给群众，人称小商贩。当时活跃在村内的商贩有：小百货商齐兆立、李恒春、李龙光、刘昭友、韩洪祥。卖颜料的崔法孟、韩洪周、韩洪銮。卖洋布的崔兰田，卖水果的韩洪海、刘登科，卖帽子的刘考祥、董洪宾，卖食油的李梓坤、韩洪慈、崔芬田，卖带子的刘昭度、刘昭文、胡长清、崔继宗、崔法周，卖杂货的胡麦清等。他们推着小平车或挑着担子，走街串巷，赶集上市，把群众所需的针头线脑、洋油洋火等小百货售给群众。

改革开放后，南马坊村个体商户增多。至2016年底，先后开办经销门市的有徐振香、刘忠成、刘长清、贾春力、刘殿元、齐爱元、谭新海、于滨等。冷鲜肉代售点有崔荆茂、徐继强、桑希洲等。开设酒店、饭店的有董志亭、徐青海、于新铭等。经营蔬菜种子、化肥的有刘福来、韩玉明、董文章、董志平等。沿北外环路还有配件加工、汽车修理、家具、停车场等各行各业，方便群众，繁荣经济。

2015年元旦，于建民开办敬和轩酒店，由全国特一级厨师料理指导。酒店特色以传统鲁菜为主，另有川菜、新派菜、家常菜和各种地方风味小吃。

理发　俗称剃头。新中国建立前，从事理发者，肩挑剃头挑子，赶集串乡，没有固定场所。剃头挑子一头为小方柜，上窄下宽，有三层抽屉，盛放理发工具，并当做理发凳子。另一头是火炉、洗头盆、架上挂一档刀布。村内以此为生者少。大部自备剃刀，几个人一联合，互相剃剃。20 世纪 70 年代，有了专业理发店。80 年代，以电推刀理发为主，吹风、烫头、染发。日臻完善。到 21 世纪工具齐全，手艺提高。理发样式多种。老年人以剃光头为主。青年人平头、分头。青年妇女烫头、焗油、波浪式、蝴蝶式、菊花式、披肩发等样式新颖。南马坊先后有：徐娟、王春红、朱秀华、于新华等从事理发。

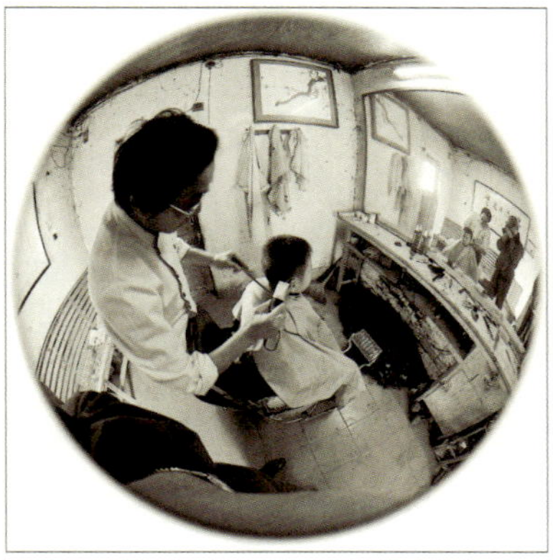

旧村理发店

面食　旧时叫馍馍和璇饼，自己加工面粉，人工和面，手工制作。拉风箱、蒸馒头，一次 2–3 笼，蒸出后到集市叫卖，吃的人少，需用时早预定。解放前，南马坊东南马刘氏兄弟做此生意，称其家为“馍馍房里”。磨面时头三遍是白面，蒸出出售，后几遍，颜色微黄，称黑面，自家食用。解放初期，东北马孙洪吉家曾作璇饼生意。改革开放后，特别是进入 21 世纪，南马坊操此生意者多起来。先后有商孝富、徐振香、解永昌、韩培明、韩培山、贾守勇、艾学军、韩维平等多家，从事蒸馒头行业。现在都是面粉厂提面，机器加工，电力吹风生火，一次蒸十几屉，村民用小麦兑换。刚打下小麦送往馒头房，每户一账本，随用随记，年底一结账，无小麦者可用现金购买成挂账，年底总算很是方便。

高仿牺尊　1982 年，在稷下街道商王村西一古墓中出土牺尊，属国家一级文物，存于临淄齐文化博物院，为镇馆之宝。自出土后受世人信捧，必予得之而后快。南马坊人贾春德为满足世人之需，开始制作高仿牺尊礼品。

贾春德为使其与真品相似，出外求经，刻苦钻研，反复试验，经不断努力、改进、制版图、作模具，采用锡青铜胚体、蜡模工艺，终于做出从形象到实体，从错金银到卷云纹，从红斑到绿锈，与真品相似的高仿牺尊。其高 28.3 厘米，长 46 厘米，重 6.5 公斤，仿牛形，背上有椭圆形孔，为注酒处。上盖饰有禽鸟形把手，牺尊统体纹饰高贵华丽新颖，牛首、颈、身、

副区长王克林与贾春德在齐文化节合影

牺尊（工艺品）

腿、臀部均饰错金银，构成盘绕回旋的勾连纹，纹间饰嵌绿松石或孔雀石，眼球着墨晶石。在齐文化旅游节展览会及淄博市文化旅游产品展览会上，被认定为临淄区代表性纪念品和旅游商品。

第二节　集体商业

新中国建立后，临淄县政府设立合作推进社。1950年，改称临淄县合作总社。1951年5月，在西关吴家胡同召开首届社员代表大会，合作总社改称合作社联合社。后又改称临淄县供销合作社。并发动群众集资入股，每股3元，入股即成会员，会员年终分红，对紧缺物资，会员有优先购买权，南马坊村有60%以上的户都入股成为会员。后又筹办联村供销社。全县至年底先后建起18个联村供销社。1952年8月，合并为7个区联社，南马坊村设一分店，营销员有商传贵等，一直经营到1964年撤回。入股的本金直到2002年本息全部还清。在南马坊村经营期间，店址先后设在贾墨林院房内、于荣灿南道厅、于荣晟南道厅及贾文诰后院房内。

1965年，大队设代销点，归大队经营，盈利归大队所有。代销员为大队工，挣工分。代销员有许凤林、徐广来，店面设在于芳塘家北屋。1969年后，代销员换成初宗滨、刘光增。1972年，迁至大队办公室东邻房内。1975年，迁至中心路十字路口东门市部，代销员是初宗滨、刘光增、崔秀芹、艾学民，一直经营到实行改革开放后。1985年开始，由初宗滨中标个人经营，向村委交纳房屋承包费。从此改称经销门市部。以后转包给于振明，后换成刘长青经营至举村搬迁。

第三节　金融服务

个体钱庄　20世纪30年代，一些富户及小商贩为了敛钱，自行印制票证，俗称“乡票子”，南马坊就有几户村民参与其中。其中，富户于荣灿开办钱庄号“鸿丰”，印制的票证较精制。因家底厚，能及时兑换，在市面上尚能流通。另一家富户于敦开办，钱庄号“长盛和”，经临淄县备案，在市面上有一定影响。

另有几户也印制“乡票子”。于疏清的钱庄号为“双和永”；韩某的钱庄号为“顺兴和”；王某的为“森源永”；另有“茂兴永”等。人员有于墀鹭、于泉芳等。其资金少、风险大，有些票面上还印有“灯下不付”字样，群众所持乡票子难以兑换，最后成为废纸。日军侵占临淄后，“乡票子”停止使用。

南马信用积金会　1985年后，南马坊掀起办工厂的高潮。几年内相继建起10多个工厂。办起工厂后，资金的周转遇到困难。向银行贷款受数额限制。1988年，淄川区龙泉镇成立农村合作基金会，帮助农民运作资金，并在报纸上作了报导。村领导看后受到启发。准备效仿成立基金会。村领导取得一致意见后，组织有关人员到烟台市龙口黄县秋林基金会参观考察。

回来后，即刻着手筹建基金会。几经周折和努力，最后挂靠在淄博市城市信用社名下，成立齐都镇南马信用积金会。双方议定，所有集资股金全部存入该城市信用社账户。南马坊有权处理所存入资金，实行自负盈亏。收储利息高于银行，放贷对象以该村企业为主。最多时吸纳存款320万元。各企业贷去作周转金。

森源永乡票

茂兴永乡票

长盛和乡票

一度对企业发展起到作用。1999 年底撤销。负责人为主任初光顺，副主任刘长清，会计徐建中，出纳刘昭宾。

储蓄代办　20 世纪 60 年代起，上级金融机构开始在南马大队设立储蓄代办点。1963 年，临淄县农村信用社到村设立储蓄代办点，王秀英负责，提出“一分一厘不嫌少，积攒积攒就多了”的口号。她诚恳待客，账目清楚，业务熟练，生意兴旺。后被农村信用社招为正式职工。1974 年，农村信用社在南马大队设立董洪慈代办处。他走街串巷作宣传，搞收储上门服务。生产队分配现金，亲自到现场协助。账目清楚，诚信服务，受到村民欢迎。邮电局职工田家福退休后，1993 年在南马坊租房设点，为邮政储蓄所收储。后转给其子田金友，并在南马坊新社区租用门头，继续营业。于孝春代办处 1995 年设立，夫妻共同经营。主要为农村信用社和齐商银行收储，是南马坊历年收储最多的代办处。2015 年，在新村社区设立门头，继续为村民服务。

储蓄代办处

积金会章

第四节　票　证

建国初期，生产物资跟不上全国人民生活日益增长的需要。国家确定了“统购统销”的政策，对粮食、布匹、食油等生活物资，实行有计划的收购和供应。同时对多种商品印制发放不同类别的票证，民众购买物品时，要同时付出钱和一种可表明购买物品数量的票证。以此，稳定社会秩序。

票证是从粮票发起的，按人口定量、工种性质发放粮票。之后，油票、布票、煤票等也相继进入人们的生活，无论食盐、酱油、红、白糖等系列副食品都要票证，称为“票证时代”。票证范围之广，地域之宽，品种之全，时间之长，数量之多，极为少见。有多种商品列入凭票供应范围，票证种类更是五花八门。各地的商品票证通常分为“吃、穿、用”三大类。吃的除了各种粮油票外，各种蛋、糖、豆制品。穿的化纤票，棉布票，用的肥皂，洗衣粉，火柴、煤油等、大型的电器、自行车、手表更是一票

粮票

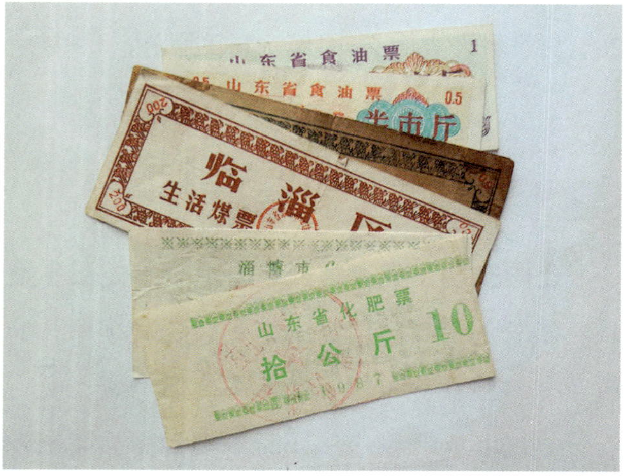

煤票　食油票　化肥票

难求。当时，各行业的物资供应是认票不认人。购买物品首先要拿出相应票证，然后再用钱购买，各种票证成为宝贝。

对村域百姓，不发放粮票。村民外出或需用粮票时，可拿粮食到当地粮管所，按规定兑换。其他物品票证对村民发放也很少，急需时要到黑市购买。布票，国家是按人口发放，每人每年3尺3寸，若有男婚女嫁，只能到左邻右舍、亲朋好友处去借，购买几件新衣。平时只能“新三年”“旧三年”缝缝补补再三年。肉票发放很少，遇有红白公事。需到处“讨换”。过年过节，生产队杀一头猪，以解群众急需。冬季取暖，国家发放少量煤票。

当时，国家层面印制了各种全国通用的票证，各省市、县根据本地区的具体情况，印制各种票证，只限制在本地区流通使用。1978年以后，部分大型的物品，如：自行车、缝纫机等票证发放到生产队，再按社员的需求情况发给社员。1985年随着粮食大丰收，出现了议价粮，只要有钱，可以购买，只是价格贵了许多。

到1994年随着经济的好转，具有时代特色的“票证时代”，经历了近四十年的风风雨雨，终于逐步退出了经济舞台，完成了历史使命。

第五节　度　量　衡

度量衡是指日常生活中用于物体计量长短、容积轻重的统称，计量长短的器具称为“度”，测定计算容积的器皿称为“量”，测量物体轻重的工具称为“衡”。建国初期，各地度量衡不统一，公制、市制、杂制并用，带来很多不便，

也曾出现不少争执和笑谈。

度制　有公里、米、分米、厘米、毫米，但农村不常用，而习惯用市制丈、尺、寸。丈量土地时还要用杆、檀，1 杆等于 5 尺，1 檀等于 10 杆，一大亩等于 792 方杆。买卖布匹时多用杂制尺，如棉布尺（一尺合 1.6 市尺），潍县合尺（1 尺合 1.68 市尺）等。

量制　人们的日常生活中经常用到量制。买卖粮食时，以石（dan）、斗、升、合（guo），为计量单位。1 石 =10 斗；1 斗 =10 升；1 升 =10 合（guo）；1 合 =10 勺。但各地不统一。在当地，以小麦为例，每斗 64 斤左右。“斗”这种量具是用木板扣制而成，底大口小，为了端动方便，斗的侧面有两个把，一斗盛 30 多斤，秤为一“端”或“一撇子”，两端为“一斗”。

提子　经营食油、酱油、醋、烧酒等用提子量。有斤“提子”、半斤“提子”、四两“提子”，还有“两提子”。另外还有“打”“布袋”“捆”“把”“封”“称”“炮”“担”“份”等。

“1 打”=12 支，买铅笔时用此单位。“1 布袋”=2 斗，收粮入仓时用此单位。“1 捆”=10 把 =500 根，收割小麦草月子用此单位。“1 封”=10 合，买火柴用此量制，也说“包”。“1 称”=200 市斤，买煤炭时用的量制。“1 炮”=20 市斤，买白菜时用的量制。“1 担”=100 市斤，收粮食报数用的量制。“1 份”=126 个，买柿子用的量制。

衡制　公制有吨、公斤等，市制有斤、两、钱、分；杂制有老称三百钱，（1 斤合现在的 1.15 市斤）和三百二（1 斤合现在的 1.2 市斤）等。不论市制或杂制，都是 1 斤为 16 两，1 两为 10 钱，1 钱为 10 分。其秤杆是木制的，有搭秤 5 斤、

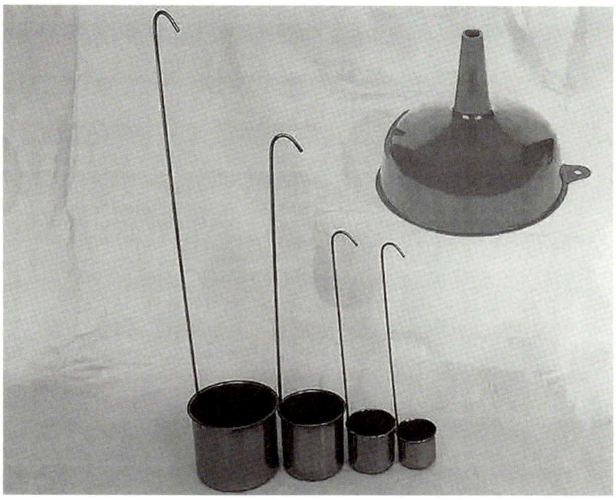

提子

10 斤、20 斤、30 斤、50 斤、100 斤、200 斤不等。搭称 50 斤以内的叫“手秤”，搭 50 斤以外的叫“抬秤”。

还有一种称名叫“戥子称”，用“钱”作单位，主要是在中药店使用，现在都用“克”作单位了。

1958 年 8 月，国务院发布《关于统一计量制度的命令》，推行新的计量制度，计量单位逐步统一，取消了杂制及老称，改大亩为市亩，改 16 两 1 斤为 10 两 1 斤，一般用“手秤”“台秤”“电子秤”，量大的都用地磅。随着科学的发展，很多产品都进行瓶装、袋装、明码标量，买卖更为方便。

旧衡器　20 世纪 60 年代前，村民使用的秤

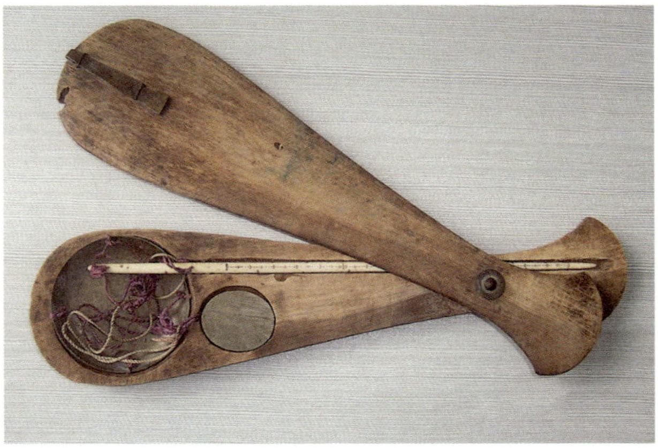

戥子秤

是十六两一斤的秤。为什么用十六两作一斤。相传，十六代表着十六个星辰，即南瓢六星、北勺七星，另加福、禄、寿三星。因此，秤杆上重量的显示点也叫“秤星”。叫“秤星”，从而有一种教育和暗示作用。在日常生活中，商贸交易中，用秤衡量时，要诚信，诚实，足斤足两，否则，天地不容。若要少一两、二两或三两，就意味着你要短寿、缺福、缺禄。使人们心灵上存有一种思想压力，用秤时一定要公平交易，处事要有良心，决不能损人利己。

十六两秤，在日常使用过程中，计算起来比十两秤麻烦，先祖为了使十六两秤的计算，趋于十两秤的快捷，便编制了一个口诀叫“斤乘留法口诀”，使用它能把十六两秤的两数迅速换算成10两制的两数进行计算。

斤乘留法口诀如下

一、退六二五	二、一二五
三、一八七五	四、二五
五、三一二五	六、三七五
七、四三七五	八、五
九、五六二五	十、六二五
十一、六八七五	十二、七五
十三、八一二五	十四、八七五
十五、九三七五	

其中，一、二、三……代表十六两秤的“两数”，后面的数为换算成十两制的“两数”。

第六节　集　市

集市是物资交易的场所，自西周姜齐建都临淄后，曾于宫廷后方设集，此时有定期集市，但州县以下不设集。到了宋代，改革市井交易法，取消了“击鼓三百声开集，击钲三百声散集”的时间规定，州县以下设集。明清时期随着经济的发展，临淄城乡市场日益增多，并有官集和义集。清末、民国及解放前，集市开始大量设置。一般以城镇或较大的村庄为中心，四散开来，均匀的在各村安排集市，一般5天设一个集周期，方便百姓的物资交换，互通有无。

1948年，南马坊村曾一度起集，地点在原学校门前的后大街，以韩家胡同南端为中心，向东、西、北顺街延去，繁荣可观，集市日为农历四、九。一开始，人来人往，车水马龙，蔬菜市、布衣市、杂货市、禽蛋市、瓜果市、牲畜市皆可观，各种摊点叫卖不止，市容尚可。后因四、九集市日与西关（五、十）、南关（三、八）相连，人源逐渐稀少，集市持续了一年便人去集散。

经济繁荣离不开集贸市场，南马坊村是蔬菜生产大村。2001年前，蔬菜批发要到皇城镇于家村、辛店镇西高村，近的也到西关。路远人生，制约了全村蔬菜生产。村“两委”体民情，顺民意，在村西南角原是废窑坑的地方，拉土填平，建设两个高标准大棚，邀请多个为

南马坊村集市

蔬菜生产服务的客户驻扎南马坊。2001 年 10 月 24 日（农历 9 月 27 日），举办物资交流大会，邀请多个文艺团体会演，京剧团、舞蹈团、杂技团应有尽有，共同庆祝南马农贸市场开业，同时南马建立集市。开始为农历二、七，因与孙娄集相同，后改为一、六。此举既方便村民蔬菜批发，又方便群众赶集购物，一举两得。南马集市规模越来越大，生意兴隆，赶集者摩肩接踵。

第六篇

党群组织

“五个好”村党组织奖牌

重温入党誓词（2011 年）

无职党员设岗定责（2015 年）

抗日战争和解放战争时期，南马坊村尚未成立中共党组织，党员活动及相关工作先后由临淄县一区分区委、临淄县一区区委和城关区区委直接安排。

抗日战争时期，村内党员的活动处于隐蔽状态。主要工作是秘密发展党员，扩大党员队伍，壮大党的组织。发动群众成立农救会、妇救会，宣传党的抗日主张，开展抗日救亡运动。号召村内有志之士和进步青年，响应中国共产党的抗日救亡主张，走革命道路。解放战争时期，村内党员和先进分子组织动员群众支前，开展减租减息，进行土地改革。

1956 年，中共南马坊村支部委员会成立后，带领村民走农业合作化道路，组织互助组、初级社、高级社。在三年经济困难时期，带领社员自力更生、克服困难、走出困境，使农业生产下降的局面得到扭转。“文化大革命”开始后，党支部工作受到干扰。1971 年，大队党支部重新建立后，组织社员开展农业学大寨运动，平整土地，搞农田水利建设、林网建设，使农业生产抵御自然灾害的能力得到提高。

中共十一届三中全会召开后，拨乱反正。村党支部认真贯彻党的路线、方针、政策，将工作重心转移到经济建设上来。利用靠近城区的区位优势，大力开展蔬菜种植、畜禽养殖，发展工业、服务业项目，村域经济得到快速发展。2014 年 12 月，南马坊新村落成，村民喜迁新居，幸福指数不断提升，社会主义新农村在这里得到显现。

进入 21 世纪后，村级群团组织在党支部的带领下，围绕新时期、新形势、新任务，结合自身特点，以实现党的中心工作目标为目的，求真务实，为村民服务，为全面实现小康建言献策，工作开展得有声有色。形成了心往一处想，劲往一处使，凝心聚力共谋发展的新局面。

第一章　中共村级组织

第一节　党员队伍

南马坊地处县城近郊。1948 年 3 月临淄解放前为敌占区，敌伪势力在此活动频繁，党组织活动处在隐蔽状态，党员之间为单线联系，村内党组织活动无明确资料记载。

1936 年 8 月，宗金箱参加革命工作。10 月加入中国共产党，是村内最早的共产党员。1938 年，贾明轩加入中国共产党。1939 年，贾树青加入中国共产党。1940 年，初宗江、董善玉加入中国共产党。以上 5 人是南马坊早期的共产党员。1941 年 2 月，临淄县独立营营长王砚田叛变，日伪政权将其部队改编为“剿共救国军临淄保安团”。他设立“剿共班”和“自首登记处”，搜捕残害共产党员及革命干部，胁迫党员、干部自首登记。其时，南马坊隶属县委一区分区委，组织部部长谢洪涛叛变后，供出辖区全部共产党员名单，敌人进行逐村搜捕。此时，革命形势急剧恶化，村内有的党员到外地暂时躲避。

1945 年 8 月，抗日战争胜利后，中共临淄县一区分区委改称一区区委。尔后，村党组织开始恢复重建，秘密发展共产党员，本村高汉三等人此时加入中国共产党。解放战争时期，南马坊处在“国共两党”武装力量“拉锯”区域，交替占领，村内党组织活动未公开。

南马坊村党员队伍构成，可分为在村（大队）加入党组织的；在部队加入党组织退伍回村的；在高校学习期间加入党组织的和少数转到南马坊村的。新中国建立前，村内8名共产党员都是在部队或是在革命工作中加入党组织的。2016年6月，党员信息进行重新采集，全村有党员72名，其中，女性党员13名。全部党员中，在村入党的34人，在部队入党的25人，在高校入党的9人，其他情况4人。

村党支部在党员发展中严格按组织程序进行。申请人递交入党申请书后，支委会召集全体党员和群众代表会议，对入党积极分子初步人选进行无记名投票推荐。之后，对确定人员进行培养测评，测评合格的发展对象继续培养后进行公示。尔后，党支部召开党员大会，吸收村民代表及部分群众参加，由正式党员对接收为预备党员的对象进行举手表决，报上级党委审批。

2016年6月南马坊村党员信息表

表6—1

姓名	性别	出生年月	入党时所在单位	入党时间
董洪军	男	1929.2	解放军渤海清河军分区临淄县大队	1949.8
田家福	男	1931.6	姬王村	1956.1
于英才	男	1941.7	山东省武装警察总队二支队一大队	1962.11
刘长清	男	1948.10	解放军工程兵建筑第一四七团三营	1971.1
朱光文	男	1936.2	南马坊村	1971.4
谢秀英	女	1936.12	南马坊村	1971.4
宗来宾	男	1940.12	南马坊村	1971.4
谭春祥	男	1946.12	南马坊村	1971.4
齐桂春	男	1933.4	淄博市临淄区建筑公司	1971.6
胡秀莲	女	1952.8	孙娄人民公社尧王生产大队	1971.6
吕凤英	女	1939.8	南马坊村	1972.1
董文章	男	1948.11	南马坊村	1972.1
周英杰	男	1950.6	解放军武汉军区空军通信团	1972.2
初光顺	男	1938.2	南马坊村	1973.4
崔心田	男	1949.10	解放军炮兵第六二一团后勤处	1974.7
于　亮	男	1950.1	解放军8023部队3营12连	1975.1
刘昭坤	男	1956.5	解放军陆军第二十六军高炮团一营	1978.9
商孝平	男	1955.4	解放军坦克三十一团	1979.3
于孝春	男	1960.7	解放军陆军第七十六师炮兵团	1981.12
刘景清	男	1959.7	解放军陆军第七十六师炮兵团四营	1983.3

续表 6—1—1

姓名	性别	出生年月	入党时所在单位	入党时间
韩培中	男	1963.3	武警部队青岛支队第二大队	1985.10
于志勇	男	1964.3	解放军步兵三十四师炮兵团直属队	1986.5
齐立明	男	1969.7	解放军步兵第一六二师汽车营	1989.3
贾宝书	男	1959.9	南马坊村	1990.6
史玉友	男	1970.7	解放军炮兵第二旅四营	1991.11
刘　波	男	1970.12	解放军炮兵第二旅七营	1991.11
贾永清	男	1971.9	解放军航空兵第三十四师航修厂	1994.11
张维新	男	1974.3	解放军步兵第四八八团二营	1995.3
初建国	男	1958.5	南马坊村	1995.11
于联社	男	1962.7.	南马坊村	1995.12
于进军	男	1973.7	解放军步兵四八九团后勤处	1996.10
于明孝	男	1954.11	南马坊村	1996.12
刘金元	男	1962.11	南马坊村	1996.12
齐　超	男	1976.10	解放军空军高射炮第二九营	1998.4
韩永涛	男	1977.11	解放军空军高射炮兵二三〇营	1998.5
商孝富	男	1954.8	南马坊村	1998.6
齐晓亮	男	1976.3	解放军空军高射炮兵第二二九营	1998.10
徐中海	男	1968.12	南马坊村	1999.5
孙爱红	女	1971.4	南马坊村	1999.5
韩吉昌	男	1963.1	南马坊村	1999.7
贾连国	男	1978.10	解放军兰州军区第一通信站程控站	1999.10
董志勇	男	1959.1	南马坊村	2000.6
贾　胜	男	1967.10	南马坊村	2001.6
于秋亮	男	1982.3	武警西藏总队第一支队	2001.10
贾宝福	男	1951.12	南马坊村	2002.6
于　勇	男	1980.8	解放军 71823 部队 23 分队	2002.8
史玉富	男	1964.7	南马坊村	2003.7
齐兴福	男	1958.5	南马坊村	2004.10
刘来清	男	1960.1	南马坊村	2004.10
信　凯	男	1983.7	石家庄铁道学院高等专科分院	2005.5
徐立亚	男	1978.12	南马坊村	2005.11
王　伟	女	1982.5	南马坊村	2006.6
姚惠莲	女	1963.12	南马坊村	2006.9
崔　宁	男	1986.5	湖北科技学院艺术学院	2006.9
刘炳元	男	1963.3	南马坊村	2007.9
史　康	男	1986.5.9	解放军 66311 部队	2007.10

续表 6—1—2

姓名	性别	出生年月	入党时所在单位	入党时间
许　垒	男	1981.9	淄博职业学院	2007.12
商孝明	男	1960.9	南马坊村	2008.12
齐学蕾	女	1988.1	山东师范大学资环学院	2008.12
宗晓伟	男	1989.10	湖南师范大学美术学院	2008.12
于清伟	男	1960.7	南马坊村	2010.1
林建斌	男	1976.9	南马坊村	2010.12
刘汇洁	女	1990.9	菏泽学院	2010.12
董亚明	男	1990.9	烟台职业学院	2011.5
林建强	男	1988.2	海南师范大学	2011.6
贾　敏	女	1990.9	北京工业大学	2011.6
孙爱荣	女	1970.1	南马坊村	2011.11
韩云飞	男	1982.9	南马坊村	2011.11
董继章	男	1956.1	南马坊村	2013.11
刘　玲	女	1971.08	齐都镇顺齐公司	2013.11
许爱芹	女	1961.9	南马坊村	2014.12
于丽君	女	1975.7	南马坊村	2015.6

2016 年 12 月南马坊村已故党员统计表

表 6—2

姓名	性别	出生年月	入党时间	说明
贾明轩	男	1908	1938	1941 年 7 月，在清河区“肃托”中被害，1982 年批准为革命烈士。
贾树青	男	1913	1939	1940 年 5 月，在山东分局社会部“肃托”中被害，1982 年批准为革命烈士。
董善玉	男	1905.4	1940	1941 年 4 月，在利津县境与日伪作战中牺牲。
高汉三	男	不详	1945	1960 年病故
徐广仁	男	1926.9	1948	1949 年 8 月，在湖南省安仁县对敌作战中牺牲。
刘福玉	男	1919.5	1949.6	1986 年病故
于荣志	男	1922.5	1949.7	2002 年病故
于荣绵	男	1928	1950.6	1989 年病故
董洪章	男	1929.5	1950.7	2004 年病故
宗效明	男	1916	1953	1962 年病故
崔法成	男	1936	1954.6	2003 年病故
韩洪海	男	1917.7	1955.5	1994.7 病故
董洪书	男	1935.7	1955.10	2013 年病故
刘明智	男	1929.4	1956.2	2015 年病故
胡维清	男	1933.8	1956.5	2010 年病故
宗凤英	女	1935.10	1956.5	2008 年病故

续表 6—2—1

姓名	性别	出生年月	入党时间	说明
徐广兴	男	1935	1956.6	1999.8 病故
董洪鸾	女	1936	1956.6	1983 年病故
徐文周	男	1918	1956	1985 年病故
于锦琳	男	1927	1956	1994 年病故
翟纯美	男	1928	1956	1985 年病故
贾守智	男	1919	1957	1985 年病故
刘德胜	男	1937.7	1959.7	2005 年 2 月病故
刘一中	男	1933.6	1960.3	2014 年病故
于继先	男	1934.6	1960.3	2007 年 5 月病故
韩培厚	男	1945.5	1966.9	2016 年 10 月病故
路俊富	男	1950.10	1974.5	2009 年 6 月病故
董　民	男	1968.8	1989.10	2000 年 9 月病故
许新华	男	1957	2004	2014 年 10 月病故
韩培明	男	1954.8	1979.11	2016 年病故

2016 年 12 月南马坊村已转走党员关系表

表 6—3

姓名	性别	转走时间	姓名	性别	转走时间
徐社香	男	1992.5	宗来沂	男	1999.3
于强国	男	2008.1	宗云光	男	2008.1
刘鑫哲	男	2012.8	谭凯	男	2014.2
刘秉奇	男	2014.7	刘超	男	2014.8
褚丽艳	女	2015.7	韩静	女	2015.7
孙亚男	女	2015.7	宗翠	女	2015.7

南马坊村当选各级党代会代表情况

表 6—4

姓名	性别	时间	会议名称	备注
徐广兴	男	1971.4	市党代会	
于荣志	男	1952.10	县第四届党代会	公社化前
董洪军	男	1957.5	县第一次党代会	
宗效明	男	1957.5	县第一次党代会	列席代表
韩洪海	男	1963.11	县第二次党代会	
董洪军	男	1971.1	区第三次党代会	
徐广兴	男	1971.1	区第三次党代会	
谢秀英	女	1980.9	区第四次党代会	

续表 6—4—1

姓名	性别	时间	会议名称	备注
徐社香	男	1987.8	区第六次党代会	
孙爱红	女	2007.2	区第十一次党代会	
孙爱红	女	2012.1	区第十二次党代会	
刘明智	男	1972 年	公社党代会	
董文章	男	1972 年	公社党代会	
谢秀英	女	1972 年	公社党代会	
吕凤英	女	1972 年	公社党代会	
徐广兴	男	1973 年	公社党代会	
贾守智	男	1973 年	公社党代会	
刘德胜	男	1973 年	公社党代会	
齐银春	男	1973 年	公社党代会	
韩洪海	男	1973 年	公社党代会	
贾宝书	男	1996 年	镇第十次党代会	
初光顺	男	1996 年	镇第十次党代会	
于志勇	男	1996 年	镇第十次党代会	
孙爱红	女	1996 年	镇第十次党代会	
贾宝书	男	2001 年	镇第十一次党代会	
初光顺	男	2001 年	镇第十一次党代会	
于志勇	男	2001 年	镇第十一次党代会	
刘景清	男	2001 年	镇第十一次党代会	
于联社	男	2001 年	镇第十一次党代会	
于明孝	男	2001 年	镇第十一次党代会	
胡秀莲	女	2001 年	镇第十一次党代会	
贾宝书	男	2006 年	镇第十二次党代会	
于联社	男	2006 年	镇第十二次党代会	
刘景清	男	2006 年	镇第十二次党代会	
于志勇	男	2006 年	镇第十二次党代会	
于明孝	男	2006 年	镇第十二次党代会	
孙爱红	女	2006 年	镇第十二次党代会	
贾宝书	男	2011 年 12 月	镇第十三次党代会	
于联社	男	2011 年 12 月	镇第十三次党代会	
刘景清	男	2011 年 12 月	镇第十三次党代会	
于明孝	男	2011 年 12 月	镇第十三次党代会	
胡秀莲	女	2011 年 12 月	镇第十三次党代会	
于强国	男	2011 年 12 月	镇第十三次党代会	企业代表
宗来沂	男	2011 年 12 月	镇第十三次党代会	企业代表

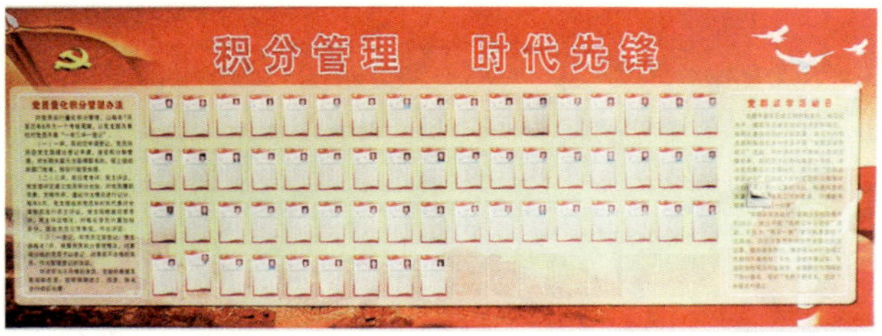

党员积分管理榜

中共十八大后,村党支部加强党员队伍建设,发挥党员先锋模范作用,制定党员联系户及党员活动日制度。年度考核中,对全体党员实行量化积分管理。当年7月至来年6月为一个考核周期,对党员开展"一申、三评、一登记"。考核前党员向党支部提出登记申请,接受积分制管理,对长期无法取得联系的党员,报上级党组织批准,按自行脱党处理。每年6月,党支部组织党员和村民代表对全体党员进行评议。根据日常考评、民主评议情况,结合日常表现,对每一名党员作出评定。每年7月,根据积分情况,合格党员予以登记。不合格党员暂缓登记,按照限期改正、劝退、除名等程序进行组织处理。在"两学一做"学习教育和建设社会主义新农村实践中,开展无职党员设岗定责,使每一名党员都有可选岗位。每月25日为党群议学活动日,为党员和村民代表联合民主议事,推动各项工作开展提供了平台。

第二节　村党支部

1950年1月，中共临淄县委根据上级公开党支部的指示，逐步将全县党组织由秘密转为公开。1955年，南马坊在部队入党的部分人员退伍回村，党员数量增加。1956年，经上级党组织批准，中共南马坊村支部委员会成立，宗效明任书记。1957年12月，宗效明患病，不能正常工作。1958年1月，韩洪海接任村党支部书记。

1958年9月，人民公社化运动开始，南马坊村改称南马大队。全大队编为三个连，实行准军事化管理，连内设指导员。其时，韩洪海任乡副指导员兼管南马大队党务工作。一连指导员董洪章，二连指导员刘明智，三连指导员于锦琳。1959年1月，连队建制撤销，恢复大队建制，韩洪海任南马大队党支部书记。1962年1月，贾守智任大队党支部书记。其时，三年经济困难时期刚刚过去，农业生产处在恢复时期，生产实行包产到户。1964年5月，贾守智在该村"四清"运动中被撤销职务，韩洪海接任党支部书记。1965年8月，徐广兴任党支部书记。"文化大革命"开始后，党支部工作受到干扰，组织生活一度停止。

1969年12月，中共临淄县革命委员会党的核心领导小组建立。随后，各公社、生产大队党组织开始逐步恢复。1970年7月，全县开始开展整党建党。1971年2月，南马生产大队党支部建立，徐广兴任党支部书记，党支部工作逐步恢复。

1978年12月，中共十一届三中全会召开。之后,党中央提出实现干部队伍革命化、年轻化、知识化、专业化战略方针。1985年9月，徐社香任南马坊村党支部书记。1992年5月，于强国任村党支部书记。1996年11月，贾宝书任村党支部书记。1999年4月，村党支部换届，设立党总支，贾宝书任党总支书记兼任南马坊村党支部书记。党总支辖南马坊村、顺齐制线公司、邦达公司、和丰塑胶公司等4个党支部。2003年,企业党支部开始隶属镇经委党组织领导。2004

年12月，党总支换届。其时，企业党支部隶属关系有改变，有企业搬迁出境，党员数量减少，党总支撤销，贾宝书续任村党支部书记。

村党支部每届任期三年，换届工作通常与村委会选举同时期进行。党支部成员的产生实行“两推一选”（党员推荐、群众推荐、党员大会选举）制度。2016年12月，村党支部设书记1人，副书记2人，委员4人。党支部辖6个党小组。

2016年村党支部成员

1953—2016年村党组织成员任期表

表6—5

时期	职务	姓名	任期	备注
合作化时期	组长	宗效明	1953.8—1955.12	党小组
	书记	宗效明	1956.1—1957.12	
	书记	韩洪海	1958.1—1958.9	
人民公社化时期	乡副指导员	韩洪海	1958.10—1958.12	兼管村党务
	指导员	董洪章	1958.10—1958.12	民兵一连
		刘明智	1958.10—1958.12	民兵二连
		于锦琳	1958.10—1958.12	民兵三连
	书记	韩洪海	1959.1—1961.12	
	书记	贾守智	1962.1—1964.5	
	副书记	韩洪海	1962.1—1964.5	
	委员	董洪军	1962.1—1964.5	
		刘德胜	1963.2—1964.5	
	书记	韩洪海	1964.6—1965.5	
	副书记	徐广兴	1964.6—1965.5	
	委员	董洪军	1964.6—1965.5	
		于荣绵	1964.6—1965.5	
	书记	徐广兴	1965.6—1966.10	
	副书记	韩洪海	1965.6—1966.10	
	委员	董洪军	1965.6—1966.10	
		于荣绵	1965.6—1966.10	
“文化大革命”开始后，党支部停止工作				
“文化大革命”时期	书记	徐广兴	1971.2—1985.9	
	副书记	刘德胜	1971.2—1985.9	
		董洪军	1971.2—1974	

续表 6—5—1

时期	职务	姓名	任期	备注
“文化大革命”时期	委员	初光顺	1974—1985.9	
		董洪军	1975.2—1985.9	
		朱光文	1972—1985.9	
		于荣绵	1971.2—1979.2	
		徐社香	1977—1985.9	
镇建制时期	书记	徐社香	1985.9—1992.5	
	副书记	初光顺	1985.9—1993.5	
		韩培明	1985.9—1990.2	
	委员	于强国	1985.9—1992.5	
		刘景清	1985.9—1993.5	
		于志勇	1989.9—1993.5	
		贾宝书	1991.5—1993.5	
	书记	于强国	1992.5—1996.11	
	副书记	初光顺	1993.5—1996.11	
	委员	刘景清	1993.5—1996.11	
		于志勇	1993.5—1996.11	
		贾宝书	1993.5—1996.11	
	书记	贾宝书	1996.11—	
	副书记	初光顺	1996.11—2004.12	
		于志勇	1998.10—	
		于联社	2011.4—	
	委员	于志勇	1996.11—1998.9	
		刘景清	1996.11—	
		于联社	1996.11—2011.4	
		于明孝	1999.6—	
		林建斌	2015.7—	
		徐立亚	2015.7—	

第三节　思想教育

思想建设　新中国建立初期，该村党员人数少，党支部未建立，按照党组织要求，对党的方针、路线、政策进行自学，对上级党组织活动按时参加。1956年，村党支部成立后，按照上级党组织要求，及时组织学习贯彻党在农村的工作重点，培养积极分子加入党组织。

“文化大革命”开始后，村党组织停止工作，党员思想建设、学习教育由驻村干部组织实施。主要学习材料是毛主席最新指示、“老三篇”和《毛主席语录》《毛泽东选集》等。要求党员紧跟以毛主席为首的无产阶级司令部战略部署。

1971年2月，大队党支部重新建立，“三会一课”制度逐步恢复，上级党组织开始对农村党员进行轮流培训。1976年，开展“反击右倾翻案风”运动，党员干部思想再次陷入混乱。粉碎江青反革命集团后，党支部对党员思想建设形成常态化，逐步走向正轨。1978年5月，全国引发真理标准问题大讨论。党支部组织全体党员及时学习相关社论及材料，使党员思想统一到党的正确方针路线上来。1978年12月，中共十一届三中全会召开，党的工作重心转为以经济建设为中心，党支部组织认真学习相关材料。

1983年10月，中共十二届二中全会决定，用三年时间分期分批对党的作风和组织进行一次全面整顿。1985年冬，村党支部按照上级部署，参加第二期整党活动。主要学习中共中央编印的《党员必读》《十一届三中全会以来重要文献简编》《毛泽东同志论党的作风和党的组织》及《邓小平文选》等文件材料。1987年10月，中共十三大召开后，党支部成员及全体党员分批参加齐都镇党校举办的培训班、学习班，加深对社会主义初级阶段理论的理解。1992年3月，邓小平南方视察谈话发表。之后，党支部组织党员认真学习，开展解放思想大讨论，提高抓住机遇，加快发展认识。1997年9月，中共十五大召开后，党支部组织全体党员对修改后的党章进行系统学习。

毛主席语录

2000年11月，中共中央办公厅发出《关于在农村开展“三个代表”重要思想学习教育活动的意见》。2001年冬，村党支部按照镇党委部署，组织全体党员干部以《农村干部学习“三个代表”重要思想文件汇编》为必读教材，《邓小平理论通俗读本》《农村政策简明读本》和《农村基层干部读本》为辅助材料，认真组织实施。学习中，党支部紧紧围绕农村改革发展和稳定大局，着力解决农村存在的突出问题，争创“五好”党支部。活动期间，有44名党员与困难户达成“结对子”帮扶，党群关系得到密切，党组织凝聚力、战斗力得到增强。村党支部连续5年被中共临淄区委、齐都镇党委表彰为“五好”党支部、红旗党支部。

2005年1月，中共中央决定，在全党开展以实践“三个代表”重要思想为主要内容的保持共产党员先进性教育活动。2005年12月11日，齐都镇党委召开第三批保持共产党员先进性教育活动动员大会。之后，先进性教育活动在南马坊村全体党员中全面展开。村党支部成立保持共产党员先进性教育活动领导小组。期间，村内增添现代化远程教育设施，在党员中开展“九个一”活动，每一名党员撰写心得体会。南马坊村保持共产党员先进性教育活动，2005年12月中旬开始，2006年4月中旬基本结束。党支部书记贾宝书被齐都镇党委推荐为第三批保持共产党员先进性教育活动先进典型。

2008年9月，中共中央决定，在全党分批开展深入学习实践科学发展观活动。2009年3

月12日，齐都镇党委召开深入学习实践科学发展观活动动员大会，对第二批学习活动进行部署。之后，村党支部召开动员大会，学习实践活动在全体党员中全面展开。以“查问题、聚合力、办实事、抓创新”为主要内容。8月中旬，学习实践活动基本结束。8月，齐都镇学习实践科学发展观活动领导小组办公室印发第9期《简报》，以《南马坊村践行科学发展观为民办实事打造和谐宜居新农村》为题，在第一版作典型报道。

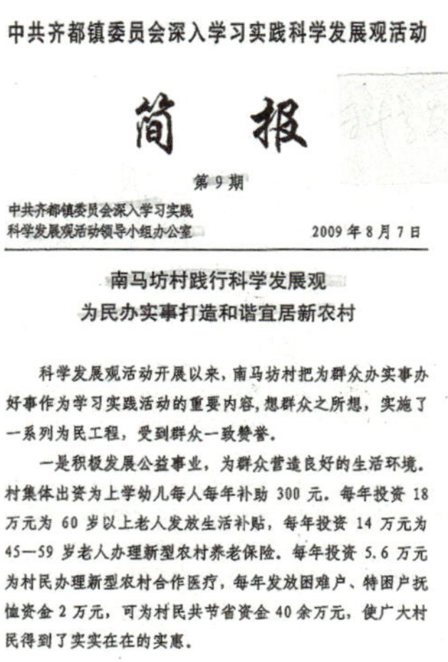
中共齐都镇委员会深入学习实践科学发展观活动

简　报

第9期

中共齐都镇委员会深入学习实践科学发展观活动领导小组办公室　2009年8月7日

南马坊村践行科学发展观
为民办实事打造和谐宜居新农村

科学发展观活动开展以来，南马坊村把为群众办实事办好事作为学习实践活动的重要内容，想群众之所想，实施了一系列为民工程，受到群众一致赞誉。

一是积极发展公益事业，为群众营造良好的生活环境。村集体出资为上学幼儿每人每年补助300元。每年投资18万元为60岁以上老人发放生活补贴，每年投资14万元为45—59岁老人办理新型农村养老保险。每年投资5.6万元为村民办理新型农村合作医疗，每年发放困难户、特困户抚恤资金2万元，可为村民共节省资金40余万元，使广大村民得到了实实在在的实惠。

齐都镇简报

学习实践科学发展观学习园地

2010年4月，中共中央决定，在全国基层党组织和党员中深入开展创建先进基层党组织、争当优秀共产党员活动。之后，村党支部进行部署。活动采取听取群众意见，公开承诺，群众参加评议，评选先进群众参与推荐等方式，接受群众监督。以基层党组织创先争优活动，带动共青团、妇代会等群众组织开展创建先进集体、争当先进个人活动。

2013年4月，中共中央决定，在全党自上而下分批开展党的群众路线教育实践活动。2014年3月，南马坊村被齐都镇列入第二批教育实践活动开展范围。之后，党支部按照为民、务实、清廉的主题和“照镜子、正衣冠、洗洗澡、治治病”总要求有序展开。活动于9月结束。通过活动开展，党员干部的工作作风改善，干群关系进一步密切。

2015年9月，党支部开展“传承爱国精神，共创美好未来”主题党日活动，纪念抗战胜利70周年。组织全体党员学习习近平总书记在抗战胜利70周年纪念大会上的讲话，使党员的爱国主义意识进一步增强。

2016年2月，党中央决定开展“两学一做”学习教育。4月，齐都镇党委下发在全体党员中开展“两学一做”学习教育实施方案。之后，村党支部采取创新方式讲党课，召开专题民主生活会，开展党员评议，立足岗位争先锋等方式，活动深入推进。

制度建设　中共十一届三中全会后，拨乱反正，党的组织建设逐步走向正轨。村党支部根据新形势、新任务要求，不断加强自身建设。开展“三级联创”、争创“五个好”基层党组织，

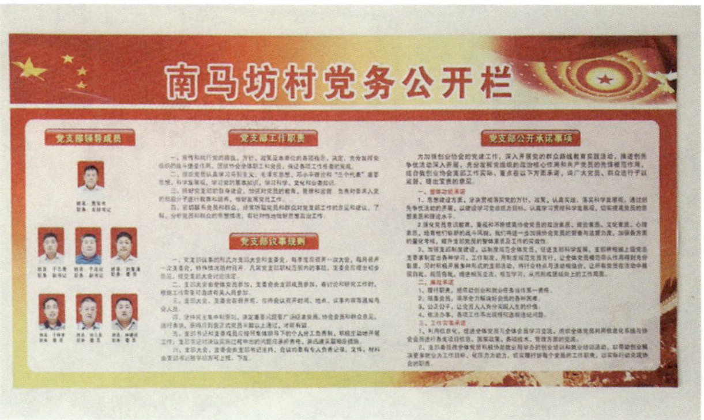

党务公开栏

建立健全各项组织工作制度。

工作职责　贯彻执行党的路线、方针、政策，执行党员大会决议、决定，发挥党组织战斗堡垒作用。组织党员认真学习马列主义、毛泽东思想、邓小平理论、“三个代表”重要思想和科学发展观。学习党的基本知识和科学文化知识。抓好党支部自身建设。加强党员教育、管理和监督。负责对入党积极分子进行教育和培养，做好发展党员工作。密切联系群众，听取党员、群众对党支部工作的意见、建议，掌握党员及群众思想状况，有针对性地做好思想政治工作。讨论决定村经济建设及社会发展中的重大事项。领导村民委员会、妇代会、共青团、联合工会及民兵等群众组织。支持各自依照国家法律法规及章程行使职权。抓好全村社会主义精神文明建设、社会治安和计划生育等工作。

议事规则　党支部实行民主化、科学化议事规则，发挥党支部集体领导作用，重大事项采取集体讨论，避免决策失误。议事形式为支委会和支部大会。支委会每月召开一次，支部大会每季度召开一次，特殊情况随时召开。党支部职权范围内事项，支委会应提出初步意见，

党群议事活动日现场

提交支部大会讨论决定。支委会、支部大会召开前，应将会议时间、地点及议事内容提前告知与会人员。支委会在讨论研究工作时，根据需要邀请有关人员参加。会议坚持民主集中制原则，重要事项的决定，应广泛征求党员、群众意见和建议。表决时，获得应到会正式党员半数以上通过生效。对会议决定，实行支委会成员分工负责制。党支部书记对实施过程负总责。

三会一课　党员大会每季度召开一次，主要是总结报告工作，传达上级文件精神和工作安排，听取党员意见、建议，讨论决定支部工作中的重大事项。支委会每月召开一次，根据工作需要随时召开。主要是研究党支部近期工作，制定工作方案，确定向党员大会提交讨论决定的重大事项。党小组会每月召开一次，主要是党员个人汇报思想情况，学习相关文件，开展批评与自我批评。每季度集中上一次党课，根据情况可适当增加。内容以“三基”学习教育为主，对党在不同时期的方针政策注重系统性、时效性学习。每名党员应自觉参加组织生活，对无故6个月以上不参加组织生活者，按规定以自行脱党作组织处理。

党费收缴　交纳党费是每名共产党员应尽的义务，是党性和组织观念的具体体现。党员交纳党费时必须严格执行规定，由本人亲自向所在党支部交纳。对于不按规定交纳党费的党员，党组织应及时对其进行批评教育。预备党员必须按规定交纳党费，其时间以支部大会通过为预备党员之日算起。党员无正当理由连续6个月以上不交纳党费者，按照自行脱党进行组织处理。

集体领导　集体领导是党内政治生活的一

项基本准则。落实民主集中制，集体领导与分工负责相结合，调动村“两委”成员工作责任心和积极性。坚持集体办公制度，重要事项必须由村“两委”成员集体讨论决定。执行少数服从多数原则。对少数人提出的意见应予重视。会议形成的决议必须坚决贯彻执行。“两委”成员要按照集体领导和分工负责相结合原则，互相支持，通力合作，拾遗补缺，积极主动做好分管工作。

部署党员评议会场

党员评议　党员民主评议是广泛征求党内外群众意见的有效形式。党员民主评议时吸收部分群众代表参加。党员民主评议每年一次，一般在每年年末进行。评议步骤为学习动员、个人汇报、民主评议、定性处理、总结提高五个步骤。评议分优秀、合格、不合格三个档次。对评议为优秀的党员进行表彰。评议不合格的党员分限期改正、劝退和除名三种形式作组织处理。对限期改正的党员，落实跟踪帮教措施，使其尽快达到党员标准要求。对连续评议较差的党员，经批评教育后仍无明显转变，先锋模范作用丧失者，按程序给予党纪处理。对犯错误的党员由专人负责教育，填写《党员限期改正错误考察写实簿》，做好转化工作。

流动党员管理　党员外出前，应向所在党支部报告外出事由、时间、地点及联系方式，领取《流动党员活动证》。党员外出地点或工作单位相对固定，外出时间6个月以上者，应开具《党员组织关系介绍信》。外出时间6个月以内者，应开具《党员证明信》。外出地点及时间不确定者，应持有《流动党员活动证》。流动党员凭《流动党员活动证》及时到流入地党组织报到，参加组织生活，按照党员标准要求自己，发挥先锋模范作用。返回时，应及时将《流动党员活动证》上交流出地党组织查验，如实汇报外出期间情况。流动党员无正当理由不及时办理组织关系转接手续，长期不与流入地、流出地党组织联系者，党组织进行批评教育。经教育仍不改正者，正式组织关系所在地党组织按党章及相关规定进行组织处理。

党员发展　党员发展计划每6个月讨论一次。贯彻“坚持标准、保证质量、改善结构、慎重发展”的方针和入党自愿、个别吸收的原则。成熟一个，发展一个。党支部对入党积极分子加强培养教育，指定一至两名正式党员做培养联系人。党支部每6个月对入党积极分子进行一次考察。党支部讨论吸收新党员或预备党员转正，必须按党章规定程序办理，做到手续齐全、材料规范。发展党员实行责任追究制，确保新党员质量，严禁弄虚作假，突击发展党员。对发展党员过程中出现的违纪问题严肃查处。

党员联系群众　建立党员联系户制度，是密切党群关系的重要举措。党员应尊重群众，广泛听取群众意见。每名党员应按确认的联系户，同群众交知心朋友，为群众排忧解难。党员要自觉接受群众监督，虚心学习，妥善处理

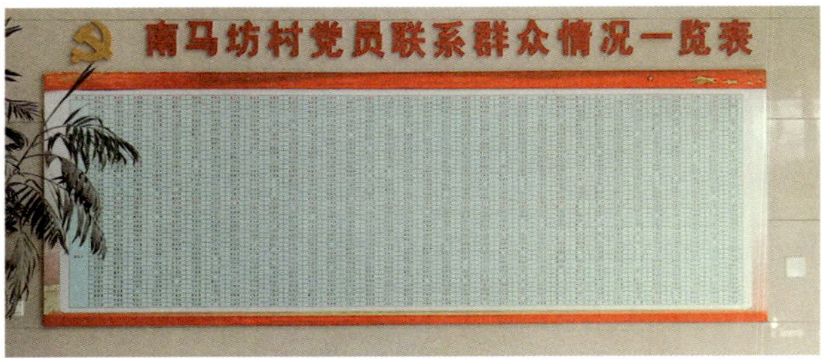

党员联系群众展示板

矛盾，做好群众思想疏导工作。党员应经常与“结对子”群众谈心，知悉群众要求，关心和帮助群众解决实际困难，每季度向党组织汇报一次联系群众情况。

民主选举　村支部委员会委员和各级党代会代表选举，必须按照“两推一选”程序进行。首先召开党员大会，按规定职数和选举办法推荐支委候选人初步人选。之后，召开群众会议，按规定职数和选举办法民主推荐支部委员。提出候选人建议名单后，在“两推”基础上召开支委会，提出支委会候选人建议名单，报镇党委审查公示。审查公示后，由上一届支部委员会向镇党委提出候选人预备人选请示。召开党员大会选举时，到会人数须超过党员人数的五分之四方可进行。选举由上一届支部负责人主持，以差额形式选举村支部委员。支部委员产生后，召开新一届支部委员会，以无记名等额方式选举产生支部书记。选举结束，党支部应及时向镇党委上报，由镇党委审查批复。

党员学习日　党员每年参加集体学习不少于12天。党员要根据党支部学习计划制订个人学习计划。学习要理论联系实际，提高自身素质。自学以党在不同时期的路线、方针、政策和基本知识为主要内容。倡导自学科学文化、社会主义市场经济及法律法规等知识。学习方法提倡灵活多样，结合工作实际，对学习应做好记录。集体学习党员要做到不迟到、不早退、不无故缺席。因病因事不能参加者要提前请假。对年老体弱等特殊情况不便参加集体学习者，采取送学上门等方式帮助学习。

民主生活会　党员领导干部民主生活会每半年一次，具体时间根据工作情况确定。民主生活会由支部书记主持。召开前，应广泛征求支部成员意见。会议时间及议题应提前通知与会人员。民主生活会主要是交流自查贯彻执行党的路线、方针、政策、党支部决议情况，完成工作任务情况，艰苦奋斗、廉洁从政、遵纪守法情况，加强团结、改进作风、调查研究、联系群众情况。民主生活会遵循“团结、批评与自我批评、团结”的方针，发扬民主，开展思想斗争，增强政治性、原则性。围绕会议议题，交流思想认识，总结经验教训，以与人为善的态度开展批评，虚心听取不同意见。统一思想、增进团结、共同提高、促进工作。对民主生活会反映的问题，制定改进措施。

第四节　支部工作

1953年，全国开展以农业合作化运动为中心的社会主义改造。8月，党小组长宗效明带头成立南马坊第一个生产互助组。农民通过互助合作，不误农时，农业生产水平提高，集体主义优越性得到广大农民认同接受。1956年，南马坊党支部成立。9月，中共八大召开，号召“团结全党，团结国内外一切可以团结的力量，为建设一个伟大的社会主义中国而奋斗。”党支部组织学习宣传中共八大文件精神，带领党员和群众发展农业生产，高级社获得好收成，粮食单产比单干时大幅提高。是年，全村粮食亩产 248 斤，人均分粮 434 斤，高级社的优越性得到体现。

1958 年，在村党支部带领下，社员奔向社会主义康庄大道的热情高涨，满怀信心，争取农业获得丰收。5 月，中共八届二次会议通过“鼓足干劲，力争上游，多快好省地建设社会主义”的社会主义建设总路线。之后，提出“总路线、大跃进、人民公社”三面红旗的口号。此后，以大炼钢铁，办共产主义食堂，生产指标“放卫星”等为主要标志的极“左”思潮盛行。“大跃进”运动违背客观规律，使生产力受到破坏。同时，连续 3 年发生自然灾害，农业生产受到重大损失。全大队出现粮食极度短缺现象，形成饥荒。社员只能靠食用树皮、野菜、地瓜蔓、玉米芯等进行充饥。

1961 年 1 月，中共八届九中全会通过“调整、巩固、充实、提高”的八字方针，开始纠正“大跃进”发生的失误。1962 年 2 月，中共中央发出《关于改变农村人民公社基本核算单位问题的指示》，决定在农村实行“三级所有、队为基础”的经济管理体制，连续 3 年下降的农业生产形势开始扭转。1963 年春，大队党支部推行包产到户，大量种植地瓜和速生瓜菜，恢复生产，解决群众吃饭问题。1964 年，南马大队农业生产基本得到恢复，亩产粮食 400 斤，比上年提高 104 斤。每人分配粮食 494 斤，比上年增加 112 斤，社员口粮短缺现象初步好转。是年，全大队开始开展“清工分、清账目、清仓库、清财物”为主要内容的“四清”运动。上级派工作组驻南马大队，白天搞生产，晚上搞“四清”。采取干部交代、专人查对、群众讨论、贫农小组监督等形式。1965 年，党支部响应农业学大寨号召，全村掀起学大寨高潮。1966 年，“文化大革命”开始后，党支部核心领导作用受到干扰，工作基本处于停止状态。

1971 年 2 月，南马生产大队党支部重新建立，党组织领导作用开始步入正轨。带领群众开展破旧立新、移风易俗，倡导喜事新办，鼓励晚婚晚育，实行计划生育。抓农业生产，粮食产量得到提高。是年，全大队粮食产量跃上新台阶，平均亩产 630 斤，比 1970 年提高 191 斤。社员人均分粮比上年增加 62 斤，人均分配现金增加 20 元。1972 年冬，掀起农业学大寨新高潮。党支部带领社员利用冬春季节搞农田水利基本建设，开展“比、学、赶、帮、超”活动，成为其时全区农业学大寨先进典型。1973 年冬，临淄县农业学大寨现场会在南马大队召开。1974 年初，《淄博日报》以南马大队农业学大寨事迹为先进典型，作了长篇报道。经过开展农田水利基本建设，农业生产条件得到改善，社员生活水平提高。1975 年，全大队粮食亩产达到 1002 斤，实现“过长江”产量目标。1976 年，南马生产大队麦季一次向国家贡献小麦 100.85 万斤，为分配任务的 3.76 倍。是全县首个一季向国家贡献爱国粮超 100 万斤的生产大队，受到上级表彰。1978 年 12 月，中共十一届三中全会召开，党的工作重心转移到经济建设上来，党支部工作也以此为中心开展。1979 年 9 月，中共十一届四中全会通过《中共中央关于加快农业发展若干问题的决定》，党的工作重心全面转移到社会主义现代化建设上来。党支部组织大小队干部参加全区四级干部会议后，思想得到解放。其间，根据上级党组织部署，相继开展“坚持四项基本原则”“加强精神文明建设”学习教育活动。1980年，全大队总收入72.49万元，比1978年增长18.89%，人均收入增长49.46%。1981年7月，全区召开三级干部会议，传达学习上级发展多种经营文件，“两委”成员参加。会后，按照公社要求，对全大队发展多种经营工作作出部署。此后，多种经营开始在全大队兴起。1982年初，中共中央批转《全国农村工作会议纪要》，指出：农村实行的专业承包，联产计酬，联产到劳，包产到户、包干到户等，都是社会主义集体经济的生产责任制。是年秋，全大队开始实行家庭联产计酬制，各生产队土地按优劣分等划分，全部承包给社员进行耕种。集体经济原有物资采取投标形式进行拍卖。至此，延续20多年的人民公社化体制终结，农业生产及农村经济开始走向新时期。1983年至1984年，党支部抓住经济建设不放松，搞活做大集体经济。同时，注重抓社会主义精神文明建设，开展“五讲四美三热爱”和评选“五好家庭”“文明标兵”活动。1986年冬，按照第一个五年普法规划要求，全村开展普法教育。党支部将普法教育学习材料分发各户，使普法学习与精神文明建设、社会治安综合治理相结合。历时5年，完成普法教育目标。

1991年，村党支部在党员中开展坚定社会主义信念，带领群众走共同富裕道路，用社会主义健康文明风尚占领农村思想文化阵地教育。1994年，开展尊老爱幼、扶贫济困和移风易俗、树立良好村风活动。1996年，发放《农民思想政治教育读本》和《农民实用技术教育读本》，加强爱国主义、集体主义和社会主义市场经济基本知识教育。1998年10月，中共十五届三中全会通过《中共中央关于农业和农村工作若干重大问题的决定》。党支部围绕发展经济、建设小康社会目标，落实公民道德建设纲要，在全村开展创建“文明家庭”活动。1999年7月，公安部门依法取缔非法邪教组织。村党支部对个别与邪教组织有联系的群众，采取团结、教育、挽救政策，社会环境得到稳定。

2001年11月，齐都镇举办“三个代表”重要思想骨干培训班，村“两委”成员分批参加。之后，以《农村干部学习“三个代表”重要思想文件汇编》等为学习材料，聘请齐都镇党校理论教育讲师团成员到村进行宣讲。通过学习，对发展农村经济，转变干部作风收到良好效果。2001年，村级“三级联创”活动继续深入推进，将争创“五个好”村党组织作为党支部目标。是年起，党总支连续两年被齐都镇党委表彰为先进单位。2003年4月，国内爆发非典型性肺炎（以下简称“非典”）疫情。该村成立防治“非典”领导小组，采取严防死守、万无一失的防范措施，村内无疫情发生，被齐都镇党委、政府表彰为非典防治先进单位。5月，齐都镇党委召开农村基层组织建设“三级联创”动员大会，提出以创建“五个好”党支部为主要内容的实施意见。之后，村党支部健全“三会一课”、

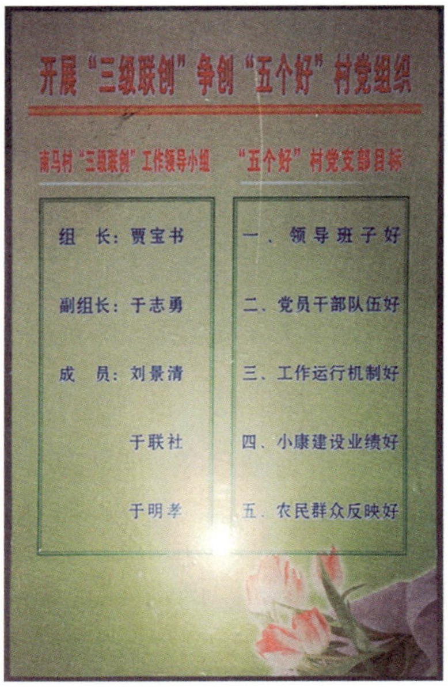

开展三级联创展板

学习“三个代表”动员大会会场

党员联系户、民主评议党员等制度，落实村“两委”工作规范。建立民主理财小组，监督议事小组。开展经济结构调整，调整土地，用于建设蔬菜温室大棚、苗圃果园及养殖项目。11月，按照镇党委部署，利用一个月左右时间，在全体党员干部中开展学习中共十六届三中全会精神教育活动。党支部按照“党员十带头”标准，每年对党员干部进行两次考核评议。2003年，村“两委”5名成员全部被评议为优秀。全村55名党员，41名被评为优秀，14名为合格。是年，被中共临淄区委表彰为五好村党组织。2004年6月，开展以讲政治、求真务实为主要内容的党员“十带头”活动，年底结束。8月，齐都镇党委召开“三定一争”（定岗位、定职责、定目标，争当优秀党员）活动动员大会。之后，村党支部召开全体党员大会，提出开展党员“十带头”活动与量化管理相结合。每一名党员按照设置岗位，找到自己位置，明确职责目标，向村民公示。9月，镇党委下发《关于实施强基工程的意见》。村党支部将“三级联创”与“三定一争”相结合，自我加压，提升创建标准。对涉及群众利益重大事项，公开征求村民代表意见，听民声、解民意，取得实效。2004年6月，村党支部被中共临淄区委表彰为五好村党组织。

2005年12月，齐都镇党委召开第三批保持共产党员先进性教育活动动员大会，对活动进行全面部署。中旬，保先教育分三个阶段在村全体党员干部中展开。第一阶段为学习动员阶段，主要学习“三个代表”重要思想，建设社会主义新农村等材料。第二阶段主要是找缺点，开展批评与自我批评，征求群众代表意见。第三阶段为制定整改措施和整改时限，建立长效机制。通过活动，党建工作实现制度化、规范化、科学化。2006年3月，齐都镇党委、政府召开建设社会主义新农村动员大会，村“两委”成员参加。该村以“奋进小康的南马坊村”为题，在大会上作了典型介绍。6月，村党支部被中共临淄区委表彰为先进基层党组织。2009年3月，齐都镇党委召开深入学习实践科学发展观活动动员大会，村党支部书记参加。会后，党支部进行动员部署，制定学习方案。以《科学发展观重要论述摘编》为主要学习材料，按照“党员干部受教育、科学发展上水平、人民群众得实惠”的要求，党员个人撰写学习心得体会，落实科学发展观自觉性得到增强。历时5个月，8月结束。

保持共产党员先进性教育经验介绍

2011年，开展创建先进基层党组织、争当优秀共产党员活动。其间，村党支部开展基层组织建设年活动。落实“一定三有”政策，推广“四议两公开”工作法。通过设岗定责、依岗承诺、“一强双带”等形式，发挥党员先锋模范作用，推进社会主义新农村建设。2014年3月，开展党的群众路线教育实践活动。继续贯彻落实镇党委《关于加强生态文明乡村建设的意见》，以开展乡村文明行动为载体，党员干部联系困难家庭，扎实开展合力救助帮扶、增进民生福祉活动，提高群众满意度。

2016年2月，中共中央办公厅印发《关于在全体党员中开展“学党章党规、学系列讲话，做合格党员”学习教育方案》。村党支部按照镇党委“两学一做”学习教育部署，明确自学要求，实行党员个人自学与“三会一课”集中学习相结合形式。每季度召开一次全体党员会议，每次围绕一个专题组织讨论。开展亮身份、亮承诺、亮贡献活动。对党员信息重新采集完善，开展无职党员设岗定责、公开承诺、立足岗位作贡献量化积分考核，为全体党员在建设社会主义新农村实践中搭建平台。

村党支部加强自身建设，形成一个紧紧围绕党的中心工作，全面贯彻执行党的路线、方针、政策，具有凝聚力和战斗力的基层党组织。历年有23名党员被推选为各级党代会代表，多次受到上级党组织表彰。

第二章　群众组织

第一节　农民组织

农救会　1940年秋，临淄县建立农民抗日救国会（简称农救会）。1944年，南马坊秘密成立农救会。1945年，日军投降后，农救会改称农会。1946年，村建立农会组织，但村民仍习惯称农救会，初宗江任会长。其间，组织农民群众开展减租减息、反奸诉苦、拥军支前等工作。1947年春，南马坊土地改革开始进行。农救会成员宣传党的政策，发动群众，对土改工作顺利推进发挥重要作用。南马坊村邻近县城，国民党反动势力在此活动频繁，他们将帮助共产党办事的农会视为眼中钉，经常派人到村刺探情报，突袭搜捕。1947年，革命形势恶化时，农会骨干被迫携全家随武装部队北撤小清河地区。之后，国民党反动派及还乡团对其家庭财产进行破坏抢掠。1947年秋，农会会长齐永修、骨干成员肖桂堂被坏人告密，先后被害。1951年，村行政组织成立后，农会撤销。

农救会（农会）时期，初宗江、齐永修、信清文、董善纪、许振尧等先后担任会长。

贫下中农协会　1964年秋，南马生产大队农村社会主义教育运动开始，贫下中农成为依靠的主要力量。生产队成立贫农小组，对“四清”工作开展情况进行监督。1965年，临淄县贫下中农协会成立。之后，南马大队贫下中农协会（简称贫协）成立，董善良任主任。1966年下半年，“文化大革命”波及到村，党政领导被打倒，

毛泽东选集

党政组织处于瘫痪状态。12月，中共中央发出《关于农村无产阶级“文化大革命”的指示（草案）》，指出：领导农村“文化大革命”的权力机构，是贫下中农文化革命委员会，由贫下中农大会民主选举产生。此后，贫下中农协会改称贫下中农代表大会（简称贫代会）。

1966年10月，大队贫协主任齐兴顺任“文革委员会”主任，主持大队工作。其间，指导各生产队组建领导班子，抓革命、促生产，对生产秩序的恢复及“文化大革命”开始的混乱时期，起到重要稳定作用。1968年8月，按照上级指示，贫下中农占领农村思想文化阵地，管理学校。之后，贫下中农代表进驻南马联中，对学生进行忆苦思甜教育，开设农业基本知识等课程。组织以贫下中农为主的毛泽东思想宣传队，组织贫下中农学习《老三篇》《毛泽东选集》和毛主席最新指示，加强无产阶级专政下继续革命理论的学习。1968年10月，南马生产大队“三结合”革命委员会成立，贫代会负责人进入“三结合”领导班子。1971年2月，大队革命委员会成立，贫代会组织负责人退出领导班子。1979年4月，根据上级部署，村贫代会组织撤销。

先后担任贫代会主任的为董善良、齐兴顺、许凤鸣、董洪军。

第二节　妇女组织

妇救会　1944年，南马坊成立妇女抗日救国会（以下简称妇救会），李怀英任会长。抗日救亡运动中，妇救会发动妇女为八路军缝衣做鞋，摊煎饼，凑咸菜，支援前线。

解放战争时期，妇救会发动妇女反奸诉苦，开展减租减息，协助农救会反恶霸、除汉奸，斗财主、分田地，动员青年参军。李怀英以身作则，满身革命勇气，敢说敢为，处事果断，把个人安危置之度外，对敌斗争不屈不挠。白色恐怖来临时，李怀英携全家老幼北撤小清河一带。形势略有好转，他回村继续开展革命工作。其时，齐秀卿、齐淑芳、于翠香、于淑贞等进步妇女离开家庭，加入革命队伍。后来，她们成长为革命干部，为解放战争的胜利做出贡献。

妇代会　新中国建立后，妇救会改称妇女联合会（以下简称妇联），村妇救会改称妇代会。其时，上级妇联组织号召广大农村妇女走出家门，参加到社会活动中去。村妇代会动员妇女从“三台”（锅台、碾台、磨台）中解放出来，走出家门，参加社会活动。鼓励妇女们学政治、学文化、学科学。1950年9月，第一次全国工农教育会议召开后，全国开始开展扫盲教育。1952年5月，扫盲运动在全国大规模展开。南马坊村采取“以民教民”的方式，办起扫盲夜校、

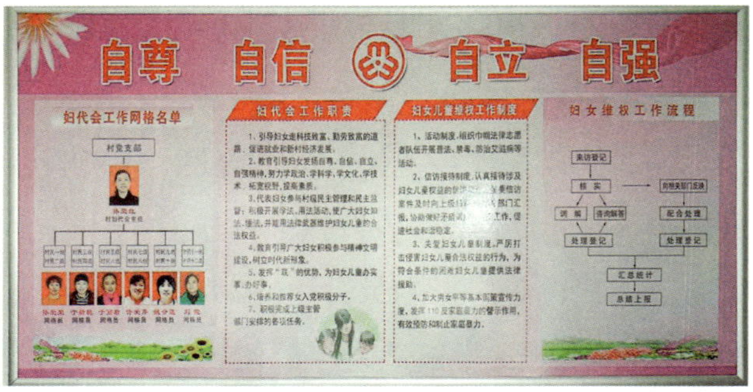

妇代会组织机构展板

识字班，学员大多是妇女。通过学习，全村多数妇女思想得到解放，社会地位提高。

1955 年，吴玉芝任村妇代会主任。她参加临淄县立医院婴儿接生新方法培训班后，担负起该村及邻近村产妇分娩接生工作。她技术高超，远近知名，邻近村的很多婴儿均由其接生。她工作成绩突出，被选为县（时为益都县）人代会代表，会中被选为出席山东省人代会代表。1959 年，她代表山东省赴京参加全国妇女积极分子代表大会，受到毛泽东主席接见。

20 世纪 60 年代，妇女成为全大队社会活动和农业生产的重要力量。其时，各生产队配备妇女队长，大队民兵连成立女民兵班，妇女在生产中顶起“半边天”，发挥重要作用。1971 年，谢秀英任妇代会主任后，晚婚晚育和计划生育成为妇代会重要工作任务。中共十一届三中全会召开后，全村妇女发扬“自尊、自信、自立、自强”精神，带头开拓致富门路。养鸡养猪，种植蔬菜，参加各项社会活动。90 年代后，根据新时期妇女工作特点，以“学文化、学技术、比成绩、比贡献”为主要内容，在广大妇女中开展巾帼建功立业活动。

进入 21 世纪，群众思想观念转变，计划生育工作走上规范化轨道。之后，新时期妇女工作赋予新内涵，妇代会成为党和政府联系妇女群众的桥梁和纽带。工作职责转变，妇代会成为引导妇女科学致富、勤劳致富的“娘家人”。村委配备女干部，在推荐妇女积极分子加入党组织，维护保障妇女儿童合法权益等方面，工作卓有成效。妇女参加民主管理、民主监督成为常态。建立网格化管理，组织妇女免费进行常见病筛查，参加各种健康向上的文体活动。村秧歌队参加区、镇集中展演，多次获得表彰。

1944—2016 年村历任妇女干部表

表 6—6

姓名	职务	任职时间	备注
李怀英	妇救会长	1944—1954	1949 年前职务未公开
吴玉芝	妇女主任	1955—1964	
韩玉萍	妇女主任	1965—1966.10	
袁美英	妇女主任	1966.11—1970	
谢秀英	妇女主任	1971—1981	
吕凤英	妇女主任	1982—1984	
周保华	妇代会主任	1984—1988	
王桂玲	妇代会主任	1988—1991.4	
徐秋云	妇代会主任	1991.5—1993.5	
孙爱红	妇代会主任	1993.6—	

第三节　青年组织

1949 年元旦，中共中央发布《关于建立中国新民主主义青年团的决议》。1950 年 8 月，临淄县第一次团代会召开。之后，城关区团委成立。其时，村中青年热情高涨，在南马小学校长刘文熙组织下，学校高年级学生齐祥春、齐津、贾孝尊、于新粒、林来祥等加入团组织。1957 年，南马坊团支部成立，于婉明任书记。

团支部成立初期，根据实际情况，在村内

开展社会主义制度优越性宣传，动员农户走集体化道路。其时，部分进步青年相继加入团组织，形成一股新生力量，成为各项工作骨干。1958年5月，团支部建立图书阅览室，团员带头捐书，并号召社员、学生及在外工作的该村人员为图书室捐献书籍。3个月时间，图书室藏书已有2000余册。有文化的社员争相到阅览室学习，了解国家时事，增长农业生产知识，对农业生产发展起到推动作用。

1963年2月，团中央发出在全国青少年中开展学习雷锋活动通知。3月5日，中共中央主席毛泽东“向雷锋同志学习”题词发表。其后，团支部掀起向雷锋学习热潮。韩玉春、刘一中等团员青年在村内写黑板报，向社员读报纸，宣传雷锋精神，助人为乐、无私奉献良好风尚在青年中兴起，好人好事不断涌现。1965年11月，团中央发出在全国青少年中开展学习毛主席的好战士王杰的通知。之后，村团支部组织开展向王杰学习活动。号召团员青年在工作中学习王杰“一不怕苦、二不怕死”的“两不怕”精神。团支部成员韩玉琴、丁传勤、于景春等带头组织义务劳动，团组织影响力、向心力得到增强。“文化大革命”开始后，团组织名存实亡，正常活动停止。

黑板报

1972年1月，南马大队团支部重新建立。1973年，在于新春、齐秀生、刘希安、董桂兰等带领下，恢复充实图书阅览室，组织团员青年参加义务劳动，与邻村团员青年开展工作交流。其时，村内广大团员青年战严寒、斗酷暑，在农田基本建设中发挥生力军重要作用。是年，南马团支部被共青团淄博市委表彰为先进团支部。1975年，倡导喜事新办，五一节和国庆节，南马坊村有十几对青年举行集体婚礼，仪式结束后直接参加生产劳动。为倡导新风气，抵制旧风俗身体力行，树立榜样，起到引领作用。其后，移风易俗、喜事新办成为青年人自觉行动。中共十一届三中全会召开后，团组织建设进入新时期。大队团支部在团员青年中开展学科学、用科学，争当新长征突击手活动。团员青年带头进行科学种田和畜禽养殖，涌现出一批生产能手和技术骨干，对村经济发展起到示范引领作用。同时，团支部加强自身建设，提高整体素质，工作开展的卓有成效。

1981年，共青团中央组织开展“五讲”“四美”“三热爱”活动。大队团支部组织团员青年积极参加，身体力行，形成常态，村精神文明建设得到促进提高。1986年6月，中宣部、团中央等部门联合发出加强农村“青年之家”建设的通知。其后，村团支部根据青年特点，建立起阅览室及文体活动场所，为青年提供活动阵地。1989年后，新形势下，团支部在团员青年中开展“祖国在我心中”“我为团旗添光彩”等活动。引领青年坚持四项基本原则，反对资产阶级自由化，与党中央在政治上、行动上保持高度一致。开展“树理想、比贡献”活动，使团员青年的思想紧跟新时代要求。开展青年星火科技示范活动，带动种植养殖业发展。

进入21世纪后，村团支部围绕新时期党的中心工作，积极探索，开创共青团工作新局面。在精神文明建设、物质文明建设、助人为乐及尊老爱幼等方面发挥积极作用。2001年、2002年，村团支部被齐都镇党委表彰为先进团支部。

1957—2016年村历任团干部任期表

表6—7

姓名	性别	职务	任职时间
于婉明	女	团支书	1957
齐祥春	男	团支书	1957—1958
初光顺	男	团支书	1958—1967.5
于新春	女	团支书	1972—1974
徐社香	男	团支书	1975—1978
贾宝书	男	团支书	1978—1983
董志功	男	团支书	1983—1990
徐毅敏	男	团支书	1990—1993
于志勇	男	团支书	1994—1999
孙爱红	女	团支书	2000—2004
韩培岳	男	团支书	2005—

第四节　工会组织

2014年12月，南马坊新村落成，非农经济组织人员大量增加。为维护劳动者合法权益，建立和谐劳动关系，纳入到村党支部重要议事日程。经党支部研究，决定成立南马坊村联合工会委员会（简称联合工会）。

联合工会成立前，筹备组先宣传发动，使入会人员了解建立工会组织的目的，了解工会组织的性质及会员权利。之后，筹备组制订联合工会章程。规定，凡在村企事业单位以工资收入为主要生活来源的体力劳动及脑力劳动者，承认联合工会章程，本人自愿申请，经工会小组讨论通过，联合工会批准，均可成为会员。会员有选举权、被选举权和表决权。对联合工会的工作有监督权，可随时提出意见或建议。有权建议撤换或罢免不称职的工会工作人员。有权对本单位、本部门工作提出意见或建议。在合法权益受到侵犯时，有权要求工会组织给予保护。享受工会组织的文化、教育、体育、生活救助及法律服务等优惠待遇。会员应履行自觉学习政治、经济、法律、科学技术和工会基本知识义务。遵守联合工会章程，执行联合工会决议。积极参加联合工会组织的集体活动，按时交纳会费，积极参加民主管理，努力完成生产、工作任务。遵守宪法、法律，维护社会公德和职业道德，遵守劳动纪律。

2015年6月3日，南马坊联合工会筹备组向齐都镇总工会上报了《关于建立齐都镇南马坊村联合工会的申请》。6月12日，齐都镇总工会批复，同意齐都镇南马坊村组建联合工会基层组织。2015年6月29日，村联合工会成立大会召开。临淄区总工会副主席相永胜，齐都

联合工会成立会场（2015年）

镇总工会负责人出席。大会依次通过《大会选举办法》等四项议程。选举产生了联合工会第一届委员会成员和经费审查委员会成员。刘景清当选南马坊联合工会主席，孙爱红当选联合工会经费审查委员会主任。村联合工会成立后，对“职工之家”进行充实完善，规范管理，开展多种形式文体活动，对困难群众救助帮扶，工作卓有成效，工会组织的凝聚力、向心力得到增强。

第七篇

村政　军事

旧村委大门

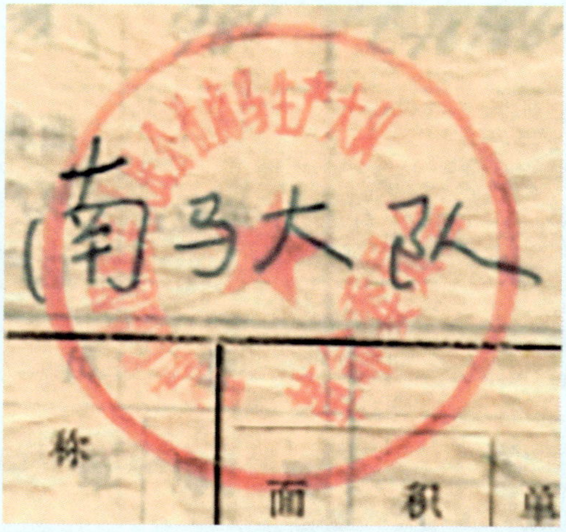

1966 年

2016 年

1956—2016 年南马坊村行政印章图

1938年前，南马坊村的行政组织由国民党政府设立。1938年至1945年，日军占领临淄时期，村级行政组织受日伪政权、国民党、共产党三方制约。解放战争时期，共产党建立了地方组织，称人民政权。当时，人民政权与国民党政权同时存在。人民政权在军队扶持有力时，发动群众拥军优属，斗财主、分田地、搞生产。国民党政权得势时则对革命群众打击报复，反攻倒算。地方政权交替沉浮，从政人员更换频繁。1948年3月，南马坊解放后，村级行政组织趋于稳定。尔后，在共产党基层政权乡公所带领下，开展土地改革运动，分田分地，达到耕者有其田，社会进入到小农经济时代。

1956年，村民在共产党领导下，走集体化道路，先成立初级社，不久又成立高级社。高级社成立社委会，成为村级基层行政组织，统一领导，把个人私有土地收归集体，走集体化道路，重新统一分配。村内按居住位置划分为多个生产队，实行新的经营核算办法，形成新的社会主义生产关系。

1958年，成立人民公社，实行政社合一体制，高级社改为生产大队，社委会改为队委会。后实行三级所有、队为基础的管理体制，生产得以恢复。

1966年10月，“文化大革命”影响到南马大队，各群众组织起而互斗，队委会受到冲击。依靠贫下中农协会，成立文化革命委员会，取代了原来的队委会，行使行政领导职权。1968年10月，在驻村干部的主持下，由老干部、群众组织、民兵代表组成“三结合”领导班子。1971年，整党建党后，在新的党支部领导下，组建成新的革命委员会。领导群众抓革命、促生产，搞土地整平，使粮食产量得到增加。

1978年，中共十一届三中全会召开，把以阶级斗争为纲转为以经济建设为主。1983年，南马大队开始推行联产承包责任制。1984年4月，村行政组织名称由革命委员会改为村民委员会，大队长改称村委会主任，生产队长改为生产小组长。1985年开始，村委会解放思想，开阔眼界，兴办工厂，增加集体经济收入。2015年，村委会带领群众举村搬迁，从旧村庄搬到新村，过上了城里人的生活。

第一章　行政机构

第一节　旧行政机构

南马坊在清朝后期实行保长制，下设闾、邻。中华民国建立，延续清朝设立的端智乡，下辖40个社。南马坊为南十社并为社驻地。1930年废社改区，南马坊为一区。区下设乡，乡下设庄，设庄长一人，庄下设闾，25户为一闾，设闾长一人，闾下设邻，5户为一邻，设邻长一人，几个庄为一“地方”，地方是村内最高领导，以后地方改称乡。南马坊是个大庄，时为南马乡，乡长都是由南马坊人担任。

乡长的职责是征税，派夫，派兵丁，维护社会治安，调解纠纷，权力很大。乡长一般由大户族轮流担任，南马坊由东南马、东北马、西南马、西北马四个行政区域组成，每个行政区设做庄，设庄长一人，庄长由乡长指派，直接服务于乡长。庄长也是由大富户担任，他替乡长办差。1931 年，南马坊第一任乡长是大富户初宗海，也称“地方”。担任三年后，被大户族贾姓人氏贾克忠取代，此时改称乡长。贾克忠担任乡长到 1937 年。两任乡长主要为国民党政府服务。1937 年抗日战争爆发，日伪政权与国民党推行保甲制，10 户为一甲，10 甲为一保，有保长一人，保长受乡长领导。以后的乡长由大户族于姓人氏担任，先后有于荣耀、于荣约、于建业任职，直到 1948 年年初。先期的乡长处在抗日战争时期，在当政时期三面应付。对日军和国民党要应酬，对共产党、八路军也做贡献。尤其是于荣约，字少九，“好子道”教徒，与时任国民党县长的邱旭东为同一教派信徒，且辈分高于邱旭东。他出入县衙不用通报。于少九为人善良，对村民有体恤之心，借与县长的特殊关系，为村民办了不少好事。在他任职期间就是“三面派”政权。他也是有名的乡下郎中，善用针灸治病，对妇科病有独到之处，为官多年，没有民愤。于建业，字立圃，又叫于九，当乡长后与民为敌。南马坊烈士、农救会长齐永修是一位敢说敢干，群众威信很高的基层领导人，他派人抓捕后移送国民党政府徐振中部惨遭杀害。农救会成员肖桂堂，也是他派人抓捕后牺牲的。联防主任边浩然被敌人抓捕后，他说坏话，致使边浩然与其母亲在身体遭受折磨后双双被惨杀。于九对八路军家属也进行摧残迫害。1948 年解放后被捕，判处死刑，后吓死在狱中。

1930—1948 年旧行政机构人员表

表 7—1

姓名	职务	任职时间	
初宗海	地方	1931—1933	
贾克忠	乡长	1934—1937	
于荣耀	乡长	1937—1938	
于荣约	乡长	1939—1945	
于建业	乡长	1946—1948.3	
寇福顺	保长	1946—1948.3	
刘承宪	副保长	1946—1948.3	
东南马	刘导淮	庄长	1946—1948.3
东北马	王焕之	庄长	1946—1948.3
西南马	贾文诰	庄长	1946—1948.3
西北马	于墀凤	庄长	1946—1948.3

第二节　新中国建立前后的村级政权

1948 年 3 月临淄解放前，南马坊地处县城近郊，为敌占区。国民党统治严密，进步力量发展缓慢，共产党的领导和影响力较弱。1944 年受党的领导，南马坊秘密组织起农民抗日救国会，简称农救会；妇女抗日救国会，简称妇救会。带领群众抗日救国，支援前线。当时受形势所迫，处于半明半暗、时明时暗状态，并不是实质性行政组织。1945 年 8 月 15 日，日军投降，临淄全境解放，县人民政府迁入临淄城后，南马坊的农救会、妇救会相继公开，行使村级行政职责，带领群众和国民党政府做斗争，支援前线，动员青年参军，铲除农村封建剥削制度。

1946 年 2 月，廖容标率领的山东野战军四师进驻南马坊，他们纪律严明，爱护群众，与民同乐，群众也处处为他们提供方便，军民一家亲，群众士气高涨，姊妹团、儿童团也相继成立，搞得红红火火。1946年各片的农救会长为东南马初宗江、齐永修，东北马董善良，西南马信清文，西北马王子滨，妇救会长李怀英。1946年7月，国民党徐振中部重新占领临淄城。开始打击报复革命群众组织，搞反攻倒算，把刚分到的土地、浮财又被追回去，到处派暗探，摸情报，搞突袭，乱抓人，乡长于九委派两个保长寇福顺、刘承宪为其效力。农救会长、妇救会长、革命积极分子被迫随人民军队转移到渤海一带，有的全家随迁。他们家留守的亲属惨遭迫害，房屋被破坏。南马坊的烈士就是在此时惨遭杀害，到处一片白色恐怖。

1948年3月，临淄城解放，民主政府进驻县政府旧址。乡长、共产党员高汉三开始公开行使职权，组建新的村级行政组织。东南马庄长初宗江、东北马许汉英、西南马董善明、西北马于墀凤、妇救会李怀英，带领群众恢复生产，拥军优属，让群众安居乐业。

1950年下半年至1951年，南马坊进行土地改革运动，划阶级、定成分。划出地主12户，富农22户。村民颁发了土地证、房产证，达到耕者有其田，社会稳定、生产发展。

1951年年底，高汉三因年老体弱，不再继续担任乡长职务，贾守恒接任。1953年，贾守恒辞去乡长职务，国家村相雨亭接任。为加强基层组织的领导，共产党员于荣志和转业军人、共产党员董洪军，从上级武装部先后调任南马乡任指导员，直到农业合作社成立。

1944—1949年村级组织人员表

表7—2

姓名	职务	任职时间
初宗江	联防主任	1948—1949.2
高汉三	乡长	1949.2—1951.12
贾守恒	乡长	1952.1—1953.12
相雨亭	乡长	1954—1955
于荣志	指导员	1951—1954
董洪军	指导员	1955—1957
初宗江	农救会会长	1946—1947
齐永修	农救会会长	1947—1947.11
信清文	农救会会长	1947.11—1949
李怀英	妇救会会长	1944—1949
边浩然	联防主任	1945—1947

1950—1951年村土改工作人员表

表7—3

庄别	姓名	职务	协助工作人员
	高汉三	乡长	
东南马	初宗江	庄长	齐福田 徐承谟 刘子祥 徐焕亭
东北马	许汉英	庄长	宗金标 韩洪宾 崔兰田 商传贵
西南马	董善明	庄长	信清文 贾立鹤 贾文诰 于立生
西北马	于墀凤	庄长	于 铸 于荣纁 贾守章 于茂增

第三节 农业生产合作社

1953年8月，共产党员宗效明响应上级号召，联络12户村民，成立南马坊第一个农业生产互助组，南马坊开始走上集体化道路。1954年，南马坊又组建起8个互助组。

十三户互助组名单

宗效明（组长） 商传习（副组长）

董洪书 于疏海 胡春荣 于佐三

商传华 韩玉梅 宗效文 贾文英

贾文焕 宗效孟 宗效彦

1955年，村内在多个互助组的基础上，成立5个农业生产合作社，简称初级社。初级社设社长、副社长、会计各1人，组成社委会。社委会取代以前的庄长制。全村5个初级社，互相学习，互相借鉴，在上级的指导下，组织村民搞生产。南马坊5个初级社所制定的分配方案，还未得到彻底实行，1955年年底，由5个初级社联合成立南马坊高级农业生产合作社。高级社由社长、副社长、会计、保管、妇女队长组成社委会，统筹南马坊村的一切事物。

合作化时期南马坊社委会组成人员

表7—4

姓名	职务	任职时间
齐永成	社长	1956.1—1958.9
商传习	副社长	1956.1—1958.9
初宗江	副社长	1956.1—1958.9
吴玉芝	副社长兼妇女主任	1956.1—1958.9
商传习	会计（兼）	1956.1—1957
刘昭荣	主管会计	1957—1958.9
刘昭庆	助理会计	1956—1958.9
于介禔	保管员	1956—1958.9

合作化时期，按上级政策，把个人所有的土地收归集体所有，大牲畜、大型农具作价收归集体所有。解决与邻村的插花地，丈量土地，划片定名称，定级别。按社员居住地划归土地所属耕种，根据人口、劳力、地力肥弱情况适当搭配，找平衡，分配土地及耕畜、大型农具等。制定劳动定额，实行科学管理，贯彻“三包一奖”，提高社员生产的积极性。打排井，大搞水利建设。确立分配原则，先国家，再集体、后个人。

第四节　生产大队

1958年9月，成立城关人民公社，村建立南马生产大队，直到1984年4月大队改村委会止，统称南马生产大队，简称南马大队。生产大队设大队长1人，副大队长、会计、物资保管、妇代会主任各1人，委员数人（根据具体情况而定），民兵连长为兼职，组成大队委员会，行使村级行政职权。1956—1962年，全南马分为7个小队，1962年实行队为基础三级所有后，改建为12个生产队。每个生产小队设队长1人，副队长1～3人，会计1人，保管等组成小队队委会，小队队委会为大队队委会负责。刚成立人民公社，原高级社社长齐永成被委任为第一任大队长，后由时任副大队长商传习接任。上任不久，全公社又实行军事化管理，全南马编成三个连队，直属南马片的营部管理，仅维持三个月，又恢复大队编制，商传习继续任大队长。1960年于介禔任大队长。1961年至1962年11月，于德芳任大队长。从1958年年底到1962年，大跃进后期又遭遇三年自然灾害，民众生活困难，行政领导无所适从。1962年经过调整，实行“三级所有、队为基础”的方针，生产得以恢复，行政领导得以加强。从部队转业回家的于荣绵出任大队长。

1966年10月，“文化大革命”运动影响到了南马大队，各个群众组织相继成立。各拉队伍，各立山头，争权夺利，队委会成员被批斗，行政领导班子处于瘫痪。此时，出身好、有工作经验、威信高的齐兴顺以贫协主任身份主动请缨，挺身而出，主持大队工作，成立“文化大革命”委员会，简称“文革会”，并行使队委会的领导职权，组建各小队领导班子，团结带领广大社员抓革命促生产，直到“三结合”革命委员会成立。

1968 年 4 月 27 日，南马大队发生“4・27 事件”，两个最大的群众组织“东方红”和“贫下中农学习班”在外来人员参与下发生打斗，造成了部分群众挨打受伤。在当时的形势下被定为“反革命事件”。其后，在驻村干部协助下，成立适应当时形势的新行政领导组织“三结合”领导班子。直到 1970 年整党建党后，在新党支部的领导下成立了新的队委会，行政领导班子才走上了正轨。新领导班子成员有大队长刘德胜，副大队长初光顺，会计朱光文，保管齐涛，妇女主任谢秀英。新一届队委会在党支部的领导下，带领群众大抓计划生育，大搞农田建设，用 6 年的冬春农闲季节，搬动土方 40 余万立方米，把南马大队 5000 亩土地上不平地块，全部整修一遍，成为南马坊历史上的重大事件。

革委会抓计划生育，出生率在千分之五以下。搞水利建设，打排井，3 年时间打了 40 余眼深井。购置大型农机具 50 拖拉机、75 链轨车，既能运输，又能耕种土地。粮食亩产由原来 630 斤提高到 1982 年的 1110 斤，对国家的贡献，由每年应交 26.8 万斤公粮，连续多年完成百万斤。打机井，修水塔，让社员吃上自来水。抓电力建设，让社员照明、吃水、磨面用上电。推行火化，实行殡葬改革。抓蔬菜生产，勤劳致富。

1958.9—1966.10 南马大队队委会成员

表 7—5

职务	姓名	任职时间
大队长	齐永成	1958.9—10
	商传习	1959.1—12
	于介禔	1960.1—12
	于德芳	1961.1—1962.12
	于荣绵	1963—1966.10

续表 7—5—1

职务	姓名	任职时间
会计	刘昭荣	1958.9—1966.10
保管	于炳文（实物）	1958.9—1958.10
保管	初光顺（现金）	1958.9—1958.10
	于介禔	1961.1—1962.12
	初光顺	1963—1966.10
妇女主任	吴玉芝	1958.9—1964
	韩玉萍	1965—1966.10

1966.10—1968.10 南马大队文化革命委员会成员

表 7—6

姓名	职务	任职时间
齐兴顺	主任	1966.10—1968.10
解玉亭	副主任	1966.10—1968.10
刘昭荣	会计	1966.10—1968.10
初光顺	保管	1966.10—1968.10
丁传勤	委员	1966.10—1968.10
韩玉琴	委员	1966.10—1968.10
袁美英	委员（妇女主任）	1966.10—1968.10

1968.10—1971 年南马大队“三结合”革命委员会成员

表 7—7

姓名	职务	任职时间
徐广兴	主任	1968.10—1970.12
许凤鸣	副主任	1968.10—1970.12
朱光文	会计	1968.10—1970.12
刘明洲	保管	1968.10—1970.12
信子良	治保主任	1968.10—1970.12
信子丰	民兵连长	1968.10—1970.12
于洪志	委员	1968.10—1970.12
于泉孝	委员	1968.10—1970.12
袁美英	委员（妇女主任）	1968.10—1970.12

1971—1984.4 南马大队革命委员会成员

表 7—8

姓名	职务	任职时间
刘德胜	大队长	1971—1984.4
初光顺	副大队长	1973.4—1984.4
朱光文	会计	1971—1984.4

续表 7—8—1

姓名	职务	任职时间
齐涛	保管	1973—1984.4
董洪军	委员	1971—1984.4
谢秀英	妇女主任	1971—1982
吕凤英	妇女主任	1983—1984.4

第五节　村民委员会

1984 年，行政组织人民公社改成镇，生产大队改为村民委员会（以下简称村委会）。设村主任 1 人，副主任、文书、妇女主任各 1 人，委员数人。村委会行使村级组织职责。原 12 个生产队改成 12 个村民小组，每组设组长一人，负责本组的日常生产和其他事务。第一届村委会主任朱光文，文书初光顺，委员兼保管齐涛，妇代会主任吕凤英，委员徐广兴、刘德胜、徐社香。1985 年，因工作需要，村委会提前改选。第二任主任是于强国，副主任贾宝书，文书初光顺。1985—1993 年，村委会成立南马信用积金会，融资建厂、村内安装集团电话；与区外贸局合作，建成联营养鸡场；发动村民捐资，企业集资，集体投资，建成村东标准现代化学校；集资从酒厂引进工业专线，解决轮流停电状况；建成永发公司大楼，开通村内 5 条南北走向大路。

第十届村“两委”成员合影

1993 年，南马坊进行第四届村委会改选，贾宝书当选为南马坊村第三任村主任，委员兼文书初光顺，委员于志勇、刘景清、于联社、于明孝，委员兼妇代会主任孙爱红。至 2016 年，南马坊村先后进行了第五至第十一届村委会选举，贾宝书连任村委会主任。

1993—2016 年，村委会安装闭路线，接通闭路电视，每户优惠 100 元。实施村内楼房建设。对村民实行秋耕地不收费。把分散经营的企业纳入永发公司统一管理。筹措资金，还清积金会所欠村民存款。完成企业改制，企业由集体经营变为个人经营。依法申请辛北化工厂、冷藏厂破产，并办相应手续。南北中心路面硬化，安路灯，建大红门，村委大门院内硬化。协助村民建造多种类型别墅楼及沿路商品楼。建大棚，开辟农贸市场，建集市，方便群众。加大教育投入，幼儿入托，每人补助 300 元，学生上学校车免费。升入本科补助 2000 元，研究生 5000 元，博士生 10000 元。加大医保投入，村民合作医疗费，老年意外伤害保险，村集体全部负担，中青年参加养老保险，村集体负担一半。关心老年人的生活，组织老年人旅游，老年人由每年发放补助 200 元增加到 2400 元，生日补助 100 元，还分油、鸡蛋等。举办农民运动会及各种文艺活动，修建戏台，购戏装、锣鼓、文艺服装，组织巡回演出，扩大南马影响。投入 30 万元购设备，全村免费喝上纯净水。殡葬改革，建立灵堂。建设新农村楼房。代交提留，由交一半到全部免交，一直到国家免税。实行村民代表参政、议政制度。

1984.4—2016.12 南马坊村委会组成人员

表 7—9

职务	姓名	任职时间
村主任	朱光文	1984.4—1985.9
	韩培明（代理）	1985.9—1986.9
	于强国	1986.9—1993.5
	贾宝书	1993.6—
副主任	贾宝书	1988.9—1993.5
委员（文书）	初光顺	1984.4—2004.12
	于明孝	2004.12—
委员	徐广兴	1984.4—1985.9
	刘德胜	1984.4—1985.9
	徐社香	1984.4—1992.2
	刘景清	1985.9—
	于志勇	1989.9—
	于联社	1993.6—
	于明孝	2004.12—2011.4
	孙爱红	1993.6—1996.5
	孙爱红	2011.4—
委员（兼保管）	齐涛	1984.4—1989.5

附：历任小队长、小组长名单

1956 年成立高级社，将全村社员按居住位置划为 6 个生产队，后第二生产队因社员居住分散，不便管理，改为两个生产队，原第二生产队不变，“东庄子”为第七生产队。各队长名单如下：

1956—1962 年生产队队长情况

表 7—10

队别	姓名
一	许汉英
二	于疏海　于洪文　于炳文
三	贾焕爀
四	谭春元　高庆余
五	张恒兴　寇春生
六	于荣纪　于清芝　于疏湖　刘昭圣（代理）张恒兴（代理）
七	董善良　董洪慈

1962 年，实行“三级所有队为基础”的经济管理模式。全大队划分为 12 个生产队，以生产队为核算单位，大队变为领导机构，生产队长责任重大。

1962—1984 年生产队队长情况

表 7—11

队别	姓名
1	许汉英　褚文高　韩玉良　韩培明
2	商传习　韩玉亭　韩玉林　解玉亭　王德明　商效文
3	董洪军　董洪慈　贾文远　董志祥　贾守德
4	于洪文　于继先　于立臣
5	齐永庆　齐永成　齐兴家　齐祥春　齐兴顺　刘洪香　齐兴林　齐兴华　徐泽香
6	贾焕爀　齐兴文　刘一中　徐振香　刘学友
7	刘昭圣　齐敏修　刘玉香　谭春祥
8	高庆余　刘福增　刘德安　徐玉宗　刘学志　初宗和　刘德贤　刘福永
9	于德芳　信子正　贾福德　翟慎元　贾福胜
10	寇春生　董建章　董文章　董公章　董会章
11	贾保顺　许振汤　许凤鸣　于　田　许凤林　于保钤　王继亮　贾富贵
12	于泉芬　于介禔　于疏湖　于泉孝　于爱村　于　新

1984 年 4 月，推行家庭联产承包责任制，生产队改为生产小组，生产资料分给个人，实行集体统筹下的个人经营，生产组长权限由直接领导转为协调。

1984—2016 年各村民小组组长情况

表 7—12

组别	姓名
1	韩培明　韩玉军　许新华　许　垒
2	商孝会　韩吉昌　商效明　商宜学
3	宗云光　董志凯　董志永
4	于立臣
5	徐广来　齐兴福
6	徐广玉　贾桂书　李学志　史玉富
7	谭春祥　刘光平　刘炳元
8	刘福永　徐新中　于振明　刘来清
9	贾　琳　贾宝福
10	董云章　董继章
11	贾明远　贾　胜　于哲学
12	于宝忠　于传铎　于清伟

第二章　村民自治

第一节　村民选举

从走上合作化道路，南马坊村村级领导，都是在党的领导下，按照村民的意愿，选出自己的当家人。

“文化大革命”期间，原来的党支部、队委会被打倒，在非常时期，由上级下派的驻村干部主持，争取大多数群众的意见，组成“文革委员会”。1968年，组织适应当时形势的“三结合”领导班子。1971年，通过选举成立新的大队队委会。

1984年4月，生产大队队委会改建为村民委员会，生产小队改为村民小组。村民委员会，每届原则上任期三年，第一任村主任为朱光文。1999年，推行新的选举法，由党支部提名，村民代表审议，先组建选举委员会，在选举委员会的组织下，由村民直接提名村民委员会成员的候选人，候选人原则上以上届村委会为主，再推举德高望重的有才之人组成，在镇领导参与下，先进行预选也叫作海选，按有效选举票，选出若干候选人，依据得票数，排列名次，根据组成村民委员会所需名额数，用差额选举法，按预选得票数排列的名次。留有相应的名额。再进行二次选举，最后选出新的村民委员会组成人员，张榜公布后，上报镇政府批准。

第九届村民委员会选举现场

村民委员会从1984年第一届开始至2016年已成功换届选举11届，每届都是平稳过渡、顺利产生。

第二节　村民代表制度

1997年3月，村党支部书记、村委会主任贾宝书主持召开“两委”会议，研究如何让村民有知情权、参与权、决策权事宜，提出设立村民代表的设想。初衷是借鉴上级人民代表制度的做法，加强对村委会工作的监督，以使工作更贴近村民，少走弯路。其时，从中央、省、市、区各级组织和村民委员会组织法，对村民代表都没有明确规定。他们找到了当时的镇人大工作室主任李金秀一起到区民政局、区人大常委会查找相关政策、法规，并参考人民代表大会的有关规定和程序，结合南马坊村的实际情况，探索组织第一届村民代表。村民代表由各小组组长、各组的井长（负责灌溉一片耕地机井的人）或片长及积极分子组成，并召开了第一届代表大会。

1999年，随着南马坊第六届村民委员会换届选举的进行，上级提出推选村民代表的提案，组成人员的范围、名额的数量、任务、原则都作了规定，村民代表制度走上正轨。村民代表的产生，由各小组长主持会议，采用无记名投票方式进行推选，按得票多少依次选出。一般每15至20户推选一名，村民代表中妇女代表应占一定比例。

村民代表会议的议事原则：村民代表会议、讨论决定本村的重大问题，须坚持依法办事的原则，严格执行上级政策的原则，坚持少数服从多数的原则，保证上级分配任务完成的原则。

村民代表会议审议的内容：全面工作计划及主要措施的制定。各种形式的生产责任制的完善和有关经济问题的审议。村规民约的制定。财物管理：包括全年收支情况决算和上半年收支预算，较大非生产性开支和生产性开支。生产性开支和非生产性开支可根据村的具体情况确定数量权限。新上扩建农田水利基本建设项目以及兴办各种公共福利事业。粮食征购任务，提留款，集资款的收缴和使用。机、电、井、渠及其他集体物资的管理使用办法和有关生产资料的分配供应。人口计划生育的安排。村庄建设规划的制定及各种问题的处理决定。救济款、物的发放办法。其他关系村民利益的重大事项。

村民代表大会会场

村民代表会议的组成：村民代表会议由村民代表及本村、区、镇、人大代表和村委会成员组成。

村民代表会议的召开：村民代表会议每个季度至少举行一次，在特殊情况下，有三分之一以上代表提议，三分之二代表参加，也可临时决定召开会议。

第六届村民委员会换届始，规定村民代表之中妇女人数必须达到三分之一，并从代表中推选民主监督委员会、人民调解委员会、经济管理委员会、社会福利委员会、治安保卫委员会、文教卫生委员会、计划生育委员会、民主理财小组成员。

通过设立村民代表，工作实行公开化，让村民有了知情权、参与权、执行权，加深了干部群众的感情，让村民了解党支部、村委的工作内容，维护集体和村民的利益，促进全村各项工作的健康和谐发展。

第一届村民代表（46人）

（1997.4—1999.4）

1组：韩玉军　韩培忠　褚文高　齐秀莲

2组：商孝平　商孝明　韩吉昌

3组：董志凯　贾天德　董洪书

4组：于立臣　于美兰　孙长吉　于明孝

5组：徐广兴　齐永吉　齐兴福　徐秀英

6组：贾桂书　史玉富　刘一中　徐建国

7组：刘光照　刘德胜　谭春祥

许爱芹　刘光平　谭新明

8组：刘长清　刘景元　于振明

9 组：贾宝福　贾　琳　贾福德　姚惠莲

10 组：董云章　张守成　董文章

11 组：许凤林　路俊富　贾明远　刘爱荣

12 组：于传铎　于泉孝　于清伟　孙爱红

此外，村“两委”成员、村退休干部、在职的企业厂长、妇女代表、党小组组长 35 人，共同组成 81 人的第一届村民代表委员会。

第二届村民代表（56人）

（1999.4—2002.4）

1 组：许新华　许中华　韩玉军

韩玉明　齐秀莲　韩玉卫

2 组：韩吉昌　商孝明　朱光友

韩玉林　商孝平　商孝正

3 组：董志勇　贾守德　宗云高　董志凤

4 组：于立臣　于孝春　孙连祥　李清恒

5 组：齐兴福　齐永吉　齐红进　田金友

6 组：贾桂书　史玉友　徐春梅　刘明智

7 组：刘光平　刘光照　齐立明　谭新明

8 组：刘来清　刘长清　刘佐青　刘景元

9 组：贾宝福　张玉泉　于锦海　于新文

10 组：董云章　董文章　张守成　桑希周

11 组：贾　胜　于　田　许凤林　路俊富

12 组：于传铎　于　宾　于宝中　于清伟

企业代表：于强国　孙成吉　刘金元　商孝富

第三届村民代表（41人）

（2002.4—2004.12）

1 组：许新华　于洪启　韩金周

韩玉军　韩玉田

2 组：商孝明　王永祥　韩培印

解玉庆　商孝平

3 组：董志凯　贾秋德

4 组：于立臣　孙连祥　崔心田　于孝春

5 组：齐兴福　齐永吉　徐光辉　齐敬波

6 组：贾明书　刘一中

7 组：刘光增　刘光照　谭新明

8 组：刘来清　刘景元　刘佐清　刘景清

9 组：贾宝福　贾保军　于新文

10 组：董云章　董文章　桑希周

11 组：贾　胜　王新村　贾新国

12 组：于传铎　于宝忠　于清伟

第四届村民代表（59人）

（2004.12—2007.10）

1 组：许新华　韩金周　于洪启　韩　刚

林树梓　姚立荣　朱光文

2 组：商孝明　韩培印　王永祥

解玉庆　商孝平

3 组：董志勇　董志会　宗云高　贾明德

4 组：于立臣　崔心田　孙连祥

于孝春　孙成吉

5 组：齐兴福　齐永吉　徐光辉　徐广来

6 组：史玉富　刘金亮　刘昭伦

贾明书　刘一中　刘金元

7 组：刘炳元　刘光增　刘光照　谭新明

8 组：刘来清　谭新洲　刘佐清

刘景元　初光顺

9 组：贾宝福　姚惠莲　贾宝身

于新文　贾　新

10 组：董云章　桑希周　董昌

张守成　张立国

11 组：贾　胜　贾新国　张升堂　王新村

12 组：于清伟　于传铎　王青山

孙爱红 于清明

第五届村民代表（61人）

（2007.10—2011.4）

1组：许新华 于洪启 韩金周 姚立荣 林树梓 韩 刚

2组：商孝明 解玉庆 王永祥 商孝平 韩培印

3组：董志勇 董志会 宗云高 贾明德

4组：于立臣 于孝春 孙连祥 崔心田

5组：齐兴福 徐光辉 徐广来 齐永吉

6组：史玉富 刘昭伦 刘一中 贾明书 李学志

7组：刘炳元 刘金山 刘光增 刘光照 谭新明

8组：刘来清 刘景元 谭新洲 刘佐清

9组：贾宝福 贾 新 于新文 贾宝身 姚惠莲

10组：董云章 张守成 桑希周 董 昌

11组：贾 胜 张升堂 王新村 贾新国

12组：于清伟 于传铎 于清明 王青山 孙爱红

老干部：初光顺 朱光文

村企业：刘金亮 张立国 刘金元 孙成吉

第六届村民代表（89人）

（2011.4—2014.11）

1组：许新华 韩 刚 韩金周 王金洲 于泉新 林树梓 于玉坤 齐秀莲 姚立荣

2组：商孝明 商孝富 解玉庆 韩培印 韩志强 韩培学 韩培勇 姚秀娥 解永芹

3组：董志勇 董寿太 贾明德 于美芹 于美玲 胡 伟 董志会 董志建 孙洪鑫

4组：于立臣 崔希田 崔心田 于孝春 王金香 胡秀莲 孙成吉 崔荆春

5组：齐兴福 齐红进 边立红 齐晓亮 刘光国 齐敬文 齐建仓

6组：史玉富 刘昭伦 李学志 贾明书 刘金元 李秀莲 董 翠

7组：刘炳元 谭新明 周红平 许爱芹 刘金山 王美华 刘光增

8组：刘来清 徐彩霞 初光友 谭新洲 刘彩凤 于秋菊 初光亮 刘玉梅

9组：贾宝福 姚惠莲 于新文 贾宝身 贾守林 信月德

10组：董继章 孙月云 张翠平 董彬春 贾守勇 张召海 李雨海

11组：于哲学 于学芹 徐秋云 刘玉英 于松浩 于学良

12组：于清伟 霍令华 王青山 于明亮 于清明 霍爱莲

第七届村民代表（89人）

（2014.11后）

1组：许 垒 韩金周 韩 刚 王金洲 林树梓 韩培明 齐秀莲 于玉坤 赵芝静

2组：商宜学 韩培学 商孝明 韩培印 商孝富 解玉庆 解永芹 孙爱荣 姚秀娥

3 组：董志永　贾明德　孙洪鑫　董寿太
董家成　于美芹　于美玲　胡爱玲

4 组：于立臣　崔荆春　孙成吉　于孝春
刘翔云　胡秀莲　胡美华

5 组：齐兴福　齐晓亮　刘光国　齐敬文
齐红进　边丽红　郭振英

6 组：史玉富　李学志　刘昭伦　贾明书
刘金元　李秀莲　董　翠　朱金华

7 组：刘炳元　刘金山　谭新明　刘光增
刘光照　许爱芹　王美华　谢秀芹

8 组：刘来清　谭新洲　初光亮　初光友
于秋菊　袁春凤　刘玉梅　徐彩霞

9 组：贾宝福　贾守林　贾保身　于新文
姚惠莲　于丽华

10 组：董继章　贾　波　董　波　李雨海
王志华　王洪美　曾秀芳

11 组：于哲学　于学良　许照海
于松浩　徐秋云　于学芹

12 组：于清伟　于明亮　王青山
于清明　商爱芹　霍令华

第三节　人民代表

省　市人大代表　1958 年，山东省召开第二届人民代表大会，南马坊女社员吴玉芝，在临淄县第三届人民代表大会上，被推举为代表，代表临淄县参加山东省第二届人民代表大会。1963 年 7 月，在临淄县第五届人民代表大会上，吴玉芝再次当选为出席省人代会代表，参加了山东省 1963 年 7 月召开的第三届人民代表大会。1959 年吴玉芝被当时的昌潍专区益都县（1958 年 10 月临淄县合并到益都县）选为代表，出席当年在北京召开的全国妇女积极分子代表大会，受到中共中央主席毛泽东接见。1978 年，南马坊村妇代会主任谢秀英参加淄博市第七届人民代表大会。

历年省市人大代表

表 7—13

姓名	性别	时间	届次
吴玉芝	女	1958–1963.7	山东省第二届人大代表
吴玉芝	女	1963.7–1975	山东省第三届人大代表
谢秀英	女	1978–	淄博市第七届人大代表

区（县）人大代表　1954 年 7 月，南马坊村李怀英被选为临淄县第四届各界人民代表大会代表参与参政议政。1958 年 5 月，南马坊社员吴玉芝被选为代表参加了临淄县第三届人民代表大会。此后，吴玉芝又连续参加了临淄县第四、五、六届人代会，并两次被推举参加山东省人代会。

“文化大革命”期间，县人民代表大会制度中断。1967 年 3 月，群众组织近 4000 人在县城召开大会，夺了县委、县人委的权，成立“三结合”革命委员会，依据 1978 年山东省委关于“在‘文化大革命’中建立的革命委员会”的指示，列为临淄县第七届人民代表大会。1976 年 10 月，粉碎“江青反革命集团”后，“文化大革命”结束。1978 年 10 月，临淄区召开第八次人民代表大会，南马大队 5 队谢秀英，被指定参加了这次会议。

自 1978 年人民代表大会制度恢复、1980 年 11 月筹备第九届人代会代表开始，人民代表由原来的间接选举或指派代表，改由选民直接选举产生。即由选举委员会推荐候选人名单，汇总后经选民小组协商，确定正式候选人，并张榜公布，最后依照选举程序，直接投票选举产生。

徐广兴、吴玉芝代表南马片的群众参加了临淄区第九届人民代表大会。

1984 年 5 月，徐广兴被选为人民代表参加临淄区第十届人代会。1987 年，8 组村民于振明（“万元户”）参加临淄区第十一届人代会。徐社香参加临淄区第十二届人代会。1993 年 2 月，村主任于强国参加临淄区第十三届人民代表大会，任职 5 年。自 1998 年 1 月到 2016 年，南马坊村党支部书记、村主任贾宝书被选为代表，连续参加了临淄区第十四至第十八届人民代表大会。

南马坊历届临淄县（区）人代会代表情况

表 7—14

姓名	性别	时间	届次	备注
李怀英	女	1953.4—1954.7	县各界人代会	
吴玉芝	女	1958.5—1962.1	县第三届人代会	选为省二届代表
吴玉芝	女	1962.1—1963.7	县第四届人代会	
吴玉芝	女	1963.7—1966.2	县第五届人代会	选为省三届代表
吴玉芝	女	1966.2—1967.3	县第六届人代会	
谢秀英	女	1978.2—1981.1	区第八届人代会	选为市七届代表
吴玉芝	女	1981.1—1983.3	区第九届人代会	1983.3 去世
徐广兴	男	1981.1—1984.5	区第九届人代会	
徐广兴	男	1984.5—1987.3	区第十届人代会	
于振明	男	1987.3—1990.2	区第十一届人代会	
徐社香	男	1990.2—1993.2	区第十二届人代会	
于强国	男	1993.2—1998.1	区第十三届人代会	
贾宝书	男	1998.1—2003.1	区第十四届人代会	
贾宝书	男	2003.1—2008.1	区第十五届人代会	
贾宝书	男	2008.1—2012.1	区第十六届人代会	
贾宝书	男	2012.1—2015.1	区第十七届人代会	
贾宝书	男	2015.1—	区第十八届人代会	

镇人大代表　新中国建立后，南马坊村民按程序选出自己的代表，到上一级权力机关表达民意，参政议政，同时带回上级领导的指导意见和兄弟单位的先进经验，成为上承下行的中枢纽带。

从 1954 年到 1966 年，依法召开 6 届乡、公社人民代表大会，每届任期 2 年，分别于 1954 年、1956 年、1958 年、1960 年、1963 年、1965 年召开。1966 年到 1977 年因“文化大革命”代表大会中断举行。1978 年恢复人民代表大会制度。南马大队是个大村，不论人口还是土地占城关公社的十分之一，每届人代会都有 2 ~ 3 人参加。1984 年成立村民委员会，仍延续以前的做法，每届都有 2 ~ 3 名代表参加议政。前 14 届乡镇代表资料缺失，第十五届齐都镇人民代表大会代表是贾宝书、贾明远，以后历届都有 2 ~ 3 人参加。

1999—2012 年南马坊出席齐都镇人代会代表

表 7—15

姓名	性别	时间	届次
贾宝书	男	1999	十五届人代会
贾明远	男	1999	十五届人代会
贾宝书	男	2003	十六届人代会
贾明远	男	2003	十六届人代会
孙爱红	女	2003	十六届人代会
于志勇	男	2008	十七届人代会
董芹	女	2008	十七届人代会
于志勇	男	2012	十八届人代会
姚惠莲	女	2012	十八届人代会
宗来沂	男	2012	十八届人代会

市　区政协代表　中国人民政治协商会议是在中国共产党领导下，由各辖区、各党派、团体及各族各界人士组成的爱国统一战线组织，

是社会各界人士参政议政的重要场所，是发扬社会主义民主的一种重要形式，该村有关人员参加了市、区的政协会议。

南马籍教师贾文炳和齐津分别当选为淄博市第四、五、六届政协委员。南马坊村民于振明在1985年3月被增补为第二届临淄区政协委员。1987年3月，临淄区第三届政协委员会会议，于振明再度被选为委员。其后，宗来沂参加区政协第七届委员会。于强国、宗来沂参加临淄区第八届和第九届政协会议。

至2016年12月南马坊村市、区历届政协委员

表7—16

姓名	时间	届次	备注
贾文炳	1978.10—1982.3	第四届市政协	
贾文炳	1982.3—1987.12	第五届市政协	
齐津	1987.12—1993.2	第六届市政协	
于振明	1984.5—1987.3	第二届区政协	政协二次会议增补
于振明	1987.3—1990.2	第三届区政协	
刘振骧	1990.2—1993.2	第四届区政协	
宗来沂	2003.1—2008.12	第七届区政协	
宗霆	2003.1—2008.12	第七届区政协	
宗来沂	2008.12—2013.1	第八届区政协	
于强国	2008.12—2013.1	第八届区政协	
宗霆	2008.12—2013.1	第八届区政协	
宗来沂	2013.1—	第九届区政协	
于强国	2013.1—	第九届区政协	

第四节　民主管理

1999年，第六届村民委员会换届，村民代表随即调换。并从村民代表中推选出村务公开监督小组，民主理财小组，及其他相应的组织。还有老年协会、舞蹈协会、戏剧协会，篮球协会等各组都按照各自指定的章程任务，开展工作，达到了村风正，民心顺，群众满意度高。

村务公开　坚持实际、实用、实效的原则，在便于群众观看的地方，设立固定的村务公开栏，一般的村务事项，至少每季度公开一次，涉及农民利益的重大问题，以及群众关心的事项及时公开。固定资产购置，农业基本建设，公益福利事业，土地承包经营方案，土地流转情况，土地征用补偿，种粮直接补贴，新型农村合作医疗，国家扶贫，村干部年度工作目标和工作安排、评选：“五好家庭”“好媳妇”“好儿子”“好邻居”等类评选结果，都及时在公开栏中张贴公布。村财务收支明细账，使用村公章人员，每月公布一次，让村民有知情权和参政权。

民主监督　主要负责监督村务公开制度的落实，审查村委公开各项内容是否全面真实，公开时间是否及时，公开形式是否科学，公开程序是否规范。并及时向村民代表会议报告监督情况，对不履行职责的成员有权罢免其资格。群众对公布的内容有疑问的，可以向监督小组成员投诉。参加监督的成员，应当是热爱集体，公道正派，有一定的议事能力，其中应有具备财会知识的成员。并明确规定，村干部及其配偶，直系亲属不得担任。

民主决策　涉及到与村民切身利益密切相关的事项和村内重大事情，都必须实行民主决策。由党支部和村委会，事先研究提出具体意见或建议。村委会召集村民代表会议讨论决定，村“两委”组织实施。村民民主决策事项的办

理，事项实施前需向村民公告，广泛征求意见，会后及时公布表决结果，并及时公布实施情况，保障村民的知情权、参政权、决策权和监督权。

民主理财 从村民代表中选出懂业务，作风正派，办事公道，关心集体，坚持原则的同志，组成民主理财小组，负责对本村集体财务活动进行民主监督，参与制定本村集体财务计划和各项财务管理制度。有权检查、审核财务账目的收支状况及相关的经济活动事项，有权否决不合理开支，有权要求当事人对财务问题作出解释，要求每月公布一次财务账目，若不及时公开，有追责村主任和相关人员的权利。

第五节 村规民约

南马坊村把制定村规民约作为加强村民自治的重要举措，制定一部自我监督、自我约束的章程，以规范村民的行动。

村规民约 1996年，在党支部、村委会领导主持下，经村民代表反复讨论协商，研究制定南马坊村村规民约。主要内容：

一、认真贯彻执行党的路线方针政策，坚持四项基本原则，坚持以经济建设为中心，发展和壮大集体经济，努力减轻村民负担。

二、坚持实事求是的原则，办事公道，清廉洁，克己奉公，发扬民主作风，尊重村民的建议，以身作则，吃苦在前，享受在后，履行职责，勤奋工作，带领全体村民勤劳致富。

三、服从党支部、村委会的领导，遵守镇村民自治规范化管理办法，执行村民会议、村民代表会议、村委会的决定、决议和上级有关规定，按时完成村委会分配的各项任务。

四、村民必须依照镇规定，按时完成公粮、提留、统筹农业税的任务，对拖欠、拒交户，由村委会强行收缴，或以物抵款，每日按拖欠款金额的5%交纳滞纳金。

五、严格按《婚姻法》办事，反对他人包办、干涉婚姻，不准变相买卖婚姻，提倡喜事新办，反对结婚大操大办，铺张浪费。

六、提倡晚婚晚育，禁止非法同居，育龄妇女必须按时透查，必须按规定办理手续，严禁超计划生育，对违犯计划生育规定和打骂计划生育工作人员者，按照计划生育《条例》严肃处理。

七、村民都要学法、知法、守法，增强法制观念，自觉维护社会秩序，争做遵纪守法户，勇于同一切违法犯罪行为作斗争。不打架斗殴，不酗酒滋事，严禁侮辱、诽谤他人，造谣惑众、拨弄是非，严禁聚众赌博和进行非法宗教活动。

八、坚持五讲四美，积极争做星级文明家庭，树立良好的社会风尚。对老人不尽赡养义务的，经教育不改的给予300元以下罚款，并强制其尽赡养义务。情节严重的，依法追究其刑事责任。

九、绿化美化人人有责，对损坏、盗窃树木者按每株100—200元罚款。并负责包栽包活，情节严重者追究其刑事责任。

十、严禁盗窃、敲诈、哄抢国家、集体、个人财物。严禁替犯罪分子隐藏和销售赃物。

十一、搞好公共卫生和村容村貌，服从镇村规划，不随地倒垃圾秽物、违者除限期清理外，逾期不清理的给予200元以下罚款。

十二、村民之间要相互尊重、相互理解、相互帮助、和睦相处，建立良好的相邻关系，反对封建迷信及其他不文明行为，丧事从俭、不请神弄鬼、不占卜相面。

十三、严禁制作、贩卖传播污秽物品。严禁非法限制他人人身自由，严禁非法侵入他人的宅住室，不准隐匿毁弃和拆他人邮件。

十四、村民间发生纠纷应及时协商解决，协商不成时应依靠组织解决，对不听劝阻，造成他人人身伤害和财产损失的，应按规定给予赔偿，并按损失的一倍处以罚款。

十五、村委会下设村民小组，监督员。村成立监督委员会，一般由3—7人组成，监督实施，定期交流经验，总结推广。

十六、本村规自一九九六年八月一日实施。

附：村干部职业道德规范

遵纪守法　为政清廉　忠于职守

乐于奉献　实事求是　忠诚老实

公道正派　率先垂范　倾听民意

接受监督　自省自律　克勤克俭

团结协作　众志成城　锐意创新

敢为人先

新村守则　和谐是温馨的家园，守则是维护的约束。

我们有缘共居一栋楼，一个单元，楼前楼后是我们的花园，楼道、电梯是健康文明的表现，地下车库环境是胸怀聚财的通道，我们所踏的每一步，都代表着责任，我们有权利，有义务，爱护它，维护它，拥有它，让我们共同遵守家园的守则：

一、装修不得破坏楼体结构承重墙，建筑垃圾及时清理。

二、楼道、电梯、储藏室、走廊，单元长组织定期清扫，保持清洁干净。

三、不得故意损坏水利、道路、供电、通讯、燃气、暖气、消防、体育、绿化苗木等公共设施。

四、按指定位置统一安排空调、太阳能、家用电器等，不得在社区内烧纸、放鞭炮、乱贴乱画、张贴广告；不得在楼区、走廊内放置任何杂物及影响环境的一切物品；不得在户外安装防盗窗网；不得在消防通道、消防栓附近放置杂物。

五、社区内所有车辆按指定位置停放，不得停放在道路上，机动车全部持卡进入，停入地下车位。

六、不得在社区内养殖禽畜、宠物、私自种植蔬菜、植物、花卉、苗木。

七、不得在户内外私拉乱接各种线路、绳索。

八、严禁易燃易爆及危害人身健康的物品、有异味的物品带入社区。

九、不得在地下车库、储藏室乱搭乱建、存放物品。公共空间不得占用、封闭。

十、出租房屋必须到物业公司登记，老年周转房不得出租。

十一、严禁在商铺内外、地下车库、绿地、观赏路、休息场地用灶台、煤炉野炊、野餐、烧火、做饭；严禁烧烤。

十二、所有住户检查固定好空调外机。阳台、窗台外不得存放花卉、杂物等，如发生人员伤亡、公共设施和花木损坏，后果自负。

十三、不得用消防栓、绿化水源，在地下车库内、社区道路、观赏路、绿地、休息场所、公共娱乐场所等区域洗衣、冲刷车辆和工具。

十四、严禁在社区内、社区门口打场、晒粮、柴草、饲料等。

十五、禁止在公共场所大小便，生活垃圾、

卫生垃圾不得乱扔或放入楼边道路上、绿地中，全部放入垃圾桶。

十六、按时交纳水、电、暖、气、卫生、维修、管理等费用。

十七、每一株花草，每一件公物，都是我们的共同资产，我们大家必须爱护好、看管好、培育好、使用好。爱护好公物、花草、树木人人有责。爱护者光荣，损坏者可耻。

十八、所有入住及进入社区的住户、人员必须服从物业公司的管理，执行各项规章制度、村规民约、公告等。触犯法律的由相关部门处理外，物业公司可做如下处理；予以批评教育；责令写悔过书；通告、广播通报；责令恢复原状或作价赔偿；给予经济处罚。

诚信守则是人生的尊严，和睦相处是生活的文明。

和谐愉快是健康的法宝，维护家园是我们的责任。

第六节　规章制度

村民委员会主任、副主任工作职责

1. 组织全体村民认真贯彻党的路线、方针、政策，自觉接受镇政府的指导，协助乡镇政府做好工作。

2. 组织全体村民大力发展工农业生产，搞好科学种田，发展商品经济，完成上级下达的各项生产指标和国家粮食订购任务。

3. 深入群众，调查研究，对本村重大问题的解决提出主导意见，交村民代表会议或村民大会审议。

4. 负责召集和主持村民委员会会议，村民代表会议和村民大会，定期向村民代表会议和村民大会报告工作。

5. 组织领导下属各委员会的工作，对各委员会的工作定期进行检查指导。

6. 负责检查、督促村规民约的落实。

7. 主任主持村民委员会日常工作，副主任协助主任工作。

8. 加强精神文明建设，积极创建模范村委会和文明村。

村民委员会工作规则

为了做好本届村民委员会的工作，充分发挥职能作用，使日常工作走向制度化、规范化轨道，根据《村民委员会组织法》的精神，制定本工作规则。

（一）职权范围

1. 村委会要自觉置于村党委支部领导下，村委会研究的重大行政事务要及时向党支部请示、汇报。

2. 决定召开村民会议的时间及其会议内容。

3. 组织实施本村的公共事务和公益事业；组织贯彻落实党的方针、政策和上级政府对本村工作提出的指导意见。

4. 决定村委会各专门委员会机构设置、村委会成员补选及村民小组长的选举工作方案。

5. 讨论决定本村的各项行政工作和经济建设的发展规划及实施方案。

6. 指导各村民小组和专门委员会的工作。

7. 处理村委会其他日常工作。

（二）会议制度

1. 村民委员会正、副主任每天一次碰头会，汇集总结当天的工作情况，安排布置第二天的工作任务。

2. 每月至少召开二次以上村委会全体成员会议，总结工作，确定今后工作任务，研究处理在工作中遇到的有关问题。必要时经村委会主任决定和多数委员提议，可以随时召开。

3. 会议讨论决定的问题，要有记录，在研究决定问题时，要充分发扬民主，按民主集中制的原则办理，如出重大分歧，不能做出决定的，可以保留到下次会议继续讨论（紧急情况除外）。已经决定要坚决贯彻执行。

4. 村委会会议必须有全体委员的过半数出席才能举行，表决的决议，必须由应到会半数以上委员同意方可有效。表决的方式可采取举手和其他形式。

5. 每年至少召开一次村民大会，传达学习党的方针、政策和国家的有关法律、法规，向村民报告工作，提交应由村民讨论决定属于村民会议职权范围的重大事项。

6. 一年召开四次村民代表大会，由村民委员会向村民代表通报近期工作情况，提出今后工作意见，征求代表对村民委员会在工作、思想、工作作风的意见，接受他们的批评和建议。

（三）村民委员会会议议题的提出

1. 村民委员会主任和副主任研究后，向村民委员会提出属于村民委员会职权范围内的议题，由村民委员会讨论决定。

2. 村民委员会委员和各专门委员会，可以向村民委员会提出属于村民委员会职权范围内的议题，由村民委员会主任或副主任研究后，决定提请村民委员讨论决定。

3. 对列入村民委员会会议的议题，提议题者可以在村委会会议上对议题做出必要的说明。

（四）日常工作

1. 村委会的日常工作，由村委会主任主持办理。

2. 凡属于村民全局性的问题，须经村委会会议讨论决定的，根据会议内容，必要的时候可以吸收村民小组长和各专门委员会负责人列席会议。

3. 凡属村民会议或村委会会议已经决定的问题，按照各自的分工负责处理。

4. 在处理问题时，凡涉及到少数村民利益，及村的整体利益，或与国家方针、政策、法律有抵触的，不能擅自决定或答复，要在请示上级主管部门后再予办理。

（五）村民委员会干部守则

1. 认真贯彻执行党的路线、方针、政策和国家的法律法令，坚持四项基本原则，坚定不移的同党中央保持政治上的一致。按照《村委会组织法》的要求，组织村民开展自治，协助政府做好工作。

2. 认真学习政治、现代化农业科学技术和商品生产知识，不断提高政治理论水平，增强组织发展商品经济的能力。

3. 坚持实事求是的原则，充分发扬民主，实行说服教育的工作方法，尊重村民的意见。凡是有关全体村民利益的大事，都要经过村民讨论，由村民大会形成决定，然后贯彻执行。

4. 当好村民的公仆，吃苦在前，享受在后，履行职责，勤奋工作，积极带领村民勤劳致富。

5. 坚持同不良倾向作斗争，不吃请，不受贿，不以权谋私，为政清廉。

6. 以身作则，自觉接受村民的监督。

7. 坚持原则，主动开展批评与自我批评，团结同志，齐心协力，共同开展好工作。

村“两公开”制度

一、政务公开是密切干群关系，提高办事效率，保证干部廉洁勤政的有力措施，村领导干部要以高度责任感和负责精神，自觉做好政务公开工作，村委会要自觉接受党内外群众的监督。

二、政务公开的内容是：村委会三年任期目标、年度目标、村干部任期目标，工作情况，工资待遇，生产资料的分配，土地征管使用、企业承包、财务收支等内容。

三、村设置一至两块政务公开栏，每季将村务公开一次，对群众关心的热点和重要事情及时公开。

四、村干部要坚持原则、实事求是，依法办事、不徇私情，自觉接受群众监督，虚心听取群众的意见和建议，不得打击报复。

五、对政务公开，建立群众监督小组，进行监督，提高办事透明度。

群众监督制度

1. 村参政议政小组和党员议事小组为群众监督组织。一般由 5–7 人组成，监督小组成员由民主选举产生。

2. 监督小组每季召开一次例会，对村务公开进行监督。

3. 监督小组要将工作情况及时向党支部和村委会汇报，必要时可直接向党委政府反映情况。积极向支部村委提出合理化建议和意见，帮助支部村委不断改进工作。

第三章　村务管理

第一节　农业生产管理

新中国建立后，南马坊经过土地改革，农民分到土地，生产热情高涨。1953 年，响应上级号召，按照“自愿互利、民主管理、等价交换”原则，组织起第一个生产互助组。在农业耕作中，大家协作互助，生产效益提高。1955 年，南马坊成立初级农业生产合作社。入社社员原有土地作股，按土地多少交“地垫金”。耕畜及大型农具等生产资料归初级社统一使用，收获粮食按“地四劳六”分配。至 1955 年年底，除地、富、反、坏四类分子外，绝大部分村民参加高级社。社员入社的土地归集体所有，社员劳动记工分，分配制度按“人七劳三”执行。其间，社委会带领社员推广农业技术，落实增产措施，促进农业丰产丰收。

1958 年 9 月，城关人民公社建立，其为政社合一组织。之后，成立南马大队，下辖 7 个生产队。其时，队委会对全大队每年的农业生产均作总体计划，组织实施。发动社员投工投肥，生产热情高涨。之后，受“左”倾思潮影响，“五风”盛行，农业生产秩序遭到破坏。

1962 年，中共中央发出《关于改变农村人民公社基本核算单位问题的指示》。明确提出，人民公社的基本核算单位下放到生产队。实行“三级所有、队为基础”的管理体制，将农村主要生产资料土地、耕畜、大型农具及农业机械下放到生产队。生产队实行自主经营独立核算，自负盈亏的政策，生产得以恢复。1964年，全村粮食总产151万斤，为历史最好收成，社员温饱问题基本得到解决。

1966年，“文化大革命”开始，大队领导成员被打倒，队委会处于瘫痪状态。其时，以贫协组织为主，成立南马大队“文化革命委员会”。其后，以阶级斗争为纲，批判“三自一包”“四大自由”。1968年，大队成立“三结合”领导班子，生产开始恢复。1970年底，南马大队开始整党建党，重新建立党支部。大队党支部和革命委员会建立后，农业生产逐步走向正轨。组织打井队，3年打机井42眼。组织整地大军，将南马坊不平土地普整一遍。根据农时季节及时召开会议，宣传、检查各项准备工作。农忙季节，成立“三夏”“三秋”指挥部，设专人昼夜值班，随时处理突发事件，协调各方关系。组织人员编辑“三夏”“三秋”战报，及时报道各生产队生产进度，指导生产。传达上级政策，宣传本村好人好事。依靠集体力量，购置农业机械，服务于生产。1976年，粮食亩产1047斤，总产311.47万斤，一季对国家贡献小麦100.85万斤。1979年，粮食总产326.34万斤，为1970年的2倍。

南马坊村播种小麦（1970）

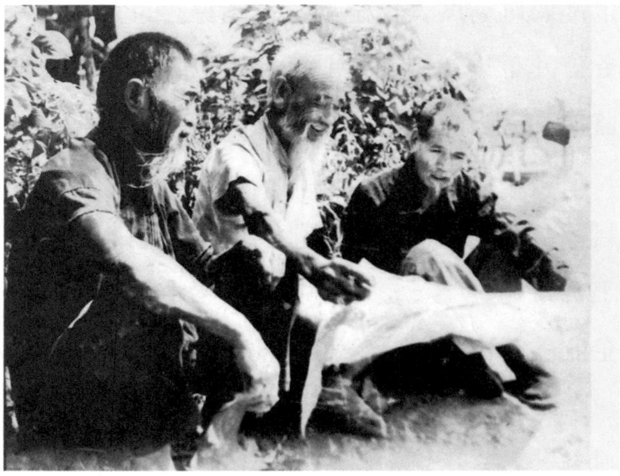

村民在田间读报学习（1970）

1984年，南马坊开始实行家庭联产承包责任制，将耕地按人口平均承包到户。生产上由过去的“大呼隆”，改为一家一户，各自生产。大队革命委员会改为村民委员会，体制改变。村委会转变观念，适应新形势，组织引导村民引进良种，增施优质化肥，发展蔬菜生产，扩大温室种植。找种植能手，进行蔬菜反季节种植实验，取得经验后进行推广，蔬菜生产进入鼎盛时期。集资安装工业电，解决全村供电不足的状况，生产得到进一步提高。承包户在完成国家规定的税收及征购任务后，收获全部归个人，出现了村民卖粮难的问题。

1988年，村委结合村民在生产过程中遇到的实际问题，建立产前、产中、产后服务，开始实行“两田制”，将村民承包的土地划分为口粮田和责任田。口粮田人均一份，责任田根据能力自愿承包，家庭联产承包责任制得到稳定。1995年，组织大型农业机械为村民服务。秋季耕地费用，由过去全额缴纳到收取一半。之后，全部免费为村民耕地。推广新技术，收割、脱粒、秸秆还田一条龙服务，减轻村民负担，培肥地力。

1999年4月26日，村委会与村民签订土地使用期延长30年不变合同，并发放了《土地承包经营权证》，让村民吃了“定心丸”，舍得向承包土地投工施肥。2000年，村委贯彻国家“在坚持土地集体所有和不改变土地农业用途的前提下，经发包方同意，允许承包方在承包期内，对承包标的依法转包，转让、互换、入股，其合法权益受法律保护”的规定，建立土地流转机制，解决人地矛盾，增加农民收入。2004年，开始逐步减少农业税，至2006年全部取消，并对种粮户实行补贴政策，进一步调动了农民种粮积极性。

2015年11月，根据农村发展的具体情况，中共中央办公厅、国务院办公厅印发《深化农村改革综合性实施方案》指出，全面深化农村改革涉及多种所有制经济，所聚焦的几种制度，农村集体产权制度，农业经济制度，农业支持保护制度，城乡发展一体化体制机制和农村社会治理制度的必要性和重要性，并明确说明深化农村土地制度改革的基本方向是落实集体所有权，稳定农户承包权，放活土地经营权，“三权分置”，村委会及时向村民传达上级精神，引导村民加大对土地的投入，增产增收。

第二节 治安管理

新中国建立后，南马坊由联防主任初宗江协助人民政府，肃清反革命，维护社会治安。1956年，南马坊成立高级农业生产合作社，组建治安保卫委员会，简称治保会，第一任治保主任齐桂春。治保会成立后，在上级工作组和社委会的领导下，组织民兵打击、取缔吸毒赌博等残害群众的违法活动，对坚持反动立场的地、富、反、坏分子进行监督，劳动改造。组织民兵巡逻放哨，维护农业生产秩序，制止封建迷信活动。

1961年11月，益都县政法机关破获了活动在临淄、博山等6地的反革命集团“中国国民党军政指挥部”。抓获“军政指挥部部长兼苏鲁豫皖地下派遣军司令”刘子云（又名刘思君）及其委任的“省保安司令”“参谋长”“警察厅长”“救济总署主任”“专区办事处主任”等24名官员。南马大队有社员也被委任了官职。治保会抓住时机，将其作为反面教材，开展宣传，教育社员一心跟共产党走。

1962年，佛爷道坛主张凤池在城关、梧台一带以神药治病，祭宅子为幌子，秘密发展道徒，组织“龙天大会九宫坛”。“文化大革命”期间，其活动迅速蔓延到临淄、益都、博兴等3县的14个公社58个大队和部分企事业单位，设坛主23名，受其蒙蔽参加活动的达300余人。阴谋在淄河两岸组织武装暴动。1969年，被临淄县政法机关破获。12名罪行严重的坛主被依法逮捕，至1970年3月所有道徒依法归案。南马大队是“龙天大会九宫坛”的一个窝点，不少受蒙蔽的群众参与其中，深受其害。治保会借此时机，在群众中大力宣传反动道会门的反动本质，批判它的危害性，肃清其流毒。

至“文化大革命”结束前，大队治保会维

护社会稳定，监督教育改造地、富、反、坏四类分子，组织他们参加义务劳动，打扫街道作为重点任务。1979年2月，根据中央下发的文件，摘掉全大队地、富、反、坏分子的帽子，使其成为普通社员。同时，治保会协助民兵开展村庄巡逻及夏秋两季的护场、护坡。

1981年，国家制定枪支管理办法，开始对非军事系统的手枪、步枪、冲锋枪等枪械进行收缴，农村散存的各种鸟枪也在其中。治保会在党支部的领导下，加大宣传力度，发动亲朋好友对持枪者说服动员，上交国家。经过深挖细查，收缴各类枪支15支，其余均办理了持枪证。

1999年，邪教组织在南马坊村散发其书刊、音像制品、宣传品。治保会在党支部领导下，加大宣传力度，教育群众，劝其退出。在村内设立举报信箱，打击邪教组织的非法活动。

治保会组织随着村委会的换届选举进行调整，明确组织架构，制定章程及任务。进入21世纪后，治保工作转入常态化的综合治理。对上级部署的各项工作，及时传达，制定行之有效的措施，积极配合上级的工作安排。对村内加强巡逻，尤其是三麦、三秋大忙季节更是加

社会治安综合治理图

大力度。进入新社区后，依托社区所设的监控设备，采取巡、监结合，确保社区平安。

历届治保主任名单：

齐桂春　刘一中　董洪军　韩洪海

徐广兴　信子良　于继先　于明孝

第三节　民事调解

20世纪50年代初，邻里之间，庄里乡亲发生地界、婚姻、借贷等矛盾，一般找当时的乡长、庄长或族长出面处理。成立农业合作社后，民事调解由社长负责。有时社长委托一名社委会成员进行调解。对出面主持调解的称“中间人”或“说和的”，小问题须双方协商或许解决，解决不了的到法庭解决。

人民公社成立后，大队成立调解委员会，专门调解群众之间因宅基地纠纷、兄弟分家、赡养老人、财产继承、婆媳吵架、夫妻离婚或是因小孩打闹延伸到大人的打架等问题。

“文化大革命”时期，队委会瘫痪，调解组织撤销，群众中发生纠纷，一般找村中主持公道、威信高的老干部寻求帮助解决。

1971年，整党建党后，新的队委会诞生，恢复人民调解委员会，于继先任调解主任。每年都要到公社司法所学习，接受培训，调解委员会成常设机构。

1984年，村民委员会成立后，结合每届村委会换届选举，及时选举产生人民调解委员会。人员组成大都是德高望重、作风正派的村中老干部和群众公认的主持公道的人员。

历任调解委员会主任：

吴玉芝　于继先　于明孝

第四节　社会保障

村干部退休　1985年，为稳定村干部队伍，充分调动他们的积极性，制定优惠政策，有3名干部符合退休条件，为其办理退休手续。以后又有几名符合条件的，逐年进行了办理。2016年，政府有文件，规定正职干部连续工作10年以上的，可办理退休手续。南马坊村于强国符合条件，办理了退休手续。

养老保险　1990年12月，养老保险在南马坊村得以推广，村委会对各企业副科级以上干部、村支部成员、村委成员及各小组长按工作年限、年龄办理了退休养老保险。符合条件的人员，每人支付1500元，其他部分集体逐年投入。当年有36人参加了保险。以后又有部分人员参加了保险，这部分人员在年满60周岁后，陆续领取养老金。

旧村社会保障服务中心

农村社会养老保险　2008年10月，上级扩大养老保险范围，面向全体村民，按规定每人投保金额109元，村委为其付一半，个人付一半，当年有612名村民投保，村委共付33354元。

新村便民服务大厅

另有112名村民，已在外地自行投保，村委拿出相应金额，每人54.5元作为补贴付给村民，计6104元，两项合计39458元。2009年，投保金额每人提到436元，南马坊村有638人符合条件，村委支出139084元；在外地投保有115人，为每人负担218元，计25070元，两项共计支出164154元。另有18～44周岁的村民自愿入保者投费自付。2010年，投保费提高到每人500元，当年有846人参保，保费21.15万元；在外地投保者有214人，计款5.35万元，由村委投保金26.50万元。2011年，18～44岁投保的村民，也由村委会负担，共计1216人，投保金额30.40万元；在外投保者422人，计投保金10.55万元，两项计40.95万元。

其后，村委每年根据户籍登记，为应入养老保险的村民交款入保。

村养老保险投保情况表

续表 7—17　　单位：元 / 人

年份	养老保险			城镇保险			备注
	人数	标准	金额	人数	标准	金额	
2008	612	54.5	33354	112	54.5	6104	18 ~ 45 岁自费
2009	638	218	139084	115	218	25070	
2010	846	250	211500	214	250	53500	
2011	1216	250	304000	422	250	105500	18 岁以上全部村代缴
2012	1198	250	299500	421	250	105250	
2013	1196	250	299000	465	250	116250	
2014	1207	250	301750	605	250	151350	
2015	1157	250	289250	517	250	129250	
2016	1198	250	299500	515	250	128750	

意外伤害保险　“敬老惠老银龄安康”是专为老年人定制的保障计划，也叫银龄安康工程。是政府部门携手央企为广大老年人提供日常生活意外保障的一项惠民工程。

2011 年起，南马坊村开始为 60 ~ 80 岁老人缴费。第一年每人 10 元，有 436 人加入，计 4360 元。第二年开始加到每人 20 元，有 458 人加入，计费 9160 元。第三年仍为 20 元，计有 472 人加入，计费 9440 元。从第四年开始，即 2014 年后由齐都镇政府统一代缴。

第五节　优　抚

拥军优属　南马坊村长期坚持优待烈属、军属。1946 年，南马坊村为无劳动力或缺劳动力的烈军属实行代耕。部分或全部土地采取固定户代耕，当时由庄长具体安排。因时局动荡，社会不安定，此项工作时办时停。

1948 年，南马坊村最后得到解放，并实行土地改革。在土改中，对少地或无地的烈军属，优先分给他们最好的地和足量的地，重新提出固定户代耕或派工代耕。并必须做到三保（保证深耕细作、保证多打粮食、保证不损坏土地），三先（先耕种、先收割、先打粮食），以确保他们的生活。在土改中还把从地、富分子过多的宅基地中划分给缺房少屋的烈军属。

1956 年合作化后，改为优待工分。实行“三定”政策，其优待工分由生产队补助统一参加分配。1960 年后，对烈军属仍然实行工分照顾，都是让他们“吃平均”，过上社员一般或一般以上的生活水平。对无劳力的烈军属，还派人把粮食送到家中，每年春节为他们贴对联。

1984 年，农村实行家庭联产承包责任制，对应征入伍的义务兵家属，每户优待 1 口人的责任田，以后又改为现金优待。由村集体统一提取和兑现。1991 年，执行临淄区优抚对象抚恤优待办法，将抚恤金提高。2004年，农业户口的义务兵每户优待3200元。

对在特种部队服役退伍的义务兵，经检查确定有伤残者，给予生活补助，由每人每月400元，到2016年补助到900元。对参加过云南边境反击战的退伍军人，在原来每月补助180元的基础上，每人每月补助到500元。

五保户 南马坊村对“五保”坚持做到保吃、保穿、保住、保医、保葬。合作社至人民公社前期，让他们吃平均口粮。按平均工分分粮分菜分柴。20世纪70年代后，“五保”户由大队管理，按社员平均生活水平供他们口粮，按月发给他们零花钱。齐都镇建立敬老院后，动员他们到敬老院住，一切费用由村内支付，对不愿意去的转为困难户。村内于明芳、于荣臣、韩秉军、王秀华等已先后去敬老院生活。

2015年，村民住进新住宅楼，对“五保”户的优抚水平提高，每月发放200元养老补助金，另每月发放500元生活补助费，每年发1000元衣服补助费。所居住的公寓内水、电、暖、燃气及个人医疗费都由村内支出，国家对老年人所发补助照领。每年收入1万多元。另有部分“五保”户，本人提出申请，经村“两委”同意，可由其亲属供养，其亲属享受分房权利（每个“五保”户一套100平方米的楼房），作为抚养“五保”户的代价。房子由供养人继承使用。

困难户 1973年，有些户困难户过春节吃不上水饺，大队领导给他们送去白面。过冬时每年发给他们烤火煤，对缺钱的适当补助。家庭联产承包责任制后，让他们享受农村低保待遇。仍住危房者，集体出钱出物为他们翻盖新房或者让他们住到因建新房腾出的较好的房内居住。

1996年，执行临淄区关于实施农村最低生活保障的制度，最低生活保障线的标准，按人均年收入650元标准实行差额补助，有低于人均年收入650元的农民为保障对象。农民的最低保障金由区、镇、村三级按25%、30%、45%的比例负担。1999年调整为700元，2004年后调整为区、镇各负担一半，村级不再负担。

搬迁新社区后，为困难户分配新楼房，将原来的住房作价后处理，补偿房屋差价。

残疾人 农业合作化后，生产队根据残疾人的具体情况，尽量安排他们做些力所能及的农活，使其生活有一定的保障。人民公社化时期，生产队安排残疾人护坡、护场挣工分分口粮。实行家庭联产承包责任制后，村委会也对他们给予照顾。1991年，《中华人民共和国残疾人保障法》颁布实施后，对残疾人在康复、劳动就业、福利等方面都作出具体安排，南马坊针对残疾人的具体情况，开设了纸箱厂，专门招收残疾人入厂。

第一届老年协会成员

第二届老年协会成员合影

第六节　尊老　爱老

南马坊人有尊老、敬老、爱老的优良传统。1989年，村委决定成立南马坊老年协会。协会

第三届老年协会部分成员合影

第十届老年协会成员合影

设会长1人，副会长1～2人，委员若干人，每个生产小组选一名德高望重、乐意为公众事业服务的老人为组长，共同组成南马坊老年协会。老年协会自1989年成立后，1990成立第二届，以后随村委会换届选举同步进行，至今已到第十届。

协会负责组织老年人参加各种有意义的活动。如每年组织一次外出旅游，费用由村集体负担。之后，村“两委”又制定养老办法，让有老人的子女签订赡养老人协议。要求子女保

老年节分发物品

证父母的吃、穿、住，并给他们每年360元的零花钱，如果不到位，由老年协会成员监督执行。成立红白理事会，村民的殡葬和青年结婚都要从节俭出发，按照规定执行，老年协会成员负责监督。

村委对老人的抚恤，由老年协会发放，每年的重阳节发放鸡蛋和食用油，给老年人办老年证，协助村委搞好文艺活动。

2005年元月起，村委对年满60周岁的老人发放生活补助费，数额逐年递增。开始每个老人一年发200元零花钱。2008—2009年每季度发放100元，全年发400元。2010—2011年改为每月100元，全年1200元。2012年后，提高到每月200元，全年2400元。另为每个老人发

放100元的生日贺礼。每年老人节、春节都分鸡蛋、食用油等生活物品。至2016年12月底，全村60周岁以上的老人有667名，占全村人口的21.6%。

进入新社区后，将老人安排在老年公寓内生活，根据老人的身体状况，对行动不便或年龄大的可提出申请，优先分在楼房的一层，其他人依次分配住房。全社区共建老年公寓5栋432户，一次未住满，分期够条件的再住进去。老年公寓内的地板、墙壁、门窗、厕所全部安装好，天然气、抽油烟机、灶具及水、电、暖一应俱全，老年人拿上生活必须品既可拎包入住。可随时到活动中心、门球场参加活动，做些有兴趣，力所能及的事情，过着老有所为，老有所乐，老有所养的晚年幸福生活。

1989—2016年南马坊村老年协会成员

表7—18

职务	姓名	性别	任职时间
会长	崔香秋	男	1989—1990.4
	徐广兴	男	1990.4—1993.4
	初光顺	男	1993.4—2014.11
	于明孝	男	2014.11—
副会长	刘昭荣	男	1989—1990.4
	朱光文	男	1993.4—2014.11
会计	贾明远	男	1996.4—2014.11
委员	朱光文	男	1990.4—1993.4
	于锦章	男	1990.4—1996.4
	贾琳	男	1990.4—2014.11
	贾明远	男	1993.4—1996.4
	于继先	男	1990.4—1996.4
	刘一中	男	1990.4—1996.4
	谢秀英	女	1993.4—2014.11
	王洪美	女	1996.4—
	解玉亭	男	1996.4—2014.11
	于清杰	男	2014.11—
	贾宝福	男	2014.11—
	商孝富	男	2014.11—

1989—2016年南马坊老年协会各组组长

表7—19

姓名	性别	组别	任职时间
许汉英	男	1组	1989—1990.4
褚文高	男	1组	1990.4—2013
韩玉明	男	1组	2013—
商传贵	男	2组	1989—1990.4
商立标	男	2组	1990.4—2014.11
解玉庆	男	2组	2014.11—
董洪慈	男	3组	1989—1990.4
董洪书	男	3组	1990.4—1996.4
宗来宾	男	3组	1996.4—2014.11
董志亮	男	3组	2014.11—
于洪文	男	4组	1989—1990.4
胡维清	男	4组	1990.4—1996.4
崔荆华	男	4组	1996.4—
齐永成	男	5组	1989—1990.4
齐兴顺	男	5组	1990.4—1996.4
徐广来	男	5组	1996.4—
贾焕燇	男	6组	1989—1990.4
刘中兴	男	6组	1990.4—2014.11
齐永贵	男	6组	2014.11—
谭春元	男	7组	1989—1990.4
齐兴武	男	7组	1990.4—1996.4
刘来元	男	7组	1996.4—2014.11
刘光增	男	7组	2014.11—
刘学志	男	8组	1989—1990.4
徐玉宗	男	8组	1990.4—1996.4
初宗滨	男	8组	1996.4—2014.11
刘佐清	男	8组	2014.11—
贾守仁	男	9组	1989—1990.4
贾守宏	男	9组	1990.4—2014.11
贾守林	男	9组	2014.11—
寇春生	男	10组	1989—1990.4
董龙章	男	10组	1990.4—2014.11
贾文平	男	10组	2014.11—
贾守章	男	11组	1989—1990.4
贾保临	男	11组	1990.4—1996.4
于芬	男	11组	1996.4—
于疏湖	男	12组	1989—1990.4
于清芝	男	12组	1990.4—2014.11
于镜浩	男	12组	2014.11—

附：老年协会章程

一、宗旨

老年协会是在村“两委”领导下的一个群众组织，依据《山东省政府关于保护老年人合法权益的若干规定》协助村“两委”做好老年人工作。

二、章程

1、凡年满60周岁的村民，不论男女都可成为老年协会成员。

2、老年协会的会长、委员由群众选举，经村“两委”批准，一届任期三年。

3、老年协会的成员要不计报酬，不计得失，全心全意做好本村的老年工作。

4、老年协会的会员必须遵守老年协会的规章制度，服从老年协会的领导，维护老年协会的团结和威信。

5、老年协会的任务是：维护老年人的合法权益，积极开展老年人“五有”活动；积极参政议政；调解民事纠纷；办好全村的红白理事会工作，促进全村精神文明的建设。

6、老年协会成员每月召开一次例会，交流学习工作情况，研究布置工作。全体会员每半年召开一次会议，主要由老年协会向全体会员汇报工作，听取意见。全村老年会在每年老人节召开，并进行庆祝活动。

第七节　支边　知青安置

支援边疆建设　1959年，大队贯彻上级指示，支援边疆建设，由于荣志带领于婉若、董良章、于锦朴等部分社员去吉林省蛟河舒兰煤矿安家落户。此前，也有部分社员因生活困难自行去了东北。

知青安置　1974年9月，来自博山电机厂等单位的25名知识青年（男3名，女22名），由一位吴姓师傅带队下乡来到南马大队。大队领导把对知青的安排当做一项重要政治任务对待。专门修建16间平房，做宿舍，活动室及伙房。为让他们适应农村生活，大队领导先将他们安置在林业队、技术队工作。一段时间后，即分配到12个生产队去，每队有2～3名。知青分到各生产队后，正值整平土地高潮，他们不怕苦，不怕累，与社员一块大干苦干。大队党支部经常组织他们学习、座谈交流，关心他们的锻炼成长。团支部经常组织开展一些健康有益的活动，活跃知青生活。社员们对知青非常热情，当自己的孩子对待，手把手教他们干农活，介绍农村的情况，帮助他们解决一些生活上的难题。知青们虚心学习，吃苦耐劳，与社员打成一片，其中孙戈、刘新弟、孙其美、牛玉翠等给南马人留下了很深的印象。一年后，知青陆续返城分配工作。有的分在临淄造纸厂、临淄酒厂，离南马大队近，不时前来探望。夏侯文琪最后离开南马大队，被分配到金岭医院。

1999年，以孙戈、孙启美、牛玉翠等为代

第一批下乡知青26周年回访（1999年）

第二批下乡知青 40 周年回访（2016 年）

表的第一批知青到南马坊回访，并赠送一大匾额，以谢南马坊父老乡亲的培育之恩，并走访了部分村民，召开了联谊会，庆贺南马坊所取得的成绩。

1977 年，第二批下乡知青分三次来南马。上半年到来 26 人，男 16 人，女 10 人。下半年到来 13 人，男 9 人，女 4 人。后由城关公社东古城大队转来 2 人，第二批知青总数 41 人。他们在南马共同生活，虽不是一起来到，但均在这一年，统称为第二批。

他们与南马有着很深感情，在此生活了两年后陆续返城。这批知青的代表，2016 年春季到南马坊进行回访，在党支部书记、村主任贾宝书的陪同下，参观了新村建设和规模，走访了部分老人，他们深受感动，为南马坊取得的成绩感到由衷的高兴。

附：第一批下乡知青名单（25 名）

孙　戈　李言德　刘新弟　刘桂华
孙其美　李书香　李书双　胡钦连
周少华　胡昌华　胡云英　于世霞
邓小华　胡素英　张俊凤　闫文菊
王爱华　赵玉华　赵洪菊　赵玉芝
牛玉翠　董田菊　董兰凤　田洪芹
夏侯文琦

第二批下乡知青名单（41 名）

第一次：26 人

马玉宝　刘道祥　孙能滨　侯念胜
耿新国　李　照　魏方长　王建民
王家刚　刘晨光　刘　波　陈宝才
李爱杰　王平湘　李宗山　邹永生
钱声梅　任光华　张学荣　韩祥爱
张敦兰　刘　娟　李玉玲　李同芬
刘同菊　贾会娥

第二次：13 人

刘子强　顾天武　李　力　刘永福
丁乃玉　董　浩　孙即明　刘明生
孙传仪　程桂芝　陈淑萍　董　丽
常月娥

第三次：2 人

孙　刚　李同军

第八节　婚丧管理

婚事管理　1950 年下半年，开始实行婚姻登记，到区公所办理。1955 年 12 月，改为到乡办理。1958 年 9 月后，由公社管委会办理。“文化大革命”时期，消除看日子、择吉时的做法，规定 5 月 1 日、10 月 1 日、元旦、春节为结婚日期，结婚为集体一块办理，送镢、铁锹等农具以作纪念，有时上午结婚，下午就到整地工地干活，叫“革命化结婚”。1985 年 7 月 1 日，改由镇政府民政助理员办理。1991 年 5 月 20 日后，到新成立的临淄区人民政府婚姻登记处办理。

1998 年，村委会制定南马坊村结婚程序并张榜公布，要求村民按照执行。程序规定：1. 凡本村要求结婚登记的村民，在村里出具《婚姻状况证明信》时交纳简办保证金500元，之后再大操大办者，保证金不予退还。2.凡本村青年结婚，必须于结婚前交结婚登记证书，由理事会验证，无结婚证者，不予办理。3.凡合法婚事，由理事会派出四名成员代收村民贺礼，一名成员记账，本村贺喜者一律不招待，婚后由理事会统一张榜公布，答谢贺喜者，并无偿提供红彩、红花、录音磁带等。4.婚礼中严禁封建迷信活动，婚礼由团支部主持，婚礼中新郎、新娘要表四个决心（勤劳致富、团结和睦、计划生育、孝敬父母），主持人介绍本村两个文明建设的基本情况。5.有条件的户婚后放一场电影，表示对村民贺喜的谢意，严禁摆酒招待本村的人，坚决执行“一场电影一包糖，勤俭节约娶新娘”的原则。6.对不听劝告，违犯本制度者，视情节轻重，处以批评教育或罚款。以上规定，作为评选文明户的重要条件，执行情况记录村民档案。

2015年，搬迁新社区后，进一步简化婚礼程序，只在楼门前靠近街道处立一彩门，楼道口贴一副对联、一对大红喜字，临结婚时再贴一对龙虎。室内布置彩花，不再悬挂乡眷名单和喜幛联。早上举行结婚仪式，自家的长辈端坐正中，接受新人的礼拜，直系亲属一旁列坐。新人在司仪的引导下按程序办理，其后中午到饭店举行庆典活动并一块待客。2016年始，推行每户贺礼50元，不吃请。

过去对出嫁的女儿一般家庭不作布置，2014年始，提倡男女平等，对女儿出嫁，程序、摆设与男子一样，只是在结婚时门前不贴龙虎。在彩门上将新娘的位置写在前面，一样随礼，一样待客。

丧事管理 新中国建立后，丧事仍沿用几千年遗留下来的旧风俗办理，人去世后不论远近都要到土地庙处送浆水，直呼亲人到西方大路，然后安葬在各自的坟茔处。“文化大革命”时期平坟头，在村东南角割地建设公墓，不论男女老少，不分族别，一律到公墓安葬。1973年，实行火化要到张店火化场。之后，临淄区在南马坊村东南建立火化场。1989年，村内成立红白理事会，对红白公事进行规范化管理。白公事不穿白，只戴“孝”字，去掉迎门祭、路祭等，只在灵棚守护。祭别结束后送到火化场，火化后送到归葬处。2006年，村集体在村西北角建起灵堂，两名村民专管灵堂的安排次序。

2013年开始，齐都镇推行丧事移风易俗新章程。凡不送浆水、不烧纸草、不穿白丧服、不迎客、不拜祭、不大操大办、不顶瓦打幡、不披麻戴孝、不唱戏打鼓、不大摆灵堂、不设宴摆席、不丧后酬劳、不在田中筑坟者，经镇政府派人检查合格后，丧家可在丧事后持镇政府开付的介绍信，到上级民政部门领取800元的丧葬费。对不执行上述规定者，轻者批评教育，不发放丧葬费，重者罚款。

2014年后，迁到新社区，一般去世后都到火化场，租借殡仪馆礼堂，召开简短的追思会，将骨灰盒送到公墓或灵堂安葬。也有的直接到村灵堂向逝者告别后安葬。

2016年，区政府规划建设临淄区医疗中心，占用南马坊公墓土地。村委规划将公墓迁至西北坡，新建墓茔600座。

第九节 集体财务管理

合作化时期 1956年成立农业生产高级合

作社（简称高级社），才有实际意义上的集体财务，高级社下属七个生产队，每个生产队在村边宽广的地方，建立办公室，建设仓库，并有打谷场，称为“社场”。临近建有牲畜棚，饲养农役用的大家畜，称“饲养处”。组织上设一名会计，在社委会的领导下，处理本队的财务账目。一名实物保管员，保管本队的粮和物品的存出。当时高级社属二级核算，各小队的会计、保管只有管理本职工作的权利和义务，所属权归社委会。社委会设一名会计，统筹全社的财务，并定有会计职责和任务。大型开支须社委会讨论通过，小型开支由社长同意，每张单据都要经手人和社长的签字，才能报销。每月的账目都要定时张榜公布，因村大人多，附设一名会计助理，专管全社社员的工分，另设一名保管，管理村委会属下的财产。

人民公社时期　1958年成立人民公社，执行一级核算政策，各小队的财和物，由公社一级通过社委会统一调配，以彰显一大二公的优越，这在当时群众思想观念一时不能适应，加之后来的三年自然灾害走了不少弯路。1962年，实行“三级所有，队为基础”的政策，生产小队开始自主经营，自负盈亏，成为财和物的主宰。各小队在大队领导下，健全财务管理组织，建立财务管理制度，大队即有领导权，又有检查督导权，各级财会人员，在各自岗位上尽心尽责，保护着集体财产。

随着生产力的提高，物产的丰富，在实际工作中，各小队的财会人员，有的出些偏差，1976年大队采取代账的办法，将各小队的财会账目，收归大队代管和审核，现金收支由大队代管，从而纠偏了小队出现的问题。

联产承包制时期　1983年改革开放开始后，体制改变，各小队的财产，土地被分配，财务作价处理，小队一级组织，只保留行政上的组长，其余全部取消，村委的保管员保留到1989年取消，余留财产由村委会的文书代管，1997年村委会在村民代表中组成民主理财小组，负责对集体财产的监督使用。

2003年根据上级指示，村级财务管理，实行镇村两级共管，叫双代管制度。村级财会人员按财会守则办事，大型开支，由村委会研究决定，小型开支由村主任签字报销。农村土地、设施发生产权转移时，必须经过村委会和具有评估资质的单位，按照程序科学评估，按照市场原则确定价格。农村集体土地、设施等出租时，出租方案，必须经村民代表大会讨论通过，集体建设项目购置大型或大批设备，必须公开招标。集体土地开发利用时必须实行公开竞标和招标制度。所有的财会单据，都由镇政府统一发放。使用时要有经手人和村主任签字，要接受村民理财小组的检查，财务报表每月在村务公开栏中，张榜公布，接受群众监督，另将账目原件送交镇财务中心审查、保管，包括村财务收支，货币资金，集体财产，合同台账，合同资料等。农村财会代理制的落实，促进了农村经济持续发展和农村社会的和谐稳定。

2015年，进入新村成立物业公司，组成新型的管理机构。物业公司负责制定各单位和个人的职责任务，负责新村的公用资产维护和保养。

第四章　经营分配

第一节　合作化时期

互助组　农业生产互助组是南马坊村最早的生产合作形式。其时，生产资料归个人所有，只是在农忙时互助合作，闲时单干，个人收获土地上的产品。互助组推选一个公正的人负责会计事物，把农忙时组内各户投工、投畜、投工具（大型）及用工、用畜、用工具情况统计好，在协商的基础上，合理确定以工换工、以工换畜、以工换工具，合理兑换，达到互助互利发展生产的目的。互助组组长要带领大伙干农活，按实际情况，确定先干谁家，后干谁家，不能有偏心，是人人信得过的带头人。

初级社　初级社有社长、会计、物资保管员各一人，组成社委会。初级社的土地、牲畜、大型农具等要折价入股统一经营，社员仍然拥有生产资料的所有权，初级社只拥有这些生产资料的使用权。经营管理是集体劳动、分组管理、民主理财的制度。对社内较大开支，如买牲口、购大型农具，都经社员大会讨论通过，一般性开支由社委会或社长批准。对劳动的成果，以记工分来显示，此为最早出现的工分记载。

分配原则是先国家、再集体、后个人。一般从初级社总收入中扣除公粮国税，再扣除当年生产费用、公积金、公益金，最后分配给个人。由于土地入股，拥有土地的社员还要缴纳“地垫金”，所以在分配时就按“地四劳六”的分配制度，40% 为土地分红，60% 为劳动分红。对烈军属、“五保”户、困难户做出适当照顾。

高级社　实行土地归集体所有，牲畜和大型农具都作价处理入社，取消土地和生产资料分红。社内设有专门财物人员。其中，主管会计、记账员、现金出纳、物资保管各 1 人。社内财物由社一级管理，建有财务制度，并将财务的收支情况实行公开，并公布。

种植计划、发展副业项目、基本建设由社委会统一安排。农作物的管理、劳动管理由生产队具体实施。社员出勤，评工记分，由生产队记好后汇总到高级社的记账员处理。记账员负责把全社的劳力统一列表登记，定时把他们干活所得的工分登记好，以备分配时所用。

第二节　人民公社时期

人民公社成立后，推行一大二公，政社合一，公社一级核算。生产资料及产品物资一切由公社直接调用，对原来高级社的财产全公社统一使用，挫伤了社员的积极性，出现粮食、地瓜烂在地里无人收获现象。致使 1958 年出现粮食丰产不丰收的局面，造成之后三年经济困难。

1962 年 3 月，根据中共中央《农村人民公社工作条例》关于三级所有、队为基础的精神，基本核算单位下放到生产队，财务管理的重点也落实到生产队。生产大队由经济实体转为行政管理机构，负责对生产队、财务管理检查指导，负责分配和监督完成征粮任务及农业税的交纳。负责对烈、军属的优待工和大队管理行政工的平衡性。

1971年，经过整党建党后，生产大队和生产队的干部，主要精力放在生产上，大队干部分片包干，帮助生产队检查指导生产，并定期组织生产大检查、评比，促进农业生产。生产队长直接带领群众干活，白天主要精力放在田间，发现问题及时召开会议研究解决，他们几乎每天晚上都要碰头，研究生产，给社员定工分，记工分。

1972年下半年开始，每年用半年时间用于整平土地，从每年的四月份后又把主要精力放在生产上。年初，大队队委会首先对每个生产队的班子组建好，帮助他们做好一年的生产计划，种什么作物、实施什么增产措施、达到什么标准，养多少猪、积多少肥，如何种好经济菜园，收入多少钱，年终结算社员口粮达到多少，分配多少钱，都做好计划并书面写好上报大队备案。

大队、生产队都设有会计、出纳和保管。大队会计主要管理大队及生产队的各种报表和账目明细，负责全大队的日常工作，大队的现金和实物由一人担任。大队的财务管理、物资管理历来制度健全，措施得力，账目清楚，物资管理井然有序，受到领导和社员好评。生产队的会计，管账不管钱，现金由出纳管理。以后根据临淄区统一要求，推行民主理财，实行民主管理，每个季度以生产队为单位，召开社员大会，由会计将一个季度的财务报表向社员公布，并接受社员的监督。每月向大队汇账接受检查，大队对生产队的财物，既有领导权，又要检查生产队的账实相符。

1976年后，根据上级指示，生产队的账目一律由大队代管，为此大队组织商传恕、徐建中两人对各小队的账目给予分工代管，商传恕负责1队至6队，徐建中负责7至12队，以正规形式记账，年底结账一起存档。各小队的现金收支要经过大队出纳员，大队、小队之间的账目以往来账结算，此形式一致坚持到开始家庭联产承包责任制。

第三节　收益分配

分配　生产大队时期的分配原则仍然是“先国家、再集体、后个人”。分配方式是先预算分配，再决算分配。预算分配是麦季分配，按每年上半年（6月30日前）的工分，进行小麦与现金预分，其中包括亦工、亦农，职工家属的虚贴工分。决算分配是结清10月31日前的所有工分，全年的实物作价入账，结清现金收入和各项支出做年底决算。分配形式是在年终决算时把各家各户的工分进行汇总，再把汇总工分换算成工日（10分为一个工日）。把分给各户的粮食及其他实物计算出总钱数，与参加分配的实物作价预分现金之和，被全队的总工日数相除，得出本生产队当年的劳动日工值，再将日工值乘以各户的工日数，便知各户本年度的劳动总工值。各家各户因劳动力强弱及其他原因，各户的收入不尽相同，有些户因工值太少，就连“人七”所分的粮食款都不够，只能把该户所欠款记入社员往来账，以备后期有款时再还。劳动力强的户，工分多，就可以分到相应的款和粮食，以体现多劳多得。也有的生产队不能把决算时所得的现金全部兑现，原因是那些欠款户拿不出钱来归还，因此分着钱的户，也只能按比例分配，比数按本队实际情况而定。分配按人七劳三，对虚贴工分只参加粮食分配。分配方案，算清各项收支后按60条规定，扣除公积金3%，公益金2%，固定财产折旧5%，编好后上报公社经营管理站，审批盖章，回来进行决算分配。分配制度是“人七劳三”制，“人七”是首先保证每个公民的生活必需品。“劳三”是以工分制，按工分多少参加分配，体现出多劳多得。

工分 工分是分配的依据，工分的种类繁多。包括：

标准日。一天为一个标准日，分五个时段，早上为一个时段，上午为两个时段，下午为两个时段，其他时间为加班。

标准工。10分这是一个整劳动力，干一天活应得的工分。每个时段为2分，干几个时段，记相应的工分。男半劳力每天定为8分，女整劳力每天定为8分，女半劳力每天6分。学生放假回家干活，男学生8分，女学生6分。不论多少工种，多少分组，队长分配好后指定一个带头的，收工后、记好工回报队长。

包工。分大段包工和小段包工不等，什么工种也不等，这是社员在日常生活中创造出的一种记工法。在日常生活中有一些工种不能明确多少工，就以总体多少分，让某个人或几个人去完成，最后由他们自己订出谁多少工分，这种工作，往往干得好、干得快。

定额工。按照农活的具体情况，订出工分，

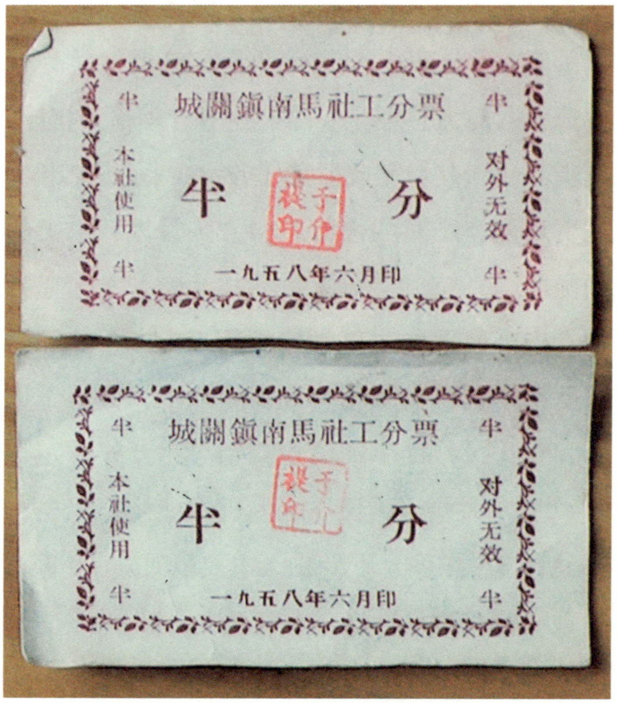

工分票

每完成多少得多少工分。以体现多劳多得，也避免同工不同酬的现象。例如捋烟叶，手脚快的捋的烟叶好，且捋的快，同样劳力，手脚慢的就捋的少，得分也少。另间苗拔草等农活，对每种工作的定额，生产队领导都是颇费心思的。

固定工。有一些工种一次分配常年不变的所谓固定工。外出民工。集体所干，如去太河修干渠、边河整地、塌河干工等。此类工，按照实际出勤数回来挂工。还有的到化建拉地排，所挣的工钱归大队，小队记工分，类似这类以生产队外派的常年工为固定工。饲养员

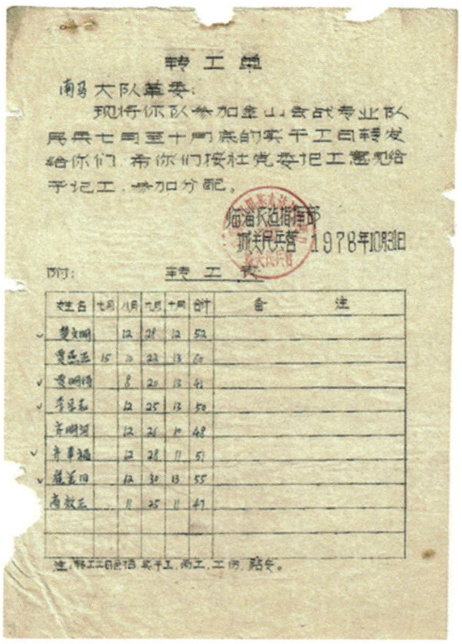

转工单

南马大队革委：

现将你队参加金山会战专业队民兵七月至十月底的实干工日转发给你们，希你们按社党委把工票兑给予记工，参加分配。

临淄农田水利建设指挥部
城关民兵营 1978年10月31日

附：转工表

姓名	七月	八月	九月	十月	合计	备注
[illegible]		12	28	12	52	
[illegible]	15	10	22	13	60	
[illegible]		8	20	13	41	
[illegible]		12	25	13	50	
[illegible]		12	26	10	48	
[illegible]		12	28	11	51	
[illegible]		12	30	13	55	
[illegible]		11	25	11	47	

注：转工日包括实干工、病工、工伤、路途。

民工转工单

工。以饲养大牲畜为主，吃住都在饲养处。养猪（养羊）工。以饲养猪为主，冬季垫栏，夏季遮阴，防病防疫，一天3时喂养。造四合一肥料。每天从社员户内挖出大粪、尿等肥料，加上从饲养处清扫的大牲畜粪，加土和水和好，用泥封盖。菜园工。是一种技术工，常年坚持并有夜班护园，工分稍高。季节工。如护理棉花、黄菸、萝卜等。

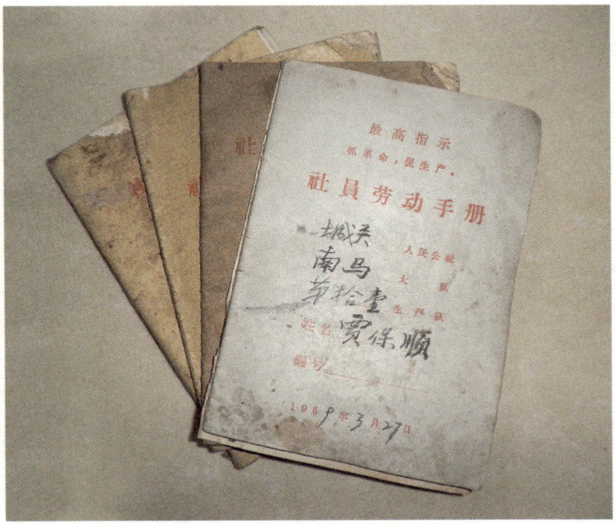

劳动手册

肥料工。养猪。“养猪图攒粪，挣钱是枉然”。生产队大力发展养猪就是为攒粪，把猪分成四个等级，60斤、80斤、100斤、120斤。每个等级，相应的每个月积多少肥。120斤猪为成年猪，积肥最多，为发展养猪业，老母猪不管体重多少都算成年猪，每月一估算，每月一评级定多少肥，以肥定工分参加分配。养羊。一般按只数算，小羊出了满月算只，积多少肥参照养猪情况议定，但没有奖励粮，只做工分计算。人粪、尿。按斤数算，由造四合一肥料的社员每天到户内清扫担粪、尿并记账，最后报总数按斤数记工分。土杂肥。谁家的饭屋或旧屋需翻新，可报生产队，生产队无偿出工，自己出料盖新房。若不需盖房，所有土杂肥可估计数作成工分，参加分配。人造肥。这由生产队组织人力，在农闲时将青草切碎，按比例掺和一定数量的土，成堆加水沤制。

补贴工。生产队长。不记工，按本生产队整劳动力最高工分挂记。会计和保管。不记工，按本生产队劳动力前10名所得工分的平均值为其工分。副队长。记工，按实际出工做适当补贴，也在前十名。大队干部。主要领导挂最高工分，一般干部适当减少。大队工。一种是在大队所属单位，如油坊、磨坊、技术队、林业队、民办教师、幼儿教师等，大队会计向生产队会计开单，按出勤天数定工。第二种是大队临时启用某个人做某项工作所用的工。因工伤亡补贴工。一些社员因工伤或工亡，所记的工分。另外还有计划生育结扎补贴工等。

补助工。烈、军属按照计算出的全队所有干活者所具有的工分的平均数，高出10%为烈、军属的实行补助。“五保”户补助到吃平均数。困难户按实际出工数另加补助吃到平均。亦工亦农是70年代一种特殊工种，是农民也是工人，在公社级的工厂干工，属临时工类，也有长期干的，后转为退休工人。按每月的工资，交生产队一部分，自己留一部分，以补助到同等劳动力的工分。职工家属户除去自己所干的工分外，所欠的工分用钱买，以吃到平均。

所有的分配共分三级。初级社、高级社是二级分配，人民公社化实行后，推行一级分配，全公社一个级别。1962年后，三级所有、队为基础，以生产队为单位分配，为三级分配。20世纪70年代曾实行大寨评工法，按每个人的思想、行为作为评定工分的依据，部分善于表现、能说会道者结果评了高分，部分埋头苦干、不善言谈者，反而评了低分，很伤群众情绪，实行了不长时间就被取消。

当时对一个生产队生产的好与差，进行评估，有两个值，一是亩产单产值，一是工分值。单产高的生产队粮食就多，因各队的土地数差不多，工分值高的，说明生产队有物资可分。

1956—1982 年南马大队收入分配统计表

表 7—20

年份	人口	粮食收入				现金分配						
		面积	单产	总产	每人占有粮	任务	口粮总数	人平均	总收入	每人占有款	社员分配	每人平均
1956	1330	4185	248	1037880	788	350792	577220	434	190043	143	96837	73
1959	1687	3824	181	691300	410	346260	251544	148	94089	56	16667	10
1960	1650	4123	150	616247	374	48316	275599	167	96886	59	48169	29
1961	1727	3936	132	513459	300	117752	298819	173	44397	26	27198	15
1962	1820	3926	226	887477	487	220000	482530	265	105540	58	69038	38
1963	1915	4013	296	1213140	633	305008	732116	382	167197	87	93064	48
1964	1973	3798	400	1512970	767	324683	975000	494	213089	108	111766	57
1967	2176	3621	400	1443958	663	318036	829171	381	258933	119	134152	60
1968	2244	3701	342	1266415	556	287597	766018	341	235338	105	121510	54
1969	2318	3674	383	1407417	607	272667	883952	381	255515	110	144926	62
1970	2400	3650	439	1603047	668	289419	938995	391	253746	105	127287	53
1971	2455	3427	630	2155361	880	367318	1112230	453	377419	154	179395	73
1972	2494	3363	618	2080144	835	452059	1077468	432	363600	146	171302	69
1973	2499	3357	623	2091139	836	522212	1117304	448	375910	151	181314	72
1974	2553	3251	689	2240214	878	530824	1153583	457	373827	147	178785	71
1975	2570	3122	1002	3127762	1217	680091	1240899	482	515093	200	213330	83
1976	2549	2975	1047	3114704	1234	1008501	1275467	495	524017	205	211864	83
1977	2551	2883	1003	2890955	1134	1155117	1262672	495	538868	211	215511	84
1978	2589	2872	1050	3016515	1164	1069477	1295618	500	609733	235	241314	93
1979	2566	2936	1112	3263384	1271	1117591	1358805	530	666097	260	327287	128
1980	2565	2956	1055	3117711	1215	868375	1369106	536	724935	283	355498	139
1981	2579	2961	1053	3118793	1210	921664	1402744	544	721103	280	368574	143
1982	2579	2787	1110	3095107	1200	915043	1391325	539	833452	323	473216	183

第四节　联产承包责任制时期

1982 年下半年开始，在坚持公有制的基础上，将土地使用权转给农民，实行“缴够国家的，留足集体的，剩下的全都是自己的”分配制度。开始两年叫联产计酬，后称为家庭联产承包责任制，群众放开手脚，对土地的投入加大。在种植蔬菜上，每户都要种一个或几个大的土温室。生产队在最后分配土地时也拿出好的土地专门种植蔬菜，使南马坊的土温室种植达到鼎盛时期，家家户户都有土温室种植，村民中开始出现万元户及几万元户。粮食种植仅小麦一季总产超过万斤的户逐渐增多，村民生活得到很大改善。

1999年3月，中共中央为巩固家庭联产承包制，对土地的承包保持长期稳定，要给农民更加充分、更有保障的土地承包经营权。4月15日村委会与各农户签订土地经营合同书，向各户颁发区政府统一印制的土地承包合同书。其中，规定承包方和发包方的权利和义务，规定合同变更和解除办法，让农民吃上定心丸。合同书规定：对承包的土地有经营权，并受法律保护，承包方有在承包的土地上使用良种，增施肥料，培肥地力，改善生产条件，提高产量的权利。对承包的土地，不准出卖或私自改变用途，如盖房、取土、筑坟、烧窑等；建果园或栽用材树，必须在集体统一规划下，在指定地片进行。不准弃耕、荒芜或进行掠夺性经营。承包土地范围内的电力、机井配套设施等集体所有的附属物，不得随意处置。承包方必须认真完成各项农业税，定购任务及农民应承担的村提留。在土地承包期内，农户有权进行互换、转包、转让等，但必须发包方同意并办理相关手续。

发包方的权利和义务：土地的所有权归集体，村委会作为集体的法人代表行使发包权。对承包方违反土地管理条款或改变土地用途，弃耕、荒芜和进行掠夺性经营的，有权处罚或收回土地，发包方对承包方尽可能提供各种服务。

2002年，按照上级指示，全面推行取消农村教育集资和专门向农民征收的行政事业收费，调整农业税，改革村提留征收使用方法。2004年，开始取消农业特产税。2006年，取消农业税，农业收获全部归农户。并对农户实行良种补贴，对购买大型农业机具的农户给予补贴。同时发给农户种粮补助款，并逐年递增。

2004年，国家制定《中华人民共和国农村土地承包法》，以稳定和完善家庭承包经营为基础，统分结合的双层经营体制，赋予农民长期而有保障的土地使用权，维护农村土地承包人的合法权益，促进农业、农村经济发展和农村社会稳定。

2014年，上级政府在1999年4月签订的土地合同书的基础上，重新丈量土地，注明承包地块的情况，地块名称，地块编码，实测面积，四至邻里，并绘图示意。经区政府核准登记，确认承包方依法取得农村土地承包经营权。颁发区政府印制的农村土地承包经营权证，并提出一些规定和注意事项，农村土地承包经营制度更加完善。

第五章 军 事

南马坊靠近临淄县城，又处交通要道。旧时，出县城西门有去往济南的大道傍村而过，驻军、战事在此频繁发生。20世纪20年代末，红枪会攻打临淄县城时就曾在村内驻守，并将指挥部设在于氏大院。1930年，阎锡山、韩复榘在临淄境内作战，村为前沿，民受其害。1938年日军占领临淄县城后，南马坊沦为敌占区，常有敌伪骚扰。日军投降后，八路军、解放军三打临淄城，南马坊是战事前沿地区。1948 年 4、5 月间，解放军发起潍县战役，吴化文部从西线增援，华野七纵进行拦截，南马坊村附近成为主战场，在此展开“拉锯战”，三进三出，甚为惨烈，死伤多人。

解放前，村建立自卫团，维护社会治安，协助八路军、解放军开展工作。解放后，成立起民兵组织。1958 年后，成立民兵连，实行准军事化管理，在参军服兵役、维护社会治安和生产建设中发挥了重要作用。进入 21 世纪后，根据国防形势的新要求，组建起精干的基干民兵组织，按时参加上级武装部组织的民兵集结点验。

第一节 驻 军

1946 年 2 月，廖容标率领山东军区第四师在南马坊村驻扎近 4 个月。他们纪律严明，不拿群众一针一线，处处维护群众利益，帮助群众打水，扫院子，干农活，开展打篮球、演节目、开晚会、踩高跷等文体活动，与民同乐。群众也处处为他们提供方便，做军鞋，送咸菜，亲如一家人。四师为打击驻张店的国民党军队即人称“一眼六”王砚田为师长的国民党剿共救国军第二师，赶赴前线，临走时，群众依依不舍，夹道相送。

1952 年夏天，中国人民志愿军某部回国休整，在南马坊村驻扎两个多月。驻军包括炮兵、步兵。部队在村内修建多处篮球场，经常组织比赛。南马坊村的篮球活动就是受他们的影响而兴起的。每个连都有一名文化干事，既教唱歌又教文化，既教战士，也让老百姓参加，有些战士经常给村民，尤其是小孩子讲战斗故事，也让村民到他们住处参观，教如何打背包。

第二节 战 事

临淄城，是临淄县的经济文化中心，历代战事频繁。南马坊村地处临淄城郊，每次攻打临淄城的战事都和南马坊连在一起，南马坊村是受战争之苦较严重的村庄之一。

红枪会　20 世纪 20 年代，益都县西北乡的朱良、段村一带自发组成了一个道会门“红枪会”。以后扩展到益都县西部山区及临淄南部、淄河两岸的村庄，临淄以王朱、仉行最甚，其次为大武、商王庄。总首领崔云端是益都县朱良人，被王朱人朱庸德引领到王朱，并在他家设坛，招门徒，红枪会日益壮大。红枪会会员的装束是头打黄包头，腰扎黄束带，胸前衣襟内戴夹着黄符和真言的黄兜兜，腰里插一把一尺长的匕首，每人必须有一件武器，钢枪、匣枪、钺斧、大刀及长矛皆可。他们以入了“红枪会”，能避枪炮，不怕刀剁、斧砍，能抵御兵匪，保护身家为信念，并以诚心诚意、不贪财、不贪色、真言不准外泄为约束。

1929 年农历正月二十，崔云端带领淄河西岸王朱、南仇及仉行一带十几个村庄的红枪会会员，联合朱崖、黑旺一带的铁板会，约 2000 余人准备进攻临淄城，道徒驻守在南马坊和国家庄一带。当晚劝说驻守在西关西阁子的一个班起义投降红枪会，西关被占领。其后，分东、西、南三路包围临淄城，指挥部设在南马坊于氏大院。城里警备队队长朱全义十分惊慌，当晚派人到南马坊与红枪会议和。崔云端提出了五个议和条件：警备队交出所有枪械；士兵解散回家；取消一切杂捐税赋；拨款救济困难的老百姓；红枪会进驻临淄城。朱全义未答应，谈判未成。二十一日凌晨，崔云端下令红枪会三路攻打临淄城。攻东门的会员被守军打死了几个人，消息传到西门，西门也打死了几个人。警备队知道红枪会能避枪炮的说法是假的，随即从北门派出骑兵，包围并冲击攻打西门的红枪会，攻西门的红枪会会员看到同伴被打死打伤，又处于腹背受敌之势，仓皇逃退。攻西门的一退，攻南门和东门的红枪会也一块溃逃，兵败如山倒，红枪会攻打临淄城彻底失败。在溃逃中路经南马坊村，村民韩玉梅的哥哥被打死，红枪会会员为掩护自己，抢走了南马坊村民的一些农具。次日，商王庄被烧，仉行、王朱遭警备队血洗，崔云端逃走，红枪会主力从此溃散，南仇村的红枪会仍坚持数年。

南北军战事　1930年，冯玉祥、阎锡山联合反对蒋介石，为此发生了军阀阎锡山和韩复榘之战，时称南北军作战。南军指韩复榘，北军指阎锡山的军队。6月，阎军追击韩军入临淄境内，司令部设在临淄县城，部队驻在淄河西岸，韩复榘的军队驻在淄河东岸，以淄河为界，激战四十余天。打仗就下雨，打了四十多天，下了四十多天雨，南马坊村深受其苦，直到蒋介石援助韩复榘的军队由青岛西进，阎军撤退西去。

解放军阻击战　盘踞在临淄城的国民党县政府，为确保城里的安全，在城周围修筑防御工事，南马坊村东北方不远处有几个冢子，冢子周围都修有明堡暗道及木寨（用树枝扎堆成的障碍物），丁家冢子的暗道直通临淄城，此为临淄城西南方向的防御工事。修工事用的木板、门板、木棒大部分是从南马坊村抢去的。扎木寨用的树枝大部分砍伐南马坊的树木。临淄城一有战事必先打外围工事，南马坊便成为攻打这些工事的前沿阵地。

最惨烈的一次战事是发生在1948年5月5日。当时，解放军山东兵团组织兵力攻打潍县，吴化文率国民党十二军（因每人脖子上系有一红布巾，百姓称其为红脖子），从济南沿铁路线向东推进，增援潍县守军，解潍县之围。部队行进到淄河西岸被华东野战军第七纵队打援部队拦截。南马坊村是主战场之一，双方在南马坊打了三天三夜。白天国民党军占领南马坊，晚上七纵队又打回来，把敌人死死的拖住，不能东进。当时上有飞机扫射、投炸弹，下有机枪、步枪、迫击炮。激战中南马坊很多民房遭破坏，东南马齐兴山家原北屋的西间，连着齐兴武家原西屋南间，一颗炸弹把两间屋炸毁了。齐香云家的西屋被炸弹炸飞。东南寨门北边，徐家冢子北边，关帝庙前边等全村有七八处被飞机炸弹炸出的大坑。激战中，南马坊村死伤多人，东北马朱光海之母和怀中婴儿一块被炸死。韩毓英之母的腿被炸伤。商立言被炸伤后疼痛难忍，跳井自杀，被救起后，不久即死去。胡春茂被炸死，崔法成被炸伤。西南马贾守礼之母被炸死。吴化文的部队到处肆意抢夺，衣服、被子、蚊帐什么都抢，百姓称之为“十二拿”。他们奸淫妇女，无恶不作，吓得青年妇女脸上抹上灰，大闺女提前挽起纂。双方在南马坊打了三天三夜，丢下不少铜弹壳和榴弹炮弹筒。潍县解放后，吴化文的十二军撤回济南。

民兵训练

第三节 民 兵

解放前，南马坊村就成立起自卫团。自卫团组织是民兵组织的前身，平时负责社会治安、打更、巡逻，协助农救会开展工作，战时组织起来阻击敌人进村骚扰，协助部队打击敌人，支援前线。在修建围子墙时，每个寨门旁都建有一间小屋，叫更屋子，由庄长组织人员轮流打更。打更是一夜打五遍，一更时节在晚上 8 点左右。三更在夜里 12 点前后，五更在黎明时分。打更时间一般是看星辰走势，或月亮圆缺。一更打一下，二更打两下，两三人为一组，一人拿更梆子敲着前面走，另外几人手持大刀，长矛等武器紧随。更梆子很大，长约 45 厘米，直径 10 厘米粗的空心桑木棒或香椿木棒，安一根长木把，和以前卖豆腐敲的梆子一样，只是大了些。用一根木棍一敲，发出清脆的声音，传得很远。打更，一则报时间，二则巡逻执勤报平安。

解放初期，各庄头仍设立专门的更屋子，庄长继续派人轮流打更，直到 1951 年才结束。

新中国成立后，南马坊村成立民兵组织。1958 年，成立人民公社，全民开展大办民兵活动，公社成立民兵团，几个生产大队为一工作片，工作片成立民兵营。南马大队成立民兵连，设连长一人，指导员一人，各小队成立民兵排，设排长一人，副排长 1 ~ 2 人。排下设班，有班长。在组建民兵中，根据年龄和身体情况，还分为基干民兵和普通民兵。民兵连成立后，开展五好活动（思想作风好、生产劳动好、学习和技术革新好、军事训练好、治安保卫好）。民兵平时积极带领社员搞好生产，维护社会治安，有突击性任务时，组织民兵积极参加。

1964 年，公社改建民兵营，大队仍保持民兵连，并于当年向各民兵连配发武器弹药。随即掀起群众性练武高潮，组织多处民兵大比武，南马民兵连成绩突出，受到山东省军区表彰，被评为民兵工作先进单位。

“文化大革命”开始后，社会秩序混乱。上级派部分支左人员，帮助村内工作。民兵连建制保持下来，在维护社会治安和稳定方面发挥一定作用。1968 年，民兵作为一级组织代表进入到“三结合”（老干部、群众组织、民兵组织）领导班子，参与大队领导。以后，民兵连在大队领导下，根据形势变化和需要，随时组织民兵站岗、放哨、执勤、巡逻、治安保卫，特别在麦收、秋收期间更是加大保卫力度。有重大活动及工程都是以民兵为基础组织参加。1968 年 4 月，参加海河水系治理工程。1970 年 3 月，参加辛大铁路建设。1973 年，参加太河水库的修建。1975—1976 年，参加太河水库三干渠的修通。1976 年，参加边河整地大会战，南马大队民兵都积极参加，作出贡献。1972—1978 年，南马坊进行改天换地的整地运动，以基干民兵为基础，经过几年苦战，改变了南马坊的面貌，提高了粮食产量。1975年，全村开展计划生育工作，几十名育龄妇女在医院做结扎手术后，民兵自制简易担架，把她们接回村内疗养。

1981年6月，根据中共中央关于民兵组织调整方案，缩小民兵组织范围，调整民兵年龄，民兵由16～45周岁改为18～35周岁，基干民兵年龄为18～28周岁，女性青年只编入普通民兵。实行联产承包责任制后，民兵工作趋于正常化，后来配备的各种武器也在1985年上交，由区武装部统一集中管理。1986年，根据中共中央文件精神，对民兵进行适当调整，基干民兵由复员退伍军人及28岁以下身强力壮、政治素质好的人员组成，其余18～35岁的男性公民编为普通民兵，民兵连连长由村委会主任兼任。

进入21世纪，村委围绕中心工作，每年坚持对民兵进行几次形势教育和爱国主义教育。

历任民兵连长

初光顺　董洪军　解玉亭　信子丰

刘德胜　徐社香　贾宝书　于志勇

第四节　兵　役

募兵　整个封建社会至民国初年，实行的是募兵制，军营直接到地方上设点招募新兵，招兵的标准没有统一规定，当兵的目的也各不相同，应征者多是贫困的劳动人民青壮年为主，主要为生活所迫。1917年，村内部分人员赴欧参战，是以工代兵，即是此类募兵。

征兵　1933年，国民政府颁布兵役法，开始按照“三丁抽一”“五丁抽二”的办法进行征兵。“丁”指男子，“三丁”指三个儿子的户，必须有一个儿子去当兵，有钱、有势者不愿应征，可行贿免征，也可雇佣他人顶替，此举称为“买兵”。“买兵”和“卖兵”者，事前要签订生死合同。卖兵者收钱入伍后一切后果自负，多为穷人为生活所迫，不得已去当兵。抗日战争、解放战争时期，国民党部队为补充兵源，到处抓兵，实则是强行征兵。1945年，汉奸王砚田协同日军在村内抓壮丁多人，扩充兵员。1946年，徐振中部抓兵扩充9连，于荣奎、朱光大、韩玉梅等人被抓。1946年12月，村内有60余人被徐振中部抓兵，编入国民党七十三军，参加莱芜战役。

志愿兵　1937年七七事变，强敌压境，国难当头，人民群众在中国共产党领导下，掀起了抗日救国运动，有志青年纷纷志愿参加中国共产党领导下的抗日武装。南马坊有董善玉、韩长盛、高汉九等多人参加了抗日队伍。解放战争时期，有志青年为了全国人民得解放，推翻国民党反动派和压在人民头上的三座大山，董洪军、董洪章、徐广仁、韩秉让、齐秀卿等踊跃参军。1949年，全村一次有20余人参加解放军。后来，有的参加抗美援朝，保家卫国，加入到志愿军行列，成为光荣的中国人民志愿军战士。

刘景清服役所得证书

义务兵　1955年7月，中华人民共和国颁布兵役法，1956年开始实行义务兵役制，南马坊村民齐祥春入伍，为第一个义务兵。以后，凡年满18岁至20岁的青年，都有义务应征入伍。义务兵入伍需经体检、政治审查等程序，从众多报名者中挑选出符合条件的青年，补充到部队中。南马坊从1956年第一批征兵到2016年，有100余名青年应征入伍。入伍年限，兵种不同，服役年限也不同。陆军2～3年，海军4年，空军5年，个别兵种另有特殊规定。服役期满，除部分继续留在部队外，大部退役，坚持哪里来哪里去的原则，回到地方即刻加入到预备兵役队伍中去。年年有征兵，年年有退役，成一征兵链，征兵工作常态化。

第五节　兵　员

新中国成立前后，对各个时期的士兵，分别有不同的称呼。从中国共产党成立起有了自己的武装，直到1937年7月7日日军发动侵华战争。其间，参军的士兵统称红军。七七事变后，到1945年8月15日把日军赶出中国，期间参军的士兵称抗日兵，参加的军队称八路军。1945年8月15日后开始的三年解放战争，1950年开始的抗美援朝，到中华人民共和国颁布新兵役法，其间入伍的士兵称志愿兵。兵役法实施后入伍的士兵称义务兵。南马坊最早参加正规革命队伍者始于1936年。

南马坊村历年入伍人员

表7—21

类别	入伍年月	姓名
红军级	1936.8	宗　明　（宗金箱）
抗日兵	1938	董善玉　韩长盛　贾明轩　贾　根　宗效坤
	1941	高汉九
	1942	高汉三
	1944	刘福玉　于福新
	1945	于清芝　宗来琛
志愿兵	1946	董洪军
	1947	董洪章　徐广仁　刘成明　齐坦修
	1948	韩秉让　齐秀卿（女）　齐淑芳（女）　于墀鶴
	1949	韩玉春　韩玉桥　韩玉荣　贾文远　于荣绵　孙廷荣 刘昭明　齐肇先　徐国香　李永春　刘明智　高庆余 贾守智　董焕章　董顺章　李荣祥　贾春兰　王继光 贾孝亲　于锦林　路善书
	1950	董洪书　于同德　于洪猷　于洪谟　贾守纯　于荣纯
	1951	齐永德　翟纯美　史振西　于宝铎　王树金　于镜海
	1953	信子正
义务兵	1956	齐祥春
	1957	于英才　宗春辉
	1960	贾玉贵　许凤翥　刘明礼
	1961	齐　涛　于　新

续表 7—21—1

类别	入伍年月	姓名
义务兵	1962	韩培厚
	1963	信子丰
	1964	韩玉德　朱光亭
	1965	解玉明　贾玉堂　董华章　于清春
	1966	董云增　刘聚成
	1968	韩玉生　韩玉忠　高孝俊　宗来芝　贾春景
	1969	齐林春　谭新香　刘长清　董希亮
	1970	崔心田　孙连祥　相峰桐　信子明
	1971	刘德平　周英杰　董希友　于亮　路俊富
义务兵	1972	胡献吉　徐中华　谭新山
	1973	董志祥
	1974	韩培明　商孝平
	1976	崔共田　刘昭坤　董永春
	1977	韩玉玺
	1978	于孝春　艾学民　刘景清　林树贵
	1979	董　军
	1980	于立芬　李　明　董彬春　于强国　于联社
	1981	韩培忠　董志凤　孙中吉　徐新忠
	1982	崔光田　齐敬波　于新文
	1983	林树松　商宜光　于志勇
	1985	董　民
	1986	于清光
	1987	齐立明　国　庆
	1989	崔　伟　刘　波　史玉友
	1991	贾永清
	1992	张卫新　于进军
	1994	韩永涛　齐晓亮　齐　超
	1996	贾连国
	1999	贾永飞
	2000	于秋亮　于　勇
	2001	董　磊　韩云飞
	2002	张国政
	2003	褚　刚　史　康
	2004	于新凯
	2007	于　军
	2008	谭　凯
	2013	董　岩　宗嘉城　胡鹏飞
	2014	孙　飞　韩吉民　齐文成　贾　港
	2015	于秉正
	2016	贾英杰

附：日军侵华战争中在南马坊所犯罪行

之一　1943年春夏之交，在临淄城驻扎的日军奉命去扫荡，在返回的路上，路过南马坊。遇到穿白汗褂骑自行车的青年，日军起了疑心，因为那时骑自行车的极少，加之穿戴不凡，认为此人是抗日交通员，就把他押到南马坊东北马韩洪江家。先看他的双手，掌内无茧，怀疑是八路军密探，就把他绑在树上，严刑拷打逼问。青年不承认，只说是做小买卖的。日军见他不招，就用皮鞭抽打，劈头盖脸的抽，打得他皮开肉绽。后又把他弄到大街上，用棍棒打他的头。人昏迷后，就往他身上泼凉水。一名日军还背着他越过头顶摔在地上数次。最后，日军把他拖到北湾旁，开枪打死了他。

太阳落山后，伪乡长于少九找人给他盖上破席，派人看守一晚上。第二天午后，有一老农民用小车推着一位老妇人，将尸体推走了。

之二　1943年深秋时节，日军从临淄城里往辛店拉上电话线，可不到三天，就丢失200多米。日军非常恼怒，不时来回巡查。一次走到南马坊时，见有两个小青年在用榔头子盖麦子，一位是崔兰田，一位是孙元吉的弟弟，小名叫洛阳。巡查日军走进他俩时叫喊：“什么的干活？破坏线路的有？”他俩莫名其妙，摆手说：“什么也不知道，什么也没做”。日军上前就打他俩，洛阳说：“你打我，我回家和俺娘说”。日军不问青红皂白，举枪打死了洛阳。又朝崔兰田开枪，幸好臭火，免遭一死。

之三　1940年8月16日，中共清河特委《群众报》第一版载：1940年7月28日，盘踞临淄县城日军，窜至一区南马坊，抢走麦子四十石，其他物品甚多。一老者因备车不及，遭到严重毒打。该村民众齐往哀求营救，方幸免于难。

第八篇

文化　教育

南马坊村文体活动中心落成典礼（2015 年）

元宵文艺晚会

发放助学金奖励（2016 年）

南马坊历史悠久。勤劳智慧的村民不但创造了赖以生存的物质生活，同时也以自己的丰富想象和聪明才智，创造了众多可歌颂的光辉历史，以及口头文学。穿越时空，让生活在这片沃土上的村民既有弘扬民族文化的优良传统，又有自娱自乐的良好习惯。在众多文化遗产中，村域内有汉代名将韩信、唐初名相房玄龄的历史遗迹及大小墓冢23座。新中国成立初期，南马坊村的四个行政区域各有特色鲜明的娱乐项目，曾名噪一时。京剧演出在村民中有着百余年的历史，剧目文武兼备。进入21世纪后，舞蹈和锣鼓在村民的娱乐活动中得到复兴。南马坊人的书画，历史上有造诣者不乏其人，现代有成就者不胜枚举。南马坊“刘氏三兄弟”开办的照相业，当时在省内摄影业占有重要地位。一战赴欧华工贾文鑑带回的无声电影放映机，开创临淄及附近地区电影放映之先河。华工徐兆林后代保存的一枚一战胜利纪念章，从一个侧面记录了那段历史。2016年春，在旧村寻觅到的6通石碑，记载着南马坊四座大庙的修建修缮史。村民交流中使用的方言土语，有着鲜明的地域特色，在百姓中代代相沿。另有不少传说故事，给人们带来无限的遐想。

南马坊的学习教育之风源远流长，长盛不衰。古有隋代进士房玄龄。近代有临淄历史上三位翰林之一的于疏枚，以清政府官费留学日本的贾振琨。清末民国时期，村内设有7处私塾。宣统三年（1911年），村内即设立南马坊国民学校，这在当时的临淄县屈指可数。新中国成立后，南马坊村历届领导班子注重学校教育，在教育上舍得投入，将南马小学不论从规模上、形式上，都建成出类拔萃的学校，从最初的庙宇学校，到后期建成的花园式学校，都凝聚了南马坊几代人的心血。据不完全统计，至2016年，从南马坊走出的莘莘学子，具有高学历的博士研究生7名，硕士研究生35名。这是南马坊人的骄傲，也是重视教育，崇尚习文之风的结果。

第一章　文　化

第一节　群众文艺

传统文艺　南马坊村自古流传着一些传统表演艺术。新中国建立前后，南马坊四个行政区各有自己的锣鼓队，一有演出，锣鼓先响，招人观看。各有自己的特色节目，东北马跑旱船、箍炉子匠，东南马顶灯、买线吹大气，西北马大头队、抬廓队，西南马于疏温的快板书，堪称一绝，在县政府汇报表演中得到嘉奖。

1950年，庆祝“五一”劳动节，南马坊以学生为主，村民配合参与，组织起300余人的表演队伍，到当时县政府驻地表演。表演内容打花圈、打花棍。花圈是直径50厘米的用树条做成的一个圈，圈上涂有花纹。花棍是60厘米长的木棍，棍上涂有花纹。女的拿花圈两个，男的持花棍两根，在一人吹哨指挥下，踩着锣鼓点，边走边表演，队伍浩荡，动作整齐，圈、棍挥动，上下翻飞，恰似长龙，煞是壮观。另有长杆队，全是男性，每人持一条1.3米长的花杆，杆中间系上几枚制钱，边走边抖动木杆，制钱被抖得哗哗作响。在一人指挥下，根据动作的安排，打在身体的各个部位，故意把制钱打响，动作整齐，响声一致，一路走来，引人驻观。是年底，还组织文艺队到今凤凰镇柴家疃村去表演。抗美援朝开始后，于德芳、齐桂春以解放军渡江南下，打垮蒋家王朝为背景进行相声表演。词为：一九四九年胜利大，“大”，大军三日渡江下，“下”，吓（下）的蒋匪都逃散，“散”，三（散）天解放了南京城，“城”，成天打仗追蒋匪，“匪”，匪军被我们包围了，……以贾明远、贾文煜、于疏滨、贾保林合演的话剧《全家忙》深受村民欢迎。话剧以支援抗美援朝、拥军优属为背景，叙述一家人夫妻之间，姑嫂之间争做贡献，出谋划策，互不相让的情景。从一个家庭中的故事，折射出全国人民抗美援朝的决心和实际行动。齐津和于新粒合演的活报剧《杜鲁门和李承晚》，也给村民留下深刻印象。齐津饰演李承晚，嘴带八字胡，于新粒饰演杜鲁门，头戴纸糊的高筒帽，两人饰演得惟妙惟肖，活灵活现，滑稽百态，让人捧腹大笑。其后，国粹戏京剧，占据主导地位，小型文艺演出少了。

“文化大革命”开始后，破“四旧”、立“四新”，开始组建毛泽东思想宣传队，各生产队演员组成大队文艺宣传队。演出节目有革命歌曲、毛泽东诗词歌曲、快板、相声、三句半等。各小队之间经常举行比赛，各大队之间举行联欢。

20 世纪 80 年代后，随着电视的普及，南马坊村文艺节目表演逐渐减少。

舞蹈 随着生活水平的提高，舞蹈等文艺活动深受南马坊村民喜爱。2003 年后，先后有董翠组织的 50 多人的扇子舞，徐秋云、王淑兰组织的 20 多人的健身球队，王洪美组织的 50 多人的腰鼓队。文艺活动人员积极性高，冬季每晚都到各场地排练，各文艺队都自制服装。2005 年，南马坊村各文艺团体参加镇政府文艺汇演，取得第一名。

2006 年后，随着形势的发展，村委统一添置演出服装。2008 年，又添置两条巨龙，增加舞龙项目。每到秋收冬藏之后，每晚文艺人员开始活动。各文艺队进行排练，每年春节前排练达到高潮，尔后参加区里组织的文艺汇演。每年正月十五，南马坊村文艺舞蹈表演队担任齐都镇领队，参加区政府组织的闹元宵文艺展

扇子舞

腰鼓队

舞龙队

锣鼓队

演，参加活动村民有 300 多人。早上七点到指定地点集合，按统一规划的路线排列有序前进。文艺队前头有大型宣传彩车引领，踏着鼓点徐徐前进。各文艺队边走边表演，他们都精神抖擞，鼓点、锣点、钹点响彻天空，震动大地。两条巨龙舞动，不时二龙交叉，上下翻动，一派热火朝天的喜人景象。还有舞蹈队、扇子舞队、腰鼓队、花棍队、秧歌队、太极拳队等，边走边舞，队员面带笑容，神采奕奕，加之队形、舞姿、服饰、多彩多样，队伍两旁排有大头娃娃等幽默、滑稽、打扮多样的衬演，不时作脸，逗观众大笑。30 多面彩旗迎风招展，阵容庞大，节目精彩，引人注目。

元宵节后，村文艺队都为村民进行汇报演出。大型节目在灯光球场演出，小型节目在舞台上演出。如京剧选段、选场，自编自演的新剧、快板、独唱、合唱及幼儿节目等。进入新社区后，舞蹈仍占据很大比重。

锣鼓　南马坊在解放前就有锣鼓队，主要乐器有鼓、锣、钹等。当时南马坊庄分为东南马、西南马、东北马和西北马，各自有其锣鼓队。每遇节日或喜庆活动，他们伴随秧歌队、高跷队等一同活动，扮玩队伍也是踩着鼓点穿梭其间。当时锣鼓队打得鼓谱是“龙冬仓那个龙冬仓”，没有其它鼓谱。为了学习新的鼓谱，有时趁夜晚到他村去“偷听”。时间一长，便掌握了“二鼓通”的乐谱。

2003 年冬，以刘一中、董洪书为主组织起 30 多人的锣鼓队。村委投入资金万余元，购置 3 面大鼓，一面直径 1.5 米，其它两面 1.2 米。大苏锣 6 面，大、中、小钹各 6 副。后来又根据需要添置了虎锣、月锣、手锣等乐器和锣鼓队员服装。成员有刘中兴、董锡庚、于澄州、于山等。排练的鼓点是“龙冬仓那个龙冬仓”。春节后又组织学习新鼓谱，参加人员有刘一中、董洪书、于明孝、于宝忠、王金业、齐银春、刘玉香、于明忠等。经两个多月的学习，锣鼓队掌握了壮声字、锣鼓经，还学习了新的秧歌点、清汤歌等。此外，还走访村里的老鼓手齐永庆、李恒春等，向他们学习《二鼓通》鼓谱。参考外村的《二鼓通》鼓谱，新编成南马坊《二鼓通》鼓谱。在 2004 年 5 月 1 日，在南马坊村第二届运动会上，锣鼓队进行首次展演。以后每年春节前，锣鼓队都进行一个月的演练，在闹元宵等扮玩娱乐活动中，锣鼓队成为一个重要的组成部分。

附：南马坊新编鼓谱

南马坊新编二鼓通

编谱：刘一中刘玉香于宝忠

一二三四 | 五六个七0 | 仓二鼓仓仓 | 当仓当仓 | 仓二鼓仓0 | 当当当0 | 仓二鼓仓0 |

当当当0 | 仓二鼓仓0 | 当仓当仓 | 仓二鼓仓那个 | 当仓当仓 | 仓二鼓仓0 | 当仓仓0 |

当仓仓0 | 当仓当仓 | 仓二鼓仓那个 | 当仓当仓 | 仓二鼓仓0 | 当仓仓仓 | 当仓仓0 |

当仓仓仓 | 当仓仓0 | 当仓当仓 | 仓二鼓仓那个 | 当仓当仓 | 仓二鼓仓0 | 当仓仓仓 |

仓 | 仓二鼓仓仓 | 当仓仓0 | 仓 | 仓二鼓仓仓 | 仓 | 仓二鼓仓仓 | 当仓仓仓 | 当仓当仓 |

仓二鼓仓那个 | 当仓当仓 | 仓二鼓仓0 | 当仓仓仓 | 仓 | 仓二鼓仓仓 | 仓二鼓仓仓 |

当仓仓 | 仓二鼓仓仓 | 当仓仓0 | 当仓当仓 | 仓二鼓仓那个 |

当仓当仓 | 仓二鼓仓0 | 古如古如仓0 | 古如古如仓仓 | 当仓仓0 | 当仓当仓 | 仓鼓如仓那个 |

当仓当仓 | 仓二鼓仓0 |

秧歌点

4/4

锣鼓经	登登 仓那个 登登 仓	登仓 登仓 古如古如 仓
大　鼓	× × × × × × × ×	× × × × × × × × ×
小镲中钹	× × × ×	× × × × × × × ×
苏锣大钹	0 0 ×	0× 0× 0 ×

锣鼓经	登仓 登仓 仓古如 仓那个	登仓 登仓 仓古如如 仓
大　鼓	× × × × × × × × × ×	× × × × × × × × ×
小镲中钹	× × × × × × × × × ×	× × × × × × × ×
苏锣大钹	0× 0× × ×0	0× 0× × ×

锣鼓经	登登 登 仓古如 仓	登仓 登仓 仓古如如 仓
大　鼓	× × × × × × ×	× × × × × × × × ×
小镲中钹	× × × × × ×	× × × × × × × ×
苏锣大钹	0 0 × ×0	0× 0× × ×0

第二节 戏 剧

南马坊村民喜欢戏剧。新中国建立前，南马坊村就有京剧班，每年春节后元宵节搭台演出，叫“唱戏”，深受村民欢迎和热爱，吸引邻村村民前来观看，在当时算最受欢迎的农村娱乐活动。1949年冬，于疏海、初宗江、韩洪文领头组织起业余京剧班。聘请老师罗洪图、李柳亭、王友水、边荣海、边胜杰、王维林等。边胜杰老师亲自执教，其他老师不时前来指导。学员有王书圣、林廷元、孙金梁、韩玉润、韩玉梅、韩玉楷、李梓坤、韩秉俭、宗士林、崔法周、宗效孟、孙元吉、于疏清、于疏圃、齐永庆、齐桂春、史振西、刘学智、戴庆祥、商传习、于德芳、于疏温、周全成、董公章、于锦章、韩洪江、齐兴顺、寇春生、于钧镣、艾永昌、胡新清、王书文等。剧目有《九江口》《广太庄》《甘露寺》《盗御马》《黑松林》《潞安州》《战长沙》《独木关》《捉放曹》《华容道》《淮都关》《清风寨》《徐策跑城》《战潼关》《追韩信》《芦花荡》《父子园》《古城会》等。首期戏班，自愿报名参加。由于人员多，师资雄厚，教的出力，学的认真，管理严格，经过一冬的学习苦练，功夫扎实，功底深厚，排练的剧目娴熟。1950年春节搭台演出，台子是在三层楼后院，坐北朝南。台底用的大门是各户资助的，支撑台底是用铡墩和粗短木头，台面填补平整，台顶木杆绑扎，芦苇棚顶，美观大方。正月十九至二十一日连演三天，演员们文戏、武戏都很熟练。尤其武打戏，对打流畅快捷，无一点纰漏，得到观众一致好评，一时轰动四周村庄，影响极大。尤其值得一提的是所有费用都是演员自己筹措的，以后每年正月十五前后都有演出。扎戏台的地点先后在三层楼后院、南门里西旁、南海观音庙、贾文符院内等。合作化后，先后在四队和六队场院、楼院前、于荣炳旧宅基、大队部前等地扎台演出。1962年，先后请刘德保、万世昌及林曼云夫妇担任教师，同时吸收于清芝、孙连成、解玉亭、贾明远、林来成、崔荆昌、徐泉礼等加入演员队伍。新排演剧目有《文太师》《拉郎配》《法门寺》《小五台》《武家坡》等。后来，万世昌续教《贺后骂殿》《莲花庵》《临江驿》《借东风》等。主要演员有于清芝、贾明远、孙连成、解玉亭、徐泉礼、林来成、齐兴顺、孙元吉等。其时，听说南马坊唱戏，四周邻庄结伴成群前来看戏，轰动一时，很受欢迎。演员跟刘德保学会锣鼓。

村京剧演员合影（1985年）

村京剧演员合影（1988年）

村京剧演员合影（2003 年）

戏班又组织俱乐部，参与婚丧嫁娶等公事。戏班搞运输、推粮包、打包工，收入都作为演出的费用。1966 年，“文化大革命”开始后旧戏停演。20 世纪 70 年代初，开始排演现代京剧《红灯记》，主要演员有王书圣、孙连成、林来成、韩卫东、于新春等。曾去临淄区政府驻地演出，受到表彰。1976 年，粉碎江青反革命集团后，被禁锢的京剧老节目重登舞台。1984 年冬，聘请国家庄胡秀兰，韩家庄李新兰教唱《大登殿》《玉堂春》《武家坡》《望江亭》《打龙袍》《双蝴蝶》《拾玉镯》《春秋配》《柜中缘》《桃花扇》《三凤求凰》等戏目。新增演员有贾秀清、戴秀兰、崔玉香、李振岳等。1985 年春节后，在大队院演出三天，徐振祥、朱同鸾等教唱，同时演出吕剧《借当》，由齐都镇长胡村徐梅香、徐敦信教唱。主要演员有贾明远、徐翠凤、徐秋云、于振铎、贾清玲、贾勇、路俊平等。吕剧早在 1953 年在南海观音庙台与京剧同台演唱《小姑贤》，极受欢迎。主要演员有刘忠成、贾守翥、郭志英等。吕剧剧情朴实，通俗易懂，大众化，很受欢迎。妇女尤其更喜吕剧，每逢吕剧团来南马坊村演出，观众很多。

1995 年，齐爱元、贾明远挑头组织人员聘冯丽华老师教演《堪玉川》《四郎探母》《凤还巢》《四进士》《追韩信》《龙凤呈祥》《金玉奴》《春秋配》《秦香莲》《打龙袍》等。主要演员有齐爱元、贾明远、于清芝、孙连成、徐泉礼、董素英、王淑兰、谭春林、商孝全、董锡任等。1997 年后，先后增加的演员有徐翠凤、于学勤、齐小红、齐小英、于爱华、刘桂英、刘炳玉、于香兰、董兰英、柏文燕、李明跃、于镜潭、张守成、吴金凤、魏玉芬等。新排剧目有《春草闯堂》《红娘》《铁弓缘》《赤桑镇》《遇皇后》《黄鹤楼》《梅龙镇》等。以村党支部书记贾宝书为首的村领导班子，为继续巩固和发展南马坊村的文化生活，2001 年投资两万元给剧团添置戏装，同时又建立戏剧舞台及化妆室，从此南马坊有了自己的戏装，不再去外地赁装。2002 年，剧团代表南马坊村去和南马坊村结为姐妹村的南卧石村搞联欢演出，剧目有《秦香莲》《春草闯堂》等，受到热烈欢迎。

第三节　书画　刻瓷　摄影　收藏

书画　清末民初至 20 世纪 30 年代，于疏枰、于疏枚、于疏朴、相华堃被称为南马坊“四大书法家”。于疏枚是翰林，有功名。另两人是翰林的亲兄弟，世人也尊称为大人，即为大书法家。相华堃自幼聪慧，酷爱书法，并考取廪生，常和于疏枰等一起切磋书法艺术，堪与三人比美。

之后，南马坊村又涌现出于疏榘（字师鹤）、张华圃、于道生、刘天申 4 名书法家，人称“四小书法家”。于疏榘年轻有为，活跃于济南市，与大书法家舒同为挚友。张华圃（名若葵，别名毓葵），中校肄业，是南马坊村立小学的第一任校长，书法造诣很深。原南马村立小学校

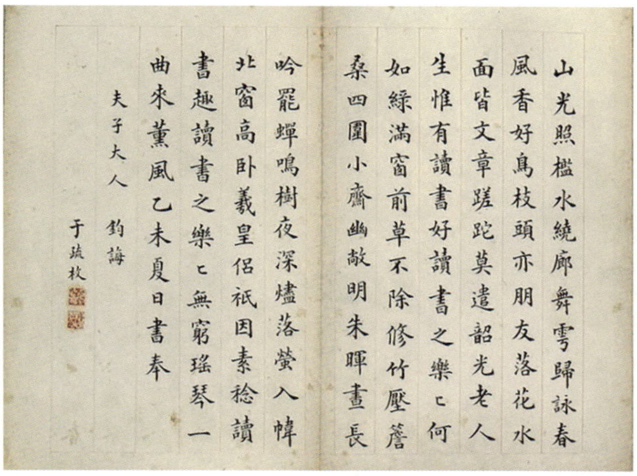

于疏枚　书法

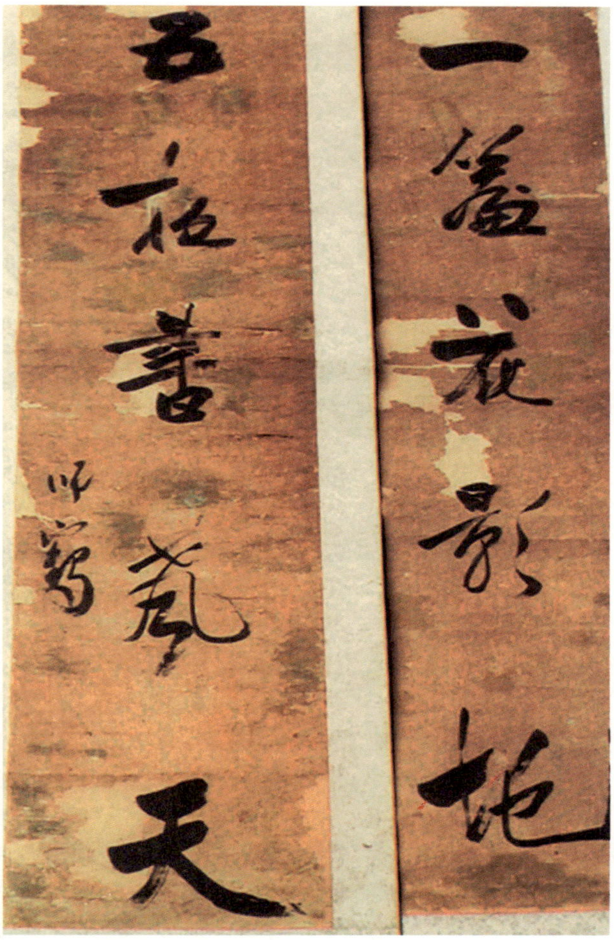

于疏琹　书法

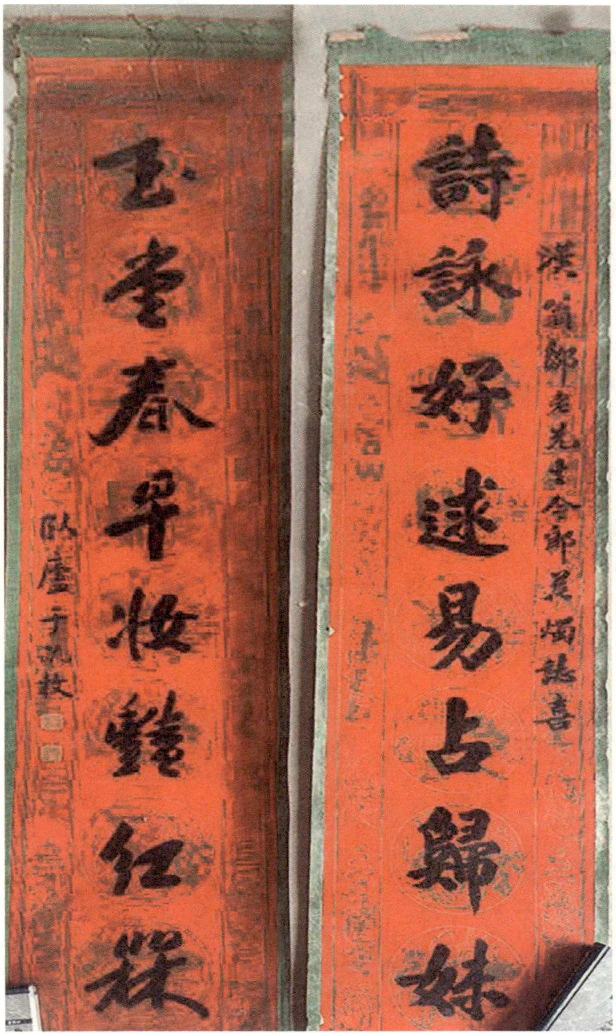

于疏枚　书法

于疏樸　书法

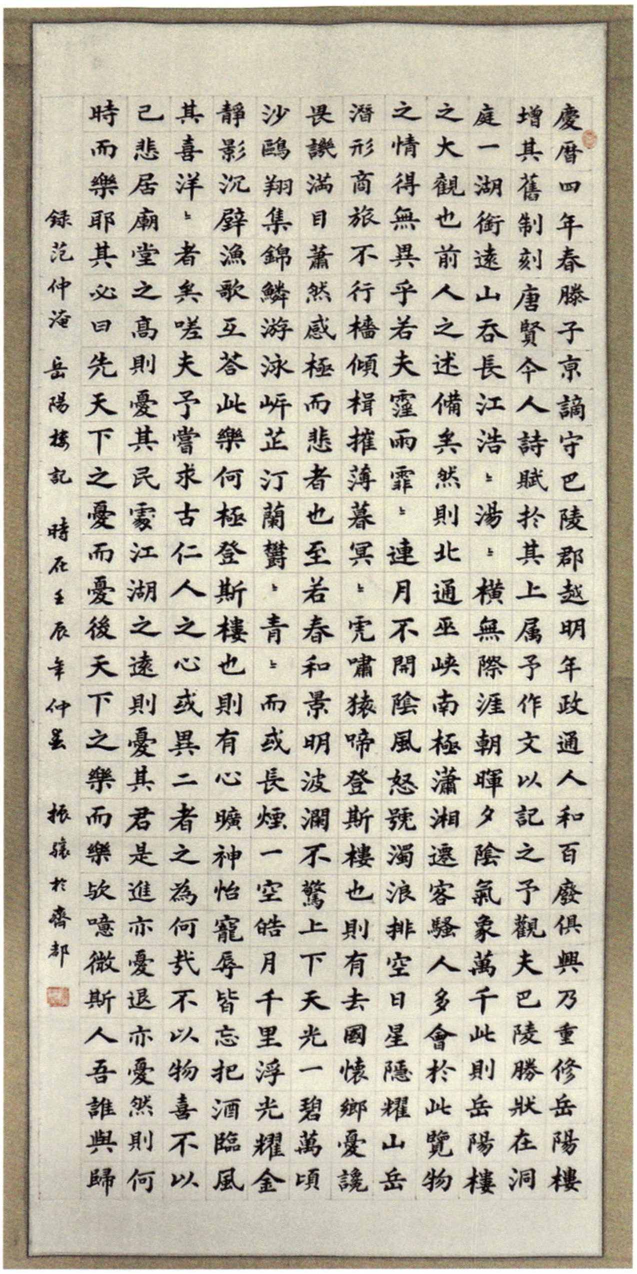

刘振骧　书

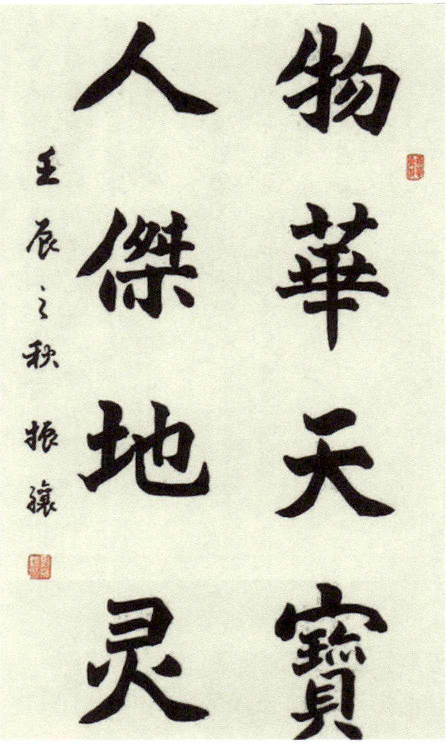

刘振骧　书

于川刻瓷

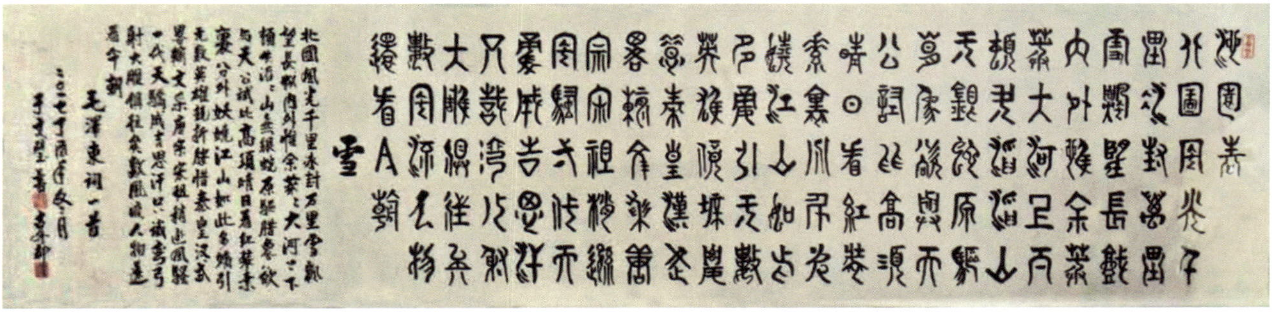

于锦环　书

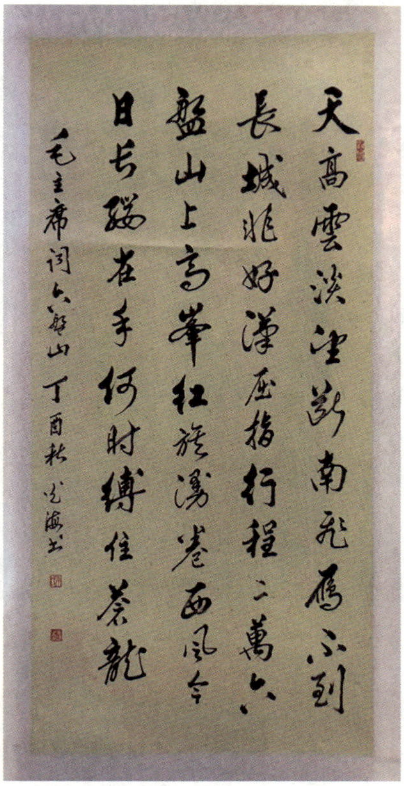

朱光海　书

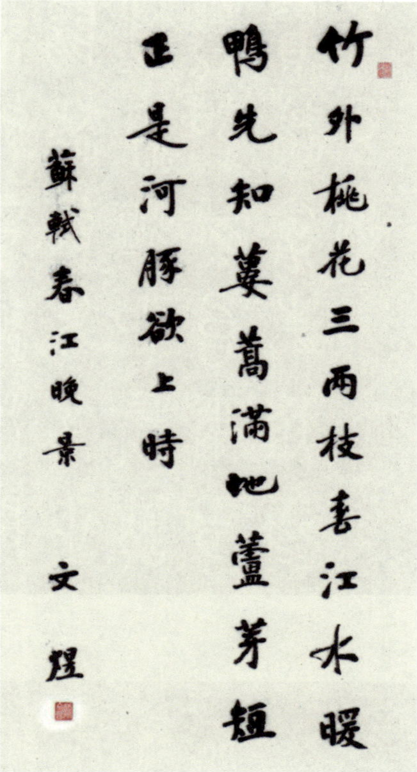

贾文煜　书

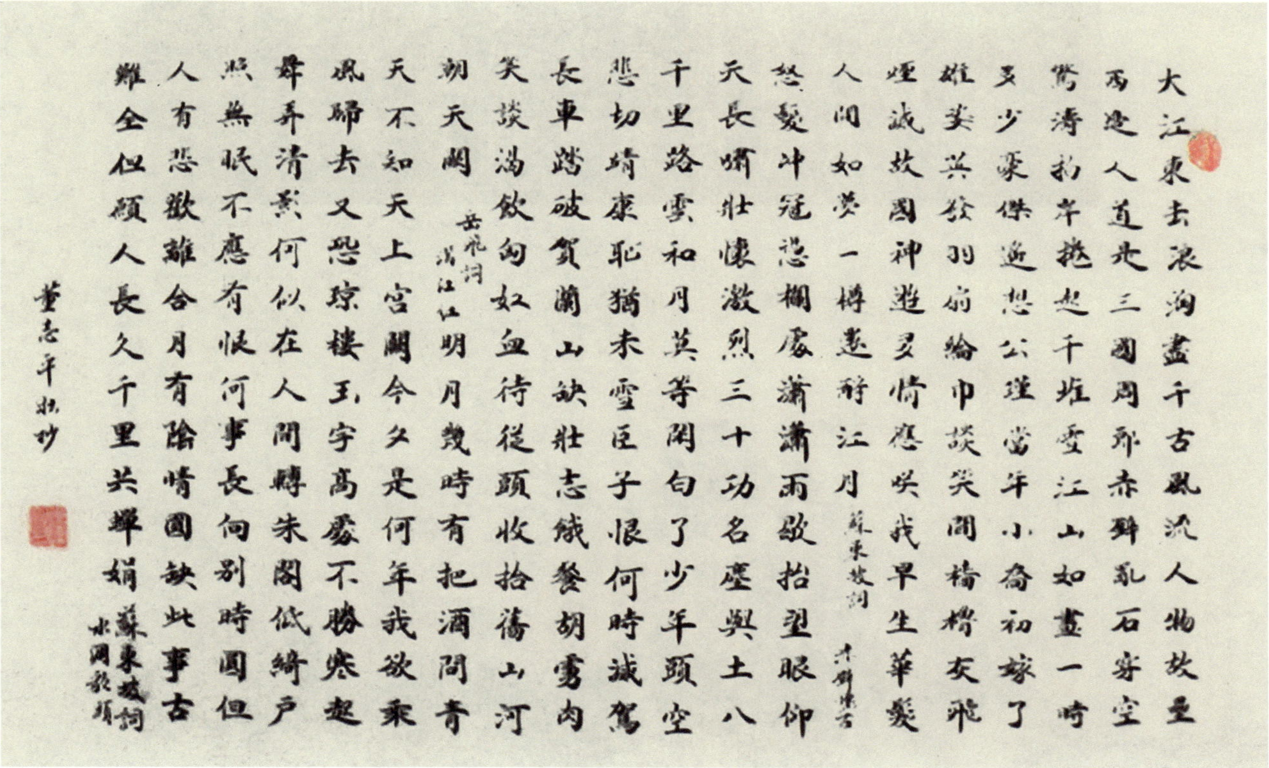

董志平　书

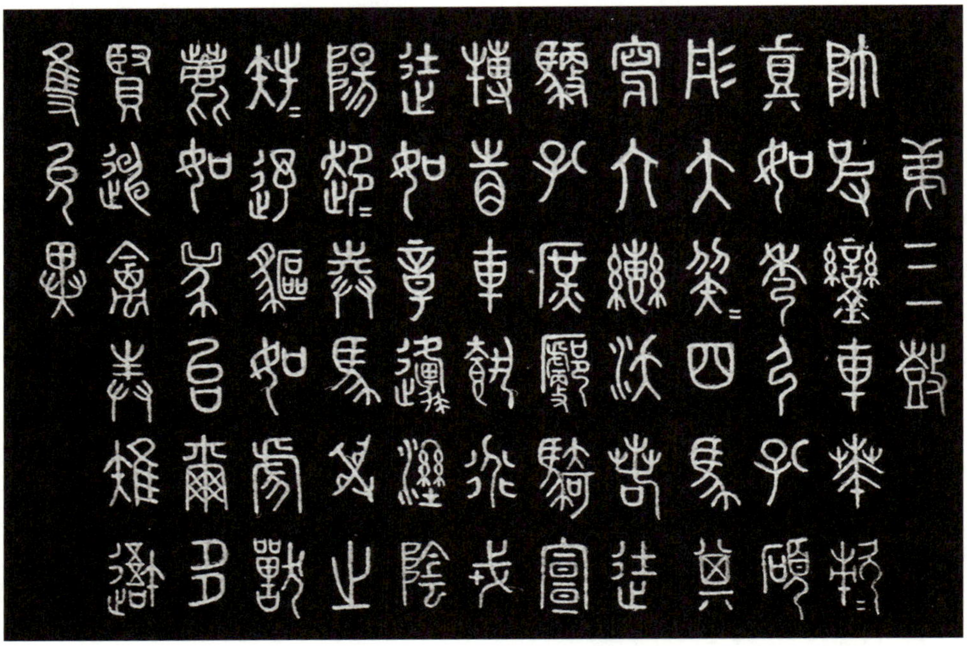

于川　刻石

于川　刻木

于锦环　作

校门门楣上四字“勤勉诚樸”为于道生所写。据传山东省政府议事会厅的“山东会堂”和周村“天主教堂”几个字为刘天申所写。

20世纪50至70年代，南马坊贾立鹤、于佐三、于镜三、崔兰田、韩洪智、徐焕亭、刘昭荣，齐永成等人的书法较有名气。70年代后，书法爱好者中较高水平的有刘振骧、于川、朱光海、董志平等。其他还有李恒春、韩玉春、贾文煜、贾保顺、贾明远、刘忠成、于锦环、韩玉岭、韩培业、于新文等。

解放初，于镜三在淄博画坛享有名声。后期，绘画有造诣者当属刘振骧、吴翠香、于锦环等。

部分书画作者及获奖情况

表8—1

作者	作品名称	类别	时间	发表获奖情况	备注
于疏枚	四时读书乐	书法	清代		翁森诗
于疏枚	家书	书法	清代		
于疏枚	喜联条幅	书法	清代		诗句
于疏枚	条幅两联	书法	清代		诗句
于疏朴	六扇屏	书法	民国		杜甫诗
于镜三	榴开百子	国画	1953年		
于镜三	菊花	国画	1953年		
于镜三	公鸡牡丹	国画	1954年		
贾文煜	春晓	书法	2001年	全国老干部书画作品大观录入	孟浩然诗
贾文煜	春江晚景	书法	2002年	全国当代书画名作精品集	苏轼诗
刘振骧	毛泽东词	书法	2015年	临淄区临淄区老年书法协会一等奖	
刘振骧	岳阳楼记	书法	2012年	临淄区临淄区老年书法协会一等奖	
朱光海	杜牧诗	书法	2010年	临淄区书法展三等奖	
朱光海	黄庭坚词	书法	2014年	临淄区迎国庆书法展三等奖	
朱光海	毛泽东词	书法	2015年	齐文化旅游节书法展二等奖	
朱光海	毛泽东词	书法	2016年	全区迎春书画展优秀奖	
董志平	古诗	行草	1993年	全国农民书画展三等奖	李白诗
董志平	古诗	行草	1998年	临淄区书画展一等奖	白居易诗
韩雪萍	古诗	硬笔书法	2015年	临淄区教育系统书法一等奖	

刻瓷 于川自幼受家庭熏陶，酷爱书法。退休后潜心钻研三刻（刻瓷、刻石、刻木），尤其在刻瓷上独树一帜。他刻制的金石铭文散氏盘被台北故宫博物院收藏；刻制的毛公鼎文瓷盘被淄博市博物馆收藏；刻制的石鼓文瓷盘等90余件作品被首都博物馆收藏。被首都博物馆聘为名誉馆员，评为山东省陶瓷艺术大师。

摄影 南马坊是临淄摄影的起源地，南马坊“刘氏三兄弟”刘中美（刘仲美）、刘中秀、刘中令（字松亭）在山东摄影历史上占有重要地位。“刘氏三兄弟”少年有志，勤奋好学，思想观念新，接受新事物快，顺应时代潮流，很早就学习了摄影技术，成为当时山东省最早掌握摄影技术和开办照相馆的人员。从20世纪初开始，先后在山东潍县、临淄、寿光等地开办当地最早的照相馆。

南马坊人刘仲美1916年在山东较大的商埠之一潍县城开办了第一家照相馆，刚开始在连兴客栈，没有门头和字号，设备是一架老式四方镜箱。稍后在城里东门大街有了门头“丽芳美术照相”。以后又连续开设时代照相馆等9家，逐渐形成行业。其后，其家族成员也陆续从临淄集聚到潍县从事照相经营活动，包括刘仲美的弟弟刘中秀、刘中令（刘松亭）等，都先后到潍县学习照相技术和开办照相馆，在潍县城影响很大。至1954年，仍有刘仲美开办的丽芳、时代、艺光、留真4家，1956年又吸收大北、真光等8家照相馆及三个流动摊点组成合作社，1972年易名为人民照相馆，并在东风桥头建成新的照相馆。

刘氏兄弟当时并不满足于在潍县创立发展起来的照相事业，于20世纪二三十年代，在原籍临淄县城内（即现在淄博市临淄区齐都镇驻地）开张营业，先后开办华昌照相馆、华芳照相馆等。随着业务的开展，逐渐形成一定规模。“刘氏三兄弟”也被世人称为“刘氏三杰”。据临淄史料显示：“1931年，刘中秀、韩景武（刘中秀的姐夫，也是南马坊村人）合资开办华昌照相馆。”后刘中秀携眷移至山东寿光县城开拓照相业务，至20世纪40年代后期，因时局动乱，难以为继，迁回家乡。

刘中令1912年11月出生于南马坊村，不顾长辈让他继承刘家祖业当木匠的愿望，年纪很小就偷偷跑到潍县跟其大哥刘仲美学习摄影技术并开办照相馆，经多年积累经验后回到临淄创业，自30年代初期开始，一直坚持在临淄县城从事照相事业。据临淄史料记载：“1936年，华芳照相馆开业，由刘松亭（刘中令）经营。1938年，临淄有4家照相馆，从业人员5人，资本额1500元，营业额5500元。”刘中令照相技术好，诚实守信，生意一直很红火。

抗战期间，时局动荡，刘中令在临淄县城的照相馆被迫停业。据史料记载，“日军入侵临淄后，有2户停业。1942年全部停业。”据刘中令生前回忆，他有一次被日本鬼子抓了去，和其他被抓的人一起被赶到临淄县城西南徐家庄附近枪杀。一阵枪声后，所有人都应声倒下。他苏醒后，确定自己还活着，赶紧爬起来跑回了家。之后，刘中令的照相馆恢复营业。

新中国建立后，刘中令的照相馆继续营业。公私合营时，照相馆改为地方国营临淄照相馆，刘中令以主事身份（即经理）继续主管照相业务。50年代后期，随着临淄城经济中心的西移，临淄照相馆在县城西门桥（临淄故城西门外，一座跨越护城河、连接西关村的桥）南侧建立新照相馆营业，并广收门徒，南马坊村人贾春英即其中之一。1970年，临淄县由昌潍地区划归淄博市，1974年政府驻地南迁辛店，临淄照相馆迁往辛店辛四路中段继续营业。刘中令退休，2000年去世。

收藏 南马坊村的收藏者多以业余爱好和即兴收藏为主，收藏的物品多种多样，但成规模者少见。

邮票 业余集邮爱好者贾玲，收集有邮票5000余枚，题材分为多类。业余集邮爱好者贾宝胜，集邮30余年。之初，是从广告信件上将已使用的邮票裁下，经过处理，汇集成册。其收藏的邮票，面值有1分、$1\frac{1}{2}$、2分、3分、4

邮票

分、5分、8分、10分等。自2007年开始，每年定购邮票纪念册。其收藏最早的是1954年发行的特11“开展技术革新运动，加速社会主义工业化的进程”特种邮票，一套两枚，面值分别为400圆、800圆。收藏的类别有J、T字头，内容有人物、花鸟、体育、文化等。

票证　1955年，全国开始发行各种粮票，有全国通用粮票及地方粮票。其中，又有细粮票、粗粮票之分，面额从一两至十斤不等。1954年5月，山东省开始实行食油计划供应。1955年至1981年，山东省共发行不同年份、不同面额食油票17套。1992年，国家对粮油价格放开后停止流通使用。此外，各地还发行流通过布票、工业券等多种票证。后随着物资丰富，先后停止流通。贾宝胜收藏有粮票、食油票、煤票、化肥票等票证一宗。

徽章　类型品种繁多，可以使人们回忆历史，有的徽章还蕴含着感人的故事，可以起到启迪后人的作用。

纪念章。1914年，第一次世界大战爆发，南马坊有16人应募赴欧洲支援协约国作战。大战结束后，英国政府为嘉奖华工的功绩，每人

徐兆林华工纪念章

颁发给铜质奖章一枚。本村华工徐兆林将获得的纪念章传给后人徐泽香收藏保存。纪念章为铜质，圆形，直径3.6厘米，双面有浮雕图像，滚边处铸有“NO.28724CHINESEL.C.”字样。正面为英国国王乔治五世头像，周围铸有拉丁文，中文译意为“大不列颠及北爱尔兰联合王国国王及印度皇帝乔治五世”。背面两侧偏上有“1914”“1918”字样。年份中间，为一青年赤身骑士跨在战马上，一手牵马绳，一手持短刀。马头上方有光芒四射的太阳。马蹄踏波浪，踩骷髅头及怪兽盾牌。寓意为“公理战胜强权”。

董家成体育奖章

初光华体育奖章

体育奖章。董家成就学期间，参加淄博市“希望杯”运动会举重比赛，多次获得佳绩，被授予荣誉奖章。1996年，获得淄博市第六届小学生运动会少年甲组抓举、挺举第一名。董寿山收藏有多枚体育奖章。

文书　村民齐永吉等人收藏有多份地契文

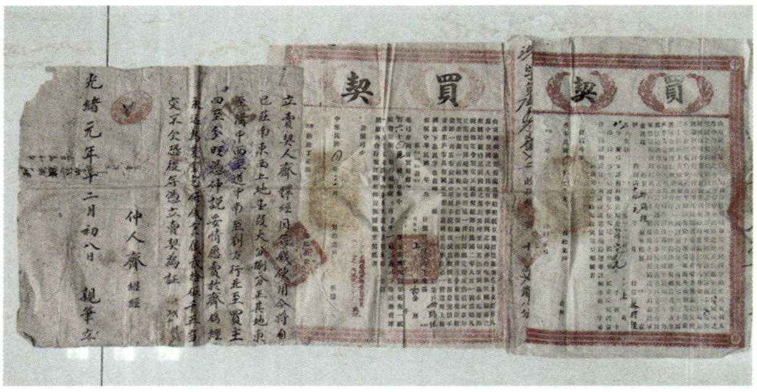

地契

书，年代上至清乾隆五十一年（1786 年），下至 1951 年。地契明确记载有土地买卖人、土地四至、土地价钱，有中人和代字人签字等信息。地契上记有当初核发时的纳税情况，盖有政府核发机构印章。

家书。刘景清收藏有 70 多年前的家族书信数封。民国初年，刘景清祖父刘清和闯关东后，曾在辽宁省东丰县（今属吉林省）生活 20 多年，并创下部分产业。1943 年，因病返回原籍，其在东丰县的资产由齐姓人氏齐占奎代理，不时有书信往来。此书信为后来南马坊齐姓去东北寻亲起了很大作用。

分单。一个家族，随着人口的繁衍，兄弟姐妹婚嫁，在特定情况下，需要将房地产进行分割，以便尔后分开生活，各自料理家务。村民保留有五六十年前分单的尚有数十家。贾保顺、齐永吉等均保存完好。

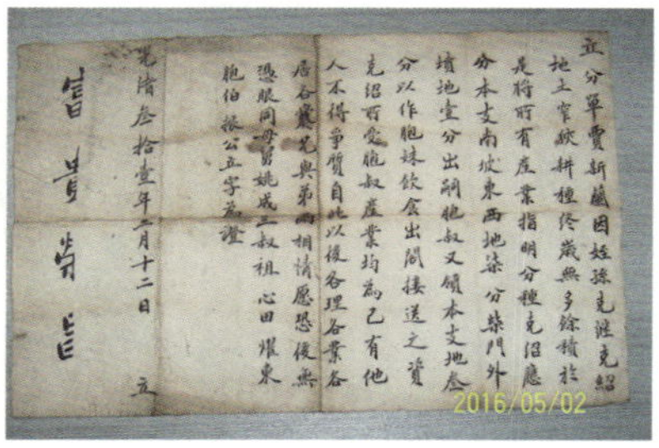

分单

土地证。1950 年，临淄县土地改革委员会成立，依照颁布的土地改革法，对前段土改工作全面复查，颁发土地房产证书。1951 年，县人民政府为南马坊农户颁发的土地房产所有证，村民至今还有保留，成为了一段历史的见证。

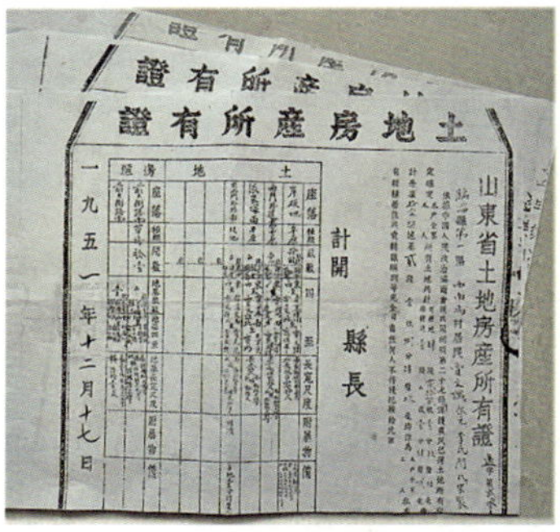

土地房产证

钱币　在临淄农村商业银行工作的贾琪业余收藏钱币已有 10 多年，收藏的钱币品种以人民币为主，兼收外国币和古钱币。收藏停止流通的人民币硬分币千余枚、纸币千余张。另有几十个国家的外币，还有部分纪念币、地方币、制钱、铜元等。

钱币

日记　村民贾保顺，自 1949 年开始记日记，常年不辍，一直坚持到 20 世纪 90 年代，前后近五十年。其所记日记有几十本，用蝇头小字书写，近百万字。日记中记载有社会面貌、历史事件、人文关系、个人思想动态、家庭纠纷、邻里风波、工作进展等时事。也有描述自己喜爱的手提琴、琴谱、歌赋等，五花八门。有些

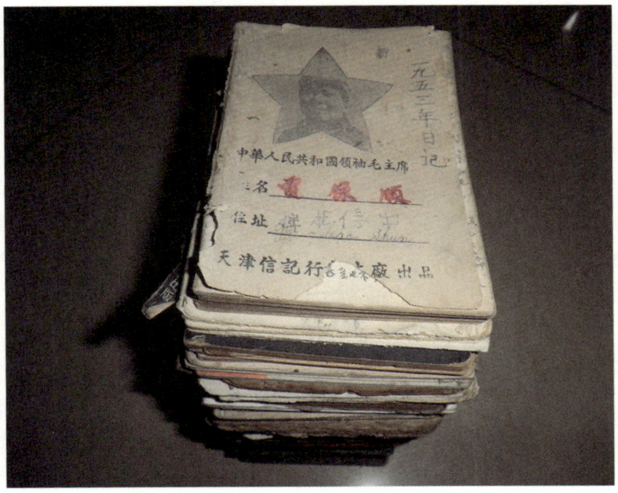

贾保顺日记

是其随意所想，有些是抒发个人情怀。日记记的是真话，是个人所经历的那段历史的真实记录，真情实感。后因年事已高，偶有记录。其日记具有一定的史料考证价值和收藏价值。

第四节　广播　影视

广播　1957年，县广播站利用邮电局电话线路开通有线广播，南马坊村各生产队安装了广播匣子，社员按时收听广播。

20世纪60年代初，县广播站专线安装广播喇叭。广播题目叫“小喇叭”，一到傍晚社员边吃饭边收听，开头话是“小喇叭开始广播了”。

广播喇叭

主要收听天气预报、新闻、消息、故事等内容。之后，大队安置广播设备，并和“小喇叭”专线连接。大队下通知，通过小喇叭广播。广播站每天转播上级台站节目5个半小时，分早、中、晚三次播音。1970年，划归淄博后，又增加，转播市有线广播台的节目。以后临淄调频广播电台开播，乡镇有线广播撤销。

收音机　南马坊出现收音机最早在20世纪60年代初，是于荣绵在部队服役期间，为其兄于荣志买的叫矿石收音机。构造简单，是由天线、地线、耳机及基本调谐回路和矿石做的检波器组成，没有放大电路的无源收音机，利用天线接收无线电波，矿石检波后变成音频电流，通过耳机变成声音供人收听节目。矿石收音机能听多个电台的广播，但需要带上耳机才能收听，一台矿石收音机只能供一个人收听，而且接受性能比较差。

收音机

20世纪70年代初，电子管收音机在南马坊出现。电子管是一种在气密性封闭容器（一般为玻璃管）中产生电流传导，利用电场对真空中的电子流的作用，以获得信号放大或震荡的电子器件。它一般采用两组直流电源供电，一组作为灯线电流，一组作阳极电流，因为耗电大，用不了多长时间就更换电池，使用成本高，未获得普及。后来，使用交流电源的电子管收音机，开始走进人们的家庭，一台收音机可供多人收听。其缺点是体积大、功耗大、发热、寿命短，电源利用率低，需高压电源。当时南马的供电能力差，电压不稳，电压有时达不到负荷。

晶体管收音机是一种小型的基于晶体管的无线电接收机，其优点耗电少，不需交流电源，小巧玲珑，使用方便，廉价，深受人们爱戴。20世纪80年代，村内开始大面积普及。之后，村内开始使用集成电路收音机。其成本低，便于携带，更受广大群众的青睐。随着电视机普及，收音机从90年代中期逐渐淡出村民生活，很少有人使用。村民李廷贵从上初中就开始接触收音机，自己也能组装简单的收音机。很多群众的收音机出现故障都找他来维修。他为全村百姓维修收音机和扩音设备，更换元件，只收成本费，一般维修不要钱，受到群众赞扬。

电影 南马坊人贾文鑑开创了临淄地区电影放映的先河。1917年第一次世界大战爆发后，协约国法国到中国招募华工，贾文鑑应募，一同前往的还有徐兆麟、徐兆庆、齐在田、许云照、刘吉祥、贾青林、韩敬修等。1918年大战结束，贾文鑑从当地购买一台手摇电影放映机，以蓄电池做电源，回国后在村内及临淄城里、西关、辛店等地或公开放映、或在朋友家里放映，其时为无声黑白片。放映内容多是商品广告、汽车、火车、机器制造及取材于《旧约》《新约》内的故事片，在当时轰动临淄。1920年（民国九年）纂修的《临淄县志》中有记载。之后，受影片拷贝的限制和充电困难，将放映机转卖山东省济南青年会。

观看露天电影（1973年）

1952年，南马坊人再次看到电影是在临淄城里第一小学操场，由省中苏友好协会电影队放映，内容是反映苏联集体农庄及农业机械化方面的纪录片。1955年，昌潍专区电影放映队352分队下放临淄，称临淄县电影队。主要放映点在县委大礼堂。有一年放映关于描写梁山伯与祝英台的爱情故事片，叫《双蝴蝶》，观看者众多，从大礼堂东边一条胡同进场，当时是人挨人，人挤人，每次放映都有好多人的鞋子被挤掉。电影连放5天，天天如此。

20世纪60年代，各大队放映电影开始增多。“文化大革命”初期，人们的娱乐生活匮乏，社员们打听到哪里放电影，便互相转告，放工后立即吃饭，成群结队去看电影，甚至走上十几里路也在所不辞。进入70年代后，各公社都有电影放映队，接到通知后，大队准备一大场地，那时主要在磨面组旁的广场，以后在村委前的场地撑起一幅屏幕，开始用一台放映机，放完一集，中间停机，放映员迅速换上另一集，后来用两台放映机，中间不用停歇。“文化大革命”时期，所演内容单调，以《红灯记》等8

部京剧样板戏为主，另有朝鲜、越南等国进口影片。电影放映前先放新闻纪录片，再放故事片。当时群众戏言，朝鲜片是“苦苦闹闹”，越南片是“飞机大炮”，国产片是“新闻报道”。

20世纪80年代后，影片题材多样化，文艺片、武打片、戏曲片等电视片占据市场，如《西游记》《武松》等。90年代后电视普及，电视剧冲击电影市场，到电影院看电影的人减少，镇上的放映队有时也到村内放映。

电视　1980年，电视机首次进入南马大队。5队社员齐滨家购到第一台9英寸“北京”牌黑白电视。每到晚饭后左邻右舍便聚到他家院内围看，被称作“小电影”。其后一年，4队、6队及10队相继购进大尺寸的黑白电视机，一到傍晚，社员便成群结队聚集起来到社场观看。

1983年，有社员购进14英寸彩色电视机，当时只有用购物券才能购到，为“牡丹牌”。其时，电视机都在电视机机壳配套安装有天线。每次观看，首先要调试天线。以后有村民开始安装自制室外天线，提高收视效果。

旧电视及天线

1993年，区电视台建起有线电视前端，有线电视开始试播。南马坊村在办公室前安装接收器，形状像口大锅，先后安装6只，而后集体出资统一购电视专用线路，群众按需要再从村内购线，分户安装成闭路电视。开户费每户应交250元，村集体代交100元，每户只交150元，第一次全村开通638户。

1997年，全村又统一改装成有线电视，收视效果更佳，清晰度更高。之后，电视尺寸也由开始的10英寸提高到20几英寸、30几英寸、40几英寸、50几英寸。款式上由原来的黑白电视、晶体管电视发展成为平板式、悬挂式、液晶体电视、数字电视。

通讯　是近代居民之间相互联系所使用的各种语音器械。

固定电话　1958年，大办民兵师盛行，南马大队设立民兵营。在营部安装一部有线电话，主要用途是与师部（人民公社党委）进行情况交流，请示工作，上级下达指示，当时的专职接话员是徐建中。

1966年，县委书记宋天林到南马大队驻村。其时，架设专线，安装电话，设在原6队刘天

手摇电话机

相家东屋最南头一间屋内。后随着的领导撤走，电话撤销。

1972年，整党建党后，在大队办公室安装一部手摇电话，经总机接线员接转。1987年，南马坊兴起办厂高潮，多个工厂开业，南马坊村安装集团电话，村领导、各企业负责人安装分机。村内通话免费，在号码前拨“0”后可对外通话。以后，电话升级，设总机和接线员，昼夜值班，电话为拨号形式。

1992年以后，部分企业自己投资安装电话。最早安装的是宗来沂，投资一万多元。1995年后，个人安电话增多，每部安装费在2500 ~ 4000元不等。1998年，村领导鼓励支持村民安装电话，全村一次性安装580余门，每部安装费1000元。其后，村委又组织集体安装一次。进入21世纪后，全村电话得到普及。

手机　1989年，南马坊村首次购进对讲机，全村共4部，由主要领导和主要单位的领导人使用。对讲机是单线联系，通话半径小。双方对话时，只能一方先说，对方只能听，不能说。待对方说完后，关闭说话功能键，打开听话键再听另一方说。

几年后，村内出现手提电话，俗称“大哥大”。其时，价格昂贵，一部需近万元。随着科学技术的进步，“大哥大”的体积开始变小。进入21世纪，逐渐演变成手机，至2016年，全村手机已经普及，成年人几乎人手一部。

大哥大

电脑　20世纪90年代，南马坊村家用电脑是通过电话线拨号进行上网，主要通过读取光盘、软盘中的数据进行使用。网速慢，费用高。其时，主要作为收看影像节目、游戏娱乐及学习办公使用。

进入21世纪后，电脑快速进入村民家庭。之后，电脑的更新换代加快。从体积较大的台式机、一体机、笔记本电脑到体积较小的掌上电脑、平板电脑，体积越来越小，功能越来越强大。

2003年，南马坊村在日常办公中开始使用电脑。对村民的性别、年龄、文化水平等信息，经采集后储存于电脑，可随时进行分析调阅。2015年，村党支部建立起党员动态管理系统，对党员信息采集后存储于电脑，使之更加明晰，便于实现动态管理。与上级部门的联系衔接，文件资料收发，大多是通过电脑来进行，并逐步向无纸化办公迈进。

2014年12月，南马坊村便民服务中心开始正式办公。村民的种粮补贴，养老保险金的缴纳领取，农机补贴款的申报领取，退伍军人补助款领取等工作事项均通过办公电脑进行。此外，便民服务中心还设立了助农取款服务点，电脑与临淄农村商业银行联网，工作人员可为村民代办存取款业务。至2016年，村便民服务中心配备办公电脑3台，新村建设筹建处配备办公电脑5台，村“两委”成员配备办公电脑7台。南马坊村30 ~ 50岁家庭，电脑普及率达90%。村民足不出户，便可知晓国家大事，学习科技知识，进行商务活动。多是通过家用电脑来实现的。电脑的普及，为村民创造了一个全新的学习、娱乐及商务活动条件，展现了社会主义新农村的前景。

第五节 游戏娱乐

南马坊村成年人传统娱乐活动包括踩高跷、玩花灯、荡秋千等。少年儿童娱乐活动包括弹琉璃球、打陀螺、滚铁环等。

高跷 是将 0.5 ~ 1.3 米的不等木制高跷绑在腿上，脚踩翘板，随着锣鼓点，有节奏的边走边舞。表演者有的按古装戏的脸谱进行化妆，表演服装多彩多样，随心所欲，几个人或更多的爱好者组成一队，或沿街走着表演，或在场内转圈表演。演出的节目有扑蝴蝶、大劈叉、孙悟空、猪八戒及历史传说的故事。

花灯 一种是扎好挂在自家门前。灯的制作，先扎一圆框架，架子外糊有彩纸，在纸上画上多种图案，架内底柱上点一蜡烛，悬挂门前，以表年年丰收。另一种是跑灯，大部分扎鱼灯，意为年年有余（鱼）。用竹子或是木条，按鱼形扎起，头和尾必须是活动的，鱼身用彩纸糊起，彩纸上画出鱼的嘴、眼、腮、鳞、尾等图案。用一根木棍，固定在鱼肚中间，能举动整个鱼身。鱼肚内点上蜡烛，当人举着木棍向前跑动时，鱼灯摇头摆尾，随着蜡烛的忽明忽暗，活灵活现，很是好看。

秋千 每到清明节，在大街当处或空闲场地内，两端各用两根木棒绑好，固定在地内，两棒交叉处放一直棒叫“梁”，梁上套两个环，每环下系一根结实的粗绳，两绳下系一木板，木板离地约 30 厘米。有的依靠道边的一棵树扎

荡秋千

秋千。秋千扎好后，人可站在木板上，双手抓牢两绳，用脚蹬木板，这个动作叫“驱”，利用惯性作用，把人攸到最高点，离地面越来越高，谁驱的越高说明谁的技术越好，称赞的人越多。打秋千的人在这一起一落的过程中寻求得意的快乐。打秋千有单人玩，有双人玩（两人面对面），有带包袱的，即一成年人驱时，木板上坐一小孩。

一担狗 在一开阔地，扎一座盘，盘中有深孔，内有一直立木棒，棒能转动，棒下端绑一横棍，可由两人一头一个推动木棒转动。木棒上端绑一横木，两头各系两粗绳，绳端各系一木板或牛索头。节目开始前两人分别坐在木板上，木棒下方，两人推动木棒转动，利用离心力的原理，将上方两人转的离地面越来越高。当上方两人支持不住，呼救后下方两人或停止推动或阻止木棒转动，停稳后两人下地，因是两人同时在上方，一头一个，戏称“一担狗”。

扪儿 清明时节的一项活动。利用一个木制大车轮，用一木棒，上端串穿在大车轮中间，下端固定在地里，木轮高度约 80 厘米，并处在斜面状态。活动开始，木轮上方有一人，趴在木轮上，两手抓住木轮中的齿木或抱住中间的木棒，有两人仰躺在木轮底下，用两脚蹬木轮

转动。开始，上方的人很逍遥自在，时间长了，逐渐头晕眼花，支持不住，大声呼救，恳求停止，下方的人不但不理，反而更加快速度，因下方的人可有第三人、第四人替换，直到把上方的人从木轮上甩下，人落地时，被甩的发出“扪儿”的一声，故此活动叫“扪儿”。

弹琉璃球　在开阔场地，先挖两个相距3～4米的坑，叫“窝”。参加者每人拿一琉璃球（玻璃制，叫弹dai），据第一个窝一定距离，划一条线，在线处把球向窝处抛去，离窝近者为胜，先弹，依次进行。弹时把拇指弯曲放在中指下，用食指尖和拇指把球托住，拇指一弹，球即可飞出。先进第一窝后进第二窝，进二窝前此球为“鬼”，进二窝后变成“人”，“人”可收获猎物，遇到靠近自己的球即可打去，一旦打着，被打的球就是自己的猎物了，继续再打，打不着就换其他人，依次打下去，直到余下一人为一盘。有时受场地限制，还可画圈为城，球出了城为犯规，自动退出。

弹琉璃球

开火　按区域自动分成两个小集团，拉开一定距离，找些小石块、砖头、瓦片，投向对方。若一方的人员投的远、投的准、还勇敢，就成攻势。另一方则成守势，并逐渐后退，当退到一定位置，即可休战。胜者，兴高采烈，说说笑笑，返回各自回家。村东的主“战场”在土地庙前。参加人员5队、6队组团对3队、4队组团。战机选择，村内有人去世要到土地庙送浆水、祭祀，活动结束。送葬人离去后，两组团即行开始。7队、8队与9队、10队的“战场”在村西南围子墙处，7队、8队与11队、12队的“战场”，在白衣大士庙和南海观音庙之间，11队、12队与1队、2队的“战场”在南马小学处。有时村与村也进行，南马与西关安合村在林家坟、韩家坟处交战。南马与国家在村西。有时还要事先找人预约，双方早做准备，早早找些砖头、石头物件，藏起备用。交战时还要找些小孩往前运送“弹药”，此活动有趣但有危险性，有时打的头破血流，但又乐此不疲。

打瓦　在一开阔地，找几块砖头（称作瓦）一字立着排开，间隔一米。砖的块数少于参加的人数，砖块有名称，中间高点叫“皇帝”，依次矮者为侩子手、瞎婆、聋汉等。活动开始，在距砖块一定的距离划成一条线，参加者在线处依次各用一块砖头，向排立着的砖打去，打倒那块，他就是此砖的相应人员。砖全被打倒后，有一人没有位置，即是被罚者。罚时皇帝下令，重打三下，侩子手即执行打三下，完毕后皇帝问“聋汉”听到了么？答“没听见”，皇帝继续下令重打五下，打毕，再问聋汉听到否，答“听到了”，皇帝又问瞎婆看到了么？瞎婆回答没看见，皇帝再下令重打几下，直到聋汉听到了，瞎婆看见了为止。

打陀螺　陀螺在当地俗称“转椇”，“打陀螺”也叫“打转椇”。流行于20世纪70年

打陀螺

代前，在村内青少年中较为普及。打陀螺玩法多样，有单人打，双人对打，赶动打等多种形式。陀螺有木制、陶制、牛角制；有鸡型的、盘状的，最常见的是上部似圆柱，下部似圆锥形的。陀螺是用麻绳或布条制作的小鞭子抽打的。首先把鞭绳一圈圈缠在陀螺腰间，之后把它放在地上，握鞭杆的右手用力一甩，陀螺就随着鞭子的惯性快速在地上旋转，只是在刚开始的时候，要不断用鞭子抽打陀螺。陀螺转动起来，像撒欢的羊犊，像长裙飞旋的舞女，好看又好玩。打陀螺最大的窍门是要陀螺在运动中保持平衡，最精彩的是飞速旋转的陀螺短时间在某一点上保持不动，重心不稳的陀螺就会如醉汉般踉跄倒下，笨拙中有几分滑稽和开心。

为了使陀螺转起来好看，就在陀螺的正中间抹一个红点，以红点为中心画一个圆圈，蓝的、黄的、黑的、紫的、白的等等，像雨后彩虹一样绚丽，用力抽打，陀螺不停地转动着，跳动着，使人眼花缭乱，目不暇接。长长的鞭子不一定每次都能打在陀螺的中间，有时也会打在陀螺的底部，把它凌空抽起，地上腾起灰尘。打陀螺最理想的场地是在冰上，当时村内有十多个大湾，冬天结了厚厚的冰，就像宽大的镜子，因摩擦力小，陀螺转起来特别稳，特别快。

滚铁环 铁环是一个直径约30 ~ 40厘米的铁圈，铁环上可再套几个小铁环，用一根自治的前头呈U形钩，后头一个圆形把，推着铁环跑动，铁环在滚动时发出美妙的声音，此项活动是单人玩的项目，也可多人参加，比谁玩得好、跑得快、滚得稳。

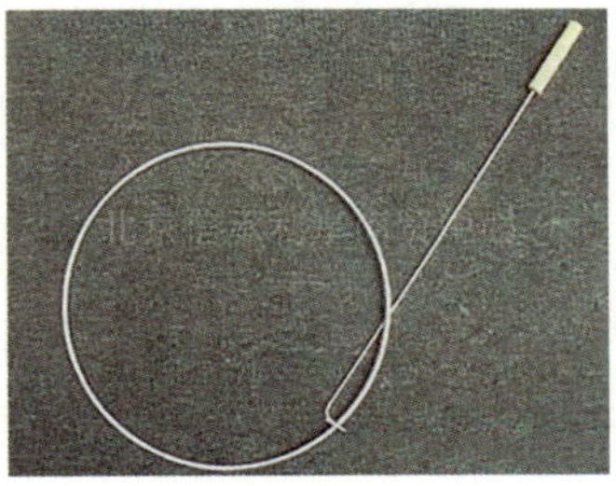

铁环

打榪 是男孩子玩的游乐活动。“榪”是取直径3厘米左右长约8 ~ 10厘米的一段木棍，两头削上尖而成。打榪棍，是用一直径2 ~ 3厘米，长约40厘米的木棍。游戏时，选一空阔的地方，在靠墙边划一半圆，半圆中心的墙边放一块砖，将榪放到砖上，用打榪棍打榪的尖头，谁打的远即从谁开始，以此类推。游戏时，仍把榪放在砖头上，用打榪棍打榪的尖头，榪蹦起，用打榪棍将榪打远，并反复两次击打木榪，最后根据木榪对半圆处的距离，由自己估计，说出有多远，如果对方认可，可做累计，如果不认可，则用打榪棍为尺丈量。丈量结果大于或等于估计数，则记账。若小于估计数则不记账。然后，无论什么情况，都由第二人开始游戏。周而复始。直到先达到预先约定的数额的一方为赢。输者受到惩罚。20世纪60年代后无人再玩此游戏。

踢毽子 多是女孩子玩的游戏。毽子的制作多是用鸡毛、狗毛、马毛等。用两枚制钱扎制。可单脚踢、双脚踢，从另一条腿后踢，可将毽子停在脚面上等。可一人踢，也可几个人比赛。女孩子将毽子装在口袋中，有机会就踢，不受地方限制。踢毽子既可娱乐，也可锻炼身体，深受人们的喜爱，20 世纪 70 年代前十分盛行。

打扑克　解放初期，主要打法有四人用一副扑克打百分，2 ~ 4 人打梭和。“梭和”是一种方言，凡指扑克的 4 个 A 及大、小王。玩法：2 人以上，人少每人拿 9 张，人多每人拿 6 张，3 张相连为一“谱”。J、Q、K 为一“谱”，不能和 10 相连。大、小王单独用，其余 4 色 A 也可以成“谱”。开牌者多一张，拿后出牌，后者有相同 2 张，可优先相对，下家缺者可吃。3、6、9 张都可成“谱”。再加一个 A 或大、小王“即和”。若全部对出，手中无牌，只欠 A，叫“明和”。9 张再加一张都成对，叫“对和”。此玩法，属个人战斗，经久不衰。70 年代后，打扑克的人逐渐增多，并趋向中青年。主要玩法是 3 ~ 4 人用一副扑克打“争上游”“五十 K”。80 年代后，开始 6 人用 4 副扑克打“够级”。90 年代后转为青年、老年，4 人用 2 副扑克打“升级”。1992 年，村委辟有三间北屋做老年之家，老年人多光顾打扑克。20 世纪后，开始 5 人用 4 副扑克打“保皇”。搬进新社区后，老年人成为打扑克的主力。老年妇女也参加。夏季，白天在楼头阴凉处，夜晚地下车库、电灯下、单元门口，到处都是打扑克地点。老年活动中心安有两台大空调，全天候接纳群众玩耍，现在主要玩法为“保皇”“够级”“升级”“梭和”。

扑克娱乐

另有打髦、跳方、跳皮筋、拾石子等娱乐活动。

鼓荡子　是用玻璃吹制而成，上部为把，中空，底部是平底球型，酷似一个底大上小、大肚子花瓶。底部玻璃很薄，人用嘴含着把一呼一吸，底部玻璃产生震动，而发出鼓、哒、哒、哒的声响，故名“鼓荡子”。鼓荡子极易被损坏，吹、吸时，劲若大了被鼓破。运输时不小心也会弄坏，有俗语说“鼓哒，鼓哒，叭，一个大钱仨”，即易损、又廉价。

欢喜团　是儿童的一种玩具，也可作小吃。做法是把糯米或大米爆成松软状，用糖稀或其他黏物，把松软大米弄成球，球面涂些多彩颜色，球中心穿一细线，多个球串成串，即成。因球是松软物组成，用嘴一咬，口水一化，一个大的球很快缩小了。看似大物，吃起来少物，空欢喜一场。

此外，过去村民买不起铁皮哨，买个泥哨吹吹。买个不倒翁，俗称“拨不倒子”，看他的憨厚像，乐和乐和。买个货郎鼓，两手搓、摇，听听响声。拧哨是早春取细柳枝一段，拧下树皮，一端除去外皮膜，当哨吹。

第六节　文物古迹

南马坊遗址　位于村东北 2000 米。遗址地势平坦，南北长 470 米，东西宽 300 米，呈长方形状，面积约为 14.1 万平方米。北依济青高速公路，南邻村生产路。地面散落有豆柄、豆盘、

南马遗址

铺地砖、陶壶盖等陶器残片，属战国时期文化遗存。2010 年 7 月，淄博市人民政府公布为第四批市级文物保护单位。

韩信河　位于村东南 600 米，呈南北走向，宽约 80 米。向南通范家村与永流村地片接壤处，向北延伸至西关南村地片。

公元前 203 年 9 月，韩信率兵伐齐，见临淄城墙坚固难攻，想引淄河水北淹临淄城。汉军挖的河称“韩信河”，村民一般称为“流沟”。1975 年在整地中将河道填平。今临淄中学南门就坐落在韩信河东岸。

点将台　位于村东南 900 米韩信河东岸，村民俗称“将台”，现有高约 4 米的封土。相传韩信攻打临淄城时是在此高台上进行点将派兵，亦称“点将台”。

房玄龄墓　位于村东南约 300 米，村里人习惯称此地为“石人坡”。20 世纪 70 年代初被损毁。

原墓道两旁有石像群，东、西相距约 8 米，自南而北依次排列。先是一对面南而坐的石虎，体形肥壮，双耳微垂。之北是两只石羊，面南平地而卧，双角向后弯曲，形态自然温顺。再北，有两尊立在石座上相对而立的石人，古称翁仲，身高约 2.5 米。墓道东立一位文翁仲，身披朝服，头戴官帽，腰系玉带，长须垂胸，两臂曲向胸前，双手合持笏板，二目平视，一副慈眉善目的面容。西立一位武翁仲，顶戴头盔，身穿战袍，双手合持利剑一把，威武雄壮。石人之北的墓道中轴线上有一块撑起的大石板，村里人都将它称之为“石炕”。石板长约 2.50 米，宽 1.50 米，厚 30 厘米。因为年代久远和孩童们经常在上面玩耍的缘故，石板的顶面非常光滑。据考，此石板应是当时为祭祀墓主人所设立的石供桌。在供桌的正北有一尊石龟，石龟的头不知何时已损毁不见。但从余部可见，石龟颈部稍昂，背部及两侧均雕有精美的花纹。在背部中间有一长约 120 厘米，宽 30 厘米的槽形平面，中间部位凿有一个深深的卯眼，应为当初矗立石碑的印记。

贾振琨墓　该墓位于村西贾氏祖茔。1921 年夏，张介礼、于明信、李鉴绅等省内政要及各界社会名流，集资为其树龙帽碑于贾氏坟茔南隅。据知情人回忆，碑阳上方勒“万古流芳”四个大字，之下竖刻“辛亥革命烈士贾公次瑶之墓”字样，另有树碑人姓名若干。碑阴记述其生平。此碑在破“四旧”时被损毁。2014 年，村民贾琳发现残碑局部。经考证，所辨碑文与 1920 年（民国 9 年）《临淄县志》记述相一致。

贾振琨墓

1997 年 6 月，淄博市人民政府公布贾振琨墓为市级重点文物保护单位，临淄区人民政府为贾振琨墓立重点文物保护石碑一座。

南马坊一号战国墓 位于村东约450米，20世纪70年代封土尚存，村民多称为“4号井小塚子”，后经多年取土，封土无存。1995年5月，修建北外环路（齐盛路）时探出，命名为南马坊一号战国墓（南马坊M1），后进行了抢救性发掘。

该墓平面形状呈“甲”字形，南部有一条斜坡式墓道。墓葬南北总长36.5米，深8.5米。墓坑口南北长18.2米，东西宽16.4米。墓坑四壁和墓道两侧各有三层台阶，并逐级内收。墓室内有一椁一棺，发现四处盗洞，曾多次遭到洗劫，重器全无。出土的大量小件器物主要有陶器、铜器、玉器、骨器等。认定年代为战国中期，是齐国卿大夫一级的贵族墓。

临淄中学墓地 位于村东偏南550米。临淄中学占南马坊村土地200余亩。2009年3、4月间，该校在建设施工中发现大量古墓葬，临淄区文物局随即组织人员对墓葬进行抢救性发掘清理。

墓地共清理战国、汉代墓葬397座。其中，“甲”字形大型墓葬4座，其余均为竖穴土坑墓。61座墓葬内没有任何随葬品，无法断代。

临淄中学工地战国墓

其余336座墓葬，依据墓葬形制和出土器物特征对照，85座属战国时期，251座属于汉代。墓地出土青铜器635件（套），玉、石器118件（套），骨、蚌、铁器等饰品89件（套）。

临淄中学工地出土战国铜熏炉

4座大型墓葬，墓道位于墓室南侧，中间有一椁室，底部有陪葬坑，均遭到不同程度盗扰破坏，椁室内墓主骨骼和器物荡然无存。墓坑二层台基陪坑内随葬有铜兵器、仿铜陶礼器及水晶、玛瑙等装饰品。有一座墓葬保存完好，椁室内墓主葬具为二椁一棺，东侧有一器物箱，随有铜礼器、兵器、车马器、乐器等113件（套）。在椁室的南、北、西三面分别有4个陪葬坑，内各殉1人。从4座墓葬的形制和随葬品的特征考证，说明墓主人身份极高，当属齐国贵族。

393座竖穴土坑墓，均为中小型墓葬。依据随葬品断定，墓主人身份多为普通百姓，也有少量富裕的中产阶级

南马坊村南墓地 该墓地范围包括学府路以北南马坊新村工地、稷下路北延工地、棠悦生活区翰林苑生活区工地及凤凰城工地。

南马坊新村工地 2010年6月至2011年11月，区文物局组织人员对南马坊新村工地探出的墓葬进行发掘。清理战国、两汉时期墓葬584座，其中战国时期的“甲”字形大墓12座。有1座墓葬墓道北向，其余11座墓道均南向。

南马坊新村墓地

南马坊新村墓地

4座墓葬外围设置有车马坑，用车马陪葬。墓葬均遭不同程度的盗扰，但出土文物较为丰富。有青铜礼器、车马器、兵器、仿铜陶礼器、乐器、水晶、玛瑙、玉石器等近200件（套）。依据墓葬形制和文物特征断定，墓主的身份当属齐国贵族。另在战国和汉代小墓内出土铜镜101面，各类文物600余件（套）。

稷下路北延工地　2012年4月，对稷下路北延施工中发现的2座大型墓葬进行了抢救性发掘。M1位于M2的南侧，两墓均被盗严重，椁室和陪葬坑内的器物被盗一空，只有M1墓底西北角西壁的壁龛保存基本完好，出土了一批彩绘泥俑。

棠悦生活区工地　2012年5月至2015年12月，对位于棠悦生活区中、西部发现的墓葬进行了发掘。清理战国时期“甲”字形大墓2座，战国时期小型墓200余座，两汉时期中小型墓1300余座。在中小型墓内出土铜镜317面，放置在头端266面、腰部8面、脚端43面。

棠悦生活区墓地

翰林苑生活区工地　2014年11月，清理翰林苑生活区工地战国、汉代小型墓葬347座，出土铜镜55面。

翰林苑生活区占用南马坊新村土地，墓地面积大，墓葬排列密集，从战国初期延续至汉代，

稷下路北延墓地

翰林苑墓地

年代跨度时间长，对研究战国时期齐国贵族墓葬的车马制度及战国、两汉时期齐地各阶层的葬俗、文化特征都具有十分重要的意义。

凤凰城墓地

凤凰城工地　有保存完好的东大冢、西大冢两座墓冢。在生活区施工开始后，对墓冢南北两侧战国时期的12座“甲”字形墓葬进行了发掘清理。墓冢南侧8座，北侧4座，均东、西向排列，大致在同一条线上。墓冢南侧6座墓葬，2墓为一组，分为3组，每组排列规整，东西并列，相距不远，方向一致。范围内分布的14座大型墓葬，分列南北三排，排列有序，为一处战国时期齐国的贵族墓地。

松树冢

墓冢　20世纪50年代初，在南马坊村域的数千亩土地上，散布着大小墓冢23座。至2016年，有4座被生产队和村民将地表封土取用，夷为平地。1座被发掘。随着土地隶属关系的变更，有3座转入其他单位名下。另有两座在今方正凤凰城社区内，3座在棠悦生活区内，但其墓冢及保护区范围的土地仍归南马坊村集体所有。今村域内尚有封土墓冢10座。

20世纪50年代至2016年南马坊村域墓冢

表8—2

序号	墓冢名称	所在位置（旧村）	封土	归属
1	平冢子	村东500米（今临淄中学院内）	完好	国有
2	将台	村东偏南900米，5组地片	完好	南马坊
3	灰冢子	村东偏南1000米，5组地片	完好	南马坊
4	无名小冢1	村东偏南800米，6组地片	已平	南马坊
5	狼冢子	村南800米（今中轩酒业院内）	完好	国有
6	窑冢子	村南300米（今棠悦生活区内）	完好	南马坊
7	谭家冢子	村南300米	已平	南马坊
8	勺子冢	村南600米（今棠悦生活区内）	完好	南马坊
9	无名小冢2	村南550米，（勺子塚北今棠悦生活区内）	完好	南马坊
10	东大冢	村西南500米（今凤凰城生活区内）。	完好	南马坊

续表 8—2

序号	墓冢名称	所在位置（旧村）	封土	归属
11	西大冢	村西南 550 米（今凤凰城生活区内）	完好	南马坊
12	无名小冢 3	村西 600 米（畜牧局院内西南部）	完好	国有
13	尖冢子	村西南 500 米（联营养鸡场南）	完好	南马坊
14	长冢子	村西南 450 米	完好	南马坊
15	徐家冢子 1	村西南 400 米，9 组地片	完好	南马坊
16	蛤喇冢 1	村西南 250 米	已平	南马坊
17	无名小冢 4	村西 250 米，309 国道路北	完好	南马坊
18	张家冢子	村西北 800 米，原林业队南	完好	南马坊
19	松树冢子	村西北 900 米	完好	南马坊
20	无名小冢 5	村西北 900 米，原窑湾西北	完好	南马坊
21	哈喇冢 2	村西北 800 米，2 组地片	完好	南马坊
22	徐家冢子 2	村东南 400 米	已平	南马坊
23	南马坊 1 号战国墓	村东 450 米	已发掘	

南马寺石经幢 1998 年在旧村南修建北外环路（今齐盛路）时出土。经幢为青石质，八棱柱形，只发现幢身部分，上、下均为平面，顶径 34 厘米，底径 39 厘米，高 137 厘米。宋真宗大中祥符五年（1012 年）刻立。

南马寺石经幢

幢身上部中间刻一坐佛，下部三面刻有铭文。最右记载南马寺占地范围和边界，中间刻有《佛顶尊胜陁罗尼经》，经文共 9 行。最左记载建造尊胜幢子记年代和度具戒弟子名字。

重修土地祠记碑 此碑在一民宅墙基中出土。碑身高 127 厘米，阔 57 厘米，厚 22.5 厘米。顶部两端高、宽各有 12×11 厘米的抹角。四周有荷花云纹纹饰。顶端自右至左横书“重修土地祠记”六个空心字。之下为竖排碑文。最右书重修土地庙记。正文楷书 10 行。因年代久远，部分文字剥蚀，辨认不清。后有捐资人名录及立碑年代。

重修土地祠记碑

正文内容主要记载南马坊原来就有土地庙，因年代久远，殿宇已经残破，围墙倒塌。村民贾子秀、赵学易经常从此路过，看到这种情况，非常痛心。便召集一方百姓，捐资献劳，对土地庙进行了重修，使其焕然一新。即将落成之日，贾还初等人嘱托，要将善士们的奉献记下来。

碑记由秀才王□嗣撰文，秀才刘显烈书写。时间为明万历四十五年农历二月，即 1617 年农历二月。

修醮碑 此碑出自原南马小学东邻一民房的山墙内。碑身高 148 厘米，阔 56 厘米，厚 17 厘米。顶部左右两侧有高、宽 12×10 厘米的抹角。周边有宽 4 厘米云纹、莲花纹相间的纹饰。

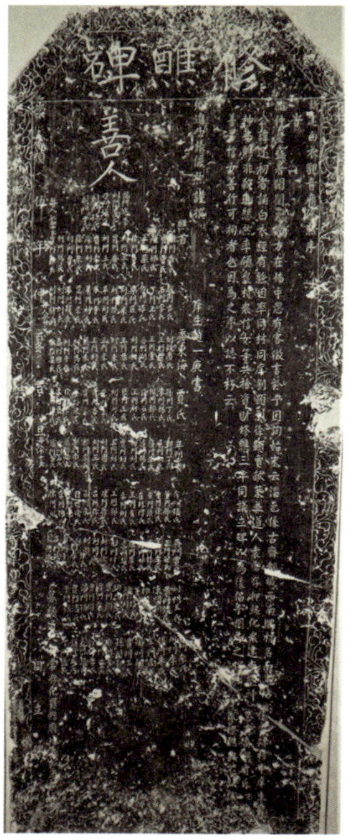
修醮碑

正文楷书，竖排阴刻。最右书“新建白衣观音庙修醮序”。后为正文，竖排四行。正文后记有 132 名捐资信女之族门姓氏。碑文由举人张儼然撰文，庠生赵一庚书写。

碑文主要记载村中秀才贾还初率领刘显烈、徐显、贾献策及道人袁常存等人新建白衣观音庙之事。在大庙落成之际，为使后人记住众信女的善行义举，勒碑以记。尾行有“崇祯五年仲夏吉旦同立碑”年代记载，即 1632 年农历五月。

白衣庙碑记碑 此碑在原南马小学东邻一民房山墙内出土。碑身高 148 厘米，阔 58 厘米，厚 15 厘米。上部两侧有抹角，周边无纹饰。

碑文单面阴刻。顶端自右至左横书“白衣庙碑记”6 字。之下，为竖排碑文。最右书“修建白衣大士两廊碑记”。后为 4 行正文。碑文由临淄县举人朱作肃撰文。后记有捐资善士 230 人之姓名，62 名捐资信女之族门。

白衣庙碑

碑文记载南马坊白衣大士庙建成后，给附近百姓带来很多福祉。但时间已久，庙的正殿还算坚固，但东、西厢房已经出现严重破损。由董万生带领，大家捐资，进行了修葺，使之焕然一新。为让后人记住他们的善行义举，立碑以记。

立碑年代为清康熙八年仲春，即 1669 年农历二月。

善士题名碑 此碑与“白衣庙碑记”碑为同一通碑，但相隔 130 余年。当是为了节省资金，在原碑背面镌刻。此碑周边有宽 6 厘米的回形纹饰。碑额自右至左书 7.5×6 厘米“善士题名”四阳刻大字。其下为正文。正文竖排 6 行。后有捐资人姓名及捐资额。最后记有匠人的名字。

善士题名碑

主要内容是记载白

衣大士庙、南海观音庙、关圣帝君庙及土地祠四座庙宇，建造后多年未得到修缮，多处已经出现破损。本村及邻村居民提议，将这四座庙宇进行了修葺。碑文后镌刻捐资善士姓名 57 人，并记有捐资者的职衔、学历和捐资额。

立碑年代为清嘉庆七年农历六月，即 1802 年农历六月。

重修玉皇庙碑　此庙坐落于村庄西南部，碑名缺失，年长者相传为玉皇庙，村民俗称小庙子。院内原有坐落于赑屃背部的石碑一方。村民搬迁后，在旧村一户民宅墙基中觅得。此碑碑身高 97 厘米，阔 57 厘米，厚 17 厘米。双肩抹角，四周光面，无纹饰，楷书双面阴刻。

玉皇庙碑

碑阳碑文竖排 12 行，满行 25 字，有部分文字残缺。主要记载玉皇庙的规模、人文景观和修缮过程。由附贡生于汝澄撰文，书写人为于姓，后两字无法辨认。道光二十二年（1842 年）立碑。

碑阴记有 97 名捐资人的职衔、学历、姓名和捐资额。末尾记有石匠、画匠和瓦工的姓名。

地保地亩碑　碑身高 134 厘米，阔 63 厘米，厚 18 厘米。在顶部宽、高部位左、右两侧有 10×10 厘米的抹角。碑阳周边有宽 4 厘米的海波纹纹饰。碑阴碑额自右至左有高 12 厘米的三个浮雕图案。左为如意，中为灯笼，右为毛颖，各有飘带缠绕。下部有宽 7 厘米的海波纹纹饰，两侧有 1.5 厘米宽的边框净面。双面楷书阴刻。碑阳记载村民缴纳国税时出现的问题及解决办法。碑阴记有 148 名为购买土地捐资的善士姓名、官职或学历。

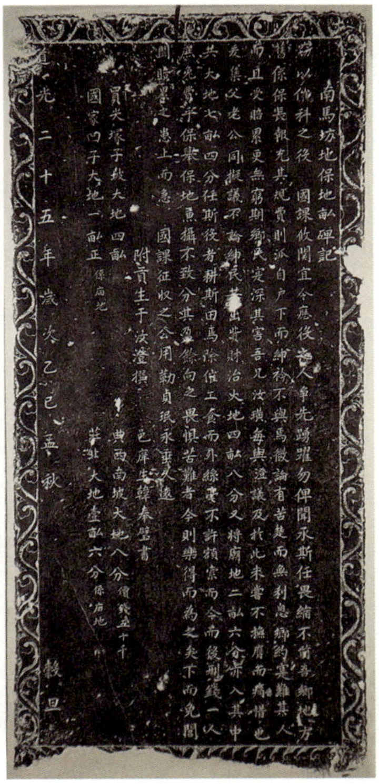

地保地亩碑

碑记由南马坊附贡生于汝澄撰文，邑庠生韩奉璧书写。清道光二十五年（1845 年）孟秋立碑。

节孝碑　新中国建立前，南马坊村曾立有四座节孝碑。第一座坐落在村西张家冢子以东，是为贾氏十五世贾新图之母刘氏所立。碑阳书“节兼孝慈”四个大字，为“四大人”于疏枰所书。第二座坐落于东北寨门外东北方，为于氏“九路堂”族人所立。亦书“节兼孝慈”，相传为拓印贾氏节孝碑原样后镌刻。第三座立于东庄子东首。此处原有一东北、西南走向的深沟，碑就坐落在沟沿以北。碑阳书“玉洁冰清”4 个楷书大字，是时任山东提学使罗正钧为宗氏十六世宗聖修之妻徐氏所提，为“九大人”于疏楧所书。第四座在西南寨门外南首，是为张氏二十世张若楷之妻王氏所立。上书“彤管书贞”

四字，为于疏楼所书。据南马坊张氏族谱记载，“彤管书贞”是出自时任民国大总统黎元洪之口谕。

以上几座节孝碑在20世纪五六十年代相继被毁。唯第三座“玉洁冰清”碑，由宗氏十九世宗金标将碑身运回。后备建房，让一石匠将碑身左边凿去一部分。2016年被发现，后移至新村内。

第七节　故事传说

于疏朴遇考生　清光绪年间，南马坊村白衣观音庙西邻有个临香楼饭店。一天傍晚，进店两位考生，声言要到青州府参加科举考试，暂住一宿，明早起程，要店主备马两匹。

在店内帮工的文人清朝光绪年间拔贡于疏朴走近考生，和颜悦色地说：“尊姓大名？”考生心感此人文质彬彬，就自恃答道：“请先生猜，高家的头，李家的脚，陈家的耳朵反按着。”于疏朴沉思片刻，微微一笑，即写出“郭”字。考生心悦诚服地说：“对”。名字吗，请先生再猜：“一边绿，一边红，一边喜雨，一边喜风，喜风的怕雨，喜雨的怕虫”。于疏朴眉头一皱，咕念瞬时，停顿一会，精神一振，又写出“秋”字。考生看后，竖起大拇指称赞道：“先生真了不起”！

于疏朴暗想，收费时我得出新招。晚饭后，于疏朴走到考生跟前，以商量的口气说：“因你们早起程，饭费、住宿费、旅费现在就交，行吗？”“可以”，考生赞同，并问交费多少？于是于疏朴说：“你听：1、3、4、5、7；7、5、4、3、1；7加8；8加7；加9加10带11”。考生闭口不语，待了许久，从口袋摸出100制钱递给了于疏朴，两人相视一笑过之。

拂晓前，于疏朴牵来了三匹马，三人上马，东行数里，到达今稷下街道的官道村，再向前即是大水茫茫的淄河。此处有官府派遣人员值勤，水中过河保险。过河行路不久，一考生提出借此时间对诗，便道：“今日起程早，十里方闻明。”另一考生长时间对不出下联，于疏朴请示道：“我给你对，行吗？”考生痛快答道：“欢迎”！于是于疏朴对道：“没见青牛屎，只听苍蝇声”。考生不高兴地说：“你这厮骂人！”于疏朴忙赔礼道：“对不起，老农不会对诗，莫生气，听我再重对；‘没见青山色，只听淄水声’。”那考生满意地说：“这还差不多”。考生又提出，要出上联，请疏朴对。即刻说出：“明月当空，映神州千家万户”。对曰：“清风过案，知天下万书皆读”。考生又出：“拂晓苦短，快马加鞭”。对曰：“着急攻读，遍地诗览”。考生又出：“路上踏歌，回首碧云千程”。疏朴对曰：“陌下步曲，抬头旭日东升”。不觉多时已到考场，于疏朴赠言：“书中金灿灿，考生定过关，返路陋店中，书画欲相捐。”考生感慨地说：“盛情难却，定去拜访”。

于疏枚故事三则

之一　齐国故都临淄多名士。清朝同治末年，有人到临淄暗访，偶遇十来岁的孩童于疏枚，在淄江岸边玩耍，便问：“听说齐地有作诗对诗的风气，你会吗？”疏枚答：“试试看，贵人出上联，我来对下联，可否？”那人背起手，看着河中游鱼，便说出上联：“鱼翔浅底腹着地”。疏枚遥望天空，正巧鹰飞蓝天，便答：“鹰击长空背朝天”。那人大为惊奇，赞叹不已。

之二 清光绪五年，时逢盛夏，于疏枚到岸柳成行，鱼鸭成群的王家庄找好友玩，中午与好友在宅旁乌河岸边饮酒对诗。好友偶作：“日照柳塘鱼上树。”于疏枚沉思许久，仍无结果。晚饭后，他骑上马，迎着东升的月光回家，看到月光下的杨树阴影，突然想起：“杨影铺路马凳枝”。兴奋之余，回旋马头返回朋友家对诗，朋友大喜。

之三 翰林家信原文

父母大人：

不孝儿给您二老请安：吉祥如意。

月前，清皇赐我翰林院编修，权无，禄微。尚需努力，二老放心。韩先生辛苦了，恩师终身勿忘。父亲，请寄点艮，别无他求。

儿，疏枚

翰林之父收信后，不明“艮”的内涵，就请他的老师韩易昌指点。韩老师看信后说，疏枚中翰林后挣钱少，无脸向家要钱，即把“银”写成“艮”。若把“艮”加划成“娘”，又是一层意思，是让他妻往北京送钱。

如此，翰林见到妻子后兴奋不已。

无头石羊传说 元太祖成吉思汗九年，盛夏之季，烈日当头，有三名遣使（到地方巡查的官），骑着高头大马，行至南马坊东北三百米的大路口，突然一名遣使跌到地下，两鼻孔出血，顷刻断气了。只听其他两人急呼：“羊吉可汗；羊吉可汗！”

一遣使速报官府，下令曰：“就地掩埋”。于是，遣使到南马坊内招集了10名青年小伙子，购置木棺，将羊吉可汗深埋地下了。就在此刻，天空乌云逐渐增多，霎时，狂风大作，黑云翻滚，电光闪一阵又一阵，雷声响彻原野，大雨倾盆而注，半小时后沟满壕平。这时有人唱到：“赤日炎炎似火烧，野田禾苗半枯焦，农夫心内如汤煮，可汗入地旱情消”。

临淄县政府为了纪念这位因公殉职的羊吉可汗，便在路口立了一尊石羊，高1米，长1.5米，宽半米，头挺起，昂扬向前，两眼聚精会神，凝视前方，两耳下垂，两角粗壮，角尖向后，尾巴下垂，头北尾南，栩栩如生，神气十足，整个体型展现行走状态。之后，此路口就称为“石羊口”。

明朝初年，石羊头不见了，传说有三个缘故。

一说：石羊成精了。从石羊口向北500米处是小徐村，农民种的庄稼经常被啃掉，久而久之，禾苗被啃得多了，农户就着急，想查个究竟。农户联手，深夜潜伏禾苗下窥视，一连半个多月毫无动静，待到第21天深夜，终于发现从南向北有灰白色怪物，走向庄稼地啃禾苗，其中一人鸣鼓数下，怪物南逃到石羊口处消失了，这些农户断定是石羊所为，他们选出三名身强力壮的大汉，扛上大铁锤，将羊头砸掉了。

二说：一年夏天，有一农妇早上给在地里干活的人送饭，用肩挑着，一头是盛饭的篮子，一头是盛稀饭的罐子，行至石羊口处，见一头长角的怪物，猛然间夺她的饭篮，说是迟那时快，农妇瞬间从罐子里拿起铁勺，向头上长角的怪物猛力朝头一砸，怪物的头掉了，从此，石羊的头没有了。

三说：石羊以北的小徐村，每到农历腊月，无缘无故就死掉一个两三岁的幼童，全村人都很纳闷，分析原因，最终归结到石羊身上，因为石羊的头朝向他庄，石羊每年会吃掉一个孩子，必须把石羊的头砸掉！某一晚上，死掉孩子的一位家长，手持铁锤，怒气冲冲，奔向石羊，举起大铁锤把石羊的头砸掉了。

1971年，土地划方，大地畦田化，道路经纬伸直，残存的石羊被几位社员运走了。

神姑庙传说　小东庄最东端建有神姑庙，庙里有神姑像。每逢农历二月二、三月三、九月九，善男信女，老的少的来庙祭祀，香火颇盛。小时听老人讲：很早以前，每到大雨季节，南马坊东南方的韩信河，水大进村造成灾害，于是巫婆出主意，用“铁牛”挡之。在村官的发动下每人捐铁五斤，在韩信河西旁铸了一个很大的铁牛，头北尾南卧立。果真，此后大水再不进南马坊，百姓安居乐业。

百年后，这个铁牛成了“精”，白天卧在地里，深夜里便出来偷吃庄稼，一夜能啃一大片。老百姓对它无可奈何，只好联名上报官府。县官接报后，先派出壮士数名，用铁链把铁牛锁住，随后招集了九名铁匠，出谋献策化掉铁牛，以冯壮士为首，限45天完成，逾期不成就斩首示众。铁匠们不敢怠慢，齐心协力围着铁牛垒成了一个大大的化铁炉，周围留有8个通风口。铁匠们把平时用的大风箱搬来，在化铁炉内填上引火的木柴和木炭，然后点着火。周围拉起风箱，火势熊熊，老百姓都争先恐后地往炉内加木柴和木炭，连续烧了44昼夜，全村的木柴等可燃物也快用光了，人们也累得筋疲力尽，可铁牛的颜色一点没变，人们急得直跺脚，铁匠们愁得吃不下饭，烦燥急了。

冯壮士有个18岁的女儿叫冯娥，长的眉清目秀，中高身材，俊俏窈窕，活脱脱像一朵出水的芙蓉。这天来送饭时，她看到爹那愁眉苦脸极端难过的样子，就问：“爹，为什么这么不高兴？”爹哭着说：“化铁牛的期限就要到了，可铁牛化不了，明天午时三刻，我和你这些大爷叔叔们就要被砍头……”周围的铁匠，百姓也纷纷落泪。

冯娥听了，心如刀绞，她跑到炉旁，跪在地上，哭着祈求老天保佑。她的眼泪止不住，顺着面颊流下，飞进了炉内，火苗突然“腾”的一下窜地老高，在场的群众目瞪口呆，慌了手脚。不一会，铁牛的眼睛烧红了，姑娘感到好生奇怪，便顺手剪下头发扔进炉里，也怪，顿时铁牛的头顶烧红了。姑娘一愣，便又脱下鞋子扔进炉内，铁牛的四蹄立刻烧红了。灵机一动，计上心来，我全身投到火炉里，铁牛不就化了吗？于是，冯娥咬咬牙，向在场的父老乡亲招招手，纵身跳进炉中，果然炉中火，上柱天，下柱地，渐渐地由红变白，由白变青，一会火熄了，人们跑向炉内看时，铁牛没有了，冯娥也不见了，冯壮士和在场的群众失声痛哭……

冯娥救了众多乡亲的性命，人们为了纪念她，便在庄的东边修了一座庙，雕刻上神像叫炉神姑，就叫神姑庙了。因像是石刻的，后人也叫石姑庙。

东南大湾传说　南马坊有十几个大湾，最大，最深的属东南大湾，这湾东西宽40米，南北长60米，深4米，是很规则的大湾。

据说，明朝末年，南马坊村最富的农户是冯氏豪门，家有三层楼两座。兄弟俩分家后，冯大分得西楼院，冯二分得东楼院。冯二弃农经商，卖掉大地十亩，在村庄的东边，交通大道的西边，开办了屠宰场，名曰：“屠宰四蹄场。”顾名思义——骡、马、牛、羊宰杀场。场内北屋10间，西敞棚20间，南敞棚5间；东面是朝大道的篱笆大寨门。开业头一天，买一斤赠半斤，前来购买者人山人海，黑压压一片。

冯二经营有方，不久，场内长工达到30人，既卖生又卖熟，既批发又零售，生意兴隆，红红火火，成为临淄最大的屠宰场。

冯二有一子，从幼好学，聪慧过人。外号“四眼神童”“四眼龙”。因为他两眼下方各有一小黑痣，故得两绰号。四眼龙三次进京赶考均未中，对清政府很是不满，后到青州府当私塾先生。几年后祖母病故，亲自撰写碑文，立于大路旁显眼处。某年春季，清王朝一官员微服私访，路径此处，通读碑文，欣然而过。不料走出百米，停马，返回碑处重读，竖读了再横读，发现横排文字竟是辱骂清朝，发泄愤懑之句。于是，微服人员在此蹲点，了解掌握情况，三天后，他们走了。

半年后的一天深夜，持刀、枪、棍的若干大力士，撞入“屠宰四蹄场”，将冯二家所有人杀死了。冯二家庄内的三层楼被烧掉，冯大一家怕受牵连也携家口出走了。屠宰场掘成了大湾，就是现存的东南大湾。从此，南马坊冯姓消失。

私骡成公用骡 相传南马坊商氏先祖商宝三，身材魁梧，钢筋铁骨，力大无比。农活样样精通，勤劳发家。他喂养了一匹骡子，膘肥体胖。他训得好，很听人使唤。商宝三在街上逢人就说：“我家的骡子，谁家用都行，特别是穷人家，有活就去牵，别客气”。

经他这样一宣传，有的人抱着试试看的心理，有农活就去借骡子用，结果很痛快，这样就传开了，很多人家去借他的骡子用，他的骡子成天闲不着。

一年麦上，有个老农去借他的骡子打麦场，可巧去晚了点，骡子被人家借走了。商宝三诚恳地说：“我去帮你拉磚碌，咱俩干，也很快。”老农说声“谢谢”。

商宝三施舍骡子帮人干活，从不要任何报酬，受到人们的尊重。多年如此，人们就说：“商宝三家的骡子成了咱庄的公用骡子了”。

张孟故事传说 据传，张孟殁后十八九年，突然某一天，张氏家族来了一个十七八岁青年，源自河南某村，前来认家。言说我是张家的张孟，曾经行医为当时的县官之女医好了病。县官赠匾，旌其曰：“春融绛雪”，四个金字的匾额，还有赠得荆条屋笆。说及家庭成员，房舍，器具等等一点不差，可凿可据，说的张氏家人难以置信。张氏当家人留住几日随去，言之再来，事后一直未来，从此搁起。此后乡里一直流传，成了当时的一个话题，一段迷信的传说，说张孟殁后没喝迷魂汤，又托生在河南，前世的一切均记忆犹新，所以来人所言据实，这成为南马坊的一段流传故事。

吃醋 房玄龄，唐代名相，临淄南马坊人，其妻卢氏，也是临淄人，性情刚烈，对丈夫十分忠心。据《太平广记》记载，房玄龄还没有腾达时，一次大病，眼看就要死了，就对夫人说：“我死后，你不要守寡，你还年轻，有合适的可以再嫁一个”。卢氏听后非常伤心，跑回卧室拿了剪刀把自己一个眼睛挖了出来，血淋淋捧给房玄龄看，表示自己从一而终的坚定信念。在夫人精心呵护和照顾下，房玄龄的病不久康复，病好后，房玄龄对夫人更加宠爱敬重。据唐朝刘餗的《隋唐嘉话》和明代浮白斋主人《雅谑》记载，房玄龄做宰相后，唐太宗打算赐给房玄龄几位绝色美人做妾，房玄龄一直不接受。太宗叫长孙皇后出面做房夫人的工作，房夫人坚决不同意。于是唐太宗派太监持一壶“毒酒”传旨房夫人，如不接受这几位美妾，即赐饮毒酒，夫人面无惧色，接过毒酒一饮而尽。结果并未丧命，原来壶中装的是醋，皇帝以此考验她，开了一个玩笑。于是“吃醋”的故事便传为千古趣谈。

第八节　民间歌谣

送军粮

推起小车吱吱响，推着军粮向前方，主力部队打胜仗，后方百姓多帮忙。送军粮，上前方，不怕道路万里长。哪怕雨淋风雪狂，为的救国保家乡。

妇女

妇救会，姐妹团，站岗放哨捉汉奸。做军鞋，穿针线，咱为抗日多贡献。

搞生产，多打粮，妇女也敢挑重担。母送女，妻送郎，扛起枪杆上前方，妇女翻身得解放，抗战顶起“半边天”。

张宗昌坐济南

张宗昌，坐济南，一两银子要八元；交不起，绳子拴，老婆孩子哭连天。

遭殃军

天也昏，地也昏，遍地来了遭殃军，放着鬼子他不打，专门糟蹋庄户孙。

日本鬼子折了本

日本鬼，卖凉水；打了罐，折了本。坐火车，轧断腿；坐轮船，沉了底；放机枪，卡了子；放大炮，鼓了底；死了的，伸了腿；大大的，不够本。

参加八路真光荣

八路军来独立营，谁来参加谁光荣。骑着马，披着红，参加八路真光荣。

鬼子心似狼

鬼子心似狼，占领我村庄。烧杀强奸作恶多，老百姓遭了殃。

打夯歌

伙计们呀，哎呦！来打夯呀，哎呦！一夯不成对，两夯成了双。三夯荞麦穗，四夯四方角。咱们打到头，再来个回马枪。一夯又一夯，打的实又光。基础打得牢，新房能盖好。盖新房，娶新娘，大家都来要喜糖。

伙计们呀，打夯来呀，咱这盘夯，象条龙呀，摇摇拉拉，往前行。咱这盘夯，象条船呀，借着顺风，猛向前。看着打，看着夯，隔了夯，不相当，挨着打，挨着排，打到头啊，转回来。

伙计们呀，打夯来呀，夯不起呀，齐努力呀，夯不平呀，齐松绳呀，夯不猛呀，想吃饼啊，夯不快呀，多加菜呀，夯不走呀，想喝酒呀，喝的痛快，吃得饱，夯就打得好。

伙计们呀，来打夯呀，夯不起呀，多努力呀，打了一夯又一夯呀，夯夯不离骨顶上，骨顶上打，骨顶上敲，打得骨顶一样高！往东打，不要慌，打一夯，再一夯，头遍轻，二遍重，三遍要打平。

莫生气

人生就像一场戏，因为有缘才相聚。相依到老不容易，都要应该去珍惜。为了小事发脾气，回头想想又何必？别人生气我不气，气出病来无人替。我若气死谁如意？何必伤神又费力。别和权贵相攀比，也不同那大款比。儿孙琐事由他去，身体健康靠自己。幸福欢乐自己求，神仙羡慕好伴侣。

劝君莫抽烟

抽烟，抽烟，黑心烂肝。痨病气喘，咳嗽吐痰。老婆怨，孩子嫌，又遭罪，白花钱。劝君狠心戒了烟，不咳嗽，不吐痰。家人愿意又省钱，邻居朋友也喜欢。

山老鸹

山老鸹，尾巴长，娶了媳妇忘了娘。把娘背到山沟里，媳妇背到炕头上，擀油饼，熬鱼汤，媳妇媳妇你先尝，我到山沟背老娘。老娘变成屎壳郎，哧愣飞到柳树上，叭哒掉到狗屎上。

小板凳

小板凳，一歪快，爹爹教俺做买卖。爹也挣，儿也挣，一挣挣了满天井。大车拉，小车送，恣得爷爷拍打腚。

小老鼠

小老鼠，上灯台，偷油吃，下不来，叫它猫大哥背下来，一背背了个朴楞楞，撒了油，打了灯。

小叭狗

小叭狗带铃铛，“嘎铃嘎铃”到集上。待吃桃桃有毛，待吃杏杏又酸，待吃栗子面丹丹，掘起尾巴钻了天。

小白菜

小白菜，细又黄，两三岁上没了娘，没了亲娘不要紧，就怕爹爹找后娘，找了后娘才两年，生下弟弟比我强。弟弟吃面我喝汤，想起亲娘哭断肠。

儿童团

儿童团，红缨枪，走起路来气昂昂。站岗放哨我来干，鬼子汉奸遭了殃。

俺就跟着八路走

叫俺扭来俺就扭，一直扭到十八九。俺娘给俺说婆家，俺就跟着八路走。

第九节 方言土语

方言　是地方语言，人们在生活交往中，形成一些具有地方特色的话语，只有当地人听得懂，用以交流，在官方语言及字典中难以查到。

时间　节令　自然学科类

早先：从前

起晌：午后 2 点多

今门儿：今天

晌午歪：下午 1 点左右

这咱：现在

头晌：上午

夜来：昨天

下晌：下午

早晨：明天

傍黑天：傍晚

多咱：什么时候

半夜里：夜间 12 时前后

后日：后天

傍明天：天将亮时

大后日：大后天

江才：刚才

大前日：大前天

前日：前天

有空：有时间

白呀：白天

黑呀：夜间

大年下：春节期间

后晌：晚上

老时节：较长时间

打春：立春

几科里：不容易，难得

一半天：一天或几天

绛：彩虹

动作行为类

指路：人死后，儿女为亡灵指明“西方大路”

圆饭：女子结婚时，长辈为子女送吃物的仪式

拜祭：向死人祭奠的仪式

猥古：用屁股挪动

坐下处：坐牢，被监禁

听墙根子：偷听别人说话

刹咐：教训人、嘱咐

打通夜：整宿不睡

打目鲁：睡了一小会

送浆水：人死后在出殡前为死者灵魂送路旧风俗

掉魂：迷信说法，人受到惊吓，身上“魂”丢失

叫魂：把丢失的“魂”叫回来

送小饭：结婚当日，女方娘家人给新人送饭的仪式

摊上：遇上、碰上

作梭：挥霍，浪费

肇事：挑起事端

舒手不动：懒惰

收市：把物品全买

赶会：去物资交流会购物

调（diao）嘴赖舌：反驳顶嘴

应承：答应

道三不着两：语无伦次

赌咒誓：发誓

说不着道不着：说话不当

胡诌扯野：胡说八道

胡哒哒：满嘴胡说

扯淡：胡说八道

说三道四：胡乱评点

吃饱了撑的：管闲事令人厌烦

徐言不道语：说话絮叨

拉到：算了

叭瞎话：说谎话

拉呱：讲故事

倒葫芦马转：说了不算

带沥：影响、连带

揭挑：揭发

二倒包：二次重做

哭穷：向人诉说贫穷

长收气：叹气

管头不顾腚：顾此失彼

拉皮条：为不正当男女关系牵线

唆呼：乱指挥、干扰

嚼舌根：造谣胡说

嘎：单腿跳

绞脸：女子用石灰粉线，绞去脸上汗毛。

糊迷：迷失方向

谝：夸奖，表扬

遇磨：行动缓慢

驱拉：脚靠地移动物品

扽：突然用力拉

绷：粗针大线地缝

黯：弄脏

锛：用力拉

搐打：抽打

曝：用身体把湿衣烘干

拜交：结拜

打价：讨价、还价

赶够：巴结

拄送：暗中送人钱物

绞裹：开支、花销

昂烟：燃物只冒烟不着火

欢气：高兴、欢喜

嘎伙：约和在一起

草鸡：要赖、撑不住

圆成：劝说、促成

龂道：劫路

扎猛子：游泳头钻进水里

拉饥荒：欠账

拾孩子：生孩子

打旁连：侧手翻

藏摸掩：捉迷藏

济留：节约着用

跑栏：腹泻

担待：包涵、原谅

情受：继承

支使：命令人做事

好生着：小心谨慎

让付：让步、忍让

赶眼色：做事顺人心意

拉空子：欠债

篰：水桶

旮旯：角落

拽：扔、放

跩：走路摇晃

扎裹：打扮

夹纳着：腋下夹物

摁：用手往下压

剞：用筷子夹东西

掳：抱

磨悠：旋转移动

够：取高处的东西

打泼：弹去衣服上尘屑

模梭：抚摸

打滴溜：手握高处，身下垂

格吃：挠人痒处

踢蹬：乱闹乱动

点划：手指指人

歪快：侧身卧

仰嘎着：仰卧

扒扒着：俯卧

仰嘎渣：仰面跌倒

挂拉：惦念

古搐着：身体蜷缩

凿磨：思考

过睬：注意、看见

撑葫芦架：两人对面撕扯

拔骨碌：摔跤

卷：踢

掉向：迷失方向

把查：抚养，喂养

衣食起居类

棋子：菱形面叶

饽饽子：窝窝头

旋饼：大厚饼

粘粥：稀饭

菇渣：面疙瘩

油炸果子：油条，圆形

磨糊子：摊煎饼用的面糊

干粮：熟制食品

点心：糕点

引子：发面酵母

末罗子：食物碎屑

就菜：菜肴

粉糊：淀粉

糖粘：糖葫芦

旋饼甲子：三角形厚饼

把拉子：用碎煎饼加菜，加面，掺和后蒸制的食品。

馅食：用植物花、芽加面调和后用油烙成的食品。

呼浓：蒜泥散发的气味。

牙碜：食物中有细沙粒、吃时硌牙。

剂子：做面食的单个生面团。

房屋子：里间屋

夹古道:两墙间窄道

阳沟：墙下留的流水口

门档提子：大门下面的活动门槛

门转身：门轴

虚棚：天棚

栏：厕所、牲畜圈

裤衩子：短裤

衩裤：只有两条腿的棉下衣

兜兜：肚兜儿

没脸子鞋：圆口布便鞋

蒲袜：用蒲苇编的草鞋

毡翁子：用毛绒做的棉鞋

豆枕：枕头

棉条：被单

期立子：碎布条

绒子：棉絮

褯子：尿布

嘎拉：衣服、被褥上的污渍，赃物痕迹

卷子：长方形馒头

包子：饺子

动物　植物类

驴骡子：马配母驴生的骡子

蛤蟆科索子：蝌蚪

牙狗：公狗

扩骼猪：未育肥的猪

瞎撞：金龟甲

羝羊：公羊

咬乖：蝈蝈

八夹子：用毛蜇人的虫子

喳喳郎子：灰喜鹊

蜜虫子：蚜虫

油蚂蚱：体型大的蝗虫

牙猫：公猫

泥狗：泥鳅

噶打剪子：公中华蚱蜢

曲蟮：蚯蚓

老雕:体型大的鹰类猛禽

飞方：东亚飞蝗虫

小鹰子：鹰的一种，体型小

脖刮：鸽子

草鞋底：百足虫

马扎菜：马齿苋

笨槐：国槐

洋槐：刺槐

吊死鬼：树上做茧，吊着的袋虫

家鵖：麻雀

蚕妹：桑蚕幼虫

臊打木子：啄木鸟

土蜇子：蟋蟀

犸狐：狼

哨钱：蝉

野乔：喜鹊

犍子：公牛

舐牛：母牛

呱呱子：鸭子

叫驴：公驴

草驴：母驴

蛇虫子：蜥蜴

蝎虎溜子：壁虎

二马蛋子：未去性的公马

骟马：去性的公马

疥蛤蟆：蟾蜍

皮猴子：狐狸

蚁蛘：蚂蚁

皮子：狐狸

登倒山：体型大后腿有力的蝗虫

厥猪：公猪

槐奁郎：国槐的果实

家鷂子蓑衣：铺地金

波罗油：蜗牛

屎虫子：蛔虫

白蒿：茵陈，例：三月茵陈四月蒿。

狗奶子：野生枸杞。

棘子:丛生的酸枣棵。

人物类

朝巴：傻子

半吊子：缺心眼

光棍：单身成年男子

拉杆子：姐妹丈夫之间的称呼

小厮：男孩

宰把子：杀牲畜的人

山杠子：对山里人的贬称

北路鳖子：对北方涝洼地人的贬称

南蛮子：泛指南方人

流球货：流氓

起手：扒手

夜叉：对凶恶女人的称呼

嬷嬷：祖母

连襟：姐妹的丈夫之间的称呼

芯毛：额头上的垂发

头芯子：头中心稍前部位

耶冷盖：前额

后奔楼：后脑勺

农事作物类

秫秸：高粱秸

棒子骨头：玉米穗芯

鼓粒：灌浆

棒锤子：玉米

秫秫：高粱

卡拉：土块

喧和：柔软

老沟子：浇地流水的主干渠

计量单位与其他类

外头：外面

半别：半个、一半

腚后头：身后

当中间：中间

乜个：那个

光待：经常

蒲笼：蔟、丛

四向里：四面

周旮旯：周围

四至：四界

里头：里面

面豆：性情温和

疯疯式式：做事冒失，欠检点。

头直上：人睡觉头在的一边。

绥徐着：慢慢，逐渐的。

脚头上：人睡觉脚在的一端。

嘻溜哈乎：不认真，欠稳妥。

杨风炸毛：行为轻浮。

哩溜歪斜：走路不稳。

傻儿呱叽：傻乎乎的。

圆又模合撒：不规则的圆形。

湿乎拉它：半干半湿状。

鬼儿嘎迹：耍小心眼，不诚实。

哈达胡实：不在乎、不计较。

稀布棱登：稀疏不均的样子。

嘻溜胡淌：马马虎虎。

一包心眼：聪明。

耍嘴：说了不做。

一嘎啦：一圈

一页子：一倍

一柞：拇指与中指展开的长度。

一拖：两手臂伸展的距离。

一虎口：拇指与无名指分开的长度。

一橹：两手臂合拢的周长。

一遭：一个来回叫一遭。

刚着货：很多。

谚语 南马坊一带村民中流传有不少谚语，可分为警言类、生活类、事理类、生产类等。

警言类

人无千日好，花无百日红。

人在好时莫得意，鲜花再好有败时。

一人之见看的短，众人之见看长远。

一人得道，鸡犬升天。

国贵安定团结，家宜勤俭节约。

国无宁日民难安。

一个大王一座山，一朝天子一朝臣。

县官不如现管。

买卖不成仁义在。

孙悟空再能，跳不出如来佛的手掌。

村看村，户看户，百姓看干部。

行下春风下秋雨。

上梁不正下梁歪，中梁不正倒下来。

人无远虑，必有近忧。

搬起石头砸自己的脚。

官向官，民向民，和尚道士一党人。

官不正，民不服。

人为财死，鸟为食亡。

言多有失，语多伤人。

拔出萝卜带出泥。

无事不登三宝殿。

含着冰冻说不出凉。

宁可信其有，不可信其无。

天时不如地利，地利不如人和。

人老心不老，知足心常乐。

青年得志别猖狂，想到自己落难时。

吃了人家的嘴短，拿了人家的手软。

善有善报，恶有恶报，不是不报，时候未到，时刻一到，一切全报。

一个朋友一条路，一个仇家一堵墙。

一朝被蛇咬，十年怕井绳。

好见的阎王，难见的小鬼。

物极必反，乐极生悲。

人过留名，雁过留声。

不管白猫黑猫，捉住老鼠是好猫。

明枪易躲，暗箭难防。

兔子靠腿，狼靠牙，各有各的谋生法。

狗咬狗一嘴毛。

一好遮百丑。

两虎相斗，必有一伤。

没有金刚钻，不揽瓷器活。

老子英雄儿好汉，老子混蛋儿不正干。

出门叫“三哥”，走路不能多。

人要脸，树要皮。

宁拆十座庙，不破一门亲。

生活类

病怕无名，疮怕有名。

吃不穷，穿不穷，算计不到就受穷。

灯不拨不亮，话不说不明。

难过的日子好过的年。

常在有日想无日，别到无时想有时。

打人不打脸，骂人不揭短。

待想吃饱饭，围着临淄转。

麦怕胎里旱，人怕老来穷。

画虎画皮难画骨，知人知面不知心。

心急喝不了热粘粥。

马大值钱，人“大”不值钱。

龙落浅滩遭虾戏，虎落平原被犬欺。

死狗托不到南墙上。

牡丹花好空押枝，枣花虽小果实大。

尿罐刷百遍，去臊难上难。

宁可直中取，不可曲中求。

人是铁，饭是钢，一顿不吃饿得慌。

吃了地瓜吃柿子，临死找不着好日子。

宁吃仙桃一口，不吃烂杏一篓

看别人豆腐渣，看自己一朵花。

人在无时帮一口，强似有时帮一斗。

艺多不压身。

越吃越馋，越吃越懒。

一口吃不了一个饼，一锨挖不出一口井。

咬人的狗不出声，不言不语念真经。

有地不种仓库虚，有书不读子孙愚。

金腿银胳膊，经不住猛哆嗦。

一顿省一口，一年省一斗。

玩鸟不如养鸡，玩花不如种树。

好儿不如好媳妇，好女不如好女婿。

闺女大了不可留，留来留去结成仇。

勤是金，俭是银，勤俭富过聚宝盆。

男也勤，女也勤，家里堆满金和银。

八月无三十，麦子种不齐，不是旱的种不上，就是涝成一团泥。

重阳无雨盼十三，十三不下一冬干。

事理类

一份利钱吃饱饭，十分利钱饿死人。

一口吃不成大胖子。

一不贪二不占，光明正大心自宽。

酒能成事，也能坏事。

一遍生，二遍熟，三遍不用问师傅。

一人难称百人心。

一个巴掌拍不响，不要光说自家理。

人不可看貌相，海水不可斗量。

有理走遍天下，无理寸步难行。

不受苦中苦，难为人上人。

人无头不走，雁无头不飞。

为人不做亏心事，半夜不怕鬼敲门。

在家千日好，出门事事难。

有志不在年高，无志空活百岁。

人心齐，泰山移。

笋是嫩的好，姜是老的辣。

家有万贯莫夸富，身怀技术不算贫。

跑得了和尚跑不了庙，脱了今日脱不了明天。

人外有人，天外有天。

黄金有价艺无价。

良言一句三春暖，恶语出口六月寒。

干到老学到老，七十八十还学巧。

书到用时方恨少。

土地不是黄金板，劳动才是聚宝盆。

兔子满山跑，最终恋老窝。

人死如灯灭，虎死如绵羊。

人怕伤面，树怕伤皮，人怕伤心，树怕伤根。

纸里包不住火，没有不透风的墙。

远亲不如近邻，近邻不如对门。

千人嫌，万人嫌，一人不嫌就值钱。

钱财如粪土，仁义值千金。

学好数理化，走遍天下都不怕。

修桥铺路，积善行德，过河拆桥，断子绝孙。

不图便宜不上当，贪图便宜吃大亏。

好事不出名，坏事传千里。

修养类

有志者事竟成，人穷志不穷。

高灯可以照远，响鼓不用重锤。

勤能补拙，俭能养廉。

智慧源于勤奋，伟大出自平凡。

钟不敲不响，脑子不用不灵。

看近不看远会迷路，看远不看近会摔跤。

退一步海阔天空，让三分心平气和。

开卷有益，温故知新。

失败是成功之母。

书山有路勤为径，学海无涯苦作舟。

身正不怕影子斜。

良药苦口利于病，忠言逆耳利于行。

学识靠积累，聪明寓勤奋。

闭门常思自己过，闲谈莫论人是非。

学如逆水行舟，不进则退。

不受折磨不成佛。

天上下雨地上流，两口子打仗不记仇。

少壮不努力，老大徒伤悲。

一寸光阴一寸金，寸金难买寸光阴。

同行不揭短，揭短砸人碗。

前人栽树，后人乘凉。

一日夫妻百日恩，百日夫妻似海深。

有缘千里来相会，无缘对面不相逢。

情人眼里出西施。

社交类

勤借勤还，再借不难。

待要好，大敬小。

请客不到，恼煞主人。

冤家宜解不宜结。

客到心常热，人走茶不凉。

客无远近一样亲。

勿饮过量酒，勿贪意外财。

强龙不压地头蛇。

人敬我一尺，我敬人一丈。

争着不足，让着有余。

黄金易得，知己难求。

金银有价，友情无价。

人心隔肚皮，难分虚和实。

君子之交淡如水。

浇树浇根，交人交心。

陡坡之前识马力，关键时刻见人心。

人熟是一宝，就看处的好不好。

路遥知马力，日久见人心。

在家靠父母，出门靠朋友。

话到嘴边留半句，事从理上让三分。

自然类

一场春雨一场暖，一场秋雨一场寒。

春打五九尾，穷汉咧着嘴。

春打六九头，穷人不用愁。

到了一百五，麦穗就离土。

小雪封地，大雪封河。

一百五，燕子来到济南府。

小雪不封地，不过三两日。

大雾不过三，过三十八天。

小寒大寒，冷水成团。

二十二三，月出半夜天，二十四五，月漫东屋。

二月二，龙抬头，六月六，看谷秀，七月七，把谷吃。

七月十五红鼻枣，八月十五呱嗒了。

七月半，八月半，蚊子嘴，金刚钻。

云彩往东一阵风，云彩往南水涟涟，云彩往西水没鸡，云彩往北一阵黑。

七月的核桃八月的梨，九月的柿子来赶集。

八月十五云遮日，正月十五雪打灯。

旱了东风不下雨，涝了东风不晴天。

交了十月节，不是刮风是下雪。

牛山戴了帽，小工睡大觉。

水瓮穿裙，雨水来临。

旱枣涝栗子，不旱不涝收柿子。

不怕初一下，就怕初二阴。

草怕严霜，霜怕太阳，严霜出毒日，雷雨三下晌。

燕子低飞蛇过道，大雨不久就来到。

日落云烧山，大雨不过三。

蛙子夜鸣，等不到天明。

早晨下雨当日晴，当日不晴，越阴越浓。

月妈妈打伞，下雨不远，风倒八遍，下雨不用掐算。

麦收蚕老，离不开棉袄。

吃了端午粽，才把棉袄送。

冬至十天阳历年，过了小寒是大寒，小寒，大寒，拾掇拾掇过年。

风灾一大片，雹打一条线。

要知今年啥风多，抬头看看老鸹窝。

先下小雨无大雨，后下小雨不晴天。

七宿高粱八宿谷，麦子十宿芽露土。

生产类

一亩园顶十亩田。

节气不等人，春日胜黄金。

白露早，寒露迟，秋分种麦正宜时。

人哄地皮，地哄肚皮。

一年之计在于春，一日之计在于晨。

一翻二不收，三翻到了秋，人误地一时，地误人一年。

庄稼是枝花，全靠粪当家，种地不施粪，等于瞎胡混。

有钱买种，无钱买苗。

种地多施肥，粮食满了囤。

不懂二十四节气，白把种子撒下地。

棉花不打杈，光长柴禾架。

好种出好苗，好树结好桃。

三麦不如一秋长，三秋不如一麦忙。

耕得深，耙得好，光长庄稼不长草。

水葫芦，旱地瓜，不旱不涝收芝麻。

耕地耙不平，难以保墒情，耙不细，苗不齐。

丰年要当歉年过，免得荒年挨饥饿。

耕地亮了茬，种上不出芽，苗全七分收，缺苗三分丢。

有钱难买五月旱，六月连阴吃饱饭。

麦耩黄泉谷露糠，豆子撒在地皮上。

芝麻西瓜怕重茬。

春雨贵如油，夏雨遍地流。

寸草铡三刀，牛马吃了能上膘。

水过地皮湿，地湿无晚麦。

秫秫锄十遍，一棵一提篮。

过秋过麦弯弯腰，强似冬天走一遭。

清明前后，种瓜种豆。

一年的锅头两年的炕，多年的老屋比粪壮。

天冷不冻织女手，饥荒不饿苦耕人。

枣芽发，种棉花。

头伏萝卜末伏菜。

人勤地生宝，人懒地长草。

犁把响强的耪，镢头扔强的耕。

没有大粪臭，哪来五谷香。

麦耩黄泉谷露天，一宿豆种把身翻。

卫生类

常开窗，透阳光，防疾病，保健康。

饭前便后洗净手，肮脏东西顺手走，保证有病不入口。

一场秋雨一场寒，十场秋雨要穿棉。

贪吃贪睡，添病减岁。

睡前开开窗，一夜睡得香。

嘴里常抽烟，害处大无边。

大病早治能治好，小病不治好不了。

坐卧不迎风，走路要挺胸。

早吃好，午吃饱，晚吃少。

大蒜是个宝，常吃身体好。

冬吃萝卜夏吃姜，不用医生开处方。

笑一笑，十年少，愁一愁，白了头。

乐观少忧愁，白发难上头。

大蒜拌凉菜，肠胃少病害。

姜开胃，蒜打毒，多吃萝卜壮筋骨。

胖自口上来，无忧无虑长人材。

英雄只怕病来磨，体弱就怕不干活。

运动好比灵芝草，何必去把仙方找。

恼怒生气成了病，嘻嘻哈哈长寿命。

阳光是个宝，常晒身体好。

烟酒是自杀的凶手。

忧愁思虑催人老，心情舒畅才是宝。

牙疼不算病，疼起来真要命。

早晨起来跑一跑，保证一天身体好。

牙疼长腿疼短，拉肚子跑栏浑身软。

酒落欢肠千杯少，酒进愁肠烦恼多。

饭后百步走，活到九十九。

有啥别有病，没啥别没钱。

水要清，草要净，牲口吃了不长病。

其他类

严霜出毒日，严师出高徒。

练拳不练腰，终生艺难高，练拳不练腿，到老冒失鬼。

练拳不站桩，似铁没有钢。

拳似流星眼似电，腰似蛇行脚似钻。

师傅领进门，成就在个人。

千手熟不如一手毒，千门通不如一门精。

一年搬三搬，穷得没块半头砖。

歇后语　歇后语是由两部分组成的一句话，前一部分像谜面，后一部分像谜底，通常只说前一部分，而本意在后部分，说起来幽默风趣，让人印象深刻，它的特点是有的借用原句的“谐音”，有的借用原句的本意、反意和歧意。但是，大部分人心领神会，知道歇后语的真实含义，也有的人把歇后语叫“俏皮话”或“拽坎子”。南马坊村一带村民中流传的歇后语如下：

姜太公钓鱼——愿者上钩。

牛打滚——净毛病。

刘备甩孩子——收买人心。

绵羊栓桌腿——任意宰。

周瑜打黄盖——一个愿打，一个愿挨。

老妈擤鼻子——把里攥。

地方婆子骂四邻——有势力不能不使。

对着窗户吹喇叭——鸣（名）声在外。

骑驴看唱本——走着瞧。

见了骆驼不说牛——好大喜功。

戴着雉鸡翎推磨——威风凛凛。

秋后的蚂蚱——蹦跶不了几天。

黄鼠狼生老鼠——一代不如一代。

猫咬尿泡——空欢喜。

老鼠拖木锨——大头子在后面。

黄鼠狼给鸡拜年——没安好心

光着腚坐搓板——净道道。

秃子头上的虱子——明摆着。

老鼠钻进风箱里——两头受气。

气蛤蟆垫桌腿——硬撑。

泥菩萨过河——自身难保。

茶壶里煮饺子——肚里有嘴里道（倒）不出来。

“老王八”背着两面鼓——人前一面，人后一面。

大水冲了龙王庙——自家人不识自家人。

属螃蟹的——横行。

背着粪筐子推磨——臭一圈。

哑巴吃黄连——有苦说不出。

小葱拌豆腐——一青（清）二白。

井里的蛤蟆——见天不多。

狗咬吕洞宾——不识好人心。

巴狗子咬月亮——不知天高地厚。

矮个子穿长袍——拖拖拉拉。

八仙吹喇叭——神气十足。

白骨精说人话——妖言惑众。

王八坐月子——完（玩）蛋。

鼻子上挂炊帚——耍（刷）嘴。

王八拉碌碡——滚的滚，爬的爬。

裁缝掉了剪子——光剩下尺（吃）。

飞机上挂暖壶——高水平（瓶）。

癞蛤蟆想吃天鹅肉——痴心妄想。

牛鼻子插葱——装象。

麻雀落在牌坊上——鸟不大，架子不小。

马腚上挂蒲扇——拍马屁。

豆腐梆子——挨打的货。

猫给老鼠吊孝——虚情假意。

木匠吊线——睁一只眼，闭一只眼。

敞棚里睡觉——没门。

三颗钉子钉两处——一是一，二是二。

武大郎玩夜猫子——什么人玩什么鸟。

阎王爷贴告示——鬼话连篇。

啄木鸟飞上黄连树——自讨苦吃。

比着屁股裁尿布——即头掐脑。

东北风刮棘子——连讽（风）带刺。

高射炮打蚊子——大材小用。

锅腰子（驼背）上山——钱（前）上紧。

夹骨道里截驴——难回头。

粘粥洗头——糊涂到顶。

十五个人啦呱——七嘴八舌。

十五只桶打水——七上八下。

卤水点豆腐——一物降一物。

卖了秫秸买谷草——越倒腾越短。

长颈鹿脖子仙鹤腿——各有所长。

出国的大轮船——外航（行）。

山顶上吹喇叭——名（鸣）声远扬。

拆了房子放风筝——只顾风流不顾家。

黄连木筷子夹苦胆——苦上加苦。

老太太吃柿子——望着软的捏。

屎壳郎趴在大路上——冒充小轿车。

山头上滚碌碡——实（石）打实（石）。

屎壳郎居到鞭鞘上——只想腾云驾雾，不知死在眼前。

屎壳郎搬家——滚蛋。

瞎子点灯——白费蜡。

瞎子拔豆茬——死活不离这块地。

外甥打灯笼——照舅（旧）。

砂锅捣蒜——一锤子买卖。

武大郎摘柿子——够不着枝（支）。

兄弟媳妇嫁大伯——高升一级。

谜语　暗射事物或文字等。用象形、象义、象声等手法供人猜测的隐语。作为消遣、娱乐的一种方式，又能启迪人们联想，开发智力。

日常用语

兄弟数人各有家，各有对象不能差。一家挨着一家住，走错一家笑掉牙。（纽扣）

稀奇古怪两只船，没有桨来没有帆。白天载人四处走，晚上横卧在床前。（鞋）

铁石心肠小娃娃，它是主人好管家。主人到家它开心，不是主人不理它。（锁）

一个铁头老公公，肚膛里头热烘烘。只吃黑粮不喝水，拉下粪来红通通。（煤炉）

铜头铁骨弯弯嘴，肠子里面装满水。平常无事生闷气，一拧耳朵哗哗泪。（水龙头）

小铁驴，脾气好，不踢人来不乱咬。屁股后头常冒烟，叫它跑来它就跑。（摩托车）

不吃粮食不吃草，农忙就往地里跑。耕耙运输和收割，样样农活干的好。（拖拉机）

小盒里头净光棍，头上有个高粱粒。（火柴）

动物谜

奇巧奇巧真奇巧，站着不如坐着高。看见熟人摇尾巴，生人来了汪汪咬。（狗）

高高大大长得壮，不随它父不象娘。从来不生儿和女，干起活来样样强。（骡子）

说是鸡，脸象猫，说是猫，飞的高。白天睡觉夜里忙，扑捉田鼠有功劳。（猫头鹰）

小小姑娘穿黑袄，尾巴像把小剪刀。房子造在屋子上，扑捉飞虫本领高。（燕子）

有个姑娘本领强，天天在家织罗网。织起罗网坐中央，专捉飞蛾和蚊蝇。（蜘蛛）

黑羽白肚尾巴长，银白项圈围脖上。谁家有了大喜事，它就飞来报吉祥。（喜鹊）

那里有个大懒汉，头戴两个大蒲扇。走一步来扇一扇，光吃不干真是懒。（猪）

说它是条牛，无法拉车走，说它力气小，却能背屋跑。（蜗牛）

小小一条龙，胡须硬似棕。活着没血色，死了满身红（虾）

植物谜

姐妹两个一个娘，一个圆来一个长。一个死到春三月，一个死到秋风凉。（榆钱、榆叶）

空心杆、实心芽，高雅君子心爱它。百年不结子，千年不开花。（竹）

一棵小树不太高，孩子居在半中腰，身穿小绿衣，头戴红缨帽。（玉米）

麻屋子，红帐子，里头住着白胖子。（花生）

紫色树开紫花，紫色果里装芝麻。（茄子）

兄弟七八个，围着旗杆坐，大家撒个手，衣服都撕破。（蒜）

身上有节不是竹，长的能有锄把粗。儿童抓住啃不够，老人无牙干叫苦。（甘蔗）

自然类谜

说它多大有多大，日月星球全容纳。无人知它始和终，也没有左右和上下。（宇宙）

白花无人栽，到了冬天它才开，无根无枝又无叶，飘飘舞舞飞下来（雪）

一物真稀奇，藏在星星里，忽然亮光闪，眨眼落无影。（流星）

千颗星万颗星，满天星星它不动。有它给你指方向，夜里航行不用灯。（北极星）

银线根根长又细，上接天来下着地，线长不能放风筝，线细不能织布匹（雨）

像是烟来没有火，说是雨来又不落，有时遮住半边天，有时只见一朵朵。（云）

青石板，扳石轻，青石板上钉银针，银针多，数不清，一颗一颗亮晶晶。（星星）

小时候翘看两头尖，中间圆圆镜一面。爱和星星作伴侣，就是不爱大白天。（月亮）

一道银光一条线，划过长空似利剑。霎时跑了千万里，眨下眼睛看不见。（闪电）

文体艺术谜

一位老师不开口，肚里学问样样有，谁要有事请教它，还得自己去动手。（字典）

竹做栏杆木做墙，一窝猪崽无猪娘。三个买主来捉猪，吓得猪崽乱碰墙。（算盘）

有头有身没有腿，黑兰舌头尖尖嘴。工作之前先脱帽，不吃饭来光喝水。（钢笔）

兄弟分兵各西东，同室操戈来交锋。名下人马都一样，要分高低决雌雄。（象棋）

要它做事先剃头，头不剃好就犯愁，别的心圆它心直，犯了错误怕橡皮。（铅笔）

十个强人两个框，人人奔跑运瓜忙。明知筐儿没有底，偏要把瓜往里装。（篮球）

一只玲珑鸟，会飞不会叫，打它来回飞，不打往下掉。（羽毛球）

圆滚滚，滚圆圆，生来爱在地上转，遭脚踢，被头拱，不进大门债难还。（足球）

山有色，水无声，花常开，鸟不惊。（山水画）

一个圆瓜两边推，只能用手不用腿。推给对方好高兴，推不过去就伤心。（排球）

生的轻巧干净，中国古代发明，传统科学文化，深受群众欢迎。（纸）

新时白头发，用时变成黑，闲时戴帽子，忙时把帽摘。（毛笔）

人体谜

上下两扇门，门卫是白人，开门能说话，饭菜它尝味。（嘴）

大如拳头像个桃，关在房里日夜跳。伴你工作和学习，人人视它为珍宝。（心脏）

黑山洞一座桥，一头生根一头摇。车马行人难通过，饭菜能从上边逃。（舌头）

两只小白狗，趴在洞门口。听见一声呼，连忙回转头。（鼻涕）

十个秃头和尚，分住两座寺堂，日夜同行走路，夜里同卧一床。（脚趾）

四面不见天，长得很新鲜，虽然不下雨，总是湿绵绵。（口腔）

千条万条黑丝线，有的直来有的卷，保护大脑功劳大，不能穿针缝衣衫。（头发）

司令部里住首长，各种信息通四方，命令一下就执行，发现情况忙呈上。（大脑）

其他类

前面来了一群鹅，扑通扑通跳下河，等到潮水涨三遍，一股脑儿赶上坡。（水饺）

一生不爱发言，说话动地惊天，谁要惹它发火，山头掀掉半边。（炸药）

白又白，嫩又香，能做菜，能煮汤。豆子是它爹和娘，他和爹娘不一样。（豆腐）

白白净净似雪花，掉进水里不见它，炒菜调味离不了，单独吃它要叫妈。（盐）

丈夫出门带家人，留下小奴看家门，君子看见扬长去，坏人看见坏奴身。（锁）

趣味用语　人们在日常生产生活中，久传一些具有浓厚乡土气息的言语，虽不见经传，但很实用。

二把手　两人推的大车子，装载前行。后面推车人看不见前面的路况，前面领车人把前面的路况随时通知后面推车人知道，作好准备，来应付出现的情况。在日常生活劳动中，形成了一种前呼后应的暗语。开始工作时，一般有："上绊了""搭起来，向前走哇"，后面人应以"哼哼"作答。前面若有松土地，喊"一溜好暄好暄"，后面回以"哼哼"（每逢前面喊后面人必须以哼哼回应，否则视为不知，前面再喊）。若道路崎岖，则喊"两脚不平"。左面有坑或壕，喊"里脚蹬空，收里脚"，推车人称左为里，右为外；若右边有坑或壕，同样喊"外脚蹬空，收外脚"。左拐弯喊"踩右脚带过来"。右转弯喊"踩左脚带过来"。路上泥泞喊"两脚打滑"。有水喊"两脚淌水"。一边有障碍喊"里绊脚"或"外绊脚"。上坡或下坡喊"一溜上岔"或"一溜下岔"。前面有坑洼喊"打洼子招磁"。常轧的车辙喊"顺老辙走哇"。道路狭窄喊"两边收脚"。路平坦喊"一马平川"。继续前进喊"再来再递"。

牲畜训语　人同牲畜长时间生存在自然界里，人们在日常生活中，为了使骡、马、驴、牛等大牲畜替代生产劳动，从幼畜开始，驯练成听从人们吆喝的语法，在劳作时用以指挥牲畜。将骡、马、驴、牛套在犁、耙、楼、耘锄或车上，将一长绳拴在牛的左耳上，骡、马、驴拴在嚼子左环上，另一头攥在操作人的手里，此绳叫溜绳。吆喝"吁"，即住下；"咧"，开走；"咿"并拉牵溜绳，牲口自然靠里即左边走；"哦"将溜绳向外撇，即向右边走；向左拐弯回头，拉溜绳同时喊"咿呀……咿呀……"；向右拐弯回头，喊"哦……哦……"，同时连续撇溜绳。牛趴着时，让它站起来，即要扽溜绳，并喊"起来"，牛便站起来。

第十节　艺文　专著

艺文　新中国建立后，南马坊村民就有自编自演的文艺节目问世。20 世纪 60 年代，村民创作的文艺节目话报剧、三句半、诗歌朗诵等，多在各生产队之间文艺联欢会上演出，也有的刊登在宣传栏、黑板报上。

打油诗

昔日南马十二景

围墙拔地六七米，人站高楼观十里。

石姑庙前香火浓，巍巍古塚显齐迹，

村南御葬彰贤相。窑湾水深鱼潜底。
古道成沟村外有，多处水湾飘柳丝。
五棵古槐参天冠，威风石羊路口立。
四大神庙各千秋，大钟几声集合齐。

登“点将台”有感

南马村东一土丘，传说韩信点将台。
当年千军遍沃野，汉将齐侯曾奏凯。
秦砖汉瓦遗址中，圣名永驻人咏怀。
岁月洗尽繁华世，遗台寂寞盼未来。

写“志”生情

伏案笔耕静无声，奋笔疾书要蕴情。
斟酌字句聚心写，众民阅后定自评。
故村养育多奇士，弘德扬善育心灵。
村民事绩笔端现，千载人瞻咏不停。

整地颂歌

自古南马地不平，沟头崖底难耕种。
机械威力难施展，人种天收渡时空。
支部村委决心干，全村上下齐动员。
大寨精神为动力，战天斗地整大田。
苦干六个冬春天，搬动土方四十万。
地平如镜又成方，旧貌彻底换新颜。
粮食产量翻了番，公粮任务超额完，
丰衣足食人安定，群众生活大改观。
喜看麦苗千重浪，满坡庄稼长势旺。
昔日干群流大汗，换来年年丰收忙。
试问当年无此举，一马平川何谈起。
今日回首忆往事，心潮澎湃赞整地。

南马新村赞

韩玉岭

南马新村靠齐城，高楼林立貌新颖。
昔日玄龄存故居，今朝学府冠其名。
清朝翰林于疏枚，诗书俱佳袖清风。
北门古朴壮观美，日月同辉照楼亭。
东西南北通公路，楼前弯道似卧龙。
骏马腾飞广场立，奇石景观显峥嵘。
设施齐全体育场，绿化规范万花红。
天时地利人和占，奔向小康锦前程。

散文

难忘的家乡

齐秀生

凝聚着南马坊全村人心血汗水的《南马坊村志》将要面世了！我作为一个生于斯长于斯的南马坊人，看到这样一部数十万言的百科全书，心情激动，思绪万千，脑海中仿佛浮现出西周至春秋战国时期万马奔腾、战马嘶鸣的场景，也勾起了我对童年的许多美好回忆。

3000年前，灭商兴周第一功臣、周师齐祖姜太公在临淄建立齐国。太公因其俗，简其礼，通商工之业，便鱼盐之利，举贤而上功，使齐国在春秋时期就成为一个经济富饶的大国。齐桓公任用管仲为相，进行改革，国富兵强，九合诸侯，一匡天下，成为春秋五霸之首，临淄成为东方大都会。

马在当时是重要的战备资源，是诸侯国国力强弱的重要标志。齐国尤为重视养马业，建起了大型养马场，至齐桓公时，已成为各诸侯国中马匹最多的国家，号称“万乘之国”，拥有千军万马。伴随着养马业的发展，一个古迹村落形成了，这就是因坐落于都城之南大型养马场而得名的南马坊村，距今已有两千八百余年历史。正如1632年南马坊《修醮》碑碑文所记：南马坊就坐落于齐国故城之城墙外西南角，是一个历史很久的古迹村。

特殊的时代背景和地理条件，造就了南马

坊村众多的文物古迹，也孕育了灿烂的地域文化。村东有“马连沟”、“韩信河”，村西有“落星（陨石）地”、“龙帽碑”，村南有“石像群”、“殉马坑”，村北有旧“遗址”、“石羊口”等，古庙众多，古碑林立，古冢成群，文物遍地。这些大都在儿时亲眼所见的文物古迹，已深深印在我的脑海之中。

我清楚地记得，村东那条深达两米多、宽约五十米的“马连沟”，像干涸的河床，绵延数里，这是春秋战国时期齐国养马场训练军马而形成的遗迹，虽经两千余年风雨侵蚀，当年万马奔腾留下的深深印迹仍清晰可见，儿时的我经常在这里捉虫玩耍或跟随长辈们在田间劳作，捉蚂蚱、挖野菜等场景历历在目。作为战国时期文化遗存的“南马坊遗址”，地面上散落有豆柄、豆盘、铺地砖、陶壶盖等陶器残片。听长辈们说，每当下雨时，其他村庄的人往家里跑，而南马坊村的人往外面跑，原因是每次下雨地上都会冲出文物。直到20世纪70年代，我在家乡地里劳动时还能捡到古时的砖瓦碎片，至今文物爱好者还能从旧村址废墟中寻找到秦汉时期的砖瓦。在村东我家所在第5生产队的土地上，一条宽阔的南北向大沟被称为“韩信河”，这是汉代著名军事家韩信于公元前203年率兵伐齐时，见临淄城墙坚固难攻，想引淄河水北淹临淄城而挖掘，可见当年战争之残酷。河东岸高高凸起的“点将台”至今尚存，绿树成荫，这是韩信攻打临淄城时在此筑台点将派兵所用，当年一定出现过千军遍沃野的震撼场景，儿时的我和伙伴们也曾经站在这“点将台”上比比划划，天真地吆三喝四，好似真事一般。在村庄建设中，已发现两处“殉马坑”，一处殉有10匹战马，还有战车等。

历史上南马坊村有9座古庙，规模较大的有白衣大士庙、南海观音庙、关圣帝君庙、土地庙4座。新中国成立后有的古庙改建为学校，我就是在这里度过了童年的美好时光，完成了从小学到初中的学业。村东南不远处是唐朝名相房玄龄的衣冠墓，墓前有用青石雕刻的形状各异、栩栩如生的石像生，包括华表、石虎、石羊、石翁仲、供桌、龟趺碑等，有的已遭破坏，有的保存完好，这里被称为“石人坡”，成为当时著名的景点，我和小伙伴们经常在这里攀爬玩耍，乐而忘返。村内有宋真宗大中祥符五年刻立的《南马寺石经幢》，八棱柱形，刻有佛像，两侧浮雕缠枝牡丹花纹，目前保存完好。在村北的“石羊口”，为纪念元朝成吉思汗九年遣使羊吉可汗到地方巡查途径南马坊时以身殉职，临淄县政府便在路口立了一尊石羊，20世纪70年代之前这里还能见到残存的无头石羊身躯。村内还有记载南马坊古迹村历史的《修醮》碑，记载白衣大士庙建设的《白衣庙碑记》碑，记载善士捐款修缮庙宇的《善士题名》碑，记载缴纳国税的《南马坊地保地亩碑记》碑，有书写时任大总统黎元洪口谕“彤管书贞”以及书有“节兼孝慈”、“玉洁冰清”的四座《节孝》碑。村西有民主革命先驱贾振琨的《龙帽碑楼》，上面镌刻着“万古流芳”四个大字。还有在几里地之外就能远远望到的临淄周边少有的古式高楼等。为纪念山西洪洞大槐树移民历史而栽种的有着600余年树龄的明槐，至今生长旺盛，每年开花结籽。凡此种种，不一而足。

在临淄，城北看岭，城南看冢，而城南就是南马坊村的5000余亩土地。临淄作为齐国首都长达700余年，南马坊村周围正是全国重点文物保护单位之一“临淄墓群”的密集区，众多王孙贵族，公侯勋爵等埋葬于南马坊村地下。在村域的几千亩土地上，矗立着夯土高起、绿树成荫的多处墓冢，像一座座生态优美的小山。仅20世纪50年代政府登记在册、有地上封土、列入重点文物保护的墓冢就有23座，而大量的是封土已平埋在地下的古墓。仅最近几年搞建设陆续发掘出的古墓就有近3000座，尽管大部分历史上被盗多次，仍出土玛瑙、玉燧、水晶和紫晶串饰及扁圆形骨珠等各类文物1000余件。从墓葬的形制和随葬品的特征来看，墓主既有一般百姓，也有较为富裕的中产阶级和贵族，有的古墓形制规整，规模宏大，墓主应是卿大夫一级的齐国贵族。南马坊村有难以计数的古墓，足见这是一块风水宝地，历史上从来没有发生过大的自然灾害。

南马坊村人杰地灵、人才辈出。村北千余米便是我国最早的官办大学堂——稷下学宫旧址，这是中国历史上乃至世界历史上的学术高地，诸子云集，百家争鸣，人才荟萃，灿若群星。南马坊村自古受到熏染，文化底蕴深厚，有尊师重教的优良传统，孕育了众多杰出人才，其中进士就有两名，举人秀才不计其数。正如旧时南马坊校歌所赞：淄溪沿水，牛岑云山，文武荟萃，代有名贤。

有谋略过人的唐朝名相房玄龄。他青少年时代在南马坊生活居住，在同时代人中出类拔萃，18岁时举进士，成为实行科举制度后临淄县第一名进士。由于其出众的才华，成为唐代杰出谋臣，协助李世民登上皇位，执掌政务近20年，出谋献策，使唐朝出现了贞观盛世，为太宗时宰相之首，入唐代凌烟阁二十四功臣图，去世后陪葬昭陵。家乡为纪念这位唐朝名相，在其故里南马坊村南的土地上，为其修建了纪念性墓冢，墓前有石像生。在南马坊村“东庄子”的房玄龄故宅“善政里”，虽经千年风雨已经荒芜，但一直闲置没有被占用，这是乡亲们对这位乡贤的崇敬和纪念。元初临淄县建立的孔子庙，将房玄龄供奉在乡贤祠中，享受着县政府每年两次的官祭和乡亲们常年的祭祀。

有才华出众的清朝翰林于疏枚。于疏枚自幼聪慧过人，文才远扬齐鲁大地。1895年乙未科殿试，赐进士出身，朝考时被皇帝钦点为翰林，是临淄仅有的三名翰林之一，后被授予翰林院编修，充国史馆协修，又武英殿纂修，顺天乡试同考官、会试磨勘官，又为殿试收掌官。他为人正直，刚正不阿。凭才华处世，众人敬佩。仗义疏财，正直清廉。身为朝廷命官，生活拮据，囊中羞涩，甚至连平日家庭开支都出现困难。去世后灵柩从京城用马驮轿运回原籍，安葬于南马坊村西于氏坟茔，俗称“翰林坟”。村内于梳枚府邸砖石结构的大门上书有“翰院蜚声”的金色横匾。

有辛亥革命先驱贾振琨。贾振琨出生在一个殷实的农民家庭，自幼才华出众，20岁参加青州府试拔得头筹。1902年被选入山东大学堂师范馆就读，1905年毕业后被清政府选派官费赴日本留学，先入东京弘文学院，毕业后入早稻田大学学习，1911年秋开始攻读博士学位。1905年冬在东京加入同盟会，不久被推举为同盟会山东留学生总会书记。他忧国忧民，抨击政治，恨满清专制，痛外侮纷乘。辛亥革命爆发后束装回国，参加诸城光复起义，英勇牺牲，显示了为国为民的英雄气概。时任临淄县长为贾振琨召开了追悼大会，国民政府追授六等嘉禾章。省内政要及各界名士为其集资在南马坊村西贾氏坟茔树龙帽碑楼，政府追赠其陆军少将衔，淄博市政府将贾振琨墓列为市级重点文物。

南马坊村近现代的能工巧匠更是不计其数。“刘氏三兄弟”刘中美、刘中秀、刘中令1916年就在潍县、临淄、寿光等地陆续开办照相馆，开创了山东摄影之先河。贾文鑑1918年从法国购买一台手摇式电影放映机在县城及多地放映，开创了临淄地区电影放映之先河。自清朝光绪年间开张营业的韩氏染坊，至上世纪三四十年代已远近闻名。朱崇德于1939年冬开办的白铁业，以其高超的技术活跃在临淄地区，曾代表临淄县去北京参加技术改革大会。南马坊村锡匠活跃于胶东一带。南马人发明制作的韩氏算盘、制糖、豆腐干、风箱等远近闻名。

南马坊人勤劳淳朴、聪颖智慧。清朝道光年间，政治腐败，宦官当权，盗贼四起，民不聊生，百姓深受抢劫骚扰之苦。在于汝澄等人倡导组织下，集全村之力，于咸丰元年，经3年艰苦努力，修筑了长约2300米、环绕南马坊村的高大围墙。围墙按龟形建筑，顶部有若干垛口，外有壕沟，五处坚固的寨门按五行理念布局，整个建筑气势恢宏，雄伟壮观。围墙内外还有为蓄水和雨季大水调节而挖建的11个塘湾。我家离东寨门大湾很近，小时候每到夏天晚饭之后，我和邻居们就到湾边乘凉，听叔叔大爷讲各种各样的动听的故事。村内既有按五行理念设计依门而建、畅行无阻的古街大道，也有为弥补大道不足而设置的暗道，看似民宅大门，进入后实为可以穿行而过通往大道的小巷。这些都对村民生命财产安全及生活方便起了十分重要的作用。

古代南马曾有十二景：围墙拔地六七米，人站高楼观十里。石姑庙前香火浓，巍巍古塚显齐迹。村南御葬彰贤相，窑湾水深鱼潜底。古道成沟村外有，多处水湾飘柳丝。五棵古槐参天冠，威风石羊路口立。四大神庙各千秋，大钟几声集合齐。正是对古迹村南马坊的生动写照，名副其实。

南马坊村具有光荣的革命传统。战争年代，不畏强敌，浴血奋战，许多仁人志士、普通百姓为革命抛头颅、洒热血，献出了宝贵的生命。新中国成立后，南马坊人坚定地走社会主义道路，在祖辈世代耕种的土地上，艰苦奋斗，战天斗地，谱写了一曲曲胜利的赞歌。20世纪70年代，全村人冒风雪、战严寒，风餐露宿，日夜奋战，历经六个冬春，硬是把5000余亩耕地、七沟八梁等不平地块普整一遍，打井修渠，改良品种，使南马坊村粮食亩产过千斤，一季上交国家粮食超百万斤，成为临淄区第一个一季贡献超百万斤的村，受到上级表彰。我作为当年整地的一名普通施工员，有幸亲身参与了这一载入南马坊史册的伟大壮举，至今想来心潮澎湃，当年工地上那一幕幕场景如在眼前。整地大军披星戴月，每日清晨都是在睡梦中被集合的哨音叫醒，冰天雪地也从不停歇，手脚冻伤是常有的事，风沙中不仅吃不到热饭，还把大风吹起的沙土伴着干粮一起咽下。但工地上每天都充满了欢声笑语，短暂的休息便是有知识人的天下，成为大家定期的文化生活，《三国演义》《西游记》《杨家将》《水浒》等脍炙人口的故事让人听得如痴入迷，一天不听就像丢了钱包似的。

少小离家老大回，乡音无改鬓毛衰。儿童相见不相识， 笑问客从何处来。唐代著名诗人贺知章的《回乡偶书》对今天的我来说读来特别亲切。我从 19 岁带着父老乡亲们的嘱托和期望离开南马坊走进大学校园，今天又回到阔别 40 年的家乡，不仅村里年轻人都不认识我，而我对家乡则更不熟悉，因为这里已经不是我离开家乡时的南马坊村，而是一个融乡村文明美、历史传承美、村容村貌美于一体的现代化宜居社区。古老的南马坊村，在上级的正确领导和村党支部村委会的组织带领下，在全体村民的共同建设下，进入了一个崭新的时代。

走进南马坊新村，一座构思于旧村围墙五座高大寨门而设计建造的标志性建筑仿古门楼，挑梢有麒麟兽头，屋顶有含珠龙头，檐边有城垛，古朴典雅，华丽雄伟，矗立国道一侧，甚是引人注目。

宽阔笔直的玄龄大道，如“康庄之衢”贯穿新村南北。矗立在街心的日月同辉雕塑，在放射型花岗岩铺设的圆形地石上，融传统美与现代美于一体，高大气魄，十分耀眼，仿佛在彰显南马坊村骄子唐朝名相房玄龄的卓著功勋，诉说南马坊人两千多年来走过的艰难而又辉煌的历程，同时又昭示着南马坊村更加美好的未来。

象征南马坊为古齐国大型养马场的龙马雕塑，设置于环形喷泉水池中，山石之上，腾空而起，雄劲有力，形象逼真，栩栩如生，仿佛在追忆南马坊为古齐国大型养马场的辉煌历史，弘扬南马坊人敢为人先、勇往直前的拼搏进取精神。

高楼林立、鲜花盛开。简欧式楼房鳞次栉比，花园式小区十分漂亮。亭玉园、帘青园、伊藤园、落樱园、飞鸿园、垂绿园、暗香园、晨歌园、望露园、寻午园、话梅园分布在新村楼宇之间，三季有花，四季常绿，创造出自然生态的宜居空间。商业街区门店林立，服务项目配套齐全，村民生活十分方便。

玄龄广场设计现代，功能齐全。百姓大舞台时常呈现精彩演出，标准化体育场上健身的村民从早到晚熙熙攘攘常年不断，广场舞大妈伴着优美歌声翩翩起舞活力迸发，节假日各种文艺演出体育活动精彩纷呈，篮球等传统项目更是远近闻名，老年活动中心内吹拉弹唱棋牌比赛热闹非凡，村民参加县以上各类文体比赛屡创佳绩。幼儿园、玄龄小学、临淄中学设施先进，管理规范，在这片古老的土地上为国家建设培养着栋梁之才。

南马坊人具有品德高尚的传统美德。一百多个姓氏，互尊互让，和睦相处。爱国守法，明礼诚信。爱岗敬业，宽厚务实。民风淳朴，积德向善。尊老爱幼，家庭和睦。邻里团结，友爱包容。热心公益，助人为乐。不仅创造了一流的业绩，打造了一流的居住环境，更展现了一流的精神风貌。

勤劳智慧的南马坊人必将以崭新的姿态，更加昂扬的斗志，砥砺奋进，开放发展，创造更加辉煌的明天和美好的未来!

我爱我的家乡！我爱南马坊！

别了，老屋；别了，我的南马坊

贾 健

2014年的12月7日，是我今生铭记在心的日子，因为这一天是南马坊村史上的一个重要日子，这一天是南马坊村民抓阄选楼房的日子，这一天注定是南马坊沸腾的一天。这一天后，生我养我的齐都镇南马坊村将整体搬迁。我不时站在村口，不时走进院落，凝望着这里的一草一木，一砖一瓦，耳畔不时响起小时候与姐妹们打闹的欢声笑语……别了，我儿时的乐园；别了，见证我成长的老屋；别了，我的南马坊村……

我家的老屋在村子的西南部，后来又在它的附近另盖新房搬走了，幼时住过的房子不再居住，我们称其为老屋。走进老屋，小时候用过的方桌、冬天取暖用的火炉、大床、衣橱等每一物件，都勾起我美好的回忆。方桌后面的条几正中间放着一个座钟，这是母亲托她远在烟台工作的二姨给买的，是这块座钟教会我怎么认识时间。想起幼时的我一趟趟地不厌其烦地去瞅它，再一遍遍地向家人自豪地汇报时间，想起儿时的幼稚我不由得莞尔一笑。房屋东边的那张大铁床是家里的第一张铁床，是原先的土炕拆后换的新床，现在已经成为老掉牙的东西了。还有一台八十年代的小电视，不要小瞧它，想当年每当夜晚来临，来看电视的左邻右舍让老屋里面充满了欢声笑语。正屋西侧的一间屋是我们姊妹三人的卧室，里面的一张铁床占据了房子的一大半面积，床头上贴着的明星画依旧还在，已经不记得当时是喜欢哪位明星了。岁月荏苒，明星画已经褪掉了颜色，我不禁摩挲着画里那个依稀模糊的青春的脸庞，希望时间倒流，让我再回到那个无忧无虑的童年。这里还有母亲出嫁时的嫁妆——柜子。想当年，家里的好东西可都在这里面藏着，对儿时的我们来说，这就是我家的百宝箱，这里有我们企盼的所有好东西。逢年过节时，母亲变戏法般从里面拿出苹果呀糕点呀什么的诱人的东西，都是妹妹挑了我再挑，姐姐最后挑。当我美美地抱着苹果入睡，做的梦也是香甜的。这里还有奶奶用过的拐杖，这个拐杖是当年我和老公登泰山时特意给她老人家买的。睹物思人，物在人去，感伤不已。

老屋前后有些闲置的土地，勤劳的父亲就利用闲暇时间种着各种时令蔬菜，茄子、韭菜、西红柿，黄瓜、蛇瓜、大冬瓜等一茬茬的无公害蔬菜被端上了我们和左邻右舍及亲朋好友的饭桌。有些蔬菜开花的时候蜜蜂、蝴蝶寻香而至，蝴蝶在花丛中翩翩起舞，蜜蜂在花蕊上忙着采蜜，小院的寂寞和荒凉被收获的喜悦淹没。每当我们回家时，父亲都会给我们摘上这些新鲜的有机蔬菜，满满的幸福溢满心胸……

我小心地、一步一步地绕着老屋走着，怕惊扰了这份安静，向着承载我幼年的一切，虔诚地告别。老屋所承载的一切，将永远的，深深地被我珍藏在记忆里。别了，我的老屋！

走进村里，村民们都在忙着搬家。就要入住新楼房的喜悦里又掺杂着浓浓的不舍与依恋。他们世代居住在这里，这里的一草一木陪伴着他们从出生到成长再到老去，对于他们来说都是一辈子的回忆。老人们把还带着余温的锅碗瓢盆洗刷着，在这些曾经历过艰苦生活的老人们眼中，每一件都不舍得扔掉，每一件都是他们用辛劳与汗水换来的；孩子们忙着把足球、玩具汽车等塞在已经实在装不下的汽车后备箱里；男人们把先人的遗照从墙上摘下来，拂去灰尘，仔细包裹，这是延续他们家族荣耀的见证；女人们把自己的嫁妆整理干净，即使一件件大红色的棉袄、棉被已经不再使用，但这是一个个少女对婚姻美好生活憧憬的信物。

我背上相机，将我的老屋、我的南马坊存入我永远的记忆中。我的老房、旁边大爷叔叔的房子、村东小学、村西幼儿园、村委办公大院、村灯光球场等等，我儿时头脑中的深刻记忆，一页页地在脑海中闪过。站在一路之隔的南马坊新村高层楼上，我鸟瞰整个村庄，拍摄下了它最后的容貌，从近及远，再从远及近，细细地记录着。老屋、老村庄的沧桑影像将永远定格在我的记忆里。

推土机的长臂，终将老屋攘成一堆黄土。老屋追随我的童年而去。想着我满满的思念再无落脚之处时，不禁眼眶有些湿润。

别了，我的老屋；别了，将永存我记忆深处的南马坊！

旧房拆除

快板书

夸夸党的好领导

王洪美

快板一打响云霄，南马村民乐陶陶；今天问俺啥节目，夸夸党的好领导。

一夸党的好领导，“两委”成员志气高；撸起袖子加油干，奔向小康富裕道。

二夸党的领导好，旧村土屋要改造；村民全部迁新居，楼上楼下实现了。

三夸党的政策好，社区环境新面貌；活动场所安排定，唱歌跳舞心情好。

四夸党的政策好，生活水平大提高；鱼肉蛋菜样样有，五谷杂粮不缺少。

五夸党的政策好，公粮农税不用交；种地还得给咱钱，机械耕种产量高。

六夸党的政策好，义务教育实现了；读书上学花钱少，文化素质大提高。

七夸党的政策好，实行农合与医保；打针吃药去医院，费用按比来报销。

八夸党的政策好，有了电视与电脑；要打电话有手机，温度高低有空调。

九夸党的政策好，投资建设致富道；四通八达柏油路，家家汽车路上跑。

十夸党的政策好，夕阳更红精神好；六十周岁养老金，九十九岁不算老。

都是党的领导好，共产主义不动摇；实现中华复兴梦，迈向未来光明道。

专著　南马坊籍村民，在各自的岗位上，联系本职工作，出版创作，撰写论文，发表了许多文章，在各种报刊、刊物登载，彰显南马坊村民的聪明才智。

部分著作

表 8—3

作者	著作名称	类别	出版时间	出版社名称	备注
贾孝亲	长虹	纪实文学		北京燕山出版社	
贾孝亲	古都云烟	报告文学		作家出版社	
贾孝亲	迟到的爱	纪实文学		作家出版社	
贾孝亲	淄溪杂吟	诗歌		作家出版社	
贾孝亲	激浪分流	报告文学		北京燕山出版社	
贾孝亲	奋战大同江	文学	2003.2	震撼世界一千天	
贾守约	恶性肿瘤细胞检验	医学	1972.7	山东人民出版社	主编
贾守约	临床检验手册	医学	1988.8	山东科学技术出版社	合著
于鑫洲	现代公司原理与实务	经济	1994.8	中国经济出版社	主编
于新粒	扫马西行	宗教	2003.10	宗教文化出版社	合著第二位
贾玉贵	现代对空情报雷达	国防	2004.4	国防工业出版社	
贾宝胜	砌筑水泥	标准	2002.2	中国标准出版社	编委
贾宝胜	立窑水泥企业技术工人晋级考试指导	建材	2004.11	中国建材工业出版社	编委
齐秀生	举贤随思	社会科学	2004.11	山东人民出版社	
齐秀生	举贤尚功—齐国官制与用人思想研究	社会科学	2005.3	齐鲁书社	
齐秀生	社会环境与人才	社会科学	2005.8	齐鲁书社	山东省社会科学优秀成果一等奖、山东省人事科研一等奖
齐秀生	中国经济政治文明探析	社会科学	2005.11	齐鲁书社	
齐秀生	社会环境与人才问题研究	社会科学	2007.4		山东省科技进步二等奖
齐秀生	选贤用才	社会科学	2016.1	党建读物出版社	优秀人才科研成果二等奖
崔秀芳	家庭护理与保健	医学	1998.9	山东人民出版社	
初建设	临床常用药物（第二版）	医学	2004	山东科学技术出版社	副主编
初建设	新编儿科药物学	医学	2004	人民卫生出版社	编委
初建设	临床基础用药	医学	2007	人民军医出版社	编委
初建设	临床合理用药导读	医学	2008	山东科学技术出版社	副主编
初建设	临床药物学	医学	2011	中医古籍出版社	副主编

部分论文

表 8—4

作者	论文名称	类别	刊物名称	发表时间	备注
贾守约	脑积液内瘤细胞检查	医学	山东医药	1966 年 03 期	
贾守约	尿液水解试验与热盐水溶解试验在白血病鉴别诊断上的应用	医学	山东医药	1966 年 05 期	
贾守约	纤维胃镜采取胃粘膜组织细胞印片检查 300 例分析	医学	山东医药	1977 年 05 期	
贾守约	100 例浆膜腔积液的检验诊断分析	医学	山东医药	1979 年 07 期	

续表 8—4—1

作者	论文名称	类别	刊物名称	发表时间	备注
贾守约	骨髓铁粒染色检查对各类贫血诊断意义的分析	医学	山东医药	1980 年 11 期	
于鑫洲	正确评价企业经济效益	经济	上海会计	1994 年 06 期	
于鑫洲	进一步强化细化企业成本管理	经济	新疆社会经济	1995 年 03 期	
于鑫洲	试论人力资本的理论定位与人力资源的合理配置	经济	新疆钢铁	2002 年 01 期	
于鑫洲	进入新世纪后八钢闪烁的新亮点	社科	新疆钢铁	2005 年 02 期	
于敬铭	气相色谱法测定空气中丙烯酰胺	检测	中华劳动卫生职业病杂志	1989 年 04 期	合作
宗　华	在自然科教学中，运用沙特洛夫教学法的尝试	教育	第二届全国“两法”研究会论文集	1992 年	
宗　华	寓意育于自然教学中	教育	山东省自然科研讨会论文集	1993 年	
韩毓英	边树生烈士二三事		前卫报	1969 年	
韩毓英	只有防微才能杜渐	杂文	淄博日报	1971 年	
韩毓英	德育工作新思路		全国教育系统论文集	1995 年	
贾玉贵	对空情报雷达对抗反辐射导弹措施探讨	国防	中国电子学会雷达专业委员会论文集	1989 年	
贾玉贵	无源雷达	国防	全国雷达学术年会论文集	1999 年	
贾玉贵	对空情报雷达配置诱饵抗反辐射导弹的仿真	国防	第八届全国雷达学术年会	2002 年	合作
刘玉兰	临淄区 1994 年—2000 年淋病流行特征	医学	泰山卫生	2002 年 01 期	合作
刘玉兰	米非司酮配伍丙酸睾丸酮与 MTX 保守治疗异位妊娠 90 例临床分析	医学	中华医学写作杂志	2003 年第 10 卷第 7 期	合作
孙良才	解脲支原体与致病细菌混合感染引发泌尿生殖器官炎症发生误诊的探讨	医学	中华误诊学杂志	2002 年第 6 卷第 12 期	合作
孙良才	泌尿生殖器官炎症中的致病菌混合感染时药物敏感的探讨	医学	中华医学研究杂志	2004 年第 4 卷第 4 期	合作
孙良才	男性生殖器官炎症混合感染的探讨	医学	中华实用医药杂志	2004 年第 4 卷第 5 期	合作
贾宝胜	硅酸铝纤维毡在机立窑上的应用	建材	山东建材	1984 年第 1 期	
贾宝胜	高抗硫酸盐硅酸盐水泥的研制	建材	全国特种水泥学术会论文集	2001 年 9 月	合著第二位
贾宝胜	机立窑生产低碱水泥的原料选择与工艺措施	建材	四川水泥	2004 年第 6 期	
齐秀生	我国古代几项任官制度及其借鉴意义	社科	理论学刊	2001 年 06 期	
齐秀生	官本位意识的历史成因及对策	社科	文史哲	2002 年 02 期	
齐秀生	浅析齐国桓管时期的用人“机制”	社科	管子学刊	2004 年 01 期	
齐秀生	浅析中国古代的抑商政策	社科	理论学刊	2004 年 03 期	
齐秀生	唐朝贵族官僚的田庄	社科	山东社会科学	2004 年 10 期	
齐秀生	《周礼》在官制研究中的史料价值	社科	孔子研究	2005 年 01 期	
齐秀生	先秦官吏选拔制度述略	社科	东岳论丛	2005 年 01 期	
齐秀生	浅议社会环境与人才	社科	中国行政管理	2005 年 10 期	
齐秀生	春秋战国时期人才流动述略	社科	齐鲁学刊	2006 年 02 期	
徐光宝	考场作文快速拟题	教育	中国素质教育	2001 年	

续表 8—4—2

作者	论文名称	类别	刊物名称	发表时间	备注
徐光宝	让课堂成为创新思想的主阵地	教育	中华文化素质教育研究	2004 年	
崔秀芳	阿替洛尔对急性心肌梗塞早期 QT 离散度的干预	医学	山东医药	2000 年 40 卷 20 期	合著第二位
崔秀芳	失血性大量蛋白尿 2 例报告	医学	山东医药	2003 年 43 卷 22 期	合著第二位
崔秀芳	自我功效理论在冠心病患者建立健康行为中的应用	保健	齐鲁护理杂志	2003 年 9 卷 5 期	合著第一位
贾　涛	三维穿颅多普勒超声对 50 例正常人脑底动脉及颈动脉血流速度的测定	医学	中国超声医学杂志	1990 年第 1 期	合著第一位
贾　涛	B 型超声诊断胎儿广泛弥漫性海绵状淋巴管瘤一例报告	医学	中华超声影像学杂志	1995 年第 3 期	合著第一位
贾　涛	超声引导下经皮穿刺在胰腺疾病诊断中的应用	医学	中国医学影像技术	1997 年第 1 期	合著第一位
贾　涛	超声引导下选择性门脉穿刺置管化疗原发性肝癌的应用	医学	中华超声影像学杂志	1999 年第 6 期	合著第一位
贾　涛	胆囊隆起样病变的超生鉴别诊断	医学	现代医药卫生	2011 年第 13 期	
贾　涛	彩色多普勒超声对少见部位异性妊娠的诊断价值	医学	现代医药卫生	2012 年第 6 期	
初建设	狼疮膏的研制及临床观察	医学	中国药学杂志	1988 年 10 期	合著第一位
初建设	丙吡胺血液浓度 HPLC 的建立及蛋白结合率的测定	医学	中国药学杂志	1995 年 06 期	合著第一位
初建设	血浆 α 1—酸性糖蛋白的分离与精制	医学	药物生物技术	1996 年 03 期	合著第一位
初建设	HPLC 测定安神二号丸中芍药苷含量	医学	中国药学杂志	1996 年 09 期	合著第一位
初建设	高压液相色谱法测定安神二号蜜丸和赤芍中芍药甙含量的研究	医学	山东医科大学学报	1996 年 04 期	合著第二位
初建设	血管紧张素转换酶抑制剂的不良反应	医学	中国医院药学杂志	1998 年 03 期	合著第二位
徐英杰	加油站设备安全知识		安全培训教材	2006 年	
齐桂平	2.5 万吨 / 年牛皮箱纸板车间墙体裂缝问题的加固处理	建筑	山东建材学院学报	2001 年第 15 卷第 5 期	合著第一位
齐桂平	碳纤维加固法在桥墩加固工程中的应用技术	建筑	高科技纤维与应用	2001 年第 26 卷第四期	合著第二位
齐桂平	碳纤维加固钢筋混凝土梁的工程应用	建筑	济南大学学报自然科学版	2002 年第二期	
贾素贞	有机化合物及聚合物的计算机辅助红外光谱法鉴定	化工	中国塑料	2005 年第 2 期	合著第四位
贾素贞	几种食用油的二维红外相关分析	化工	济南大学学报（自然科学版）	2007 年第 02 期	合著第一位
贾素贞	超临界 CO_2 中 SBS 与马来酸酐的接枝及表面性能	化工	高分子材料科学与工程	2010 年第 8 期	合著第四位
翟国明	DEH 在齐鲁热电厂 60MW 汽轮机上的应用	电力	齐鲁石油化工	2014 年第 1 期	合著第三位
刘爱丽	如何组织学生开展书法课外活动	教育	学习方法报		
刘爱丽	体育教学中智障儿童意志品质的培养	教育	现代教育导报		
刘爱丽	浅谈对智障儿童交往能力的培养	教育	山东教育报		
于海磊	液体火箭发动机涡轮泵真实转速信号提取	国防	低温工程	2008 年第 2 期	合著第一位
于海磊	基于 LabVIEW 的地源热泵机组设备远程监控系统	国防	电子测试	2008 年第 3 期	合著第二位

续表 8—4—3

作者	论文名称	类别	刊物名称	发表时间	备注
于海磊	姿控发动机地面虚拟试验模型集成软件设计	国防	计算机测量与控制	2010 年第 10 期	合著第一位
于海磊	低温推进剂液位监测系统设计	国防	火箭推进	2010 年第 3 期	合著第一位
刘 帅	不同剂量顺铂同步联合调强放射治疗鼻咽癌的Ⅱ期前瞻性随机对照研究	医学	中华肿瘤杂志	2014 年第 10 期	合著第一位

第二章 教 育

第一节 私 塾

南马坊村在清末民国时期，全村共有七处私塾。东北马在围子墙内有三间茅草屋，是韩氏私塾，教师是韩洪书。学生多时 13 人，全是男生，年龄相差也较大，以学文为主。东北寨门内，商立本老院东旁，大场院北端有三间土房，是商氏大门内的私塾，聘请临淄南关袁子占的父亲为教师，后来商立德也任教师，有学生 14 人。东南马有两处私塾，一处是刘元吉任教，在自家东屋内，有学生 11 人，另一处是李在田任教，地点在齐多田北屋内，有学生 9 人。西北马有三处私塾，一处在庄的最西北处，车胡同于荣绅家的南屋里，教师是于荣绅，有学生 7 人。第二处是贾恒庆西屋内，由贾恒庆任教师，有学生 6 人。第三处是全村最大的私塾，也是办学时间最长的私塾，是豪门于氏家族的书房，地点在三层楼院内。此私塾直到 1931 年村内成立全日制正规小学为止。他们聘请知识渊博，善教能管，口齿清楚的知名人士任教，其学生人数最多，一般都在 20 人以上，教师两人，薪金是其他私塾先生的两倍。因学童年龄不一，程度参差不齐，私塾一般实行复式教育，随人教授，学完一门，再学一门。初入学时，只读不讲，塾师根据学生进度逐个面授。开始塾师领读，学生随读，称为“正书”，学生能熟读成诵，即算完成课业。读完一本书，能从头到尾背下来谓之及格。然后再给学生讲解，称“开课”。开讲严格按照《四书集注》进行。为应付科举考试学到一定程度后，开始学写文章、写诗、填词、作赋。所作文章须按八股文的固定格式进行。私塾的作息时间一般早上入塾复习背诵旧课。上午读生书，午后写毛笔字，然后温习背诵生书，还有晚上读“灯书”。学生无上下课之分，也无体育活动，整日坐凳读书，那时学规严格，如不能背诵者，常处以体罚，轻者用戒尺打手心，重则罚跪，学生生活极为单调。

第二节 学前教育

1976 年，生产大队在原南马联中校内成立幼儿园，时称“育红班”，招收学生。当时“育红班”由大队妇代会负责组建，妇代会成员吴秀梅、王洪美、韩秀芝、袁春凤等为教员。同时也从生产队招收部分人员作教师。教学内容，借用

齐都实验幼儿园

一年级的语文，从最初的知识教起，学“大、中、上、人”，搬着指头学1～10内的数目。后期逐步加深，上音乐、学小儿歌，也学革命歌曲。

1977年，迁到老知青院内，招收一个大班，一个小班，由袁春凤和刘俊英任教。院内设有滑板、跷跷板、木马等幼儿设施和很多玩具。教学设语言、算术、美术、音乐、体育等课程。根据幼儿好奇、好动、求知、求乐的心理特征，把幼儿教育工作的重点，放在体、德、智、美全面发展上，充分营造出孩子们的学习气氛。以后，招收学生逐年增多，教师也不断变化。

1994年，村委在原幼儿园位置拆掉原房屋，建立高标准的幼儿园，10间出厦平屋，整个院落东西长33米，南北宽18米，院内玩具有轮船、动马、翘板、皮球、垫子等多种运动器械，设有托班、小班、中班、大班。幼儿教师6人，为全镇先进幼儿园。

随着形势的发展，幼儿园的规模和活动场地受到限制，村委领导在村的西南部划出南北长100米、东西宽55米的地盘，由贾新书、于新铭、于联合每人投资30万元，于2002年8月7日动工建园，历时一年多，建起现代化的幼儿园，命名为“齐都实验幼儿园”。幼儿园建有二层楼房，每层4个教室，共8个教室，内有现代化的儿童用桌和凳子，配备影视机和各式各样的模型玩具。在幼儿园东部建有长16米、宽8米的多功能活动室。活动室内的器械和幼儿园露天活动玩具，是由齐都镇教委按省级幼儿园标准配备的，教学楼的后面，建有厨房7间，锅炉房一大间，厨师3人，幼儿每日三餐在园内。

幼儿园有自动化铁门，门旁有传达室两间，昼夜有人值班。每逢上学、放学时间，增加保安门卫，保证儿童的安全。2004年，幼儿园有幼儿231人，备有午睡小床250个，教师15人都经过专门培训，具备幼儿教师资格。2004年，南马幼儿园获区级示范幼儿园称号。2005年，获省级示范幼儿园称号。

1976年至1982年，幼儿教师由生产大队选派，并由大队会计向生产小队会计划拨工日，由各生产小队记同等劳力工分。1983年，家庭联产承包后，由村委会发放工资，每月30元，另有区教育局每月补助3元，基本与民办教师相同。1987年后由镇上统一发放工资，一般教师每月80元。1992年区教育局对幼儿教师进行资格审定，合格的发给幼师资格证书，幼师持证上岗。2000年后，幼师实行聘任，工资每月在300元左右。

2015年，上级发出通知，对幼儿教师进行登记。凡参与幼儿教师工作者，每干1年，即每月发放20元生活补助费，从60周岁开始实行。

第三节　小学教育

新中国建立前村小学　清光绪年间，废科举，兴学堂，临淄县办学热潮遍及各村庄。宣统三年（1911 年）正月，“南马坊国民学校”建成开学，校长是清朝拔贡于疏朴，为当时全县 18 处小学之一。

1931 年，把白衣庙内的东西厢房辟为教室，成立南马坊村立小学，校长张华圃。1935 年，校长于墀鹗从潍坊请来专门会用水泥的建筑师，修建西洋式校门。门宽 1.6 米，高 2.1 米，木质门扇，大门正南是村南北中心大街，门两侧是规格整齐的小型长方块，格内是凸起的不规则的奶头状水泥，近看和远看都使人感到美观、大方、新颖、别致。大门上方正中有长方形框架，内写楷书“勤勉诚朴”四个大字，为于道生所书。

1938 年，社会上流传着这样一句口号：“中华民国大改良，不念私塾上学堂”。学校学生增多，为解决学校教室面积不足，南马坊村 10 多个进步青年把白衣观音庙中的佛像搬运出来，投入大湾，把大殿开设为教室。此举动冲破封建礼教束缚，轰动一时，并编写了南马小学校歌。

淄溪沿水，牛岭云山。文武荟萃，代有名贤。

唯我马坊，手著迪鞭。勤勉诚朴，校训森严。

育才培德，成绩卓然。春风桃李，化雨均霑。

今天是弦歌在一堂，明天是齐家建国的儿男。

1940 年，校长于镜三发动村民集资建成两栋教室，每栋三间，均为砖瓦结构，前后开窗，光线充足。开设 1 ~ 4 年级各一个班，成为正规化小学，学生来源本村为主，另有部分来自村北的刘家庄，村西的谭家、尹家、国家，村南的徐家庄等。其时，学校教导主任谭直卿、训育主任于茂增、总务主任贾福庆兼任教师。学校又聘请该村刘子祥、于荣辉、贾纯庆，刘家终村刘兰生，国家庄国方亭，谭家庙谭道芳，相家庄相次卿，长胡村朱俊兰及河崖头村的祖名斋等任教。学校教职工吃住在校，工作量大，薪水每月只发 120 斤小米。学校北部是宽广的操场，东西有 70 米，南北 95 米，场内有滑梯、木马、平衡木、单杠、双杠、吊绳等多种体育器械。校长于镜三到济南购买一架脚踏风琴，是全县学校仅有的风琴。该校教学成绩好，成为临淄县先进小学。1946 年后，国内战争频繁，社会动荡，学校停办，教学设施遭到严重破坏。其时，学校为国家培养了 490 多名小学毕业生。

初级小学 1948 年，临淄解放。1949 年春，学校开班上课，学校设在被征用的原于荣灿宅院内。教室有北过道厅两旁的厅房、南道厅、小书房、大门东厢房、三层楼等。1950 年，师生搬入原村立小学，大殿一个班，东厢房一个班，西厢房一个班，砖瓦结构靠街南屋四间，一独间靠校门为校长室，其他三间为教室。大殿隔起西间为教师办公室，大殿西山外盖了一间房为教师宿舍。女教师宋文贞在一队林来成家住宿，女教师刘苏南在韩玉芳家住宿。

1949 年至 1955 年 7 月，南马小学为初级小学，学生班级为 1 ~ 4 年级，每班学生 30 ~ 45 人不等。

历任校长刘文熙、韩文明、刘鲁栋、王景阳等。历任教师张继武、朱式之、董汉林、宋文贞、于寿春、姜国安、朱治邦、刘苏南、崔明文、王世成、于爱臣、崔秀菊、吴玉芝、徐明远、毛显春等。其间有小学毕业生 6 届，约 260 人。

高级小学 1955 年初，学校向西扩宽 30 米，国家出大部分资金，农业合作社出工、出土坯、麦秸、门窗料等，建设教室 12 间，为招收高小班作准备。

1955年7月，学校招收小学高级班，简称“高小”。学生来源以南马坊村为主，另有谭家庙、尹家庄、国家庄的初小毕业生。学校购置乐器大铜鼓两面、小铜鼓四面、军号12把，京胡、二胡、笛子若干。置办篮球架一副、篮球3个，跳绳50根等体育器材。

1958年秋，在“大跃进”的形势下，学校办起“共产主义学校”，从学前班直到六年级，学生吃住在校，称“一条龙学校”，让学校东邻韩洪恩、韩洪告两家的正房让出给学生当宿舍。两个月后，混乱局面结束。

三年经济困难时期，村民生活贫困，在校学生流失严重，学龄儿童入学率下降，小学教育落入低潮。1962年，贯彻“调整、巩固、充实、提高”的方针，学校教学秩序逐步恢复正常。1964年，推行两种教育制度，举办工读小学。1967年成立南马联中。

高级小学阶段，学校教学秩序正规，教师认真教，学生专心学，学生有早自习和晚自习，教师靠班辅导，教学质量好，学生整体素质高，升学率好于其他高小，倍受村民称赞。历任校长为王景阳、褚国凤、徐树松等。历任教师于寿春、姜国安、徐明远、宗梦龄、张美君、崔秀菊、曹传经、齐玉桐、马传福、毛显春、夏得胜、宗华、朱焕芝、张桂芳、张继武等。

期间，有13届高小学生毕业，约1000人。

南马坊小学 1985年，学习资源整合，将南马联中在校初中班学生转入稷下中学，南马联中建制取消，又改为南马小学。1988年，上级下达校舍改造验收标准。当时南马小学大部分校舍陈旧，不达标。1990年，南马坊党支部

南马坊小学（1992年）

书记徐社香带领“两委”成员，以生产队社场地为主，划出东西130米、南北120米的地块，建设现代化完全小学。村委发动全体村民捐资建校，为家乡子孙后代造福。村民积极响应，最多的捐了5000元。村委在学校内设立功德碑，予以褒扬。

1992年，学校全部竣工。教学楼两层，有10个教室，图书室、实验室、阅览室及微机室各一个。教学设施按国家新标准配套。学校配套设施有语音室、音乐室、锅炉房和教师宿舍10间。还有学校劳动基地两亩，内有苹果树、山楂树、柿子树、小菜园。教学楼前院是绿化区，有绿荫长廊、凉亭，对称的大水池，小桥流水。还有丛林、竹林、塔松、雪松、将军松等错落

南马小学教学楼

南马小学毕业班合影

有致各种景物。其间绿草遍地，夹着硬化的羊肠小路，最西边是南北 30 米长的车棚。学校东部是大操场。场内环形跑道、篮球场地、排球场地、投掷区、跑跳区、单杠、双杠、吊绳区。所用体育器械都是按国家标准配置的，绝大部分是新的。学校南墙全是铸铁构成的透明墙，其他三面全是两米多高的砖墙，校门也是透明、灵便的。门墙上题有“南马坊小学”。1992 年 8 月，师生搬入新校，课桌凳全部换成崭新的，同时，镇政府和镇教委也下令将谭家小学、尹家小学、国家小学并入南马小学，学生达到 310 人。

1994 年，南马小学被评为区级规范化学校。1995 年，被评为市级规范化学校。1996 年，被评为市级花园式学校，劳动基地被评为市级先进单位。

2011 年，全区进行教育资源整合，南马坊取消学校建制，小学师生合并到桓公小学，学生在校就餐，有专门大客车早送晚接学生，接送学生车费由村委负担。

1985 ~ 2011 年为小学阶段，南马坊小学历任校长为商兰英、李业生、王学胜、董志平、王中明、崔晓静等。历任教师有国英玲、胡秀凤、孟丽萍、韩玉德、栾青山、于爱华、商孝连、胡士学、王洪美、国巧玲、袁金玉、苏景芹、韩桂华、苏景福、谢志和、张翠玉、边洪真、李慧、王秀成、丁永智、贾保琳、谭学玲、王培英、孙启花、崔景良、徐杰、霍迎春等。

期间，有 26 届小学毕业生，前 7 届只有村内学生，后 19 届是合校后四个村的学生。共培养小学毕业生 1830 余名。

第四节　中学教育

1965 年，初中招生后，南马坊尚有部分小学毕业生落榜。邻近国家庄、尹家庄、谭家庙的情况基本相同。朱光海、崔传文两人受大队队委会委托，于 1965 年 8 月成立南马农中。地点在中心湾南面的台屋内，第一期招收学生 36 名。1966 年又招生一个班，聘请谭家庙高玉才、尹家庄苏景泉为教师。第一届学生毕业后，南马农中与南马联中合并，统称南马联中。

1966 年开始，政府和教育部门安排有条件的高级小学加招初中班。南马大队积极响应，于 1967 年清明前，由南马“文革会”的领导规划建房位置，在原校址西北部向西拓宽 30 米，向北 70 米。又召开生产队会议，专题研究建校。要求每个生产队提供土坯 13000 块、麦秸 800 斤、木料一方、匠工 3 人、小工 5 人，大队砖厂供应砖，石灰、沙子大队负责，在麦收前 15 间教室修盖完毕。是年 7 月，南马高小招收初中班，最初称小学戴帽，后称南马联中。不久，南马农中也并到联中。

南马联中成立时正值“文化大革命”时期。中学生组成“红卫兵”，以“停课闹革命”为名，到处破“四旧”。凡是旧的东西、古老的东西都认为是“四旧”。红卫兵把从农户家中翻出的古书、古画焚烧，砸碎古物、古建筑。红卫兵战斗队斗走资本主义道路的当权派，后又指向教书育人的老师，称他们为“臭老九”。学校被搞得一片混乱。其间，徐树松、姜国安、徐明远、宗梦玲、曹传经、齐玉桐、夏得胜、朱焕之、毛显春等非村籍教师转走。南马村籍的贾文炳、韩毓英、韩卫东、刘爱鸾等转回南马。

教育混乱局面直至“文化大革命”结束后才得到好转。中共十一届三中全会后，国家把教育提到重要议事日程。南马坊村学校又建成砖瓦结构教室 10 间。1982 年，大队党支部派人把学校内的白衣观音庙大殿和东西厢房拆除，建成高标准的出厦教室 12 间。

学校建设步入正轨，学校理直气壮地抓教学，抓管理，抓育人，教育教学质量不断提高。1985 年，初中毕业班 42 人，有 15 人升入重点高中，13 人升入职业高中，2 人升入中专，创造历史最好水平。村党支部奖给教师每人一套餐具。

中学阶段，历任校长为徐树松、宋华武、吴明、崔进绪、谭端正、谭景岐、韩毓英。学校历任教师有宗华、朱光海、崔传文、贾文炳、韩培业、董志平、刘玉清、贾　光、贾青云、贾文昕、王玉香、于修德、冯书铭、周新成、崔福增、徐光宝、于恒春、贾保琳、商兰英、商孝连、朱宝之、赵建林、李廷贵、王洪美、韩玉德、王秀成、刘长青、霍鸣春、国奎三、刘美秀、初秀英、于美华、于泉秀、林月凤、韩淑霞、商孝顺、于桂林、于爱贞、于秀芳、崔景良、常秀英。

南马联中办学期间，有 19 届初中生毕业，约 830 人。

第五节　成人教育

扫盲教育　南马坊村解放后，人民翻身当家做主人，村民迫切要求学习文化，特别是青年妇女。1949 年开始，南马坊开展扫盲运动。开办识字班，有午班和夜班，开设高级民校，青年男女积极报名参加学习，贾福庆担任民师，学校教师也参与扫盲教学工作。民师推行“速成识字法”，一天能学会 50 多个汉字。贾福庆上课生动风趣，学员积极性高，有时教室容不下，窗外还挤满人。贾福庆不辞劳苦，以教为荣，受到学员尊重敬佩。贾福庆被临淄县政府评为扫盲模范，南马坊高级民校班被评为先进集体。至 1957 年，南马坊中青年文盲大部分扫除。

之后，扫盲学员走向不同工作单位。王金荣成为潍坊物资局会计，贾淑英成为银行工作人员，宗凤英成为生产队会计，于锦章、董锡庚当上供销社售货员等。

远程教育　2004 年，村“两委”在村办公室东端三间房内，建起农村党员干部现代化远程教育课堂。配置电视机和电脑，设立管理员，全村党员、村民通过现代化远程教育，学习政治理论、法律法规、市场经济知识、农村经营管理知识、农村先进实用技术、市场信息、科普知识、农村卫生及计划生育等知识。2014 年年底，全村搬迁到新社区，远程教育也随之迁到新村办公楼，继续利用原有教育网络资源优势，积极开拓网上课堂，丰富村内党员、干部及全体村民的学习内容，为村民致富贡献力量。

南马坊中专以上学历统计表

表 8—5

1 组

姓名	性别	出生年月	学习时间	毕业院校及专业	最后学历/学位
韩玉英	男	1939	1958—1961	益都师范	中专
韩玉柱	男	1940	1960—1962	电力学校	中专
韩培业	男	1941	1963—1966	淄博师范	中专
韩玉琪	男	1942	1963—1966	博山技校	中专
朱光海	男	1945.3	1989—1991	山东省教育学院	专科
林月凤	女	1957	1975—1978	博山技校	中专
韩培东	男	1957	1979—1981	淄博商业学校	中专
韩淑霞	女	1957	1978—1980	山东济宁贸易学院	中专
王金亭	男	1957.3	1977—1980	山东经济管理干部学院	专科
朱恒之	男	1960	1996—2000	哈尔滨工业大学	专科
朱小兵	男	1969	1985—1988	东风化工技校	专科
林建明	男	1970	1992—1995	山东广播电视大学	本科
韩学军	男	1970	1990—1993	泰山医学院	研究生 / 硕士
朱小华	女	1971	1988—1991	临淄工业学校	中专
韩　俊	女	1973.3	1989—1992	淄博商校	专科
韩学文	男	1974	1997—2000	山东建材学院	专科
林建斌	男	1976.9	1994—1998	东北师范大学	专科
韩治国	男	1976	1994—1997	淄博化工学院	专科
韩学勤	男	1977	1996—1999	山东机械工业学校	专科
韩雪萍	女	1979.2	1998—2001	山东师范学院	本科
韩立国	男	1981.5	2007—2010	烟台职业技术学院	本科
许　垒	男	1981.9	2004—2007	淄博职业学院	专科
孙　伟	女	1981.12	1998—2002	山东理工大学	研究生 / 硕士
褚丽艳	女	1982.12	2007—2011	山西农大	本科
王　伟	女	1982	2001—2004	山东省委党校	本科
韩晓明	男	1984.1	2003—2007	青岛大学	研究生 / 硕士
林　秀	女	1985.2	2007—2010	淄博师范	专科
许　建	女	1985.5	2007—2010	广东海洋大学	本科
韩　滨	男	1986.7	2005—2009	青岛大学	本科
于晓黎	女	1987.4	2005—2010	承德医学院	本科
林　川	男	1987.12	2005—2009	青岛科技大学	本科
王　君	女	1987	2005—2009	山东理工大学	本科
林建强	男	1988.2	2006—2010	海南师范大学	本科
王　涛	男	1988	2007—2011	山东大学	本科
孙　琳	男	1989.2	2008—2012	青岛科技大学	专科
韩雪欣	女	1989.5	2011—2016	滨州医学院烟台分院	研究生 / 硕士
林　飞	女	1989	2008—2011	山东女子学院	专科
林　涛	男	1989	2008—2011	山东华宇职业技术学院	专科
韩露露	女	1990	2011—2014	泰山医学院	本科

续表 8—5—1

姓名	性别	出生年月	学习时间	毕业院校及专业	最后学历/学位
褚有为	男	1991.9	2010—2013	威海科技大学	专科
韩　盈	女	1992.1	2011—2015	华东师范大学	本科
林　雪	女	1992.1	2010—2014	临沂大学	本科
许　洋	男	1993.12	2012—2016	中国海洋大学	研究生 / 硕士
韩长健	男	1994	2013	北京城市学院	在读
朱资岳	男	1994	2012—2016	西南交通大学	专科
林华清	男	1995.8	2014	天津音乐学院	在读
韩佳秩	男	1995.9	2014	苏州科技大学	在读
韩孟楠	男	1995	2014	河北工程大学	在读
韩　雨	女	1996	2014—	黑龙江八一农垦大学	在读
王　岩	男	1996	2015—	山东城建职业学院	在读
许　达	男	1997.1	2016	淄博职业学院	在读
韩雪妍	女	1998.1	2015	西安大学	在读
2 组					
韩玉楷	男	1935	1955—1958	西安交通大学	专科
韩玉德	男	1944	1987—1990	淄博师范	中专
韩玉英	女	1948	1967—1970	益都师范	中专
商孝连	男	1954	1987—1990	淄博师范	中专
朱宝之	男	1961.11	1994—1997	山东师范大学	专科
王秀玲	女	1961	1978—1981	山东农业大学	专科
韩俊杰	男	1968	1988—1991	山东师范大学	本科
商宜亮	男	1970.6	2006—2008	山东工商经济学院	专科
李海铭	男	1974.5	1994—1996	泰安职业中等专业学校	专科
商　玲	女	1979.3	1995—1998	淄博工业学校	中专
商宜强	男	1981.8	2004—2008	山东师范大学	本科
商宜勇	男	1982.1	1997—2000	淄博工业学校	中专
商宜鹏	男	1982.7	2001—2005	山东建筑大学	本科
商宜利	男	1982.8	2011—2014	中央广播电视大学	专科
韩　静	女	1984.8	2002—2006	安徽省蚌埠坦克学院	本科
韩志强	男	1985.9	2005—2009	青岛理工大学	本科
商宜超	男	1986.1	2005—2009	武汉体育学院	本科
商敦江	男	1986.1	2009—2012	四川师范大学	研究生 / 硕士
韩学飞	男	1986.2	2004—2008	山东工商学院	本科
商敦峰	男	1987.1	2007—2010	青岛理工大琴岛学院	专科
王　静	女	1987.2	2006—2010	湖北襄樊学院	专科
韩学刚	男	1987.7	2007—2011	青岛农业大学	本科
商萌萌	女	1988.11	2012—2015	山东潍坊卫生学院	专科
商金霞	女	1989.6	2005—2008	淄博工业学校	中专
商敦洋	男	1992.1	2009—2012	山东药品食品职业学院	专科
许　凯	男	1992.12	2011—2014	山东商业职业技术学院	专科
胡鹏飞	男	1994.3	2007—2010	淄博工业学校	中专
韩　雪	女	1994.4	2011—2014	淄博工业学校	中专

续表 8—5—2

姓名	性别	出生年月	学习时间	毕业院校及专业	最后学历/学位
许　震	男	1996.4	2013—2015	淄博药品食品职业学院	专科
3 组					
宗　华	女	1938.4	1960—1962	山东动力专科学校	专科
董志平	男	1952.6	1985—1988	淄博教育学院	专科
贾宝平	男	1956.9	1986—1990	美国内布拉斯加大学	研究生 / 博士
宗云龙	男	1964.11	1983—1985	中国人民大学	本科
董寿长	男	1964	1988—1993	南京林业大学	本科
董新海	男	1966	1986—1990	同济大学	本科
贾宝华	男	1967.4	1987—1989	太原工业学校	中专
宗　恒	女	1970	1990—1994	青岛大学	研究生 / 硕士
宗　霆	男	1972	1992—1996	山东广播电视大学	本科
宗建国	男	1981.2	2014—2017	九江学院	本科
穆　玲	女	1981.7	2002—2005	青岛理工大学	本科
宗云强	男	1982.1	2002—2005	淄博职业学院	专科
宗聪聪	男	1982.11	2002—2005	山东畜牧兽医职业学院	专科
宗　岳	男	1983.1	2003—2006	山东青年政治学院	专科
董　娟	女	1984.8	2000—2003	淄博工业学校	中专
孙海滨	男	1986.1	2002—2005	山东新华制药厂技工学校	中专
宗　琦	女	1986.4	2003—2007	四川音乐学院	本科
贾国强	男	1986.10	2002—2004	淄博工业学校	中专
董　萧	女	1986.11	2005—2008	青岛滨海学院	专科
宗丽娜	女	1987.1	2005—2011	中国石油大学（华东）	研究生 / 硕士
宗　康	男	1987.8	2007—2010	潍坊职业学院	专科
贾国姣	女	1988.2	2007—2010	山东畜牧兽医职业学院	专科
董丽霞	女	1989.11	2010—2014	青岛大学	本科
贾　云	女	1990.9	2009—2011	青岛科技大学	研究生 / 硕士
董亚明	男	1990.9	2009—2013	烟台职业学院	专科
董明珠	女	1991.8	2010—2014	青岛滨海学院	本科
宗晓栋	男	1992.8	2011—2015	铜陵学院	本科
宗建伟	男	1992.8	2011—2014	济宁学院	专科
董亚文	男	1992.11	2011—2014	日照职业技术学院	专科
田晓宇	女	1993.1	2011—2015	山东外事翻译职业学院	专科
董明师	男	1993.9	2012—	烟台大学计算机学院	在读
董美君	女	1994.8	2013—	青岛科技大学	在读
董　锌	女	1995.1	2013—	山东工商学院	在读
宗　雪	女	1995.3	2013—	青岛黄海学院	在读
宗嘉诚	男	1995.10	2011—2013	淄博工业学校	中专
董化宇	男	1995.11	2015—	济南大学	在读
宗浩然	男	1996.5	2014—	山东科技大学	在读
宗　玉	女	1996.9	2015—	美国普度大学	在读
贾晓恒	女	1997.3	2015—	陕西服装工程学院	在读
宗莎莎	女	2000.9	2015—	淄博工业学校	在读

续表 8—5—3

姓名	性别	出生年月	学习时间	毕业院校及专业	最后学历/学位
董俊宏	女	2000.10	2015—	淄博工业学校	在读
4 组					
孙良才	男	1954.4	1974—1976	莱阳医专	专科
于来喜	女	1957	1978—1981	淄博技工学校	专科
于庆春	男	1957.8	1978—1980	淄博商校	中专
张美和	男	1959.2	1988—1991	曲阜师范大学	专科
于建春	男	1965	1984—1988	武汉理工大学	本科
崔秀娟	女	1966.1	2003—2006	曲阜师范大学	本科
于学工	男	1967.11	1986—2006	山东师范大学	本科
崔　丽	女	1969	1987—1991	聊城师范学院	本科
崔　玉	女	1970.1	1989—1994	泰山医学院	本科
王　敏	女	1976.1	1996—1998	淄博师专	本科
于国昌	男	1977.5	1997—2000	山东教育学院	本科
于国胜	男	1977.5	1996—1999	山东理工大学	本科
于新麦	女	1978.5	1996—2003	华东师范大学	研究生 / 硕士
刘　青	女	1979.7	1996—1999	山东大学	研究生 / 硕士
孙伟明	男	1980.2	1998—2002	青岛海洋大学	本科
崔洪磊	男	1981.1	2000—2003	淄博商校	专科
崔建国	男	1981.11	2000—2003	山东理工大学	本科
崔　冰	女	1982.1	2000—2005	山东工商学院	本科
李玉婷	女	1982.1	2001—2004	益都卫校	中专
于学晖	男	1982.12	2000—2003	山东工程学院	专科
林　强	男	1983.9	2000—2004	德州卫校	专科
于　明	男	1984.1	2002—2005	滨州医学院	专科
孙玉婷	女	1984.1	2003—2008	泰山医学院	本科
于学强	男	1984.1	2004—2007	滨州学院	专科
崔洪亮	男	1984.2	2003—2010	中国石油大学（北京）	研究生 / 硕士
戴慧燕	女	1984.3	2003—2007	鲁东大学	本科
崔立国	男	1984.6	2003—2006	临沂医学高等专科学校	专科
于亚敏	女	1984.12	2003—2006	淄博职业学院	专科
于新凯	男	1985.9	2004—2009	装甲兵工程学院	本科
崔　宁	男	1986.5	2005—2009	咸宁学院	本科
于来会	男	1987.3	2006—2010	西北农林科技大学	本科
李志辉	女	1987.6	2007—2014	北京外国语大学	研究生 / 硕士
孙　强	男	1988.1	2004—2007	烟台南山学院	专科
崔梦雅	女	1988.1	2004—2007	山东医药职业学院	专科
孙　康	男	1988.7	2006—2009	泰山学院	专科
胡　双	女	1990.1	2008—2012	青岛理工大学	本科
崔学立	男	1990.5	2005—2008	淄博工业学校	中专
孙　超	男	1991.2	2010—2014	青岛理工大学	本科
孙亚男	女	1991.4	2010—2014	南昌理工大学	本科
林　静	女	1991.11	2000—2003	威海职业学院	专科

续表 8—5—4

姓名	性别	出生年月	学习时间	毕业院校及专业	最后学历/学位
翟新青	女	1992.4	2008—2011	淄博工业学校	中专
崔　肖	女	1993.2	2012—2015	泰山医学院	专科
崔雪岩	男	1993.6	2012—	青岛理工大学	在读
孙彬华	男	1993.9	2009—2012	淄博工业学校	中专
张　扬	男	1993.12	2012—2016	山东科技大学	本科
胡　月	女	1994.2	2010—2013	淄博工业学校	中专
王　烁	女	1994.4	2012—2016	三亚学院	本科
崔立民	男	1988.7	2008—2012	中国民航大学	本科
胡海鹏	男	1994.4	2013—2016	山东工商学院	本科
于溢豪	男	1994.6	2014—2016	山东烟台大学	本科
商宜祥	男	1995.3	2013—	山东化工职业学院	在读
于亚鑫	女	1996.1	2014—	山东警察学院	在读
崔梦婷	女	1996.5	2014—	淄博职业学院	在读
孙梦繁	女	1996.9	2015—	山东凯文职业学院	在读
孙晨景	男	1997.1	2015—	山东劳动职业技术学院	在读
孙凌志	男	1997.11	2013—2016	淄博工业学校	中专
于炳成	男	2001.10	2016—	淄博工业学校	在读

5 组

齐　津	男	1938	1959—1962	山东师范学院	本科
商兰英	女	1940.9	1985—1986	淄博师范	中专
齐　萍	男	1946	1963—1971	上海科学技术大学	本科
刘爱銮	女	1946	1963—1967	益都师范	中专
崔传文	男	1947.8	1988—1990	淄博教育学院	专科
刘爱玉	女	1952	1972—1975	淄博市委党校	本科
齐秀生	男	1956	2002—2005	山东大学	研究生 / 博士
齐兴禄	男	1962	1977—1980	石油大学	本科
齐海生	男	1963	1995—1997	中央党校函授学院	研究生
齐桂平	男	1963	2008—2011	山东省委党校	专科
齐　宁	男	1964	1984—1987	齐鲁石化技校	中专
齐兴荣	男	1965	1985—1989	山东经济学院	本科
刘顺永	男	1966	1986—1988	山东广播电视大学	本科
田金海	男	1967	1983—1986	农业广播学院	中专
齐晓红	女	1968	1988—1990	淄博工业学校	专科
齐立志	男	1969	1989—1992	江苏化工学院	本科
齐晓林	男	1972	1988—1991	淄博工业学校	中专
齐娜娜	女	1972	1992—1996	曲阜师范大学	专科
齐春惠	女	1972	1987—1992	泰山医学院	专科
齐晓兰	女	1973	1990—1993	淄博师范	中专
安玉君	女	1973.8	2002—2005	潍坊学院	本科
齐立强	男	1974.5	1991—1994	山东轻工业学院	中专
李　兵	男	1974.5	1993—1996	山东体育学院	本科
齐瑾瑾	女	1974	1994—1997	北京传媒大学	专科

续表 8—5—5

姓名	性别	出生年月	学习时间	毕业院校及专业	最后学历/学位
齐振国	男	1975.8	1995—1998	齐鲁石化技校	中专
齐治国	男	1975.12	1991—1995	淄博工业学校	中专
齐磊磊	女	1977	1996—1999	华南师范大学	研究生 / 博士
刘　强	男	1977.10	1993—1997	淄博工业学校	中专
齐振花	女	1978.3	1997—2001	山东体育学院	研究生 / 硕士
齐秋国	男	1978.8	1994—1998	淄博工业学校	中专
徐亚亮	男	1979.8	1997—2000	淄博广播电视大学	专科
齐强国	男	1981.10	1997—2001	淄博工业学校	中专
徐中国	男	1981.11	1997—2001	淄博工业学校	中专
徐亚敏	女	1982.2	2001—2004	鲁东大学	专科
谭玉柱	男	1982.3	1997—2001	淄博工业学校	中专
马小娟	女	1983.1	2001—2006	中国石油大学（华东）	研究生 / 硕士
齐春霞	女	1983.7	2003—2007	泰山学院	研究生 / 硕士
徐计划	男	1983	2012—2016	中央党校函授大学	专科
齐　超	女	1984.4	2006—2009	中科院研究生院	研究生 / 硕士
徐继磊	男	1985.12	2004—2008	山东工商学院	本科
刘　建	男	1986.6	2002—2006	淄博工业学校	中专
齐雪菲	女	1986.11	2006—2011	上海交通大学	研究生 / 硕士
刘　欢	女	1986.11	2006—2010	浙江传媒大学	本科
齐学敏	男	1986.12	2002—2005	淄博工业学校	中专
刘　岩	女	1986	2005—2009	鲁东大学	本科
齐　博	男	1987.1	2005—2010	临沂大学	本科
许　凯	男	1987.2	2005—2009	辽宁师范大学	本科
齐学蕾	女	1988.1	2007—2011	山东师范大学	研究生 / 硕士
齐　鹏	男	1988.12	2008—2012	鲁东大学	本科
徐亚楠	女	1989.1	2008—2012	青岛农业大学海都学院	专科
徐继超	女	1989.1	2007—2010	济南职业学院	专科
许　建	女	1989.5	2005—2009	淄博工业学校	中专
齐　航	男	1990.1	2009—2013	山东科技大学	本科
齐鹏飞	男	1992.1	2011—2014	菏泽医学高等专科学校	专科
李　霞	女	1992.2	2008—2011	淄博工业学校	中专
刘　东	男	1992.4	2011—2014	山东英才学院	专科
刘　毅	男	1992.11	2009—2012	淄博工业学校	中专
齐海莹	女	1993.6	2012—2016	山东商务职业学院	专科
许　康	男	1993.9	2009—2012	淄博工业学校	中专
齐　慧	女	1994.2	2009—2013	淄博工业学校	中专
徐亚钊	男	1994.5	2015—	山东大学	在读
李明骏	男	1994.11	2010—2014	淄博工业学校	中专
齐　冲	女	1994	2014—	郑州铁路警察学院	在读
齐炳越	男	1995.11	2014—	聊城大学	在读
齐英超	女	1996.2	2015—	烟台大学	在读
许　壮	男	1997.1	2015—	威海海洋职业学院	在读

续表 8—5—6

姓名	性别	出生年月	学习时间	毕业院校及专业	最后学历/学位
徐继双	男	1997.2	2013—	山东轻工职业学院	在读
齐　越	女	1997.6	2013—	山东中医药大学	在读
齐文鹏	男	1997.11	2016—	济南大学	在读
6 组					
相爱英	女	1943	1966—1971	天津医学院	本科
刘希安	男	1956.5	1982—1985	淄博师范	中专
徐光宝	男	1956	1985—1988	淄博教育学院	专科
贾宝书	男	1959	2001—2003	山东农业大学	研究生
徐继章	男	1976	1993—1997	济南铁路机械学校	本科
张翠敏	女	1981.5	2012—2015	济宁医学院	本科
贾连亚	男	1981.6	2004—2008	山东理工大学	本科
徐　鹏	男	1982.4	2002—2004	燕山大学函授	专科
相　刚	男	1982.12	2006—2008	北京第二外国语学院	本科
孙瑞雪	女	1983.11	2003—2006	信阳师范学院	本科
李　伟	男	1984	2003—2007	山东科技大学	本科
贾春燕	女	1984	2002—2005	山东力明科技职业学院	专科
艾　静	男	1985.3	2003—2007	山东科技大学	本科
史　康	男	1986	2009—2013	淄博技师学院	专科
刘　寅	女	1986	2005—2009	济南商业师范学院	本科
贾海磊	男	1987.6	2003—2005	山东食品药品职业学院	专科
王玉珍	女	1987.6	2003—2005	山东食品药品职业学院	专科
瞿会会	女	1988.11	2008—2010	山东技师学院	专科
贾春姿	女	1989.1	2006—2009	淄博职业学院	专科
许丽霞	女	1989.1	2014—2016	山东科技大学	研究生 / 硕士
刘光磊	男	1989	2008—2012	烟台南山学院	专科
李　存	男	1989	2008—2012	枣庄学院	专科
马天娇	女	1990	2008—2012	烟台南山学院	专科
贾彬超	男	1991	2009—2013	北京科技大学	本科
贾　静	女	1991	2012—2015	青岛滨海学院	专科
贾永超	男	1992.4	2011—2015	河北传媒大学	本科
刘　学	男	1993	2012—2016	河北邢台学院	本科
徐继娜	女	1996.9	2015—	淄博职业学院	在读
7 组					
刘振骧	男	1938.9	1963—1966	山东农校	专科
刘光旭	男	1939.7	1958—1962	淄博建筑材料技校	中专
刘昭俊	男	1941.1	1958—1961	益都师范	中专
刘玉清	女	1950.3	1983—1986	山东教育学院	专科
刘光才	男	1962.1	1983—1986	泰安林校	中专
刘　凤	女	1966	1985—1989	山东体育学院	本科
刘爱丽	女	1968.1	1989—1993	福建师范大学	本科
刘永顺	男	1968.2	1993—1995	山东师范大学	本科
刘顺国	男	1971.5	2010—2014	山东理工大学	本科

续表 8—5—7

姓名	性别	出生年月	学习时间	毕业院校及专业	最后学历/学位
刘　梅	女	1976.9	1993—1997	丹东仪表学校	专科
齐　霞	女	1978.1	1997—2001	淄博技校	专科
刘国香	女	1978.3	1995—1999	山东理工大学	本科
刘洪利	男	1978.8	1998—2001	沈阳黄金武警大学	专科
刘金超	男	1981.11	2003—2011	青岛大学医学院	研究生 / 硕士
谭翠洁	女	1984.7	2008—2012	日照职业技术学院	专科
刘　帅	女	1984.12	2010—2015	广东中山大学	研究生 / 博士
齐　娟	女	1985.1	2003—2008	开封中原摄影学院（菏泽）	专科
刘　伟	女	1985.12	2002—2006	滨州卫校	专科
谭　宁	男	1987.1	2010—2014	山东建筑大学	专科
刘金娥	女	1988.8	2010—2014	青岛恒兴职业学院	专科
刘泽强	男	1988.11	2009—2013	山东水利职业学院	专科
谭　飞	男	1990.3	2008—2011	烟台职业学院	专科
刘　盼	男	1990.7	2010—2014	山东体育学院	专科
刘　超	男	1990.8	2014—	南京大学	在读
谭建平	男	1991.1	2014—	潍坊医学院	在读
刘湘荣	女	1991.6	2011—2015	潍坊科技职业学院	专科
刘凯敏	女	1992.11	2010—2014	北大青鸟职业学院	专科
齐　岩	女	1993.4	2016—	临沂大学	在读
谭梦佳	女	1994.5	2010—2014	山东中医药大学	本科
刘　鑫	女	1994.6	2014—	山东化工职业学院	在读
谭璀瑶	女	1994.6	2013—2016	山东英才学院	专科
刘　琦	女	1995.3	2013-2016	山东医学高等专科学校	专科
谭　潇	女	1995.6	2014—	淄博职业学院	在读
齐　云	女	1995.8	2012—2015	烟台职业学院	专科
刘开元	男	1995.12	2014—	威海职业学院	在读
刘　倩	女	1996.6	2013—2016	山东食品药品职业学院	专科

8 组

姓名	性别	出生年月	学习时间	毕业院校及专业	最后学历/学位
刘兴春	男	1935.11	1955—1958	山东济南农业学校	中专
徐允忠	男	1946.1	1965—1971	北京轻工学院	本科
刘玉兰	女	1955.5	1976—1978	淄博医学专科学校	专科
刘海清	男	1956.4	1980—1982	湖南株洲冶金学院	专科
刘彩凤	女	1957.9	1993—1995	山东成人中等专业学校	中专
刘景清	男	1959.7	1994—1996	山东省委党校	专科
刘德国	男	1960	1986—1989	山东广播电视大学	专科
初建设	男	1962.1	1980—1983	山东大学药学院	本科
徐英杰	男	1962.11	1981—1984	中央电大	专科
于凤兰	女	1963.2	1994—1997	山东理工大学	专科
刘爱玲	女	1965.6	2002—2209	首都经贸大学	研究生 / 硕士
刘爱兰	女	1966.6	1988—1990	山东广播电视大学	本科
刘学村	男	1967	1988—1990	山东淄博警校	本科
徐国庆	男	1970.2	2006—2009	山东省委党校	专科

续表 8—5—8

姓名	性别	出生年月	学习时间	毕业院校及专业	最后学历/学位
韩民云	女	1970.2	1988—1990	临淄职业中专	中专
初建团	男	1971.1	1991—1993	莱阳农学院	专科
赵宝秀	女	1971.8	1987—1991	山东省商业学校	中专
初建军	男	1972.1	2005—2011	重庆网络大学	专科
刘　芹	女	1974.1	1992—1995	东北农业大学	专科
刘德利	男	1974.4	1996—1999	山东工业大学	专科
刘国良	男	1974.9	1994—1996	济南交通高等专科学校	中专
刘丽霞	女	1975.2	1996—2000	山东工艺美术学院	本科
刘文清	男	1978.9	2002—2004	山东农业管理干部学院	本科
戴永生	男	1979.6	1995—1998	山东聊城贸易学校	中专
谭建柱	男	1979.7	1994—1997	淄博工业学校	中专
刘　亮	男	1980.1	1995—1998	山东水利学院	专科
张海英	女	1980.4	1996—2000	淄博第二师范	专科
刘国宾	男	1980	2000—2003	西北民族大学	本科
初建学	男	1981.1	2000—2004	山东科技大学	本科
刘　静	女	1981.10	1996—1999	淄博工业学校	中专
刘宝元	男	1981.10	2014—2016	哈尔滨师范大学	本科
魏红霞	女	1981	2014—2016	哈尔滨师范大学	本科
刘金清	男	1982.1	2002—2004	山东农业管理干部学院	本科
徐桂梅	女	1982.1	2006—2009	甘肃农业大学	研究生 / 硕士
刘晓冬	女	1982.1	2000—2006	中国人民大学	研究生 / 硕士
刘莉莉	女	1982.1	2001—2003	山东药品食品职业学院	专科
刘向雪	女	1982.4	2010—2013	中央广播电视大学	专科
刘　婷	女	1982.9	2013—2016	青岛理工大学	专科
边玉林	女	1982.9	2006—2008	哈尔滨工业大学	专科
徐国栋	男	1982	2004—2007	山东科技大学	研究生 / 硕士
戴永丽	女	1983.3	2007—2010	北京林业大学	专科
胡艳艳	女	1983.6	2007—2010	上海大学	研究生 / 硕士
刘　培	女	1984.1	2003—2007	吉林北华大学	本科
孙　玲	女	1984.1	2002—2004	山东农业管理干部学院	专科
杨丽春	女	1984.10	1999—2002	淄博第二职业中专	中专
刘国栋	男	1985.9	2008—2011	中国人民大学	本科
刘秉奇	男	1986.7	2013—2016	青岛大学	研究生 / 硕士
初建刚	男	1986.8	2005—2008	山东杏林科技职业学院	专科
谭　凯	男	1986.9	2014—2016	中国石油大学（华东）	本科
徐　伟	女	1986	2002—2005	淄博工业学校	中专
盖　敏	女	1987.6	2004—2007	淄博工业学校	中专
戴永亮	男	1987.8	2004—2006	山东药品食品职业学院	专科
闫红红	女	1988.2	2010—2013	山东广播电视大学	专科
耿兵兵	女	1988.3	2006—2010	青岛滨海学院	本科
路　伟	女	1988.4	2012—2015	潍坊医学院	研究生 / 硕士
徐秋红	女	1988.6	2006—2010	中北大学	本科

续表 8—5—9

姓名	性别	出生年月	学习时间	毕业院校及专业	最后学历/学位
刘宏波	男	1989.8	2005—2008	淄博工业学校	中专
刘宏宇	男	1989.9	2005—2008	淄博工业学校	中专
徐亚平	男	1989.9	2008—2016	北京大学	研究生 / 博士
刘宏伟	男	1989.9	2012—2015	南开大学	研究生 / 硕士
徐晓萌	女	1989.12	2008—2010	西北工业大学	专科
刘　杰	男	1990.1	2006—2010	山东药品食品职业学院	专科
燕　丽	女	1990.3	2009—2012	山东中医药高等专科学校	专科
谭伟建	男	1990.6	2006—2009	淄博工业学校	中专
于凯强	男	1990.8	2006—2009	淄博工业学校	中专
刘　群	女	1990.9	2005—2008	山东药品食品职业学院	专科
刘汇洁	女	1990.9	2009—2013	菏泽学院	本科
刘建元	男	1990.10	2006—2009	淄博工业学校	中专
徐国文	男	1991.1	2009—2012	山东中医药高等专科学校	专科
刘　潇	女	1991.8	2006—2009	淄博工业学校	中专
徐玲玉	女	1991.8	2010—2013	山东省管理学校	专科
初　赛	男	1992.1	2009—2012	山东职业学院	专科
徐亚琦	男	1992.5	2010—2014	沈阳药科大学	本科
刘　琦	男	1996.7	2012—2015	淄博工业学校	中专
9 组					
贾守约	男	1933	1954—1957	山东医学院	本科
于敬铭	男	1935	1954—1957	山东医学院	本科
贾秀梅	女	1940	1958—1961	益都师范	中专
贾守卓	男	1948	1964—1967	潍坊供销学校	中专
贾宝胜	男	1955.9	1992—1995	济南大学	本科
贾福春	男	1959	1979—1981	淄博劳动局技校	中专
贾守檀	男	1961	1990—1993	淄博职业学院	中专
张庆国	男	1962	2002—2005	福建师范大学	本科
贾春平	男	1964	1984—1988	郑州工学院	本科
翟国明	男	1967.1	1986—1990	华南理工大学	本科
贾　健	女	1970	1990—1992	曲阜师范大学	本科
信　义	男	1970	1990—1994	华南理工大学	本科
贾春林	男	1970	1989—1991	淄博师专	本科
贾春亮	男	1971	1990—1994	山东大学	本科
贾　军	男	1974.6	1994—1978	西安交通大学	本科
于建磊	男	1986.2	2005—2008	滨州学院	专科
于　静	女	1986.4	2005—2008	中国海洋大学	本科
信　涛	男	1986.12	2005—2008	滨州职业学院	专科
贾保京	男	1987.4	2007—2011	山东交通学院	本科
于　龙	男	1988.1	2007—2013	上海财经大学	研究生 / 硕士
于国强	男	1988.1	2007—2016	美国田纳西大学	研究生 / 博士
于双双	男	1988.12	2007—2011	山东科技大学	本科
贾玉霞	女	1989.9	2008—2015	华东理工大学	研究生 / 硕士

续表 8—5—10

姓名	性别	出生年月	学习时间	毕业院校及专业	最后学历/学位
贾丽丽	女	1990.4	2010—2014	东北师范大学	本科
于　婷	女	1990.12	2009—2013	潍坊职业学院	本科
于亚男	男	1992.1	2011—2015	四川音乐学院	本科
贾　康	男	1992.5	2012—2016	德州学院	本科
张　滨	男	1993.5	2012—2015	潍坊职业学院	专科
张　铭	男	1994.6	2012—2015	山东传媒职业学院	专科
于亚美	女	1994.7	2013—	德州科技学院	在读
贾　滢	女	1994.8	2012—2016	中国农业大学	本科
信雪晴	女	1994.12	2013—2015	曲阜中医学院	专科
贾志明	男	1996.1	2015—2018	青岛农业大学	本科
信丹丹	女	1996.6	2015—	山东化工职业学院	在读
于　敏	女	1997.3	2015—	济南工程职业技术学院	在读
10 组					
贾文辉	男	1934	1959—1962	山东财经学院	本科
贾文煜	男	1936	1962—1964	山东淄博工农师范	专科
贾文昕	男	1939	1983—1986	淄博师范	中专
贾春树	男	1939	1962—1966	唐山工业工程技术学院	专科
张美君	女	1941	1986—1988	淄博师范	中专
王洪美	女	1943	1984—1986	淄博师范	中专
吴翠香	女	1949	1987—1989	辽宁刊授党校	专科
马成莲	女	1962	1980—1983	青岛技校	中专
贾守良	男	1964	1984—1986	济南供销学院	专科
贾　萍	女	1964	1984—1987	山东轻工学院	专科
刘奉香	女	1966	1985—1988	山东医药工业学校	中专
贾　梅	女	1967	1989—1992	山东行政学院	专科
贾　芳	女	1970	1986—1989	羊口盐场技工学校	中专
贾　玲	女	1972	1992—1995	西安乡镇企业大学	专科
贾红玉	女	1972	2003—2006	中科院研究生院	研究生 / 博士
周海洋	男	1975	1994—1996	西安航空高等专科学校	专科
董芳芳	女	1980	1995—1998	淄博师范	专科
桑　宁	男	1980	2002—2007	山东中西医结合大学	本科
寇宝亮	男	1981	2000—2004	山东大学	本科
董纪泽	男	1982	2000—2004	山东理工大学	本科
信　凯	男	1983	2003—2007	石家庄铁道学院	本科
周治国	男	1984	2004—2006	江西城市学院	专科
信　聪	女	1985	2005—2010	沈阳药科大学	本科
张　伟	男	1986	2004—2008	黄石理工学院	本科
董　杰	男	1987	2006—2010	青岛大学	本科
董　青	男	1987	2006—2010	西安建筑科技大学	本科
董冠军	男	1987	2006—2009	山东英才学院	专科
董　浩	男	1987	2007—2011	辽宁科技大学	本科
董　雪	女	1988	2007—2011	符拉逊沃斯托克国立大学	本科

续表 8—5—11

姓名	性别	出生年月	学习时间	毕业院校及专业	最后学历/学位
林晓云	女	1988	2006—2010	重庆三峡学院	本科
贾　静	女	1989	2006—2009	山东医学高等专科学校	中专
贾　眀	女	1990	2011—2014	鲁东大学	专科
董　苗	女	1990	2009—2011	山东工业职业学院	专科
董圣楷	男	1992	2011—2014	山东化工职业学院	专科
信　辉	男	1994	2012—2016	青岛科技大学	本科
董欣灵	女	1996	2014—	江西财经大学	在读
董子仪	女	1997	2015—	青岛恒兴科技职业学院	在读
11 组					
贾保琳	男	1932.3	1951—1954	益都师范	中专
贾禄贵	男	1938	1959—1962	济南铁路机械学校	中专
于新粒	男	1939.1	1980—1983	燕京协和神学院	专科
许凤翥	男	1939	1962—1965	山东师范大学	专科
贾玉贵	男	1941	1961—1965	解放军电信工程学院	本科
贾孝敏	男	1946	1967—1970	东北人民大学	本科
宗　玲	女	1957.4	1978—1981	淄博师范	中专
贾兴州	男	1957	1978—1981	十化建技工学校	中专
贾素贞	女	1964.2	1984—1990	南京理工大学	研究生 / 硕士
贾　良	男	1965	1990—1993	山东大学	本科
贾兴军	男	1966	1984—1988	山东财经学院	本科
于　明	女	1969.6	1993—1996	山东师范大学	本科
于　浩	女	1974.4	1994—1997	上海大学	专科
于海燕	女	1976	1995—1998	淄博学院	专科
路　刚	男	1981.8	1999—2002	山东经济学院	专科
贾　佳	女	1982.7	1998—2001	山东理工大学	专科
于海磊	男	1982	2003—2006	山东大学	研究生 / 硕士
贾　璠	女	1982	1993—1996	中南科技大学	本科
路　娜	女	1983.1	1999—2002	淄博工业学校	中专
于双磊	男	1983.2	2002—2005	淄博职业学院	专科
于鹏飞	男	1985.1	2005—2009	山东警察学院	本科
于松涛	男	1986.2	2006—2008	黑龙江八一农垦大学	本科
贾　倩	女	1988.11	2008—2010	中央广播电视大学	专科
贾　琪	女	1989.1	2007—2010	成都师范学院	本科
路　明	女	1989.3	2007—2010	山东师范大学	本科
于　帅	男	1989.8	2012—2015	农业大学	专科
于　洋	女	1989.11	2008—2011	山东轻工学院	专科
贾　瑱	男	1989	2009—2013	中国传媒大学	本科
于翠萍	女	1990.6	2005—2008	女子职业学院	中专
贾　敏	女	1990.9	2009—2013	北京工业大学	本科
于娅婷	女	1990	2009—2013	中国石油大学（北京）	本科
贾　琪	男	1990	2008—2011	中国传媒大学	本科
于雪剑	男	1991.8	2009—2012	淄博职业学院	专科

续表 8—5—12

姓名	性别	出生年月	学习时间	毕业院校及专业	最后学历/学位
于　莹	女	1991.8	2010—2014	泰山学院	本科
于鹏程	男	1991.8	2010—2014	烟台大学	本科
许艺超	男	1993.4	2012—2015	潍坊职业学院	专科
贾会君	女	1993.9	2012—2015	山东司法警官职业学院	专科
路月	女	1993.9	2009—2012	淄博工业学校	中专
丁海燕	女	1993	2012—2016	山东师范大学	本科
路　涛	男	1994.1	2005—2008	淄博化工职业学院	专科
于海峰	男	1994.11	2013—2015	烟台南山学院	专科
于佳森	男	1995.10	2014—	济南技术职业学院	在读
于佳琦	女	1995.10	2014—	青岛大学	在读
贾　港	男	1996.6	2012—2015	淄博工业学校	中专
于梦丽	女	1996.6	2014—	山东理工学院	在读
王明阳	女	1996.6	2014—	山东外事翻译学院	在读
于双杰	男	1997.1	2015—	山东职业学院	在读
贾会童	女	1997.7	2014—	淄博工业学校	在读
于娅宁	女	1999.10	2015—	淄博工业学校	在读
12 组					
于葵增	男	1935	1960—1963	济南市技校	专科
于新华	男	1939	1961—1965	北京大学	专科
于洪达	女	1939	1961—1963	淄博卫校	中专
于保贞	女	1940.9	1960—1962	山东林业学校	专科
于洪翥	男	1942	1961—1965	青岛美术学院	专科
于桂林	男	1955	1977—1980	淄博师范	专科
于昌明	男	1967.1	1998—2000	山东省委党校	本科
刘爱玲	女	1968.6	1999—2001	中共中央党校	本科
于建田	男	1969.5	1985—1988	淄博工业学校	中专
于建强	男	1970.4	1986—1989	淄博工业学校	中专
于建军	男	1970.4	1986—1989	淄博工业学校	中专
于江勇	男	1971.6	1986—1989	淄博工业学校	中专
于建民	男	1971.12	1988—1991	淄博工业学校	中专
王秀梅	女	1978.4	1994—1997	淄博工业学校	中专
于国伟	男	1978.9	1994—1997	淄博工业学校	中专
于国辉	男	1979.7	1994—1997	淄博工业学校	中专
于红梅	女	1981.1	1998—2002	山东师范大学	专科
于建勇	男	1981.6	2001—2005	山东建筑工程学院	本科
于江中	男	1982.1	2001—2004	山东理工大学	专科
于志刚	男	1982.3	1998—2001	淄博工业学校	中专
于新国	男	1983.5	1999—2002	淄博工业学校	中专
王　涛	男	1984.8	2000—2003	淄博工业学校	中专
于良勇	男	1988.4	2004—2007	淄博工业学校	中专
于建宁	男	1988.10	2004—2007	淄博工业学校	中专
王永杰	男	1988.10	2004—2007	淄博工业学校	中专

续表 8—5—13

姓名	性别	出生年月	学习时间	毕业院校及专业	最后学历/学位
王爱红	女	1989.1	2008—2010	青岛职业中专	中专
于江龙	男	1991.2	2007—2010	淄博工业学校	中专
于海洋	男	1992.9	2011—2013	山东化工学院	专科
于梦泽	女	1993.7	2011—2015	中国药科大学	本科
王莹莹	女	1994.1	2013—	山东政法学院	在读
王永亮	男	1994.1	2014—	青岛理工琴岛学院	在读
于　宁	女	1994.1	2014—	山东药业学校	在读
于文杰	女	1994.12	2013—2016	山东大学	专科
于建邦	男	1995.5	2013—	山东建筑大学	在读
于鲁博	男	1995.7	2014—	山东化工学院	在读
于丰颖	男	1996.2	2012—2015	淄博工业学校	中专
于俊媛	女	1996.8	2015—	中国海洋大学	在读

附：玄龄小学

南马坊新村及棠悦生活区规划居住人口3万人，配套玄龄小学建设，满足规定的走读半径，达到就近入学要求。此为临淄区调整教育布局，夯实义务教育基础的重要举措。小学校址设在南马坊新村规划区内，规划建设容纳40个教学班、1800人的完全小学。

项目规划总占地面积2.7万余平方米，建筑面积1.85万平方米。其中，教学楼8600平方米，综合楼5600平方米，附属用房2200平方米，地下建筑2000平方米。学校设有艺体馆、田径场、篮球场、排球场、乒乓球场等。2015年8月，玄龄小学开工建设。

第九篇

体育　卫生

新村体育中心

村卫生室

旧村体育场

南马坊村体育历史悠久。自建村开始就是为军队服务的，尚武之风浓厚，历来流行武术。历代武将、武举众多。直到解放前，村内还设有多处武馆、拳房。

新中国建立后，村内体育活动兴盛，尤以篮球为最，是南马坊村民体育活动的一大亮点。自1953年组成篮球队后，驰骋球场多年，曾以“超临队”出现在赛场。东到昌潍专区，西至淄博张店，南到齐鲁石化，不仅在农民篮球比赛中雄霸一方，在与一些县、市、公司球队的对垒中都有上佳表现。象棋、乒乓球、太极拳、门球等项目，也都有不俗成绩。

旧村时就有多处体育设施，供村民娱乐健身。搬入新村后，新建占地面积7000平方米高标准体育场，其设施、场地、灯光均为一流。南马坊村举行农民运动会已成为传统，从2003年开始已举行6届。南马坊的学校体育在普及中提高，有多名学生破市、区（县）纪录，有的被山东省集训队录取。

新中国成立前，南马坊村出现过一批名医。新中国成立后，村内卫生事业发展较快。1954年，南马坊村成立联合诊所。1958年，改为卫生保健站。1969年，成立大队卫生室。1973年，开始实行合作医疗。1996年，南马坊村医疗机构恢复卫生室名称。2004年，实行农村新型合作医疗，为18周岁以上的村民办理医疗保险。2005—2013年，村民医疗保险费用由村委全额支付。2009年开始，村委为年满60周岁以上的老人全部办理了意外伤害保险。2014年后，村民的医疗保险费由村委和个人各付一半，每年为村民交纳几十万元的医疗保险费。

第一章　体　育

第一节　武　术

清代境内习武之风甚浓，南马坊清道光年间（1843年）出了武举于汉云，另有武略尉太学生于汝宽，武庠生于鼎元、于庆云、于祥云、于苍云、李国三、徐麟阁、徐征兰等。清咸丰年间习武者众多，以齐恩联、齐观经、齐著经为代表，设坛训练，组成县团练。光绪末年，各地习武者组成“义和拳”，后改为“义和团”，打旗号“扶清灭洋”。南马坊齐释经、齐采温（又名齐雅轩）等人加入“义和团”。

民国时期习武之风仍盛，南马坊设有多处拳房练武，拳类有地功拳、梅花拳、长拳、太极拳，还有棍棒、单刀、长枪、三节鞭、铁鞭、流星锤等。至解放前后，活动在武术界的人员有韩洪彦、韩洪胜、韩秉温、韩秉良、于炳文、孙立吉、孙元吉、于荣志等人。南马坊刘昭胜、于疏温、初宗河、贾守仁等为摔跤能手，他们各有自己的摔跤绝技。

第二节　篮　球

20世纪40年代前后，南马坊村建起学校，开始兴起篮球活动。1952年，抗美援朝某部队回国休整，在村驻扎数月，在村内建起篮球场地，时常打比赛，带动了南马坊村篮球运动发展。

1953年春，于清芝、贾明远等青年自制篮球架一副，凑钱买了篮球，球场设在三层楼后面的空地上，场地为东西向。他们有空就聚到一起开展篮球活动。

1956年合作化后，南马坊村组成一个高级社，下设七个小队，每个小队都建有篮球场，连学校共8个，队与队之间经常组织比赛。经过一段时间的摸底排查后，从全村选拔了部分优秀人员组成南马第一支篮球队，起名“临超”。主要队员是贾明远、于宝荣、李振岳、韩玉亭、商孝全、史振西等。他们在农闲时节，经常到有篮球队的村庄联系比赛，并请名师指教，刻苦练习，切磋磨合，加强战术配合训练，技战术得到很大提高。1958年9月，临淄县组织以公社为单位的农民篮球赛，城关公社以南马“临超”队为主代表公社参加，获得临淄县第一名。

此后，南马代表队经常与有关方面的篮球队打比赛，都取得较好的成绩，小有名气。被观众和球迷戏称为“超临”队。

1962年，临淄从益都县划出，恢复临淄县，南马队又以县农民篮球代表队名义参加在益都召开的昌潍专区农民篮球赛，最后在决赛中以两分之差屈居亚军。“超临”队名气更为响亮。

此后，又与县队、炼油厂、胜利油田101库、驻军某部及多个厂矿、企事业单位打过比赛。在101库场地和专门到访的益都县代表队打过表演赛，都取得不俗成绩。队员们的球技也被吹得神乎其神。在临淄地区农民篮球队中一时独领风骚。

1970年，临淄县划归淄博市，南马队又代表临淄区参加淄博市农民篮球赛，获得亚军。每遇重要比赛场次，上场的主力队员都是南马大队的，因他们一块摸爬滚打了多年，战术配合娴熟，队员之间的习惯、动作互相了如指掌，对每个人的各种暗示，都心领神会。有时一个眼神，一个手势，一个动作都是要打某个战术的信号。这是多年经验的积累。之后，南马队应邀与集训中的市篮球队进行了一场表演赛，最终比分为66：79。受到省体育主管部门领导的表扬，奖励部分篮球和体育器材。

篮球赛

南马篮球队的突出表现和“超临”队的名声远扬，影响带动了全村篮球运动开展，长盛不衰，成为南马坊传统运动项目。2000年后，每年春节村委都组织举办篮球比赛活动，已成为南马坊村的传统。

2008年，临淄区篮球协会换届，贾宝书当选临淄区篮协主席。2010年，当选淄博市篮球协会副主席。2016年1月，当选淄博市篮球运动协会副会长。

第三节　太极拳

2004年3月，南马坊村50余人参加太极拳学习班，聘请崔传文为辅导员。经过一段时间的教练学习后，正式组队，团队领导有韩玉亭、贾明远、谢秀英。区、镇太极拳协会帮助南马坊村培训辅导员，张美玲、李学成参加。两人学习后，回村带领太极拳队员及爱好者常年学练。

2005 年 5 月 20 日，市老龄委领导到村视察太极拳群众活动开展，南马坊太极拳队作了精彩表演。2007 年 5 月 18 日，国家体育总局武术运动管理中心党委书记何青龙在山东省武术院领导陪同下，到南马坊村检查太极拳活动开展情况，作了充分肯定。2009—2013 年，在临淄区组织的太极拳（器械）比赛中，南马坊的张美玲、李学忠参加太极拳、剑单打表演，均取得较好成绩，两人也被选拔为临淄区太极拳中心队队员，经常参加表演。南马坊太极拳队多次参加过临淄区齐文化节开幕式的表演。2012 年，临淄区齐文化艺术节期间，张美玲、徐月英、李兰美、孙爱莲、宋淑英、薛素华、刘福荣等人在太公湖多次演示“太极佛尘”，张美玲演示“太极佛尘扇”。南马坊太极拳队历年都参加临淄区举行的闹元宵活动和镇组织的春节文艺会演。

张美玲是南马坊太极拳队队长兼教练，多次到区体育馆学习。2015 年 4 月，《40 式太极拳》参加临淄区太极拳比赛取得第三名。2016 年，她带领队员学习《齐风太极刀》后，经过反复排练，当年 5 月到齐都体育城参加比赛，取得第一名。

第四节　乒乓球

南马坊村的乒乓球活动始于 1964 年。其时，高小和初中毕业生回村后自制乒乓球台练习。实行家庭联产承包责任制后，不少青年自制乒乓球台练习。进入 21 世纪后，村委置办一批体育活动器械，新购 3 副标准乒乓球台，连续多年春节期间举行乒乓球赛，奖励优秀者，促进乒乓球活动长盛不衰。

老一代乒乓球爱好者是韩玉春、贾琳、朱光文、贾新、林树春、韩玉明、贾宝书等。青年新秀是贾学书、王永祥、商宜亮、徐健平、韩云飞、韩雪山等。2005 年 4 月，辛店街道举行首届“邹阳杯”乒乓球赛，林树春获得好成绩。乒乓球运动员韩云飞自上初中就酷爱乒乓球活动。参军复员后，自购乒乓球台，方便练球，水平不断提高。2007 年，齐都镇“天德杯”乒乓球赛获男子单打第二名。2008 年 8 月，在临淄区第四届农民暨齐都药业乒乓球比赛中获男子青年单打第一名。2009 年 4 月，齐都镇第三届乒乓球赛获单打第二名。2009 年 3 月，在

太极拳队成员

乒乓球

临淄区“地税杯”乒乓球比赛中获农民组单打第二名。2009 年 10 月，在第十四届“方正地产杯”乒乓球比赛中获男子农民青年单打第三名。2011 年 5 月，在临淄区第五届乒乓球比赛中获单打第一名。2011 年 10 月，在临淄区第七届农民“稷下街道杯”青年组单打第一名。2011 年，参加淄博市举行的乒乓球赛中取得第四名。

第五节　门　球

门球适合老年人活动。进入新社区后，村委花费近 20 万元，建成一占地 500 平方米封闭式门球场地。临淄区门球协会捐赠两套门球和球杆（20 个球、20 个杆）、记分牌、秒表等，并在此组织培训学习班。2015 年 5 月 1 日，南马坊门球队成立，有 50 多人报名参加，被分为若干个小队，他们分期分批有组织、有计划地进行训练。有的自己购买门球和门球杆，队员之间经常切磋练习，球技提高很快。当年 8 月参加全区门球比赛，在小组赛中男女两队各胜一场。2016 年 5 月 18 日，临淄区全民健身运动会“金科伟业杯”门球比赛，南马坊男队取得第四名，女队取得第五名。2016 年 10 月 26 日，临淄区门球联赛举行，南马坊组织 5 个队参赛，女子二队（领队王洪美，队长胡秀莲，队员刘金华、朱福香、刘桂英、李秀华）获得第二名，男子四队（队长贾文平，队员齐兴华、王金海、韩玉明、于宝忠、刘玉香、徐广来）获得第四名。

门球队队员（2016 年）

门球场

第六节　棋　类

象棋　中国象棋是最受南马坊村民欢迎的棋类项目之一。善弈者不分男女老少，农闲之余，或在夏日树荫纳凉之机，或在冬日寻一暖和处，就寻伴对垒，捉对厮杀。20 世纪六七十年代，于镜三、崔香秋、李恒春、刘明义等都是弈棋高手，他们经常聚在一起，交流棋艺。有时也自发相约到外村寻找棋友，切磋棋艺，或相邀外村的棋手到村内交流。其中包括南刘家庄（今属稷下街道）刘安福、葛家村于明友、临淄棋界知名者李冠一等。

浓厚的象棋氛围，也使部分人达到痴迷程度，又涌现出了部分棋艺高手。1992 年，李廷贵在淄博市“湖田杯”象棋比赛中获得第一名；2009 年，在临淄区重阳节老年象棋赛中获得一等奖。1986 年、1988 年，韩玉金在淄博市煤炭公司象棋比赛中分别获得第一名和第二名。

2001 年，南马坊村委将象棋列入到春节比

象棋

赛项目中。进入新社区后，比赛场所以老年活动中心为主，或在各处散制的露天棋盘上捉对厮杀。围观者成群结队，在一旁评头论足，甚至争得面红耳赤，成为村民生活一景。

五福棋　村民中还流行五福棋。属民间棋类，智力性较强，就地划棋盘，由五横五竖各五条直线交织成棋盘，就地取石子、砖头做棋子，两人对弈。每人在交叉点上放子，棋子占满交叉点后，数出自己在棋盘上布成规定的名目有多少，取走对方的棋子。一般规定有以下名目：小斜：在棋盘的斜角上有三子连成线，赢一子；小方：在棋盘上有四子任意围成的“口”为小方，也叫井字，赢一子；四斜：在棋盘的斜角上有四子连成的斜线，赢二子；五福：在棋盘上有五子横、竖连成的直线，赢三子；通天：在棋盘上有子连成中间的斜线称通天，通天只有两条，赢四子。一般规定先布棋子者，先吃后走，而另一方后吃先走。

如果两位高手，双方谁也没有形成规定的名目，取不走棋子，则各自舍弃一粒棋子，腾出地方走棋。两人轮流走，早晚走出规定的名目，吃掉对方棋子，直到一方棋子少了走不出规定的名目来，便弃子认输。按规定，在某一区域组成名目，并取走对方的棋子后，不能再重复。

赶牛　村民中曾流行“赶牛”棋。即用横竖五条线组成一方框，在方框的一边中间顺框内线的延长线，组成“甲”型图案，每人备有11粒棋子。开始每人各安在棋盘一方6粒（5粒一条线1粒靠边上方）轮流走子，若将对方一子夹在自己的两子之间，即可吃掉对方之子，换上自己的棋子，以此直到将对方棋子只留一子，自己11子时将对方1子赶在“甲”型图中央不能动即算获胜。

此外，地棋还有“四顶”等，就地取材，童叟皆宜。另有人喜欢下军棋、围棋等。

第七节　体育设施

1953年春，部分爱好篮球运动的村民，在西北马原三层楼后空地上，自制篮球牌子，开始了南马坊最早的篮球运动。1956年，成立高级农业社，7个生产队，队队都建有篮球场地，虽几经迁移，仍都辟有篮球场，以供练习，致使南马坊村篮球运动，经久不衰。1964年，乒乓球运动兴起，南马小学制作较为标准的乒乓球台，组织学习练习，附近的村民不时前去练习，

老年活动中心前乒乓球设施

旧村健身设施

新村健身设施

爱好乒乓球运动的韩云飞，退伍后在自家门前，制作了乒乓球台，组织伙伴练习，并多次在区、镇组织的比赛中，取得好成绩。

2000 年，村委投资修建了灯光球场，添置了标准篮球架。2011 年，投资在灯光球场两侧安装上太阳能照明，为村民的锻炼和娱乐提供了方便。配合上级奖励本村一宗健身器材，安装在村委大院内，本村也投资添置了一部分安装在灯光球场的南侧，供村民活动健身。为使太极拳队、太极剑队、健身操队正常活动，投资购买了录音机、音响和服装等。

搬入新村后，建成占地 7000 平方米的封闭式体育场，有环形跑道、灯光照明、三个篮球场、两个羽毛球场，周边设有多个健身器材。老年活动中心内备有桌子、凳子以备老年人打牌、下棋。活动中心前乒乓球桌，体育设施及南边的占地 500 平方米的门球场。新村东片“斗转星移”广场，布满体育器材。村民就近锻炼，各取所需。

第八节　农民运动会

2003 年 6 月 29 日，南马坊村举行第一届农民运动会。比赛场地设在村东南马小学操场，12 个村民小组的运动员以组为单位参加。比赛分老年组、中青年组。径赛有 100 米、200 米、800 米、1500 米和 4×100 米接力，田赛有铅球、跳远等。还有自行车慢骑，跳绳等。2004 年 5 月 1 日举行第二届农民运动会。以后每两年举

第一届农民运动会（2003 年）

第三届农民运动会（2006 年 ）

第五届农民运动会（2008 年）

行一次，连办五届。之后，因学校合并，校园被占，无运动场地，暂停举行。但每年春节后，各项体育比赛活动照常进行。组织各小组及企业单位举行篮球、乒乓球比赛，中、老年分组象棋比赛。

2015 年，搬到新社区后，当年 5 月举行第六届农民运动会，比赛项目和参赛人员增多。每遇运动会举行，村民都似节日一样高兴。

第九节　学校体育

1931 年，南马坊村在白衣观音庙内开办全日制小学，开设体育课，置备部分体育器械，开辟了较大的操场，有专职教师上体育课，体育活动较为正常。在抗日战争、解放战争中，学校体育时断时续。新中国建立后，学校体育恢复正常。

1949 年春，全日制小学重新开学，由于经费困难，学校体育器材极少。当时按规定每周两节体育课，一、二年级上唱游课，三年级以上为普通操、跳高、跳远、跳绳、游戏及队列训练等。

1952 年，小学体育课开始推行少年儿童广播体操。后来又推行眼睛保健操，周一有“朝会”，每周两节课外体育活动。

1964 年，学校开展乒乓球活动，体育课上老师指导训练，学生积极性高，进步快。1965 年 5 月，全县举行学生乒乓球赛，韩玉明、林树春分别取得第一名、第二名。1965 年 8 月，昌潍专区举行乒乓球赛，韩玉明、林树春参加了益都赛区的比赛。

1971 年开始，学校举行春季和秋季运动会，学校规定比赛项目，各班分配名额参赛，会后发奖，作为评比优秀班级条件之一。1973 年，按照新颁布的体育教学大纲，实行“两课”（每周两节体育课）、“两操”（早操、课间操）、“两活动”（每周两节课外活动）制。体育教学纳入考核学校的标准之一。1975 年，开始推行《青少年体育锻炼标准》，目标是培养体育达标的学生。1979 年至 1981 年，南马联中学生艾学功连续三年代表临淄区参加淄博市中学生运动会，最好成绩为标枪第二名，手榴弹第四名，打破临淄区记录。1983 年，南马联中学生宗霞参加全省射箭比赛，取得第一名。1984 年，南马联中学生韩俊杰参加淄博市中学生运动会，5000 米长跑获第五名。是年，崔传文取得田径项目一级裁判员证书。商孝连取得

运动会跳绳比赛

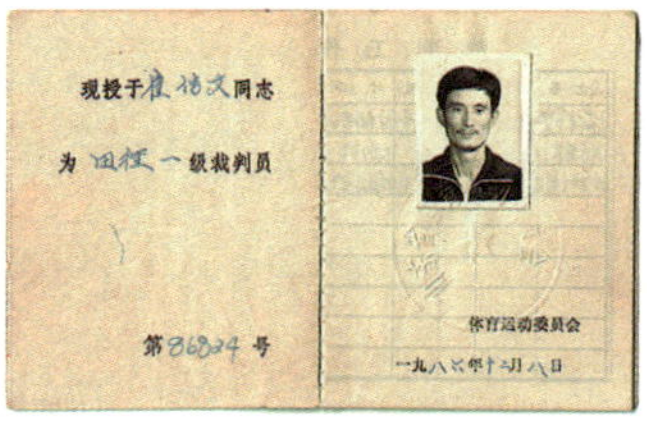

崔传文裁判员证书

游泳项目二级裁判员证书。南马联中毕业生刘爱凤，多项体育项目优秀，1990年被英才中学聘为体育教师。

1991年，按临淄区教育主管部门部署，从小学高年级开始，全面实施体育合格测试制度，测试每年进行一次，并填写《体育合格情况登记卡》，存入学生档案。

1994年9月，董家成在淄博市“希望杯”举重比赛中获男子乙组挺举第二名、抓举第三名。1995年9月，在淄博市第十一届运动会男子甲组抓举、挺举比赛均获第二名。1996年7月，

崔传文奖章

董家成奖章

在淄博市第六届小学生运动会暨“希望杯”举重比赛中，获少年男子甲组抓举、挺举第一名。1997年10月，淄博市第十二届运动会举重比赛获男子甲组抓举、挺举第二名。

第二章 卫 生

第一节 个体行医

一代名医 南马坊村不乏有名气的医生，受到村民爱戴。近代名医有张孟、于荣约、刘元吉等；现代有崔香秋、刘兴春等。

于荣约，字少九，擅长中医内科、妇科及针灸。于佐三，中医老先生，火针、三棱针堪称一绝。贾文梦擅长中医妇科。

张孟医术高超，曾于1907年给临淄县知县董益（董燕）的女儿医好顽症，一时名声大震。据传，当时县官女儿患顽症，遍请多位名医，看后都难下定论，病况日见严重，后请张孟前去，县官太太有意试探一下其医术，替女号脉。张孟号脉后，说是喜脉，无需治疗，县官一听大怒，事关女儿名声，立即将张孟驱出衙门。事后，县官得知太太相替试探，正值太太身怀有喜，医生号脉无误，县官听之，急命人出城追赶回衙，言明事实，赔情道歉。张孟复查女儿患病，诊出腹内痈疾，已到晚期。后经手术，对症施治，很快病愈。县官亲赠匾额一块，旌其曰“春融绛雪”四字，直到1930年才摘下。据张氏族谱记载，同时赠送荆条笆一顶。

中医刘元吉，医术在临淄享有盛名。其医德高尚，穷苦人生病随叫随到，开廉价药治好病，对远道而来的穷人，先看病取药，不计报酬。对富人不阿谀逢迎，一视同仁。相传西关安合村李氏之母病重，聘请多位名医会诊，依次把脉，

均说病无大碍，不久即愈。主人非常高兴，设宴款待。唯刘元吉把脉后，告诉主人应准备后事，主人不解。少时许，噩耗即至。

崔香秋，1947年年底，从现临淄区敬仲镇许家屯村迁居来南马坊村，成为村域第一位西医大夫。

崔香秋

从青年时代，就立志学医，治病救人。1938年曾在张店一家西医诊所学习，后自己开办了一诊所。由于当时诊所少，患病的人多，来看病者络绎不绝，崔氏西医诊所名声大振。1947年年底，在朋友的介绍下来到南马坊，开始了长达半个世纪的乡村行医生涯。

他勤奋好学，尽心尽责为百姓服务，对医术精益求精，救人之危，排人之难，在广大群众当中，有很好的口碑。不仅是南马坊人，周围十多里的群众也都慕名而来，远乡近邻都尊称他“崔先生”。20世纪60年代，在南马保健站坐诊看病，70—80年代他是南马大队的赤脚医生和卫生室的坐诊大夫，他认真负责传医代徒，直到年老退休。

刘兴春自1964年在当时的保健站任卫生员。1966年起，调任技术队任技术员，直到1979年。其间，对工作认真负责，兢兢业业，多次受到上级部门的表彰，多次出席省、市、区召开的农业技术工作会议。刘兴春自幼酷爱中医中药事业，在任技术队技术员期间，除搞好本职工作外，把其他余力大部分用在中医中药的自学上，经过多年的艰苦努力，不论在理论水平，还是实践经验上都达到了很高的水平。

刘兴春

1979年春天，全国统一招考中医，从3月初，一直考到10月底，共七场，全部及格，被国家正式录用，从此成了一名国家认可的中医医生，被分配到齐陵医院，担任中医门诊工作。连续工作15年后，于1994年退休，退休后先后被临淄区红十字门诊部聘用，被齐都大药店聘用，68岁那年又被原单位（齐陵医院）返聘。2011年春，在太公湖北邻，建立太公湖刘氏中医门诊，主治冠心病、心绞痛等及其他疑难杂症，疗效较好，深受广大患者欢迎。

私人诊所　刘兴国自1966年即进入到医疗卫生系统，几十年来干过卫生员，当过赤脚医生和乡村医生，在联合诊所干过，在卫生室干过，自己也承包过南马诊所，并获得了医生行医资格证，在工作中一贯认真负责，对技术精益求精，积累了丰富的诊治经验，从未在他手中出现过医疗事故。退休了，但他职退人不退，根据自己有行医证的条件，继续以他的医术，为民服务，成立了家庭诊所，设药房，设病床，开方拿药，

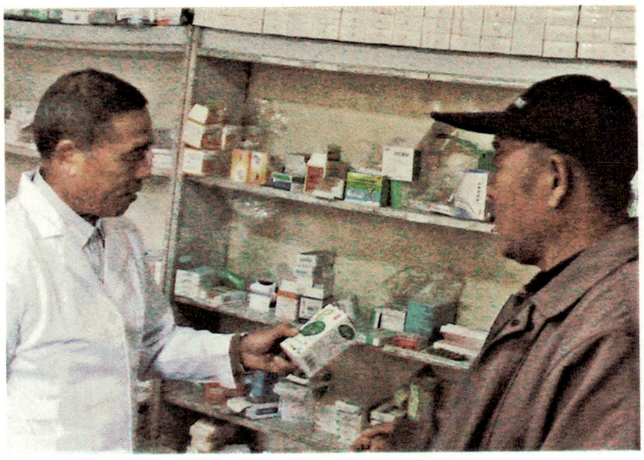

私人诊所

吊瓶点滴。因是家庭诊所，24小时服务，并有专线电话，随叫随到，称得上全天候诊所。其爱人宗秀美经多年的耳濡目染，对医疗也有了一定知识，帮助丈夫为病人量体温，拿药打针，当起了刘兴国的助手，他俩夫唱妇随，密切配合，成了名副其实的夫妻诊所。

解放前后，南马坊享有盛名的乡村医生有崔兰田、韩洪江、韩玉岷、于同心等。

便民药店 2002年10月1日，由齐红进和商爱玲率先在南马坊建起了便民药店。药店的宗旨是进货正规，服务时间长，价格便宜，让利于民，服务于民。

在药店采购药品方面，他们面对假药满天飞，药品促销员到处是的局面，毫不动心，坚持从各地正规药材公司，通过正式手续采购货真价实的药品，做一个让老百姓信得过的药店。他们的服务时间长，一般不按钟点上班，针对农村的实际情况，按太阳的升落规定时间，四季时间都不一样。每天黎明即开门，晚饭后一个小时后关门，三顿饭在店内轮流吃，只要群众活动时间，他们就在店内，即使回家后，只要群众购药随叫随到。对药品的价格坚持薄利多销的原则，让利于民，虽是正规渠道进货，

服务性药品供应点

价格却低于其他药店的价格。

经营药品必须要懂的医药常识，常用药的药理、药性、用药量、主治的疾病、注意事项等起码的知识，便民药店人员在各自原有的知识基础上，每年都有几次参加市、区组织的药品专职人员培训，经常参加药监局组织的学习，他们已具有很高的药理药性知识，面对人命关天的药品，销售上认真负责，一丝不苟，自建店以来，从未发生过药品事故。

面对现在农村的实际情况，办便民药店，方向正确，是行之有效的举措之一，自开业以来即受到各级领导的高度重视。2004年8月1日，省政府副省长张召福、淄博市委书记刘慧晏、临淄区政府区长唐福泉到药店指导工作。2007年5月30日，国家食品药品监督管理局直属机关党委常务副书记张耀华率督察组视察南马坊便民药店表扬，获得山东省颁发的“百姓药店”称号，中央电视台第七套节目中曾专门报道过药店的经营情况。

便民药店

第二节 联合诊所 卫生室

新中国建立后，党和政府高度重视人民身

体健康。在公私合营的形式下，引导组织原来的民间医生和自营药店的人员组建成联合诊所，诊所属公办，人员拿工资，南马坊的诊所设在东南马刘天相家，所长于佐三。1958年后，改称保健站，王秀春（蒋王）任站长。先后工作过的医生有吴其端（西关），于宝珍（西关），牛汉章（南门），于延年（东关），王江州（柴家），吴守成（西关），崔香秋、崔谋之（古城），张医生（大夫观）等。直到1969年成立卫生室，联合诊所才撤销。卫生员先后有刘兴春、贾春惠、刘兴国、韩秉岐。

1969年，农村开始推行合作医疗制度，每个大队都设卫生室，卫生员改称赤脚医生，每个生产小队都有自己的"赤脚医生"。主要负责卫生知识的宣传、打预防针、送药丸、常见病的防治及包扎伤口。做到小病不出村，大病及时协助患者送往医院。合作医疗自愿参加，每人交纳3元钱，社员看病、拿药可享受优惠。因资金短缺，入不敷出，不久就停止了。当时的"赤脚医生"是刘兴国、韩秉岐、贾春惠。

1972年，大队修建办公室，腾出三间房屋，改作卫生室，从原卫生室处迁往新地址，当时

旧村卫生室

的"赤脚医生"先后有崔炳光、刘兴国、韩秉岐、韩淑华、刘兴美、刘玉兰、孙良才。1973年，上级提倡合作医疗，坚持社员自愿参加，经费来源，凡参加者每人每年交1 ~ 2元作基金，大队从公益金中补助1 ~ 2元。1975年，大队在南大街邮政所处修建新的卫生室，聘崔香秋为坐诊医生。李桂英、艾学民、韩秉岐、刘兴国等为"赤脚医生"。

1981年，"赤脚医生"改称乡村医生。之前，村卫生室为集体所有，所有工作人员都定为大队工，向各生产小队划拨工分，参加生产队分配。1983年，开始，实行农村家庭联产承包责任制，队为基础的分配原则终结，农村医疗制度也向着多种形式发展，个体的、私营的、联合的迅速发展。1986年，南马卫生室改称南马诊所。

第三节　合作医疗

20世纪90年代，晨鸿医院成立后，配合齐都镇政府对全镇的医疗系统实行统一管理，人员统一调动，医药统一批发、价格统一制定，在村下设医疗点。1996年，南马坊村医疗机构进行整合，南马卫生室成立，刘兴国被任命为负责人，工作人员有胡秋菊。

2003年7月，于海燕到南马卫生室工作，任负责人，乡村医生有刘兴国。

2004年，根据上级指示，全区推行新型合作医疗制度。新农合资金来源，是个人交一部分，国家扶持一块，地方政府筹集一部分，作为新农合的基金。2004年，凡村民自愿参加新农合的人员交纳10元即成为会员，不交者待补

交后即成为会员。成为会员后即享受会员的一切优惠待遇，以后个人交费按标准逐渐增多。南马坊新型合作医疗交费标准及优惠办法，2004 ~ 2007 年，每人交费 10 元，门诊报销每人 10 元。2008 年，每人交费 20 元，门诊报销每人 20 元。2009 年，每人交费 20 元，门诊报销比例 30%。2010 年，每人交费 40 元，门诊报销比例 30%。2011 年，每人交费 50 元，门诊报销比例 30%。2012 年，每人交费 60 元，门诊报销比例 30%。2013 年，每人交费 80 元，门诊报销比例 40%。

南马坊村民自 2004 年每人交纳 10 元后，以后历年村民的应交款都是村委代交，而村民享受新农合的优惠待遇。

新农合优惠。门诊优惠，凡会员持会员卡在本村门诊就诊，取药、打吊针等，按村委会规定给予优惠。凡住医院者，持会员卡，按医院档次按比例给予报销。

随着交费的逐年增加，医疗条件的日益完善，村民住院的报销比例也逐年加大，上级提出对 15 种慢性病种的报销比例再度提高，逐步解决村民看病难、住院难问题。

南马卫生室工作人员先后有：2005 年，所长于海燕，乡村医生刘兴国、胡秋菊。2008 年 9 月所长于海燕，医生崔玉萍。2010 年 10 月所长于海燕，医生朱锦芝。

卫生所主要工作是配合上级医疗单位宣传卫生知识，作好防疫、防病，常见病诊治、吊瓶输液等。做到小病不出村，大病及时协助患者住医院。对重点人群（老年人、高血压、糖尿病）进行定期免费体检。2010 年，给全村村民建立居民健康档案。

2004—2016 年南马坊村医疗保险缴费情况表

表 9—1

年度	类别	人数（人）	每人款数（元）	总款数（元）	缴费情况
2004	成年人	2357	10	23570	自费
2005	成年人	2383	10	23830	村缴纳
2006	成年人	2445	10	24450	村缴纳
2007	成年人	2597	10	25970	村缴纳
2008	成年人	2609	20	52180	村缴纳
2009	成年人	2653	20	53060	村缴纳
2010	成年人	2637	40	79110	村缴纳
2011	成年人	2724	50	108960	村缴纳
2012	成年人	2760	60	165600	村缴纳
2013	成年人	2679	80	214320	村缴纳
2014	成年人	1907	100	190700	村缴纳
2014	儿童	462	80	36960	村缴纳
2015	成年人	1917	100	210870	村缴纳
2015	儿童	481	100	48100	村缴纳
2016	成年人	1918	100	210980	村缴纳
2016	儿童	446	120	53520	村缴纳
2016	城镇	330	100	36300	村缴纳

第四节　疫病防治

新中国建立前，医疗条件差，村民的思想封闭，信中医不信西医。因生活贫穷，得天花（俗称生豆子，病愈后终生留下麻子）、霍乱、麻疹、狂犬病、痢疾、地方性甲状腺肿、破伤风等疾病后一般采取拖的办法。小病拖大，大病拖了。

预防接种　1951 年，临淄县进行牛痘普种。1952 年，村内派人参加牛痘苗预防接种培训。1953 年，开始为学校儿童接种白喉、伤寒、霍乱等疫苗。1957 年，根除黑热病。1958 年，建立县、社、队三级医疗预防网，多年天花、霍乱得到控制。1963 年秋，全大队牛痘苗接种率达 85%，预防工作制度化、规范化。1970 年，预防麻疹、破伤风等病成为重点。1979年，对12岁以下儿童进行全面调查，一人一卡，并建立保健记录，每个孩子均按计划进行各类疫苗接种。2001年，开始使用“全苗卡”，接种室配置联网微机，提高了计划免疫管理和实施水平。

疾病防治 新中国建立前后，有多种疾病严重影响村民的健康，村干部、村民及上级医疗单位共同努力，使各种疾病得到有效控制和防治。

霍乱 解放前，无详细资料记载。霍乱是一种死亡率较高的疾病，虽有部分民间处方治疗，但效果不明显。以后发明了霍乱疫苗，成为主要治疗措施。而隔离法是防止措施。1960年，基本未发生此病。1965年，曾有地方发现病人上吐下泻，有霍乱病症状，立即将其隔离、观察、防治、对外称为“O”号病。20世纪70年代后再未发生疫情。

麻疹 俗称生痧子，死亡率高，儿童患此病者尤多。村里曾流传“白痧轻，红痧重，生了黑痧要了命”。还有一种为土痧，见土则痧子才生出，出了也就很快痊愈，一些儿童患此病后，眼见无治，呈死人状，亲人无奈将其埋掉，可患儿一旦见土，痧子即刻生出，患儿则会很快好了。20世纪五六十年代，麻疹发病率高，通常采用防治措施，以推迟发病。1967年，开始推行注射麻疹疫苗，此病发病趋少。1979年，麻疹疫苗被列入计划免疫范围，儿童必须接种，麻疹得到彻底控制。

狂犬病 新中国建立前，无特效治疗药物，发病死亡率较高。1955年，国家将狂犬病列入注定传染病管理，采取对家犬免疫措施，控制传染源。1981年，临淄区政府提出要求，对境内家犬进行普查登记和强制性注射免疫疫苗，凡未接受免疫注射的家犬一律捕杀。对被犬咬伤者一律注射狂犬疫苗，疫苗分批注射，被咬当天一支，一周后一支，两周后一支，一个月时再打第四针。

疟疾 俗称发脾寒，是夏秋季节多发病之一，一旦染病，身体忽冷忽热，痛苦难忍。1950年后，疟疾的防治以土法为主，控制传染源，因此病以蚊虫叮咬为染，采取架蚊帐、填污水坑、消灭蚊蝇，对已得病者服用奎宁治疗，效果良好。1963年，临淄县把疟疾列为重点预防的地方病之一。1965年，根据临淄县防疫站规定，在流行季节发现苗头，及时让全民服药预防，收到良好效果。1975年，对患病者的治疗改为新药氨喹、伯氨喹。1978年后，防治工作不断完善，发病率呈下降趋势，进入21世纪再未发现此病。

地方性甲状腺肿 俗称“粗脖子”，也叫地甲病。患者脖子前边的甲状腺肿大，行动很不方便，解放前南马坊村有多人患有此病。此病的发生多因缺少“碘”。1976年，临淄区卫生防疫站对大队内发病情况曾作过调查，并按类型分别建档立卡，由公社卫生院统一管理，统一购药，免费治疗。1978年，实行碘盐统一供应。1981年，被列为临淄区地方病防治工作重点。1988年，加强碘盐知识宣传，并推广食用碘盐。1997年，通过山东省专家组碘缺乏病控制考核验收，全村得到控制。

传染性非典型性肺炎 简称“非典”。2002年，在广东省开始流行。2003年4月，南马坊村及时成立防“非典”领导小组。临淄区与各村签订责任合同书，拨专款为“非典”防治提供财力保障，免费供应消毒药水。南马坊村党支部和村委会利用广播、宣传栏、写横幅等形式，对“非典”防治知识进行宣传，使全体村民人人引起重视。村里的街头、路口设立消毒站、检查站，严格限制人员出入，严防死守，确保“非典”防治万无一失。至2003年8月无疫情发生。

禽流感　2005年11月，社会上发生高致病禽流感，传染源为牛、羊、鸡、鸭、鹅等禽畜。按上级要求，村里设2名防疫员，对人员、对禽畜经常性检查，发现问题及时上报并连续两年为全村的禽畜注射疫苗，由于防治及时，措施有力，村内未发生高致病禽流感。

附：工作在各地的医护人员

南马坊村许多有志青年自幼热爱医生职业，有的考入医学院校，学习深造。也有的被村内选拔推荐，先后走上了救死扶伤、治病救人的白衣天使之路。经多年临床经验的积累，老一代成为医学上的佼佼者，新一代有的成为科室带头人，他们是南马坊人的骄傲。

他们是：

贾守约　于敬铭　相爱英　贾春惠
孙良才　刘玉兰　初建设　刘奉香
胡秋菊　崔秀芳　宗翠萍　崔　玉
韩学军　林姗姗　齐春惠　于海燕
韩胜男　桑　宁　宗建国　张翠敏
刘金超　李玉婷　商爱双　许丽萍
于　明　孙玉婷　崔立国　贾春燕
信　聪　刘　伟　于晓黎　崔梦雅
路　伟　韩雪欣　贾　静　燕　丽
韩露露　徐国文　徐亚琦　崔　肖
于梦泽　谭梦佳

第五节　城乡环卫一体化

1992年以前，为维护村外集体树木，曾组织部分村民成立护林队，护林队对村外路两旁树木的成材起到保护作用。其后，随着村外树木的逐渐减少，村内的街道卫生状况不佳。为此，村“两委”决定把村外的护林队转入村内，兼管村内的街道卫生，并改名为清洁队。人员的组成，在护林队人员的基础上进行调整，同时，又选拔部分思想好、干活勤快、责任心强的村民编入到清洁队，对他们的工作实行“四定”（定人员、定地段、定报酬、定任务），把全村的街道分片包干，落实到人，搞好道路的维护、清扫、垫道，疏通排水沟。

村内街道大部分为土路，时间长了出现不少坑洼，对村民出行造成不便。村“两委”决定对全村6纵4横（不包括中心水泥路）9条5000余米长的街道全部铺设石子、沙子，使街道路面大为改观。并每年都用小石子和沙子铺设一遍，使村内道路始终处于良好状态。与此同时，村外的生产路每年铺石子和沙子，保持常年平整，方便村民劳动生产。

村内街道宽的10米，窄的也有8米，道两旁尚有小块闲地，少数村民便在此闲地内或种蔬菜、或堆放垃圾杂物，影响路况清洁美观。村“两委”不定期组织清洁队人员进行检查、规劝、教育，使村民群策群力维护道路的畅通。对主要街道立上电杆，接上电线，安上路灯，并在主要路口安上大灯，供村民欢聚、纳凉、闲谈、消遣，所有电费全部由集体负担。为配合清洁队集中垃圾就近倾倒，除为他们每人配备一辆三轮车外，还根据具体情况，于2005年，在全村修建4个大的垃圾池，为清洁队工作提供方便。

2015年搬进新村，成立物业公司，有一名村委委员主抓新村的环境卫生，并将原来的“清洁队”改名为“保洁队”，按照村人口3 ~ 5‰的比例，挑选出部分身体健康，责任心强的村民，组成一支保洁队，并制定任务和职责。按新村道路的分布，划分成多个区域，保洁员分成相应的小组，在组长带领下负责各自分管道路的清洁，保洁员在岗期间要穿环卫安全标志服。对负责的道路，实行“一日一扫、巡回捡拾、全日保洁”，在可视范围内做到“五无五净”即：无垃圾、无砖瓦石块、无堆积物、无果皮纸屑、无塑料袋。路面净、边沟净、绿化带净、树穴净、墙根净。实行分片包干，不定期检查，每季一评比，年终奖优罚劣。

沿新村主要道路，设立多个垃圾收集点，每个点放置不等数目的垃圾桶，收集点的设置，在人流集中处，按25 ~ 50米设置一点，交通干道按50 ~ 100米设置一点，一般道路按80 ~ 100米设置。沿街、公建区的人流车流较为集中，对垃圾处理要更好更及时，保洁员要保持垃圾桶周围干净无遗物，做好消毒无异味。保洁员对村民要作宣传工作，提高村民的环境卫生意识，引导村民自觉规范存放垃圾，对乱倒、乱放各种垃圾的行为及时制止。

第十篇

民俗　民风

新式婚礼

区五大班子领导与第一届文明家庭合影（二排右四为南马坊村民刘春清）

闹元宵晚会

南马坊地处临淄中心地带。土地肥沃，物产丰富。村民世代在这片土地上辛勤劳作，民风淳朴，宽厚务实，传统文化底蕴深厚。

改革开放后，广大村民发挥聪明才智，勤奋劳动，与时俱进，在奔小康的道路上不断进取，民风民俗顺应新形势要求，不断改进，在继承传统文化礼仪的同时增添了新的内涵。

进入21世纪后，村民摆脱了贫困，民俗活动已和社会进步、经济发展融为一体。穿衣时尚，饮食健康，住房城市化，出行有汽车、电动车，生活日益富足。尊老爱幼，诚信友善的社会新风得到发扬光大，精神文明和社会文明齐头并进。婚事新办，丧葬从简。愚昧落后的旧风俗逐渐得到摒弃，科学文明的新风尚得到提倡。国家宗教信仰自由的政策得到落实，走上健康法治的轨道。

第一章　衣食住行

第一节　服　饰

衣　新中国建立前，村内穷人和富人穿着不同，富人和绅士衣质多为丝绸，有的穿长衫马褂，少数人拄文明棍。富人冬季多穿羊皮或狐皮袍子，上身套坎肩。穷人穿粗布衣服，男袍女褂都是右掩襟，穿大裆裤，扎裤腿。夏天，农民多数穿裤衩子，光脊梁，披长布。雨季，大人小孩光脚丫。冬季，男子穿小棉袄、膛心袄，少数穿长袍，用扎包扎腰。妇女夏季搓麻线，纳鞋底，冬季纺线织布。穷人洗衣服无钱买肥皂，就用草木灰加水搅拌，用容器过滤下的水洗衣裳。无钱买染料，就用槐花、石榴叶、黑湾泥将白布沤染成土灰色、土黄色，再做衣裳。穷人每件衣服都是大人穿了孩子穿，大孩子穿了小孩子穿，千补丁万补丁。

长袍

新中国建立后，村民衣着逐年改善，市面上出现了“洋布”（细布），除老人外，多数人开始穿起细布来，主要还是大襟棉衣和大襟褂子，大裆裤。姑娘们多穿蓝色布料和花格布料制成的对襟上衣。青年男子多穿中山服，冬季外罩大衣。干部职工多穿列宁服。

三年困难时期，每人每年只供三尺三寸布票，穿衣困难。其时，穿国防服，颜色以黄、灰、青为主。“文化大革命”期间，青年男女以黄、绿色服装为时尚，老年人以灰、青色为主。衣服质料以棉布为主，化纤为辅助。衣料、款式单一，颜色单调。20世纪80年代，棉布逐渐被涤纶代替，花色品种多起来，男女穿着有了新的款式、花样。粗布衣和补丁

右掩大襟袄

衣不见了，穿时尚衣服，整齐美观，样式繁多。流行布料是国呢、灯芯绒、毛料，呢子大衣成为时尚。男子多穿国防服、西服、学生服和中山服，女子多穿对襟上衣、小裆裤和紧身裤，少数穿港衫、筒裤、牛仔裤等。秋衣、秋裤开始普及。冬季不论男女多数外套大衣，面包服或羽绒服。90年代后，舒适方便的休闲服逐渐领导服装新潮流，春、夏、秋三季色彩斑斓的服装到处可见。穿衣讲科学，讲质量，讲美观。纯棉制品逐渐受崇尚。天热穿丝麻、棉料T恤衫。天冷则穿毛绒内衣、保暖内衣，外套鸭绒服、面包服，讲究舒适。

进入21世纪，男女老少服装打扮都注重整洁、美观、大方，体现文化素质高。穿着开始重品牌，讲款式，跟潮流。

帽　20世纪40年代，村民在田间劳作时戴苇笠、草帽。冬季，男子戴帽旬子、毡帽头、瓜皮帽、“三大扇”，稍富者带绒帽、缎面风帽、狐皮帽，外出时戴礼帽。中老年妇女用青布或蓝色印花布包头。

20世纪60年代后，男子戴呢绒帽、前进帽、大沿帽、八角帽、军帽。妇女用方巾包头，有红、蓝各种花色。1980年后，男子春季戴大盖帽、大沿帽、圆沿帽，夏季戴太阳帽、凉帽、草帽。冬季戴布帽、呢子帽、鸭舌帽，毛线织的各色帽及人造革帽、绒帽。妇女春、夏季蒙纱巾、方巾，秋冬季围长短围巾及毛线织的各色围巾。儿童冬季戴虎头帽、免耳帽等。

1990年后，大部分青年不戴帽，部分中老年戴呢子帽。妇女为保护发型，大部分罩纱巾、围围脖。

鞋　20世纪四五十年代，村民多是穿手工制作的各式布鞋。男子穿“没脸子鞋”、圆口鞋、方口鞋、浅鞋。浅鞋是劳动鞋，做工精细，货真料实，用麻线密纳底，丝线密纳帮。冬季穿双脸棉鞋、毡翁子、蒲草编的蒲襪，也叫“绑”。妇女穿绣花鞋、圆口鞋、凤头鞋、缎面鞋。新中国成立后，男子穿大布底子鞋、五眼鞋、解放鞋、力士鞋、回力球鞋等。妇女穿方口鞋、松紧口胶底布鞋、水鸭鞋等。1980年后，男子穿各式皮鞋、塑料凉鞋、运动鞋、旅游鞋、人造革鞋，休闲鞋。不再手工制作，全部商店购买。妇女穿高跟、半高跟、平底皮鞋，半筒靴、高筒靴。中老年穿紧口布鞋、北京布鞋，平底皮鞋，样式繁多。进入21世纪，商店内各种材质，各种样式的鞋靴琳琅满目，村民在注重舒适美观的同时，讲究时髦新颖，随意选购。

袜子属内在服饰，多不太重视。解放前，村民多数穿用手工缝制的白布袜子。解放后，开始购买商品袜。20世纪70年代，尼绒袜在村

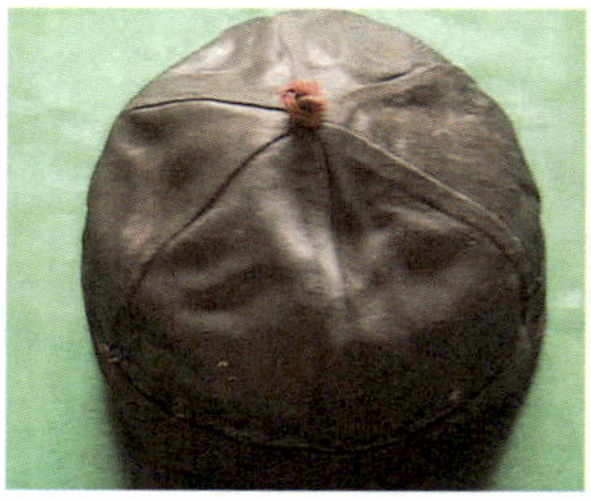

古帽三扇帽

浅鞋

布鞋

民中流行。进入21世纪，青年妇女为显现身材，注重袜子的样式，长筒袜、脚袜、连衣袜盛行。

头饰　解放前，男子多剃光头，不留发。未婚女子多留长辫，扎红头绳。婚后女子多将头发盘起挽纂，罩一黑丝网，插花、别簪子。解放后，青年男子开始留分头、平头、“一边倒”。老年人及儿童剃光头。男童前面留囟毛，后面留馋窝毛，女童扎俩羊角辫。未婚女留单、双辫子，越长越美观，额前有刘海。婚后，女子挽纂、别发卡。1960年后，男子剃光头的少了，留分头、平头的多了。妇女留辫子少了，剪成齐耳短发的开始多起来。儿童也开始留发。1980年后，少数男子开始留长发、染发。妇女以齐耳短发为主，有的开始留马尾式长发、披肩发，也有的开始烫发、染发。进入21世纪后，男子随自己的爱好，光头、平头、分头，长发、染发随心所欲。青年人留胡子，老年人剃光头，留背头，不留胡子。妇女烫发、染发，颜色各异，黑色，红色，样式多样。

第二节　饮　食

食物　解放前，生产力低下，大部分人家是粮加糠菜为生，以高粱、豆类、谷物为主食，做成煎饼、窝头、糊饼子，加菜混合吃。只有在节日或招待亲朋好友时才做点面条、水饺、单饼、油饼或馒头吃。碰到灾年，收成不好，有的要饭度日。1942年7月，寒流突袭，高粱绝产，多数农民无粮充饥。有善人在西关南宋家湾处，设发放粥点，村民下半夜就去排号，领到一瓢粥回家掺菜熬成菜粥，全家食用度荒年。

穷人主要食用的野菜是：白蒿、青青菜、仁情菜、苦菜子、拉拉蒿、荠菜、蓬子菜、灰菜、车前子、苜宿芽、蘑菇、榆树叶、榆钱、洋槐花等。平时穷人“勤上坡，懒赶集，不吃咸菜省粮食，出门背着粪篮子。”老婆孩子挖野菜，拾柴禾，扫树叶；男子打短工，当觅汉，挣点钱或粮度日。冬天喝菜粥，胡萝卜粥。

主食　新中国建立后，农民分到土地，生活才逐年好起来。1958年，人民公社成立，每个生产队设一个共产主义食堂，所有人员都到食堂领饭就餐，分饭标准整劳力、半劳力和儿童有所区别。1959年下半年，粮食开始出现短缺，食堂大搞增粮法，一斤玉米蒸3斤熟食，搞无粮淀粉，各种蔬菜充当饭食。1962年，体制改革，队为基础，大量种植地瓜。其时，地瓜占了粮食的四分之三。1969年，生产趋稳，压缩五谷杂粮种植面积，增加玉米和小麦种植面积，人均口粮大增，村民以玉米为主食，小麦只占一部分。1984年，实行家庭联产承包责任制后，调动了村民的生产积极性，粮食增产，小麦亩产近千斤，玉米过千斤，面食占据了日常生活的四分之三。1990年后，村民以吃面食为主，玉米为辅，五谷杂粮只是调节生活。21世纪后，村民饮食结构发生变化，普遍注重营养保健，讲究营养搭配，食用绿色食品、无公害食品的多起来。粗茶淡饭，粗细粮搭配的观念在村民中兴起。

副食　20世纪60年代前，粮食少，村民不求吃饱吃好，但求精心调剂，新粮能接旧粮，即很满足。点心是奢侈品，过年走亲访友时买一小部分，走一家又一家，有时走的多了，颠碎了也舍不得吃。70年代前，生产队开始种蔬菜，被蔬菜公司收购后，也分给社员一部分白菜、黄瓜、芹菜、茄子等。社员在日常生活中开始炒菜，食油用量增加，每天中午、晚上炒一个菜，早上仍吃咸菜。平时很少吃肉、吃鸡蛋。70年代后期，生产发展，生活稳定，蔬菜多了起来，肉和食油用量增多。当时，凭肉票到肉食店买肉，社员的观念是“买鸡要肥的，买肉要白的”。白的指猪肉膘、板油和花油，炒菜香。供销社的副食品增多。1984年后，计划经济变为市场经济，各行各业出现繁荣景象，市场物资丰富，各种票证相继退出流通，商品敞开供应，桃酥、蛋糕等各色点心充斥市场，应有尽有。

进入21世纪，村民的饮食结构发生很大变化，少肥肉，多瘦肉，少吃盐的观念被村民接受，咸菜成点缀。吃新鲜蔬菜、海鲜、蛋、奶、水果。而桃酥、饼干等副食品已很少有人问津，野菜小豆腐成时尚，走亲访友也换为成箱的牛奶，成盒的鸡蛋，成袋的奶粉。不再将点心类，看一家又一家，而是放下就走。

粮食加工 旧时，人们粮食加工主要靠碾和磨，磨有旱磨和水磨之分。

碾是由碾盘石、碾滚石(即碾驼子)、碾架子、碾管心组成。碾盘石直径大约1.6米平面园石，厚约20厘米。中间固定碾管心，台高70厘米左右，将碾滚石（直径约50厘米圆柱体）放到碾盘上，安上碾架子，俗称碾裹子。碾盘石外围再垒30～40厘米宽的台面，即成碾。碾的用途很广，既能碾去粮食的糠皮，又能碾踖子。南马坊分四个行政村，每个村头有碾3台左右。

石碾

旱磨主要是磨面子，由底磨石和上磨石组成。底层磨石中间凹陷，周围磨齿分长短齿，粗纹齿和细纹齿。上磨石中间凸出，周围有磨齿，并有两圆孔，叫实眼和副眼。实眼略细。磨盘高约0.7～1.0米，用土坯垒成。磨的数量不多，每个村头2～3台。穷人粮食少，加工用人推磨，只有过春节时磨点小麦。有的借人家的牲口拉磨，头三遍收起，包水饺用，后三遍叫黑面，兑上其它粮食或菜混合吃，余下少量麸子，送牲口时带上，作为酬谢。

水磨

水磨外形与旱磨相似，只是齿面不同。水磨底层磨齿面中间高，四周略低，中间是轴。下层齿面齿纹多而细，与旱磨不同的是用砖垒两个垛，垛上放两根木头，两层磨石放在木头上，水磨下面放一大锅，承接磨下的糊子。把磨好的糊子，分勺放到鏊子上摊成煎饼食用。水磨子数量多，大多数农户皆有，使用及时方便。

碾和磨在20世纪80年代初，逐渐被电磨代替。

粉碎机

食物加工　自古以来，农民做饭烧柴禾、树木、树叶及各种干草。进入20世纪70年代，部分农民以煤代柴，有的自造煤油炉做饭烧水炒菜，有的用蜂窝煤。90年代后，有的农民开始用液化气做饭。2000年后，开始用各种电器做饭，基本结束了做饭烧柴草的历史。

随着生活水平的不断提高，炊具也不断更新，旧时主要是铁锅黑碗，解放后白瓷炊具多起来，并且质量越来越好。进入21世纪，高压锅、电热锅、电磁炉、电饭煲、微波炉等等，都进入了农民家庭。不锈钢组合餐具也推广使用起来。

第三节　住　房

住房是村民的大事，其院落的大小不定，是先祖遗留和后人奋斗的产物。南马坊村民的住房从布局到修盖，带有浓厚的北方民居特色，有很多约定俗成的传承。

大门的方位多在院落的东南方，少量在西南方。街南住户则选在东北方，西北方的很少。大门的大小与院落的大小成比例，修建的质量具有明显的差异性。家境好的，大门大些、高些，质量好些，有的还高出地面几层台阶。若一般家境门口过大，俗称为“狮子大张口”，犯忌讳。大门一旁留排水沟，叫阳沟。人从哪里进，水从哪里出。

影壁墙是一个院落的屏障，既美观又起到安全作用。有影壁墙，院内的活动，在大门外看不到。它的大小，与大门相对称。富裕人家，院大门大，影壁墙也宽大，有的上面还雕刻一个大“福”字。一般户，在进门后的迎面也要建一堵墙作影壁墙。若院落小，需盖屋，便以屋山墙作影壁墙，叫“坐山影壁”。过年贴上“福”字，结婚贴上“囍”字。

影壁墙

北屋采光好，冬天避西北风，暖和，称正房。是辈分高或主人住的地方。房子的高度在本院是最高的，但要与四邻和谐，不能太凸出。院落在街南者可以稍高。若北边有邻居，北屋起高，位置须前移，屋后留院。北屋越高，前移越多。一般家庭，北屋的高度与基础砖的高度有关联。下雨时屋檐向下滴水，水到地面向上弹起，这一现象，村民叫“澎”。“澎”上去的雨水达七层砖高，俗语“七澎八不澎”，基础砖要八层高。门口、窗口是安设门和窗的地方，为使其坚固，需用砖镶门、镶窗。富裕户的屋面设置，房梁粗大，檩木密实，青瓦盖顶，屋脊两端置龙头，四角挑梢，梢尖置兽头。为了采光，北屋两头为避开东西屋，两头空着，后若需盖屋时，只能从东边接，叫“接东不接西，接西高一尺。”东、西屋，从采光避风都不如北屋，高度也要低于北屋，所以叫偏房，也叫厢房。它前墙面的延长线，不能对着北屋的窗口，若指向窗口，叫“滴泪”，犯忌讳。南屋阳光照不进，北风直冲门，屋的高度最低，是下等屋，一般做饭屋或仓库，少有人住。

旧民居院门

20 世纪 90 年代，村庄推行楼房建设，仍有部分传承及风俗在延续。南北楼距，冬至时节以前楼太阳的阴影挡不住后楼的底层为宜。所以每栋楼的楼后都留有院落。院落大门的设置，道东的在西南方，道西的在东南方。

第四节　出　行

旧时，村民外出靠步行。经济条件好的农户饲养有马、驴、骡，出远门可用作骑行。条件更好的富户以马拉车作为交通工具。

自行车

20 世纪 40 年代，南马坊村少数经商者有自行车，俗称“洋车子”。高级社过渡到人民公社后，村内自行车多起来。六七十年代，有村民凑购物券买“国防”牌自行车。1975 年后，生产队开始购买拖拉机用于农田作业，收割和运输庄稼，有时也当载人工具。改革开放后，几年内家家户户都买了自行车，有的家庭自行车每人一辆。实行联产承包责任制后，小拖拉机、客货两用车、小轿车逐年增多。农村道路硬化后，很多农户购置摩托车、电动车、汽油三轮车、电动三轮车、面包车、小轿车。20 世纪 90 年代后，出租车逐渐普及，成为村民外出的交通工具之一。进入 21 世纪后，公共交通事业发展，先是区、乡镇通车，之后村村通客车。2007 年，临淄区客运 5 路车开通，从辛店车站路经南马坊到殉马坑，在村南设一停车点。2010 年，236 路公交车开通，从阳光康城路经南马坊到临淄中学，每隔 10 ~ 15 分钟一趟车，出门极为方便。至 2016 年，全村村民有各种汽车 546 辆，机动三轮车 285 辆。

第二章　婚嫁　丧葬

第一节　婚　嫁

订婚　旧俗，男女订婚，要求门当户对，全凭“父母之命，媒妁之言”，闺女一旦出嫁，必须从一而终。有的兄弟二人只一人有子，老兄弟二人各为其寻一配偶，分居各自家中，让子两边就宿，称一支二祧，哪一边生的孩子归哪一边所有。有的贫穷人家十一二岁的闺女就给人家当童养媳（俗称团圆媳妇），还有娃娃亲、换亲、指腹为婚，早婚、富宦人一夫多妻等。

新中国建立后，破旧俗，尚新风。1950 年 5 月 1 日，《中华人民共和国婚姻法》颁布实施，规定结婚年龄男 20 周岁、女 18 周岁，杜绝早婚。对包办成婚的男、女青年解除了封建不合理的婚约，实行婚姻自由自主。新婚俗逐步形成，订婚要经男女个人同意，男方向女方赠送适当衣料或现金作聘礼，到政府部门婚姻登记处登记，各领一登记证，即为合法夫妻的依据。之后按习俗还要举行结婚仪式，入洞房才算大礼告成。

20 世纪 70 年代出现彩礼风，讲究几铺几盖，几身单几身棉和三大件（自行车、缝纫机、手表）。80 年代，新三大件发展成彩电、录音机、洗衣机。稍后，有的女方提出，自行车要冒烟的（摩托车），缝纫机要带锁边的（带锁边机），对彩礼进行升级。对男方住房条件提出要求，三间正房门朝南、东西厢房要俱全，或者正房要锁皮厅。90 年代，女方所要三金为金戒指、金耳环、金项链。进入 21 世纪，新三大件升级为电脑、汽车、楼房。

嫁妆（妆奁）随时代前进而逐渐变换。现如今的嫁妆已由旧式改换成沙发、席梦思床和新颖的桌、椅、橱、梳妆台等应时品类。床上用品、服装都是高质量的。

婚礼　婚礼程序贫富有别、繁简不一，买卖婚姻和童养媳不到结婚年龄，就举行婚礼，拜天地、入洞房，第二天上坟祭祖礼成。（男方童年就可结婚。）

正常婚俗，订亲要双方不妨不克，换柬为凭，再择日子结婚，需男家着人到女家讨得新人的生辰八字，俗称“请年命”，依其生辰属相择定吉日，请人到女家送贴，也称“送日子”。头一趟送，女家婉词谢之不留。第二趟，方可留之。征得女家同意后，男家在吉日前两双日时向女方下礼，内容有鸡两只、鱼两条，肉、海带或粉丝（肉要舅父点茶的礼肉方可）带子、粉、袜子、服装、首饰等。另有染红的花生、枣、栗子、火烧、盐、面等。女方收礼后鸡鱼各留一半取吉利两方有余之意，鸡要喂养，百日内不能宰杀，否则不祥。并回以糕若干（按女新人每岁一对），茶碗一对，高粱莛子十对，筷子九双取意“十停九住”。吉日前最后一双日，女方家向男方送嫁妆，男方门贴喜联、挂彩绸迎之，并款待来人。箱、橱、桌、椅嫁妆、被褥等摆列好后，公婆以钱物添于箱、桌、抽屉内锁之，名曰添箱。

铺床　结婚前一日晚上，在新房内安置好的新床进行铺设，铺床用新对席，铺床人要全的（伴侣全、儿女全）。席下放葱、芝麻秸、枣枝等，随放随说吉祥话，“放大葱生个儿子做朝廷，放上芝麻秸生个儿子做大官，放上豆秸生个儿子做秀才，放上枣枝早生个小子”。在床前地上安放一石块，名曰：“接脚石”。床铺好了，当夜不能空床，一般有大伯哥嫂睡在床上，名曰“压床”。

迎娶　旧俗，吉日当天，男方备好花轿迎娶新娘，迎娶仪仗一般有八面龙凤旗，两面清道旗，一对行灯，两盏高灯，红绿两把绸伞，两面铜锣。新郎乘绿呢轿导于花轿之前（若一乘轿仪仗减半）。到女家后新郎给岳、父母行礼，岳母为新郎披红戴花，盛宴款待并同时宴请来人。

新娘穿戴新衣，披绂衣，盖蒙头红，穿花鞋外罩袜子（意在保护婆婆不花眼）。让其兄弟辈人用椅子抬着送上花轿，起轿时新娘之母或其他人盛一碗水泼于轿底下（意在嫁出去的闺女泼出去的水）。由兄弟或近亲两人相送，称“送客”。另有小辈两人提水壶扶轿杆跟随两边，谓之“押轿”或“相轿”，一路同行。约行程半路时，相轿的拍拍轿杆示意新娘怀抱的镜子要翻面。路遇湾塘、庙宇、井、石桥要烧化纸钱，以红毡掩之。来到男家停轿门前，大门悬灯结彩，两边贴龙虎，有一弟辈或晚辈用船盘用红纸包的糕坨送入轿内，新娘双脚踏糕坨之上，给新娘攥下轿银子，送如意抱于怀中，地上铺红毯。吉时已到，鼓乐齐鸣，两名属相与新娘不犯克的嫁客搀扶新娘下轿，步于红毡之上，门两旁点燃谷草火把子（相传谷草能驱邪），一长辈举香前导、（号领亲）踏过放于门槛的马鞍（意示平平安安）进大门。随后，有属相龙虎二人在门顶上压红砖（用红纸包砖）。到当院领亲的拜毕，新郎新娘举行婚礼，此时，鸣放鞭炮，一拜天地、二拜高堂（向父母叩头）、夫妻对拜，同入洞房，此时扬火烧（即小型面饼），扬糖块。进洞房后新娘要踏着放在接脚石上的糕坨上床（示意步步高登），然后，二人同吃随新娘送的“随身饭”水饺和长寿面条（水饺按新娘每岁一双，面条要切九十九刀）。之后，有新娘娘家村里的人送小饭，若无有新娘娘家村的人时，可由主家找亲朋好友代之。一天三顿送的饭，新郎新娘同吃，每次回以火烧、喜糖。在当天中午设宴款待送小饭的。

新中国建立后至20世纪60年代初，用一乘轿接新娘，“送客”随行或骑自行车跟行，仪仗也简为大伞一把，行灯两个，鼓乐随行。随着时代的变化，70年代曾提倡革命结婚，即以锄、镰、锨、镢为嫁妆，结婚时男女双方到婚姻登记处进行登记，新娘乘车或步行到男家举行简单婚礼程序。南马村也曾在春节后、

花轿

"五一"劳动节期间举行过集体婚礼。婚礼完毕，新郎新娘一同参加集体生产劳动，这在当时是改变旧观念的一种社会潮流。70 年代用大车、拖拉机、自行车迎娶新娘，不盖蒙头红，穿新时服装。80 年代用拖拉机、汽车迎娶新娘。90 年代结婚普遍用小轿车。使用的小轿车档次数量也因家庭条件不同而不同。一般是 6 ~ 12 辆，外加录像车、迎宾车等。迎娶车来到新娘家门口，放鞭炮、奏音乐、渲染气氛，大声叫门，女方故意闭门不开，一般有女方小字辈儿童在门内要开门钱，直待迎娶人从门缝一次次包现金由少到多递上红包后，方开门迎接。在迎娶人中安排专人在新娘家招待席上暗藏盅筷，返回后放到新人床蓆底下（意示快生子，盅子意在新娘早日怀孕）。现在女方多了一对陪新娘的伴娘。21 世纪随社会新潮流雇用婚庆公司的彩车迎娶新娘，租用大彩门。

闹房　在新房内嬉闹新婚夫妇的活动。一般习惯以新娘为逗趣对象，故称闹新娘。民间认为新婚不闹不发，越闹越发，从而又增添新婚喜庆气氛，又为新郎新娘驱邪避凶，达到新婚吉祥如意、兴旺发达的意愿。另外民间还有新婚三日无大小之说。闹房有文闹和武闹，武闹的个别地区有非礼行为，使新娘无法忍受，酿成惨祸。

新婚之日当晚要喝合婚酒，也称"合卺""交杯酒""同心酒"，难免又要嬉闹一翻。

宴客　结婚典礼，需有新娘新郎、主持人、证婚人、来宾参加。20 世纪六七十年代，婚礼程序主要有：放鞭炮、奏喜乐、向领袖像或国旗致敬，新郎新娘互致敬礼，宣读结婚证书，主持人讲话，证婚人讲话，来宾讲话，父母讲话，新人讲话，婚礼程序完毕。

婚礼宴客之风流行，一家子女结婚，亲朋好友前来点茶祝贺，邻里凑钱祝贺叫随份子。主家设宴款待，少者一二十桌，多者几十桌，待客时间在结婚日前几日根据客人多少确定待客时间。21 世纪随着社会形势发展，进展为采用雇请司仪主持婚礼。自 2007 年开始，在家设宴请客改在大饭店、大酒店，现在也有改为结婚日一天待客。早上吉时在家举行婚礼，中午再在酒店婚礼台上举行庆典活动。婚礼台上新郎新娘、双方父母、主婚人、证婚人等，司仪按程序，吉祥话语连连，祝贺美满良缘。一项项进行完毕，全体就位开始饮宴。新郎新娘逐桌向长辈行礼敬酒，长辈则付一红包贺喜，内有人民币，叫磕头钱。新郎父母逐桌敬酒后至此婚礼完成。现在把新娘回门和圆饭，在结婚日一天进行称为当天忙。

祭祖　上拜　第二天新娘早起，赶在婆母起床之前叫门，俗说"待要富，赶得婆婆穿不上裤"，开门后向公婆请安问好，然后扫地（门后早备有一条帚，压一红包，意在对新媳妇酬劳费），即使地上清洁也要虚扫一遍。再请问婆婆做什么饭，随后去厨房，扒灶堂（同样灶堂内放有红包，新娘一并收之）。饭后新郎新娘随领祭之人携供菜一同上喜坟祭祖（坟头纸要压红纸）。拜毕回来给同宗长辈礼拜叩头（称上拜），长者回以礼包上拜钱。

圆饭　新娘娘家备有饭菜、馒头前来圆饭，新娘父辈由新郎家一人陪同到送小饭的家里礼谢，并回敬以馍馍（叫散合子）。回来添箱，还要整理一下新人的床席。事毕设宴席，由新郎父辈陪宴，两亲家会商（也叫会亲家）。席间商定新娘回门日子，必须婆家住几天，娘家住几天，忌回俩月门（不占两个月），以上旧俗至今沿用。

账房　婚礼喜事，主家要请账房，所有一切事宜全由账房人员安排。账房人员一般是由德高望重的族人或村里有文化懂得相关礼俗的人担任。

闺女出嫁　出嫁日以前，亲戚朋友、本家族及邻里乡亲交情来往好的、女儿的好友，前来送衣料、被面、暖瓶、炉具、炊具、镜匾、灯具系列，跟时代潮流逐步改变，现改送电器化的用具或者现金。送的品样贵贱、钱的多少，以交往感情深厚而不同，女方定日设宴款待，此举叫送路。

婚嫁所忌　新婚之日，娶送客要忌避于新娘相冲克之属相，忌避怀孕妇女与制服（俗称持服）的人，否则视以不吉。来的送客，设上等宴席专人接待，以示尊重，一并招待所来之人。房内要点长明灯，从婚礼点燃一直到次日日出为止，中途不得熄灭，若熄灭，新婚夫妇有难以白头到老之嫌。

其他婚俗

无忌讳　农历腊月二十三，灶王爷与诸神上天朝圣，家内无神作主，从二十四日到除夕这段时间，就称为“无忌讳”，诸事皆宜，一切祥之。旧时，贫穷人家嫁娶失时，不能成礼，多选此段时间举行婚礼，礼仪可以从简。

赘夫进　女丧夫再嫁时因无人奉养公婆及子女等原因，不离开原丈夫的家，再结婚时，将男子招赘进门故称。

赘婿　男嫁女娶婚姻关系中对男子的称谓。男子到女家落户，成为女方家庭成员，结婚时男方族亲送新郎到女方家，新郎穿新衣、披红布到女方家门口时将新郎披的红布挂在大门首，谓之“上门”。此时新郎才跨进大门，外面放鞭炮，新郎新娘拜天地，在新娘引导下进入洞房，此形式也叫上门女婿。但要通过公证处公证，作为法律依据。

第二节　丧　葬

修坟　旧习，木棺土葬。以姓氏或家族立墓地，富户大家兴为老人未逝先修坟，曰“寿坟”，做寿棺材。坟有：“窜棺”，即将墓穴修成一小型宅院，一厅二进（室）三进，以妻室多少而定，四壁饰以彩绘或砖刻人物、花鸟等。下棺时从掘好由浅而深的巷道（窍子），用滚木将棺送入墓穴内，掩闭厅门，用土填平，地上筑一高大土堆成坟。“金井子”（四面石壁）、“四架楼子”（以砖刻亭台楼阁镶于四壁，旁边镶刻对联：“洞中方几日，世上几千年”或“明月松间照，清泉石上流”）、前后楼子（只有前后镶有砖刻楼阁，两壁饰以彩绘或雕刻装饰，有的在两壁沿口下方将砖刻八仙，每边四位排装壁上）等等不一；中等稍富者，用砖（用砂将砖磨平）、白灰砌筑而成，比较简单。两旁镶有砖刻对联的厅房，俗称“青灰磨砖对子匾”。贫家以青砖白灰砌坟，称“白灰条子”。有以土坑埋葬称“黄金添坟”，无地者埋在“乱葬岗”。

棺木　有多样，以松木做成者称“松条”，分“四、五、六”（底厚四寸，帮厚五寸，盖厚六寸）；“六六到底”（底、帮、盖均六寸）；“八仙”（以八块木材做成）；“三独”（底、帮、盖均为独木）；“一捆杠子”（多页板材做成）称“乱插头”。用桐木做帮、枣木做底、楸木做盖称“铜帮、铁底、银秋盖”。穷家小户用“复刃板”（板材一边厚一边薄），俗称“薄皮子材”。还有用苇席卷好掩埋。

装殓　人死后，先由子女为遗体洗脸、洗脚、理发，有的在临终前将此办理。然后着棉衣（不扣纽扣）要套装几身几领，棉鞋、棉帽，口内含珍珠或银子，曰“含口银子”。用白纸盖脸，置灵床上或直接装入棺木，底铺褥子，上盖被子，头枕枕头，不盖棺盖。头前设供桌，点常明灯，焚连续香，供面条，小米饭各一碗，筷子直插于碗内，曰“倒头饭”。由长子在院内站于凳上，面向西南为死者“指路”，高喊三声：“去西方大路”，后直系子女去土地庙送倒头浆水。用白纸剪成连带式纸条（称长钱），放在大门口一侧，男左女右，用白纸封门，亡男封门框，亡女封门心，男女都亡全封。

送浆水　第一晚，在服的亲族送头后晌浆水，每人手拈一根香，去土地庙前。1970年后，到村外就近找一个十字路口，长子站一高櫈，并喊上西方大路。第二天告亲友，门口挂“招魂宝幡”，院内扎灵棚，设供桌，死者牌位放在供桌上的灵楼内。灵棚前面两边书挽联及棚额匾，子女麻衣素服致哀，孝服按在服的亲疏定格。服内的都要用白布裱鞋，裱鞋面积也按服远近而定，直系子女，二老有一方在，裱鞋后面要留一块不裱，二老都逝，把鞋全裱。第二天下晌，直系近亲前来吊唁，若母逝必须等母之娘家来方可送浆水入殓。随着社会的进步，人的思想转变，已不裱鞋，不穿孝衣，提倡戴白花，戴黑纱孝章。

第二晚浆水，帮忙的把纸轿、纸马、杠，有的还有金山、银山、牛等等运至土地庙前，二人抬一筲，内盛水，放米面（称浆水）供桌、椅子、供菜，吹手奏乐前引，礼仪生头前，孝子一名捧盘于前，盘内放纸钱和长钱，长子在前，依次排列，后跟孝女，每人手拈焚香举哀，行至土地庙，由孝子持长钱于庙内托魂，然后放在椅子上，架在供桌后，孝子夹菜供饭，随叫“吃的饱饱的，早住店，晚起身”，不断嘱咐，完毕焚烧纸轿、纸马、纸杠等。浆水倒掉，孝子哭回棺前，为死者净面，然后盖棺入殓。白天黑夜由孝子陪灵。女儿买棺罩，将各户凑的杂粮、棉种、撒于棺盖上。

殡期　殡期不一。“少亡”，当日或隔日，“老丧”殡期定于三日、五日不等，也有半月以上或一年、二年、三年者。长时间停灵者，出殡需另择日。送窆贴，请客（请帮助办理丧事的），回茶（宴请帮忙人员）后，办理丧葬事宜。

殡仪　殡葬日这一天，早饭后开门家奠。内设账房（里柜），外设祭仪桌（外柜），收祭仪（也称吊丧）。另设一张长桌为鼓乐班使用。院内灵棚内供亡者的牌位，大门内告丧棚内贴告丧牌。然后开丧（参灵），由礼仪生挽孝子将“招魂宝幡”送挂大门口外侧，男左女右。谢里、外柜人员，谢所有帮助办理丧葬人员，然后去墓地验坟（称辞灵）。回来后孝子跪于灵棚内，恭候亲戚，友人吊祭。孝妇、孝女去坟中“煎糕”，意在为死者温炕。回来守在灵屋内，接待来吊女客。女亲家来吊，要出门跪接。女客送给孝妇、孝女收孝钱（收头钱），表示抚慰，收者要叩头礼谢。拜祭：祭品也因亲疏关系而不同，一般都有神食（供菜），有烧祭，称大祭（猪肉或鸡祭），有果子祭（糕点），称花祭（鲜果等雕刻、装饰花叶）。另有挽幛祭仪等。由盒夫用食盒抬着，厨役跟随，盒夫厨役要赏钱(以备摆整祭品)。祭吊者，摆好祭品，挂好挽幛，更衣室换上祭仪服，礼宾生领孝子来，请吊客至灵棚吊祭，孝子一旁跪哭陪之。拜毕，孝子跪叩谢客，整套拜祭程序均有吹乐伴奏（或笛或唢呐）。亲戚朋友来齐，吊祭完毕。中午所有参与丧葬的帮忙人员开饭，孝子棚内，孝妇、孝女灵室内同死者吃最后一顿团圆饭，随吃饭随填“香食罐”，并把俩馍馍用灰抹黑，竹筷一双，把馍馍插在“香食罐”上。随后赁铺张挂灵舆（俗称架子）。孝子孝妇要“拂财”。专人用手巾将灵柩盖上的杂粮，轻轻拂与孝子、孝妇兜里，围柩左转拂三遭，右转三遭，口念祝语：一拂金、二拂银、三拂儿女一大群。将拂在兜里的杂粮让孝子孝妇各自放回自家的粮囤里。最后，请吊客祭拜毕。

起灵　到了发丧时刻，一般未时发引，申时安葬。礼仪生领孝子出门谢“架子”，落幡，谢里、外柜，谢众帮忙的劳，跪等“起灵”。孝子、女各执哀杖，长子抱幡和用纸包的瓦，上书“撒手西归”，抬夫入灵室，礼仪生指挥一声：“升…….”。孝家齐声痛哭，同时礼仪生用刀砸碎一碗，名曰“斩缸”。室内孝妇争抽支灵柩的凳子，灵柩平稳抬行，吹乐队同时奏起，抬出大门稳稳落于灵舆大床之上，扣上轿顶。对架子的使用因家庭贫富情况有所不同，富贵大家有的使用大龙头架子，轿前伸出一大龙头，四条行龙顺卧在轿顶四角，大床底下托一长木延至龙头前，前有8名抬夫，大轿每角4名，共24名抬夫。发殡以狮豹、麒麟、方弼、方相（大人）童男童女为仪仗。礼仪生一声令“升”，孝子将瓦摔碎，抬夫抬起踏步缓行。灵舆至寨门里或十字路口，停步但不落地。亲朋或德高望重的乡里，设祭拜“迎门祭”，出庄拜“路祭”。此时若二老尚存一人，孝妇孝女送到庄边即脱孝衣返回，专人分给孝馍馍或饼干等。回至灵室早有人将屋内打扫干净，叫“扫恶”。地上铺一领蓆，要坐一坐蓆，曰“抢福”。灵舆至坟落轿，将冥具放于坟内，黑馍馍及筷折断抛之。如亡者是男，将“香食罐”放于后龛，左龛放“谷谷仓子”，右放“浆水罐”，称“神道”通另一坟。前放冥器、镜子、木梳，碟子里放供食。灯一盏，下棺前将灯点亮，慢慢的把灵柩抬起平稳的安放坟内，将宝幡展放棺盖上，然后拜墓祭。若死者是女，需有娘家设祭拜之。祭拜，家丁用笊篱、勺子、各捞三捞于孝子兜内，口喊祝词、一捞金、二捞银、三捞儿女一大群。捞毕分上兜孝馍馍，跪谢筑坟人即返回，一路不须回头，不须讲话，回家至灵室，以例坐蓆。

筑坟　将坟口上发碹，有的堂板上踩“三合土”，然后填平，地上堆土成坟。傍晚丧主家设宴招待帮助办理丧葬的人员，称“承劳”。第二天黎明前，孝子沿街到送祭仪的人家门前，叩门呼“谢客”，天明去亲戚、朋友家“谢客”。第三天上坟添土称圆坟，又曰“拂三”，丧礼告成。

丧俗旧习，富户大家，根据其家资，增加一些仪式，如“铭旌”，请僧尼诵经超度亡魂，出大人殡。大门外扎“骑门山子”，院内告丧棚、灵棚，户外“迎门祭棚、过街棚”，沿路扎“上棺棚”，直到墓地，“路祭棚、奠祭棚”气势庞大。

其它丧俗

丁忧　旧时封建丧礼制度，凡父母或祖父母死后，嫡长子或承重孙不得任官，应考、嫁娶、要在家守孝三年，闭门读书，谢绝事务。居官者一律解除职务在家守孝二十七个月（不计闰月），称“丁忧”。

冥婚　俗称阴亲即为已死的未婚男女寻配偶，并仿生人结婚仪式为他们举行婚礼，并安葬。

抢丧　也称“闷丧”，临近婚期新人的父或母故亡，男家暂不发丧，抢先从简迎娶新娘，故称。旧俗，在服丧期间不能办喜事，原定婚期就得延搁，一般要推迟一年以上。为此，民间随用此俗，先办喜事，行婚礼后，新娘脱去吉服换上孝服，举行丧事。

镇恶丧　幼儿丧亡、青年暴死、妇女因分娩不顺死亡或自缢而死等非正常死亡，俗称“恶杀鬼”。俗传对丧家多不利，有僵尸扰乱活人之患，为避之，丧家要请巫师以朱笔画符数张，贴于棺上。临下葬时削桃木七根，插入坑侧，俗传桃木可避邪魔，镇住僵尸厉鬼，故名。

第三节　殡葬改革

南马大队于1965年在东南坡划有公墓地一片，全村不分姓氏、家族，同葬一处。1966年秋，“文化大革命”开始，破“四旧”立“四新”，南马大队除烈士墓外，旧坟一律平毁。1973年开始，南马大队推行火化，远去张店火化场火化。1976年10月，临淄火化场建成后就近火化，废除传统殡葬仪式，提倡开追悼会。1982年后，南马坊村逐步对丧葬进行改革，由红白理事会主持，一般不为死者举行追悼会，要求不送浆水，不穿孝衣，不扎纸草，不雇佣吹鼓手，提倡亲戚佩戴孝花、黑孝章，不拜迎门祭、路祭等。亲友邻里送花圈、挽幛，灵前致哀，向遗体告别。2006年，在村西北张家冢子后建起纪念祠堂，专人管理。从此死者骨灰盒存放在祠堂，不再掩埋于公墓。对原系本村在外人员的骨灰盒，也无偿存放。

第三章　节日习俗

第一节　农历传统节日

春节　农历正月初一，俗称过年。“年”本来为丰收之意，也有禾谷一年一熟的意思，并与每年一次的农业祭祀有关。庄稼一年一熟，用祭祀的方式，庆贺丰年，并祈祷来年丰收。

从农历十二月八日以后，人们开始忙年。男人忙着赶集上店购买年货，如鸡、鸭、鱼、肉、衣帽、鞭炮、对联、年画、香、纸钱等。妇女则忙着推碾、磨面、办年食，准备的年食要吃到正月十五以后，称“隔年饭”。

除夕，也就是腊月最后一天，家家都贴落门钱、对联、年画，里里外外打扫干净，把家庭装饰一新。落门钱各门上都贴，迎壁墙贴大福字、落门钱等。下午祭祖上坟，并放鞭炮。

贴对联

晚上吃年夜饭，也叫团圆饭。饭后在大门口放拦门棍，意思是防邪魔鬼怪进入和防止钱财外流。晚上灯火通明，彻夜不眠叫守岁。20世纪80年代后，观看春节电视文艺晚会。黎明，全家人吃水饺，放鞭炮。有的在早饭前在天地桌上放各种祭品祭天老爷，供香，烧纸钱，盼老天爷保佑全家平安，五谷丰登，年年兴旺发财。早饭后，都穿上新衣服，晚辈要到长辈家磕头拜年，致敬问好，长辈则给晚辈压岁钱、糖果、瓜子、香烟等。青少年成群结队到本族长辈家或友好邻居家拜年问好。在路上见面问候“过年好”“恭喜发财”等吉利话。到处是眉开眼笑，欢天喜地高兴的气氛。

春节后走亲访友，一般是初二岳母家、初三姑舅、初四姨母家，初五看朋友。解放前礼物很少，饼干、桃酥用红纸包裹，内有礼品互相支撑，有的只带十几个烧饼走亲戚。进入21世纪后，春节走亲戚都是成箱的牛奶、鸡蛋、水果、成桶的油，一天能走三四门亲戚。个别实在的人，走亲戚不带礼物，几百元放下，说些吉利话就走。

五马日　春节后第五天，当地叫过五马日。五马日即从初一至十五，每天都用一种动物或植物做象征。具体为：一鸡二狗三猪四羊、五马六牛七人八谷，九果十菜十一棉花，十二瓜，十三林木，十四为芝麻，十五为全日。第五天是马日，就叫五马日。当天早上吃水饺、供香、烧纸、放鞭炮。

财神日　正月初八，年后业主开张营业，盼发财，供神灵，鸣放鞭炮。“八”谐音“发”，是近代兴起的节日。

元宵节　正月十五，也叫上元节、灯节。元宵节早上吃水饺和元宵，敬天敬地，烧香烧纸，燃放鞭炮，家家门前挂红灯，样式多样。村内组织扮玩队伍打锣鼓、扭秧歌、舞龙、踩高跷，热闹非凡，并组织队伍参加全区组织的文艺会演。有时村与村，单位之间也走访慰问，以增加节日气氛。

二月二　正月二十五早上，每家在场院地上用草灰撒上一个大圆圈，叫打囤底。二月二天不亮时，在大院内撒上若干灰圈，在中心小圈内放上“五谷杂粮”，用砖盖上，称二月二上粮。

另有一种传说，二月二是龙抬头日，也是“土地爷”的生日。二月二天上开龙门，龙抬头就开始有雷雨出现。这时，农民有炒“蝎豆”和“棋

打囤

子”的习惯。把黄豆用水泡软，晾干，在锅内炒热细土，把豆子放进炒脆，吃起来松软可口。“棋子”是用白面擀成很薄的饼，切成“菱形”，晾干炒熟，把蝎豆和棋子分给家人或邻居朋友。如果家中有属“龙”的人，炒“蝎豆”时避开二月二这天。

清明节　二十四节气之一，前二天是“一百五”，前一天是寒食节，因三日相连，传统习俗合为一次系列活动。主要活动：给先祖坟头添土，上坟祭祖，表示对祖先的缅怀；煮熟鸡蛋分食。到野外踏青叫春游，放风筝，打秋千，赶庙会等活动。三天不动烟火，纪念介子推，过寒食节。单位和学校给烈士扫墓，进行革命传统教育等。

端午节　农历五月初五，称“端午节”。各家用五色线缠粽子，做荷包，在荷包内装上艾叶，麝香等香料。妇女儿童把香荷包挂在脖子上，传说可以驱邪和除去五毒。有的把五色线系在手腕和脖子上，节后下第一场雨时，把五色线剪下扔在雨中，可以“化龙而去”，给系五色线者带来好运。

中元节　农历七月十五，俗称“鬼节”，是上坟祭祖的日子。当天下午，人们到墓地、公墓或纪念堂悼念已故先人。

中秋节　农历八月十五，又称“团圆节”。晚上吃水饺，喝酒庆丰收。在外人员可回家看望父母，走亲戚，赠礼品，互相拜访。晚上全家团聚、会餐，分食月饼、赏月。有的订婚尚未结婚的青年男女，还借节日期间互相探望双方父母，取合家团圆之意。

重阳节　农历九月初九。是传统的庙会活动节日，因为该节正值秋高气爽时节，人们喜欢外出登山旅游，也称为“登山节”。这天是牛山传统庙会，管仲墓就在牛山脚下，许多人去祭奠贤相管仲。也随之到牛山旅游、散心。1986年，淄博市人民政府确定每年的重阳节为老年节。南马坊村每年都组织有益于老年人的活动。

祭祖节　农历十月初一，是农村传统的上坟祭祖的日子。新中国建立前，地主还要请给他干活的觅汉（雇工）喝酒吃肴，热情款待一番，酒后结账付清工钱，并声明辞退还是明年继续雇佣。下午祭祖，表示一年来农田农活的基本结束。

腊八节　腊八是佛教节日，相传农历十二月初八是释迦牟尼的成道日，旧时佛寺要举行诵经仪式，供奉一种用胡桃、松子、乳蕈、柿、栗之类煮成的五味粥，名曰“腊八粥”，又名“七宝粥”，后来演变成一种民间习俗。

辞灶　农历腊月二十三日晚，家家在灶王爷像下摆上麦芽糖瓜、水果、水饺、米、面等供品，向灶王爷辞行，称“辞灶”。传说灶王爷是玉皇大帝封的“九天东厨司命灶王府君”，掌管各家灶火，被称为一家的保护神，这一天要升天向玉皇大帝汇报各家的品行。各家为博得一个好名声，用糖瓜粘住灶王爷的嘴，不让他胡说八道。希望他“上九天但言好事”“下三界多带福来”，焚烧灶王像时放一事先备好的纸马，让他骑马上九天。是日，家家吃水饺，放鞭炮，俗称过小年。

有的人家趁辞灶后家内无神，是“无忌讳”的日子，结婚的、安门的等不用择日子。

第二节 公历节日 纪念日

元旦 国家法定节日，为每年的1月1日。国家机关、团体、学校等单位放假1天，城市、农村共同庆祝。有的单位挂出庆祝元旦的大横幅，南马坊村“两委”，借机开会表彰奖励优秀人物。

国际妇女节 每年的3月8日。1909年3月8日，美国芝加哥妇女为争取民主权益，罢工游行，得到全世界支持。1910年8月，第二届国际妇女代表大会一致通过，将每年的3月8日定为“世界妇女斗争日”。1949年12月，中国政府规定，每年3月8日为妇女节。称为“三八”妇女节。

植树节 1915年7月，北洋政府曾下令，规定每年的清明节为植树节。1925年3月12日，孙中山逝世。1928年，为纪念孙中山逝世三周年，国民政府将每年的3月12日定为植树节。1979年2月，全国人大常委会通过决议，正式将每年的3月12日定为中国植树节。

国际劳动节 1886年5月1日，美国芝加哥等城市的工人举行大罢工，要求改善劳动条件，实行8小时工作制。1889年7月14日，在第二国际大会上，通过了一项具有历史意义的决议，决定把每年5月1日定为国际劳动节。1949年12月，中国政府规定，每年5月1日为劳动节，与国际劳动节相一致。

青年节 为纪念1919年5月4日爆发的中国人民反帝、反封建的革命运动，继承和发扬中国青年“五四”运动的革命传统，1949年12月，中国政府宣布每年的5月4日为中国青年节。

国际儿童节 1949年11月，国际民主妇女联合会在莫斯科举行的理事会上作出决定，将每年的6月1日定为国际儿童节。1949年12月，中国政府决定，每年的6月1日为中国儿童节，时间与国际儿童节一致。

中国人民解放军建军节 1927年7月中共中央决定在江西南昌举行武装起义。8月1日凌晨，起义开始，经过五个多小时激战，城头升起胜利的红旗。1933年7月11日，中华苏维埃中央政府决定8月1日为中国工农红军成立纪念日。1949年6月15日，中国人民革命军事委员会发布命令，以“八一”两字作为中国人民解放军军旗和军徽的主要标志。中华人民共和国建立后，将此纪念日改称为中国人民解放军建军节。

教师节 1985年1月11日，国务院提请全国人大常委会通过，将每年的9月10日定为中国教师节。

国庆节 1949年4月，解放军胜利渡江，占领南京，结束了国民党政府对中国的统治。9月21日至30日，中共中央主席毛泽东在北京主持召开了中国人民政治协商会议。选举了中央人民政府委员会，制订了中华人民共和国国旗和国徽，决定将北平改为北京，定为首都。10月1日下午，举行了30万人参加的开国大典，毛泽东主席亲手升起第一面五星红旗，并向全世界宣告：中华人民共和国中央人民政府成立了！

1949年12月3日，中央人民政府第四次会议决议，将每年10月1日定为中华人民共和国国庆节。在国庆节期间，除留值班人员外，都放假欢庆节日。

圣诞节 12月25日。是西方最重要的节日，近几年，在城市中似有兴起之意。圣诞节的英文是为基督教“弥撒”，即在此日到教堂举行礼拜，以庆祝耶稣基督的降生。这一天，人们要举行各种活动。扎制灯火通明的圣诞树，扮演圣诞老人，分送礼物，唱圣诞之歌等。在圣诞节来临之前，人们还要互送庆贺卡片等。进入21世纪，乡村也有人模仿圣诞老人，扎圣诞树，欢庆圣诞节日。

第四章　祝祭　禁忌

第一节　祝　庆

点茶　男儿成婚，亲戚朋友备礼品前去祝贺，称“点茶”。依关系近远，礼品轻重不同。20世纪80年代前，多送喜幛、鸡、鱼、肉、酒、粉、馒头。经济条件好者直接送喜幛和现金。主家收到礼物后回一“谢帖”，向送家表明礼物收到，再回一“光帖”，要求客人参加喜筵。80年代后，在婚前发出“请帖”，规定时间、地点举行喜筵。

送路　女儿出嫁，直系家属，亲戚朋友，乡亲邻里，准备礼品或钱，到家祝贺，称“送路”。进入21世纪后，同男方结婚一样，一律宴请招待。

过生日　从前，人到60岁及以后过生日，称为庆寿。富户人家长辈过生日，讲排场，设宴席待客。特别是70岁、80岁后更为隆重，奏乐，唱戏庆贺。一般家庭不管长辈还是小辈，不管年龄大小都过生日，到生日这天，全家吃水饺，简单筵席。进入21世纪后，随着敬老、尊老社会风气的推广，借祝寿之际拍张“全家福”照片，留作纪念。多数祝寿到宾馆或饭店待客，个别人家把整个祝寿活动录像后，刻成光盘作永久留念。

送粥米　结婚妇女分娩后，丈夫到岳母家报喜。岳母闻信后，准备送米和看三日，看三日就是产妇的母亲在女儿生产后第三天，带着红糖、奶粉等食品去看女儿，表示关心，同时与亲家或女婿定好送米日期。一般是产后第八天或第十天，取双日。因为不到8天有生人带来“七日风”之嫌。在定好的日子那天，娘家亲属、亲戚、朋友，备好米、面、鸡蛋、油条、幼儿衣服、布料或毛毯等去慰问，称“送粥米”，或称“送月子”。如果到内房看小孩还要支“见面钱”。中午设宴招待来客。

度满月　婴儿满月这天，娘家人要接闺女和婴儿到家住几天，在走之前举行“铰头”仪式，就是象征性的从婴儿头上剪下胎毛。铰头时要找不同姓的女人，要婴儿抱一个瓢子，内盛一双馍馍，表示婴儿以后生活有保障。另剪点狗毛、猫毛、驴毛等放在瓢内，以防婴儿见了这类家畜害怕。剪头人边铰边说：“铰铰耳朵听的清，铰铰眼睛看的明，铰铰双手能抓挣，铰铰双脚步步升”等吉祥祝福的话。

21世纪后，辛店有专门为婴儿度满月服务机构，提供铰下的胎毛做成胎毛笔，将脱落的脐带萼封存于“水晶盒”内永久保存，为婴儿制手印和脚印等服务。

祝百岁　婴儿出生第100天，外祖母带上面条（称百岁汤）和缝着绒穗的裤子去为婴儿祝福。“穗”谐音“岁”音，叫祝百岁。族人、亲朋好友、乡邻贺百岁送婴儿衣、被毯、长命锁、铜印、手镯或现金。祝贺婴儿健康成长，长大后升官掌印。主人设席款待贺百岁人员，以表谢意。

贺周岁　孩子诞生一周岁这天，亲朋为孩子送礼金、衣服、鞋帽等，称贺周岁。旧时流行送“虎头鞋”。虎额头绣有“王”字，因虎是兽中之王，小儿穿虎头鞋可壮胆辟邪。也有送猫头鞋和虎头帽的，都是祝福孩子健康成长之意。周岁这天还流行“抓周”或“拈周”“试周”。方法是：在小儿面前放些食品、书、笔、尺、称、算盘、制钱、刀、枪等物品，让小孩在这些玩具中随意抓取，婴儿若抓到书或笔，预示长大是文人，若取算盘或称，预示将来是商人，若取刀枪，将来会习武。用这种方法，增加贺周岁的乐趣。

第二节　祭　礼

垒七　人死后第七天黎明，死者家属要到坟前祭奠致哀，称“垒七”。以后每七天上坟祭祀一次，（有几个儿不垒几七，例如两个儿不垒二七），惟五七必须都垒。扎上纸箱，内盛满用金银箔叠制好的金银元宝，金银锞子，纸钱，要提前去哭祭。

百晌祭　人死后第100天傍晚，死者亲属备上祭品，扎上“金山”“银山”“楼阁”“撼钱树”等到坟前焚化，并说“撼钱树，百晌栽，树大根深长起来。树也长，钱也长，长的金钱万万两，若是亲朋来借钱，摇摇树枝落下来，不认不识来借钱，用鞭打出门外边，念上个弥陀佛，两周全”。让死者有不尽财源，富贵荣华。

祭日祭　人死后，每年的这一日，子女要备供品，到坟前祭奠，也称“上祭日坟”。有灵堂后，就到骨灰盒存放的灵堂处去悼念，是一个重要的祭奠日。

四季祭　即春夏秋冬四季上坟，春季坟在清明节，但是清明节前两天为“一百五”，是为向坟上添土的日子，一般在这一天，上坟添土一块进行。夏季坟：在农历六月六以前哪一天都行，又称夏麦坟。秋季坟，在农历七月十五，又称“鬼节”上坟。冬季坟，农历十月初一，又叫祭祖节。

春节祭　春节前一日到坟前祭奠，一则汇报一家人一年来和顺年丰，二则祈福来年多带福来。供品祭祖放鞭炮最为隆重。

家祭　过去，农历除夕，为已故先祖在家设祭奠仪式，在正房内的桌案上摆上供品，再把族谱或近几代直系亲属的家谱，俗称“家钱”供上，然后上香、烧纸、叩头，以示对先祖的怀念。近几十年，一般农家，都不再设家祭，一并到坟墓、公墓、祠堂去祭奠。

祭土地神　“文化大革命”前，南马坊村有土地庙，是一方之主，称“土地爷爷”，人死了要到土地庙送浆水，度亡人。传说二月二是土地爷的生日，不少人进庙祭奠，这就是人们常说的“土地爷爷还盼过二月二”。

祭财神　财神爷有两位，一位是“赵公元帅”，原是道教信奉的财神，一位是“关羽”，称“关老爷”，正如在画像两旁所写的对联：“昔为汉室忠良将，今作中华福禄神”。近年来，人们求财致富的欲望迫切，供奉“财神爷”

保佑致富发财行为日盛，许多村民在堂屋内设有“财神”牌位，供桌摆有香炉、供品。

祭车　改革开放后，生活富裕，不少家庭购置各式各样的汽车，用途不一。有的搞运输，有的经商，有的便于工作。在祈求平安心理驱使下，产生祭车的民间习俗。祭车一般是在黎明之际，把新车停于门口或十字大街路口，在车前摆上繁多供品、香炉，车旁摆上“金银元宝”。车主领着全家磕头，跪拜四方，最后烧纸，烧摆放的“金银元宝”，放鞭炮，祷告行车平安，运输发财。

祭路　一般是在晚上，有车主和无车主都有祭路的。有的几家妇女凑供品祭路，单独祭路都是有车的人，户主带领全家老少，在农历每月的十五晚上，到公路边摆放供品，烧香、烧纸进行祭奠。有的请上神汉、神婆主持。过年时，车上都贴上“落门钱”。

第三节　禁　忌

吃饭　如果有人吃饭把筷子直上直下地插入饭碗中，会被认为很不吉利；若是小孩子这样，会受到家长的斥责。因为这是供死人“倒头饭”的样子。

从古至今人死后，在灵床或棺前即死者头前，要供一尖碗小米饭或很稠的面条，将一双筷子直直的插到饭碗正中，称为“倒头饭”，因而平时忌讳这样插放筷子。给死者倒水、倒饭要反手倒，给犯人盛饭时也是反手倒。因此，在给别人倒茶、斟酒和舀饭时，忌反倒，一定要向手的里侧倒。忌从窗子给人递食物，这也是对待犯人的做法。

吃饭前忌敲碗筷，因敲饭盆是给鸡、狗、猪伴食后向它们发的暗号，也是乞丐求乞的一种方式。给客人倒了茶，壶嘴忌冲着客人，这样客人不顺心。陪客人吃饭，主人慢吃，若早吃完放下筷子，客人必停。

年龄　俗话说，“七十三、八十四，阎王不叫自己去”。人们认为两个年龄是老人难迈的坎。因而老人或少说一岁，或多说一岁。据传，两个年龄是孔子和孟子两位圣人的亡故年纪，人们把圣人的寿限看成是人的最高寿限。旧时，生活条件、医疗条件差，体力劳动繁重，“人生七十古来稀”确有道理，能到八十多岁确为少见。

另外，又忌讳说四十一岁，说四十一是属鳖的。又忌讳说一百岁。因为常言道，“人生不过百”。百年之后，即指死后。若说一百岁，好像活到头了，所以问到百岁老人年龄时，他总是说九十九或再从九十一数起。九十九古代是吉祥数字。称为九九无限量。

修建　破土修建，一是通过查皇历，查找宜动土的黄道吉日，避开凶险的黑道日。二是查看太岁所在的方位，避免在太岁所在的方位动土。若在太岁所在的方位动土或迁居，就叫“太岁头上动土”，会招灾祸。

修建还有其他讲究。大门忌冲着水沟，说财气会被冲；忌冲胡同，说胡同是箭道，家容易被射伤。还忌冲人家的房檐、墙脚。若躲不开，则在大门上方或影壁墙上嵌上青砖或石块，刻上“泰山石敢当”或“泰山镇宅”字样镇压。

过年　正月初一早起，祭神煮饺子，年五更不准大声说话，煮饺子不拉风箱，烧易燃芝麻秸和树枝。认为此时诸神下界享祭，有响动会惊扰神灵，招致祸患。说吉利话，避免使用“破、完、断、死”等字眼。若水饺煮破了，不能说“破了”，而说挣开了。打破碗盘忙说岁岁平安，初一不打骂孩子，不杀生。给长辈拜年磕头要对着堂屋正面，忌冲着人跪拜。因只有丧事求人答谢才朝人跪拜。磕头只三个，有神三鬼四的说法，若给老人磕四个头，会挨骂。

婚丧嫁娶　婚事忌白，丧事忌红，持孝（守孝）期间忌穿大红大花的鲜亮衣服。结婚送礼忌送单数和谐音不雅的东西，如缎子（谐音“断子”），梨（谐音“离”），钟（送钟谐音“送终”）等。丧葬则忌双数，如给死人穿衣一般为“五领三腰”，五件上衣，三件下衣。死者寿衣忌用毛料，怕来世变畜类。结婚忌在本命年和没有立春的年份，无春不吉利。找对象时属相有四忌：白马怕青牛，羊鼠一旦休，蛇虎如刀锉，猪猴不到头。还有水命不能配火命等。男女的年龄也有讲究，有“男大三，女大四，眼中钉子肉中刺”的俗语。年轻女子忌坐门坎，说以后生孩子会难产。孕妇忌吃兔肉，因兔子是三瓣唇，怕生的孩子是豁唇。孕妇忌在娘家生孩子，不在娘家过节，有“媳妇子能耐大的天，不敢在娘家过七月十五、腊月二十三”的说法。小孩子取名忌与同族长辈同字或同音。未换牙的小孩子忌吃葫芦籽，怕生出葫芦籽状的龅牙来。

日常生活　缝衣，钉扣子忌穿着缝，“穿着缝，没人疼”。因为只有乞丐、流浪儿无替换衣服，才穿着缝。上衣纽扣忌双数，常用五对或七对，不用四对或六对，所谓“四六不成材”。忌下午探视病人；药方忌反叠（怕用反了药）。借药锅子熬药后忌主动送还，须等主家上门讨要。借水桶不能空着送。扬场时忌别人多嘴多舌给估堆，说估了堆扬场粮食檩子就不再长了。打井忌已婚妇女靠近。送人钱和物或商贸交易中尽量避开“250”这个数字。“250”俗称半吊子，是骂人或侮辱人的话。出门求人或问路，忌喊对方二哥，二哥是对笨拙人的称呼。

上述禁忌，有些是礼节性的，有些带有迷信色彩，在科学高度发展的今天，人们大多不在乎了。

第五章　文明新风

第一节　文明创建

学雷锋活动　雷锋是社会主义时期的一代新人中的杰出代表，20 世纪 60 年代开展的学习雷锋活动中，曾教育鼓舞了全国广大青少年，树立了一代良好的新风。1963 年 3 月 5 日，毛泽东主席题词号召向雷锋学习，雷锋的一生，虽然没有创造惊天动地的英雄伟绩，但他把自己生命的每一分热、每一分光都无私地奉献给人民，以对人民的真诚与火热的赤子之心和自觉地把有限的生命，投入到无限的为人民服务之中的实际行动，谱写了壮丽而辉煌的人生乐章。大家要学习雷锋言行一致，干一行爱一行的行为，学习雷锋不图名利，处处维护人民利益的公德，学习雷锋始终如一，一个人做点好事并不难，难的是一辈子做好事的优良品德，学习雷锋完全彻底为人民服务的精神。

随着学雷锋活动的不断深入，村共青团支部组织团员参加了1990年3月8日在临淄区委大礼堂举行的“学雷锋、争四有、做奉献”先进事迹报告会，掀起了一个学雷锋新高潮。

雷锋早已成为时代楷模，道德模范，所代表的崇高精神，关系到一个民族的精神文化的振兴。倡导“爱国守法、明礼诚信、团结友善、勤俭自强、敬业奉献”的公民基本道德规范，学习雷锋精神，对于构建和谐社会，仍然有着不可估量的、积极的时代意义。

五讲四美三热爱　20世纪80年代初，全国掀起以“讲文明、讲礼貌、讲卫生、讲秩序、讲道德”和“语言美、心灵美、行为美、环境美”为主要内容的“五讲四美”活动，南马大队积极响应。党支部、队委会动员全体社员及学校师生参加，专人演讲，发动张贴标语，深入开展“五讲四美”活动，村风大有好转。1983年3月区委、区政府作出“关于表彰文明礼貌月先进单位，积极分子和农村五好家庭的决定”，南马大队被评为先进单位，村内有187户被评为“五好家庭”。并在各户大门上方挂牌，永葆荣誉。

1983年12月至1984年2月，全省城乡开展以搞好计划生育和保护妇女儿童合法权益为主要内容的移风易俗宣传月活动。南马坊村大张旗鼓进行宣传，召开村民大会，进行详细宣讲，同时张贴标语75张，悬挂过街标语4幅，举办不同类型讲座9起。村委制定《村规民约》，每个生产队进行张贴学习，促进了社会风气的好转。

五好家庭　20世纪50年代，由全国妇联倡导并发起创建五好家庭活动。随着社会发展，五好家庭的标准内容与时俱进，不断改变。刚开始倡导为尊老爱幼、男女平等、夫妻和睦、勤俭持家、邻里团结的文明风气。至1982年的标准是：政治思想好、生产工作好，家庭和睦、尊敬老人好，教育子女、计划生育好，移风易俗、勤俭持家好，邻里团结、文明礼貌好。至1996年五好家庭更名为“五好文明家庭”，评选标准为：爱国守法、热心公益好，学习进取、爱岗敬业好，男女平等、尊老爱幼好，移风易俗、少生优育好，勤俭持家、保护环境好。2009年的标准为：“爱国守法，明礼诚信；夫妻和睦，孝老爱亲；学习进取，科学教子；邻里融洽，友爱互助；低碳生活，热心公益。至2015年称为最美家庭。

1989年，南马坊村配合评选“五好家庭”

文明家庭

五好家庭

活动，根据上级指示推出评选好儿女、好媳妇、好婆婆、好邻居活动，搬入新社区后，为全方位推进和深化，道德工程建设美丽新型和谐新村，树典型扬正气，弘扬正能量，开展有代表性的“身边好人”活动，只要是在生产、生活、家庭、工作、为民服务、遵纪守法，关爱、维护家园，执行村委制定的各项决议，规章制度，模范地完成村“两委”交给的各项工作任务等方面，涌现出的有影响的好人好事都要表彰。具体标准：好儿女：孝敬父母，自觉履行赡养义务，注重感情交流与精神慰藉，注重老人的衣食住行，经常和老人团聚。好媳妇：孝敬父母，夫妻互敬互爱，关心子女成长，正确对待和处理家庭问题，吃苦耐劳、勤俭持家、对双方父母经济上尽力供养，生活上悉心照料，医疗上给予保障，精神上给予慰藉。好婆婆：关心晚辈、婆媳关系融洽，视儿媳如亲生，鼓励支持子女实行计划生育，如遇子女工作、生活方面有困难，主动沟通尽力帮助。好邻居：邻里关系和睦、互帮互助、团结友爱、热心公益事业、爱护公共财产和环境卫生、群众口碑好，在促进社会和谐稳定方面起带动示范作用。好村民：生活方式文明健康，助人为乐热心公益，热心帮助失能困难老人、残疾人以及其他有困难的群众，积极参加捐资助学扶残助残，拾金不昧，见义勇为，群众口碑好。根据以上标准，南马坊评出各项标兵暨好家训、文明户、信用户家庭。

好儿女：王金春　商孝明　宗来盈
于福田　刘金元　于松年

好媳妇：殷玉兰　齐红进　李秀莲
许爱芹　姚惠莲　王玉芹

好婆婆：孙守英　吴玉华　于金凤
刘俊英　李香岚

好邻居：商孝文　胡爱玲　于新惠
齐永贵　刘光增

好村民：韩金周　崔荆春　刘光国
刘昭伦　谭新明　刘德中
于新文

好家训：杜景宏　王金玉　商孝富
韩秉岐　贾明德　孙成吉
胡献华　孙连祥　齐永吉
齐爱元　崔传学　齐兴华
刘中兴　李振江　刘光平
刘澄清　贾守林　于锦海
贾宝福　信月德　于　田
贾明远　于锦海　许凤林
于宝铭　于清杰　王清玉
董志刚　于　新　宗来华
贾福新　贾新国　丁传芹
于宝忠　崔荆华　李　亮
初建国　董云章　解玉庆
谭新立　刘昭忠　齐兴福
韩玉华　贾　琳　贾桂书
刘来清　贾守德

文明户：杜景宏　宗来盈　刘金元
贾春力　于清杰

信用户：商孝明　谭建设　徐中海
董龙章　于松年

第二节　善行义举

韩玉松救新弟　1992年，韩玉松在桓台县果里乡作蔬菜指导时，搭救了一名被人贩子拐走的儿童。清明节这天，韩玉松从果里乡回家，路过铁山脚下，见有一骑自行车的载着一名儿童，摇摇晃晃地在前面走，这时天色已晚，下着小雨，路上无行人。被载的孩子不停地挣扎喊叫，韩玉松感到有些异常，当相距有 50 米时，骑车人拐向山沟的一条小路，韩更加怀疑，急忙奔上前去，大喊“把孩子放下”，人贩子做贼心虚，把孩子摔倒路边就走，当走出不到 30 米，回头一看发现只有他一个人时，又折回来了，一看这种情形，韩玉松急中生智，大喊：“走，到公安局去。”并怒气冲冲的奔上前去，人贩子一看，急忙回头骑自行车逃走了。

韩玉松把自己的外衣脱下，给儿童穿上，按儿童所指的路载他回家。当送到北金召村时，天快黑了，村子里大街上挤满了人，该村村民寻找孩子已多时，其中有人看见他载着孩子，立即大喊“新弟回来了，找到了”，当时在一胡同口的一块大石头上坐着一中年妇女，她是新弟的妈妈，跑到韩玉松身边抓着韩的手，嘴里抖动着一句话也说不出来。韩玉松把事情的经过大体告诉了她，这时新弟的奶奶也出来了，很感激的对他说：“新弟这孩子是您救的，让他给你当干儿子吧，你同意吗？”韩玉松点了点头，表示同意，他妈妈才松了手。

第二天，新弟全家七八口人开车到南马坊表示感谢。之后，每年春节，新弟的爸爸带着他来南马坊看望韩玉松，两家走动甚密。

李文会险救孙金柱 2005 年一个冬天的晚上，南马坊村南的环城路上，地埋电线被盗，路灯不亮，路上一片漆黑。南马坊村民孙金柱从村外回来，在南大门路口被一东去的汽车撞昏在地，汽车逃逸，来往车辆不时从他身旁飞驰而过，危险至极，来往人员多有害怕不敢停留。这时村民李文会路过此地，借着一缕车灯光亮见倒地之人为本村孙金柱，即刻上前施救。先叫几声，见孙金柱昏迷叫不应。李又见来往车辆众多，若不及时相救，恐受二次、三次伤害，后果不堪设想。李文会身为女性，背起 120 斤重的孙金柱躲过来往的车辆，将他背到路北安全地带，随即呼叫 120 救护车将孙金柱拉到医院，经抢救后脱离生命危险。3 天后，临淄电视台到村内采访并作了报道。

爱心救助病人 2010 年秋，南马坊 7 组村民谭新军之女萌萌患有严重疾病，经各大医院多方医治，花费大量医疗费，家庭负债累累。组长刘炳元得知此事，汇报给村“两委”，党支部书记、村主任贾宝书，立刻召开全体党员大会建议捐款帮助，并亲自拿出壹万元让刘炳元送至谭家，会后向全体村民发出倡议，开展“献爱心救病人”活动。当时共设三处捐款地点，村委成员于志勇处、组长刘炳元处、谭新军家。在村“两委”领导及党员的带动下，全村村民各企业领导纷纷捐款，在很短的时间就捐款 4 万多元，给谭新军的家庭解决了很大困难。

捐款救灾 1998 年，长江、嫩江、松花江等流域发生特大洪灾，全国人民向灾区人民伸出援助之手，捐款捐衣捐铺盖。村内群众积极响应，决心与灾民同舟共济，共渡难关，纷纷解囊相助，捐款捐物，受到中共临淄区委、区政府表彰。

2008 年四川省汶川发生特大地震，村内群众积极捐款。共捐资 30451 元，帮助灾区渡过难关。

献血救人 1977 年 5 月 20 日（农历四月初三），正是套种玉米的时节，8 队社员刘春清受队委会派遣，给在建的临淄酒厂用马车拉石头，

无偿献血

因下雨道路泥泞，从马车上跌落下来，不幸被车轮碾压，急送临淄区医院抢救，需输血救治。消息传回大队，8队队长刘德贤马上带领部分本队青年，冒雨奔向医院，大队会计朱光文立即进行广播，动员社员前去献血。得到消息，社员纷纷前往，因当时受交通工具限制，社员们都是徒步去医院，上百人争先献血。经化验，刘兴元、刘本元、刘长清、刘佐清、刘德明、贾福新等6人血型配对成功，每人献血300毫升。

搭救落井女子 1971年春的一天，五队社员许维勤到坡里栽地瓜，在路过路边一枯井时，听到井里有人呼救。他赶紧过去，一看井里果然有人，便随即询问。听落井人说，她是夜间出走，不慎落入井中。许维勤当即回家，找了个镢铲杈子，安在井口上，在同队社员齐兴华、徐中华等人的帮助下，把人救了上来。见落井人是一女子，他便领回家叫妻子给她换上衣服，又到卫生室看病买药。经询问，该女子为城关公社东石大队人。许维勤随即通知了她的家人将其女领回。

第三节 婚俗新风

继子 在旧社会提倡养儿防老，一个家庭若没有男孩继承家业，要从近亲属或从其他人家找一人传宗接代，称为“继子”。一般受族人或外人欺负。新中国成立后此风俗仍在流行，直到20世纪80年代，随着社会进步逐步改善。南马坊村“两委”把注重老人的赡养问题，老人生活得到一定保障，过继儿的风俗得以改善。

娶女婿 旧社会有娶女婿以顶立门户的风俗。女婿过门后，称“养老女婿”，改随女性或者其子女随女方姓。新中国成立后，养老女婿的社会地位得以提高，在很多政策上，国家都给予照顾，在计划生育方面，开始规定育龄妇女只生一个，若是娶女婿者明文规定可生二胎，男到女家都受到尊重。进入新社区后，对未出嫁的女孩和男孩一样，都分配一套房子。

寡妇改嫁 旧社会“男尊女卑”，男子可再娶或多娶。女子不能再嫁。即使有了子女不管多么困难也要抚养他们成人。为了束缚寡妇们的婚姻，统治者在各种场合树烈女传，旌表节烈女子，大力宣扬从一而终的封建礼教。

新中国建立后，妇女得到解放，地位提高，寡妇改嫁受法律保护，村内有多个中年、老年妇女丧夫后冲破旧习俗改嫁他人。

第六章　宗　教

第一节　道　教

道教信奉先天神圣、后天仙真、社稷神灵、民俗诸神四个体系。民间信奉灶王爷、门神、土地爷、财神、送子娘娘、阎王爷等，都是道教信奉的各路神仙。村东原有土地庙一座，供奉有土地公塑像。每遇有过世之人，其亲属必到土地庙送浆水，禀告死者姓名、生辰等，以求土地神为死者引路。南马坊村南寨门内旧有关圣帝君庙一座，建成于明代。大殿内供奉有关羽及刘备、张飞等人的塑像。以上两座大庙分别在20世纪50年代初期被拆毁。旧时，村内另还有4座小庙，有序分部村内，均供有民间信奉的神像，方便附近村民祈拜，四季香火不断。

由于道教在民众间的影响源远流长，现在村内尚有不少习俗与此有关。每遇婚丧嫁娶、盖房修建，大都要请人看一个合适的日子，以图吉利。已婚妇女若几年不孕，会拜求送子娘娘早日送子。也有的村民请一位自己心目中的道教神仙供奉于家中，以求心灵的慰藉。比较多的有财神、福禄寿三星、关公等。聚会场所称观。

第二节　佛　教

临淄地区的民众信奉佛教始于东汉，盛行于南北朝、隋唐时期，明、清两代寺庙众多。旧时，南马坊村有3座大的佛教寺庙。最早的一座是在北宋时期建造的南马寺，地藏院主尼妙惠曾在此住持。宋咸平四年（1001年），买到南马村税户李秀的两亩半地，用来建设寺院。宋真宗大中祥符五年（1012年），南马寺建成，同时立石经幢一尊，上镌刻《佛顶尊胜陀罗尼经》经文。第二座是位于村后大街中段的白衣大士庙，修醮3年，明崇祯五年（1632年）竣工。庙内原有大殿一座，配有东、西两廊厢房，正殿供奉着白衣观音塑像。另一座是村前大街中段的南海观音庙。此庙与白衣大士庙山门相对，有南北大道相通，建于清乾隆时期，殿内供奉着观世音菩萨塑像。旧时，众善男信女络绎不绝的来此3座大庙焚香祷告，祈福求财，避祸消灾，分外虔诚。

南马寺年代久远，何时被毁无记载。20世纪30年代，国民政府提出“庙产兴学”运动后，将白衣观音庙大殿内的佛像拆毁，庙址改为南马坊村立小学使用。南海观音庙在20世纪40年代被拆毁。自此，村内的佛教活动减少。

1978年后，国家落实宗教政策，佛事活动逐渐恢复。齐都镇石佛堂村的佛堂，作为境内登记的佛教固定活动场所。每有佛事活动，村内的信教群众大都赴此参加。

2014年12月，南马坊新村落成。村内佛教弟子前往佛教圣地峨眉山拜见高僧，请求下山传教。2015年1月18日，峨眉山高僧前来传教，金陵寺住持果善法师出迎并陪同，将如来佛祖金身安座于新村北门阁楼之上，是日开光。每月农历初一、十五为参拜日。届时，虔诚信徒前往拜供，祈求安福。也有的村民为了讨个好彩头，往往请一尊心中信仰的佛像供奉于家中。

第三节　基督教

基督教原包括天主教、东正教、新教三大教派，今指基督新教，俗称耶稣教。临淄基督教会，全称“中华基督教会山东大会青州区会临淄堂会”。1877 年，青州基督教浸礼会派英国牧师李提摩太到临淄传教。1924 年，改由中国籍牧师传教。新中国成立后，基督教实行“自治、自养、自传”的三自爱国方针。1984 年，成立临淄区基督教三自爱国运动委员会。

1951 年，临淄地区共有基督教堂 15 处，临淄城北门里是全县建筑面积最大的教堂。2003 年，临淄区基督教会在齐都镇国家村北建设新教堂。2005 年竣工，建筑面积 3000 余平方米。

基督教信徒提倡爱国家，不损害他人，学会感激。在生活上爱家庭、爱家人、爱朋友，培养个人形成有礼貌、懂自律的良好修养。每遇礼拜天，信徒到教堂参加礼拜。主要内容为祈祷、唱赞美诗、读经、讲道等。基督教活动场所称堂，标志是一个按比例制作的“十”字，俗称“十字架”。

南马坊人于新粒，自幼受到家庭基督教教义的熏陶，青年时期入读燕京神学院。1984 年按立为牧师。2003 年，当选北京市基督教三自爱国运动委员会主席、北京基督教教务委员会会长。2005 年，任燕京神学院院长。2008 年 1 月，当选中国基督教三自爱国运动委员会第八届委员会副主席。2010 年 8 月，任燕京神学院顾问。2014 年 8 月，担任北京市基督教两会名誉会长。他爱国爱教，热心宗教事业。

2016 年，村内尚有居民信奉基督教，多数为年龄较大的妇女。他们分为若干小团体，活动地点大多是到教堂做礼拜，也有的到登记的聚会点做礼拜。多数是为了寻求心灵深处的宁静和对美好未来的期盼。基督教的主要节日有圣诞节、复活节、感恩节等。

荣 誉

计划生育模范村
先进单位
村容整治先进单位
文明单位
CIVILIZATION UNIT
中共淄博市委
淄博市人民政府
文明村
文明村
文明单位
CIVILIZATION UNIT
二000年度
红旗党支部
尊师重教先进单位
先进基层党组织
二00五年度
优秀交通安全村
二00四年度
安全生产先进单位
南马村07年元宵节文艺演出留念

南马坊荣誉墙

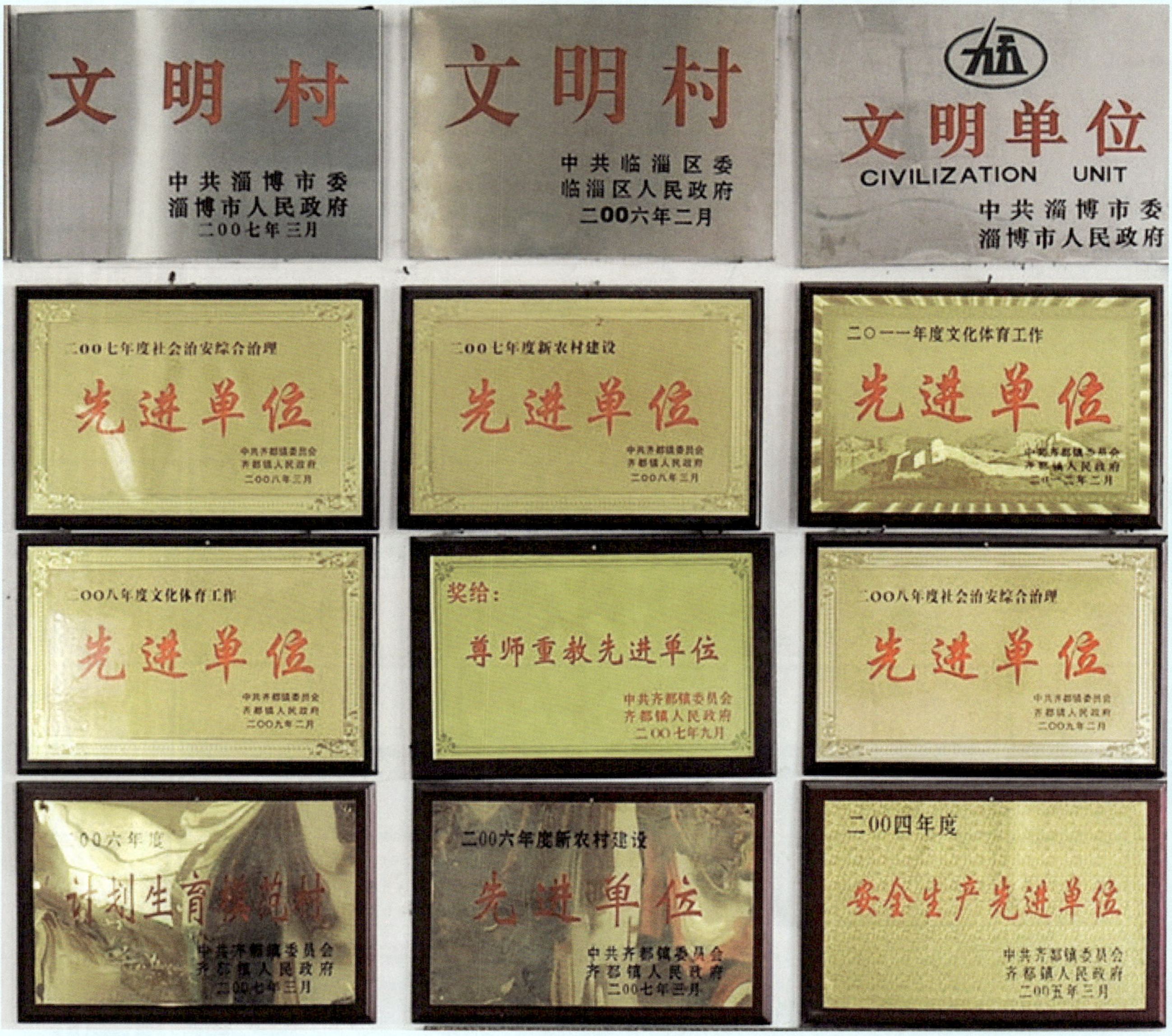
文明村
中共淄博市委
淄博市人民政府
二00七年三月
文明村
中共临淄区委
临淄区人民政府
二00六年二月
文明单位
CIVILIZATION UNIT
中共淄博市委
淄博市人民政府
二00七年度社会治安综合治理
先进单位
中共齐都镇委员会
齐都镇人民政府
二00八年三月
二00七年度新农村建设
先进单位
中共齐都镇委员会
齐都镇人民政府
二00八年三月
二0一一年度文化体育工作
先进单位
二00八年度文化体育工作
先进单位
中共齐都镇委员会
齐都镇人民政府
二00九年二月
奖给：
尊师重教先进单位
中共齐都镇委员会
齐都镇人民政府
二00七年九月
二00八年度社会治安综合治理
先进单位
中共齐都镇委员会
齐都镇人民政府
二00九年二月
二00六年度
计划生育模范村
中共齐都镇委员会
齐都镇人民政府
二00七年三月
二00六年度新农村建设
先进单位
中共齐都镇委员会
齐都镇人民政府
二00七年三月
二00四年度
安全生产先进单位
中共齐都镇委员会
齐都镇人民政府
二00五年三月

荣　誉

新中国建立后，南马坊所得荣誉若干。因时间久远，村办公地点几经搬迁，部分荣誉档案及资料遗失。仅将收集的部分荣誉资料辑录如下。

1986—2016年南马坊村获镇级以上部分荣誉

荣誉称号	授奖单位	获奖时间
淄博市副食品生产先进单位	淄博市政府	1986.6月
先进治保会	淄博市公安局	1991.4
淄博市尊师重教先进单位	淄博市政府	1993.9
1992年度体育工作先进村	淄博市政府	1993.9
市级体育先进村	淄博体育运动协会	1993.11
体育先进村	淄博市体育运动委员会	1994.11
文明单位	淄博市政府	1996
模范村委会	淄博市政府	1998.12
农村集体财务管理规范化村	淄博市农业局	2001
淄博市模范村民委员会	淄博市政府	2002.6
文明单位	淄博市委、市政府	2003.3
淄博市模范村民委员会	淄博市民政局、人事局	2004.11
淄博市民主法治示范村	淄博市司法局、民政局	2006.1
淄博市文明单位	淄博市委、市政府	2007
农村老年体育先进村	淄博市体育局	2007.3
先进妇代会	淄博市妇联	2009.3
临淄区发展工业先进村	临淄区委、区政府	1989.3
临淄区发展工业先进村	临淄区委、区政府	1990.3
1992年度科技兴区先进集体	临淄区委、区政府	1993.3
计划生育工作先进单位	临淄区委、区政府	1993.3
计划生育合格村	临淄区政府	1995.3
五好村	临淄区党委、政府	1997.7
先进治保会	临淄区党委、政府	1997
1998年度全区利税前十名经济强村	临淄区政府	1999.3
“五好”村党支部	临淄区委	1999.6
农村文化先进单位	临淄区政府	1999
文明单位	临淄区委、区政府	1999.2
先进民兵连	临淄区武装部	1999.3
农村文化先进单位	临淄区政府	2000
先进党员活动室	临淄区委宣传部	2000

荣誉称号	授奖单位	获奖时间
妇女工作先进单位	临淄区妇联	2000
闹元宵一条街优秀节目奖	临淄区文化局	2000
安全创建工作模范村	临淄区综合治理办公室	2000
第五次人口普查先进单位	临淄区委、区政府	2001.9
妇女工作先进单位	临淄区妇联	2001
文明单位	临淄区委、区政府	2002
妇女工作先进单位	临淄区妇联	2002
红旗妇代会	临淄区妇联	2003.1
计划生育先进村	临淄区计生委	2003.3
文化活动先进单位	临淄区文化局	2003.3
“五好”村党组织	临淄区委	2004.6
学习型村（居）	临淄区政府	2004.4
人口与计划生育先进单位	临淄区委、区政府	2004.6
红旗妇代会	临淄区妇联	2004
先进妇代会	临淄区妇联	2005
体育道德风尚奖	临淄区乒协	2005.4
优秀交通安全村	临淄区安全生产委员会	2005
文明村	临淄区委、区政府	2006.3
先进基层党组织	临淄区委	2006.6
庆三八“健康杯”优秀组织奖	临淄区妇联	2006.6
新型农村合作医疗先进集体	临淄区政府	2006.5
预备役工作先进民兵连	临淄区武装部	2006.6
卫生先进村	临淄区爱委会	2006
平安临淄建设示范单位	临淄区综治办	2006.3
临淄区“南马坊村杯”乒乓球赛组织奖	临淄区乒协	2006.10
“宝通杯”农民乒乓球赛体育道德风尚奖	临淄区乒协	2006.4
农村合作医疗先进集体	临淄区政府	2007.4
妇女工作红旗单位	临淄区妇联	2007
平安和谐红旗村	临淄区委、区政府	2007
新农村建设先进村	临淄区委、区政府	2007
先进基层党组织	临淄区委	2008.6
和谐红旗村居	临淄区委、区政府	2008.2
红旗妇代会	临淄区妇联	2008
尊师重教先进单位	临淄区委、区政府	2009.9
2008 年度人口与计划生育工作先进单位	临淄区委、区政府	2009.11
优秀巾帼文明队	临淄区妇联	2009.3
第七届农民乒乓球赛男子团体第一名	临淄区体育局	2010.10
先进基层党组织	临淄区委	2011.1
安全创建工作模范村	临淄区综治办	2011.2
先进基层服务型党组织	临淄区委	2015.7
太极拳（剑）集体项目三等奖	临淄区老干部局	2015

荣誉称号	授奖单位	获奖时间
太极拳（器械）集体项目三等奖	临淄区老干部局	2016
第四次人口普查先进单位	齐都镇政府	1990.8
工业生产先进村	齐都镇党委、政府	1991.8
1993 年度先进企业（永发实业总公司）	齐都镇党委、政府	1994
先进团支部	齐都镇党委	1994.7
1994 年度先进民兵连	齐都镇党委、政府	1995
社会治安综合治理先进单位	齐都镇党委、政府	1995
先进妇代会	齐都镇党委、政府	1995
计划生育先进单位	齐都镇党委、政府	1995.6
先进党支部	齐都镇党委	1996.9
先进村委会	齐都镇党委、政府	1996
民兵先进工作单位	齐都镇党委、政府	1996
人口目标责任红旗单位	齐都镇党委、政府	1996
先进团支部	齐都镇党委	1997.1
先进党支部	齐都镇党委	1997.1
综合治理先进单位	齐都镇党委、政府	1997
先进妇代会	齐都镇党委、政府	1997
财务管理先进单位	齐都镇党委、政府	1997
人口目标责任红旗单位	齐都镇党委、政府	1997
红旗党支部	齐都镇党委	1998
先进团支部	齐都镇党委	1998.1
先进民兵连	齐都镇党委	1998.1
人口目标管理红旗单位	齐都镇党委、政府	1998.1
信访工作先进单位	齐都镇党委、政府	1998.2
五项制度知识竞赛二等奖	齐都镇党委、政府	1998.2
妇女工作先进单位	齐都镇党委	1998.1
财务管理先进单位	齐都镇党委、政府	1998
综合治理先进单位	齐都镇党委、政府	1998.7
红旗党支部	齐都镇党委	1999.2
养殖专业村	齐都镇党委	1999.2
农村目标管理先进集体	齐都镇党委	1999.2
计划生育模范村	齐都镇党委、政府	1999
林路建设先进单位	齐都镇党委、政府	1999.2
社会治安综合治理先进单位	齐都镇党委、政府	1999
先进民兵连	齐都镇党委、政府	1999
财务管理先进单位	齐都镇党委、政府	1999
迎国庆南马杯一等奖	齐都镇党委、政府	1999
红旗党支部	齐都镇党委	2000
村庄规划先进单位	齐都镇党委、政府	2000
农村目标责任制考核先进集体	齐都镇党委、政府	2000
春节文艺演出组织奖	齐都镇党委、政府	2000

荣誉称号	授奖单位	获奖时间
农村岗位目标责任制先进单位	齐都镇党委、政府	2001
晨鸿杯篮球赛第一名	齐都镇党委、政府	2001
综合治理先进单位	齐都镇党委、政府	2001
先进民兵连	齐都镇党委、政府	2001
先进妇代会	齐都镇党委、政府	2001
先进党总支	齐都镇党委	2001
先进团支部	齐都镇党委	2001
农村财务管理先进单位	齐都镇党委、政府	2001
2000 年度红旗党支部	齐都镇党委、政府	2001
计划生育模范村	齐都镇党委、政府	2001
尊师重教先进单位	齐都镇党委、政府	2001
先进党总支	齐都镇党委	2002
先进团支部	齐都镇党委、政府	2002
先进妇代会	齐都镇党委、政府	2002
先进民兵连	齐都镇党委、政府	2002
社会治安综合治理先进单位	齐都镇党委、政府	2002
农村财务管理先进单位	齐都镇党委、政府	2002
计划生育模范村	齐都镇党委、政府	2002
人口与计划生育工作先进单位	齐都镇党委、政府	2002
尊师重教先进集体	齐都镇党委、政府	2002
农村目标责任制考核先进集体	齐都镇党委、政府	2002.1
精神文明建设先进单位	齐都镇党委、政府	2002.1
三个代表活动先进村	齐都镇党委、政府	2002.1
市场建设管理先进单位	齐都镇党委、政府	2002.1
畜牧养殖先进单位	齐都镇党委、政府	2002.1
林路建设先进单位	齐都镇党委、政府	2002.1
农业结构调整先进单位	齐都镇党委、政府	2002.1
农村目标责任制考核先进单位	齐都镇党委、政府	2003.1
重点工程协调先进单位	齐都镇党委、政府	2003.1
精神文明建设先进单位	齐都镇党委、政府	2003.1
2002 年度先进党总支	齐都镇党委	2003.1
非典防治先进单位	齐都镇党委、政府	2003
农村财务管理先进单位	齐都镇党委、政府	2003
先进民兵连	齐都镇党委、政府	2003
学习型村先进单位	齐都镇党委、政府	2003
林业工作先进单位	齐都镇党委、政府	2003
社会治安先进单位	齐都镇党委、政府	2003
农业结构调整先进单位	齐都镇党委、政府	2003
尊师重教先进单位	齐都镇党委、政府	2003
2003 度综合治理先进村	齐都镇党委、政府	2004.1
2003 度先进基层党组织	齐都镇党委	2004

荣誉称号	授奖单位	获奖时间
招商引资先进单位	齐都镇党委、政府	2004.3
篮球比赛第一名	齐都镇党委、政府	2004.10
文化体育工作先进单位	齐都镇党委、政府	2005
安全生产先进单位	齐都镇党委、政府	2005
三八文艺会演一等奖	齐都镇党委、政府	2006.3
2005 年度农村综合工作先进单位	齐都镇党委、政府	2006.3
2005 年度安全生产先进单位	齐都镇党委、政府	2006.3
2005 年度蔬菜新技术推广先进单位	齐都镇党委、政府	2006.3
2005 年度招商引资先进单位	齐都镇党委、政府	2006.3
2005 年度林业工作先进单位	齐都镇党委、政府	2006.3
2005 年度财务管理先进单位	齐都镇党委、政府	2006.3
2005 年度计划生育模范	齐都镇党委、政府	2006.3
2005 年度村容整洁先进单位	齐都镇党委、政府	2006.3
2005 年度社会治安综合治理先进单位	齐都镇党委、政府	2006.3
新农村文艺会演一等奖	齐都镇党委、政府	2006.6
建设社会主义农村文艺汇演组织奖	齐都镇党委、政府	2006.6
2006 年度新农村建设先进单位	齐都镇党委、政府	2007.3
财务管理先进单位	齐都镇党委、政府	2007.3
2006 年度农村综合治理先进单位	齐都镇党委、政府	2007.3
2006 年度招商引资先进单位	齐都镇党委、政府	2007.3
2006 年度计划生育模范村	齐都镇党委、政府	2007.3
尊师重教先进单位	齐都镇党委、政府	2007.3
2006 年度文化体育先进单位	齐都镇党委、政府	2007.3
齐都镇农民篮球赛冠军	齐都镇党委、政府	2007.11
2007 年度新型农村合作医疗先进集体	齐都镇党委、政府	2008.3
2007 年度新农村建设先进单位	齐都镇党委、政府	2008.3
2007 年度农业新技术推广先进村	齐都镇党委、政府	2008.3
2007 年度农村综合治理先进单位	齐都镇党委、政府	2008.3
2007 年度人口与计划生育工作先进单位	齐都镇党委、政府	2008.3
2007 年度招商引资工作先进单位	齐都镇党委、政府	2008.3
2007 年度财务管理工作先进单位	齐都镇党委、政府	2008.3
2007 年度文化体育工作先进单位	齐都镇党委、政府	2008.3
尊师重教先进单位	齐都镇党委、政府	2008.9
齐都镇第四届农民篮球赛第四名	齐都镇党委、政府	2008.11
2008 年度人口与计划生育工作先进单位	齐都镇党委、政府	2009.2
第五届农民篮球赛第四名	齐都镇党委、政府	2009.11
2008 年度财务管理工作先进单位	齐都镇党委、政府	2009.2
2008 年度社会治安综合治理先进单位	齐都镇党委、政府	2009.2
2008 年度农村基本养老保险先进单位	齐都镇党委、政府	2009.2
2008 年度文化体育工作先进单位	齐都镇党委、政府	2009.2
2008 年度招商引资工作先进单位	齐都镇党委、政府	2009.2

荣誉称号	授奖单位	获奖时间
2008 年度新农村建设先进单位	齐都镇党委、政府	2009.2
2009 年度秸秆禁烧工作先进单位	齐都镇党委、政府	2010.3
2009 年度新农村建设先进单位	齐都镇党委、政府	2010.3
2009 年度文化体育工作先进单位	齐都镇党委、政府	2010.3
2009 年度人口与计划生育工作先进单位	齐都镇党委、政府	2010.3
2009 年度财务管理工作先进单位	齐都镇党委、政府	2010.3
尊师重教先进单位	齐都镇党委、政府	2010.9
齐都镇第六届农民篮球赛第三名	齐都镇党委、政府	2010.11
2010 年度移风易俗先进单位	齐都镇党委、政府	2011.2
2010 年度文化体育工作先进单位	齐都镇党委、政府	2011.2
2010 年度新农村建设先进单位	齐都镇党委、政府	2011.2
2010 年度人口与计划生育工作先进单位	齐都镇党委、政府	2011.2
2010 年度财务管理工作先进单位	齐都镇党委、政府	2011.2
齐都镇第七届农民篮球赛第一名	齐都镇党委、政府	2011.11
人力资源和社会保障工作先进单位	齐都镇党委、政府	2012.1
2011 年度农村财务管理先进单位	齐都镇党委、政府	2012.2
2011 年度新农村建设先进单位	齐都镇党委、政府	2012.2
2011 年度移风易俗先进单位	齐都镇党委、政府	2012.2
201 年度文化体育工作先进单位	齐都镇党委、政府	2012.2
尊师重教先进单位	齐都镇党委、政府	2012.2
人力资源和社会保障工作先进单位	齐都镇党委、政府	2013.1
2012 年度先进党支部	齐都镇党委	2013.1
2012 年度文体工作先进单位	齐都镇党委、政府	2013.1
2012 年度财务管理工作先进单位	齐都镇党委、政府	2013.1
2012 年度新农村建设工作先进单位	齐都镇党、政府	2013.1
尊师重教先进单位	齐都镇党委、政府	2013.9
齐都镇第八届农民篮球赛第一名	齐都镇党委、政府	2013.11
尊师重教先进单位	齐都镇党委、政府	2014.9
尊师重教先进单位	齐都镇党委、政府	2015.9

人 物

贾振琨
辛亥革命烈士

齐永成
南马坊高级社社长、
第一届南马大队大队长

朱光文
第一任南马坊村村主任

贾宝书
第一位村党支部书记兼村主任

刘景清
第一任工会主席

南马坊村历史悠久，人杰地灵，造就了代代英才。唐初名相房玄龄，清朝翰林于疏枚，民主革命先驱贾振琨，是南马坊村对社会的贡献。在求解放的战争中，涌现贾明轩、董善玉、齐永修等一代英烈。

新中国建立后，走过三个时期，农业互助合作社、人民公社、家庭联产承包责任制。历任村干部各领风骚多年，带领群众，从贫穷落后，到温饱、到小康，从住低矮茅草屋到砖瓦房，到全部住上楼房，最基层的负责人及乡贤达人，团结村民，和谐共处，紧跟中国共产党，走上了康庄大道。在外籍工作的精英，他们在各自的岗位上，吃苦耐劳，勤奋工作，取得了荣誉，赢得了尊重，为提高南马坊在外的知名度做出了贡献。

人物收录，分为人物传略、人物简介、人物表三方面。人物传略记载历史人物，已故村干部、已故教师及各界名人，记载政府公布的南马坊7名烈士。齐永修、边浩然，肖桂堂等作为革命人物，也记载在人物传略中，计63人。人物简介，收入三方面人员，在职和退职的村干部，户籍在外的游子。村内各时期的乡贤、英模143人。人物表记载对南马坊有贡献的其他人士52名。

人物传略

历史人物

房彦谦（547—616），字孝冲，临淄区齐都镇南马坊村人。其子为唐朝著名宰相房玄龄。

房彦谦幼年丧父，在母亲抚养下长大成人。他天资聪颖，好学强记。7岁时诵数万言，后受学于博士尹琳，手不释卷，于是通涉五经，善于词辩。北朝北齐河清元年（562年），任北齐齐州刺史王孝珩主簿。北周灭北齐后，回家闲居。隋开皇七年（587年）授承奉郎，升为监察御史。隋灭南陈后奉命安抚泉、括等10州，因政绩突出，受到朝廷重赏，升秦州总管录事参军，任满后又升长葛（今河南省长葛县北）县令。隋仁寿年间（601—604年），文帝派使臣巡行全国，考察官吏政绩，房彦谦被评为天下第一，升任鄀州（今湖北省荆门）司马。离长葛任时，老百姓依依不舍，在路两旁哭送他，自愿捐款为他立碑，歌颂其功德。刚到鄀州任职时，因此地很长时间没有刺史，全州事务都由他一人处理，井井有条，人称“异政”。隋炀帝即位后，房彦谦见朝纲已乱，于是辞官回乡隐居。后又被征为司隶刺史。因他正直无私，敢于弹劾不称职的官吏，遭当权者嫉恨，被贬出朝廷，降为泾阳县令。不久病卒。

房彦谦是书法家，善草、隶书，时人有得到其字的，都像得到宝物一样珍惜。他一生为官清廉，生活简朴，所得俸禄多用来周济亲友。唐朝建立后，被追赠为徐州都督，临淄公，谥号“定”。

房玄龄（579—648），名乔，字玄龄，号乔松，临淄区齐都镇南马坊村人。唐初名相，杰出谋臣，协助唐太宗登基，并开创“贞观之治”。先后任中书令、尚书左仆射、司空等职。总领百司，执掌政务近20年，为唐太宗时宰相之首。

房玄龄

房玄龄幼时聪敏好学，博览经史，长于书法，工草隶。隋开皇十六年（596年），18岁被本州推举为进士，授羽骑尉，校雠秘书省。吏部侍郎高孝基曾称赞他“仆观人多矣，未见如此郎者”。预言其后“必成国器”。后任隰城县尉。隋大业元年（605年），受隋朝宗室汉王杨谅谋反事件牵连被贬职，转任上郡（今陕西富平）一般小官吏。隋大业十三年（617年），天下大乱，群雄蜂起。李渊在太原起兵，李世民进军渭北。这时，房玄龄看准时机，毅然脱离隋王朝，投至李世民门下，遂被委任为渭北道行军记室参军。

唐武德元年（618年）五月，李渊称帝，建立唐朝，定都长安，封李世民为秦王。房玄龄被任命为秦王府记室，封临淄侯。他在秦王府掌管军政大事，成为秦王心腹及决策人物。武德四年（621年），李渊因李世民功劳最大，封他为天策上将、陕东道大行台尚书令，开天策府，设置官属。房玄龄兼任大行台考功郎中。这时，北方窦建德、王世充等人的势力已被平定，战事已少，李世民便在皇宫西面开设文学馆，招纳文学之士十八人为学士，号称“十八学士”。房玄龄为“十八学士”之首。李世民命画家阎立本为“十八学士”画像，褚亮作赞词。其中，赞房玄龄词曰：“才兼藻翰，思入机神。当官励节，奉上忘身”。

房玄龄在秦王府十余年，跟随李世民南征北战。每逢写军书奏章，驻马可成，文字简约，义理丰厚，不用草拟。他竭尽心力，报效秦王，广收人才，重用文才武将，使他们各尽其力。高祖称赞说：“此人深识机宜，足堪委任，每当我儿陈事，必会人心，千里之外，犹对面耳。”每当攻克一座城池，其他将领争取宝物，只有他在招揽人才，结交谋臣良将，荐于幕府。唐初，秦王府中不少人被高祖调走，他对李世民陈言：“诸人不足惜，惟杜如晦见识通达，善断大事，欲治国家，非此人不可。”由于房玄龄的竭力荐举，杜如晦得以留任府中。后来，二人同心协力，辅佐太宗，都成为一代名相。世称“房谋杜断”。

武德九年（626年），李建成看到房玄龄、杜如晦与李世民非常亲近，很是嫉妒，便在高祖面前进谗言，两人一时被驱出秦王府。由于李世民功高盖世，太子李建成唯恐李世民尔后被立为太子，便与弟李元吉密谋，想暗中加害。李世民得悉后，将房玄龄、杜如晦秘密召回府中计议。六月初四，经过房玄龄、杜如晦等人的细致谋划，李世民发动“玄武门之变”，诛杀了李建成和李元吉。三天后，李世民被立为太子，房玄龄被提拔为太子右庶子，赐绢五千匹。八月，高祖退位，李世民登基称帝。次年，改元贞观。

唐贞观元年（627年），房玄龄接替萧瑀任中书令。又以第一功绩进爵邗国公。贞观三年（629年），太宗授予他太子少师一职，推辞不受。只答应代理太子詹事，兼礼部尚书。贞观

四年（630 年），房玄龄接替长孙无忌任尚书左仆射，行宰相之职，参与朝政。改封魏国公，负责监修国史。贞观九年（635 年），因维护高祖的陵墓制度有功，加封开府仪同三司。

贞观十一年（637 年），太宗诏封 14 位开国功臣为世袭刺史，房玄龄被封授为宋州刺史，他坚辞不受，后改封梁国公。他认定这种裂土分封的世袭制度会导致“重裂山河，下扰百姓”，不利于国家安定统一，便上疏太宗，极力谏止。后太宗采纳其建议，下诏停止实行世袭刺史制度，消除国家分裂隐患。

贞观十三年（639 年），房玄龄被任命为太子少师。他多次呈请免去尚书左仆射一职，始终没有得到太宗同意，只能在尚书左仆射位置上兼任太子少师。贞观十六年（642 年），房玄龄与高士廉等共同编撰《文思博要》一书。书成后，太宗大喜，拜其为司空，仍综理朝政，监修国史。贞观十七年（643 年），加司空、梁国公房玄龄为太子太傅。是年二月，唐太宗为怀念当初一同打天下的众位功臣，下诏将二十四功臣像画于凌烟阁，房玄龄名列前茅。六月，继母去世，离职回家守孝。十月，回朝复职。

贞观十八年（644 年），太子李治居春宫，加封房玄龄为太子太傅，仍知门下省之事，监修国史。是年，房玄龄、许敬宗、敬播等所著《高祖实录》《太宗实录》各二十卷书成，得到太宗赞美，下诏褒奖，赐丝绸一千五百段。太宗亲征辽东，命房玄龄京城留守，战车装备，军队粮饷，都委托他全权发放处置。

贞观二十年（646 年），房玄龄曾犯小过错回家闲居。随后，褚遂良呈递奏疏，历数其功。太宗听后，召房玄龄回朝。四月，太子太傅、梁国公房玄龄辞去宰相一职，太宗下诏同意。

贞观二十二年（648 年），太宗决意对高丽开战，大臣劝谏者皆获谴，无人敢言。年近古稀、已重病在身的房玄龄闻讯后，以为如不直谏，死而有愧，于是抱病上疏《谏伐高丽表》，痛陈战争之害。他忠于朝廷，忧国忧民的品德，使太宗感动不已。七月，房玄龄病逝，享年 70 岁。太宗废朝三日，册赠太尉、并州都督，谥号“文昭”。赐予棺木，陪葬昭陵。贞观二十三年（649 年），太宗李世民辞世。高宗李治继位后，诏令在太宗庙堂设置房玄龄灵位，享受祭祀。

昭陵位于陕西礼泉县城西北九嵕山。房玄龄陪葬墓坐落于昭陵东南，封土呈圆锥状。唐永徽三年（652 年）勒墓碑，原立于礼泉县昭陵乡刘东村东北房玄龄墓前，1975 年移入昭陵博物馆。墓碑螭首，通高 385 厘米，阔 136 厘米，厚 45 厘米。额篆书“大唐故左仆射上柱国太尉梁文昭公碑”。碑文由褚遂良楷书，竖排共 35 行，满行 81 字，全文约 2000 余字。上部可辩字数较多，下部凿损严重。最广为人知的一句是：“道光守器，长琴振音；方嗣虞风，仙管流声。”

房玄龄去世后，故里南马坊人民为了纪念他，经当时官府批准，拨款在村东南修筑了纪念墓地。墓前甬道旁有石望柱、石像生、龟驮碑及供桌等。

房玄龄与太宗李世民共事 30 余年，为相 15 年，竭忠尽职。他时时提醒太宗牢记隋朝覆灭的教训，重视劳动人民的作用；劝太宗减轻赋税，裁汰冗员，澄清吏治，修订法律；用人从不求全责备，即使出身卑微者，也能量材任用。因此，在唐太宗执政时期，呈现出国泰民安的繁荣景象。史称“贞观之治”。

房玄龄不仅是一位著名政治家，也是一位优秀历史学家。为了总结历史经验，使国家长治久安，他受命为史书总监修，开官修史书先河。他主持《晋书》以下至隋六朝史的编写，主持唐朝国史的编纂。政事之暇，著有《高祖实录》《太宗实录》各20卷。与高士廉等撰《文思博要》120卷，与褚遂良重撰《晋书》130卷，流传至今。

唐太宗曾以诗《赐房玄龄》，颂扬、勉励他为国求贤。诗曰："太液仙舟迥，西园引上才。未晓征车度，鸡鸣关早开。"又作《赋秋日悬清光赐房玄龄》诗，曰："秋露凝高掌，朝光上翠微。参差丽双阙，照耀满重闱。仙驭随轮转，灵乌带影飞。临波光定彩，入隙有圆晖。还当葵藿志，倾叶自相依。"

房遗直　生卒年月不详。临淄区齐都镇南马坊村人。唐朝前期官吏，房玄龄之长子。承父爵，为汴州（今河南省开封市和开封、封丘、尉氏、杞县、兰考等县市）刺史，官至吏部尚书。因弟房遗爱谋反而受连累，贬任铜陵尉（今安徽省铜陵市）。

房遗爱（？—654）。临淄区齐都镇南马坊村人。唐朝前期官吏，房玄龄次子。他娶高阳公主后，被封为右卫将军。因唐太宗偏爱而越来越骄横，继而与和尚辩机乱政。太宗怒杀辩机，杀奴婢数十人。高宗时为房州刺史。因与公主合谋造反被杀。

于廷辅　生卒年月不详。字佐平，齐都镇南马坊村人，两任海宁（今浙江省海宁市）知县，兼管许村盐道。

海宁县近海，经常发生水患，给百姓带来灾难。他在任期间，曾捐献养廉银数千金，修堤治理水患，该堤被当地称为"于公堤"。他两袖清风，因此家业开始衰败，没有从前富裕。任职期满，海宁民众上书挽留，得到批准，续任知县。

齐兢业　生卒年月不详。字慎轩，齐都镇南马坊村人，清乾隆二十五年（1760年）中举人，以挑选二等的身份，出任东昌府在平县教谕（相当于县教育局局长），又调任兖州府滋阳县教谕，任职期满后，被推荐提升为沂州府教授（相当于市教育局局长），以资历应授知县之职。后归乡闲适，以终天年。其妻路氏，朝廷敕赠孺人。

于汝澄　生卒年月不详。字秋浦，齐都镇南马坊村人。附贡生，清咸丰年间蒙阴县训导。

在于氏十五世大排行中，他年龄位列第十三，人称"十三老"。他家境富庶，通过纳捐取得附贡生。清道光二十二年（1842年），他率领众乡亲捐款重修玉皇庙，道光二十五年（1845年），他看到保长在收税时一些官员名仕不予交纳，乡亲们很有意见，保长也很为难，没有人乐意干。他便与堂兄于汝璜邀集大家商议，形成共识。不论何人，共同出资，置办大地七亩六分，交由保长负责管理。除服工役的钱款外，其它不得额外索要。老百姓的负担减轻。其时，经常有盗匪进村袭扰，民不聊生。在他带头倡导下，民众纷纷捐资，于清咸丰元年（1851年）开始，历时三年，修筑了绕村一周的围子墙。

齐恩联　生卒年月不详。齐都镇南马坊村人，清咸丰辛酉（1861年），捻军突然来犯，官府让他组织团练，率领乡勇保护城池村庄，在与其战斗中，不幸身亡。清朝官员将他的事迹报告皇上，批准入忠义祠，一同阵亡者还有其子齐著经，其侄齐观经，并一总入忠义祠。

于统业　生卒年月不详。字道初，齐都镇

南马坊村人，增生。

母亲生病，他伺候半年，心力交瘁，落下了痨病。他结交朋友慎重，从来不交际那些不务正业的人。所接近者，都是一些有才学、忠实高尚的人，经常与他们切磋一些关于道德正义方面的事理。于统业有七子，皆颖悟好学，自幼经常教导他们做人应遵守的道德及为人之道。为了让后代能够出人头地，他不惜资财，请名师给诸子传授知识。终不负所望，其子疏枚入翰林，疏枏、疏朴成拔贡，疏枰为廪员，疏桐、疏柳皆庠生。当时有于氏多才子之美谈，此全仗统业培植。

于承业 生卒年月不详。字叔烈，号子家，于统业弟，齐都镇南马坊村人，附生。

闻韶书院原来在西关，靠近集市店铺，房舍简陋，嘈杂喧闹，环境很差。清同治十三年（1874 年），临淄知县卫桂森主持在城里龙华观西侧新建书院一处。内置讲堂三间，饭堂及学舍 16 间。聘任于承业为书院院监。他主事公道，管理有条不紊，深得信任，大家非常满意。

于恕堂 生卒年月不详。字道基，齐都镇南马坊村人，于汝澄之孙。

少时失父，依仗祖父抚养。他乐善好施，急公好义，博得乡里称赞。清光绪二年（1876 年）腊月，临淄出现大饥荒，县令欲设立粥场赈济饥民，委任他全面负责。他悉心料理，不为熟人及有食者所动，使饥民渡过难关。当时，有一些狡诈的人聚在一起，四处放火，附近村庄有几十家遭到抢掠。他组织村民进行防御，自己又拿出几十石粮食赈济灾民。光绪八年（1882 年）秋，临淄农作物取得好收成，县令号召全县在丰年储存粮食，以备歉收。于恕堂被推举为乡长，进行监督管理。他实事求是，事情完成的非常完美。光绪十一年（1885 年），知县蓝沂华整修城里闻韶书院，在书院东、西两侧各增建考棚十间，委托他全权负责此事。他不辞劳苦，天天往返故里与书院间，几个月时间，书院修缮完成，受到有识之士称赞。

于疏枚（1861—1905），字卜臣，号卧庐，临淄区齐都镇南马坊村人。清末进士、翰林，文学家，书法家。

父于统业。后出嗣叔父于承业。自幼聪慧过人。4 岁时的一个冬日，天下大雪，其父与一宿儒拥炉饮酒作诗，他倚门偷听，遭父亲训斥：“小子何为？”小疏枚随口唱到：“这雪下得猛，罩了瓦屋垅；黑狗身上白，白狗身上肿。”长者翘指赞道：“真乃神童也！”。幼年入私塾，9 岁能撰写文章，诗尤为出众。13 岁入县学，得廪生，成秀才。光绪十五年（1889 年）乡试高中举人，文才远扬山东。光绪廿一年（1895 年）殿试，列二甲第五十三名，赐进士出身。不几日朝考，被皇帝钦点为翰林，改庶吉士。

不久，他休假回故里省亲。其间，在族弟于疏梓宅中共同创办“关里文社”。他亲定学员、等次、文社规章，亲自讲学，传授新知。

光绪廿四年（1898 年）散馆，被授予翰林院编修，充国史馆协修。是年，同科进士康有为为了取得变法维新的成功，以兴办新学为旗帜，到处奔走呼号。康有为为此曾三次亲自登门，投递名帖通报，于疏枚都借故推辞，最终也没有见康有为的面。他说：“我不是厌恶新学，自古人微言轻的小吏欲谋年高望重者，并想夺取他的权利的人，鲜有不失败的。”不久，戊戌变法失败，六君子遭清廷诛杀。

光绪廿六年(1900年),八国联军进犯北京,皇太后慈禧携皇室权贵逃离北京,出走西安避祸。跋涉两千里,于疏枚一路随侍。当时太后有懿旨,凡扈驾有功者一律颁发奖俸,每月数十金。于疏枚道:“太后乘舆西巡,来往仓促,粗茶淡饭,甚是劳累。自己作为一名普通官员,只是奉命行事,怎能坐享其厚禄”。终没接受。回到北京后,朝廷看他忠诚可嘉,授其编书处协修。后又授武英殿纂修。光绪廿八年(1902年),朝廷任命其为顺天乡试同考官。光绪二十九年(1903年),任命他为顺天乡试同考官、会试磨勘官。光绪三十年(1904年),被任命为殿试收掌官。

于疏枚精于书法,才名远播。1895年,中进士后用馆阁体书写的南宋诗人翁森“四时读书乐”诗,秀润华美,正雅圆融。祝贺好友邹老先生儿子结婚,写的“诗詠好逑易占归妹,玉堂春早妆艳红槑”喜联,颇见功底。据考,凤凰镇东齐村徐氏曾有一通节孝碑和一块门匾,上面分别书“冰清玉洁”和“彤管流晖”大字,均系于疏枚所书。今石碑尚存,门匾在“文化大革命”开始后被毁。

于疏枚一生性情高傲,恃才自持,耻于奔走。曾写过一首藏头诗讽刺掌管升迁大权的十三王爷:“访杏新雨后,奇葩入墙时。风知香泪滴,鸟踏粉面啼。”惹怒了“疯”王爷,被打20大板,困在翰林院8年未得升迁。京城的同年和门生们送他一面题有“翰苑蜚声”的鎏金大匾,他悬于家中门楣上聊以自慰。尔后,翰林们根据“翰苑蜚声”门匾,编成一副谐言对联:“翰苑之才暗‘含冤’,蜚声其名实‘废生’。”于疏枚哭笑不得。于是吟成《牡丹》诗一首:“倾国名花孰与俦,为何含笑复含愁。料因百卉争妖妍,故把芳心且自收。”

于疏枚的几位兄弟都很有才学,凡能够谋取上进者,他都会全力资助。胞兄于疏桐以拔贡考取八旗教习,赴任时没有路费。于疏枚得知后便赠以路费,使之顺利成行。他仗义疏财,入翰林院后,将家中园圃田宅分赠予诸弟。族人、亲戚、朋友凡上门借贷者,必会倾囊相助。他人品正直、清廉,当朝官员虽知道其文才与品德,但在提拔方面都爱莫能助。他两袖清风,门生老友逢年过节送点礼品,一概不予收受。他身为朝廷命官,但生活拮据,囊中羞涩,甚至连平日家庭开支都出现困难。

于疏枚在翰林院食俸八年,按清廷惯例,根据其科分、名次应由吏部核定其截止日期并选用。皇帝召见后,遵照旨意,依先例应出任知府之职。他在苦闷之时,常借酒浇愁,突发疾病,没有来得及补授,便病逝于京城翰林院。时年45岁。

由于他平时很少积蓄,就连去世后殓葬用的钱款,也相形见绌,全仗门生张恕琳(1902年乡试中举后拜于其门下)等捐资料理。入殓时,只有“乙未翰林”印章和个人私章置于棺内。灵柩从京城用马驮轿运回原籍后,安葬于村西于氏坟茔,俗称“翰林坟”。族亲在其茔前立一石碑,上书:“乙未翰林　截取知府”。坟茔在“文化大革命”中被铲平。

于疏朴　生卒年月不详。齐都镇南马坊村人,清宣统元年(1909年)拔贡。

父统业,宣统三年(1911年),知县沈昌祺创设南马坊国民学校。当时全县有国民学校18所,南马坊国民学校是其中之一,于疏朴受聘担任校长。1920年（中华民国9年），临淄县纂修县志，他受聘担任编辑员。期间，他采录了南马坊村很多的人文史料，被县志采用，为南马坊人文史料的留世作出了贡献。他书法颇佳，是村里的四大书法家之一。村里张氏节孝碑“彤管书贞”和宗氏节孝碑“玉洁冰清”碑文题字均出自他的笔下。

革命英烈

贾振琨（1880—1912.2），字瑶廷，又为次瑶，临淄区齐都镇南马坊村人，清光绪附生，早期同盟会会员，在辛亥革命诸城光复起义中牺牲。

贾振琨自幼聪慧，4岁开始识字读诗，20岁参加青州府考试取得第一名，入县学。1902年，被青州府保送，入山东大学堂师范馆就读。1903年，与同仁在家乡创立“淄江学会”。1905年，被清政府选派以官费赴日本留学。先入东京弘文学院补习日语，后入早稻田大学。同年，在东京加入同盟会。后任同盟会山东留学生分部书记。1911年秋，毕业后理应回国接受清政府授职，但他耻于满清利禄，以学问未足为说辞，复入法政研究会，继续深造。

1911年10月10日，辛亥革命爆发。11月13日，山东宣布独立。贾振琨闻讯，决定放弃学业，回国参加推翻封建帝制的革命。当他与同仁乘船抵达青岛后，听说山东独立已取消。此时，白色恐怖已笼罩齐鲁大地，形势骤变。一起归国的同仁建议暂时避居，待时再起。贾振琨说：“英雄造时势。使吾辈今日皆退缩，天下事尚可问乎！”于是，他不顾个人安危，由青岛去济南与革命党人进行联系。在乘火车路过家乡时，他眺望故里，深情地说：“老亲幼子，不见已三年矣。虽然，匈奴未灭，何以家为。”到济南后，遍访同志，杳无音信。听说革命党人已退居烟台、青岛一带，遂决定东去。先赴烟台，经过分析，此地虽利于退守，但发动革命的诸多条件受限。于是，又转赴青岛。到达后，便与刘冠三等人取得了联系，两人一见如故。随后，与赵魏、王长庆、邓天乙等共商光复山东大计。经过谋划，决定先在胶济铁路沿线的即墨、高密、青州、诸城等地发动起义，进而扩充革命力量，统一山东全境。目标既定，赵魏、王长庆、贾振琨等作为一部，谋定先取青州，再克诸城。推举赵魏为光复青州司令，王长庆为副司令。为了做好起义准备，贾振琨与同仁往来济南与青岛间，募饷筹资，置备军械，联络革命党人。此时，亲人得到他回国的消息，捎信劝其回家探望一下父母。他含泪回书：“高堂本强健，昆弟足以供甘旨。琨今已抱子，后顾无忧，满廷不灭，无相见期。”

1912年1月16日，在青岛的革命军开始向青州进发。18日下午，革命军领导人赵魏在青州火车站下车后，被满清旗营密探暗杀。贾振琨稍后到达，幸免于难。齐集于城内外的革命军志士，表示马上攻打满营，为赵魏报仇。危急时刻，贾振琨力主从长计议，冷静对待，以图大业。后经开明乡绅游说，益都知县同意革命军撤出青州境内。青州起义失败后，邓天乙、贾振琨率部分革命军直奔诸城。王长庆等率领部分革命军去安丘，筹资后再转赴诸城。

1912 年 2 月 1 日，诸城知县得到革命军入境消息，令紧闭城门，严密防守。革命党人便写了劝降书和布告射到城内。知县吴勋派人持书信出城，与革命军媾和。此时，革命军将士热情高涨，声称次日开始攻城。吴勋随即派乡绅请革命军代表进城谈判。为了摸清其真实意图，议定由王长庆、贾振琨负责做攻城准备，邓天乙、周锦、张象三进城谈判。最终，在谈判代表逼迫下，知县同意让革命军进城。2 月 3 日夜，革命军入城，诸城宣布光复。次日，革命军成立军政府，推举王长庆为司令，邓天乙为副司令，贾振琨、周锦、邵麟勋等为参谋。

当吴勋探知革命军力量薄弱、军械不足时，遂电请山东巡抚出兵镇压。革命军闻讯后派人出城侦探，在城西被清兵杀害。吴勋与德国神甫暗中勾结，一方面由神甫出面调和，一方面又指使清军士兵化装成乡民，把枪支藏匿到高粱秸中，随教民一起混入城内。待各路清军集结完毕，便致书军政府："两军各效其忠，请以城让。否则三日内必以鏔血相见。"

军政府得到书信后，集议应对措施。王长庆、周锦等表示要和清军决战。贾振琨则言辞恳切地说："我师新募，械多窳旧，新械未来。敌众乃五倍于我，饷械精良，我未可战。城垣辽阔，内无炮兵，顾此失彼，我未可守。不如退师，南走泊里，乘虚夜捣日照。缮增弹械，办置舟船。胜则席卷沂郡，败则浮海他往，保我精锐，徐图再举。"遗憾的是，此建议未得到革命军首领采纳。

2 月 10 日夜，清军开始围城。次日拂晓，清军开始攻城。贾振琨亲临前线，指挥革命军在城墙上奋力抵御。酣战数小时，双方各有伤亡。此时，城内劣绅趁机在城内四处纵火，制造混乱。城外清兵看到火光燃起的暗号，攻城逾急。潜伏于教堂内的清兵看到时机已到，突然出击，使革命军将士腹背受敌，伤亡惨重。不久，城池陷落，贾振琨被俘。2 月 11 日，贾振琨被清军杀害。

贾振琨牺牲后，家人闻讯，赶去诸城寻其遗骸。由于殉难者众多，难以辨认，寻尸无获。夫人王氏得知噩耗，身体每况愈下，于当年七月身殉。亲人招魂与妻合葬于村西贾氏坟茔。

1912 年春，山东省在济南为诸城殉难烈士召开追悼大会。稍后，临淄县在县城为贾振琨召开追悼大会，国民政府追授其六等嘉禾章。会后，省内政要挚友商议为贾振琨树立纪念碑事宜。后由于时局混乱，未能如愿。1920 年，临淄县县知事舒孝先主修《临淄县志》，总编辑崔象彀为贾振琨纪念碑撰写的碑文记于其内。1921 年夏，张介礼、于明信等省内政要及社会各界名士，为贾振琨捐资树龙帽碑于贾氏坟茔。1936 年 6 月，国民政府追赠其陆军少将衔。1938 年，邹鲁编著的《中国国民党史稿》，有贾振琨传记于其内。所勒贞珉，在"文化大革命"初期遭损毁。1997 年，淄博市人民政府将贾振琨墓列为市级重点文物保护单位，立碑保护。

韩长盛（1914—1939.12），齐都镇南马坊村人，革命烈士。

他为人正直，和睦乡里，左邻右舍遇到困难，他知悉后总会主动带上工具进行帮工。大家都夸奖他是个知事明理的好青年。抗日战争爆发后，他怀着抗日救国的理想参加了八路军。1939 年 12 月，在寿光县东坝与敌伪作战中牺牲。

临淄烈士陵园有其墓。

韩长盛墓碑

贾树青（1913—1940.5），谱名贾志正，又名贾根，齐都镇南马坊村人，中共党员，革命烈士。

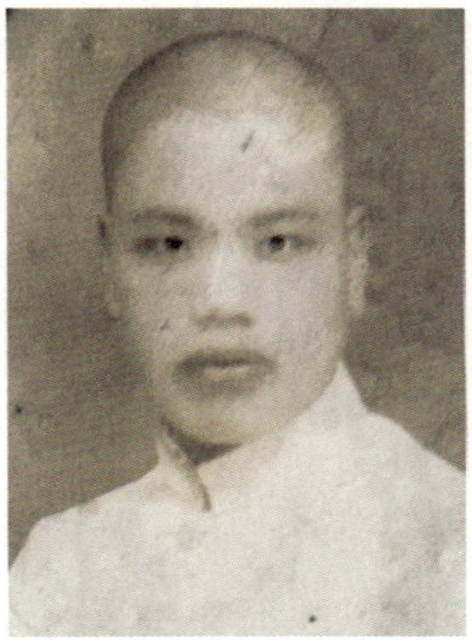

青年时期曾在潍县求学。1938年参加革命工作。1939年5月加入中国共产党，后任中共清河区党委机关报《群众报》记者。1940年5月，在山东分局社会部“肃托”事件中无辜被害。1981年10月，中共山东省委下发文件，给予平反昭雪，恢复名誉。1982年2月，山东省民政厅批准为革命烈士。后将其墓迁至临淄烈士陵园内。

贾树青墓碑

董善玉（1905.4—1941.4），齐都镇南马坊村人，中共党员，革命烈士。

1938年12月，参加中国共产党领导的民族抗日武装，后入列渤海军区基干营。1940年，加入中国共产党。多次参加与日伪的战斗，英勇顽强，冲锋在前。1941年4月，在利津县境与日伪战斗中牺牲。时任渤海军区基干营三连班长，时年37岁。其墓移至齐都镇南马坊灵堂院内。

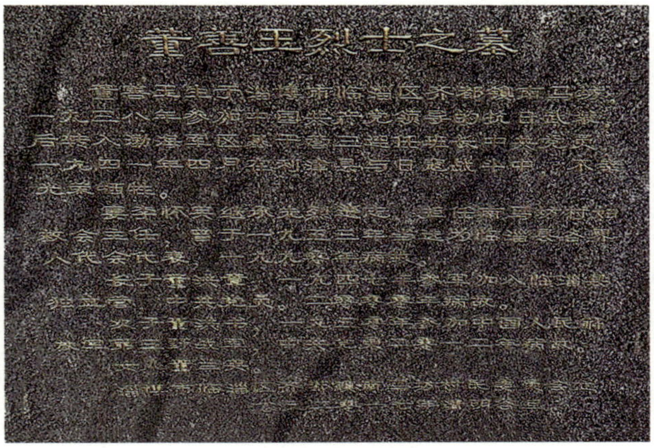

董善玉墓碑

贾明轩（1908—1941.7），谱名贾文谟，齐都镇南马坊村人，中共党员，临淄县抗日民主政府秘书科科长，贾振琨之子。

1912年2月，其父贾振琨在辛亥革命诸城起义中牺牲后，母亲王氏亦于当年7月身殉。其时，年幼的贾明轩由政府给以抚恤，在祖父的安排下，由叔伯家进行抚养照料。稍大后，由政府给予资助，入学读书。先就读于南马坊国民学校，后到县立高等小学就读。1927年，山东省立第二师范毕业后，到县立第一高等小学（县立闻韶小学）任教。后任校长。

贾明轩担任县立第一高等小学校长时，正值县立第六小学与该校合并。他理顺教学秩序，采用新式教学方法，为此倾注了大量心血。1932年11月，山东省督学和教育局长对临淄县的教育状况进行视察。其后，在撰写的《视察临淄县教育报告》中记述：“教学成绩以县立第一小学为最好，其他各县立小学教法多待改进”“校长贾文谟颇沉着。教学多采用自学辅导法，用问答式及讲演式以补其不及。学生课外有生活日记，读书日记，预习日记，各种作业，大致尚客观。训练有新村自治组织，并刊有新村日报及新村周刊，由学生自由投稿。”他担任校长近8年时间，殚精竭力，一心扑在教学管理上，虽距家门三里许，但很少有闲暇时间与亲人团聚。

抗日战争爆发后，学校停课，学生解散，他随即投入到抗日救亡运动中去。1938年，贾明轩加入中国共产党。1939年7月，临淄县抗日民主政府成立，他到秘书科任职。其时，临淄县教育界同仁陈梅川任秘书科科长。1940年5月，陈梅川任抗日民主政府县长后，他接任秘书科科长。

1940年秋，清河区开始“肃托”运动，贾明轩遭到诬陷。1941年7月，日军推行第二次“治安强化运动”，围剿蚕食抗日根据地，临淄地区的革命形势急剧恶化，县政府机关被迫辗转于广饶、博兴等地。经常是白天隐蔽，晚上办公、转移。其时，被打成的所谓“托派”分子，要安排专人看守，随同政府机关不断转移。在当时“极左”思想的指导下，未对这部分参加革命队伍者进行甄别，便采取了非常措施。是年7月，贾明轩在广饶县大码头境内遇害。同时期遇害的有临淄县抗日民主政府县长张渔等。贾明轩殉职后，由于当时环境恶劣，亲属寻其遗体无获。

1981年10月，中共山东省委下发文件，给予平反昭雪，恢复名誉。1982年2月，山东省民政厅批准为革命烈士。2012年，族亲贾琳将其招魂安葬于临淄烈士陵园。

友人曾赋《悼贾明轩》诗一首，赞扬父子二人为民族革命做出的贡献。诗曰：“丹心照日月，伟烈壮中华；父启子继业，临淄第一家。”

贾明轩墓碑

高汉九（1922—1943.11），籍贯山东省兖州府邹县，20世纪30年代迁居南马坊村，革命烈士。

1941年入伍，参加八路军。1943年11月，在寿光县（今寿光市）牛头镇与日伪作战中牺牲，安葬当地。1995年3月，临淄烈士陵园建成。次年，将遗骸从牛头镇迁入临淄烈士陵园。

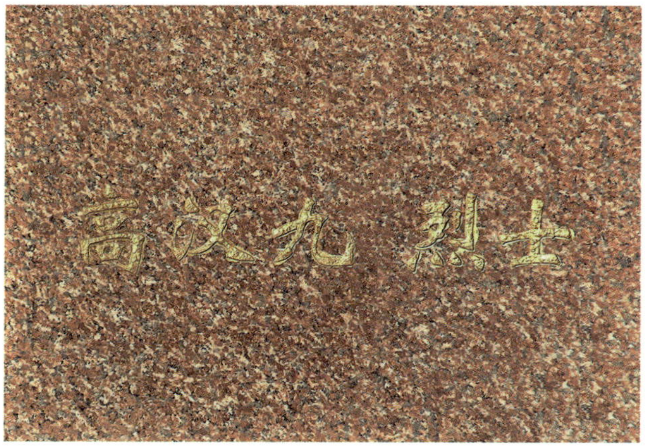

高汉九墓碑

齐永修（1902—1947.7），齐都镇南马坊村人。从年轻时思想进步，向往光明，积极参加进步事业。1945 年日军投降后，国民党反动派破坏和平，挑起内战，让人民群众饱受战争之苦，这时各村相继成立了农救会，它的任务是组织广大贫苦农民开展减租减息、反奸诉苦、进行土地改革，动员青年参军参战，拥军支前。齐永修性情直爽，待人诚实，长得魁梧英俊，能力出众，威信很高，被推为农救会会长。他按照党的指示去做，带领群众一边发展生产，建设家园，一边坚持与反动派进行斗争，由于他的工作出色，成为当时国民党反动派的眼中钉、肉中刺，必于除之而后快。1947 年秋天，国民党反动派重点进攻山东，在一次“拉锯战”中，他本已跟随解放军部队转移到别的地方与敌斗争，但又被组织秘密派回当地坚持革命，由于坏人告密，被国民党反动派抓去。他在敌人面前大义凛然，忠贞不屈，被敌人残酷杀害，英勇就义，时年 46 岁。其墓迁到南马坊公墓内。

齐永修画像

肖贵堂（？—1947.8），齐都镇南马坊村人，曾是村农救会会员。

家境贫寒，无宅无地，长期在村东土地庙居住。1947 年 8 月，被徐振中部匪徒抓去，他革命立场坚定，坚贞不屈，在临淄城南“三士塚”附近遭杀害。

边浩然（？—1947.11），齐都镇南马坊村人，曾任村联防主任。

1947 年 11 月，被国民党徐振中部抓获，押至村西南大湾旁。其母向前求救，被徐部匪徒打死。尔后，边浩然遭杀害。

刘成明（1919—1948.5），又名刘玉成，齐都镇南马坊村人，革命烈士。

1946 年，被国民党抓去参加保安团。在战斗中被解放军俘虏，后自愿参加革命队伍。在对国民党军队作战中英勇顽强，不久即升任渤海军区十六团五营班长。1948 年 5 月淮海战役开始前，在泰安战斗后的一次战场清理时被流弹击中牺牲。时任解放军某部排长。临淄烈士陵园有其墓。

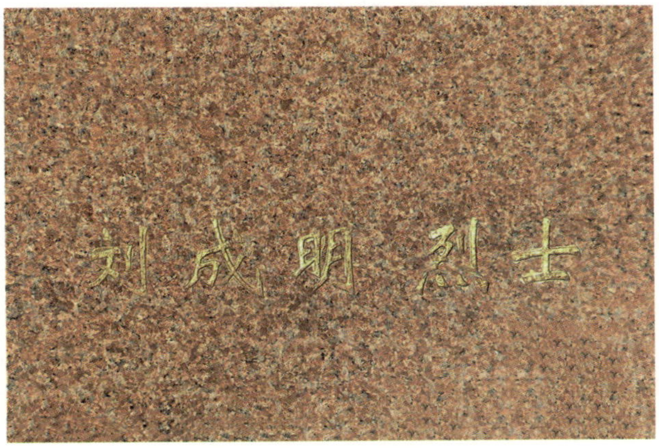

刘成明墓碑

徐金成（1926.9—1949.8），谱名徐广仁，齐都镇南马坊村人。中共党员，革命烈士。

自幼家庭生活困难，十六七岁还经常光脚走路。1946 年 8 月，被国民党抓兵。1947 年 2 月，在莱芜战役中被俘。解放军问其是领路费回家还是留下，他坚决要求参加解放军。此后，随部队南下。在战斗中英勇作战，不久便成为机枪手。一年后，任

徐金成墓

十八军五十四师某团副排长。1948 年 7 月，加入中国共产党。1949 年 8 月，部队在湖南省安仁县对敌作战，战斗非常激烈，他在阵地上坚守一天一夜，不下火线，坚持与战友共守阵地，不幸被敌人炮弹击中牺牲。其墓在徐氏祖茔中。

已故村干部

高汉三（？—1960），齐都镇南马坊村人，中共党员，曾任南马乡乡长。

1942 年参军。1945 年在部队加入中国共产党。抗日战争胜利后回到家乡。1947 年，任南马乡乡长。1950 年，公开党员身份。在职期间，领导南马坊村土地改革。运动中不怕打击报复，圆满完成任务。后因健康原因辞去乡长职务。1955 年，农业合作化高潮中，组织东南马成立初级社。由齐永成、刘昭庆具体负责。他身体不好，就对齐、刘二人说："你们大胆的干，错了就说是我叫办的"。显示了一个共产党员敢于担当的胸怀。1960 年病逝。

宗效明（1923—1962），齐都镇南马坊村人，中共党员，曾任南马坊高级农业生产合作社党支部书记。

他生于贫困家庭，解放后得到翻身解放，思想觉悟高。1953 年，是党组织公开后南马坊第一批入党的青年。1953 年，积极响应党的号召，组织起南马坊第一个农业生产互助组，有 13 家农户参加，他任组长。1955 年冬，带头成立东北马初级农业生产合作社。1956 年，将全村几个初级社合并为一个高级农业生产合作社，他任党支部书记。任职期间，他选拔文化程度高、工作能力强的人员组成工作效率高的社委会，把亟待解决的土地划片分配、产量评估、大型农具及耕畜调配、公粮缴纳任务等问题合理解决。对劳动力工分的分类确定等若干问题，制定了切实可行的解决办法，为农业生产集体化打下了坚实基础。

他一生勤劳朴实，光明磊落，工作勤恳，带头实干，和群众心连心。既是指挥员，又是战斗员，干得多，说的少。1962 年，因积劳成疾病逝。时年只有 40 岁。

商传习（1924—1977），齐都镇南马坊村人，曾任南马大队大队长。

1956 年，在全国农民走合作化道路的高潮中，他任村高级农业生产合作社副社长，兼任主管会计。在协助党支部书记、社长的工作中，出谋划策，积极肯干，身体力行，是领导的好帮手。后来，在担任大队长期间，工作大胆泼辣，刚正不阿，带领广大群众搞好生产，建设家园，是当时南马坊的领路人。1977 年病逝。

吴玉芝（1915.10—1983.3），女，齐都镇西关村人，曾任南马乡副乡长、南马坊高级社副社长兼妇女主任。多次被选为山东省、临淄县（区）人民代表。

1937 年出嫁到南马坊。1938 年，任教于南马坊村立小学，因时局不稳，南马坊村立小学停办后回家务农。1949 年，曾在村内扫盲运动中所办的识字班夜校任教。1950 年，被聘请到南马小学任教。1952 年上半年，被推选到临淄县立医院，学习婴儿接生新方法，结业后回村，作婴儿接生员。

由于她学习认真，在长期实践中边干边总结，接生技术过硬，对孕妇难产、婴儿倒生、婴儿假死能熟练处理。有问题孕妇亲自护送到医院，直到孕妇安全生产才回家，从未发生过因技术原因造成婴儿死亡的事故。

她服务认真，热情周到，不管刮风下雨，不管雪大路滑，随叫随到，有求必应，还为贫困家送去尿布和小被子。在产妇家不图吃喝，成为许多临产孕妇和家庭的主心骨。对前来找她咨询和孕妇检查，她都是认真仔细的检查并详细指出当前的状况和以后注意的事项。

从 1952 年下半年到 1983 年去世，南马坊百分之八十以上的婴儿是她接生的，有许多人家是接生了两代人。

由于她技术好，服务周到，西边的国家村、尹家村、谭家村，南面的石鼓村、永流村、范家村、徐姚村都有一些人慕名找她。

她深受群众的尊敬和爱戴。因早年当过教师，被尊称为“吴老师”。周围邻村一提起“吴老师”，男女老少人人都知道是谁，真正知道她叫什么名字的却很少。

1955 年，被推选为南马乡副乡长。1956 年，南马坊成立农业生产高级社，她出任副社长兼妇女大队长，后改为妇女主任。1958 年 5 月，被选举为临淄县第三届人代会代表。以后，又连续被选为第四届、第五届、第六届和第九届县人民代表。在第五届、第六届县人代会期间两次被推选为代表资格审查委员会委员。在 1958 年第三届县人代会上被推选为出席山东省第二届人代会代表。在 1963 年第五届县人代会上，当选为出席山东省第三届人代会代表。1959 年（当时临淄县合并到益都县），当选为妇女代表到北京参加全国召开的妇女积极分子代表大会，受到中共中央主席毛泽东接见。

贾守恒（1912—1984），齐都镇南马坊村人，曾任临淄县城关区（一区）南马乡乡长。

1952 年春，被推选为南马乡乡长。上任伊始，为了不误农时，根据上级指示，组织南马坊、国家庄两村的青壮年为烈军属、残废军人开展代耕、代种工作，使烈军属的生活得到基本保障。秋季，农作物发生严重旱灾、虫灾，他及时向上级汇报情况，争取救济粮，使难以为继的断粮户渡过了难关。1953 年初夏，发生严重雹灾，农户种植的小麦大幅减产，他对上级发放的救济粮，认真梳理调查，发放到确实困难的农户中。对上级调派的农民工，要求缴纳的公粮，能够不折不扣圆满完成。遇到邻里之间发生矛盾纠纷，亲自登门协调解决，得到村民好评。1984 年病逝。

贾守智（1926—1985），齐都镇南马坊村人，中共党员，曾任南马大队党支部书记。

1949 年入伍。1957 年加入中国共产党。1958 年复员。1962 年 1 月，任南马大队党支部书记。当时，三年经济困难时期刚刚过去，农业生产处于恢复时期。他根据上级要求，在南马大队农业生产中落实包产到户。1963 年下半年，全国开始在城乡开展社会主义教育运动。在农村是开展以清工分、清账目、清仓库、清财物的“四清”运动。1964 年 5 月，在“四清”运动开始后受到批判，被免除党支部书记职务。1972 年主管大队卫生室工作。其间，他认真负责，使大队卫生室的条件设施得到改善，为社员治病就医提供了良好条件，受到好评。1973—1974年，任第十生产队会计。1985年病逝。

于荣绵（1928—1989），齐都镇南马坊村人，中共党员，曾任南马大队大队长。

1949年2月入伍，在解放军某部新八连任副排长。1949年8月，在第二野战军工兵队任队长。1950年6月，加入中国共产党，后任四川工兵学校政治干事。1951年11月，任工兵某部十一团一连指导员。1955年，被授予中尉军衔。1959年5月，调工程兵学院学习。1961年5月，任工程兵学院政治教员。1962年11月转业。1963年11月，任南马大队大队长。1964年5月至1966年10月，任南马大队大队长、党支部委员。1971年2月至1976年2月，任南马大队党支部委员。其间，1972年至1974年，兼任南马打井队队长。1976年2月至1979年2月，任城关公社联合厂党支部书记。1989年病逝。

李怀英（1911—1991）女，祖籍齐都镇南关村，第三届临淄县各界人民代表大会代表。

1941年4月，其夫烈士董善玉在战斗中牺牲，她拖儿带女，艰苦度日。1944年始，任南马坊妇救会主任，带领妇女反奸防特，支援军队。其后，受国民党军队迫害，举家退到渤海解放区。社会安定后，回村继续任妇救会主任，带领群众斗财主，搞生产，不怕困难，敢说敢干。1947年亲送长子董洪章参军入伍，打到蒋介石，解放全中国。1950年又送次子董洪书参加革命，抗美援朝。1953年4月被选为代表，出席临淄县第三届各界人民代表大会（类似政协），代表南马坊人参政议政。同年秋，带头参加南马坊第一个生产互助组，1955年率先加入农业初级社，1956年转入高级社。“文化大革命”时期，组织忆苦思甜宣传。她总是带领两个儿子，作大会发言。痛批旧社会的黑暗，述说新社会优越，她是南马坊村老一代巾帼劳模。

韩洪海（1918.3—1994.7），齐都镇南马坊村人，中共党员，曾任南马大队党支部书记。

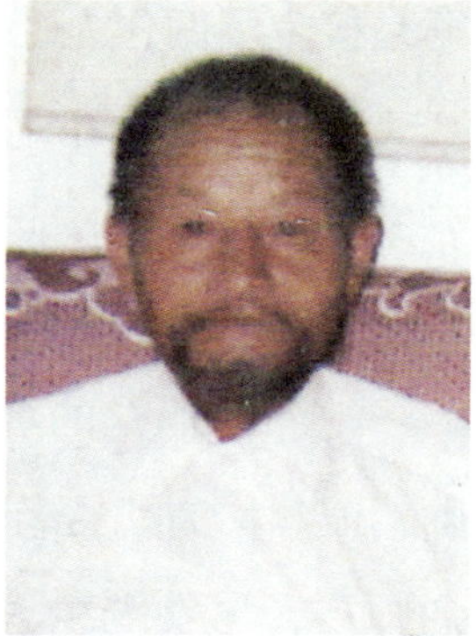

1938年5月，参加共产党领导的抗日武装临淄三大队，任交通员。8月初，八路军三支队十团合围临淄城，聚歼国民党顽固派陈瑞符，他是后方运输队成员。土地改革运动中，他团结穷人积极参加。1953年，到城关农村信用社工作。1955年加入中国共产党，同年担任主任。1958年，回村任大队党支部书记。1959年，益都县召开三级干部会议，被表彰为农村模范党支部书记。三年经济困难时期，为解决百姓吃饭问题，带领群众搞生产承包，大种地瓜，克难救命。

1965年后，任南马大队党支部副书记兼治保主任。1969年，任南马大队第一生产队保管员。1971年任南马大队林业队队长。1974年办理退休。晚年从事修鞋服务。1994年7月病逝。

刘昭荣（1923.4—1996），齐都镇南马坊村人，曾任南马大队会计。

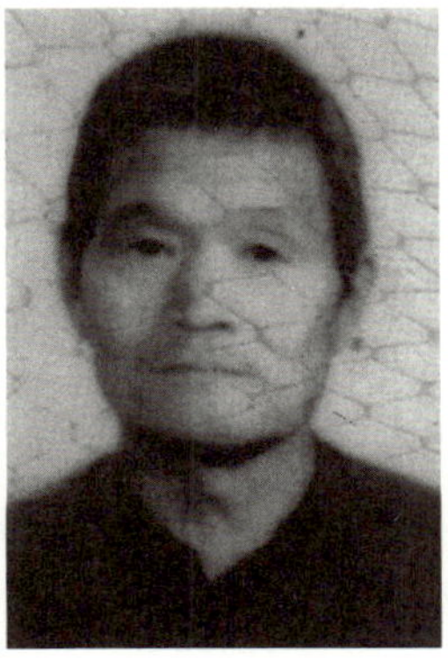

1955年，村高级农业生产合作社成立，任助理会计，后转为大队会计，连续任职13年。他工作仔细、认真刻苦、精益求精，账目清楚，受人敬佩。忠厚善良，能写一手好字。无架子，乐意为人民服务，办事公道，从不徇私，是村民信赖的好干部。1996年病逝。

徐广兴（1935—1999.8），齐都镇南马坊村人，中共党员，曾任南马大队党支部书记。

1952年参加工作，到临淄一中（淄博七中）任职员。1956年6月，加入中国共产党。1962年，响应上级在职职工支援农业生产号召，回村务农。回村后，任第五生产队队长。1963年，任南马大队治保主任。1964年5月，任大队党支部副书记。1965年8月，任大队党支部书记。“文化大革命”开始后，1966年10月，被作为走资本主义道路当权派打倒。1968年10月7日（农历八月十六），以老干部身份进入“三结合”领导班子，任革命委员会主任。1971年，南马大队经过整党建党，重新被选为党支部书记。1985年9月，辞去党支部书记。任职期间，带领大队全体党员和社员整平土地，抓计划生育，发展蔬菜生产，购置农业生产机械，修建水塔，通大街，建大队办公室和扩建学校校舍。1990—1992年被选为村老年协会会长。1999年8月病逝。

齐永成（1923—2001），齐都镇南马坊村人，首任南马高级社社长，南马大队大队长。

他头脑睿智，处事灵活，协助党支部书记工作，带领团队，很好的组织全村人走到一起，1956年成立第一个高级社，被选为社长。他处事得当，在与外村协调“插花地”调整工作中表现突出，不使村民的利益遭受损失，把本村土地划整连片，地界取直，便于耕种。在土地丈量、划片分级、优劣搭配，按群众居住区域就近组队、分割土地，做了大量工作，使南马高级社被评为全县典型。

1958年，“大跃进”开始后，遭不平待遇，被撤销大队长职务。之后，积极参加农业生产。在生产队凡是遇到技术活他都跑到前面，参与建立村内第一个土温室。2001年病逝。

于荣志（1922.5—2002），齐都镇南马坊村人，中共党员，曾任南马坊村副村长。

1949年7月，加入中国共产党。1950年至1955年，任南马乡指导员。1952年10月，被选为中共临淄县第四届党代会代表。1959年，代表南马大队领导带领部分社员去吉林省支边。回来后在村内负责。后到张店塑料厂工作，直到退休。

初宗江（1910—2004），齐都镇南马坊村人，曾任村联防主任、南马乡副乡长、高级社副社长。

抗日战争爆发后，参加党领导的地下抗日组织。尔后，积极联络进步人士，发动群众参加抗日，参加共产党领导的武工队，在日军占

领临淄后，偷袭敌人据点，破坏敌人设备。1946年，任南马坊村农救会会长。1947年，境内形势恶化，携全家老幼逃荒，在朱台镇罗家庄暂时躲避。反动派把他家的房屋挑了上盖，抢了财产。后回到南马坊，担任联防主任、南马乡副乡长。1950年，任东南马庄长。1953年至1954年，组织互助组、初级社。1956年至1957年，任南马坊高级农业生产合作社副社长。2004年病逝。

刘德胜（1936.7—2005.2），齐都镇南马坊村人，中共党员，曾任南马大队党支部副书记、大队长。

1953年参加工作，到临淄县烟麻公司任职员。1959年7月，加入中国共产党。1962年，响应上级号召回乡务农。1971年，整党建党后被选为党支部副书记，兼任南马大队大队长、民兵连连长、保管员。后专职党支部副书记及大队长，直到1985年9月。1972年，在农业学大寨精神鼓舞下，党支部决定搞村域土地整平，由他主抓此项工作。他在其他支委协助下，组织全大队200多人、近百辆小推车的整地大军，于当年9月底开始整地工作。他任劳任怨，吃苦耐劳，带领群众顶风雪、冒严寒，一年几个月无假日，吃饭在田间。其间，他第一个到工地，最后一个离开现场。既抓工程进度，又抓整地质量；既抓社员的思想，又解决实际困难，一干6个冬春。带领整地大军搬动土方约40万立方米，把村域内不平地片普整一遍，彻底改变了南马坊土地面貌，为粮食增产创造条件。2005年2月病逝。

于介禔（1921—2007），齐都镇南马坊村人。

高级社时任保管员，1960年，任南马大队大队长。他拥护和执行上级政策，上行下效，内外亲属一律平等，说一不二。老百姓称他是铁面无私"包黑"式村官。2007年病逝。

齐兴顺（1933.9—2008.11），齐都镇南马坊村人，烈士齐永修长子，曾任南马大队"文革委员会"主任。

1963年，农村社会主义教育运动开展，积极参加到南马大队成立的贫下中农协会组织。1966年，任贫协主任。"文化大革命"开始，南马大队成立多个群众组织，大队"两委"干部被批斗。领导层群龙无首，他以贫协主任的身份，在驻村干部支持和群众拥护下，挑起南马大队领导的重任，担任南马大队"文革委员会"主任。上任后组建各生产队领导班子，带领群众抓革命、促生产，完成上级分配给的出民工、纳公粮任务。1968年10月，大队成立"三结合"领导班子后，在第5生产队担任生产队长、保管员。其间，第5生产队在经济分配、公粮缴纳、民工出差都走在全大队前列。2008年11月病逝。

韩培明（1954—2016），齐都镇南马坊村人。中共党员，曾任村党支部副书记，代理村主任。

1974年入伍，在解放军某部服役。其间，认真学习，刻苦训练，曾获一级坦克驾驶员称号。1979年加入中国共产党。后退伍回村。1982年至1985年，任第一生产队队长。1985年，任村党支部副书记、代理村主任，配合党支部书记大办企业。1989年，与他人共同创办南马塑料彩印厂，任厂长。塑料厂当年投资建厂，当年盈利。其后，在齐都农中化工厂、齐陵砖厂等单位工作。1996年，办起南马灰膏厂，为多个建筑公司供应灰膏。2016年病逝。

已故教师

于镜三（1914—1992），名菱塘，字镜三，笔名党非，齐都镇南马坊村人。曾任南马坊小学校长。

他任南马坊小学校长期间，学校成为临淄县模范小学。解放后，在张店铁路小学任教。善行草，书画作品在全国多次获奖，为淄博市知名书画家。其丹青写意画作“榴开百子”“菊花”“公鸡牡丹”等备受民众喜爱。画作颇具徐悲鸿风韵。1992年病逝。

于荣纆（1920—1996），齐都镇南马坊村人，中共党员，曾任济南铁路局青岛女姑口职工子弟小学校长。

20世纪40年代末、50年代初，任桓台县索镇小学校长。1952年，调济南铁路局第二职工子弟小学任教。1956年加入中国共产党。1957年，调青岛市崂山县创建女姑口铁路学校，任校长。任教期间，对工作认真负责，对同事无私帮助，对学生热心教育和细心呵护，学生遍布各地。曾获济南铁路系统、崂山县优秀教育工作者称号、“幼苗奖”奖章。一生致力于教育事业，有青岛诗友赞他“培鲜花满园飘香，育桃李遍布天下。”

退休后，义务到海军航空兵某部驻地搞绿化，发挥余热，兢兢业业，曾获全军绿化奖。1996年病逝。

贾文炳（1919.12—2001.3），齐都镇南马坊村人。曾任政协淄博市第四届、第五届委员会委员。

1948年10月参加工作，在城关区长胡村小学任教。1949年6月，调南马坊小学任语文教师。1950年4月，临淄县教育局将其调临淄县第五小学，任总务处主任。1962年，调临淄县第一小学，任总务处主任。1969年1月，响应“农村公办小学下放到大队来办”的号召，回南马联中任总务处主任。1979年12月，离职休养。

1982年，与他人共同承包本村果园，精心管理，连年丰收。他勤俭持家，手艺灵巧，用修剪下来的果树枝条编制各种篮筐用具，送给学校无偿使用，为学校节省资金。致力于教育事业30多年，教书育人，全村许多家庭两代人受教于他，深受群众尊敬爱戴。1988年教师节，村“两委”授予其“献身革命耕耘志，欣看桃李满天下”荣誉匾。1990年，南马坊小学迁建新址，不顾年高体弱，受聘担任事务主任。他不辞辛苦，兢兢业业，圆满完成任务。2001 年 3 月病逝。

朱宝之（1961.11—2008.8），齐都镇南马坊村人，中共党员，曾任稷下街道教委主任。

1979 年 10 月至 1985 年 12 月，任南马联中教师。1982 年 9 月至 1987 年 7 月，临淄区教师进修学校在职进修。1985 年 12 月至 1988 年 7 月，任稷下中学教师。1988 年 7 月至 1993 年 7 月，任齐都中学教师。1989 年 7 月至 1992 年 7 月，淄博教育学院在职进修。1992 年 8 月加入中国共产党。1993 年 7 月，在齐都镇教研室工作，任主任。1994 年 7 月至 1997 年 7 月，山东师范大学在职进修。1995 年获淄博市优秀教师称号。1997 年 7 月至 2003 年 10 月，任稷下中学校长。2003 年 10 月，调任稷下街道办教委主任。曾获市优秀教师、师德标兵，区教学能手、十佳校长表彰。2008 年 8 月病逝。

齐津（1938.5—2011.11），齐都镇南马坊村人。中学高级教师，政协淄博市第六届委员会委员。

高小毕业后在城关镇南马乡任文书。1959 年考入山东师范学院（今山东师范大学），是解放后全村第一个大学生。1963 年毕业，分配到济南市北园中学，后调回临淄区第二中学任教。1985 年调入临淄区教学研究室工作，晋升为全区第一批中学高级教师。多次被评为淄博市教学研究先进工作者。1988 年、1989 年连续被评为临淄区教育系统先进工作者。曾被推选为政协淄博市第六届委员会委员。1998 年退休。2011 年 11 月病逝。

已故名人

刘明礼（1943—1987），齐都镇南马坊村人。中共党员，曾任陕西省化肥总公司经理。

1960 年 7 月，从学校参军后分配到兰州军区武威炮校学习。1962 年，毕业后在兰州军区某部服役，曾立三等功。1966 年，参加抗美援越，立集体二等功。1966 年 8 月退役。1968 年 6 月，分配到兰州军区粮库工作，任粮库保管员。1969 年 7 月至 1981 年，在陕西省工业厅重工局任供销科科长。1981 年至 1987 年，任陕西省化肥总公司经理。

多次被评为军区先进工作者、青年突击手。1987 年病逝。

刘昭明（1931.6—2001.11），齐都镇南马坊村人。中共党员，曾任上海市公安局行政处基建办公室党支部书记。

1949 年 2 月入伍，山东鲁南军区警卫团特务连战士。1950 年 4 月，步兵某师特务连班长。1951 年 6 月，调高炮某团后勤处。1953 年 3 月，任教导连司务长。1953 年 12 月至 1963 年 12 月，任防空军事学校排长、主任。1955 年 5 月，加入中国共产党。1964年1月至1971年2月，调任空四军。1971年3月至1984年7月，先后任上海市公安局军代表、副科长、党支部书记。1984年8月，调任上海市国家安全局行政处。1991年9月离休。在部队立三等功1次，多次受到嘉奖。2011年11月病逝。

于建春(1965—2003)，齐都镇南马坊村人。中共党员，曾任齐鲁石化公司综合管理部副部长。

1984年考入武汉理工大学。1988年毕业后，分配到齐鲁石化公司综合管理部工作，后任副部长。2003年病逝。

许凤翥（1939—2003），齐都镇南马坊村人。中共党员，曾任青州卷烟厂党委书记。

1960年入伍，后被推荐入山东师范大学学习。大学结业后，分配到中共益都县纪律检查委员会工作，后任县纪检委副书记。1965年，调任青州卷烟厂党委书记。他秉公办事，两袖清风，铁面无私，使卷烟厂成为昌潍专区先进单位。2003年病逝。

宗效坤（1920—2003.11），齐都镇南马坊村人。中共党员，曾任空军晋江场站站长（正团级），离休后享受副师级待遇。

1938年9月参军，在八路军三支队十团任战士。11月，加入中国共产党。1939年4月，鲁南三支队十团六连任排长。1939年8月，沂水蒙阴抗大军事队任民运组长。1940年2月，在山东军区保卫部任学员、政治检查员。1942年2月，莒县抗大政治队任分队长、区队长。1944年3月，山东军区保卫部情报处任谍报员。7月，任沂南分站副站长。1945年8月，在莒县军大三大队任小组长，四大队任副指导员兼党支部书记。1947年4月，山东青云山军大调研班，任指导员。11月，青云山军大土改队任学习组长。1948年10月，历城军大三团城训队任指导员。1949年5月，苏州军大三团二大队任指导员。1949年7月，南京军大三大队任副教导员。1950年10月，军大七总女生大队任教导员。1951年4月，华东军区教导总队任干事。1951年10月，空军二十师干部管理部，任任免助理员、政治协理员。1955年2月，空军第二十基地场站政治处副主任。1956年4月至1960年5月，任空军惠安场站政治处主任、副政委。1962年6月，任空军崇安场站政委。1965年4月，任空军晋江场站站长。1971年3月离休。1981年享受副师级待遇。2003年11月病逝。

宗明（1916.9—2006.11），原名宗金箱，齐都镇南马坊村人。中共党员，曾任建工部建筑工程学院院长、党委书记。

1936年8月，参加革命工作。10月，加入中国共产党。1937年“七七事变”后加入地方抗日武装，后编入山东省六区游击司令部第十支队。1945年春，任中共范县县委书记。1946年，调任冀鲁豫三地委宣传部长。1949年至1953年，任平原省（1952 年 11 月撤销）供销合作总社干部处处长。1953 年至 1958 年，任建工部沈阳建筑工程学校校长。1960 年，任武汉市城建学院院长。1964 年，任建工部建筑工程学院院长、党委书记。1978 年后，任苏州市教育局顾问。1982 年 12 月离休。2006 年 11 月病逝。

于川（1941.6—2006.5），齐都镇南马坊村人。中共党员，首都博物馆名誉馆员，山东省陶瓷艺术大师，曾任淄博医药公司宣传科科长。

幼承家教，青年时代即爱好书法艺术。1961 年参军，在解放军海军某部当兵。1963 年加入中国共产党。1967 年转业，后到淄博医药公司，任宣传科科长。退休后，潜心研究书法、刻瓷、刻石及刻木等艺术，周秦古文字篆刻方向成就突出。

1985 年，以清代王福庵 606 字本为参照，所创作的石鼓文刻盘，十鼓十盘，每盘刻一鼓，再现石鼓文的全貌，成为当代最全的石鼓文，成为全国瓷刻石鼓文第一人。

1988 年，精刻的 90 件书法刻瓷作品在北京展览，受到专家的高度评价，全部作品被首都博物馆收藏。

1997 年，历时半载，以陕西尹博灵本为主搜集大量资料，比较、研究、借鉴多种拓本和传本反复推敲，仔细揣摩，几经苦心研磨，终于把被誉为中国石刻之祖，字迹已残缺不全的秦襄公时期的代表书迹石鼓文再现，是中国摹刻石鼓文第七人。精心刻制的周秦金石铭文散氏盘和毛公鼎瓷盘，系书法刻瓷精品，被藏于台北故宫博物院。

1999 年，山东电视台为其录制专题片。2000 年 10 月下旬，中央电视台《夕阳红》栏目播出了介绍于川“三刻”艺术专题片。他曾多次在北京等地举办个人书法刻瓷艺术展。

他的刻瓷作品在全国医药职工美术书法摄影展览中获一等奖。在中日书法研讨会上受到国内外专家的好评，并曾获首届淄博文学艺术奖。所创作的“石鼓文”作品在第一届全国刻瓷艺术大奖赛中获一等奖。部分刻瓷作品被有关单位作为礼品馈赠给国际友人。其刻瓷作品“石鼓文”“毛公鼎”先后被香港出版的《书谱》刊载，被《人民日报》海外版、《工人日报》《中国医药报》《农民日报》等报刊报道。个人及作品被载入《中国当代书画家大辞典》《中国当代工艺美术名人词典》丛书。

1991 年 8 月，首都博物馆聘于川为首都博物馆名誉馆员。2004 年被授予“山东省陶瓷艺术大师”称号。2006 年病逝。

齐秀卿（1926.9—2007.2），女，齐都镇南马坊村人。中共党员，曾任临淄区财政局副局长。

1946 年，参加村妇救会，是妇救会的骨干成员和中坚分子。积极投身斗财主、土改分田地、拥军优属运动，成为国民党反动派打击的重点对象。1947 年 7 月，国民党徐振中部进村搜捕，随部队北撤渤海地区，后参军入伍。

1948 年 2 月至 1948 年 11 月，在华东军政大学培训学习。结业后，随军南下。1948 年 12

月，在华东三野二十兵团留守处工作。1950 年 2 月，调福建省泉州军分区警备团后勤处工作。1950 年 11 月，调华东三野十兵团二十九军二六O 团后勤处工作。1951 年 11 月，调华北六十六军一九八师五九四团后勤处工作。1952 年 12 月加入中国共产党。1954 年 9 月，转业到天津大学财务科，任副科长、科长。1970 年 7 月，调回家乡，任临淄区财政局副局长。1981 年 11 月离休。2007 年 2 月病逝。

于荣纯（1926—2012.9），又名于明川，齐都镇南马坊村人。中共党员，济南铁路局济南站副处级干部。

1950 年参军，曾参加抗美援朝。其间，作战英勇，负过伤，获得集体三等功 2 次，并获共和国奖章、和平勋章、志愿军徽章，参加过志愿军事迹报告团。回国后在济南铁路局工作。先在济南铁路技校学习，后函授取得大专学历，并加入中国共产党。在济南铁路局，工作认真，兢兢业业，干一行爱一行。后升任济南站货运室主任，多次被评为优秀共产党员。1987 年退休。2012 年 9 月因病去世。

于鑫洲（1935.2—2012.12），齐都镇南马坊村人。中共党员，高级经济师，曾任新疆钢铁公司党委委员、总经济师。

1949 年 6 月至 1955 年 9 月，先后在济南运输公司、山东省交通厅工作。1955 年 9 月，入中国人民大学经济系学习。1959 年 8 月毕业，分配到新疆工作。历任新疆维吾尔自治区建委综合处、计委基建处、乌鲁木齐市钢铁厂干部。1969 年 12 月，调新疆八一钢铁总厂，任轧钢厂三车间调度。后任自治区冶金局计划处副处长，新疆钢铁公司供销处处长、党委书记，新疆钢铁公司副总经济师兼计划处处长。1980 年，加入中国共产党。1990 年 11 月，任新疆钢铁公司总经济师、党委委员。

先后在全国和省级刊物发表论文 10 余篇。《投入产出法在钢铁联合企业的应用》获自治区哲学社会科学优秀成果三等奖。《如何正确评价企业经济效益》入选《中国八五成果选》一书。参与编纂《新疆经济概述》专著。主编《现代公司原理与实务》一书，1994 年由中国经济出版社出版。1995 年 7 月离休。2012 年 12 月病逝。

于宝生（1933.1-2013.4）齐都镇南马坊村人，中共党员，曾任淄博市淄川区招生办公室主任。

1949 年 9 月华东青年干部管理学校（中专）毕业，分配到淄博矿务局工会工作，1951 年 5 月加入中国共产党，1955 年 10 月任矿务局子弟学校校长，1960 年 6 月—1993 年 11 月任淄川区北关学校校长、淄川区教育局淄川区招生办公室主任。在淄川区工作 45 年，为淄川区的教育事业做出了贡献。

1993 年 12 月离休，2013 年 4 月病逝。

董焕章（1930—2013），齐都镇南马坊村人。中共党员，曾任人民日报社政治部主任。

1949 年 2 月入伍，华东野战军（第三野战军）山东兵团某部服役。4 月，参加渡江战役，后驻守上海，同年加入中国共产党。1950 年初，所在部队改建为高射炮兵，进入炮兵学校学习。

1951年，参加抗美援朝，任志愿军某部高射炮兵五二四团指挥排排长、连长。1954年回国，任营部参谋、团干部处处长。1955年被授予中国人民解放军防空军大尉衔。1961年，任解放军高炮第七师干部处处长，后任政治部主任。1966年参加抗美援越战争。1967年回国，转业后在人民日报社工作。先后任政治部干部处处长、副主任、主任。1980年参加中央党校学习。1982年离职休养。2013年病逝。

贾孝亲（1932—2013），又名贾孝清，齐都镇南马坊村人。中共党员，曾任中共福建省将乐县纪委副书记、县委党校校长。

1949年2月入伍后，在解放军军委工程兵一团先后任文化干事、政治指导员、政治教导员、团副政委等职。参加了渡江、解放西藏、抗美援朝、云南边境保卫战等。1979年转业，任福建省将乐县纪委副书记、县委党校校长。1985年5月离休。

他热爱文学事业，三明市作家协会会员。著有《长虹》《古都云烟》《迟到的爱》《激浪分流》《淄溪杂吟》等著作。

于同德（1933.11—2015.10）齐都镇南马坊村人。少将军衔，曾任海军潜艇学院副院长。

1950年参军，即调入中国人民解放军海军部队。建军之初，响应毛主席“我们一定要建立强大的海军”的号召，从南海群岛到北海岛礁，下部队，上海岛，跑军港，为巩固海防和海军部队后勤保障建设努力工作。在建设现代化海军进程中，为尽快研制出中国自己的潜艇，他积极协调，科学筹措，克服困难，为海军重大装备研制提供保障。在实现四个现代化和海军体制改革中，参与了海军后勤保障体系建设等多项改革。其间，建章立制，开拓进取，为加快海军现代化建设，强军兴军而努力工作。他忠于党，忠于人民，忠于共产主义事业，不计较个人得失，对党和革命事业坚信不疑。在50多年的革命生涯中，为海军部队建设和发展献出了毕生精力，做出了重要贡献，是中国人民解放军的优秀军事工作者。

曾先后任海军财务部部长，海军油料部部长，海军潜艇学院副院长等职。1992年被授予少将军衔。1994年荣获胜利勋章。2015年10月病故。

于延令（？—1939）名寿昌，字延令，齐都镇南马坊村人。

七七事变后，共产党号召各地组建抗日武装。于延令干过胶济铁路护路队第三中队班长，高大魁梧，性情豪爽，为人仗义。1937年秋，于延令和于疏溪、于疏温联络十几个有长短枪的人组织起一支队伍，所打旗号为“抗日救国军”。1938年初，队伍发展到300多人，他自任大队长。下辖三个中队，另有一个特务队，经常在广饶县西南赵家庄、艾家庄、小张一带活动。其时，王砚田（民间称“一眼六”）任一中队队长，于疏溪任三中队队长，于疏温任特务队队长。后因形势变化，依附于广饶县地方势力李寰秋。李被国民党山东省政府改编为山东第十六旅后，于延令被编为他的第二大队。

1939 年初，日军侵占广饶县城，他随李寰秋退到城东北莲花店一带活动。因于延令和李寰秋闹矛盾，王砚田在李的授意下，采取夜间突然袭击手段，包围了于延令的大队部，将其抓捕。三中队队长于疏溪，特务队队长于疏温同时被抓。于疏温于夜间挣脱绳索，投奔了八路军。于延令和于疏溪被王砚田杀害。

贾文譔（1907.5—1973.5），字巽言，齐都镇南马坊村人，曾任“中华民国政府”经济部处长。

1930 年，山东省立第四师范毕业。其后，在国民党临淄县党部任职。1938 年 8 月，日军占领临淄县城后，国民党临淄县党部解散。后随国民党山东省政府辗转于省内各地。1943 年春，国民党山东省政府迁往安徽省阜阳地区境内时随之前往。后在省财政厅供职。1945 年 9 月，国民党山东省政府迁回济南，先后任财政厅第三科主任、科长等职。1948 年 9 月，国民党山东省政府开始从济南撤离，部分机关工作人员从青岛转赴台湾，随之前往。尔后，曾任“中华民国政府”经济部处长。

1973 年 5 月，在台湾省台北市病故。

人物简介

在职村干部

贾宝书　1959年9月生，齐都镇南马坊村人，中共党员，研究生学历。南马坊村党支部书记、村委会主任，村志编纂委员会主任。

1978年，任南马大队团支部书记。1988年11月，任村委会副主任，分管村委日常工作。1990年6月加入中国共产党。1991年，倡导配方施肥和立体种植。在三秋生产中，提出实行“五个统一”（秸秆还田、深耕、精播、品种、施肥）。1993年村委换届选举，被选为村民委员会主任。他针对全村土地多年未调整的状况，提出重新分配土地，让支柱产业蔬菜生产田与粮食大田分开种植，蔬菜大棚统一规格。组织村民外出参观学习，请专家进村办学习班，现场指导，调动群众积极性，促成南马坊蔬菜生产的二次革命，经济效益增加。接管停产已久的齐都冷藏厂，兼任厂长，使生产经营得到恢复。

1996年11月，任南马坊村党支部书记、村委会主任。上任伊始，十几家村办企业有近一半倒闭，总负债3000万元，银行贷款无力偿还，村民在积金会的存款本息难以支付。他聘请专家成立清产核资领导小组，对村办企业进行审计后，由集体企业改制为私营、股份制企业。土地、水、电归集体所有，使用交费，债权债务由承租人负担，一次为村集体减负2800余万元。他想方设法筹措资金，两年内将村民在积金会的存款全部还清。1997年，为使村民对村务重大事项有管理权、知情权、决策权，提出设立村民代表。经请示上级有关部门，查阅资料，结合南马坊实际情况，率先在全区组建第一个村民代表组织。1999年，号召村民集资、企业捐款，修建村第一条水泥路，同时对全村50多片土地的生产路拓宽整修，铺垫沙石，解决生产生活走路难问题。2001年，经过考察论证，建设南马坊集市和蔬菜批发市场，为群众提供产前、产中、产后全方位服务，解决卖菜难问题。提高了村民蔬菜种植的积极性，扩大面积，增加收入。

倡导成立文艺队伍，丰富村民文化生活。相继成立京剧、锣鼓、扇子舞、舞蹈队等文艺组织。投资购置道具服装，修建百姓舞台，年年有演出。每年春节都组织篮球、乒乓球、太极拳、象棋等文体活动，元宵节组织队伍参加区、镇闹元宵活动。在新村投资修建占地7000平方米的封闭式体育场，内有200米塑胶跑道6条，灯光篮球场3个，羽毛球场2个，另有村民健身区。2003年5月，组织南马坊村历史上第一届农民运动会，根据村民特点，设立比赛项目，每两年举行一次。

倡导关爱老年人，制定尊老爱老规章制度。

成立老年协会，下设 12 个老年小组，每年春节、老年节都发放礼品。随着集体收入增加，逐年提高老年人的福利，对 60 岁以上的老年人每年发放 2400 元生活补助费，100 元生日贺喜金。全部参加养老保险和医疗保险，保费村委代付一半，对老人另加意外伤害保险。新村搬迁后，无偿分配给一套配套齐全的老年公寓居住，免交收视费。设置老年活动中心，建立门球场，使老人能够老有所养，老有所乐。

为跟上和适应发展的形势，2001 年，参加山东农业大学经济管理专业研究生班招生考试被录取。历时三年，考试全部合格，取得研究生学历。

抓住城区北扩机遇，提出村庄整体搬迁的设想。召开“两委”会、党员会、村民代表会及村民大会，反复讲解搬迁的好处，统一了思想认识。2008 年，旧村改造申请报告获得批复，随即成立旧村改造领导小组，任组长。成立新村筹建处，其人员由村民代表会议选举组成。对楼房户型的确定，采取两步走：聘请有资质的广州大学规划设计院设计；组织村民代表、各小组长和村委委员到烟台参观学习，最后确定建“简欧式”楼房。2009 年 12 月 23 日，举行奠基仪式。为确保质量，对施工队要求有二级资质，并进行招投标。材料用一线品牌，高标准、高质量、严要求，分片包干，各负其责。每项工程须有村民代表签字认可。

2014 年 10 月，新村基本建成。占地 282.7 亩，建筑面积 31.4 万平方米。回迁房 33 栋为 7 层，老年周转房 5 栋为 11 层，均配套电梯、地下储藏室。停车位、公建房、幼儿园、商业街等配套设施齐全。

他主持成立拆迁安置小组，本着公平、公正、透明的原则，制定拆迁安置方案，获得村民通过。2014 年 12 月 8 日，村民开始搬迁进宽敞明亮、环境优美的新房。

他是临淄区第十四届至第十九届人民代表大会代表。多次被临淄区、齐都镇评为优秀共产党员、先进工作者、致富带头人。

2012 年，《南马坊村志》编纂委员会成立，任主任。亲自审阅篇目设置，提出意见。配备人员，设立办公室，添置办公器材，保证编纂工作顺利进行，为村志付梓问世做出重大贡献。

于志勇 1964 年 3 月生，齐都镇南马坊村人。中共党员，南马坊村党支部副书记、村委会委员。村志编纂委员会第一副主任。

1983 年 11 月入伍。1985 年 5 月，任炊事班副班长。其间，对饭菜质量、数量进行改革，受到上级嘉奖。1986 年加入中国共产党。1987 年 1 月退伍。

1988 年 5 月，在全区退伍两用人才考试中名列第一，被分配到齐鲁石化公司汽运三队招待所。后辞职回村。1989 年 9 月，被选为村党支部委员，兼任村委委员、民兵连连长。分工抓计划生育及文教卫生工作。其间，对 12 个村民小组的计划生育管理员进行调整精简，加强学习培训、工作指导，计划生育未出现一例超生，连年被评为区、镇先进单位。1990 年 7 月，担任新建南马小学筹建处主任。1992 年，新校建成投入使用，被评为市级规范化学校、花园式学校。

担任民兵连连长期间，民兵连连年被评为先进。在分管文体工作中，先后成立了篮球、文艺舞蹈、象棋、乒乓球、太极拳等协会，每年都参加区、镇比赛，都获得优异成绩。村历届农民运动会均担任总指挥。

1993年开始分管党的建设，积极协助党支部书记做好党务工作。1996年，协助村主任主持村务工作，每年的三秋会战任总指挥。对参与秋耕地的所有机械统一调配，对全村3000余亩土地的耕耙统一安排，每年耕地20余天，吃住都在服务队。

2008年，根据临淄城区北扩计划，村部分土地纳入规划布局，牵扯几百个土地承包户，1500余亩土地。他积极配合区、镇领导，上门入户做工作，顺利完成兑付及安置。

2010年参与旧村改造工作，任旧村改造安置领导小组副组长、拆迁安置办公室主任，完成旧村房屋的评估、拆除、分房、搬迁工作。搬迁率达到99%以上。2012年，参与村志编纂工作，任第一副主任，为村志编写做出贡献。

2015年，随着村民的搬迁入住，起草制定各种规章制度，使南马坊逐步由农村转入城市规范化管理，成为健康文明，环境优美，服务措施配套齐全的和谐新村。

于联社　1963年生，齐都镇南马坊村人，中共党员，南马坊村党支部副书记、村委会委员。村志编纂委员会副主任。

1980年参军。1983年退伍后回村。1993年1月，任淄博永发实业总公司出纳员，负责南马坊村积金会的银行业务。其间，积极协助解决各企业在生产经营中遇到的资金困难，确保企业的正常生产经营和不断发展。

1994年5月，任村委会委员，继续负责公司现金业务和积金会银行业务。同时，分管村企业闲散地块院落租赁承包及企业、村民的用水、用电工作。1995年12月加入中国共产党。2009年11月，受村委委派负责新村建设，任南马坊村旧村改造筹建处主任，负责筹建处现场全面工作。下设办公室、综合办公室、警卫室、财务室、材料室、成本部、技术部、监理部、质检部（由全村选出的12名代表负责工程监督）。并于2010年3月同筹建处工作人员一道，自行设计，自行施工，建设了筹建处办公大院，为工程顺利开工建设做好准备。施工过程中，严把材料质量关，不合格材料严禁进入施工现场，技术、监理、监督人员不分昼夜，亲临工地指导，确保工程的质量。2012年，参与村志的编纂工作，任副主任，提供资料，安排人员打印，作了大量工作。

刘景清　1959年7月生，齐都镇南马坊村人，中共党员，南马坊村党支部委员、村委会委员，南马坊联合工会主席。

1978年12月参军，历任副班长、班长。曾多次获得营、连嘉奖，并获一级技术能手、神枪手、神炮手。1983年3月加入中国共产党。1985年1月退伍。9月，任南马村党支部委员、村委委员。

1987年6月，受村“两委”安排，与临淄区外贸冷藏厂联合，建立“南马联营养鸡场”，他出任厂长，并参与项目的考查、场地的筹划、图纸的设计、房屋的建设、制度的建立、资金的筹措。不怕天寒地冻，克服重重困难，靠在施工第一线。投产后，高标准严要求管理，从小鸡的孵化、育雏、饲养、防疫，实行一条龙作业。每年出栏肉食鸡在40万只以上。1994年5月，被安排与张店化肥厂联合成立南马化肥厂，任厂长，主要生产复合化肥。1995年10月，与淄博服装厂联合筹建金凤制衣服装厂，任副厂长。一年后，回村参与南马坊村的企业改制工作，配合上级有关部门，对各企业进行清产核资。1999年春，村内修建第一条水泥路，他任总指挥。其间，请专人设计，严把质量关，按规划施工，认真监督，环环扣紧，经过27天的努力，修成南起309国道，北至北大街，全长500米的水泥大道。2000年春，主管南马坊集市及蔬菜批发市场的筹建工作，回填窑湾，整平地面，焊接大棚，组建市场管理办公室。为蔬菜批发市场开业、集市运管做出贡献。

2003年后，主抓文体活动，配合南马坊第一届农民运动会的召开，组织起篮球队、乒乓球队、扇子舞、锣鼓队、健身球队、腰鼓队、太极拳协会及舞龙表演队。2012年5月，村志编纂委员会成立，兼任副主任，具体负责编写事务，做了大量工作。

2015年6月，当选南马坊村联合工会主席。工作开展的卓有成效，被临淄区总工会授予工会工作先进单位。南马坊新村搬迁后，2015年8月，开始负责新村物业管理工作。

于明孝　1954年11月生，齐都镇南马坊村人，中共党员，南马坊村党支部委员、村委会委员兼文书。

1972年3月，到南马技术队从事“9·20”菌肥等科学实验。1974年4月，加入共青团，12月，任团支部委员，参与南马大队《三夏战报》《三秋战报》的编写，及时报道社员中涌现的先进事迹。组织青年编写文艺节目，参加义务活动，凝聚团组织向心力。1976年4月，到临淄区农具厂工作。其间，认真拜师学习，探讨技术要领，对电风扇网罩的焊接，通过自己的提议，领导的同意，对焊机对接焊点，电流的调式及压力点接触实验，成功实现网罩焊接技术提高，确保质量，实现增产，被评为先进工作者。1982年回村。1989年4月，任治保主任和调解主任。他努力学习法律知识，探讨工作方法，化解民间矛盾，调处分化当事人积怨，正确处理赡养、婚姻、土地、宅基地等方面的纠纷，得到上级表扬。1992年，在临淄区调解主任大会上作经验介绍。

1996年11月，加入中国共产党。1998年7月，任村党支部委员。2004年，任村委委员。2012年4月任村文书。严格审批程序，认真审理每张单据，记好每笔账，公平、公正管理各类收支账，当好领导的参谋。在新村建设和其他土地征用过程中，对关系群众切身利益的土地及附属物的作价兑现中，坚持原则、公正处理，解答问题，平息矛盾，圆满完成任务。新村建成、住房分配中，及时提供各户的人口、年龄婚姻、子女等情况，为分楼方案提供重要依据。

2015年3月，兼任南马坊村老年协会会长，组织老年人参加文体活动，搞好老年公寓活动场所的管理，调解纠纷，做老年人的知心朋友。

孙爱红　女，1971年4月生，齐都镇南马坊村人，中共党员，南马坊村妇代会主任，村委会委员。

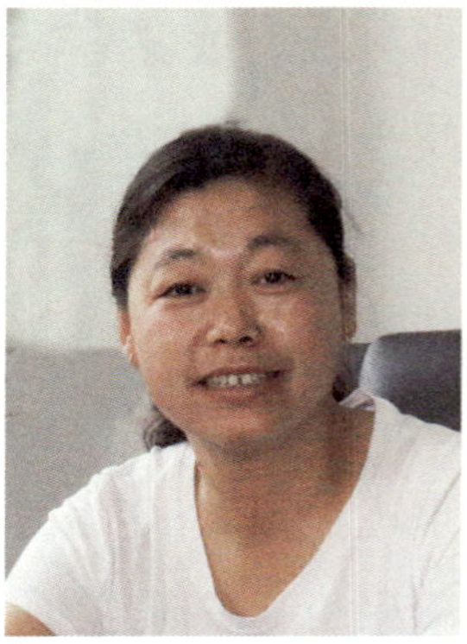

1993年，任妇代会主任，主要负责村妇联和计划生育工作。在农村妇女中开展的“双学”“双比”竞赛活动中，以增收致富为目标，重点组织妇女科技培训、科技服务、科技示范三大网络工程。多次聘请科技人员为妇女讲课，传授致富技能，培育一批妇女科技致富带头人，提高妇女依靠科技增收致富的能力。1999年5月，加入中国共产党。在计划生育工作中，根据育龄妇女实际情况，做好“十登门”服务工作。每年组织育龄妇女进行多次健康查体，建立健康档案。为60周岁以上计划生育家庭的独子户、双女户办理奖励扶助和特别扶助。实行网格化管理，建立健全计划生育工作网络，建立档案，及时了解和掌握妇女的诉求信息。随着新农村建设的推进，村建立了计划生育办公室，设置了B超室、妇科检查室等，完善了为妇女儿童服务的设施。成立了人口学校，及时传达国家的人口计生方针政策，传播先进科学文明的婚育观念，开展优生优育教育。2003年始，参与组织全村重大节庆文艺活动，妇女自编自演的扇子舞、腰鼓队、锣鼓队、舞龙表演等节目，多次参加区、镇组织的展演，受到表彰。

2007年、2012年，两次被推选为党代会代表，出席中共临淄区第十一、第十二次代表大会。2004年，被推选为临淄区妇女代表，出席淄博市妇女第十次代表大会。

林建斌　1976年9月生，齐都镇南马坊村人，中共党员，南马坊村党支部委员。

1992年9月至1995年7月，临淄成人教育中心学习。1995年7月至1998年3月，在临淄中外汽修中心工作，任电工组长。1998年3月至2000年1月，在山东电视台录制部工作。2000年3月创办新世纪汽车修理厂任厂长。2010年12月加入中国共产党。2015年7月，当选南马坊村党支部委员。东北师范大学行政管理学院进修在读。

参加工作以来，协助村党支部书记管理党建工作。2015年10月18日，组织南马坊村第六届村民运动会。协助村委办理完成玄龄小学征地、占地、清点附属物工作。建立南马坊村网站，负责拍照、摄像等宣传事务。

徐立亚　1978年12月生，齐都镇南马坊村人，中共党员，南马坊村党支部委员。

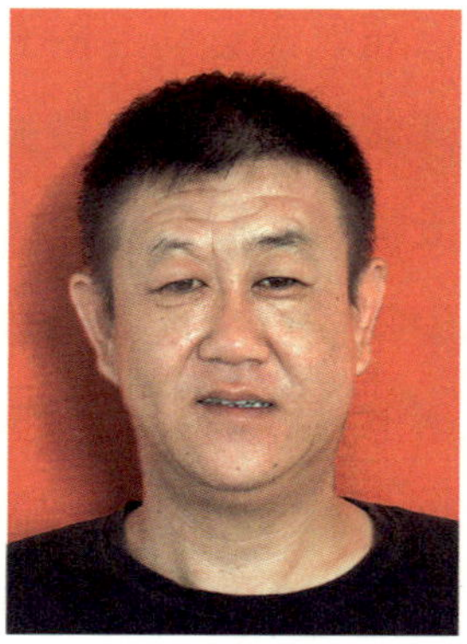

1999年，开始从事车辆运输工作。2005年11月加入中国共产党。2011年3月，对地下管线非开挖工程的现状进行了系统考察，购置了非开挖铺管钻机1台。2012年，成立淄博冠迪管道工程有限公司，任经理。此后，在各地开展管道敷设非开挖工程业务。2013年，随着工程量的增加，新增钻机

2台，施工范围扩大到全国各地。

2015年7月，当选村党支部委员，协助村“两委”主要领导工作。是年，淄博市重点工程玄龄小学立项，开工建设。该工程全部位于村域内，占用土地涉及到几十户村民的利益。他深入村民中做耐心细致的工作，顺利完成地上附着物清点补偿、土地征用工作，使工程顺利开工。济青高铁的配套工程遄台路北延和临淄区医疗中心建设项目，占用数十户村民的土地、设施，事务繁杂。他登门入户向村民解释，坚持最大限度照顾群众利益，顺利完成土地征用补偿工作。

离职村干部

董洪军　1929年生，齐都镇南马坊村人，中共党员，曾任南马乡指导员、大队党支部副书记。

1946年参军。1947年在战斗中负伤。1949年8月，加入中国共产党。1950年，转到临淄县武装部任干事。1955年复员回乡，任南马乡指导员。1957年，撤区并乡后任城关镇干部。1960年，从古城公社退职回家。1962年，任南马大队支部委员、民兵连连长、治保主任。1965年，任第三生产队队长。1971年整党建党后，先后任南马大队党支部委员、贫协主任、党支部副书记。参与管理学校。

朱光文　1936年2月生，齐都镇南马坊村人，中共党员，村志编辑组成员。村党支部委员、村委会主任。

1956年初南马成立农业生产高级合作社，任一队会计。1958年初冬去辛店参加钢铁大会战，1959年，益都县第三钢铁厂建成后留厂工作。1961年，响应党的号召回乡参加农业生产。1962年，任第1生产队会计。1968年秋，被选为南马大队“三结合”革命委员会委员，兼任大队会计。1971年4月加入中国共产党，后任村党支部委员，连任大队会计。1984年，大队改村，任第一届村民委员会主任。1985年10月，因年龄原因辞职。1995年，进入老年协会。2012年5月，参与村志编纂工作。先期任编辑组办公室主任，为编好村志出谋划策，做了大量工作。

初光顺　1938年生，中共党员，高小文化，会计师。村志编辑组成员。南马大队党支部副书记、副大队长。

1955年，任初级社记工员和保健员，1956年任高级社记账员。1958年，任大队团支部书记；10月，任南马民兵连二连会计。1960年至1962年，任南马大队保管员，1965年任南马大队民兵连连长，1968年，任黄河工程城关营民兵连长。1969年，在南马卫生室当赤脚医生。1970年，任小队现金保管员，1971年，任辛大铁路城关民兵团第六连连长，1972年至1973年，任临淄民兵团石油会战城关民兵连连长，1973年4月，加入中国共产党。后任南马大队党支部副书记至

2005年。1973年4月，任副大队长至1984年4月，分管计划生育工作，队改村后任村委委员、文书。1993年至2013年，任南马坊村老年协会会长，1994年5月曾聘为齐都镇派出所警容警纪社会治安监督员、区价格监督员，1999年，市老年执法协调监督员，1993年市农业局审计员。

曾获得淄博市农业局农村会计标兵，临淄区“先进个人”“先进工作者”多项荣誉，镇级连续9年优秀共产党员称号。被选为齐都镇第十届、第十一届、第十二届、第十四届人代会代表，齐都镇十一届党代会代表。

齐涛　1942年3月生，南马大队保管员、村委委员，村志主编。

1961年8月参军。在东海舰队司令部警卫连服役期间，连续被评为“五好战士”“优秀射手”“投弹能手”，多次受连部嘉奖。1964年，参加“郭兴福训练法”全军大比武活动。1968年退伍回乡。1972年，参与南马大队整地工作，出谋划策、绘制施工图，解决施工中的难题。1973年至1989年5月，任大队保管员，物资有序、账目清楚。1984年5月，任村委委员。长期负责主编南马大队“三夏战报”“三秋战报”，主办“阶级斗争展览馆”，参与展馆设计，文字编写，材料讲解。1984年，筹建南马砖厂。1989年，筹建南马塑料彩印厂。1990年5月，到齐都农中化工厂工作。乐于助人，为村民操办红、白公事热诚服务。2012年，参与南马坊村志编纂工作，任主编，为村志篇目设计、资料搜集、志稿撰写做了大量工作。

徐社香　1955年生，齐都镇南马坊村人，南马坊村党支部书记。

1975年，任村团支部书记。1976年，兼任南马大队民兵连副连长。1984年，与党支部书记徐广兴带领支部一班人及部分骨干社员，到外地学习发展村办企业经验。回村后，带领部分村民开始建设南马砖厂，这是改革开放后村内建立的第一个企业。1985年9月，任村党支部书记。1986年，带领村“两委”大力发展集体工副业。先后办起塑料厂、铸钢厂、建筑队、纸箱厂、联营养鸡场等10多个工副业企业，成为全区发展工业先进村。是年8月，为解决村内发展工业电力不足的困难，多方协调，从临淄酒厂接入工业用电，基本解决村内农电及工副业企业电力不足问题。为解决村工业项目资金不足的困难，带领有关人员赴烟台市黄县学习“秋林基金会”经验，回来后建立“南马信用积金会”。为村办企业筹集资金，有效缓解资金困难。与“两委”成员一起，对村内路网改造进行规划。1986年，开通村内5条南北向大道，村民出行更加方便。1989年，主持企业改造、整顿、提高，使村办企业得到稳定、发展。年末，被区委、区政府表彰为“发展工业先进村”。1990年，亲自策划南马小学迁址建设的问题，并带头捐资5000元。经过3年努力，建成花园式学校，受到上级表彰。1992年5月，调齐都镇经委工作。

于强国　1962年5月生，齐都镇南马坊村人。中共党员，村委会主任、村党支部书记，临淄区浩源实业有限公司党支部书记、总经理。

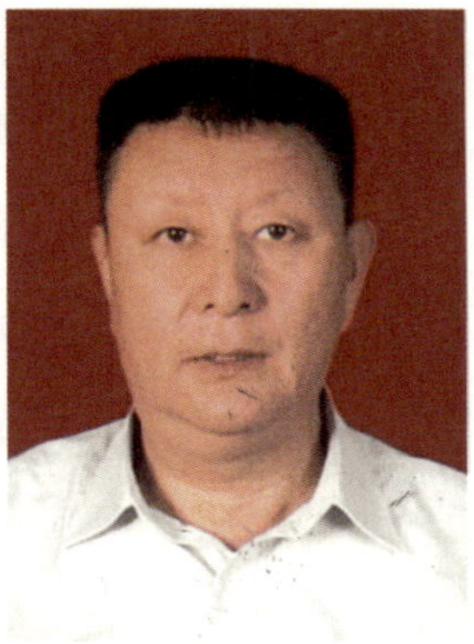

1980年11月入伍，先后在独立师一团特务连、潍坊军分区独立营一连、潍坊武警支队一大队一中队服役，连续3年受到连队和中队嘉奖，被评为“优秀班长”“精神文明标兵”。1984年12月退役。

1985年10月，任村委会主任后，大力推动村民发展种植业和保护地栽培，使大棚栽培发展到近500个，村民收入有较大提高。为发展集体经济，与“两委”成员一起，大力发展工副业，陆续新建养鸡场、塑料厂、面粉厂、塑料彩印厂、铸钢厂、石油化工厂、辛北有机化工厂、保温材料厂、染色助剂厂等企业。1992年任村党支部书记，第一次提出旧村升级改造规划，实施村民住宅向别墅式发展战略，让先富裕起来的村民住上宽敞明亮的小楼。同时，对村属企业进行改造，达到统一规范管理。为激励企业的发展，提出完成100万利润奖励“上海”牌轿车1辆的政策。将企业与村委的利润分成由3 ∶ 7调整为7 ∶ 3，推进企业发展。对部分村民的小块分散土地进行整合，使温室栽培扩大了规模，得到进一步提升。

1996年1月，与天津大学合作，建成临淄辛北有机化工厂（后改制更名为临淄国强实业有限公司）。11月，辞去村党支部书记，先后创建浩源实业有限公司、东营市浩源化工有限公司和淄博旭佳化工有限公司。2000年，浩源实业公司被评为临淄区纳税先进企业、齐都镇纳税大户，个人被评为临淄区青年企业家。2003年6月，采用新技术、新工艺，在东营市李鹊镇建成国内第一条苯酚烷基现代化生产线，产品质量、产量均位于国内前列。企业连年被评为东营市安全生产先进单位、东营市科技创新先进企业等荣誉。2005年，在齐鲁化学工业区内筹建淄博旭佳化工有限公司。2007年建成，共建设对叔丁基苯酚连续生产线5条，将原有企业一并并入园区。产品年产量达到2.5万吨，产值近4亿元，出口创汇500万美元。连续被上级评为淄博市纳税先进业户、金岭回族镇纳税大户、临淄区安全生产管理标杆企业等荣誉。2010年1月，任临淄浩源实业有限公司党支部书记。

游子萍踪

于墀鵠　1928年5月生，又名于达，齐都镇南马坊村人。中共党员，曾任上海市人民政府参事室副处级调研员。

1948年12月，在济南华东大学学习时参加革命。1949年4月，参加南下干部工作队，任华东局南下干部纵队一支队三大队三中队分队长，曾在临城（今枣庄市薛城区）华东党校学习城市政策。1949年5月随军进入上海，参加接管国民党上海市政府工作，任办公厅秘书。1951年任上海市政府调查研究室资料组组长。1956年任上海市人民来信科科长。1979年任上海市政府参事室副处级调研员。1987年11月离休。

韩秉让　1928年生，齐都镇南马坊村人，在外用名韩明非，曾任公安部六局党组书记，少将军衔。

1948年8月，加入中国人民解放军。参加了平津战役。北京解放后，进京在警备师服役，后进入华东军事学院学习。警备师改为公安部后，任公安部六局党组书记。主要负责培训各省市公安教导队队员，后晋升少将军衔。

于镜海　1932年2月生，又名于伯容，齐都镇南马坊村人。中共党员，曾任山东铝厂机械厂秘书。

1951年入伍。1952年6月毕业于十二军校。1952年6月至1959年12月，在长山水警区海防三团服役。1959年5月加入中国共产党。1960年12月毕业于海军学院。1961年至1965年，在长山要塞区政治部。1965年至1969年，在长山要塞区大钦守备区。1969年8月转业到山铝机械厂工作。1973年至1983年，任机械厂秘书。

在部队服役期间，荣立三等功3次，多次被评为先进工作者。1969年转业后，多次被评为厂先进工作者。

贾文辉　1934年2月生，齐都镇南马坊村人。中共党员，会计师，曾任山东羊口盐场审计科科长。

1951年3月参加工作，为中国人民保险公司淄博中心支公司职员。后调临淄人民银行、临淄保险公司。1954年，临淄保险公司撤销后，调潍坊地区保险公司中心支公司。后相继在寿光县财政局、保险公司工作。寿光县保险公司撤销后，调入县商业局。1959年，调大家洼山东羊口盐场，任财务科副科长。1962年，保送山东财经学院进修学习三年。结业后，任羊口盐场财务科科长。坚持客观公正、实事求是的原则，开展财务收支、承包经营、工程决算审计及内控评价。经常深入基层，提出改进意见。在改善企业经营管理、增收节支，提高经济效益等方面恪尽职守，1981年，加入中国共产党。1987年，任审计科科长。先后被轻工业部，省一轻厅、省盐务局授予先进个人称号。1993年4月退休。

贾守约　1935年1月生，齐都镇南马坊村人。主任技师，曾任山东省临床检验中心主任。

1954—1957年，在齐鲁大学（山东大学齐鲁医学部）检验专业学习。毕业后分配到山东省立医院工作。1980至1997年，历任山东省立医院检验科副主任、主任等职，参与医院检验、教学、科研及全省疑难病例细胞学标本会诊等工作。为中华医学会检验学会副主任委员，全国抗癌学会山东分会肿瘤细胞学学术委员会副主任，《齐鲁医学检验》杂志编委，山东省卫生系统临床检验学科质量标准学术带头人。1997年退休。1972年，主编的《恶性肿瘤细胞检验》由山东人民出版社出版。1988年，主编的《临床检验手册》由山东科学技术出版社出版。1993年，主编的《医学检验新技术》及《山东省各级医院检验科建设与管理》由山东科技出版社和山东省卫生厅印发。在《中华医院感染学》《上海医学检验》《现代检验医学》《山东医药》等专业刊物发表论文数十篇。授权《实用新型》专利1项。其主持的《医院感染病菌调查及分子生物学分型》研究成果达到国内领先水平。

1989年8月，主编的《临床检验手册》获山东省卫生系统科技成果一等奖。1989年12月，《小儿遗传球形细胞增多症20例诊断及临床分析》获三等奖。1991年，撰写的《儿童传染性急性单纯红细胞再障贫血的细胞学血细诊断》获优秀论文奖。1992年，《末梢现象出现有核红细胞临床意义》获优秀论文奖。多次被评为山东省卫生系统先进工作者。

于敬铭　1935年生，齐都镇南马坊村人。中共党员，副主任医师，曾任山东胜利石化总公司（今齐鲁石化公司）医院工会副主席。

1957年，山东医学院毕业，分配昌潍地区人民医院。1959年调昌潍地区医学研究所防疫站。1973年，调山东胜利石化总公司医院职业病科（职业病防治研究所）。其间，兼任医院工会副主席。曾被评为化学工业部先进工作者，山东省科学技术先进工作者，齐鲁石化公司（山东胜利石化公司）先进工作者、模范党员。

论文《气相色谱法测定空气中丙烯酰胺》《丙烯酰胺对工人健康影响的研究》分别在《劳动卫生职业病杂志》《卫生研究》杂志发表。1988年获石油化学工业部科学技术奖。

贾文煜　1936年1月生，齐都镇南马坊村人，经济师。

1956年8月参加工作，先后在淄博矿务局、新博煤矿、黑山矿业学校任教师。1981年3月，调兖州矿业集团公司兴隆庄矿劳动工资科任经济师。1993年退休。

退休后潜心钻研书法，临摹名家碑帖，为淄博市老年书画学会会员。在全国书画展览中多次获奖，书法作品入编《全国老干部诗词书画作品大观》《全国当代书画名作精品集》。

宗华　女，1938年4月生，齐都镇南马坊人，专科学历，曾任临淄区教研室教研员，区三八红旗手。

1962年，山东动力专科学校毕业，后在南马小学任教。1986年，调任临淄区教学研究室教研员。几十年来在教学生涯中尽职尽责，教书育人认真钻研教材。潜心探讨教学方法，所教学生，在每届初中升高中的会考中，都取得优异成绩，深受父老乡亲的信任与好评。

1986年调入临淄区教研室任教研员，和全区的自然科教师共同学习、研讨、交流、改进提高了教学质量，在区教研室工作的九年中，组织全区教师参加省、市、区级活动达百余次，都取得优异成绩。

个人撰写的《在自然科教学中，运用沙特洛夫教学法的尝试》一文被第二届全国两法研究会选用，《寓意育于自然教学中》一文在省自然科研讨会上交流，并获二等奖，多篇作品在市级、班主任评选中获优秀奖。工作期间多次评为区教育系统先进个人，区三八红旗手，1995退休。

刘振骧　1938年9月生，齐都镇南马坊村人。中共党员，高级政工师，曾任临淄区委党校党委书记（副县级）。

1959年参加工作，1960年9月加入中国共产党。曾在昌潍地区农科所任技术员、植保研究室组长。调回临淄后，先后任中共区委组织部干事、农林局副局长，皇城公社党委书记、革委会主任，南仇镇党委书记、中共临淄区委统战部部长，淄博稀土材料厂筹建处主任、党支部书记，中共临淄区委党校党委书记、助理调研员（副县级）等职。1998年10月退休。为中国老年书画研究会会员，淄博市、临淄区书法协会会员，淄博市老年书画学会会员，临淄区老干部书画学会副会长。多次参加市、区书画展并获奖，是南马坊书画爱好者的领军人物。

韩毓英　1939年生，齐都镇南马坊村人，中共党员，中学校长，高级教师，村志副主编。

1961年，益都师范毕业，至1968年在路山公社中心校任教。后任公社工读学校总辅导员、中心校教务主任、公社教育系统文革主任。1969年在南马联中任教。1970至1972年在临淄县报道组，城关公社机关工作。1973年后，分别在城关农中、西关联中、谭家联中、葛家联中、南马联中、稷下中学任校长。1986年，调齐都镇党委办公室工作。1987年后，先后在齐都镇教委、临淄区职改办工作。

1969年，撰写的《边树生烈士二三事》在《前卫报》刊登。1971年春，所写《只有防微，才能杜渐》杂文被《淄博日报》发表。1995年，《德育工作新思路》论文获全国教育系统小论文征集比赛三等奖。1974年，获淄博市教育工作先进个人称号。1996至1997年，学习、总结、推广“提纲教学法”“电脑学习法”，受到临淄区教育局表扬。2012年5月参与村志编纂工作，任副主编。

贾春树　1939年10月生，齐都镇南马坊村人。高级工程师，曾任临淄区市政公司总工程师。

1966年毕业于唐山工业工程技术学院土建专业。1968年至1980年，在河北省黑本港地区参加全国会战，任献县片技术负责人，科研成果（井组）获得全国一等奖。由于工作出色，受到国家领导人表扬。1980年至2000年，在临淄区建设委员会、临淄区水资源办公室工作，曾获科技奖。2000年后，先后任临淄区市政公司、齐都镇建筑公司、朱台镇建筑公司总工程师。在裕华房地产公司建设的临淄区国家税务局办公楼项目中担任总工程师。该项目获山东省建筑行业工程质量最高荣誉奖“泰山杯”。在省、市刊物发表多篇论文。系中国水利协会、山东水利协会会员。

于新粒　1939年11月生，齐都镇南马坊村人。主任牧师，全国政协委员，曾任第八届中国基督教三自爱国运动委员会副主席。

少年就读于北京“神照会”真理学院，后转入燕京协和神学院（燕京神学院）。1957年后，

在京郊南苑农场工作。1980年，调北京市基督教会工作。1984年按立为牧师。1985年，宗教政策开始落实，活动场所需修复、重建，他负责北京市基督教堂的维修重建工作。在其努力下，多所教堂在短期内陆续开堂。1988年，调北京市基督教三自爱国运动委员会，任办公室主任。1996年，他挑起重建燕京神学院重担。2003年1月，当选第十届北京市政协常委、民族和宗教委员会副主任。同年，任中国基督教协会第五届委员会副总干事。年底，当选北京市第八届基督教三自爱国运动委员会主席、第六届基督教教务委员会会长。2005年，出任燕京神学院院长。2008年1月，当选第八届中国基督教三自爱国运动委员会副主席。2008年3月，当选第十一届全国政协委员、民族和宗教委员会委员。2010年8月始，任燕京神学院顾问。2014年8月始，任北京市基督教两会名誉会长。他爱国爱教，为建设和谐健康教会、加强基督教自身建设做了大量卓有成效的工作。

于宝贞　女，1940年9月生，齐都镇南马坊村人。中共党员，曾任章丘县财政局总会计师。

1958年至1960年，济南十九中学习。1960年至1962年，山东省林业学校学习。1962年，任章丘县黄河林场主任。1971年7月加入中国共产党。1973年，任章丘县广播局办公室主任兼会计。1989年至1998年，任章丘市财政局总会计师、办公室主任。

贾玉贵　1941年12月生，齐都镇南马坊村人。中共党员，教授级高级工程师，副军职将官，享受政府特殊津贴。

1960年7月，山东省实验中学高中毕业，保送至解放军军事电信工程学院（西安电子科技大学）学习。1965年大学毕业，分配到解放军空军地空导弹学院任教。1980年，调入解放军空军装备研究院雷达所（空军第二研究所）工作。1983年任雷达所总体室主任。2001年，晋升为解放军文职技术三级，副军职将官。荣立二等功一次，三等功二次。

经过多年潜心研究，在相控阵雷达研究领域颇有建树。1984年，国防工业出版社出版《现代对空情报雷达》专著。发表《对空情报雷达对抗反辐射导弹措施探讨》《雷达配置诱饵对抗反辐射导弹的仿真》等多篇论文。承担了国家《固态相控阵三座标雷达论证》等重大科研试验任务，在对空情报雷达领域有多项重大创新。为中国电子学会高级会员，空军雷达学院客座教授，中国科学院大功率微波开放实验室学术委员。

1997年、1999年，分别获得国家科技进步二等奖各1项。1998年，获空军重大科技贡献奖。历年获得军队科技进步一等奖2项，二等奖6项，三等奖25项。多次执行出国任务，均圆满完成，在国家的对空情报雷达领域做出了贡献。

朱光海　1945年3月生，齐都镇南马坊村

人。中共党员，中学高级教师，曾任梧台中心校校长、镇教委主任。

1965年7月高中毕业后，在村创办南马农中。白手起家，带领师生勤工俭学，建设教室8间，购置教师、学生用桌椅、器材。1972年12月，转为公办教师，调任淮阳公社北高联中、宁王联中任校长。1974年5月加入中国共产党。1976年10月，调任梧台公社柴家联中任校长。1984年7月，梧台乡联中合并，任梧台中学校长。1987年8月，任梧台镇中心校校长、教委主任、党总支部书记。多次被评为临淄区优秀教师、优秀共产党员，为临淄区第七届、第九届党代会代表。1995年9月，被省政府评为山东优秀教育工作者。2003年4月，于临淄二中退休。退休后，参加临淄区书法协会，多次参加临淄区春节、齐文化旅游节书法作品展并获奖。

贾孝敏　1946年1月生，齐都镇南马坊村人，中学高级教师。

1970年8月，东北人民大学（吉林大学）物理系毕业。1970年8月至1989年12月，黑龙江省讷河市一中任教。1984年5月，加入中国共产党。1989年12月，调临淄三中任教。2006年1月退休。多次被评为临淄区优秀教师、优秀共产党员。曾获淄博市教学成绩一等奖、物理优秀辅导一等奖。第十四届全国中学生物理竞赛辅导奖。第十七届全国中学生物理竞赛辅导奖。

徐允中　1946年1月生，齐都镇南马坊村人。中共党员，正处级。

1965年，临淄一中毕业后，考入北京轻工业学院。1970年7月，毕业后分配到贵州省工作。历任轻工业部贵阳轻工业机械厂技术员、车间主任、计划科长、办公室主任、厂长等职。1978年4月加入中国共产党。1982年，北京轻工业学院硕士研究生毕业后，任贵州省贵阳市委企业政法部处长。1991年后，先后任淄博化纤厂、齐鲁乙烯塑编厂总工程师。

齐萍　1947年1月生，齐都镇南马坊村人。中共党员，高级讲师（副教授）。曾任贵州省施秉县人民政府副县长。

1965年9月至1970年7月，上海科学技术大学力学系学习。毕业后，支援“三线”建设，在贵州省黔东南苗族侗族自治州工作。1970年8月至1982年3月，在施秉县农机厂工作，历任助理工程师、厂办主任、副厂长、厂长等职。1979年12月加入中国共产党。1982年3月，调任施秉县经济委员会副主任。1983年底，任施秉县人民政府副县长。1985年7月，调任贵州省农业机电学校校长、党委书记（正处级）。2005年退休。

1989年被农业部授予优秀教育工作者称号。1993年晋升讲师。1998年晋升高级讲师（副教授）。

于恒春　1947年9月生，齐都镇南马坊村人，村志编辑组成员。

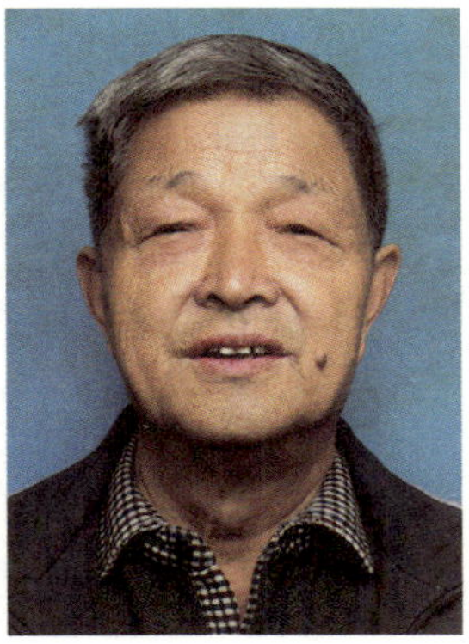

1967—1985年在南马联中教学。1985—2007年在稷下中学教学。任教期间忠诚党的教育事业，恪尽职守，教书育人，认真研究教材与潜心探讨教学方法。2007年7月，退休后自学电脑、摄影、录像制作，为全村文体活动积累大量影像资料。

2012年参与村志编写工作，在搜集资料，影像整理等方面做了大量工作。

崔传文　1947年生，齐都镇南马坊村人。国家一级田径裁判员，中学高级教师。

1965年，创办南马农中并任教。1967年，南马农中合并到南马联中，任教师。1985年10月，全镇中学划片合校，调稷下中学任体育教师。1988年调齐都中学任教。其间，入淄博教育学院体育系函授学习三年，取得大专学历。1986年参加山东省田径裁判员培训班，晋升为国家一级田径裁判员。全区中小学和区直机关运动会多次担任总裁判长，曾参加全国城市运动会担任裁判员。多次参加省、市运动会，任裁判长。1991年8月调齐都镇教委工作，分管中小学体育。1999年11月，晋升中学高级教师。2007年8月退休。

吴翠香　女，1949年10月生，祖籍齐都镇西关村，贾春景爱人。中共党员，大专文凭。曾任辛店街道人大主席。

1968年，初中毕业后回乡，在大队党支部支持下，建立阶级教育展览馆，组织突击队开展义务劳动，搞科学种田，一心扑在工作上。被评为县级活学活用毛泽东思想先进个人，并参加宣讲队，到各公社巡回讲演。1970年，加入中国共产党，1971年，被选为村党支部副书记兼公社团委副书记（不脱产）。4月，被推选为淄博市党代会代表。后经组织考核进入公务员队伍，在敬仲公社锻炼半年后，分配到孙娄公社，主管共青团工作。1982年，任公社党委宣传委员。1983年，公社改乡后任孙娄乡副乡长。1984年，考取农业广播学校。1987年，考取辽宁刊授党校，取得专科学历。1987年，任辛店镇党委宣传委员。1988年，当选辛店镇副镇长。1994年，任辛店镇人大副主席。1996年，任镇人大主席。

先后12次获区委、区政府先进工作者表彰并记功奖励。1993年，市委、市政府在“八五”绿化达标中给予记大功奖励。退休后，参加临淄区老年大学书画班学习，后加入市、区老年书画协会。

贾春景　1949年10月生，齐都镇南马坊村人，中共党员，在部队曾任车管助理员（正营级），转业后曾任区教师进修学校汽修厂厂长。

1968年参军入伍，先后在装甲兵坦克二师、坦克十三师、总参装甲

兵部队服役。历任副班长、班长教员、技术兵培训队副队长、车管助理员等职。1970 年加入中国共产党。在部队任教员时，针对学员文化水平差距大，基础不同等问题，想办法、订措施，提高教学质量，培养出合格人才。曾荣立三等功两次，并被评为学雷锋积极分子。

1986年退役，先后任区委信访局副检查员、王寨乡党委副书记等职。1988 年，调区教育中心任调研员。期间，创办学校汽车修理班，为学校培养出合格技术人才，兼任校汽修厂厂长。2009 年退休。

商孝顺 1952 年生，齐都镇南马坊村人。中共党员，曾任齐鲁石化公司驻北京办事处餐饮部经理，全国特一级厨师。

1972 年，任南马联中民办教师。1974 年，入淄博商业学校烹饪专业学习。1976 年，毕业后分配到山东胜利石油化工总厂，在商业公司胜利饭店任管理员。1980 年调齐鲁石化公司第二招待所，任餐饮部主任。1987 年，取得红案一级厨师证书。1990 年，取得红案特一级厨师证书，在烹饪比武大赛中取得第一名。1990 年 3 月加入中国共产党。1994 年，调入齐鲁石化公司英冠园大酒店任经理。1996 年任齐鲁石化公司驻北京办事处餐饮部经理。2012 年取得鲁菜大师资质。2014 年创办敬和轩大酒店。

于秀华 女，1953 年生，齐都镇南马坊村人，中共党员，曾任临淄区纪律检查委员会信访室主任。

1969 年至 1970 年，任南马大队妇代会副主任。1971 年，参加中共临淄区委宣传工作队。1972 年 1 月加入中国共产党。同年任共青团临淄区委常委。1984 年调区委企业政治部工作。1988 年调临淄区纪律检查委员会信访室，任主任（科级）。2008 年退休。

董志平 1953 年生，齐都镇南马坊村人，曾任南马小学校长。

1974 年 2 月在南马联中任教。1985 年任稷下中学教师，先后在中央广播大学、淄博教育学院进修。

1992 年 7 月，新建南马小学落成后，任南马小学校长。1995 年，南马小学被淄博市教学研究室命名为淄博市教学示范校。1996 年，通过市规范化学校复查。南马小学连续被评为区、镇级先进单位。2002 年退居二线。2013 年退休。

自幼喜爱书法，拜王赣、于镜三等为师。曾在第一次全区教职工书法大赛中获一等奖。多次代表镇教委参加教职工黑板报基本功比赛和书法比赛获奖。

徐中华 1954 年 11 月生，齐都镇南马坊村人。中共党员，曾任临淄外贸冷藏厂副厂长，村联营养鸡场副场长。

1973 年入伍，在海军航空兵某部服役，期间多次获得嘉奖。1975 年，加入中国共产党。1977 年退伍。1978 年，在金岭铁矿参加工作。

1982年，调临淄区外贸冷藏厂，主要负责冷藏厂货源收购及发展养殖，推动全区家兔、肉食鸡养殖。1987年，受冷藏厂委派，与南马坊村建立联营养鸡场，任副场长。

1996年，对全国毛皮动物养殖市场进行考察，开始养殖狐狸。为芬兰狐与老品种进行品种改良，前往东北林业大学聘请两位教授传授狐狸人工授精技术。引进芬兰原种狐，在省内率先推广毛皮动物改良技术，为毛皮动物饲养业健康发展起到带头作用。被淄博市人民政府授予淄博市首批农村科技能手称号。

孙良才　1955年4月生，齐都镇南马坊村人，副主任技师。

1972年到城关农中（五七学校）卫生班学习。结业后在大队卫生室任“赤脚医生”。1974年，被大队推荐到莱阳医学专科学校学习。1976年8月毕业后分配到淄博市第三人民院（妇幼保健院），后到青岛医学院进修检验专业。从事临床检验工作近40年，2004年晋升副主任技师。

他临床实验工作经验丰富，曾任淄博市微生物学会理事。在临床生物化学、微生物学、免疫学实验诊断方面有较深造诣。特别是在性传播疾病致病微生物的培养与药物敏感试验方面有较深入研究，走在全国前列。在《中华实用医药》杂志等全国医学刊物发表论文十余篇。由他经手的检验报告达几十万份，无一差错。2015年4月退休。

刘玉兰　女，1955年4月生，齐都镇南马坊村人，临淄区人民医院妇产科主任、主治医师。

1973年，任大队“赤脚医生”。1976年，被大队推荐到淄博医学专科学校学习。1978年毕业，在金岭医院任妇产科医生。1983年，任齐都医院妇产科医生。1988年后，任临淄区人民医院妇产科主任、主治医师。她医德高尚，技术精湛，对患者一视同仁，倾力相助。

贾宝胜　谱名贾保胜，1955年9月生，齐都镇南马坊村人，中共党员，高级工程师，曾任山东齐银集团总工程师。

1972年12月参加工作。1974年8月，入淄博建筑材料工业学校就读。1976年7月毕业，分配到临淄水泥厂。1984年始，历任淄博齐银水泥有限公司技术科科长、化验室主任、技术处处长等职。1995年5月，晋升国家篮球一级裁判员。8月，加入中国共产党。2002年3月始，任山东齐银集团总工程师。2002年4月，任中国水泥协会立窑研究会副秘书长。2003年5月，任中国硅酸盐学会特种水泥专业委员会委员。2013年10月退休，被山东齐银集团公司返聘。2016年3月离岗。5月，参加村志编纂。

任职期间，在企业推行全面质量管理，水泥产品先后获国家优质产品银质奖、国家免检产品、山东名牌。撰写的《网络计划技术在扩建改造工程中的应用》论文，获1995年全国建材行业现代化创新成果二等奖。《高压静电除尘器的优化控制》，获1998年山东省科协技术创新成果三等奖。《利用复合矿化剂制造水泥技术研究》，获2001年山东省科技进步二等奖。2003年，《砌筑水泥》国家标准修订，为主要起草人之一。2004年，参加编著《立窑水泥企业技术工人晋级考试指导》，由中国建材工业出版社出版。在国家及省级刊物发表论文10余篇。多次被省、市经贸（信）委，省、市科协授予技术革新标兵。2000年，集团公司授予其科技带头人称号。2016年1月，齐银集团授予其特殊贡献奖。

董永春　1956年2月生，齐都镇南马坊村人。中共党员，曾任解放军某部教导员。

1976年1月入伍，在陆军二十六军高射炮团服役，历任班长、排长、连副指导员、指导员、营教导员等职。1978年9月加入中国共产党。1990年10月转业，历任临淄区环卫局市容科科长、局办公室主任等职。2007年9月离岗。

刘希安　1956年5月生，齐都镇南马坊村人。中共党员，曾任临淄区皇城镇纪委副书记。

1978年12月，任大队民办教师。1982年10月至1985年6月，淄博师范民师班学习。1985年7月在孙娄中学任教。1990年9月调临淄区农工委工作。1991年10月在山东省农业管理干部学院学习。1993年7月，毕业后分配皇城镇政府工作。1995年1月，任皇城镇民政办主任。1997年4月，任皇城镇政协工作室副主任。2003年1月，任皇城镇纪委副书记。2005年4月，任雪宫街道办事处科级干部。2007年12月离岗。

齐秀生　1956年7月生，齐都镇南马坊村人。中共党员，研究生学历，历史学博士，大学兼职教授，博士生导师。山东省人民政府参事，山东省高等教育人才研究会会长。

1975年，作为南马大队第一个工农兵大学生，被推荐入泰安师范专科学校英语系学习，曾担任学校广播站站长，在校期间被评为优秀学员、优秀共青团员，并被吸收为中国共产党党员。

1977年，大学毕业后，被分配到中共淄博市委组织部工作，期间参加市委农业学大寨工作队驻村工作，又到市人事局工作，后又回到市委组织部工作，担任青年干部科副科长（主持工作），1984年，任干部科科长。期间，多次被评为淄博市和市直机关先进工作者、优秀共产党员。

1985年，调山东省委组织部工作，先后任党政干部处正科级、副处级巡视员，副处长。1996年，任省委组织部干部一处、干部二处处长。1997年至2000年，参加省委党校在职研究生的学习。2001年，任省委组织部助理巡视员（副厅级）。期间多次被评为省直机关和部门优秀共产党员、先进工作者。被中央组织部抽调参加全国干部考察、编写《地方领导班子换届工作指导》。2003年12月，任烟台市委副书记，先后分管组织、统战、农村、政法、群团、双拥等工作，兼任陆军某预备役师副政委。2002年9月至2005年6月，参加山东大学历史文化学院博士研究生的学习，获得历史学博士学位。2004年9月至2005年1月，参加了中央党校地厅级干部进修班的学习。2009年12月，调任省委高校工委副书记（正厅级，主持工作），兼任高校研究生导师，中国人才研究会常务理事、人才学专业委员会副理事长。

著有《社会环境与人才》《选贤用才》《举贤随思》《中国经济政治文明探析》等专著，主编《举贤尚功——齐国官制与用人思想研究》等多部著作，参编《干部人事工作概述》等著作10余部。在《人民日报》等省以上报刊杂志发表文章100余篇。主持国家和省级研究课题多项，获山东省社会科学优秀成果一等奖、山东省人事科研成果一等奖、中国人才研究会优秀科研成果二等奖、山东省科技进步二等奖等奖励。

贾宝平　1956年9月生，原籍齐都镇南马坊村，理学博士，美籍华人，美国玛琍维尔大学终身教授。

1975年临淄三中高中毕业。1977年恢复高考，考入山东师范大学，1982年毕业，获学士学位。后在北京科技大学攻读研究生，1985年毕业，获硕士学位。1990年，获美国内布拉斯加大学理学博士学位。1991年至1994年，任职美国阿拉斯加大学，进行教学科研工作。1995年后，任教于美国玛琍维尔大学数学和计算机专业，终身教授。

徐光宝　1956年生，齐都镇南马坊村人，中学高级教师。

1974年2月参加工作，在齐都镇中心校任教。1985年被评为临淄区优秀班主任。1990年被评为临淄区优秀教师。多次被评为临淄区优秀任课教师。所写的论文多次在全国中小学教师新教材、新教法教学经验交流评比中获奖。2001年、2004年《考场作文快速拟题》《让课堂成为创新思维的主阵地》等论文，分别获得中国素质教育教师论文评比一等奖和中华文化素质教育研究网络全国教师论文年会一等奖。教学中注重培养学生读书写作能力，所教学生多次在全国读书征文活动中获集体一等奖。多次被评为全国读书征文优秀指导老师、优秀育才奖。多次被评为乡镇先进教育工作者、优秀班主任、道德标兵称号。2016年退休。

王金亭　1957年3月生，齐都镇南马坊村人。中共党员，临淄区物价局价格管理科科长。

1978年8月，考入淄博医学专科学校治疗专业。1981年7月，分配到临淄区人民医院，任外科医生。后调入南

仇镇计划生育办公室，任主任。尔后，调临淄区物价局，先后任办公室主任、价格管理科科长。为国家注册经济师、价格鉴定师。

1985年5月加入中国共产党。9月，被淄博市委、市政府授予先进工作者。2001年，被评为山东省物价工作先进个人。2008年至2011年，多次被临淄区人民政府授予先进工作者。2012年，被区委、区政府授予政务中心物价窗口优秀负责人。

崔秀芳 女，1957年3月生，齐都镇南马坊村人。中共党员，副研究员，山东大学纪律检查委员会处级纪检员。

1978年2月于淄博第二卫校护理专业学习。1980年1月，任淄博市第二医院护士、护师。1986年6月，调中共山东省委机关医院工作，先后任护师、主管护师、护士长、工会副主席（期间，在山东医科大学护理大专班学习）。1999年11月，任中共山东省委机关医院党支部副书记、副主任护师、护士长（期间，在山东大学医学院护理专业本科学习）。2005年11月，任山东工商学院纪委处级纪检员。2010年12月，任山东大学纪律检查委员会（处级）纪检员。

出版专著《家庭护理与保健》。先后获得山东省委机关医院、省直机关优秀共产党员、先进工作者、山东省富民兴鲁劳动奖章等称号。

朱恒之 1960年6月生，齐都镇南马坊村人。中共党员，高级工程师，华能辛店发电厂运行部党支部书记、工会主席。

1978年10月，山东电力学校学习。1981年7月，毕业后到辛店电厂参加工作。1996年7月，哈尔滨工业大学函授学习，取得专科学历。1996年12月加入中国共产党。历任辛店电厂专业工程师、运行部主任、党支部书记、工会主席等职。

刘德国 1960年12月生，齐都镇南马坊村人，中共党员，曾任临淄区农业机械化学校校长。

1984年7月，山东省农业机械化学校毕业后，分配到临淄区农业机械管理局农机化研究所工作。1985年10月，在农机局财务科工作。1986年6月，参加全国成人高考，考入山东电视大学财会专业，半脱产学习3年。1990年2月，任临淄区胜利联营加油站站长。1991年7月加入中国共产党。1993年10月，任区农机局业务科科长。1994年3月，参加中共临淄区委组织部跨世纪青年领导后备干部培训班，脱产学习2年。1996年5月，挂职任临淄区边河乡科技副乡长。1998年8月，任临淄区农机局业务科长兼农机推广站站长。2007年12月，任临淄区农业机械化学校校长。2011年11月离岗内退。

2001年10月，被山东省农业机械办公室评为农机跨区作业先进个人。2004年7月，“玉米秸秆青贮与颗粒饲料加工机械化技术推广”项目，获山东省农业机械办公室颁发的农机化科技创新一等奖。2001年至2010年，多次被淄博市人事局、农机局评为农机工作先进个人。1989 年至 2006 年，多次被区委、区政府授予先进工作者、人民满意机关工作者称号。1998 年至 2007 年，多次被区直机关工委评为优秀共产党员。

张庆国　1962 年 5 月生，齐都镇南马坊村人，中学高级教师。

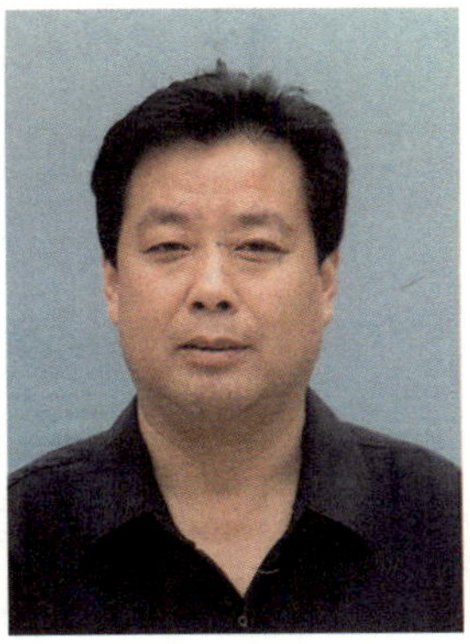

1982 年 6 月淄博师范毕业后，先后在齐都镇谭家联中、齐都中学、稷下中学任教。1998 年 8 月任稷下中学教导主任。2007 年 8 月兼任校办公室主任、校长助理。2010 年 8 月后，在临淄三中任教。

2002 年 9 月至 2005 年 7 月，在福建师范大学函授学习，取得本科学历。多次被区政府表彰为临淄区优秀教师、师德标兵、优秀教育工作者。

贾涛　1962 年 9 月生，齐都镇南马坊村人，主任医师，山东省立医院超声诊疗科主任，山东省超声医学工程学会腹部超声专业委员会主任委员，山东省医学影像研究会常务委员，中国超声医学工程学会超声治疗专业委员会委员。

1983 年至 1984 年在周村区医院工作。1985 年，调山东省省立医院。2010 年，晋升主任医师，担任腹部超声诊疗科行政主任、东院区超声科主任。任职后，对科室工作进行改革，人员从不足 10 人发展到 40 余人，与科室同事共同培养超声诊断医师近千人，协助临床专业培养研究生 10 余名。他加强学习，具有较高理论及业务水平，担负全省副省级以上领导干部、驻鲁院士及山东大学博士生导师的保健查体工作，得到领导高度评价。

工作中完成科研课题 3 项。其中，获山东省科技进步奖 1 项，山东省医学科技进步奖 2 项。在国家级及省级专业期刊发表论文 10 余篇，参编专著两部。

齐兴禄　1962 年 9 月生，齐都镇南马坊村人。中共党员，高级工程师。

1978 年 8 月，考入山东石油化工总厂技工学校（化工部淄博起重运输技工学校）学习。毕业后分配到化工部第十建设公司机电队工作。1982 年 8 月，考入山东广播电视大学齐鲁石化分校学习。后任中石化第十建设公司职工学校电大辅导教师。1989 年 9 月至 1991 年 12 月，石油大学化工机械与设备专业（函授）本科学习，获工科学士学位。1991 年 9 月，调中石化第十建设公司机械厂工作，历任技术员、技术组长、车间主任。1997 年 12 月加入中国共产党。2000 年 10 月，在第十建设公司从事工程管理和监理工作。2004 年 5 月，在浙江华建工程监理有限公司工作。历任项目总监、部门主任、总经理助理兼副总工程师。2010 年 1 月，浙江省天正设计工程有限公司工作。先后任总部门主任、工程建设部副总工程师。为浙江省、杭州市建设工程评标专家。

初建设　1962年10月生，齐都镇南马坊村人。中共党员，淄博市第七人民医院药学部主任、主任药师（三级正高）。

1983年8月，山东医学院毕业后，就职于中国医科大学附属第一医院药局。1988年6月，调齐鲁石化中心医院药剂科，历任药剂科副主任、主任、仁和堂药店总经理等职。1991年至1992年在日本研修。2001年6月加入中国共产党。2002年，晋升主任药师。先后从事医院药品调剂、制剂、科研教学、临床药学等工作。2003年，创建"一站式、一条龙"开放药学服务，被多家医院学习并应用。2011年，调淄博市第八人民医院。2014年4月，调淄博市第七人民医院。

在国家及省级刊物发表论文20余篇。编著、参编《临床合理用药导读》《临床药物学》《临床常用药物》等专著。《升白口服液研制及临床研究》，2000年12月，获淄博市科技进步二等奖。兼任山东大学药学院、潍坊医学院硕士研究生指导教师，培养硕士研究生5名。为山东省药学会医院药学专业委员会、药剂专业委员会委员，山东中西医结合学会医院药学专业委员会委员，联合创办淄博市药师协会，并担任副理事长兼秘书长。先后主办省级《临床合理用药专题学习班》6期。2011年，获淄博市科协优秀学会工作者称号。2012年，被评为全国优秀药师。

徐英杰　1962年11月生，齐都镇南马坊村人。经济师，国家注册安全工程师，中石化淄博分公司临淄经销处处长。

1984年，浙江舟山商业学校毕业后，在淄博石油公司从事安全设备管理工作。2006年，参加中石化安全设备大检查。2008年，参加中石化数量质量大检查。参与省公司安全设备考核标准制定，多次参加省公司安全设备考核。2006年，编写《加油站安全设备知识》读本。编写并定期修改公司加油站14种安全管理规定及操作规范。参与公司新建、改扩建加油站规划及安全设施验收工作。

于兴国　1962年12月生，齐都镇南马坊村人，中共党员，高级工程师，曾任中石化集团齐鲁石化公司副总工，齐鲁石化公司党政办公室主任。

1982年7月，齐鲁石化公司技工学校毕业后，考入公司职工大学，后就读于山东经济学院。1986年6月加入中国共产党。1988年7月，分配到齐鲁石化公司第一化肥厂工作，任生产调度科调度。后任党政办公室秘书、副主任、主任。1997年12月，任第一化肥厂副厂长。2001年8月始，先后任齐鲁石化公司生活管理部副部长、党委副书记、纪委书记、工会主席。2009年6月始，任齐鲁石化公司服务保障中心主任、纪委书记、党委书记。2012年4月，任齐鲁石化公司党政办公室主任。2013年6月，任齐鲁石化公司副总工兼党政办公室主任。

齐海生　1963年2月生，齐都镇南马坊村人。中共党员，高级会计师。

1978年10月，考入山东财政学校学习，毕业后分到齐鲁石油化工厂机械厂工作。1983年9

月至1986年12月，山东广播电视大学会计专业学习。1995年9月至1997年12月，中央党校函授学院经济管理专业学习。

1988年7月，加入中国共产党。先后任厂财务科副科长、科长、总会计师、财务总监等职。工作中多次被表彰为先进工作者、优秀共产党员。

2005年4月后，在山东齐鲁石化机械制造有限公司工作。

齐桂平 1963年10月生，齐都镇南马坊村人，高级工程师。

1985年7月，考入山东省农业工程学院工民建专业学习。毕业后回到临淄齐都建筑安装工程公司工作，历任技术员、技术科长、副经理等职务。参与临淄供销社大厦等重点工程的施工管理，通过山东省首批施工预算等资格考核，成为山东省首批施工预算岗位资格人员。

1994年7月，调山东汇宝集团股份有限公司，历任基建部经理、企管处处长、技改办主任等职。主持5万吨牛卡生产线等技改项目。《碳纤维加固钢筋砼梁的工程应用》《2.5万吨/年牛皮箱纸板车间墙体裂缝问题的加固处理》等论文在国家及省、部级期刊发表。

2003年3月，调入淄博齐银置业有限公司，历任工程部经理、副总经理兼总工程师等职。考取建筑师、规划师、造价师及建造师全国执业资格，为淄博市建设工程系统专家库成员，主持齐银瑞泉阳光项目规划设计与施工。2011年3月至2012年3月，任山东兔八哥置地有限公司常务副总经理，建立健全公司职能管理机构，主持编制棠悦居住区项目规划设计及建筑设计。2014年10月，成立山东瀚智源规划设计咨询有限公司，任总经理兼总工程师。

贾素贞 女，1964年2月生，齐都镇南马坊村人。中共党员，硕士学位，济南大学教授。

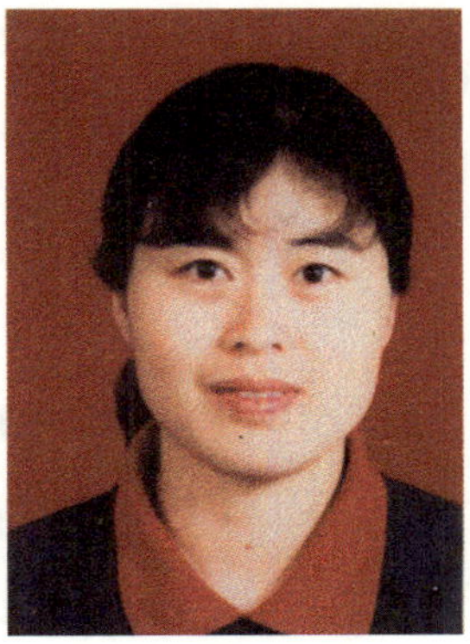

山东建筑材料工业学院本科毕业，南京工业大学硕士学位。曾获济南市新长征突击手荣誉称号。济南大学优秀共产党员，济南大学优秀教育工作者，山东省高校教学管理先进个人等荣誉称号。

董守常 1964年11月生，曾用名董寿长，齐都镇南马坊村人，中共党员，淄博市森林公安局张店分局局长，中共张店区林业局总支副书记，二级警督。

1982年7月，淄博七中毕业后到山东省林业学校学习。1985年7月，到张店区林业局工作，历任林业局森保站科员、站长，公安股副股长，淄博市公安局张店分局林业公安科副科长、科长、分局副局长、局长。1988年9月至1993年6月，带职到南京林业大学林业专业学习。2002年9月至2005年7月，在南京森林公安高等专科学校，治安管理专业学习。多次受到省林业厅及市、区政府表彰，获省森林公安局三等功二次。

齐兴荣　1965年1月生，齐都镇南马坊村人。中共党员，齐鲁化学工业区管委会招商二局局长。

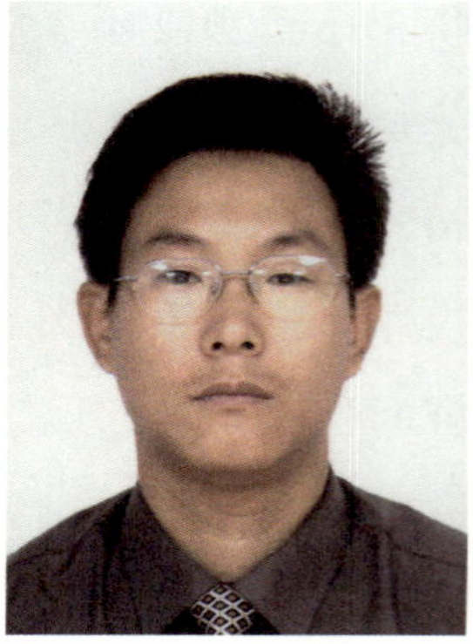

1984年6月，在齐都中学任教，后调入临淄造纸厂。1991年6月，调临淄区经济委员会工作。1993年11月，调临淄区人民政府办公室，先后任综合科副科长、信息科科长。主要负责《临淄政务信息》《领导参阅》期刊的整编和调研工作。1997年12月加入中国共产党。1999年1月，任临淄区人民政府驻北京办事处副主任（主持工作）。2002年7月，任中共临淄区委老干部局副局长。2003年7月后，任齐鲁化学工业区管委会招商二局局长。1989年，获省一轻系统先进工作者，1996年，获全省政府系统信息工作先进个人。

刘爱玲　女，1965年6月生，齐都镇南马坊村人。中共党员，山东省药学科学院纪委书记。

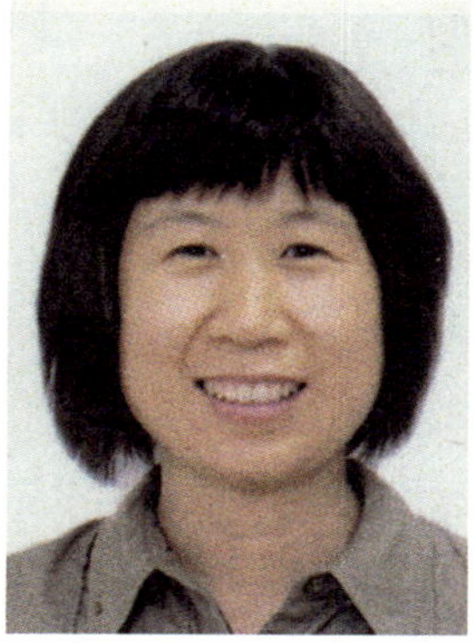

1984年7月，在山东省医药工业研究所工作。历任团支部书记、副科长、科长、副所长、高级经济师等职。为山东省政府采购评审专家库专家。1993年6月加入中国共产党。1994年9月至1997年6月，在山东干部函授大学经济管理专业学习。2002年9月至2005年3月，在首都经贸大学人力资源管理专业学习，取得硕士研究生学历。2015年1月，任山东省药学科学院党委委员、纪委书记。

刘顺永　1966年1月生，齐都镇南马坊村人，中学高级教师。

1988年7月，山东省广播电视大学毕业。1988年至1995年，在皇城中学任教。1991年6月，山东省教育学院中文本科函授毕业。1995年7月，调齐都镇工作。1993年被评为临淄区优秀教师。2003年被评为临淄区优秀任课教师、镇级优秀老师。

刘爱兰　女，1966年6月生，齐都镇南马坊村人。国家二级心理咨询师，中学高级教师。

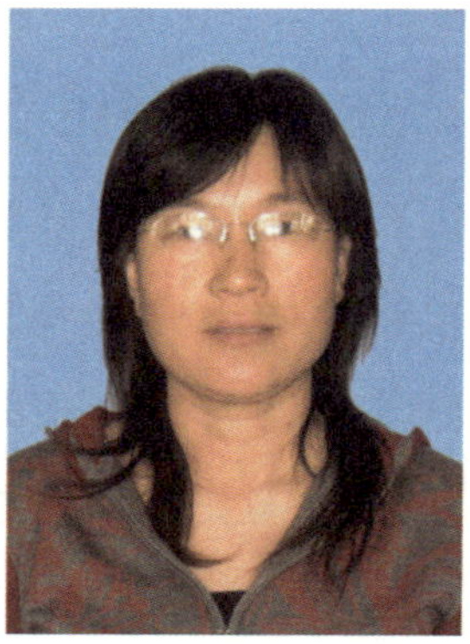

1990年7月，山东广播电视大学毕业后参加工作。2001年至2003年，分别获得临淄区教学能手、优秀任课教师、优秀教师荣誉称号。2003年，获淄博市初中历史优质课评选二等奖。2005年，被评为淄博市首批中小学骨干教师。2007年，在农村初中骨干教师市级培训中任主讲教师。2007年，获淄博市优秀教师称号。现在永流中学任教。

于昌明　1967年1月生，齐都镇南马坊村人，淄博市地方税务局齐鲁石化分局管理科科长。

1986年考入烟台财政学校税务专业。1989年6月毕业，先后在临淄区税务局、临淄区地方税务局、淄博市地方税务局

工作。其间，在山东广播电视大学及山东省委党校经济管理专业进修，取得本科学历。先后任临淄区地税局胜利分局团支部书记、副科长、科长，淄博市地税局齐鲁石化分局副科长、科长。

翟国明　1967年10月生，齐都镇南马坊村人。高级工程师，中国石化分公司热电技术部项目主管，齐鲁石化公司无党派人士协会理事。

1990年7月，华南理工大学毕业，分到齐鲁石化公司工作。完成多项科研开发、技术攻关课题，申请专利3项。获齐鲁石化公司科技进步一等奖1项、二等奖1项、三等奖2项，获优秀技术人员荣誉。取得美国项目管理协会PMP注册项目管理师资格。负责多项重大电力装置技术改造项目的管理。

齐鲁石化公司无党派人士协会理事，临淄区第八届政协委员，临淄区第十六届人大代表，积极为齐鲁石化公司的生产经营和临淄区地方经济改革发展建言献策。先后提出《提高企业科技创新能力，打造高新技术产业集群》等优秀提案。

于学工　1967年12月生，齐都镇南马坊村人，中学高级教师。

1986年，考入山东师范大学地理系。1990年，毕业后分到齐鲁石化公司第二中学任教。1993至2003年，分别在齐鲁石化公司七中、五中任教。2004年1月，调临淄区教学研究室工作。2007年12月，调淄博市教研室工作，任高中地理教研员。2000年，获山东省地理优质课比赛一等奖。2001年，获山东省优秀地理教师称号。2006—2007年，获淄博市高考突出贡献奖。

刘爱丽　女，1968年生，齐都镇南马坊村人，临淄区特殊教育中心教师。区"三八"红旗手。

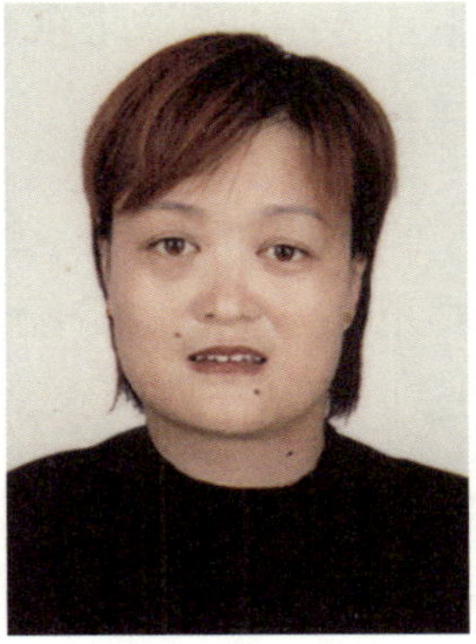

参加工作后，认真钻研教育教学方法，《如何组织学生开展书法课外活动》《浅析学生管理教师承包责任制》《体育教学中智障儿童意志品质的培养》《浅谈对智障儿童交往能力的培养》等论文先后在《学习方法报》《教学与管理》《现代教育导报》《山东教育报》等报刊发表。多次评为区级教学能手，优秀教师，市、区级优秀教练员，区级体育先进个人，优秀任课教师。2011年，被评为临淄区"三八"红旗手。

齐立志　1969年5月生，齐都镇南马坊村人，中共党员，高级工程师，齐鲁石化公司胜利炼油厂副厂长。

1992年7月，江苏化工学院（常州大学）毕业后，分配到胜利炼油厂第二加氢车间，历任技术员、生产主任。2000年加入中国共产党，任重油加氢车间生产主任、党支部书记、主任，胜利炼油厂生产调度部书记、副部长、副厂长等职。

2011年及2015年，获胜利炼油厂劳动模范称号。2012年，获全国能源化学系统五一劳动奖章。

宗恒　女，1970年2月生，齐都镇南马坊村人，硕士研究生学历，现任中国政法大学法律信息管理学院教授，学院工会主席，北京市电子证据司法鉴定员。

1994年7月，曲阜师范大学毕业，分配到青岛大学。其间，获得青岛大学首届教师教学大赛理科组第一名，优秀教育工作者等称号。2005年，西华师范大学硕士研究生毕业，后调入中国政法大学任教。秉承父母教书育人优良传统，恪尽职守、尽职尽责做好教学、科研、管理工作。多次带领学生参加全国大学生计算机设计大赛和全国大学生服务创新大赛，均获得优异成绩。在全国核心、权威期刊发表论文多篇。连续多届担任学院工会主席。多次获得校优秀教师、优秀工会干部等称号。

获得北京市司法鉴定员资质（电子证据方向）。积极从事相关专业社会工作，多次为民事诉讼、刑事诉讼及非诉讼案件提供科学电子证据，保障了当事人合法利益诉求。

徐国庆　1970年2月生，齐都镇南马坊村人。中共党员，周村区安监局监察大队大队长。

1989年9月至1991年7月，济南联合大学地理教育专业学习。毕业后，在临淄第三中学任教师。1994年10月，调周村区彭阳乡政府工作。2001年3月至2004年8月，周村区王村镇政府任科长。2001年7月加入中国共产党。2004年8月至2006年10月，任王村镇司法所所长。2006年10月至2008年10月，任王村镇党委委员、人武部部长。2008年10月至2015年6月，任周村区北郊镇党委委员、副镇长。2015年4月，任周村区安监局党组成员、监察大队大队长。

宗霆　1972年8月生，齐都镇南马坊村人，中共党员，国家一级播音员。

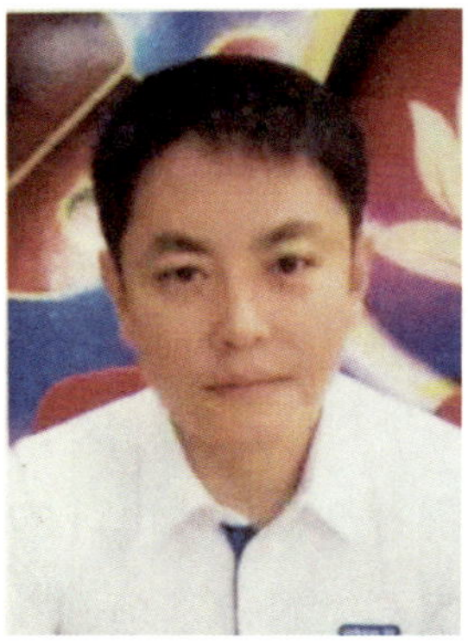

1996年毕业于山东广播电视大学，先后就职于齐鲁石化公司胜利炼油厂、临淄区广播电视局。历任临淄区广播电视局新闻中心副主任、文体中心主任。国家一级播音员，淄博市十佳播音员、主持人。为第八届临淄区十大杰出青年，2003年、2007年，当选政协临淄区第七、第八届委员会委员。2006年7月加入中国共产党。

林建明　1972年8月生，齐都镇南马坊村人，中共党员，临淄实验中学督导室主任。

1993年7月，淄博七中毕业，后考入山东广播电视大学。1995年9月，在梧台中学任教，1996年1月，调皇城一中，先后担任学校团委书记、级部主任、政教主任、校长助理、副校长等职。2001年7月，加入中国共产党。2002年12月，完成曲阜师范大学历史教育专业课程，取得本科学历。2008年8月后，在临淄区实验中学工作，任学校督导室主任。2012 年 2 月，获国家二级心理咨询师证书。

贾洪玉　女，1972 年 11 月生，齐都镇南马坊村人。中共党员，研究员，山东农业工程学院教授。

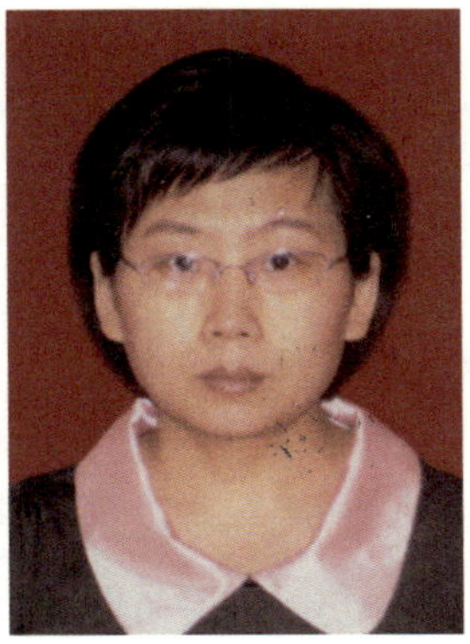

1991 年 9 月，考入山东农业大学。1993 年 2 月加入中国共产党。1995 年 7 月毕业，同年被学校免试推荐为硕士研究生。1998 年 7 月，获硕士学位。2003 年 9 月，攻读中国科学院生态环境研究中心博士研究生。2007 年 7 月，获博士学位。在校期间，连续 4 年学习成绩列专业第一。曾获省级三好学生、省级优秀学生干部称号。1998 年 7 月参加工作，先后在山东省环境科学院、省建设项目环境审核中心等单位任部长、纪检委委员等职。并担任省环保专家库、省核与辐射专家库专家。2016 年 1 月起，担任山东省农业工程学院教授。

于国昌　1977 年 5 月生，齐都镇南马坊村人。中共党员，临淄区委党校办公室主任（副科级）。

1998 年 9 月至 2000 年 7 月，在淄博学院学习，任系学生会主席。2000 年 6 月，加入中国共产党，获得山东省优秀毕业生称号。2000 年 8 月，全区公开考试，以第一名的成绩被录取，任教于临淄第一中学。2002 年 7 月至 2003 年 6 月，兼任校团委副书记。2003 年 5 月，参加全区团委书记选拔考试，以优秀成绩被区委党校录取。6 月，调区委党校工作。2005 年后，任全区党员领导干部培训班班主任。

在教育系统任教期间，多次被评为优秀班主任。调党校工作后，多次被评为山东省、淄博市党校系统优秀教师。

于国胜　1977 年 5 月生，齐都镇南马坊村人。

1996 年 9 月入山东建材学院生产过程及自动化专业学习。毕业后，在辛店街道办事处财政审计所工作。2000 年 9 月至 2003 年 7 月，山东理工大学计算机科学及技术专业学习。2009 年 12 至 2016 年 6 月，先后任辛店街道办事处安监站站长、安环办副主任、财经委副主任、司法助理等职。

于新麦　女，1978 年生，齐都镇南马坊村人。硕士研究生，工程师。

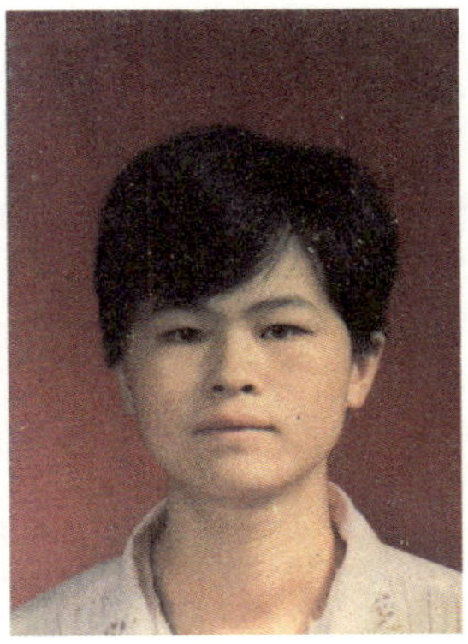

1996 年，考入曲阜师范大学。2000 年，考入华东师范大学，攻读硕士。2003 年获硕士学位。毕业后在上海工作，在广播电视、视频应用领域颇有建树。2010 年晋升工程师，为美国项目管理协会 PMP 获得者。

齐磊磊　女，1978 年生，齐都镇南马坊村人。中共党员，博士研究生，华南理工大学副教授。

1993 年 9 月，在山东省电子工业学校学习。1996 年 9 月，在曲阜师范大学应用电子技术专业学习。1998 年 9 月至 2002 年 6 月，在山东大学计算机信息管理专业学习，获工学学士。

2003年9月至2006年6月，在华南师范大学科学技术哲学专业攻读硕士研究生，获哲学硕士。2005年12月加入中国共产党。2006年9月至2009年6月，在华南师范大学科学技术哲学专业攻读博士研究生，获哲学博士。后任华南理工大学副教授、硕士研究生导师。为全国复杂性与系统科学哲学专业委员会理事，《系统科学学报》审稿专家。2013年，获广东省哲学社会科学优秀成果奖三等奖。2016年，获华南理工大学优秀共产党员称号。

刘青　女，1979年7月生，中共党员，朱台镇人，于国昌爱人，中共临淄区委办公室副主任、党史办主任。

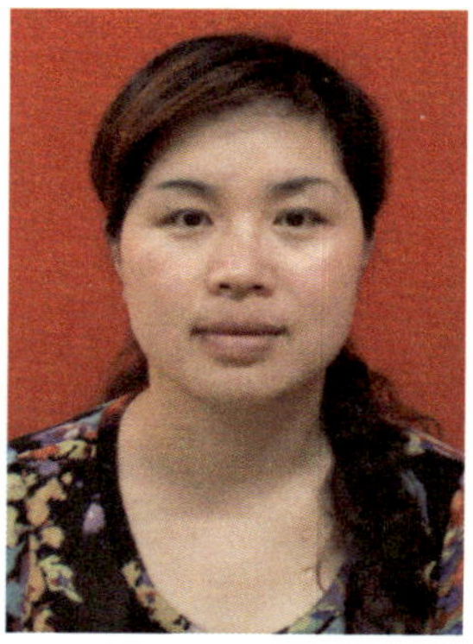

1997年9月，考入淄博学院学习，任班级团支部书记。1999年6月加入中国共产党。1999年7月，毕业后参加工作。1999年9月至2004年11月，任稷下小学教务处副主任。其间，1999年9月至2003年7月，在山东大学学习。2004年11月，任共青团临淄区委副书记。2006年3月，任临淄区妇联副主席、新农村办公室副主任。2007年11，任齐陵街道党工委副书记、纪工委书记。2009年9月至2011年12月，在中共山东省委党校攻读研究生。2011年12月后，任中共临淄区委办公室副主任、党史办主任。多次获得全区优秀党务工作者、优秀共产党员表彰。

魏红霞　女，1981年8月生，东阿县姚寨镇人，刘宝元爱人。淄博冠华食品有限公司总经理。

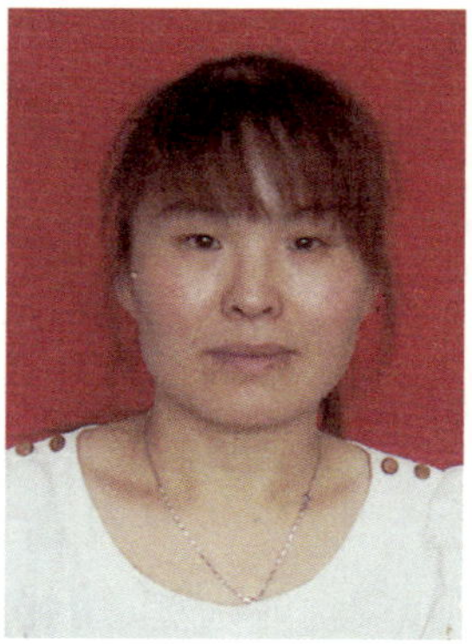

1998年9月至2001年7月，山东畜牧兽医学院畜牧兽医专业学习。2001年8月，山东维希尔生物科技有限公司工作。2008年10月始，任淄博临淄惠农畜禽养殖专业合作社财务总监。2012年8月任山东群沃农牧有限公司财务总监。取得中级动物检疫员、防疫员资质。2014年8月，创建临淄群沃农牧专业合作社，任理事长。2014年9月至2016年7月，哈尔滨师范大学生物科学专业学习。2015年7月，与刘宝元共同创建淄博冠华食品有限公司并任总经理。2015年10月调临淄区凤凰镇人民政府工作。

刘宝元　1981年10月生，齐都镇南马坊村人。工商管理硕士，高级动物疫病防治师，山东群沃农牧有限公司董事长。

2000年9月，山东畜牧兽医学院畜牧兽医专业学习。2003年8月，任山东华辰生物科技有限公司地区经理。2006年7月至2007年7月，在北京大学光华管理学院进修工商管理硕士。2008年7月，创建淄博惠农畜禽养殖专业合作社。2012年8月，创建山东群沃农牧有限公司，任董事长。2014年9月至2016年7月，哈尔滨师范大学生物科学专业学习。

2011年1月，齐都镇政府授予其“十佳种养能手”称号。2013年3月，共青团淄博市委授予其“淄博市青年创业奖”，11 月，授予其“淄博市农村青年创业致富带头人”称号。2014 年 11 月，被推选为淄博市青年企业家协会副秘书长、淄博市青年企业家联合会副秘书长。

于海磊　1982 年 3 月生，齐都镇南马坊村人，硕士研究生学历，工学硕士学位。

1999 年 7 月，考入山东大学控制学院测控技术与仪器专业。2003 年本科毕业，保送山东大学控制学院研究生，攻读检测技术与自动化专业。2006 年 7 月，研究生毕业，取得硕士学位。后进入中国航天科技集团公司一０一所（北京航天实验技术研究所）工作。

刘晓东　女，1982 年 10 月生，齐都镇南马坊村人。中共党员，硕士研究生学历，管理学硕士学位，助理研究员。

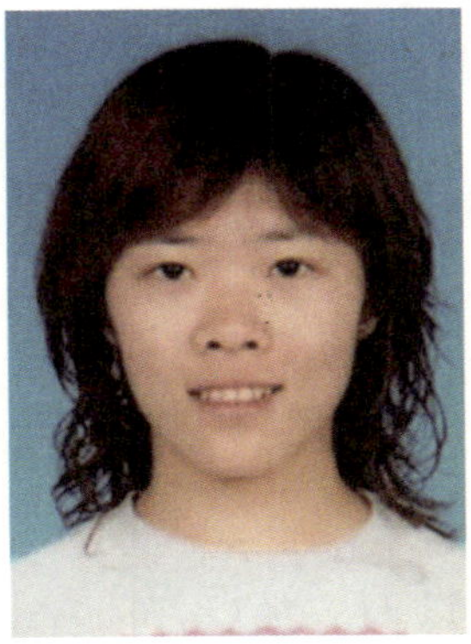

2000 年 9 月，北京科技大学文法学院社会工作专业学习。2003 年 10 月，加入中国共产党。2004 年 9 月，中国人民大学劳动人事学院社会保障专业学习，攻读研究生，毕业后获管理学硕士学位。2006 年 7 月，富力地产北京恒富物业管理有限公司行政人事部人事专员、人事主管。2008 年 11 月，广州恒量集团有限公司人事行政部人事主管。2009 年 12 月，中粮集团书院人力资源部薪酬福利主管。2010 年 6 月后，中国医学科学院医学信息研究所人力资源处助理研究员。

徐国栋　1982 年 11 月生，齐都镇南马坊村人，硕士研究生学历，济南卓道信息科技有限公司董事长。

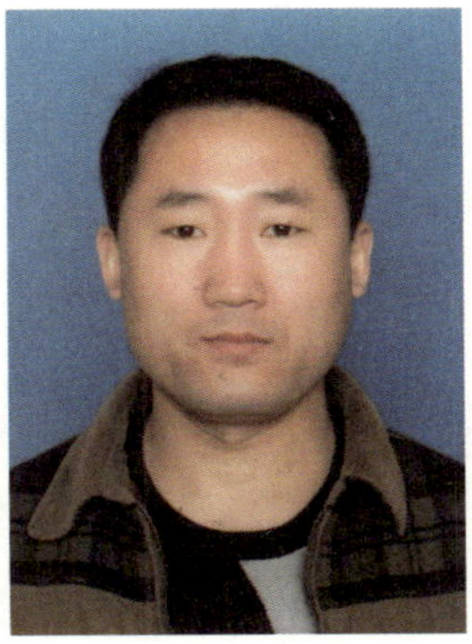

2002 年 5 月，考入山东广播电视大学通信工程专业。2007 年 6 月，山东科技大学技电工程系毕业，获学士学位。2010 年研究生毕业，获硕士学位。2010 年 7 月，任浪潮集团军品事业部研发中心主管，负责软硬件技术开发工作管理及重大项目攻关。2014 年 9 月，任济南卓道信息科技有限公司董事长。

徐计划　1983 年 3 月生，齐都镇南马坊村人。中共党员，淄博市政府办公厅机关后勤服务中心物业三科副科长。

长期在市政府市民投诉中心工作。2004 年、2009 年两次被市政府表彰为全市市民投诉暨市民庭议征集工作先进个人。2012 年 12 月加入中国共产党。多次在市政府办公厅开展的系列活动中表彰为先进个人。

崔洪亮　1984 年 3 月生，齐都镇南马坊村人，硕士研究生学历，工学硕士学位。

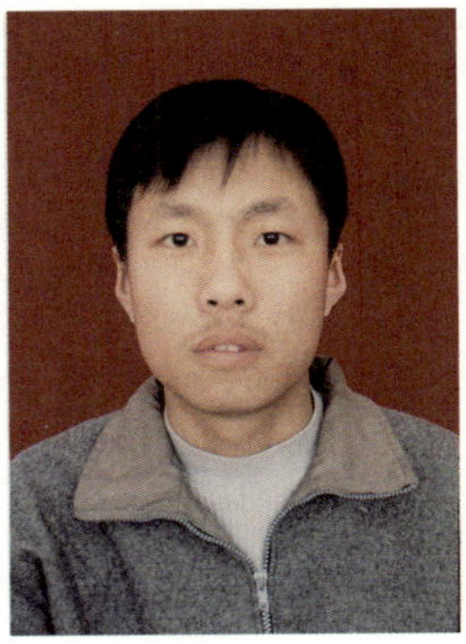

2003 年 9 月，华东交通大学自动化专业学习。2007 年 9 月至 2010 年 7 月，在中国石油大学（北京）机械电子工程

专业攻读硕士学位。毕业后，在中海油天津化工研究设计院石油和化学工业电气产品防爆质量监督检验中心工作。主要从事危险场所电气设备检验工作。

刘帅　女，1984年12月生，齐都镇南马坊村人。主治医师，医学博士。

2010年9月至2015年7月，就读于广东中山大学临床肿瘤学专业，师从国内著名肿瘤放射治疗专家卢泰祥教授。毕业后，在中山大学附属胃肠、肛门医院从事消化道、头颈肿瘤的临床研究工作。擅长直肠癌、食管癌、鼻咽癌、肺癌等肿瘤疾病的临床诊断及综合治疗。为广东中山大学硕士生导师。取得国家GCP资质证书。在国际SCI杂志发表多篇学术论文。

于新凯　1985年生，齐都镇南马坊村人。中共党员，少校军衔。

2004年，考入解放军装甲兵工程学院。在校期间，两次被评为优秀学员，立三等功一次。2008年5月加入中国共产党，获学士学位。2008年8月，在解放军石家庄陆军指挥学院进行岗位培训，学习军事指挥。2009年8月，任解放军某部副连长，授中尉军衔。两次被军区评为优秀干部，立三等功一次。2012年8月至2016年2月，任解放军某部指导员，授上尉军衔。后任部队副营级技术室主任，少校军衔。

徐继磊　1985年12月生，齐都镇南马坊村人。中共党员，共青团淄博市委组织部副部长。

2004年9月至2008年7月，就读于山东工商学院，取得法学和经济学双学士学位。毕业后，考取山东省委组织部选调生，任职烟台市莱山区莱山镇和临淄区辛店街道办事处。2007年加入中国共产党。2010年淄博市公开遴选公务员，考入共青团淄博市委。获山东省少先队宣传工作先进个人、淄博市创建文明城市先进个人等荣誉称号。

谭凯　1986年9月生，齐都镇南马坊村人，中共党员，七三二厂专业技术干部。

2005年9月，考入济南职业学院，就读于计算机应用技术专业。2008年5月，被评为优秀毕业生。8月，应召入伍，任班长，主要负责通信对抗工作。2009年11月，被评为优秀士兵。2010年5月，被评为优秀大学生士兵。2010年11月加入中国共产党。2014年2月，转入国营七三二厂工作，任技术员，直属淄博市武装部管理。2014年1月至2016年7月，在中国石油大学（华东）工商管理专业函授学习。2015年7月，被确定为七三二厂专业技术骨干。

徐亚平　1989年9月生，齐都镇南马坊村人，本博连读，医学博士。

初中学习阶段，参加山东物理奥林匹克竞

赛获特等奖。高中学习阶段，参加全国奥林匹克数学竞赛，获山东赛区一等奖。2008 年，高考以高分被北京大学录取，就读于基础医学专业，8 年本科博士连读。2016 年 7 月，博士毕业后在北京基因检测公司工作。

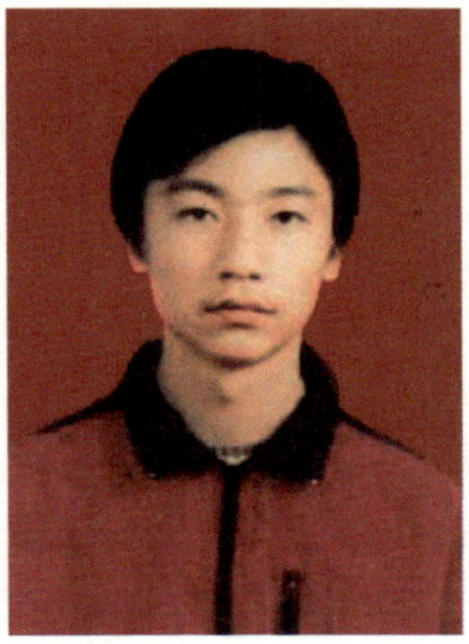

徐淑萍　女，1991 年 1 月生，齐都镇南马坊村人。中共党员，硕士研究生学历。

2006 年，淄博第七中学学习。2009 年，考入山东大学新闻系。2013 年 6 月毕业，获文学学士学位。2012 年 4 月，加入中国共产党。2013 年 9 月，山东大学新闻与传播专业研究生，攻读硕士学位。2016 年 6 月，取得硕士学位。2016 年 7 月，到中国农业银行淄博市张店区支行就职。

乡贤达人

一

刘昭庆（1920—1988），齐都镇南马坊村人，曾任南马高级农业生产合作社首任会计助理。

1956 年，高级社为二级核算，负责全村的工分、记账。年终决算，工作认真负责，一丝不苟，为决算提供分配依据。身为会计助理，勤俭办社，两袖清风，从不乱花一分钱，处处为公节约。1962 年，实行三级核算，以生产队为基本核算单位后，担任第 5 生产队会计。干一行，爱一行。在生产队担任饲养员多年，总是勤垫土、勤除栏，使畜圈冬保暖，夏乘凉，悉心照料每一头牲畜，绝大部分时间吃住在饲养处。他总是按生产队规定的粮食标准喂养牲口，从不克扣“畜粮”，养的牲畜膘肥毛亮，受到干群的一致好评。被大队树为标兵、典型，多次召开现场会表扬。1988 年病逝。

于继先（1935—2007.5），中共党员，曾任南马大队调解主任和治保主任。

1960 年 3 月，加入中国共产党。1975 年调大队，常驻大队办公室，协助村领导处理日常工作，兼任调解主任。这一工作属法律范畴，不仅要有热情认真的态度，还要有一定的法律知识，每年他都要到公社学习，接受培训，以提高工作能力。对兄弟分家、赡养老人、财产继承、婆媳吵架等民事纠纷，给予公平调解，以安定民心。1980 年兼任治保主任，配合民兵巡逻，加强社会治安。1981 年按照国家枪支管理办法，对散落在村内的各种枪支进行收缴，办理了持枪证。1984 年实行联产承包制后，协助公安部门严厉打击刑事犯罪活动的斗争。1985 年后，参与组织“学法、懂法、守法”的教育活动，依法治村，依法管理。

谢秀英　女，1936年生，祖籍齐都镇西门村，中共党员，曾任南马大队妇代会主任，淄博市第七届人代会代表。

1953 年嫁于南马坊徐广兴为妻，1968 年配合南马大队妇代会动员育龄妇女放环节育。1971 年 2 月出任南马大队妇代会主任。1971 年

4月加入中国共产党。1976年计划生育运动高潮中，出谋献策，当年全村多名育龄妇女作了节育手术，受到上级表彰。多次荣获计划生育先进个人称号。1978年被推举为临淄区第八届人代会代表，同时被选为淄博市第七届人代会代表。

吕凤英　女，1939年8月生，祖籍齐陵镇吕家孝陵，中共党员，曾任南马大队妇代会主任。

1954年，到齐陵烟点工作，1959年到辛店烟麻部工作，1961年退职回乡，1962年嫁于南马刘德胜为妻。1971年2月任南马大队妇代会副主任，1972年1月加入中国共产党，配合主任抓计划生育。1983年任妇代会主任，正值农村由公社化转为联产承包制时期，面对浮动的人心仍坚守在计划生育第一线，根据不同人员的情况，作不同的细致工作，始终使南马大队未出现超生人员，多次受到上级的表彰。

董桂香　女，1945年生。1967年与商孝会结婚后任第二生产队妇女队长。

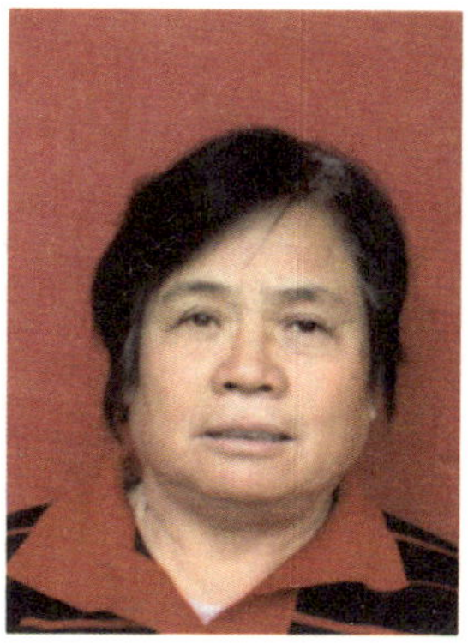

1971年调任南马大队妇代会，从事计划生育管理工作。工作中配合主任，对群众作细致的工作，想群众所想，急群众所急，与群众打成一片，特别在1976年南马大队掀起计划生育高潮中舍小家顾大家，全心扑在工作上，圆满完成任务。在妇代会一直干到1991年，为南马坊村的计划生育工作做出贡献。

齐秀莲　女，1953年1月生，祖籍齐都镇小徐村，曾任南马坊妇代会副主任、村民代表。

1980年结婚到南马，王金玉之妻。1983年进入妇代会兼任一组计划生育组长，任职期间，一组无一人违犯生育政策，被评为先进管理员，并领奖。1991年任妇代会副主任，组织各组长为五保户、贫困户做一些义务帮助工作。参加村里组织的义务劳动，义务宣传活动，争创“三八”红旗手。参加临淄区组织的到烟台、威海等地参观学习。多次被选为村民代表，得到领导和村民的好评与信任。

徐秀英　女，1955年9月生，祖籍齐都镇长胡村，曾任南马坊妇代会委员。

1980年12月结婚后到南马，为齐玉春之妻。1983年进入妇代会，并任5组妇女组长。1989年5、6组妇女合组，主管5、6组的妇女工作，一直到2005年退职。任职期间，主抓计划生育和维护妇女权益工作，与育龄妇女交朋友，因人而异，宣传计划生育的好处，使之成为自觉行为，5、6组妇女无一人违犯生育政策。维护妇女权益，做妇女致富带头人，建菜园、搞生产、增效益。维护妇女的身心健康，按时下通知，作统计，搞查体，样样工作跑到前头。配合妇代会作义务活动，搞宣传，多次被评为先进工作者。

董志功（1957—2003），曾任南马大队团支部书记。

1983年，被推选为南马大队团支部书记。上任伊始，正值农村由公社集体化向联产承包制转轨时期，按照共青团中央等九单位作出的《关于开展文明礼貌活动的倡议》，在农村开展“五讲、四美、三热爱”活动。

1986年6月，团中央发出关于加强农村的“青年之家”建设的通知，发动团员捐书，动员在外工作的人员捐书，申请款项购书。村图书阅览室设立后，有图书1245册，画报若干，并放置了长连椅、矮凳，制定了借阅图书制度，发放借书证，借以占领社会主义理论阵地。并推动团支部开展“祖国在我心中”“我为国旗添光彩”等活动。

姚惠莲 女，1963年生，祖籍齐都镇田家村，中共党员，齐都镇第十八届人民代表。

1985年嫁于南马坊于贺文为妻。1988年被选为9组妇女组长。1989年，9组、10组的妇女合为一组，主抓9、10组妇女的计划生育工作近30年。她深入群众与她们交心、谈心，急她们所急，想她们所想，与她们交朋友，并不失时机宣传计划生育的好处，维护妇女权益，关心她们的生活，按上级指示下通知，开会学习、查体、作妇女的知心人。是南马坊村的第一届，第四、五、六、七届村民代表，对本村的大事建言献策。2006年加入中国共产党。2012年被村民选为齐都镇第十八届人民代表。

王桂玲 女，1963年生，祖籍齐都镇东门村，曾任南马坊妇代会主任。

1978年高中毕业后，在齐都镇东门村卫生室任卫生员。1985年嫁给南马坊于强国，1986年进入妇代会，1988年被选为妇代会主任，一直到1991年4月，期间主抓计划生育。根据妇女的不同情况，分别做了大量细致的工作，坚持原则和上级党委保持一致，在任职期间，未出现一例计划外怀孕的现象，多次被区、镇评为先进集体和先进个人。

1988年经过考试成为南马坊幼儿园的一名教师，尽心尽责，管好幼儿的各项工作，因人施教，成绩卓著，积极组织幼儿参加文体活动，参与比赛，每次都受到嘉奖。

二

杰出队长

许汉英（1922—2005），自幼家庭贫寒，兄弟们多，十几岁就在农田干活。18岁时被日本鬼子抓去，带到东北下了煤窑。新中国成立后，在政府的帮助下回到家乡，他亲身经历，感知共产党是穷人的救星，决心一定要跟共产党走。回乡后即担任东北马的庄长，在土地改革运动中做出了贡献，南马坊成立高级农业社，被推选为第一生产队队长。人民公社初期，曾任南马民兵营一连连长，后“文化大革命”开始，当队长十几年，计划周密，做事胸有成竹，农活分配适当，能充分调动社员的积极性和发挥每个人的特长，生产搞得一直很好，社员收入在全村是一流的，多次被评为“模范队长”。

贾守德　1944年11月生，有生产经验，吃苦耐劳，以身作则，能体会社员的疾苦，分配农活得当，能充分发挥社员的积极性，样样工作有序进行，全队各项工作搞得很好。他为人忠厚，工作稳妥，公正待民，受到社员的拥护和赞扬，他所带的队委会很团结，能心往一处向想，劲往一处使，叫齐套，干得好，是大家公认的好队长。

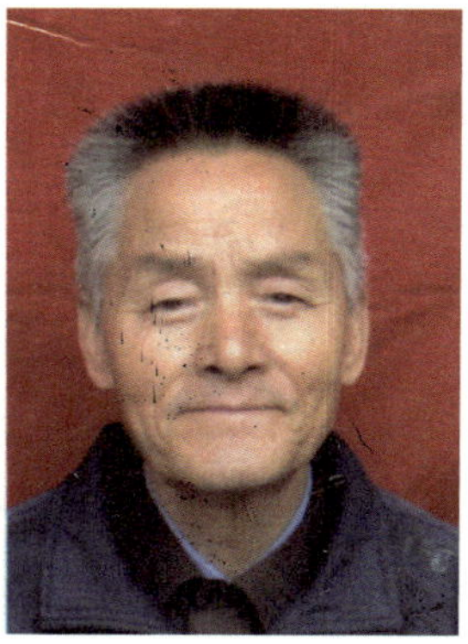

于洪文（1923—2001），1962年任第4生产队队长，直到1974年十几年来，在生产队长的职位上认真负责，有敬业精神，不管社会如何变化，始终把生产放在第一位，并能体谅社员的疾苦，处处维护社员的利益，与社员心连心，深受社员的爱戴。后因年老体弱辞去队长职务，仍牵挂生产队的工作，并为生产队做力所能及的事情。

贾焕熔（1922年—1997年），他父亲去世早，14岁就挑起了家庭重担，由于他吃苦肯干，样样农活干的好，家庭安排有序，受到乡人好评。1955年，南马坊成立多个农业初级社，被选为社长。1956年成立高级社，被宗效明等领导看中，推为第三生产队队长。1958年成立人民公社，大办民兵师运动，被选为南马坊民兵营二连连长。民兵营撤消后，恢复生产队建制，继续担任三队队长。1962年，体制改革，三级所有、队为基础，南马大队分为12个生产队，他任6队队长。直到1970年年底，在队长的岗位上一干15年。从农业合作化、人民公社化、三年自然灾害，体制改革，初期文化大革命可谓经历多多。他总是兢兢业业，任劳任怨。大公无私，一心为公，从作物的种植，劳力的分工，一丝不苟，精心安排，为大伙操劳大半生。被社员尊称为老队长。

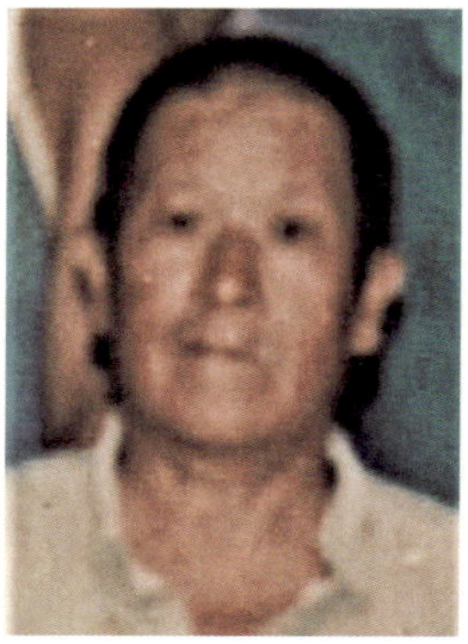

1971年，从队长的岗位上退下来，在生产队专管蔬菜生产，任6队菜园园长。他思想解放，学习科学知识，接受新鲜事物，开展土温室种植，保证质量，提高产量，6队是当时蔬菜种植最好的生产队之一。

刘福增　1935年6月生，自幼家境贫寒，是共产党让他走上了富裕路，对共产党无限感恩。1971年被选为第8生产队队长，上任后正值文化大革命时期，他排除干扰，带领一班人认真规划生产计划，制定生产措施。与社员同甘共苦，努力生产，他对工作认真负责，对社员一视同仁，对亲属一样对待。一心为公。在任队长几年间，8队的生产搞得好，对国家的贡献大。

1975 年调到南马大队林业队任队长，面对新的环境、新的人员，他团结同志，努力学习新知识，吃住在林业队，一心扑在工作上。对果树的管理，浇水、除草、施肥、打药、除虫、看护、收获、储存，样样工作亲力亲为，一丝不苟，年年获得大丰收，为集体经济贡献力量。因工作突出，被大队评为生产标兵。在 1976 年大队办的展览馆中，为 4 位画像表彰的社员之一。

董会章　1954 年 9 月生，是新中国建立后的第一代有文化，懂科学的新型农民，他在生产队愿干重活、脏活、技术活、不怕吃苦，勇挑重担。他的行动，得到群众的一致赞扬，被推选为生产队长。上任后以身作则、大公无私、带头实干。很快使生产队各项工作，由后进变为先进，连续 10 年保持在先进行列，他是连续 10 年的先进队长。

于田　1944 年 4 月生，1968 年担任生产队长，他办事果断，心直口快，敢说敢当，能坚持真理，维护正义，敢顶歪风邪气。能依据社员的体质强弱，安排农活。能用人的一技之长为生产队服务，他种田讲科学，敢于实验，勇于夺高产，社员分得的粮食，总是比别队的多，对国家贡献比别的队大。能顾全局，在南马 6 年整地运动中，十一队收益较少，但他仍带领社员，出满勤，干满点，毫无怨言。他是南马公认的好队长。

优秀会计

韩玉润　1936 年 8 月生，烈士子弟。任第一生产队会计多年，童年父母双亡，跟随大伯韩长盛生活。抗日战争爆发，大伯参加了八路军，在一次对日作战中英勇牺牲，他成为一名孤儿。

解放后，政府免费供其上学，初中时每月发 5 元助学金，1961 年考入益都师范。1962 年辍学回家当了第 1 生产队副队长，1968 年始担任生产队会计，一直到人民公社结束，历时 17 年，对党无限忠诚，对工作极端负责。在工作期间，以社为家，兢兢业业，任劳任怨，账目清楚深得社员满意。工作之余还参加劳动，给队长出谋划策，因工作出色多次受到大队表扬，并树为：“模范会计”。

商传恕（1937—2015），1956 年即任南马坊高级农业社，第二生产队会计，1962 年体制改革，第二生产队改称第 4 生产队，继续担任会计，直到 1970 年。1972 年调大队，担任整地工作的施工员。1975 年调回生产队任会计。1976 年财务制度改革，生产队会计账由大队统一代管，随即被调大队管理第 1 队至第 6 队的会计账目，直到 1979 年，20 年来基本一直担任会计，在生产队，账目清楚，并能作队长的参谋。是群众满意的会计。参加整地运动。努力工作，为南马的 6 年整地作出了贡献，调大队认认真真做好每一笔账，使生产队放心，大队明白。他的珠算水平是一流的，曾代表南马大队参加区级比赛，并取得了好成绩。

徐建中（1939—2008.5）自 1958 年任古城公

社通讯员，1962 年调回大队任 8 队会计至 1976 年。十几年来兢兢业业，既干好本职工作，更能帮队长出谋划策搞好生产。1976 年财务制度改革，各小队会计账目由大队代管，随即被调入大队，分管 7—12 队的会计账，直到 1979 年。

1986 年农村实行联产承包责任制后，南马坊迎来蔬菜生产大高潮，村蔬菜服务站应运而生，他出任会计。服务站对蔬菜生产实行产前、产中、产后一条龙服务，即提供技术服务指导、出售农药种子，又组织车队运销东北各地出售，促进了南马坊的蔬菜生产。

1989 年，为盘活经济，把村民手中的菜款用活起来，村成立了“南马信用积金会”他出任会计。1993 年南马坊接管了面临倒闭的齐都冷藏厂，他出任财务科长，直到将厂归还齐都镇。

他一生作会计工作，热爱本职，对业务精益求精，不论在小队、大队、企业都是认真负责、一丝不苟，深得领导、群众的好评与信任。

红管家

韩秉温（1912—1972），一生忠厚诚实，吃苦耐劳，农业合作化后，即被选为第一生产队保管员，一干就是十多年。他热爱集体，一心扑在工作上，一年四季住在社场里，白天管理场间工作，夜晚看护生产队的财产，他公私分明，不贪不沾。对集体的大型农具，即看管又维修，社员非常满意，他一生做到了“不忘人恩，不念人过，不思人非，不计人怨”，是社员公认的一心为公的好管家。

艾永昌（1934—2014），祖籍广饶县李鹊艾家庄。1947 年随其姨父崔香秋迁居南马坊，1963 年被选为 6 队保管员，工作中认真负责，对所管理的各种物品，安排的井井有条，对公物不贪不图受到群众的赞扬，领导的表彰。多次被大队评为“红管家”、当标兵召开现场会。在保管岗位上一直干到 1982 年，撤销生产队，前后 20 多年，在大队组织的先进人物事迹介绍中画像表彰。他心灵手巧，乐于助人，20 世纪 70 年代，他在烤火炉的节能上有独到之处。他垒的火炉，既能节能节煤，炉火又旺，许多人找他帮忙，他有求必应，不厌其烦，风行一时。

好社员

韩洪章（1901—1987），一生务农，庄稼活样样精通，他乐于助人，善于解决问题，有家庭纠纷的户，都是请他帮助说和，都处理的很好，大家都很尊重他。合作化后，队委会根据他的特长，让他协助保管员，管理麦场和秋场工作。他经验多，各项工作安排的井井有条，社员忙而不乱，都按要求完成各项工作，第一生产队年年粮食入仓早，没有烂粮现象。是全村最早完成公粮和征购任务的生产队之一。他也多次受到大队表扬。群众都尊称他是“场院头”。1977 年麦收时节临淄区报道组专门到一队麦场录像。就韩洪章指挥社员干活的场景拍摄下来进行宣扬。社员都奔走相告“咱场院头上电影了”。他总是以身作则。吃苦在前，大公无私，是非明确。样样农活先干出榜样。深受社员拥护和爱戴。

刘超香（1929—1988），一生忠厚，做事老成，乐于助人，工作中勇挑重担，不论干什么农活，总要比别人多出力，从不计较，社员都愿意与他合作，不论管理棉花，管理黄烟，干一行爱一行。对分配的任务，不管领导在与不在，都一样认真，善始善终，圆满完成，多次被评为五好社员。

相泽远（1927—2011），早年在临淄县搬运社工作，1962年响应上级号召，职工下放农村参加农业生产而回乡。1966年被推选为大队电工，工作认真负责，吃苦耐劳。1973年调任大队磨面组、弹花组，不断改进，钻研技术，兢兢业业，服务到位，账目清楚，两袖清风，一尘不染，多次被评为大队先进个人，在大队组织的先进人物事迹展览中画像表彰。

贾福源（1901—1976），出身贫困家庭，早年干过长工，打过短工，是共产党解救了他，立志一心跟党走。解放后积极参加互助组，合作社，人民公社，为把农活干好，勤勤恳恳，任劳任怨，加班加点。虽为军属，

从不吃老本，儿子当兵6年多，从不要集体一分补贴，连续十几年被大队评为五好社员，在大队办的先进人物展览中，画像表彰。他的事迹被编成文艺节目演唱。他教育子女要为人忠厚，不要怕吃亏，认真工作。6个子女除一个残疾，其余5个全都参加了工作，在各自岗位上爱岗敬业，作出了贡献，76岁那年不顾年老，仍天天参加生产。因蹲着拔草时间过长，晕倒住院，十几天也没让通知当兵的儿子。直到去世。

三

董洪慈（1923—2002.5），一生虚心好学，和睦邻里、孝敬老人。“文化大革命”初期，当过队长和会计，尽心尽责，做好本职工作。因他处事公正，为人忠厚，善解疑难、主持正义，邻里婚丧嫁娶、分家、纠纷等事务。

他必被请到现场，帮办解决，深得众人信服。后来成为农村信用社驻南马坊村信贷员，更是一丝不苟，兢兢业业，平等待人，深受群众称赞。2003病故。

韩玉春　1932年11月生。村志编辑组成员。

1949年2月，参加中国人民解放军，后在部队任测绘员、卫生连文书。1952年，抗美援朝战争中，冒着敌机炸弹和零下30多度严寒，在夜间运送军需品，荣立三

等功。在以后的战斗中多次受到表彰。1957年8月复员。1959年，响应支援边疆建设号召去吉林省，在舒兰矿务局丰广煤矿任秘书。1963年退职，返乡务农。1972年9月，南马大队整地工程开始，担任施工员。1987年至1990年，在南马联营鸡场任行政科科长。1992年，任村石化厂行政科科长。后因病退职。2012年5月，参与村志编纂工作。

贾明远　1937年4月生。曾任村老年协会会计多届，村志编辑组成员。

1949年在本村南马小学学习。1950年考入南门完全小学，毕业后考入济南一中。1954年毕业，回村加入农业生产互助组。1955年下半

年加入初级社，1956年加入高级社，在第六生产队任生产组长兼记工员。1984年建制改革，大队恢复改村，生产队改组，任11组组长至1999年。后在村老年协会工作。曾当选齐都镇第十五、十六届人代会代表。2012年5月，参与村志编纂工作。

刘忠成 1938年10月生。1964年南马大队组建林业队，他是首任队长，种桑养蚕、植树造林。1966年成立技术队，他是首任队长，大搞科学实验，服务于生产。1973年任南马大队，副业组长主管农业机械，在工作中勤勤恳恳，任劳任怨，带领农机人员，管理维护农业机械，为南马先期的机械生产做出了贡献。他文化水平高，处事公正，乐于助人，群众家有红白公事，都找他帮忙，他从不推辞，善始善终帮忙到底。邻里纠纷，群众都乐意找他处理，有求必应、办事公道、处事认真，灵活机动，化解矛盾，他是公认的“能人”。

董龙章 1938年12月生。是村里老生产队的负责人。1955年至1963年当生产队小组长，1963年至1982年担任生产队保管员，曾多次被评为大队先进保管员。他为人和善，工作认真，一丝不苟，物资管理井井有条，无论遇到什么天气和环境，从未使生产队的物资受到过损失，早出晚归，废寝忘食，一心扑在工作上，受到村委和村民的好评。由于工作扎实，1982年，由大队派出，到益都师范参加为期三个月的“三包”培训班，为生产队“包产到户”顺利进行做出了应有的贡献。年老后，坚持助人为乐，被村民称为“五好”老人。

刘昭俊 1940年12月生。1962年至1980年，担任第7生产队会计10余年。与队委会成员团结配合，尽职尽责。工作认真，账目清楚，定期公开，办事公正。7队的农田水利建设，蔬菜种植业发展有他的贡献。他乐于助人，每遇邻居家婚丧嫁娶，都会不计时间，倾力相助。

宗来宾 1940年12月生，中共党员，担任第3生产队保管员多年。1963年至1969年任3队电工。1970年至1982年任3队物资保管员。1971年4月加入中国共产党。工作中勤勤恳恳、任劳任怨，管理物资井井有条。1974年夏季，小麦上场，阴雨连绵近月余。他吃住在场间，利用一切空间晾晒小麦，小麦没有腐烂。受到领导和群众赞扬。他处事公道，乐于助人，邻里乡亲，有大事小情、红白公事都乐于找他帮忙，他从不推辞，善始善终，处理完毕，是群众信得过的知心人。

解玉亭 1941年2月生。1962年曾任第二

生产队副队长。“文化大革命”开始后，群众组织起而互斗，大队干部被打倒，他出任“文革委员会”副主任兼民兵连连长。协助齐兴顺抓革命、促生产，组建各生产队领导班子。1973 年，到南马技术队工作。1974 年，在林业队创办南马大队养鸡场。1988 年，在大办工厂的高潮中，任南马塑料厂副厂长。他处事公道，办事认真，平易近人，群众威信高。

于新 1943 年 11 月生。1961 年 8 月应征入伍，在海军东海舰队某部当兵 8 年，期间 7 次被评为五好战士，1963 年获三等功一次，1964 年至 1968 年任班长，1968 年退伍回乡。1973 年至 1985 年在生产队先后任保管员、生产队长、组长等职。1987 年接受村委委托，按照临淄区蔬菜公司安排，试验黄瓜冬季温室种植，获得成功。他处事公正，诚实待人，邻里有难，无私相帮，群众信得过。

王洪美 女，1943 年 12 月生，稷下街道孙娄村人，贾文煜爱人，中学一级教师。

1976 年，被南马大队妇代会聘为育红班教员。1977 年 7 月，选调南马联中，任初中数学教师。她自费为学生购买“初中自学丛书”，用以辅导。开展抓先进、促后进，“一帮一、一对红”活动，调动学生积极性，被评为一级优秀教师。她爱生如子，冬天将自己的新棉衣给学生穿。把自己的饭票让给学生，为生病的学生送去钱

款，深受家长感动。先后在孙娄联中、南马联中、稷下中学、南马小学任教三十年，热爱教学工作。多次被区、镇评为优秀教师、先进工作者、“三八”红旗手称号。她所教的学科，1985 至 1991 年均为齐都镇前三名。1994 至 1997 年，保持全镇第一。所教的学生在一次区级竞赛中，有 6 人分获一、二、三等奖，1 人在市数学比赛中取得好成绩。1993 年，应南马坊村委所聘，回南马小学任教，把一个全镇倒数第一名的班级，在毕业时带到全镇前五名。

1998 年退休后，任村民代表，老年协会委员，门球协会主席。积极协助村委开展文艺活动，自费买大头娃娃、录音机、音响、平板步步高影屏。组织腰鼓队、花棍、花杆队、健身操队，活跃南马坊村民文艺生活。她对每项工作都认真负责，有一股不服老的精神。

商孝会（1945—2009.10），1963 年临淄农业中学毕业。1964 年至 1984 年，任南马大队第 2 生产队会计。在任会计 20 余年中，账目清楚，准确及时，并能协助队长工作。1984 年后担任第 2 组组长，在职期间，带领村民积极完成村委分配的工作。1988 年调任南马坊村建筑队，任财务科科长，1993 年调入南马积金会。他工作上兢兢业业，处事公正无私，是群众信得过的好干部。

徐广来 1946 年 12 月生。曾任 5 组组长

10余年。1965年在县供销社学习培训。回来后，在大队设立的物资代销点任代销员。1972年，任5队会计，在完成本职工作的基础上，积极为生产队的其他事务提出好建议，维护集体利益。1984年，任5组组长后，主持了5组土地的三次调整分配。1993年始，到齐都冷藏厂工作3年，回村后被推举为5组老年小组长。新村搬迁后，被推举为楼长，为建立文明和谐的邻居关系尽心尽责。曾参加过四次全国人口普查，多次受到表扬。

谭春祥　1946年12月生。1969年起任南马大队第7队队长。1971年加入中国共产党。1984年至1988年，任7组组长，前后20余年。在职期间，带领社员打井修渠，把旱田变水田，除参加生产大队组织的整地外，还组织社员进行小规模的整平。进行科学种田，发现土壤缺磷，动员社员加大投入，多施磷肥，粮食增产。带领群众搞蔬菜生产，发展经济，生产队时所分现金，在全大队名列前茅。工作中大公无私，办事公道，处处为群众着想，受到群众爱戴赞扬。

韩玉良　1947年2月生。1971年开始担任第1生产队队长，工作中实干精神很强，带领群众大干苦干，服从领导的安排，总能按时完成领导分配的各项任务。工作中大公无私，敢与同坏人坏事做斗争。

1975年麦季打场中，拖拉机被麦子挤住不能工作，他看见后，让其他人闪到一边，亲自用力向外拖麦子，不幸他的胳膊被机器挤断，急去医院抢救，治愈后现仍留有一大疤。他毫无怨言，继续为群众服务。

于清杰　1950年6月生。1969年开始任南马大队12队会计，直到1979年。工作中兢兢业业，认真细致，几年来从未发生过错误，并在工作之余，给队长出谋划策，帮助队长搞好生产。1980年后，曾承包过菜园，种温室，搞运输。1989年，南马坊成立经济联合社，被调到永发公司南马砖厂任会计。1995年被调到南马信用积金会，任出纳员，至2009年底退休，后被南马坊村委继续留用，到2016年5月退职。2015年被选为南马坊老年协会委员，继续为南马坊的老人服务。

贾文平　1951年1月生。1966年到技术队担任实物保管员，1970年被选为第10生产队副队长。1974年秋后，由于社员们信任、大队领导支持，担任10队会计。在工作中坚持公平公正、忠诚可靠的态度。每当分配时都是加班加点，按时做出报表，并张榜公布。平时还要参加队里的干活，受到群众赞扬。

1975年12月去青州庙子赶集，为生产队卖白菜，发生了车祸，身受重伤。1987年，临淄区外贸局与南马坊建立了联营养鸡场，受村委指派去鸡场当会计。1999年在临淄浩源化工厂任出纳员，2014年退职。为人忠厚，处事公道，愿为村民服务。

于立臣　1952年6月生。1975年7月始，任第4生产队队长、4组组长达41年。他淡泊名利，勤政为民，处事公正，以身作则，现仍在任，继续工作，创造了南马坊历史上的奇迹，在全镇、全区绝无第二人。1975至1984年，生产队长任内，在各级领导的帮助下，与本队社员共同努力，使4队工作稳步发展，粮食产量逐年丰收。1977年，麦季一次向国家贡献小麦每人平均500余斤，获城关公社奖状嘉奖。队办副业从无到有，依靠临淄酒厂优势，出售酒糟，成立建筑队、装酒组，集体经济逐步壮大，人均分配年年增加。1984年，家庭联产承包责任制后，积极为4组村民服务。1987年，接受临淄区蔬菜局安排的种植冬暖式温室任务，经奋战一个冬春，圆满完成。为此，临淄区蔬菜局获山东省科技项目二等奖。

商孝富　1954年8月生，中共党员。1975年起任南马大队电工，长达40余年，目睹了南马坊电力发展的全过程。1986年，积极配合村"两委"写申请，跑手续，历尽艰辛，引进工业电，成南马坊用电史上一件历史性大事。1998年6月加入中国共产党。至1999年，全村共有配电室13座、变压器21台、2240KVA，所有设备的更换、安装，没有雇佣施工队，全部由他带领本村电工，各队有关人员，自行完成。电费回收严格执行国家电价政策，账目清楚，明白无误。注重安全，制定规章制度，严格要求，几十年来，从未出现人员伤亡、设备烧毁等大的事故。1999年被调入齐都供电所工作，2010年退休，回村后即投入到新村建设中，仍管供电工作。为节省开支，所有新增设施，全由他带领有关人员自己制作安装。

许新华　（1957—2014.10），中共党员。2000年至2014年担任1组组长，在职期间为村民办了很多好事。去五里碑是条土路，每逢下雨就无法走，但这是村民种菜必经之路，他征得村委同意，把路全部铺上石子，方便了村民的行路，他团结村民尊老爱幼，一切为民着想。因表现好、工作突出，2004年被发展成一名中国共产党党员。2010年参加新村建设，负责质量检查，每天都在工地上，巡回检查，有时晚上也要突击检查，为新村建设做出了贡献。

刘昭坤　1956年5月生，中共党员。1976年1月应征入伍，在陆军第二十六军高炮团服役。1978年9月加入中国共产党。在部队多次受到嘉奖，期满后退伍回乡。1985年，在南马坊村大办工厂的高潮中，受村委指派到杭州考察电炉情况，回来后与贾春德等人建成耐磨材料厂（后改

名铸钢厂）。投资数十万元建成并投产，产品质量好，生产红火。1997年改任南马坊村电工，期间收费明白，账目清楚，认真负责，注重安全。任电工20年，从未发生一次事故。他做事善于思考，遇事沉着冷静，待人谦和可亲，处事公平合理。

齐兴福　1958年生，中共党员，任组长24年。1977年，临淄三中毕业后回村务农，即参加淄博市水利三干渠工程。工作中吃苦耐劳，积极肯干。1993年，在土地调整过程中表现突出，被村民选为5组组长。他积极向党组织靠拢，2007年加入中国共产党，自此备感责任重大，在各项工作中，更加努力工作，处处起模范带头作用。2008年，临淄大高中修建，需占5组的几百亩土地，涉及几十户村民，他作了大量的细致说服工作，为大高中顺利建成起了重要作用。在新村搬迁过程中，在村委的领导下，他工作深入细致，5组65户村民一次全部入住新村，都过上了城镇化生活。

刘来清　1960年1月生，中共党员。从小意识超前，务实能干。1981年，21岁时向生产队交1000元承包一大亩地。8组村民中他最早建起高温大棚。他经济头脑敏锐，办事公道。1999年当选组长。自己勤劳致富后，购置织草毡子机，农闲时组织一批没有菜园和没有经济收入的人员来干活，发工资还管饭，为一部分人员解决了农闲时没有经济收入的问题。2002年，响应国家号召，上了多台大型农机具，为推动农业机械化做出了贡献。2004年10月加入中国共产党。他自1981年21岁承包土地南马第一人，织苫子机第一人，多台大型农机具第一人。他是个好带头人。因父母去世早，赡养祖母多年，为未成家的弟弟操办婚事，忙里顾外，做到一个兄长应尽的责任和担当。虽然年轻，但为人处事，稳重大方，遇事不慌，所以现在群众越来越离不开他。有大情小事，都愿意找他商量，成了名副其实的带头人。

于清伟　1960年9月生于齐都镇南马坊人。1992年在改革开放的大好形势下，办起了建筑队，给人盖房、装修、创收养家。2002年被选为12组组长，带领村民发展生产，科学种田，特别在水利设施的管理上，下大功夫。使近500米长的水渠很少损坏，节省了村民的开支。在工作中，想村民所想，急村民所急，有问题及时帮助解决，深受村民爱戴。2007年加入中国共产党。2010年参加新村建设，负责质量检查，每天都在工地上巡回检查，尽心尽责，直到新村建成。2015年调入新村物业公司绿化队工作和大家一起栽树种花，灌溉修理，付出了心血。

2015年被评为南马坊“明星家庭”，2016年被评为全镇“实际明星家庭”。

人物表

姓名	性别	籍贯	出生年月	生平简介
崔法成	男	南马坊	1933.12	1951年参加工作。1955年加入中国共产党。曾在山东邹平、湖田生建煤矿、齐鲁石化公司等单位工作。2004年病故。
韩毓芳	男	南马坊	1937	1958年在城关公社拖拉机总站参加工作，后任技师。
贾孝尊	男	南马坊	1937.10	1956年医科函授大学进修。其后，就职淄博锻压机械厂。多次被评为省、市先进工作者。
贾禄贵	男	南马坊	1939	1958—1962年，在济南铁路运输机械学校学习。毕业后分配到铁道部戚墅堰铁路工厂工作。1975年9月，调铁道部七〇一厂。1979年1月，调齐鲁石化机械厂工作。1997年12月退休。
贾秀梅	女	南马坊	1940	小学高级教师。1958年考入益都师范学校。1961年8月，毕业后到解放军某部学校任教。1972年3月，随爱人调第十化建公司子弟学校任教，直至退休。
商兰英	女	稷下街道商王村	1940.9	1963年嫁于南马坊齐涛。1965年7月，在商王小学任教师。1974年转入南马小学。1985年任南马小学校长。1986年评为小学高级教师。1992年转入国家小学。1995年11月退休。
韩培业	男	南马坊	1941	淄博师范毕业，1963年参加工作，中学一级教师。先后在城关农中、南马联中、西关联中、古城中学、稷下中学任教37年。
张美君	女	齐都镇赵王村	1942.9	系贾春树爱人，师范毕业，小学高级教师。先后在南马坊小学、辛店街道桑杨小学任教。多次被评为优秀教育工作者、模范教师。
韩玉德	男	南马坊	1944	1964年参军，在北海舰队服役。退伍后在村务农。1978年，到南马联中任教。1990年，于淄博师范函授学习，中学一级教师。2004年退休。
朱光亭	男	南马坊	1945.2	1964年参军，在北海舰队服役。退伍后在村务农。1970年3月到四八一厂工作。中共党员，曾任车间主任、党支部书记等职。
相爱英	女	南马坊	1945	主治医师。1965年考入天津医学院口腔专业学习，毕业后到陕西省西安市某医院工作。1984年调入第十化建公司医院。
于　洁	女	南马坊	1945	中共党员，曾任中国第一汽车集团青岛汽车厂车间工会主席、厂妇女主任、工会常委。2000年退休。
刘玉清	女	南马坊	1950.3	山东教育学院函授毕业，小学高级教师，中共党员。1966年8月，到南马小学任教。1981年调胜利油田河口学校任教。曾多次被评为市级优秀教育工作者。
谭新山	男	南马坊	1953.11	1972年12月入伍。1974年加入中国共产党。1977年退伍后在淄博市委小车班工作。1983年调入临淄区外贸局，任销售科科长。
董志祥	男	南马坊	1954	1973年参军，中共党员。退伍后任南马大队第3生产队队长。1980年，结婚后随妻迁往辛店车站大队。后任辛店街道车站社区居民委员会主任。2009年退休。
商孝连	男	南马坊	1954	1975年到南马小学任教。1990年，于淄博师范函授学习。毕业后，在齐都中学任教。1988年，获山东省篮球一级裁判员证书，游泳二级裁判员证书。2014年退休。
于　沛	女	南马坊	1955.9	山东中医药大学毕业，中医专家。曾任山东省食品药品监督管理局高级药剂师。2015年9月退休。
于庆春	男	南马坊	1957	中共党员。1976年在城关公社农机厂参加工作。1978—1979年，在淄博商业学校学习。1980年调入淄博市食品公司，历任会计科副科长、科长，1992年任副总经理，1995年任党总支副书记、副总经理。
于　红	女	南马坊	1960.11	曾任山东农业科学研究所高级农艺师，2010年11月退休。
王秀玲	女	南马坊	1961	1978年到临淄区粮食局任会计，经学习考取会计师职称。2016年退休。
刘光才	男	南马坊	1962.12	中共党员。1983年8月至1986年7月，在山东省林业学校学习。毕业后到王寨乡林业站工作。1987年6月，调临淄区林业局，任植保科科长。
刘海清	男	南马坊	1963.3	中共党员，经济师。1982年7月，到齐鲁石化公司参加工作。1997年获职工技术大比武标兵。2000年获物管工程竞赛优秀计划员。2008年获物资装备中心劳模称号。
宗云龙	男	南马坊	1964.11	中共党员，经济师。1983—1985年，在山东银校学习。1985年7月，到临淄农业银行，先后从事会计、信贷等工作。1996年3月始，任支行中层干部。
刘学村	男	南马坊	1967	法学学士，三级警督。1990年7月，淄博警校毕业，分配到淄博市公安局临淄分局。先后在敬仲派出所、临淄公安分局刑警大队、巡逻特警大队等单位工作。
于　明	女	南马坊	1969.7	中学高级教师。1988年7月，考入山东电视大学。1990年7月，毕业后任齐都镇成人教育中心学校教师。1966年7月，调稷下中学任教。2005年7月，调雪宫中学任教。
贾　亮	男	南马坊	1969.12	山东广播电视大学企业管理专业专科毕业。先后任齐鲁石化公司胜利炼油厂车间团支部书记，青岛立东化工有限公司设备主任，山东东岳集团主任工程师等职。
崔　玉	女	南马坊	1970.1	中共党员。1994年，泰山医学院毕业，后到临淄区人民医院工作，为儿科主任医师。

姓名	性别	籍贯	出生年月	生平简介
贾春林	男	南马坊	1970	中学一级教师，中共党员。1989 年 9 月，在淄博师专学习。1991 年 7 月，毕业后到临淄第二职业中专任教。曲阜师范大学函授本科学历。2005 年 11 月，到淄博工业学校任教。
贾保忠	男	南马坊	1970.11	中共党员。1991 年，临淄区人事局参加工作。2009 年 5 月，任区事业单位登记管理局局长。2011 年 3 月，任区编办副主任。2008 年，被区委、区政府表彰为科教兴区先进工作者。2012 年 12 月，被省编办、省人社厅表彰为全省机构编制系统先进工作者，荣立三等功。
初建团	男	南马坊	1971.1	1993 年参加工作，中共党员。1996 年主持的“万吨香菇技术开发”项目，获淄博市科技进步叁等奖。多次被评为临淄区农技推广先进工作者、区财政系统先进个人。立体农业“佛手瓜棚栽技术”一文，被中国农学会评为优秀论文。
贾春亮	男	南马坊	1971.5	中共党员。1990 年 7 月至 1994 年 6 月，在山东大学学习。1994 年 7 月至 2000 年 12 月，在山东扳倒井集团工作。2001 年 1 月，调淄博市总工会。
刘顺国	男	南马坊	1971.5	1992 年 7 月，任淄博市体育运动学校教师。2010—2014 年，山东理工大学函授学习，取得本科学历。中学高级教师。
齐娜娜	女	南马坊	1972	1996 年曲阜师范大学毕业，到敬仲中学任教。1999 年，转辛店街道办大武中学任教。多次获区级优秀班主任、优秀教师称号。中学一级教师。
安玉君	女	稷下街道刘家庄	1973.8	中共党员，高级教师。齐晓林爱人，1996 年滨州学院毕业。毕业后，到临淄区敬仲中学任教。2002 年转入齐都中学。同年到潍坊学院学习，取得本科学历。2010 年到临淄三中后，任教务主任。临淄区第十六、十七届人大代表。
于　洁	女	南马坊	1974.6	1994 年 7 月，上海大学法学院学习。1997 年 7 月，任上海复华实业有限公司总裁助理。2000 年 7 月，任中国普天信息产业集团副总裁。2004 年任上海拉法基业务总监。2006 年 7 月，任上海靖滕数码科技有限公司董事长、总经理。
徐继章	男	南马坊	1976	中共党员。1997 年，济南铁路机械学校毕业后，到济南铁路局机务段工作。多次被济南机务段表彰为“十佳青年”“五四青年标兵”。
刘文清	男	南马坊	1978.10	会计师。1994 年 9 月至 1997 年 6 月，在聊城贸易学校学习。毕业后，分配到齐都镇粮管所工作。自学取得山东省农业管理干部学院本科学历。2006 年后，在淄博诚信税务师事务所工作。
韩雪萍	女	南马坊	1979.3	2001 年，山东教育学院毕业后，到临淄四中任教，后调入金岭回族镇教委。酷爱书法，曾受教于书法家牛国泰。2015 年，在全区教育系统书法比赛中获毛笔、硬笔书法一等奖。2016 年考取加拿大留学生。
宗建国	男	南马坊	1981.2	主治医师。2000 年 7 月，临沂卫生学校毕业。2002 年 9 月，就读于潍坊医学院。2013 年 3 月至 2016 年 12 月，于江西九江医学院临床医学专业毕业。2000 年 11 月后，在临淄区妇幼保健院工作。
刘金超	男	南马坊	1981.11	2003—2010 年，在青岛大学医学院学习。本科毕业后，攻读硕士研究生，取得硕士学位。。2010 年，到临淄区人民医院工作，为普外科主任、主治医师。
崔建国	男	南马坊	1981.11	2003 年山东理工大学毕业，到敬仲镇中学担任初中英语教师。
孙　伟	女	南马坊	1981.12	1998—2001 年，在山东理工大学学习。后考取硕士研究生，取得硕士学位。2002 年到临淄三中任教，中学一级教师。
胡艳艳	女	稷下街道尧王村	1983.6	系戴永生爱人。2003 年，考入曲阜师范大学。2007 年，在上海大学攻读硕士研究生。2010 年，取得硕士学位。在临淄一中任教。
马小娟	女	乐陵市丁坞镇	1983.10	系徐继磊爱人。中共党员。2005 年山东理工大学毕业。2007 年，取得中国石油大学法学硕士学位。7 月，任朱台镇镇长助理。2010 年 8 月，调淄博市人力资源和社会保障局工作，任失业保险科副科长。
齐　超	女	南马坊	1984.4	中共党员。2002 年，考入山东大学经济学院金融系学习。2006 年毕业，考入中国科学院研究生院，攻读硕士研究生。2009 年毕业，取得硕士学位。同年考入山东省科技厅，现为正科级干部。
于鹏飞	男	南马坊	1985.10	2008 年，毕业于山东警察学院侦查系，大学本科，法学学士。2008—2009 年，淄博人民警察训练基地工作。2009 年后，在齐都公安局工作。
于松涛	男	南马坊	1986.2	2004 年考入黑龙江八一农垦大学。2008 年毕业，在北京升华电梯有限公司工作。2009 年，转入北京怀美科技大学。2010 年后，在北京华峰测控技术有限公司工作。
刘秉奇	男	南马坊	1986.7	2005—2009 年，就读于青岛科技大学，曾任学生会副主席。2008 年加入中国共产党。2010—2012 年，在临淄区环卫局工作。2013 年，考取青岛大学研究生。2016 年取得硕士学位。现任临淄区环卫局集运科科长。
齐　博	男	南马坊	1987.1	2010 年，临沂大学毕业，学士学位，现为淄博职业学院副科级干部。
谭　宁	男	南马坊	1987	山东建筑大学毕业后，在山东凯泰科技股份有限公司工作，从事建筑结构设计。
李志辉	女	寒亭区固堤镇	1988.3	系崔洪亮爱人，硕士学位。2007 年 9 月至 2014 年 7 月，在北京外国语大学学习。毕业后攻读研究生，取得硕士学位。现在天津市森特文化传播有限公司工作。
齐　鹏	男	南马坊	1988.12	2014 年鲁东大学毕业，双学士学位，山东大学硕士研究生在读。齐鲁师范学院副科级干部。

附　录

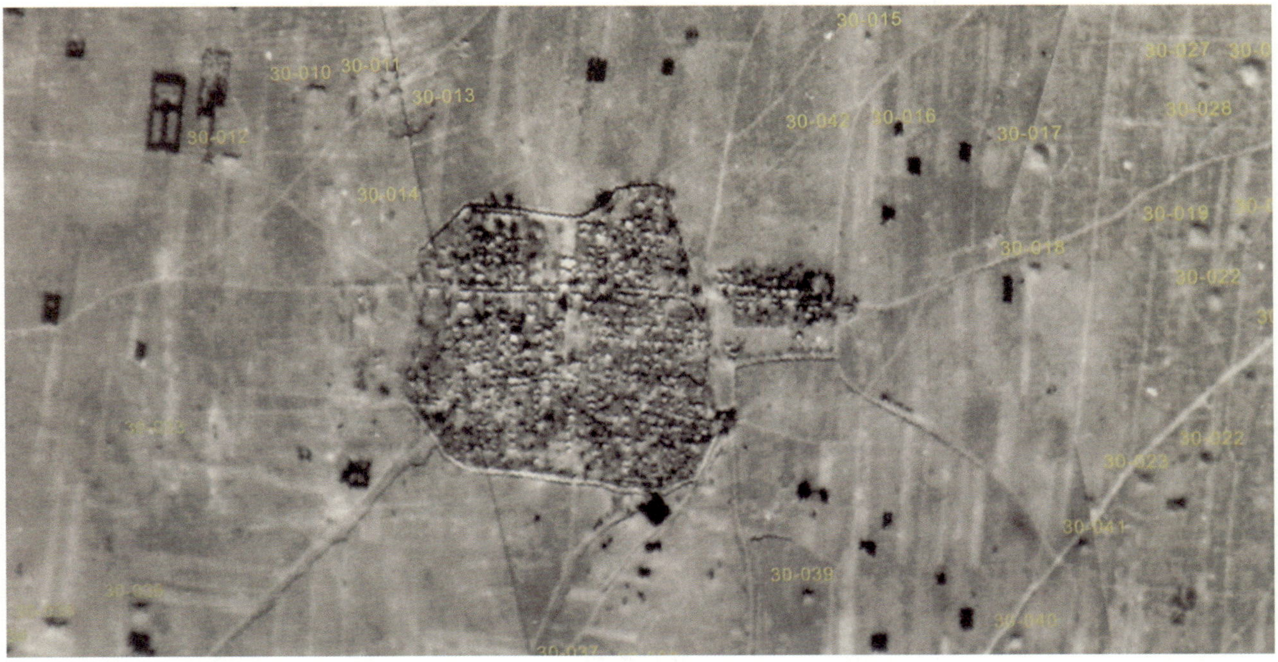

村庄航拍图（1938）

建设单位

奠基仪式现场

抗战老兵
后转业回到临淄老家伺候老人，安度晚年。每当问及过去的岁月，老
人家就是一句话：想想一起出去没回来的老战友，俺很满足了。

抗日老兵

一　讲话　文件

在南马坊新村奠基仪式上的讲话

南马坊村党支部书记、村主任　贾宝书

尊敬的各位领导、各位来宾、同志们、朋友们：

今天，我们在这里隆重举行南马新村奠基仪式。我代表村“两委”及全体村民向前来参加奠基仪式的各区大班子领导、区直有关部门领导、齐都镇党委、政府有关领导以及各位来宾表示热烈的欢迎和衷心的感谢！

南马坊村紧邻临淄城区，北外环路以南、新城区规划区以内就有我村土地2000余亩。党的十七大提出了新农村建设的奋斗目标，2004年我村报请齐都镇镇政府批准，成立了新村建设指挥部，并向齐都镇政府提出了关于南马坊旧村改造的申请。临淄区政府临政字〔2004〕203号文件通过并要求我村实施旧村搬迁改造。省政府鲁政土字〔2009〕1503号文件对我村旧村改造用地进行了批复。新村按照高起点、配套全、多功能的理念，规划建设30.94万平方米（含地下停车库），占地24.93公顷。计划建设多层村民住宅楼20万平方米，小高层老年公寓3.7万平方米，小学和配套公建及商业建筑7.24万平方米。小区建成后，将成为基础设施配套齐全、人与自然和谐相处、最适宜居住的大型综合文化社区。

在前期准备工作中，区委、区政府给了我们许多优惠政策，区直有关部门和齐都镇党委、政府的各位领导在新村规划及手续批办过程中给予了大力支持和帮助指导。在这里，向推动南马新村建设给予支持和帮助的各级领导表示衷心的感谢！

从今天起，南马新村建设就正式开始了，我们一定会牢牢把握临淄城区北扩的大好机遇，按照区委、区政府的具体要求，把新村建设提到重要议事日程，制定出切实可行的实施方案，做到精心组织，科学施工，群策群力，严格监理，全力推动新村建设的各项工作。我们深信，经过一致努力，一定会把南马新村打造成规划完整、配套齐全、景观宜人、生态节能的人性化社区，为提升城市发展做出应有的贡献。

最后，祝大家工作顺利，阖家幸福！谢谢大家！

2009年12月23日

山东省人民政府

鲁政土字〔2009〕1503号

山东省人民政府
关于淄博市2009年第三批次城市建设用地
实施方案的批复

淄博市人民政府：

你市《关于淄博市2009年第三批次城市建设用地实施方案的请示》（淄政土发〔2009〕39号）收悉。经研究，现批复如下：

一、根据经国务院批准的《关于山东省济南市等8市2009年农用地转用和土地征收方案的批复》（国土资涵〔2009〕834号），同意你市上报的第三批农用地转用和土地征收实施方案，征收临淄区集体农用地236793平方米（耕地218103平方米）、收回国有农用地65333平方米（耕地40915平方米），以上征收、收回临淄稷下街道办事处等5个街道办事处（镇）土地共计302126平方米（耕地259018平方米）。

二、要进一步落实补充耕地方案，切实提高已补充耕地的质量。

三、要认真抓好征收、收回土地方案的组织实施，确保土地补偿和农民安置工作落实到位。

四、要严格执行国家有关法律政策规定，在批准的用地规模和范围内向具体建设项目提供土地，供地情况要经你市国土资源部门及时报省国土资源厅备案。

二〇〇九年十一月十八日

临淄区发展和改革局文件

临发改发〔2009〕106号

关于临淄区齐都镇南马坊村旧村改造（一期）商住楼建设项目的核准

临淄区齐都镇南马坊村民委员会：

报来《临淄区齐都镇南马坊村关于旧村改造（一期）商住楼建设项目核准的请示》、《临淄区齐都镇南马坊村旧村改造（一期）商住楼建设项目申请报告》等收悉。依照投资项目核准管理办法，同意你村旧村改造项目建设，予以核准。该项目住宅楼建筑面积49280平方米，沿街公建面积9000平方米。项目总投资6795.45万元。

2009年11月30日

二　南马坊村旧村改造安置实施方案

第一节　总　则

一、为建设社会主义新农村，改善我村村民的居住环境，根据临淄区城市建设的总体规划要求，结合我村的实际情况，经村“两委”及全体村民和有关部门反复酝酿讨论，广泛征求意见，制定本方案，经全体村民大会和村民代表大会通过。

二、为确保旧村改造拆迁安置工作顺利进行，旧村改造拆迁安置工作在村党支部、村委会的直接领导下，成立南马坊旧村改造拆迁安置领导小组，负责旧村改造拆迁安置工作的具体事宜，下设拆迁安置办公室。

旧村改造安置领导小组

组　长：贾宝书

副组长：于志勇　于联社

成　员：刘景清　于明孝　孙爱红
许　垒　商宜学　董志勇
于立臣　齐兴福　史玉富
刘炳元　刘来清　贾宝福
董继章　于哲学　于清伟
朱光文　初光顺　谭春祥
韩培中　刘长清　董文章
贾　胜

拆迁安置办公室

主　任：于志勇

成　员：于联社　刘景清　于明孝
孙爱红　朱光文　初光顺
谭春祥　许　垒　商宜学
董志勇　于立臣　齐兴福
史玉富　刘炳元　刘来清
贾宝福　董继章　于哲学
于清伟

第二节　新村建设的位置和基本原则

一、位置

根据区人民政府的城市规划要求南马坊村建设的位置于遄台路以东，学府路以北，天齐路以西，北过境路以南，总占地面积二百八十二亩，建设成基本设施配套齐全、自然和谐、高标准的康居文化社区。

二、基本原则

1、最大限度的让住户得到实惠的原则。

2、对旧房按《2011 年山东省建筑工程消耗量定额淄博市价目表》，《2012 年淄博工程造价指南及市场价》标准、补偿的原则。

3、以合法住宅为准的原则。

4、公开、公正、公平、合理、合法的原则。

5、旧房拆除，新楼房分配方案的决定权归村民大会或村民代表大会的原则。

6、先拆后迁的原则。

第三节　房屋拆迁勘估规定

一、由村民代表选出房屋拆迁领导小组，负责拆迁的全面工作，参照国家有关规定，对全村房屋进行测量、分类、评估。

二、房屋评估作价进行张榜公布、限期 7 日内进行核对，超过期限没有提出异议者视为评估结果正确，对不明事宜，由评估单位及领导小组负责解释。

三、所有拆迁安置范围内的户，在双方对评估结果认可的情况下签订协议书。新村建好后，先拆后搬，经领导小组验收合格后方可入住。

四、本次拆迁宅基地上附属物归该户所有，在个人实施拆除宅基地上附属物的安全等事宜，全部由个人负责。

五、对双方没有达成拆迁协议的，被拆迁人无正当理由拒绝拆迁或逾期不拆迁的，以法定程序结合村民自治规定强制拆迁，强制拆迁费用由被拆迁人承担。

六、拆除产权不明有纠纷的房屋，在规定的期限内，纠纷未解决的，由村委提出补偿安置方案，报上级部门备案，对被拆迁房屋作勘察记录，并向公证机关办理证据保全后实施拆迁。

七、本村设立检举箱，村民可随时反映旧村改造中不合理现象，也可直接向领导小组办公室或村“两委”反映。

第四节 拆迁安置规定及结算方式

一、楼房面积含储藏室及价格，大户型楼房面积约125平方，成本价每平方1500元，精装修每平方600元；储藏室面积约16平方，成本价1500元。小户型约100平方，成本价每平方1500元，精装修每平方600元。储藏室面积约13平方，成本价每平方1500元。配套设施每平方500元，以上面积以实际测量为准。

二、祖籍是本村，户口在本村，并长期居住的，享受村民待遇的男性公民或妻子在本村长期居住，有独立宅基房产是集体经济组织成员的，村委每户补助24.9万元。

三、二处以上宅基地的户，按标准作价后，安置一套楼房。

四、家里有宅基地，户口不在本村又不是集体经济组织成员的，旧宅基作价补偿后可按成本价享受一套，每户补助3万元。家里有符合条件分房的户，女性不再参加分房。

五、兄弟几人户口在外，家有一处宅基的，房屋作价后按成本价可享受一套楼房。每户补助3万元。

六、本村女性结婚后户口未迁走，是集体经济组织成员的，应安置户安置完成后参加第二批安置。

七、外来居住人员户口不在本村但在本村有房产并交纳宅基地款的，不是集体经济组织成员的户，房产作价后，按成本价购买一套楼房。

八、两个儿子以上，都年满十八周岁，可享受同等村民的待遇。未满十八周岁的，可按成本价购买一套楼房，也可等年龄十八周岁后，由村委安置，待遇同于现在村民条件。

九、有宅基地有房产、已够分房条件的农村户口，提出不要楼房的，按旧宅基评估价格，一次性给予对付，不再享受其它补贴。

十、年满60周岁是集体经济组织成员的户，子女户口不在本村的，安置老年公寓后，可按成本价购买一套楼房；也可参加分配一套楼房，享受村委补助，但不再安置老年公寓。

十一、所有分房户与村委结清房屋差价后，并与村委签订拆迁安置补偿协议书，将原来与村委的往来账目结清（包括往来欠款各项承包费等）方可分房。

十二、分楼方法：

1、以组为单位，由各组选派三名代表参加抓阄；先抓出序列号然后按序列号抓出分楼号，确定分楼顺序。

2、各组村民自由结合的，各户确定楼层后，委托一人抓楼号单元阄，自行分配。

3、不能自由结合的散户，由户主抓阄确定楼层号。其它原因村民可自行调剂。

4、楼房闷顶层归集体所有，用于楼顶层维护维修任何人不得使用。

5、抓阄过程由司法部门全程公证、见证。

十三、各户确定楼房号后，根据评估单位所评估的旧宅院金额与新分楼房金额及村委补助金额相顶抵，首先与村委结清差价后，多退少补，多余部分村委以人民币方式退给搬迁户；款额不足部分首先交清，安置小组验收旧宅院拆除合格后，发放钥匙，方可入住。

第五节　老年公寓安置办法

一、分房原则

1、为照顾 60 周岁以上是集体经济组织成员的老年人，有一个固定舒适的生活环境，愉快的安度晚年，解决老年人的住房困难问题。每户解决老年公寓一套。

2、截止到 2014 年 12 月 31 日，年满 60 周岁以上的老年人，家庭有子女分房的一律居住老年公寓，不再固定安置。

二、分房条件

1、老年夫妇双方或单方必须是在分配老年公寓时，至 2014 年 12 月 31 日满 60 周岁的，户口必须是南马坊村的，原籍是本村且在本村享受村民待遇并是集体经济组织成员的。

2、老年夫妇双方有一方是集体经济组织成员的，一方是非集体经济组织成员的，以集体经济组织成员的为准进住老年公寓。是非集体经济组织成员的不享受老年其它待遇，一切费用自负。双方是非集体经济组织成员的不安排公寓。

3、老年公寓为 11 层楼房，每套为二室一厅，一厨一卫。

4、对入住老年公寓的老年人，入住前必须与村委会签订住房协议书和每套交押金 5000 元，协议书及押金由老年人及其子女全部亲笔签名。

5、入住老年公寓的老年人其子女需全部签订旧房拆除协议书，并将旧宅基地上一切附属物拆除完毕后方可入住。

三、老年公寓安置标准及办法

村委在安置老年公寓时，本组老年人按照本组摇出的分楼序列号按照老年人年龄的大小抓阄。抓出所分楼单元号及户号，分楼顺序从楼牌小号至大号一楼一单元开始（以逛麻线的方式）。以后再有符合入住老年公寓条件的老年人，村委按年龄大小依次安排，空出哪户，安排哪户，不服从安排的视为自动放弃，以后村委不再安置。

四、老年公寓的管理

1、凡年满 60 周岁并居住老年公寓的老年人，暖气、收视等费用，村集体实行按人定额补助的方法，超出的部分由住户自负。

2、老年公寓在交回村委时，以村委验收无损坏为准，若有损坏，按照损坏的价值由其子女赔偿。

五、住房规定及要求

1、村委会确定公布住房名单后，住房人必须在 3 日内签订住房协议。

2、在规定时间，不签订住房协议书的，视同自动放弃住房，以后不再安置，该公寓村委另行安排。

3、公寓安置后，必须在 10 日内搬入，不准分而不用，空闲时间超过 30 天的，村委会收回。

4、公寓安置使用后，产权归属南马坊村委会所有，居住人不得借给外人使用，子女不得继承，不得出租或转让。

5、入住公寓的老年人不得病故在公寓内，否则扣罚其子女的福利费，夫妻双方都病故后，其子女必须在 20 天内打扫干净，并将公寓交给村委会，逾期不交回的，每拖一天罚款 100 元（从福利费中扣除），交款押金 5000 元村委扣回，超过 30 天的由村委会强制收回。

第六节　安置楼房的产权归属及管理

一、楼房安置后，产权归个人所有（不包括老年公寓），有继承权。

二、为维护集体利益，便于楼房和小区的管理，村委成立南马坊村小区物业管理小组，统一负责南马坊村小区的物业管理。楼房住户必须严格遵守生活小区的一切规章制度，服从物业小组的统一管理。

三、楼房的大中维修由村委统一负责（包括主管道、主电缆、公用电器等），零星小维修由住户自负。住户另装修、装饰房必须经物业管理小组批准，不准破坏楼房的主体结构，确保楼房主体结构的安全。

第七节　旧村改造拆迁安置奖惩办法

一、旧村改造是一项艰巨而复杂的工作。为促进和保障这项工作的顺利开展，村“两委”在整个旧村改造过程中，实行旧村改造拆迁安置考察档案。村“两委”成员、村委工作人员、共产党员、村民代表，都要积极带头拆迁，全体村民都要支持旧村改造拆迁安置工作，对表现积极，工作突出，支持两委工作，起带头作用的村民，村“两委”给予表彰和奖励，特别突出的要给予重奖，对举报有功和提供线索的村民给予保护和奖励。对按规定时间搬迁的户，村委每户奖励优质名牌太阳能一台，机顶盒一台及一年的收视费。

二、对那些在拆迁安置中，破坏拆迁安置工作，设置障碍，制造混乱，煽动闹事，造成不良影响后果的，将从政治上、经济上给予严肃处理。

1、是两委成员的，报请上级有关部门，停职工作；

2、是党员的报请上级党委给予党纪处分；

3、是村民代表的撤销村民代表资格；

4、是村委工作人员的，辞退工作；

5、对在各企业单位上的职工，协同所在单位停止其工作；

6、对不按照拆迁或不服从安置的村民，其父母不安排老年公寓。

7、触犯法律的，由司法机关依法处理。

三、没有正当理由，对无理取闹，不按规定时间拆迁者，实行下列处罚办法：

1、收回签订协议时的拆迁奖励。

2、对不到年龄未享受老年生活补助待遇的，达到年龄后不予享受。

3、对应拆除而未拆除的庭院和其他用电、用水项目，采取停水、停电、堵路等措施，并依法按村民自治原则强制拆除。

第八节　附　则

一、本方案适用南马坊村旧村改造拆迁安置的全过程。

二、旧宅基地上附着物的补偿以评估公司评估的价格为准。

三、超出本方案的实际情况，拆迁安置领导小组研究后，由拆迁安置办公室人员答复。

四、如果不接受此方案，又提不出正当理由的，必须服从本方案，如果拒不执行，后果自负。

五、对本方案未涉及到的住户及特殊情况

的，可作为第二批安置。

六、本方案经南马坊村“两委”会研究，全体村民大会或村民代表大会通过后，生效执行。

七、不明事宜，由村委会拆迁安置领导小组负责解释。

中共南马坊村党支部、村委会
南马坊村拆迁安置领导小组

2014 年 11 月

三 南马坊村人口与计划生育村民自治章程

（本章程于2014年12月9日经村民代表大会通过）

第一节 总 则

第一条 为了认真落实《中共中央国务院关于全面加强人口和计划生育工作统筹解决人口问题的决定》，充分调动广大村民自我管理、自我教育、自我服务的积极性。按照“依法管理、村级自治、优质服务”的要求，根据《中华人民共和国村民委员会组织法》，《山东省人口和计划生育条例》等有关法律、法规、结合本村实际情况，经村民代表讨论同意制定本章程。

第二条 本章程建立以全面优质服务为核心，以群众自觉参与为基础，行政管理与群众自治相结合的计划生育工作机制，维护群众的合法权益，围绕广大群众的生产、生活、生育开展服务。

第三条 本章程是计划生育的行为规范，由村民委员会组织实施，村民代表监督执行。全体村民章程面前人人平等，村委会要严格执行计划生育民主决策、民主管理、民主监督，党员、干部要带头执行章程，广大村民要认真行使自己的权利，履行自己的义务。

第四条 本章程经村民代表大会审议通过，报镇政府备案。

第二节 计划生育村民自治目标

第五条 通过全村村民的共同努力，实现以下目标：

1. 全村村民自觉按照计划生育的方针、政策、法律、法规和村民自治章程规范自己的婚育行为，自觉接受计划生育管理与服务，无计划外出生、无大月份引产。

2. 全村村民婚育观念有明显的转变，树立起科学、文明、进步的婚育观念，思想道德水平和科学文化知识、身体素质等有明显提高。

3. 全村人口与计划生育工作按照达标考核的要求，认真完成人口指标任务。实现人口与经济协调发展。

第三节 村民委员会职责

第六条 建立计划生育领导小组，每季度召开一次会议，认真研究和解决计划生育工作中的实际困难和问题，半年、年终向村民代表大会报告计划生育各项指标及工作完成情况。

第七条　按上级要求配齐计划生育专职干部和计划生育小组长，保证宣传服务阵地的设施齐全，能满足计划生育宣传、服务的需要。认真落实对独生子女家庭的奖励和各项优惠政策。搞好贫困独生子女家庭的帮扶工作。

第八条　村委会与村民签订计划生育合同，明确双方的权利和义务。

第九条　村委会因领导、组织、投入等原因没有完成与镇政府签订的目标考核责任的，领导班子要向村民代表大会作出书面检讨。

第十条　村委会根据村的经济发展情况逐步调整对独生子女家庭的各项优惠政策。

第四节　村计划生育专职干部育龄妇女小组长职责

第十一条　村计划生育专职干部受镇计划生育办公室的业务指导，在村委会的直接领导下，依法行使计划生育的职责。

其职责是：

1. 当好领导参谋助手，协助村党支部和村委会完成人口与计划生育责任目标。

2. 利用活动室积极组织育龄妇女开展活动，在各大节日开展社会大宣传，并针对不同的育龄人群开展有针对性的宣传与服务。

3. 帮助育龄妇女了解各种避孕方法的原理和优、缺点，指导育龄妇女在“知情”的基础上选择适合自己的以长效避孕措施为主的避孕方法。

4. 认真做好各种村级工作档案的记录，确保各种档案整齐、规范。

5. 按照要求认真做好育龄妇女的“现居住地管理”工作，及时检查外地的流动人口育龄妇女携带《婚育证明》的情况。

6. 为育龄妇女搞好生殖健康服务，每年为49岁的育龄妇女搞好三次查体，并做好档案记录。新婚、孕产、术前、术后的育龄妇女搞好访视服务，帮助她们解决实际困难。

7. 熟悉本村计划生育工作的情况，发现计划外怀孕及时做好补救，每半年向计划生育领导小组总结、分析本村计划生育工作一次。

第十二条　按村民小组配备育龄妇女小组长，小组长要在计划生育专职干部的领导下开展工作。其职责是：

1. 对所管小组的育龄妇女每月至少入户走访一次，了解她们的需求，并向计划生育专职干部进行信息反馈。

2. 做好所管小组中育龄妇女的宣传工作，有条件的可组成育龄妇女3–5人集中学习的小组，没有条件的做好入户宣传及有针对性的重点服务。

3. 帮助育龄妇女搞好避孕节育措施的“知情选择”，并协助村计划生育专职干部组织好所管小组育龄妇女按时参加村集中组织的查体活动。

第五节　村计划生育协会职责

第十三条　村计划生育协会是协助村党支部、村委会搞好计划生育的群众组织、是实现计划生育村民自治的重要载体，在村党支部、村委会的领导下，通过开展带头宣传、服务、

监督活动，促进计划生育村民自治健康发展。

村计划生育协会设会长 1 名、副会长 2 名、会员不低于村民总数的 10%，每个会员联系无会员户 2 户。

第十四条　村计划生育协会职责

1. 组织会员带头宣传计划生育方针、政策、法规，带头实行计划生育，带头勤劳致富，联系群众并帮助特困户的独生子女家庭。

2. 协助搞好宣传，普及计划生育、避孕节育、优生优育及生殖保健知识。

3. 积极开展“三结合”搞好帮扶及生殖健康服务。

4. 协助村委会做好群众的思想工作，通过开展多项服务，以稳定群众的低生育水平。

5. 参与人口计划的制定和落实，参与计划生育经费的管理、监督、奖励措施的落实，监督二胎的申报、审批，广泛听取和反馈群众的意见和要求，维护育龄群众的合法权益。

第十五条　村计划生育协会活动制度。

1. 例会制度：2、学习培训制度：3、会员联系户制度：4、民主参与、民主监督制度：5、评比奖励制度：6、会员小组活动制度。

第十六条　全面履行“五项”职能，“三自”活动开展好，不断提高会员素质，发展壮大会员队伍。

第六节　村民的权利与义务

第十七条　村民的计划生育权利

村民中 15–49 岁育龄妇女的合法权益不容侵犯。

1. 有依法申请结婚，生育的权利。

2. 符合再生育条件的育龄夫妇，有申请生育第二个子女的权利。

3. 有享受计划生育各项政策、法规、婚育知识相等的培训教育的权利。

4. 有享受村计划生育优惠政策的权利。

5. 有享受计划生育服务的权利。

6. 有享受计划生育生殖保健的权利及避孕节育“知情选择”的权利。

7. 有民主参与、民主监督的权利。

8. 对征收社会抚养不服的有申请复议的权利。

第十八条　村民的义务

1. 实行计划生育是村民的义务，一对夫妻只生育一个子女，对符合生育二胎条件的，可由夫妻双方申请，经区计生局批准，可以再生育一个子女。2. 积极参加村组织的一切计划生育宣传教育活动。3. 积极参加村组织的孕检，生殖健康查体等活动。4. 自觉实行晚婚晚育和持《服务手册》或《生育证》生育。5. 在村计划生育专职干部的指导下自主选择避孕节育措施。6. 积极参与民主管理、民主监督。7. 积极举报违反计划生育法律、法规的行为。8. 对违反计划生育法律、法规的行为要自觉接受限制和处罚。

第七节　育龄妇女的教育、管理和服务

第十九条　育龄妇女要按“五期教育”的阶段自觉到村计划生育活动室参加各种宣传教育和培训。要通过广播、板报、宣传栏、有线电视、宣传录像盘、入户发放宣传材料等形式接受经常性的宣传教育，以提高育龄妇女遵守计划生育的自觉性。

第二十条　育龄妇女包括长期在我村居住

的育龄妇女要自觉参加镇计生办和计划生育组织的育龄妇女查体及孕检活动。对应落实避孕措施的育龄妇女必须在村专职干部的指导下选择安全可靠的避孕措施。

第二十一条　以协会为载体组织育龄妇女开展生产、生活、生育服务。即：宣传党的计划生育方针政策、避孕节育知识、优生优育知识、生殖保健知识等。组织会员为计划生育户提供致富信息，传播种、养殖技术，帮助他们解决生活中遇到的困难。

第八节　奖励与约束措施

第二十二条　奖励措施

1. 凡是在本村居住，计划生育关系在本村且已领取独生子女证的夫妻，从领证之日起至孩子 14 周岁可享受每月 10 元独生子女奖励费。

2. 独生子女户，其子女在入学、入党、参军、招工时，在同等条件下优先推荐；优先获得新技术培训、扶贫开发或“三结合”项目等方面的扶助。在生产、生活发生困难时，村委会给予优先照顾救济；在同等条件下，优先推荐享受农村最低生活保障。

3. 凡是本村有生育行为的育龄妇女，孩子出生后在村专职干部的指导下（顺产 4 个月内，剖宫产 7 个月内），自觉采取长效避孕措施的由镇政府一次性补助 200 元。

4. 凡是本村初婚男女青年为晚婚晚育的（男方年满 25 周岁，女方年满 23 周岁）一次性奖励毛巾 2 条。

5. 凡是本村村民夫妻一方或双方因病致贫或一方死亡，双方或一方残疾的独生子女家庭，定期进行慰问，予以适当救助。对已领取《独生子女父母光荣证》，子女因意外死亡或致残的，还要按政策给予特别扶助。

6.35 周岁以内符合二胎生育政策，自愿放弃二胎且按规定签订终生只要一个孩子合同的夫妇，由镇政府给予一次性补助 2000 元。每年给予 120 元的独生子女父母奖励费，直到孩子年满 14 周岁。

7. 对本村的计划生育家庭，养老保险补贴一半；医疗保险补贴一半；60 周岁以上老人每人每月 200 元生活补贴，另外每年生日给予 100 元补助；小学生免费做校车；每人每年 15 张水票。

8. 对本村放弃二胎指标的独生子户或独生子女意外死亡、致残，其父母不再生育或领养的，每年春节或其他重大节日发放一定的物质或现金给予补助。

第二十三条　约束措施

1. 凡是计划外怀孕，必须终止妊娠，村委会将暂停本人及家属在里的一切福利待遇（所停发待遇不再补发）。并暂停其直系亲属在村内工作，同村委会一同做怀孕人员的思想工作，直至终止妊娠。

2. 对本村村民有下列现象之一的，除按《山东省人口和计划生育条例》规定处理外，村委会还要按照和育龄群众签订的《计划生育合同》中有关条款，追究相应的违约责任。（1）违法生育子女的；（2）非婚生育子女的；（3）非法抱养子女的；（4）符合二胎条件但未批准怀孕的。

3. 对本村有生育现象的夫妇，以及其他原因（包括意外妊娠、脱环等）未采取长效节育措施的，应在专职干部的指导下，落实安全有效的长效避孕措施（有禁忌症除外，禁忌症证

明必须为区服务站证明）

4. 育龄妇女应积极参加村和上级组织的孕检、查体活动，对无故不参加的将取消该育龄妇女所在家庭户全体人员村内一切福利待遇，并参照签订的计划生育合同中有关条款给予处罚，直至接受检查。

5. 本村流出到区外经商、务工等30日以上的已婚育龄妇女，应主动申请并办理《流动人口婚育证明》，并定期将现居住地计生部门的《避孕节育情况通报单》反馈镇计生办（每季度一次），逾期不反馈的，参照本章约束措施第一条执行，直至反馈。

6. 凡在辖区内有常住趋势（居住3个月以上）的育龄妇女，无论户口是否在本村，一律接受村计划生育管理，如有计划生育违法行为将与本村村民同等对待。

第九节　民主参与民主监督

第二十四条

民主参与的内容：

1. 参加本村计划生育工作计划的制定。2. 参与村委会有关计划生育的决策。3. 参与对生育情况的了解和生育政策的落实。4. 参与优生、优育、优教工作。5. 参与落实“三为主、三结合”工作。

民主监督的内容：

1. 对计划生育政策、法规和村计划生育村规民约情况进行监督。2. 对村委及其成员和上级计划生育工作人员依法开展计划生育工作进行监督。3. 对计划生育工作的真实性进行监督。4. 对计划生育技术服务工作质量进行监督。5. 对村委会执行章程情况进行监督。

第二十五条　计划生育村务公开的内容：

1. 人口计划的落实（一孩、二孩）。

2. 计划生育优先优惠政策的落实。

3. 对计划外生育的育龄夫妇社会抚养的征收情况。

4. 计划生育经费的管理与使用。

第十节　倡导移风易俗

第二十六条　提倡喜事新办、丧事简办、厚养薄葬。村（居）成立红白理事会，负责支持办理或协助办理村民婚礼、葬礼、庆典等事宜，力求节俭、文明。

第二十七条　提倡姓氏改革，子女随父姓，随母姓均可。

第二十八条　破除重男轻女、传宗接代的旧思想，树立男孩女孩都是传后人的新观念。

第二十九条　弘扬尊老、敬老、爱老、养老的传统美德，对实行计划生育的夫妻年老时给予优先、优惠照顾。

第三十条　反对有重男轻女行为的家族性活动，倡导男女平等地参加家族性续谱和祭祀活动。

第十一节　附　则

第三十一条　本章程解释权属于村民委员会。

第三十二条　村计划生育协会负责监督章程的实施。

第三十三条　本章程自村民代表大会通过之日起执行。

四　房玄龄故里临淄南马坊村

房玄龄(579—648),临淄人,进士,唐代名相,被封为临淄侯。根据史料记载,房玄龄祖辈随南燕皇帝慕容德南迁于临淄,父亲房彦谦在青州府临淄县开基,北周、隋朝时长期隐居于临淄,去世后被追赠为临淄县公。房玄龄青少年时代在临淄生活居住,政治生涯起于临淄,其故里为淄博市临淄区齐都镇南马坊村。

一、房玄龄祖辈随南燕皇帝慕容德南迁于临淄

临淄是一座古老的城市。早在8000年前,临淄后李就有人类繁衍生息,创造了后李文化。距今4000多年的山东龙山文化时期,临淄开始出现规整的城邑。公元前1045年,姜太公受封于营丘,建立周代齐国(“以封师尚父,是为太公。诗风齐国是也。临甾名营丘”①)。太公“因其俗,简其礼,通商工之业,便鱼盐之利”②,“举贤而上功”③,使齐国在春秋时期就成为一个经济富饶的国家,“人民多归齐,齐为大国”④。齐桓公任用管仲为相,进行改革,国富兵强,“九合诸侯,一匡天下”⑤,成为春秋五霸之首。战国时期齐国更加强大。临淄稷下学宫,“开第康庄之衢,高门大屋”⑥,人才荟萃,百家争鸣,堪称世界奇观,成为中国历史上最耀眼的人才高地。临淄逐步发展成为东方大都会,为齐国都城800余年。《史记》云:“临菑之中七万户,臣窃度之,不下户三男子,三七二十一万,不待发于远县,而临菑之卒固已二十一万矣。临菑甚富而实,其民无不吹竽鼓瑟,弹琴击筑,斗鸡走狗,六博蹋鞠者。临菑之途,车毂击,人肩摩,连衽成帷,举袂成幕,挥汗成雨,家殷人足,志高气扬。”⑦建安七子之一徐干在其《齐都赋》中曾描述了齐都临淄王府建筑华丽富贵奢靡之景象:“齐州⑧实坤德之膏腴,而神

① 【汉】班固撰:《汉书·地理志下》,中华书局2000年1月版,第1323页。

② 【汉】司马迁撰:《史记·齐太公世家》,中华书局2000年1月版,第1245页。

③ 【汉】刘安撰:《淮南子·齐俗训》,见何宁撰《淮南子集释》,中华书局1998年1月版,第765页。

④ 【汉】司马迁撰:《史记·齐太公世家》,中华书局2000年1月版,第1245页。

⑤ 【汉】司马迁撰:《史记·管晏列传》,中华书局2000年1月版,第1695页。

⑥ 【汉】司马迁撰:《史记·孟子荀卿列传》,中华书局2000年1月版,第1842页。

⑦ 【汉】司马迁撰:《史记·苏秦列传》,中华书局2000年1月版,第1782页。

⑧ 齐州在汉朝已作为齐都临淄之别称(《临淄县志》)。北魏皇兴三年即469年,齐州始作为行政区划名称(《魏书》)。

州之奥府。其川渎洪河洋洋，发源昆仑。惊波沛厉，浮沫扬奔。南望无垠，北顾无鄂，蒹葭苍苍，莞蒲沃若。瑰禽异鸟，萃乎其间。带华蹈缥，披紫垂丹。应节往来，翕习翩翩。芝生乎丹石，发翠华之煌煌。其宝玩则元（玄）蛤抱玑，骏（驳）蚌含珰。构厦殿以宏覆，起层榭以高骧。龙楹螭角，山岊云墙。其后宫（内）庭，嫔妾之馆，众伟所施，极巧穷变。然后修（龙）榜，游洪池，拆珊瑚，破琉璃。日既仄而西舍，乃返宫而栖迟。欢幸在侧，便嬖侍隅。含清歌以咏志，流元（玄）眸而微眄。竦长袖以合节，纷翩翩其轻迅。王乃乘华玉之辂，驾元（玄）驳之骏。武骑星散，钲鼓雷动，旌旗虹乱，盈盈乎灵圃之中。于是羽施（族）咸兴，毛群尽起。上蔽穹庭，下披皋薮。”[①] 秦统一后设临淄县，属齐郡。临淄长期作为齐国王都、齐郡郡治、济南郡郡治、青州州治、临淄县治所在地。1994 年 1 月国务院确定并公布临淄为国家历史文化名城。

房玄龄祖上本为河北清河望族。隆安三年（399 年），慕容德南迁于临淄县广固城，建立南燕国，房玄龄八世祖房谌任南燕太尉掾，随慕容德南迁于临淄。据《隋书》记载：房玄龄父亲“房彦谦字孝冲，本清河人也。七世祖谌，仕燕太尉掾，随慕容氏迁于齐，子孙因家焉。世为著姓。高祖法寿，魏青、冀二州刺史，壮武侯。曾祖伯祖，齐郡、平原二郡太守，祖翼，宋安太守，并世袭爵壮武侯。父熊，释褐州主簿，行清河、广川二郡守。”[②] 据《北史》记载：房彦谦高祖“房法寿，小名乌头，清河东武城人也。曾祖谌，仕燕，位太尉掾，随慕容氏迁于齐，子孙因家之”。[③] 齐都临淄成为房氏新的故里。

慕容是鲜卑族主要部落之一，以部落名称为氏。东晋十六国时，慕容氏在北方先后建立了前燕、后燕、西燕、南燕等国，前后历时七十多年。前燕皇帝慕容皝的小儿子慕容德，曾在兄长建立的后燕担任丞相。强大的北魏政权攻灭后燕时，慕容德占据邺城，抵抗北魏军队。北魏军队兵临邺城，慕容德为保存实力，率部族民众4万余户自邺城向滑台转移。由于滑台地处平原，又夹在东晋和北魏两大强国之间，很难立足。据房玄龄等撰《晋书》记载，此时尚书潘聪向慕容德建议：“滑台四通八达，非帝王之居。且北通大魏，西接强秦，此二国者，未可以高枕而待之。彭城土旷人稀，地平无险，晋之旧镇，必距王师。又密迩江淮，水路通浚，秋夏霖潦，千里为湖。且水战国之所短，吴之所长，今虽克之，非久安之计也。青齐沃壤，号曰‘东秦’，土方二千，户馀十万，四塞之固，负海之饶，可谓用武之国。三齐英杰，蓄志以待，孰不思得明主以立尺寸之功！广固者，曹嶷之所营，山川阻峻，足为帝王之都。”[④] 慕容德又征求高僧

---

① 【清】邓性总修、临淄区史志办公室校注：《康熙〈临淄县志〉校注》（三）卷之十二，方志出版社 2012 年 11 月版，第 14、15 页。

② 【唐】魏徵撰：《隋书·房彦谦传》，中华书局 2000 年 1 月版，第 1049 页。

③ 【唐】李延寿撰：《北史·房法寿传》，中华书局 2000 年 1 月版，第 935 页。

④ 【唐】房玄龄等撰：《晋书·慕容德载记》，中华书局 2000 年 1 月版，第 2128 页。

郎公的意见，最终决定率兵攻取青州。一路攻城略地，最后夺取了临淄县广固城。辗转征战的慕容德终于有了立足之处。

慕容德所攻占并作为南燕国国都的城池，就是青州刺史曹嶷所建的广固城，临淄县县治所在地。“西晋永嘉五年（311 年），曹嶷筑广固城，广县并入临淄县，县治广固城，广县城址湮没。广县城前后存在了 515 年。”因“当时，兵戈不息，战乱纷起，曹嶷见临淄旧城不便据守，便新建广固城。‘有大涧甚广，因以为固，故曰广固’。把青州、齐郡、临淄县三级政府迁入城中，成为海岱之间最大的都会。曹嶷筑的广固城，面积太小，只供官署、屯兵及官吏家眷居住，称小城或内城。而众多的士族、百姓、商贾等则居住于城外，跨越北阳河两岸，形成外城，或称大城。大城的面积大约不少于 2 平方公里。如遇到战事时，外城军民迁入内城据守。如慕容德攻广固城，东晋守将辟闾浑迁 8000 余户入守广固城内城。南燕国定都广固城后，设燕都尹。此时广固城十分繁荣，居户有数万之多，仅鲜卑、胡、羯等少数民族就有 3000 余户，还有大量的河北望族及其家丁、部曲。皇室及王公贵族居住内城，广大士民百姓仍然驻外城。”①

哪些河北望族随慕容德南迁临淄？“南迁的河北豪族中，大部分世代仕燕。他们中间，有的在南燕建立之前就已经迁到青齐地区，多数则是随慕容德一道迁来的。主要的河北豪族有渤海封氏、清河崔氏、平原刘氏、清河张氏、清河房氏、渤海高氏、清河傅氏等。”②说明随慕容德南迁的 4 万余户中，有房玄龄祖辈清河房氏族人，从任职南燕太尉掾的房谌这一代开始，房氏即迁居到了青州齐郡临淄县治所在地广固城。

南燕国“建都广固后，慕容德采取了许多措施，富国强兵。”③“经济方面，南燕初期采取了一些有利于恢复发展生产的措施。特别重视铜铁的开采冶炼和关系国计民生的制盐业。派官吏到商山（今铁山）去开发铁矿，兴办炼铁业。”④“并建立起一支步兵37万，车17000乘，铁骑 53000 匹的强大军队。在广固城西讲武操练时，‘周亘山泽，旌旗弥漫，钲鼓之声，振动天地’。强大的东晋和北魏也不得不对南燕国刮目相看。”⑤南燕国开发铁矿的商山（今铁山），在今临淄区金岭镇附近，据《齐乘》记载：“商山临淄西三十里”，“《齐记补》云：南燕建平三年，立冶，逮今鼓铸不绝。”“按：《太平寰宇记》：临淄县铁山。”⑥随着富国强

① 隋同文、刘方田编著：《青州人文地理》，青岛出版社 2010 年 10 月版，第 154 页。

② 隋同文编著：《青州上下五千年》，青岛出版社 2010 年 10 月版，第 78 页。

③ 隋同文、刘方田编著：《青州人文地理》，青岛出版社 2010 年 10 月版，第 45 页。

④ 隋同文编著：《青州上下五千年》，青岛出版社 2010 年 10 月版，第 82 页。

⑤ 隋同文、刘方田编著：《青州人文地理》，青岛出版社 2010 年 10 月版，第 45 页。

⑥ 【元】于钦纂修：《齐乘》（点校本）第一册，临淄区图书馆整理，中国文化出版社 2011 年 12 月版，卷一第 7 页、卷一考证第 2 页。

兵方略的实施，南迁的部族民众逐步分散到临淄及周边地区生产生活。据齐文化研究专家姜健考证，不少房氏族人曾长期在临淄县城、县城西部的铁山一带及临淄周边地区生活。

《山东通史》作者对房玄龄故里进行了考证确认：“房玄龄（579–648），名乔，齐州临淄（今山东临淄）人。”“李渊称帝，建立唐朝，封世民为秦王，任玄龄为秦王府记室，封临淄侯。”“房彦谦（547–615），字孝冲，齐州临淄（今山东临淄）人。”此处加注说明：“《隋书·房彦谦传》谓：彦谦‘本清河人也，七世祖谌，任燕太尉掾，随慕容氏迁于齐，子孙因家焉’。《新唐书·宰相世系表》谓：房谌‘随慕容德南迁，因居济南’。《旧唐书·房玄龄传》、《新唐书·房玄龄传》皆谓：彦谦子玄龄为‘齐州临淄人’。据此，所谓‘齐’、‘济南’，具体当为临淄。”[①]《山东通史》《山东地方史文库》等山东主要地方志书学术顾问、著名历史学家安作璋先生明确表示，新旧唐书把房玄龄籍贯确定为临淄，必有其可靠历史资料作依据。《淄博文化通览》学术主编、山东理工大学副校长张宇声教授对房玄龄里籍深入考查分析后认为：“房氏为今淄博人，当无疑义”，“新旧《唐书》记载其为‘临淄人’，必有唐代档案文献作依据”。[②]以上均证明房玄龄故里为今淄博市临淄区。

① 安作璋主编，高凤林原著，鲁统彦、周尚兵增订：《山东通史·隋唐五代卷》，人民出版社 2009 年 12 月版，第 363、349 页。

② 张宇声教授2012年3月在山东省政协组织的《山东区域文化通览》专家审稿会上的书面发言。

二、房玄龄父亲房彦谦在临淄县开基

房彦谦（547—615 年），“本清河人也”，因七世祖谌南迁于临淄，“子孙因家焉”，房氏子孙就在临淄安家落户了。从《隋书·房彦谦传》所载房彦谦直系长辈所任职务看，临淄既是南迁房氏繁衍、立足之地，也是成长、发迹之地，与齐故都临淄渊源深厚。

房彦谦“七世祖谌，仕燕太尉掾，随慕容氏迁于齐”[③]，南燕国国都临淄广固城，从河北清河南迁的第一代房氏族人房谌，在临淄县为官供职，安家落户，成为临淄房氏的始祖；“高祖法寿，魏青、冀二州刺史”[④]，“青州刺史，治临淄”[⑤]，“青理临淄”[⑥]，证明房法寿曾在临淄为官；“曾祖伯祖，齐郡、平原二郡太守”[⑦]，齐郡郡治临淄，证明房伯祖在临淄为官；“父熊，释褐州主簿，行清河、广川二郡守”[⑧]，清河郡即侨置东清河郡。皇兴三年（469 年），北

③ 【唐】魏徵撰：《隋书·房彦谦传》，中华书局 2000 年 1 月版，第 1049 页。

④ 【唐】魏徵撰：《隋书·房彦谦传》，中华书局 2000 年 1 月版，第 1049 页。

⑤ 【梁】沈约撰：《宋书·志第二十六》，中华书局 2000 年 1 月版，第 722 页。

⑥ 【元】于钦纂修：《齐乘》（点校本）第一册，临淄区图书馆整理，中国文化出版社 2011 年 12 月版，卷一第 2 页。

⑦ 【唐】魏徵撰：《隋书·房彦谦传》，中华书局 2000 年 1 月版，第 1049 页。

⑧ 【唐】魏徵撰：《隋书·房彦谦传》，中华书局 2000 年 1 月版，第 1049 页。

魏据有青州后，在青州西部（今淄博市临淄、淄川一带）设置了东清河郡。《魏书》记载："东清河郡，刘裕置，魏因之。"① 所领县中，鄃县在今临淄，武城县在今临淄与淄川之间，清河、贝丘县在今淄川，绎幕县在原淄川今博山北部。这些县大都在临淄与淄川一带。而且侨置郡县范围很小，人口也很少，有的相当于一个村，有的甚至有名无实。《宋书》载："魏晋以来，迁徙百计，一郡分为四五，一县割成两三"②。《魏书》载："东清河郡……领县七，户六千八百一十，口二万二千五百七十四。"③ 每县平均3200多人，相当于一个大村的人口。县与县之间也不像今天这样边界清楚，边界相连，而是呈交叉重叠状态，你中有我，我中有你。广川郡即侨置东广川郡，广川县在南朝宋为广川郡治。"广川有牛山、仲父冢、黑山、石砚山、齐桓公冢、四豪冢"④，这些都在临淄县境内，侨置广川县本为临淄之地，证明房熊为官地区覆盖临淄，也是在临淄做官。以上充分说明，清河房氏从房谌祖南迁临淄到房彦谦一代，前后200年间，主要支系始终没有离开临淄及周边地区，而且在相邻两三个县的范围内迁来迁去，但临淄始终是他们的祖居之地。

房彦谦高祖房法寿的女婿、临淄人崔猷的墓志，也证明房氏居住在临淄及相邻地区。"近年来，临淄出土大量墓志，为研究墓主的生平事迹、家族关系、历史发展提供了重要资料。【崔猷墓志】1983年出土于辛店发电厂工地，位于今辛店街道大武村南，黄山北麓。此为北朝崔氏墓地所在。崔猷，字孝孙，东清河（郡）东鄃（县）（今辛店街道大武社区一带）人，北魏太和十三年(489年)出仕，官赠员外散骑常侍，居官22年。永平四年（511年）二月二十五日病故于洛阳，延昌元年（512年）十一月二十八日葬于本邑黄山之阴，即此。……夫人同郡房氏，父法寿，青、冀二州刺史，庄武侯。……女始怜年三十，适同郡房氏，夫沙。"⑤ 以上墓志中所说东清河郡东鄃县，即今淄博市临淄区辛店街道办事处大武社区一带，东鄃县即侨置东清河郡鄃县。崔猷所处的年代，正是《魏书》所记述年代。从墓志看，房彦谦高祖房法寿的女儿嫁给了临淄人崔猷，崔猷的女儿又嫁给了当地人房氏，通婚情况证明临淄房氏与临淄崔氏居住一地。

房彦谦在临淄县开基。家谱是记载家族发展史的重要史料。"《中国房氏家谱总序》说房玄龄的父亲房彦谦'在山东青州府临淄县开基'，……也就是说房彦谦北周、隋朝时，长期隐居于临淄"。⑥ 公开资料显示"房姓迁徙情

① 【北齐】魏收撰：《魏书·地形志中》，中华书局2000年1月版，第1700页。

② 【梁】沈约撰：《宋书·志第一》，中华书局2000年1月版，第136页。

③ 【北齐】魏收撰：《魏书·地形志中》，中华书局2000年1月版，第1700、1701页。

④ 【北齐】魏收撰：《魏书·地形志中》，中华书局2000年1月版，第1699页。

⑤ 淄博市临淄区文物管理局编著：《临淄文物志》，文物出版社2015年7月版，第118、120页。

⑥ 王志民总主编、岳长志主编：《山东区域文化通览·淄博文化通览》，山东人民出版社2012年5月版，第206页。

况”载明：“山东青州府：房植13代孙房彦谦，于隋炀帝时隐于山东青州府，在临淄县开基”，“房植14代孙房玄龄起于临淄，助唐开国后定居于长安，逝后陪葬昭陵，配享唐宗庙。”

据2013年10月18日中新网报道：“8月31日，国际巨星成龙首次回安徽省芜湖市鸠江区沈巷镇房桥村的老家探亲认祖归宗”，“芜湖市档案局会同鸠江区档案馆的工作人员多次前往成龙老家沈巷房桥村寻访，并找到了房家宗亲收藏的一套《历阳房氏宗谱》……据沈云局长介绍，《历阳房氏宗谱》修成于清嘉庆癸亥年（即公元1803年），此后经多次修订，现在看到的是1992年新修订的本子，……成龙和其儿子房祖名的姓名都已赫然在列。在这本房氏宗谱上，记载的最早始祖为山东临淄的房彦谦，也就是唐代宰相房玄龄的父亲”。作者专门与芜湖市档案局沈云局长进行了联系，沈局长提供了市档案馆存档的房氏家谱资料照片，以及他近几年收集到的其它有关资料，证明房桥村房氏始祖房彦谦是山东临淄。据沈局长介绍，沈巷镇房桥村原属和县，2011年8月22日，国务院批复将和县的沈巷镇划归芜湖市鸠江区管辖。在房氏公开发布的各地房氏字辈中有：“山东临淄、安徽和县房氏字辈：万国崇正道仕淑尚忠良善继人之庆明经学业长富贵惟恩厚荣华惠泽存”，说明临淄、和县两县房氏属同一支系，证明房彦谦是临淄人。近年来，临淄有关部门人员和南马坊村的代表到安徽房氏聚居地参观访问，安徽房氏后裔到临淄寻根问祖、参加祭祖活动，像走亲戚一样来往不断。

房彦谦一生先后经历了东魏、北齐、北周和隋四个王朝的更替换代。他博经史，擅文章，精书法。房彦谦18岁时（565年），就担任了家乡齐郡（郡治在临淄城）的主簿，并一直在政府任职。隋开皇七年（587年），40岁的房彦谦被齐郡郡守举荐进京，做了监察御史。他为官清廉，多行惠政。“迁长葛令，甚有惠化，百姓号为慈父。仁寿中，上令持节使者巡行州县，察长吏能不，以彦谦为天下第一，超授鄀州司马。吏民号哭相谓曰：‘房明府今去，吾属何用生为！’其后百姓思之，立碑颂德。鄀州久无刺史，州务皆归彦谦，名有异政。”“大业九年，从驾渡辽，监扶馀道军。其后隋政渐乱，朝廷靡然，莫不变节。彦谦直道守常，介然孤立，颇为执政者之所嫉，出为泾阳令。未几，终于官，时年六十九。”①

由于其子房玄龄在贞观年间地位显赫，故房彦谦在唐朝备享礼遇。《隋书》记载：“大唐驭宇，追赠徐州都督、临淄县公。谥曰定。”②《北史》记载：房彦谦，“贞观初，以子玄龄著勋庸，赠徐州都督、临淄县公，谥曰定。”③唐代对房彦谦最后的评价落脚在“临淄县公”。至此，盖棺定论，房彦谦起点是临淄，归宿也是临淄，定格在了故里临淄。

① 【唐】魏徵撰：《隋书·房彦谦传》，中华书局2000年1月版，第1050、1052页。

② 【唐】魏徵撰：《隋书·房彦谦传》，中华书局2000年1月版，第1052页。

③ 【唐】李延寿撰：《北史·房法寿传》，中华书局2000年1月版，第940页。

三、房玄龄出生于临淄

明嘉靖、清咸丰《青州府志》均记载，房玄龄为临淄人。明嘉靖《青州府志》：“房玄龄，字乔，齐州临淄人，彦谦子，……进尚书左仆射，居相位十五年，……为唐世贤相首称，卒谥文昭。”①清咸丰《青州府志》：“房玄龄。字乔，临淄人。……封临淄侯……薨，年七十一，赠太尉、并州都督，谥曰文昭”。②

我国权威辞书均注明房玄龄为今淄博市临淄人。《辞海》注云：“房玄龄（579–648）唐初大臣。字乔（一说名乔，字玄龄），齐州临淄（今属山东淄博市）人。”③《中国历史大辞典》注云：“房玄龄（578–648）唐齐州临淄（今山东淄博东北）人，名乔，以字行，”④《中国历代宰相传略》注云：“房玄龄（579–648 年），名乔，齐州临淄（今山东淄博市临淄镇）人。”⑤《中国历史大事典》注云：“【房谋杜断】‘房’指房玄龄（579–648 年），字乔（一说名乔，字玄龄），齐州临淄（今山东淄博）人”。⑥《中国历代名人辞典》注云：“房玄龄（579–648）唐初大臣。字乔（一说名乔。字玄龄）。齐州临淄（今山东淄博东）人。”⑦《名臣名相谋略—古代名臣名相智慧精华》载：“房玄龄（公元 579–648 年），唐代政治家。字乔，齐州临淄（今山东淄博市）人。”⑧以上资料证明，齐州临淄，即今山东省淄博市临淄区。

房玄龄出生于故里临淄。资料表明：“房玄龄，名乔，字玄龄，隋齐州临淄（今山东淄博市临淄区）人，生于北周武帝建德八年（公元 579 年）。”⑨“齐地人杰地灵，是诗礼之邦。战国时期百家争鸣，源于临淄稷下学宫。《孙子兵法》《孙膑兵法》出自齐国兵家之手，《齐民要术》为北朝高阳郡太守贾思勰所著，《酉阳杂俎》系唐代临淄人段成式的名著。汉代三大医学家之一淳于意，晋代太康诗人左思，‘将相兴唐’的贤相房玄龄、名将段志玄，以及清代著名天文学家、数学家薛凤祚等，都出生于临淄大地。”⑩

---

① 【明】杜思主修：嘉靖《青州府志》第八册《名臣》，1965 年 5 月上海古籍书店据宁波天一阁藏明嘉靖刻本影印，第 51 页。

② 【清】毛永柏主修：咸丰《青州府志》（中册）《人物传》，青州文献 2011 年 3 月校勘印刷，第 546、547 页。

③ 辞海编辑委员会编：《辞海》（缩印本），上海辞书出版社 1980 年 8 月版，第 1575 页。

④ 中国历史大辞典编纂委员会编：《中国历史大辞典》，上海辞书出版社 2000 年 3 月版，第 1996 页。

⑤ 朱绍侯主编《中国历代宰相传略》，大象出版社 1997 年 6 月版，第 550 页。

⑥ 张海鹏主编《中国历史大事典》，山东大学出版社 2000 年 7 月版，第 406 页。

⑦ 南京大学历史系《中国历代名人辞典》编写组编：《中国历代名人辞典》，江西人民出版社 1982 年 9 月版，第 166 页。

⑧ 王守柱编著：《名臣名相谋略—古代名臣名相智慧精华》，华龄出版社 2003 年 10 月版，第 127 页。

⑨ 郑峰主编：《淄博名人》，山东文艺出版社 2003 年 12 月版，第 147 页。

⑩ 淄博市临淄区文物管理局编著：《临淄文物志》，文物出版社 2015 年 7 月版，第 4 页。

房玄龄还在原籍临淄娶卢氏为妻。公元前1045年，姜太公封齐建国，成为齐国第一代国君，卢氏即出自姜姓，齐国后裔。齐国田氏取代姜姓执政后，卢氏为避祸迁至燕秦之间。后魏时期（约公元五世纪），齐国卢氏后裔卢子迁就任青州刺史（青州刺史部“治临淄”，“治东阳”①，东阳曾为临淄治所。“临菑本齐，刺史治”②），卢氏又回到齐地，在临淄及周边地区发展成为大家族。

南北朝是门阀氏族统治的时代，世家大族依仗祖先的政治地位和宗族婚姻的党援，享有政治特权，大族之间以及大族与皇室之间由婚姻关系连接起来，构成一个胶漆坚固的特权阶层。从南北朝到隋末的历次大规模农民起义，沉重打击了门阀士族。以崔、卢、郑、李、王为首的山东士族，虽经农民战争打击，但根深蒂固，“百足之虫，死而不僵”，到唐朝时，这些大族仍有一定势力。唐太宗的大臣都争相与山东士族联姻，房玄龄就是与士族卢氏联姻的代表人物。士族势力的强大，对皇权不利，唐太宗尤其不能容忍山东士族凌驾于自己所属的关陇士族之上，命高士廉等刊正姓氏，修撰《氏族志》。《氏族志》的修订，压抑了山东士族，巩固提高了关陇集团的社会地位。但是由于魏征、房玄龄等重臣与之通婚，山东士族包括以青州刺史卢子迁为代表的卢氏，其子孙一直保持着很高的社会地位，以致后来皇朝限制这些大族子孙“不得自为婚姻”③。

嫁给临淄县第一名进士房玄龄为妻的这位卢夫人，是名门卢氏家族的大家闺秀，质性端雅，姿神令淑，抗节高厉，贞操逸群，是历史上少有的忠贞刚烈女人。据《新唐书》记载：“玄龄微时，病且死，诿曰：‘吾病革，君年少，不可寡居，善事后人。’卢泣入帷中，剔一目示玄龄，明无它。会玄龄良愈，礼之终身。”④康熙《临淄县志》在《列女》部分也记载了房玄龄妻卢夫人：“梁公房元（玄）龄妻卢夫人。元龄微时，病且死，谓卢曰：‘吾病革，君年少，不可寡居。’卢泣，入帷，剔一目见志。后，元龄愈，礼之终身。”⑤民国《临淄县志》也记载：“卢氏，房玄龄妻。玄龄微时，病且死，曰：‘吾病革，君年少，不可寡居，善事后人。’卢泣，入帷中，剔一目示玄龄，明无他。元龄旋愈，礼之终身。”⑥可以看出，卢夫人不但美丽端庄，而且贞烈果敢，对爱情忠贞不二。房玄龄晚年时，唐太宗多次赐美人于他，总是被房玄龄拒绝，太宗便让长孙皇后劝说卢氏。卢氏则说：“妾宁妒而死！”，后唐太宗派人给她送去一坛酒，说：

① 【北齐】魏收撰：《魏书·地形志》，中华书局2000年1月版，第1689页。

② 【宋】范晔撰：《后汉书·郡国志》，中华书局2000年1月版，第2368页。

③ 【宋】司马光编著：《资治通鉴·第二百卷·唐记十六》，中华书局2007年6月版，第6318页。

④ 【宋】欧阳修、宋祁撰：《新唐书·列女传》，中华书局2000年1月版，第4446页。

⑤ 【清】邓性总修、临淄区史志办公室校注：《康熙〈临淄县志〉校注》（三）卷之十一，方志出版社2012年11月版，第3页。

⑥ 舒孝先主修：民国九年版《临淄县志》（七）卷三十一《人物志》，中国文化出版社2010年10月版，第53页。

"你若如此坚决，那就把这鸩酒喝了。"卢氏果真宁愿喝鸩酒也不愿有其他女人和她分享房玄龄，让唐太宗也没有办法。皇帝不怕，死也不怕，有谁能与她相匹敌？雄才大略、举世无双的李世民在她面前也无可奈何，只好说"我尚畏见，何况於玄龄！"。房玄龄因此更加敬重夫人，与夫人恩爱到老，也得到了众人称赞。后人"赞曰：房氏显于汉，莫盛于唐，文昭之勋也，卢夫人之贞也。"①

房玄龄有很高的品德风范，在家与夫人恩爱，且很重孝道，超出常人。由于父亲常年卧榻重病，房玄龄一直伺奉左右，以孝闻名。"父病绵历十旬，玄龄尽心药膳，未尝解衣交睫。"②父亲长时间生病，玄龄的心思全部用在父亲的药物和膳食上，不曾脱衣服睡过一次好觉。据记载："司空房玄龄事继母，能以色养，恭谨过人。其母病，请医人至门，必迎拜垂泣。及居丧，尤甚柴毁。"③房玄龄侍奉继母也是十分孝顺尽心，能顺承继母的脸色，恭敬谦谨超过一般人。继母生病时，他每次请大夫上门，总会流泪迎拜大夫。在居丧期间，房玄龄更是悲伤过度，面容憔悴，骨瘦如柴。"玄龄丁继母忧去职"④。这位临淄出生的宰相甚至因继母去世丁忧服丧离开职位。

四、房玄龄是临淄县第一名进士

房玄龄在临淄度过了其青少年时代，在同时代人中出类拔萃，有"驻马立成"⑤之文才。自幼聪慧，善诗能文，博览经史，精通儒家经书，又向父亲学得一手好书法，工草隶。18岁时举进士。据《旧唐书》记载：房玄龄"年十八，本州举进士"。⑥据《新唐书》记载："玄龄幼警敏，贯综坟籍，善属文，书兼草隶。""年十八，举进士。"⑦"《中国房氏家谱总序》中明确记载：……房玄龄'起于临淄'。……房玄龄青少年时代曾在临淄生活居住。"⑧据《青州府志》记载："唐宋金元荐举、进士……选举，所从来尚矣。而表始于唐者，何也？唐，始重科目也。……制科房玄龄⑨李伯鱼……张道古……"⑩康熙《临淄县志·人物》记载："唐房乔，字元（玄）龄，以字行，……年十八举

① 【明】钟羽正著：《钟羽正诗文集》，"青州文献"系列之四，青岛出版社2010年11月版，第230页。

② 【后晋】刘昫等撰：《旧唐书·房玄龄传》，中华书局2000年1月版，第1659页。

③ 【唐】吴兢撰：《贞观政要·孝友》，见骈宇骞译注《贞观政要》，中华书局2011年3月版，第341页。

④ 【后晋】刘昫等撰：《旧唐书·房玄龄传》，中华书局2000年1月版，第1661页。

⑤ 【后晋】刘昫等撰：《旧唐书·房玄龄传》，中华书局2000年1月版，第1660页。

⑥ 【后晋】刘昫等撰：《旧唐书·房玄龄传》，中华书局2000年1月版，第1659页。

⑦ 【宋】欧阳修、宋祁撰：《新唐书·房玄龄传》，中华书局2000年1月版，第3103页。

⑧ 中共临淄区委临淄区人民政府编：《齐国故都临淄》(上)，齐鲁书社2011年9月版，第68、69页。

⑨ 临淄人，进士，见本传。

⑩ 【清】毛永柏主修：咸丰《青州府志》(上册)《选举表》，青州文献2011年3月校勘印刷，第216页。

进士。”[①]《临淄县志·学校》记载：“唐，尚书左仆射房元（玄）龄，贯综坟籍，书兼草隶，辅佐太宗，世称贤相。”并在“贤相”之后加注：“房元龄：即房玄龄。因清康熙帝名玄烨，为避其讳，故在清代史书和相关资料中改其名为‘元龄’。房玄龄（579–648），名乔，字玄龄，唐初名相，齐州临淄人。中国十大贤相之一。唐太宗时为中书令。”[②] 民国《临淄县志》记载：“制科房玄龄，进士。”[③] 后面还列有李伯鱼、张道古、司空图三名进士。房玄龄成为实行科举制度后临淄县第一名进士，也是青州府第一名进士。由此可见，旧唐书所说“本州举进士”之“本州”，即指临淄县所隶属之青州。

近阅《清诗纪事》，其中也有诗证明房玄龄为临淄人。明末清初遗民诗人赵士喆（1593–1655，字伯浚，号东山，山东掖县人）有一首《辛巳道中作》诗，写其崇祯14年（1641）路过临淄所见所感。其诗自序云：“予以九月二十七日登临淄县文昌阁，读其碑，见房乔事，怅然有怀。”诗颇长，前半段云：“崇祯岁辛巳，季秋廿有五。束装自潍阳，出门时晌午。再宿到临淄，凭高独吊古。霸气若烟霄，宫观沦禾黍。房公王佐才，名冠天策府。匪遘云雷际，讵免沉环堵。滨蒲斥卤乡，雨后稀行旅。四顾何萧条，白日低寒浦。鹳鹤啸空村，税驾知何所？泥深疲马陷，主仆同辛苦。……”[④] 这证明明代临淄县文昌阁中有碑文记房玄龄，若非其故里，何以如此？文昌阁是祭祀文昌帝君的场所，文昌帝君为民间和道教尊奉的掌管士人功名禄位之神，相传为中国古代学问、文章、科举士子的守护神。元明以后，随着科举制度的规模化和制度化，对于文昌帝君的奉祀也逐渐普遍，所以各地都建有文昌宫、文昌阁或文昌祠。学子想高中状元三甲，都会恭请一道文昌符，拜求学业进步，金榜题名，祈福高升。房玄龄作为临淄县第一位进士，中国最早的进士之一，在体现文昌信仰和科举文化的临淄县文昌阁中树碑立传，作为故里临淄学子效仿的榜样，是理所当然之事。

五、房玄龄作为临淄人入唐代凌烟阁二十四功臣图

唐太宗李世民是一位杰出的皇帝，很善于处理君臣之间的关系，“为人君者，驱驾英材，推心待士”，为怀念当初一同打天下的诸多功臣，于贞观十七年（公元643年）在长安城皇宫内三清殿旁修建了一个小楼，名为凌烟阁，来陈列由阎立本所画的二十四位功臣的画像，是为《二十四功臣图》，比例皆真人大小，画像均面北而立，以示为君臣之礼，太宗时常前往怀旧。阁中分为三层：最内一层所画为功勋最高的宰辅之臣；中间一层所画为功高王侯之臣；最外一层所

① 【清】邓性总修、临淄区史志办公室校注：《康熙〈临淄县志〉校注》（三）卷之九，方志出版社2012年11月版，第14页。

② 【清】邓性总修、临淄区史志办公室校注：《康熙〈临淄县志〉校注》（二）卷之三，方志出版社2012年11月版，第3页。

③ 舒孝先主修：民国九年版《临淄县志》（五）卷十九《登进志上》，中国文化出版社2010年10月版，第16页。

④ 钱仲联主编：《清诗纪事》，江苏古籍出版社1987年版，第976页。

画则为其他功臣。此后凌烟阁功臣成为唐代豪杰从军报国功成名就的标志凌烟阁二十四位功臣中，有两位临淄人，即排在第五位的司空梁国公房玄龄、第十位的辅国大将军褒国公段志玄。

凌烟阁画像为房玄龄写的赞语是："才兼藻翰，思入机神。当官励节，奉上忘身。"①说房玄龄才学兼擅文章书法，韬略至于出神入化。担任官职谨守节操，事奉国君忘掉自家。房玄龄以一介书生建功立业"画像上凌烟阁"事世受文人墨客们推崇，晚唐诗人李贺在《南园十三首》【其五】中感叹："男儿何不带吴钩，收取关山五十州。请君暂上凌烟阁，若个书生万户侯？"②

清代《凌烟阁功臣图》中房玄龄画像上的题字是："司空梁国公房玄龄，字乔，齐州临淄人，典谶天策府，即封临淄侯，隐巢平论功第一，封邢国公，食邑千三百户，进左仆射，监修国史，更封梁魏二国，加太子少师，居宰相十五年，年七十一，赠太尉、并州都督，谥曰文昭。"③

在陕西昭陵，有《图功臣像于凌烟阁诏》和二十四功臣图及传略碑刻。对房玄龄的碑刻介绍是："房玄龄（五七九－六四八）字乔（一说名乔，字玄龄），齐州临淄（今山东淄博东）人。幼聪敏，博览经史，隋末为隰城尉。高祖举兵太原，太宗率众入关，玄龄于渭北谒见，为秦王府记室。统一战争中，协助太宗谋划军事，搜罗文武，与杜如晦并称房谋杜断。太宗发动玄武门事变，玄龄为首谋之臣。贞观初，拜中书令，进爵邢国公。贞观三年，授太子詹事兼礼部尚书，复兼尚书左仆射，改封魏国公。贞观十一年，改封梁国公，加授太子少师。十六年，进拜司空，仍综朝政，曾监修国史和主持重修《晋书》。贞观二十二年薨，赠太尉、并州都督，谥曰文昭，陪葬昭陵。"2005 年，西安市"为再现唐人开国伟业，昭示当年英雄勋绩，经参阅有关史料，重新设计、绘制大唐开国二十四功臣图，并配以人物小传，刻石于芙蓉园内紫云楼回廊"，其中司空梁国公房玄龄的"人物小传"介绍其为"齐州临淄（今山东淄博）人"，"封临淄侯"。④以上均证明房玄龄是今淄博市临淄人。

六、房玄龄入临淄孔子庙乡贤祠

在临淄县古代所建祠庙中，规模和影响最大的是孔子庙（文庙），庙中乡贤祠供奉有唐朝宰相房玄龄。关于临淄县孔子庙的修建，康熙《临淄县志》中《修儒学文庙记》有详细记载。记文开篇云："粤若稽古，孔子之圣，所以继往圣，

① 【后晋】刘昫等撰：《旧唐书·房玄龄传》，中华书局 2000 年 1 月版，第 1661 页。

② 中华国粹经典文库：聂巧平注译《唐诗三百首》，崇文书局 2009 年 6 月版，第 241 页。

③ 【清】刘源绘，朱圭刻、胡真撰文：《凌烟阁功臣图》，上海古籍出版社 2014 年 12 月版，第 26 页。

④ 见西安大唐芙蓉园紫云楼回廊《大唐开国二十四功臣图》碑记及房玄龄碑小传，时在公元二零零五年乙酉岁春。唐凌烟阁功臣图由陕西历史博物馆研究员、画家蔡昌林重新创作，作者以神来之笔展示了大唐元勋赫赫功绩和盛唐恢宏气度。这是目前国内最权威的唯一的凌烟阁功臣图石刻壁画。

开来学，祖述宪章”，此处注：“临淄的文庙（孔子庙、学宫），旧在县治东南，元初建，元末毁坏。明洪武元年（1368年），知县欧阳铭重建。弘治十五年（1502年），知县龙垓、姚湘迁县治东北；万历二十年（1592年），知县张汝雨重修。万历四十六年（1618年），知县李长春、胡良机移建县治南；清代顺治间知县毛永龄、康熙间知县高檠、乾隆间知县李鳝、嘉庆间知县钟廷华、道光间知县周贻纶、同治间知县汤鋐，民国间县知事舒孝先多次重修。”记文说：“惟我皇元，龙飞朔土。”此处注：“龙飞朔土：指元朝统一中国北方地区。朔土：北方地区。据此考证，此碑文当撰写于元朝初立之后，南宋灭亡之前，约1271–1276年左右。”记文说：“临淄始封太公，国号曰齐，风土人物，其来尚矣。”“若夫营丘之风俗丕变，人才辈出真儒之效，致君泽民，超轶三代之治，接夫道统之传，得非权舆于此乎？”因此临淄县的孔子庙建设规模宏大，大门“完美”、“严肃恭敬”，讲堂“宽敞明亮”，斋舍“完备、坚固”，整个学宫“宏大壮美”，“鲜亮而富有文化气息”。[①]

孔子庙内供奉有历代圣贤、名宦及乡贤等。民国《临淄县志》记载：“孔子庙，旧在县治东南，元成宗元贞二年建。”[②]在孔子庙内有棂星门、大成门、大成殿，明伦堂，尊经阁，阁之下为崇圣祠。在大成门东有名宦祠，在大成门西有乡贤祠、忠义孝悌祠，在孔子庙东有节孝祠。“乡贤祠在大成门西，祭同名宦祠”，供奉“唐房玄龄”、“唐房彦谦、段志玄、段文昌、段成式”[③]等28位临淄乡贤。孔子庙祭祀为官祭，县知事祀孔子仪，每岁夏时春秋两仲上丁，日各主孔子庙之祀，有故则以其属代。祭祀仪式规模宏大，场面隆重。按祭祀人的身份不同供奉祭品，燃烛焚香，起舞作乐，诵读祭辞，依次祭拜。供奉房玄龄等人的乡贤祠，“春秋仲致祭，用帛一羊一猪一，爵三。”[④]

房玄龄在临淄孔子庙中和其他临淄人一起供奉在乡贤祠，足以证明其故里临淄，至少从元初开始，就作为临淄的著名乡贤供奉孔庙，享受着临淄县府每年两次的官祭和临淄乡亲常年的祭祀，至今已有700多年的历史。

七、临淄南马坊村有房玄龄墓

房玄龄在世时，唐太宗“特敕赐以昭陵葬地”[⑤]。贞观二十二年（648年）房玄龄去世，“年七十。废朝三日，册赠太尉、并州都督，谥曰文昭，给东园秘器，陪葬昭陵。”[⑥]昭陵是唐太宗李世民和长孙皇后的陵墓，位于今陕西省咸阳市礼

① 【清】邓性总修、临淄区史志办公室校注：《康熙〈临淄县志〉校注》（四）卷之十三，方志出版社2012年11月版，第3、4页。

② 舒孝先主修：民国九年版《临淄县志》（三）卷九《建置志》，中国文化出版社2010年10月版，第55页。

③ 舒孝先主修：民国九年版《临淄县志》（三）卷九《建置志》，中国文化出版社2010年10月版，第64、65页。

④ 舒孝先主修：民国九年版《临淄县志》（三）卷九《建置志》，中国文化出版社2010年10月版，第64页。

⑤ 【后晋】刘昫等撰：《旧唐书·房玄龄传》，中华书局2000年1月版，第1661页。

⑥ 【后晋】刘昫等撰：《旧唐书·房玄龄传》，中华书局2000年1月版，第1664页。

泉县。房玄龄的家乡临淄县为纪念这位唐朝名相，在其故里南马坊村南的土地上，为其修建了纪念性墓冢——房玄龄墓，与太公衣冠冢、管仲墓、晏婴墓等名人墓一起，成为齐国故都“临淄二十大名人墓”①之一。

“据明清《临淄县志》记载，今临淄区齐都镇南马坊村，当时有房玄龄的纪念性墓冢。”②“房玄龄墓：位于临淄区齐都镇南马坊村东南。为唐代贞观名相——房玄龄的纪念性墓冢。”③房玄龄墓1956年经山东省人民委员会批准列入临淄县第一批文物保护单位。《临淄文物志》载1956年9月4日“临淄县人民委员会关于公布第一批文物保护单位的通知”中指出：“兹依照省人民委员会公布我县第一批文物保护单位特予公布。”该通知所附“《临淄县文物保护单位目录（第一批）》”第25号古墓所在地标注为“南马坊村南”，“有石羊华表之属，传为唐房玄龄墓”。④

据记载，历史上“南马坊村周围，文化遗迹众多。……村东南500米处曾有房玄龄墓（或衣冠冢）。”⑤这里指房玄龄故宅小南马“东庄子”以南的距离。后由于原村庄规划建房范围向南扩展，“房玄龄墓位于临淄区齐都镇南马坊村东南约300米处。封土已平，有石像生御葬，墓室尚存，该墓为衣冠冢。”⑥

国内考古学界专家认为，临淄房玄龄墓为名相故里为其建造的纪念性墓冢，且墓的封土和石像生符合人物身份和所处时代特点。中国社会科学院考古研究所原副所长、中国考古学会常务理事、著名考古学家白云翔先生认为：“齐国故都临淄古冢林立，形成了规模庞大的临淄墓群，为全国重点文物保护单位。但这些墓冢大都是周代的，其特点是，夯土层厚，占地面积大，地上封土较高，虽历经两千余年，仍屹立不变。后代的名人墓数量较少，且地上封土一般较低，不利于长期保护，如坐落在名相故里齐都镇南马坊村南的唐朝名相房玄龄纪念性墓冢即属此类情况，由于地上封土规模较小，历经千年风霜雨雪，现封土已无存。”山东大学考古系教授、博士生导师任相宏先生说：“临淄地下蕴含着丰富的文物资源，到处都是遗迹，到处都是文物，墓冢多是一大特点，包括衣冠冢，既有先秦时期的，也有以后朝代的。唐朝名相房玄龄陪葬昭陵后，其故里临淄县为纪念这位著名乡贤，在齐都镇南马坊村南修建了房玄龄墓。据记载，墓前有石像生，包括华表、石虎、石羊、石翁仲、供桌、龟趺碑等，石像生正是兴于唐宋时期，与墓主人的身份和当时的朝代

① 中共临淄区委宣传部、临淄区齐文化研究中心编：《泱泱齐风——稷下学堂读本》，第219页。

② 中共临淄区委　临淄区人民政府编：《齐国故都临淄》（上），齐鲁书社2011年9月版，第68页。

③ 中共临淄区委宣传部、临淄区齐文化研究中心编：《泱泱齐风——稷下学堂读本》，第222页。

④ 淄博市临淄区文物管理局编著：《临淄文物志》，文物出版社2015年7月版，第237、238页。

⑤ 临淄区民政局、临淄区齐文化研究社编：《临淄地名史话》，齐鲁书社2013年9月版，第55页。

⑥ 岳长志主编：《淄博历史文化遗产博览》，中国古籍文物出版社2011年3月版，第91页。

相吻合，而先秦时期的古冢是没有石像生的。”中国考古学会会员、淄博市文物局副局长、市博物馆副馆长、考古专家张光明先生说：“我从20世纪70年代在北京大学考古专业学习时，受中国科学院资深院士、著名历史地理学家、学界泰斗侯仁之先生①的影响和指导，多次参与临淄齐国故城的考古工作，对临淄古墓冢进行了深入研究。临淄名人墓众多，大部分是秦汉以前的，也有后来建造的，如齐都镇南马坊村南的唐朝名相房玄龄墓，是临淄二十大名人墓之一，列入新中国成立初期山东省人民委员会公布的临淄县第一批文物保护单位名单。文物出版社出版《临淄文物志》时，我作为编委会顾问，应约对文稿进行了审核，查阅核对了省里的文件、多部地方志及有关史料，证明南马坊村南的房玄龄墓，是宰相故里为其修建的纪念性墓冢，而且墓前有御葬石像生，规模宏大，可惜已被毁。”

对于房玄龄墓，特别是石人石羊等，南马坊村民如数家珍，因为现在五六十岁以上的人，很多人小时候曾经在那里攀爬、玩耍，在周围种地。八十多岁的村委老主任朱光文，依然记得村南房玄龄衣冠墓的位置，他说：“南马坊村这一块地方曾是原来唐朝宰相房玄龄的墓地，在20世纪40年代初这里还有墓址，当时有两个石人、石虎、石羊、龟驮碑，后来在‘“文化大革命”’时被破坏了。”七十多岁的原村委委员齐涛说：“房玄龄去世后，故里南马坊为了纪念他，经官府批准，拨款在村东南修筑了纪念墓地。墓地规模很大，规格也很高，与墓主人的地位是一致的。墓前原有华表及石像生等，后来被毁。墓地位置叫石人坡，有两个石虎，两个石羊，两个石人，后边还有石桌、龟驮碑。我家住在村东南角，离石人坡很近，经常去这里玩，对石虎、石羊、石人印象特别深。石虎坐立，形体硕大，身躯饱满，胸脯宽厚，昂首挺胸，活跃威武，象勇猛卫士守护着主人。石羊体态丰盈，栩栩如生，双膝下跪，呈卧姿，慈眉善目，象征吉祥，寓意忠孝感恩。石人一文一武，文官文质彬彬，武官神勇威严，东西相对，各司其职，形象逼真。”热心碑刻文物研究的高级工程师贾宝胜根据一些老村民的回忆，对房玄龄墓的情况作了具体描述：“村民们也称房玄龄墓所在地为‘石人坡’。墓前原有华表、石虎、石羊、石翁仲和龟驮碑等石像生。据年长者回忆，当时墓道两旁的石像生东西相距约8米，自南而北依次排列。两只坐立的石虎，造型敦实，前腿直立，头部圆大，神情威严，尾巴卷曲藏于身后。一对石羊，平地而卧，双角向后弯曲，形态自然温顺。两尊面对而立的石翁仲，墓道东面为一文官，身着官服，长须垂胸，两臂曲向胸前，双手合持笏板，二目平视，一副慈眉善目的面容；西面立一武官，顶戴头盔，身穿战袍，双手合持利剑一把，威武雄壮。石翁仲之北，在墓道的中轴线上是一块撑起的大石板。因为年代久远，孩子们经常在上面玩耍，石板的面上非常光滑，村里人都将它称之为‘石炕’，是当时为祭祀墓主人所设立的供桌。在

① 侯仁之1911.12—2013.10，中国著名历史地理学家，中国科学院资深院士，北京大学教授、博士生导师。曾兼任北大副教务长、地质地理系主任、中国地理学会副理事长等职，是中国现代历史地理学的重要开创者之一，对齐国故都临淄有深入研究，曾撰写《淄博市主要城镇的起源和发展》。

供桌的正北是一尊石龟，石龟颈稍昂，背部及两侧均雕有精美的花纹。在背部中间有一长约1.2米、宽约0.3米的平面，其中间凿有一个深深的卯眼，是当初树立石碑的印记。但这通铭记墓主生平的石碑早已不见踪影，就连石龟的头也不知何时被人砸掉，只剩下孤零零的石龟身躯和碑榫留下的深深卯眼，仿佛在向人们诉说着墓园昔日的恢宏。墓碑、华表可能毁于战乱时期。在村中老人的记忆中，直到‘文革’前，石翁仲、石兽仍保存完好，‘破四旧’运动开始后被损毁。”

原第7生产队队长谭春祥说：“房玄龄墓在我们第7生产队的地上，这一片地从祖辈就一直叫‘石人坡’，原来的石人石羊等和其他一些家族墓地的墓碑被毁坏后，有些是生产队和社员拉走用了，有些是大队[①]在搞农田基本建设整平土地时，填到村南和村东的古道和大沟中了。”七十多岁的村民齐明海说：“房玄龄墓就在我们第7生产队的地里，被毁坏的石碑、石羊等，后来有的拉到生产队收存粮食的场院，建屯粮的房子用了，有的在整平土地时埋到沟里了。上个世纪70年代末集体土地分到农户后，原来生产队的场院取消，粮仓拆除，那些石块就被人拉走了。”八十多岁的村民刘昭中说：“房玄龄墓的位置就在我承包的地块，除了上面的石碑石羊石人等早被毁坏外，按照上级保护古迹的要求，对地下墓室没有挖掘，但历史上是否被盗过墓不清楚。”

① 人民公社时期，村称为生产大队，村民小组称为生产小队即生产队，村民称为社员。

近几年南马坊建设了新村，整村南迁搬进了楼房，房玄龄墓的位置就位于新村的东边了，具体位置在临淄齐盛路以南、学府路以北、天齐路以东、临淄区玄龄小学东门向东，约100余米处，这里现为农田，年龄较大的村民仍然能指出其具体位置。

八、房玄龄故宅善政里在临淄南马坊村

据记载，临淄“有房元（玄）龄善政里，段成式修行里”[②]。这里说的“里”，指故宅地。《说文解字》说：“里，居也。”如临淄齐国名相晏子故宅为“清节里”。《左传》云：“景公欲更晏子之宅，曰：‘子之宅近市，湫隘嚣尘，不可以居，请更诸爽垲者。’”[③]《左传》注云：“《水经淄水注》：齐城，北门外东北二百步有齐相晏婴冢、宅。《左传》，晏子之宅近市，景公欲易之，而婴弗更。为诫曰：‘吾生则近市，死岂易志？’乃葬故宅。后人名之清节里。”[④]晏婴曾“事齐灵公、庄公、景公，以节俭力行重于齐。既相齐，食不重肉，妾不衣帛。”[⑤]“清节”者，“清正廉洁，坚守节操”之谓也，人们钦佩晏子的高贵品德，把晏子的住宅称作“清

② 【清】邓性总修、临淄区史志办公室校注：《康熙〈临淄县志〉校注》（一）序五，方志出版社2012年11月版，第2页。

③ 【清】阮元校刻：《十三经注疏·春秋左传正义·昭公三年》，中华书局1980年10月版，第2031页。

④ 杨伯峻编著：《春秋左传注·昭公三年》，中华书局1990年5月版，第1238页。

⑤ 【汉】司马迁撰：《史记·管晏列传》，中华书局2000年1月版，第1697页。

节里”，十分恰当。

房玄龄故宅谓之善政里，正如晏婴故宅称之为清节里一样，是后人对其称颂赞美之举。“贞观元年，唐太宗为了加强中央集权，改革隋朝旧制。房玄龄领受旨意，精简机构，举荐贤能，把唐朝中央各官府的文武官员从两千人减为六百四十三人；并在全国合并州县，以山河形势，把全国划分为十道，派遣得力官员分巡各道，执掌政务，并定期对各级官员进行考查，赏罚十分严明。元朝注释《贞观政要》一书的学者戈直，在评论‘贞观之治’时，称道‘贞观之善政，当以省官为首’。而省官之实施，功在房玄龄，因为他倾力实践了省官这一关系到唐王朝‘长治久安’的第一要政，使唐朝很快出现了‘中国既安，四夷即服’的局面。”①房玄龄改革、调整政府机构，其省并中央官员之举为贞观善政之首，这是他对贞观之治的突出贡献，为世人所称道。同时，他作为中国历史上的著名宰相，“房谋杜断”的超群智慧，几十年辅佐太宗的卓越贡献，“善政”二字，正是对他一生的恰当概括。

历史记载的“善政里”、“修行里”在什么位置？都在临淄齐都镇。康熙《临淄县志》《艺文》篇载有于云牖诗：《过段柯古修行里》：“斜阳衰草冷平芜，千载人惊鬼董狐。留得《诺皋》一篋在，卮言尽可当三都。”注云：“段柯古：段成式，字柯古，临淄人，唐代文学家。著有《酉阳杂俎》，《全唐诗》收入其诗词三十多首。修行里：段成式的故宅。”②段成式故宅在今临淄齐都镇孔子闻韶处附近。《论语·述而》云：“子在齐闻韶，三月不知肉味”③。临淄有孔子“闻韶处，在县治南，庄岳北。邑人于际飞，于此有园，知县杨端木，颜之曰闻韶书舍。故老又相传清嘉靖时，于城东枣园庄，掘地得古碑，上书孔子闻韶处。后又于地中得石磬数枚，遂易村名为韶院，以为适当闻韶处也。”④诗人李含章到临淄寻访段成式故宅修行里时，就“憩于”临淄人于际飞在孔子闻韶处开设的“闻韶书舍”，并将所见所闻详细记录在了《李含章闻韶书舍赋》中。《赋》云：“李子（注：“作者本人”）赋困三都，家徒四壁。忆诺皋之奇编，叹鸠异之巨制，邈焉寡俦，中心如结，具蒯缑、挟襆被，纵游乎柯古之村（注：“柯古：段成式的字。”“此句话的意思是：自己带上简单行囊来到段成式的故里修行里”。），徘徊乎修行之址。于齐城而税驾焉，憩于于子之馆。时天风泬廖，万木尽脱，寒水无波，黄云昼暝。”⑤从诗句看出，李含章因仰慕段成式这位唐代著名文学家（唐代著名志怪小说家、文学家，在诗坛上与李商隐、温庭筠齐名）的才华，专门

① 刘德龙主编：《齐鲁历史文化名人传略》古代卷，齐鲁书社2006年4月版，第438页。

② 【清】邓性总修、临淄区史志办公室校注：《康熙〈临淄县志〉校注》（四）卷之十四，方志出版社2012年11月版，第19页。

③ 【清】阮元校刻：《十三经注疏·论语注疏·述而》，中华书局1980年10月版，第2482页。

④ 舒孝先主修：民国九年版《临淄县志》（二）卷三《古迹志》，中国文化出版社2010年10月版，第31页。

⑤ 【清】邓性总修、临淄区史志办公室校注：《康熙〈临淄县志〉校注》（四）卷之十四《艺文》第20页。

到齐都临淄段成式老家，寻访他的故宅修行里。李含章在《赋》中还同时对当年孔子闻韶乐的情景作了描述：“昔宣尼之徂征兮，揽车辔于东齐，过稷丘而眺望兮，遡康浪而犹夷。抵申门而告入兮，见童子于道衢。前驱袂而致辞兮，侈盛乐之在渠。当裔孙之出奔兮，携祖舞而来归。概明王之不作兮，怅大道其何之。慕帝德于音容兮，胜行迈之靡靡。欣阙里之此来兮，惟声振其可依。耳属垣而侧听兮，羡洋洋其何极。”[①]孔子急切赶路去听韶乐而入迷，称赞韶乐尽善尽美。李含章在孔子闻韶处短暂休息，为段成式故宅和孔子闻韶而作赋，说明段成式故宅位置离孔子闻韶之处相距不远，当在临淄齐都镇韶园村附近。从于云牖《过段柯古修行里》中“斜阳衰草冷平芜”的诗句看出，段成式的故宅此时已经荒芜，草木丛生，房舍早不复存在了。

房玄龄故宅善政里，具体位置在今临淄区齐都镇南马坊村。南马坊是一个古迹村，春秋时期立村，距今两千八百余载。因村落在齐国都城之南的养马场而得名。南马坊由大南马、小南马组成，自古隶属一个区划，小南马俗称“东庄子”，是南马坊村的起始地，以后在村西较平坦的地方陆续有移民迁入，形成大南马。南马坊村的发展历程分两个阶段。一是元朝之前的老南马坊。据记载，宋朝初咸平年间（998-1003），南马已成大庄。二是元朝之后的南马坊。据记载，在元朝末年明朝初年，经历了一场重大历史变革。由于战乱、天灾、瘟疫，“给山东一带造成了极大的破坏，白骨露于野，千里无鸡鸣。”[②]致使原先居住在南马坊的村民大部死亡，少量流离，村民几乎殆尽，土地荒芜。此时朝廷也不得不“振山东饥，免被灾郡县田租”[③]。幸存的南马坊房氏也迁到了临淄周边、博山[④]等地甚至外省谋生。明朝开国皇帝朱元璋采取移民垦荒政策，从山西向山东大量迁移人口，南马坊村才逐渐恢复发展起来。现在生活着的30多个姓氏的村民，绝大部分是山西移民的后裔。

房玄龄的故宅善政里即位于南马坊村起始地小南马“东庄子”，这里也和段成式的故宅修行里一样，多年成为空宅，宅基闲置，杂草丛生。说起这事，老村民们都很熟悉。七十多岁的村民宗来宾说：“听老辈人说，我家东边的空院子，就是唐朝宰相房玄龄的老宅，从我记事起就一直空着。”八十多岁的退休老教师宗华说：“房玄龄故宅在我的老宅子西边，我们家在院子西南角建房时，挖到很多大块石条、石块，有的上面还刻着字，有的是颂扬儒家道德，有的写着房玄龄故居，有的写着什么牌坊，应该是历史上房玄龄故宅及街巷遗留下来的。”临淄区政协主席董红光说：“我的祖籍是南马坊东庄子，后来迁到外村，小时候经常跟着爷

① 【清】邓性总修、临淄区史志办公室校注：《康熙〈临淄县志〉校注》（四）卷之十四《艺文》第21页。

② 刘德增著：《山东移民史》，山东人民出版社2011年10月版，第220页。

③ 【清】张廷玉等撰：《明史·太祖本纪》，中华书局2000年1月版，第18页。

④ 中国当代艺术协会副主席、书法家房建华说：“我是临淄南马坊人。在我老家淄博市博山区，房氏族人几百年口口相传，博山房氏祖籍是临淄齐都镇南马坊。”

爷回南马坊上坟。早就听祖辈说唐朝宰相房玄龄是我们东庄子的，老宅子还保留着，我们感到很自豪。近几年我查阅了《临淄县志》和有关文史资料，都明确记载房玄龄是临淄人。”近九十岁高龄的原大队党支部委员董洪军说：“南马是个大村，人口多，宅基地非常紧张。我家是从村西头搬到东庄子居住的。当时这里有闲宅子，说是唐朝宰相房玄龄的故宅，当时村领导说这个宅子要保留。”七十多岁的退休老教师韩毓英对临淄的历史文化有研究，他介绍说：“小时候就听一些老人说，唐朝宰相房玄龄是南马坊村的，家是东庄子，据县志等资料记载，房玄龄的故宅古代称之为善政里，以颂扬他的功德。”九十四岁高龄的村民臧玉英对房玄龄的事记忆犹新，她说：“我是临淄城西关村人，小时候就听在学校工作的父亲说过，邻村南马坊历史上出过大官，唐朝宰相房玄龄就是南马坊的。我父亲是干教育的，了解临淄的很多历史。我1947年来到南马坊后，知道房玄龄是南马坊东庄子的，这里有个空院子说是房玄龄的老宅子。”

从《李含章闻韶书舍赋》中也可印证房玄龄故宅善政里的具体位置。“孔子适齐，为高昭子家臣，欲以通乎景公。”景公连日问政孔子，得到了“君君、臣臣、父父、子子”“政在节财”的谏言。高兴之余，“景公说，将欲以尼谿田封孔子。”① 李《赋》云：“阻晏婴于尼溪。”意思是说，“孔子到了齐国，受到齐景公的赏识和厚待，景公准备把尼溪一带的田地封给孔子，但被大夫晏婴阻止。”② 当年的尼溪在什么位置？李含章考察后用齐城后人熟知的名人名地从四个方向画出了当年尼溪的方位，如《赋》所云：“左近庄岳，右接申池，前顾善政之里，后傍晏墓之基。”③ 即东面有齐城的闹市和居民区，西面有齐城南城西门附近著名的休闲之地申池，南面有南城之南南马坊村唐朝名相房玄龄故宅善政里，北面有齐城南城北门之外先秦名相晏婴墓即故宅清节里。后来这里“建庠序，筑棂桨，临桥门，联皋比。”④ 齐国故城南城的这块黄金宝地建设了学校，成了教书育人的场所。房玄龄故宅善政里正是在这块宝地之南，恰与北面的晏婴墓宅清节里南北相对，相距约三千米。南马坊村也一直重视教育，耕读传承，人才辈出，孕育了唐朝名相房玄龄、清朝翰林于疏枚两名进士，还有若干举人、秀才，众多文武官员等。

光阴荏苒，日月如梭。一千多年过去了，南马坊村房玄龄故宅一直闲置保留下来，没有被村民建房或者集体占用，也足以说明南马坊村人对房玄龄这位乡亲的纪念与崇敬，同时也在这块有着优秀文化传统的古老土地上，薪火相传，代代耕耘，留下了不懈奋斗的足迹。

承前启后，继往开来。今天的房玄龄故里

---

① 【汉】司马迁撰：《史记·孔子世家》，中华书局2000年1月版，第1541页。

② 【清】邓性总修、临淄区史志办公室校注：《康熙〈临淄县志〉校注》（四）卷之十四《艺文》第22页。

③ 【清】邓性总修、临淄区史志办公室校注：《康熙〈临淄县志〉校注》（四）卷之十四《艺文》第22页。

④ 【清】邓性总修、临淄区史志办公室校注：《康熙〈临淄县志〉校注》（四）卷之十四《艺文》第22页。

南马坊村，砥砺奋进，开放发展，又进入了新的时代。高楼林立的南马坊新村，融乡村文明美、历史传承美、村容村貌美于一体，是齐国故都第一大村强村，远近闻名的美丽富庶村庄，现代化的宜居社区。不仅注重文物古迹保护，还建设了许多文教体育工程，传承弘扬优秀历史文化。走进南马坊新村，一座构思于旧村围墙五座高大寨门而设计建造的仿古门楼，麒麟龙头，黄瓦红檐，古朴典雅，华丽雄伟，上面悬挂的中国美协主席刘大为亲笔书写的“南马坊”村名，古朴隽永，清秀雅致，象征南马坊为古齐国大型养马场的龙马雕塑，腾空而起，雄劲有力，仿佛告诉人们这是一个有着近三千年光辉历史的古老村庄。宽阔笔直的玄龄大道如“康庄之衢”①贯穿新村南北，矗立在街心的日月同辉雕塑高大气魄，融传统美与现代美于一体十分耀眼，仿佛在彰显南马坊村骄子唐朝名相房玄龄的卓著功勋，诉说南马坊人走过的辉煌历程，同时又昭示着更加美好的未来。玄龄广场设计现代功能齐全，东面的百姓大舞台时常呈现精彩演出，标准化体育场上健身的村民从早到晚熙熙攘攘常年不断，引来周边社区众多居民羡慕参与，老年活动中心内吹拉弹唱棋牌比赛热闹非凡，广场舞大妈伴着优美歌声翩翩起舞活力迸发，节假日各种文艺演出体育活动精彩纷呈，村民参加县以上各类文体比赛屡创佳绩，篮球等传统项目更是在当地县市独领风骚②，比起当年临淄“其民无不吹竽鼓瑟，弹琴击筑，斗鸡走狗，六博蹋鞠”③的活动内容更加丰富多彩，村民的精神面貌焕然一新。尊师重教是南马坊村的优良传统，多次受到上级表彰。高标准幼儿园配套齐全，管理先进，引来众多嘉宾参观学习；规范化玄龄小学设施先进，名师任教，书声琅琅；省内规模设施一流的临淄中学注重素质教育，莘莘学子德智体美全面发展，在这片古老的土地上为国家建设培养栋梁之才。村委一系列激励政策使全村人崇尚学习，人才辈出，近些年已经为国家输送了近四百名博士生、硕士生、本科生、专科生，有的留学国外，有的担任了政府参事、将军、教授、高工、党委书记、厅长、校长、院长、董事长、总经理等，成为国内外多个领域的佼佼者。历史悠久的南马坊村又焕发出了新的生机，勤劳智慧的南马坊人正创造着更加美好的未来！

名相故里，魅力新村！——临淄南马坊。

（作者：齐秀生，山东省人民政府参事，山东省委高校工委原常务副书记，历史学博士）

---

① 【汉】司马迁撰：《史记·孟子荀卿列传》，中华书局 2000 年 1 月版，第 1842 页。

② 南马坊村篮球运动远近闻名，村篮球队是临淄县冠军球队，曾代表临淄县参加地区比赛，获得亚军。现在南马坊人仍担任临淄区篮球协会主席和秘书长，村里也时常承办临淄区篮球比赛和其它赛事。

③ 【汉】司马迁撰：《史记·苏秦列传》，中华书局 2000年1月版，第 1782 页。

五 明初向山东移民原因浅考

查阅《明史》《清史稿》《山东通志》《续修长山县志》《续修新城县志》《续修淄川县志》《青州府志》等诸多地方史志，发现距今600多年前的明朝初年，确实有过延续几十年的大规模的移民活动。从朱元璋洪武二年（公元1369年）到朱棣永乐十五年（公元1413年）的40多年中，山西人多次被迁到外省去，包括今天的山东、河南、河北、江苏、安徽等省，大迁3次，小迁9次，总共搬迁了多少户难以统计，但数量之大是令人惊异的。

明朝初年为何要搞大规模的移民活动呢？山东人口流失的原因是什么？究其原因则要从元末说起。

1279年，南宋灭亡后，雄踞于蒙古高原上的游牧民族入驻中原，实行的是对外用兵杀掠，对内高压进行民族分化。他们对被称作“天下腹心”的河洛、山东一带地方，其奴役、盘剥镇压的情形达到令人发指的程度；其一，元政府明文规定，禁止百姓“赶集买卖”，害怕群众造反。其二，五户人家合用一把菜刀，用铁链将刀拴在井沿供农户切菜使用，禁止铁制农具。其三，汉人每家都侍养一位“蒙古老爷”，他吃住到汉人家中，衣食住行必须享受优待，同时还负责监视汉人，发现汉人聚众，立即上报官府，将汉人投进监狱拷问。因此邻居相遇，彼此不敢说话，形同陌路人。其四，元朝王公贵族肆意圈占土地，把大片良田辟为牧场，供他们牧马射猎。有位叫巴彦的大臣奏本，公然请杀“张、王、刘、李、赵五姓之人”。杀绝了汉人，大片的土地就可以变为牧场了。这种想法有多狠毒、荒唐和离奇，百姓失去了赖以生存的土地，只好流浪四方。

元朝统治者政治上的民族压迫和经济上的残酷剥削，最终导致社会的倒退和经济上的萧条，必然引起大规模的农民起义。规模比较大的是元顺帝至正十一年（公元1351年）刘福通领导的红巾军起义，“河、淮、山左起义之民难以计数”。山东境内至今流传着“老百姓八月十五杀鞑子”的传说。“鞑子”，是汉人对蒙古人的蔑称。元末农民起义的烽火在山东燃的尤旺，影响最大的要数毛贵率领的一支红巾军，他们攻胶州、莱州，克益都（青州）、莒州，在四五年的时间里占领了山东的大部分地方。惊恐万状的元朝统治者派重兵镇压，拉锯式地互相攻伐，肆无忌惮的杀戮。据《元史》记载：蒙古兵所到之处，多是“拔其地，屠其城”，几乎“杀戮殆尽”；“村庄毁去十之八九，民仅存十之一二”；“骸骨遍野，十家庐舍，有九家被毁”。豫、鲁、苏北、皖北民众被杀戮者达百分之七八十。齐鲁尤甚，成了荒凉世界，到处可见无人区。据统计，仅广饶县小清河北就存有20多处村落遗址。据当地百姓讲：这些村庄多毁于元末明初，原先都是比较富庶的村落。据雒氏族人祖辈相传：雒氏始祖雒商裔自明洪武二年（公元1369年）迁居此地，立村时，“潘家庄”偌大一个村仅剩下一个老太太，后人称之为“潘嬷嬷”。由此可见元末明初齐鲁大地经过一场兵乱，景象是多么悲惨！

朱元璋起义定都南京后，兵出河淮，收复河南，进取山东，以求收复幽燕，与王保保（扩廓铁木尔）、李思齐大战于山东、河南，山东成了元明争战的主要战场。以后，明军终于把元兵赶至漠北，推翻元朝，统一了中国。尽管朱元璋结束了元末长达16年的战乱，但是广大的中原地区都到了“春燕归来无栖处，赤地千里少人烟”的地步。至今山东民间仍流传明初大将胡大海兵取山东后，过济南登长白山东望，千里无人烟的传说。“徐达北定山东”“康茂才搜杀山东”“胡大海胶东渡海杀元兵”等传说与史籍记载吻合，相互印证。山东确为元明交战的主战场，元末明初，“山东千里无鸡鸣，白骨露于野”“田菜尽无蒿藜没人，狐兔之迹满道”“民之死者半”“人相食”的确是真实的写照，并无夸张。

值得提及的是明惠帝朱允文即位，靖难兵起，中原地区又成了朱棣与朱允文叔侄俩王位争夺的战场，人民蒙受的战争之祸更为惨烈，死亡日甚，逃离者更巨。“靖难之役”又一次给山东民众带来空前的灾难。

元代末年除了兵乱之外，水、旱、蝗、疫也连年不断。黄淮多次决口，使中原之地漂没国庐无算，死亡百姓无数。仅元末，山东水、旱灾计18次。元顺帝至正四年（公元1344年）五月，大雨20余日不停，黄河暴溢决口，鲁西南、鲁西几十个州县，大水横流，浊流滔天，有首诗这样描写道：

屋倒人离散，风生水浪滔；
周围千里外，多少尽居巢。

随着水旱灾害，接踵而至的是大蝗灾和瘟疫流行。自元统三年（公元1335年）到至元末年（公元1340年），中原地区大饥荒就达15次。至正十九年（公元1359年），冀、鲁、豫大饥，山东和河南孟津、新安、绳池出现“民食蝗虫，人相食”的惨状。总之，元末期间，兵乱、水、旱、蝗、疫接踵而至，百姓非亡即逃，是造成中原地区（特别是山东）人口大流失的主要原因。

元末名将蔡汗帖木尔及其子王保保（扩廓铁木尔）统治的山西、河北西南部一带却是另一番景象。他们父子俩是蒙古贵族中的“明白人”，尽管他们也对汉人实行高压政策，但同时也把农民看作是财富的创造者，少开杀戒，实行了发展生产的经济政策。加上该地区南依黄河故道、北据西岭关之利，从而避免了三次兵灾之祸。社会秩序相对安定，山西、冀南之民得到了休养生息。稳定的社会环境，也使饱受战乱的人民视为安乐之地，又反过来促成了中原难民的大量涌入。至明初，这里已成为中国北方一个人烟稠密，土地狭窄的特殊地区。这就是明初从山西、河北向山东、中原乃至湖广地区大量移民的直接原因。

朱元璋建立明朝后，各地官史纷纷上书，尽言各地荒凉景象，其中中原地区是“人力不至，久至荒芜”“积骸成丘，居民鲜少”。劳动力严重不足，土地大片荒芜，财政收入剧减，直接威胁着刚刚建立的明朝政权。查《明史》可知，朱元璋定鼎之后，即下诏免除山东的田赋，“腾轸剜劳，已免元年田租，遭旱民未苏，其更赐一年”云云，其实山东十室九空，荒无人烟，

谁来交田租呢？

为了恢复经济，朱元璋制定了一系列发展生产的措施：一是奖励垦荒；二是移民垦荒；三是实行屯田；四是兴修水利。其中移民垦荒是重要举措之一。朱元璋采纳了郑州知州苏琦，户部郎中刘九皋和国子监宁纳等人的奏议，制定了移民屯田的战略决策。于是从洪武初年到永乐十五年前后，历时40余载，明政府结合当时的民屯，军屯，商屯，向人少地多的河南、河北、山东、安徽、江苏、湖北等省以及当时的边疆地区迁徙。《明史》记载："洪武四年（公元1371年）三月徙山西民众一万七千户"，到了这年六月，又徙二万五千八百户。两次合起来，仅这一年移民就多达四万二千八百户。这些移民来自山西洪洞县，另有直隶（今河北省）枣强县等。查阅《明实录》得知，当时迁民主要来自平阳府、汾州府、潞安府。这些地区共辖58县，其中平阳府就辖28县。因此迁民最多的自然是平阳府。洪洞设置移民机构，移民从这里出发，千里转徙移居他乡。年深月久，绝大部分移民后裔都把前辈出发地洪洞作为外迁之前的祖籍了。迁往山东的移民多在东昌府，济南府，兖州府，莱州府，青州府，这些地区大量的口碑，谱牒，史志资料，也都记述了洪洞移民这一史实。

摘自《黄桑古韵》一书

六　南马坊一号战国墓发掘纪实

1996年5月，临淄修建外环路，我们在北外环所经路线探出规模较大的古墓一座（编号为南马坊M1），并进行了抢救性的发掘。

墓葬位于临淄区齐都镇南马坊村东约700米处，北距齐国故城小城南城墙仅1.4公里，临淄——齐都公路和济南——青岛高速公路交汇的大桥即在墓葬东北500米处。据村民介绍，六七十年代，墓上封土还很高大，以后经逐年取土与地表取平。发掘时发现，该墓葬早年历经盗掘，仅出土一些零散小件器物。现将墓葬形制和出土遗物简介如下。

1、墓葬形制

因墓上封土早年被铲平，耕土层下即见墓口。其平面形状呈"甲"字形，南部有一条斜坡式墓道。墓向为170度。墓葬南北总长36.5、深8.5米。墓坑口南北长18.2、东西宽16.4米，墓道长18.3、宽8.5米，坡度18度。墓内填五花土，并层层夯实，夯层厚约0.15~0.2米，夯窝直径6~7厘米。

墓坑四壁和墓道两侧各有三层台阶，并逐级内收。台阶表面加工之后，普遍涂一层白灰面，形制规整。上数第一层台阶高2.7米，除墓道两侧和墓坑西壁宽0.8米外，其它各壁均宽1米，第二层台阶高2、宽0.7米；第三层台阶高1.8米。

第三层台阶之下是生土二层台和墓室。南、北二层台均宽5米，东、西二层台分别宽4.7、4.5米。墓室为长方形土坑竖穴，大致居于墓坑中部，南北长4.8、东西宽4、深2米。墓室上部填巨石和天然鹅卵石，塌陷后填充物仍高出二层台约 0.5 米，四壁用巨石垒砌成石椁，巨石缝隙中填充鹅卵石。

木质葬具均已腐朽，但从腐朽痕迹看，原应有一椁一棺，居于石椁中央。木椁呈“亚”字形，南北长 3.6、东西宽 2.4 米。棺为长方形，南北长 3.2、东西宽 1.5 米。棺、椁板均厚约 0.1 米，高度不详。在棺、椁之下发现 7 根东西向放置的原木，每根相隔 0.25~0.3 米不等，应是棺椁之下的枕木。在枕木之间和下部还铺设一层厚约 0.4 米的鹅卵石。

棺内有尸骨一具，腐朽较甚，而且非常零乱，部分肢骨集中于棺室西南角。性别和墓葬式不明。

发掘过程中在墓坑东南角、东部和北部台阶以及西部二层发现 4 处盗洞，直径约 0.6~0.8 米。从被盗情况分析，该墓在棺椁腐朽之前即遭洗劫，之后又多次被盗，致使尸骨被扰，随葬品所剩无几。

2、随葬器物

劫余随葬品多为小件器物，全部处于棺椁之中。现按质地不同，分类加以介绍。有个别陶器、铁器出自填土，作为采集品（器物号前加“0”以示区别）也一并介绍。

（1）陶器

豆 2 件。泥质青灰陶，胎较厚。只发现豆盘残件。尖圆唇，敞口，浅平盘。口径 28.3 厘米。

筒瓦 2 件。填土中采集。夹砂灰陶。圆弧形，占圆周的五分之一，头部稍细，尾部较粗，唇微上翘。表面饰稀疏绳纹。残长 9.6、宽 8 厘米。

板瓦 6 件。填土中采集。夹砂青灰陶，均为残片。器表饰纵列绳纹，内壁饰菱形方格纹。残长 15、宽 11.2 厘米。

（2）铜器

铺首衔环 3 件。大小及形制相同，出土于棺椁周围。铺首平面呈等腰三角形，两耳向外斜出，上睫向中部弯曲，形如羽翼，上下睫之间为“臣”字眼，圆珠，两眼之间饰蝶须纹。鼻侧有须，鼻衔圆环。铺首局部镂空，没有镂空的部分则满饰直线三角纹、曲线须状纹和突起的蝶须状圆圈纹。铺首背面有一长条形插钉。铺首长 16、宽 9.6、环径 11.4、插钉长 6.2 厘米。

镜 1 件。体薄易碎。镜表黑色，光亮可鉴，镜背素面无纹。直径 7.1、厚 0.08 厘米。

削 2 件，均残断。环首，弧背，柄、刃断面均呈三角形，刃部较宽，刃首呈弧形。残长 11 刃宽 1 厘米。

环 3 件。形体较小，断面呈圆形。外径 1.7、内径 1.2 厘米。

（3）铁器

斧 1 件。填土中采集。锈蚀较甚。平面为长方形，顶端较厚，銎呈长方形，銎内朽木尚存，刃部稍窄，呈圆形弧形。长 14、宽 7.6、厚 5 厘米。

（4）玉、石器

滑石壁 8 件。质地较软，呈灰褐色或红褐色。断面呈长方形。一面有阴刻纹饰和内外缘轮廓线，另一面无纹饰，个别外缘局部有细阴刻轮廓线。分二型，各型大小基本一致。

A 型：4 件。在内外轮廓线之间饰近似兽面的虺纹，外径 16.2、内径 10、厚 0.7 厘米。

B 型：4 件。所饰虺纹与 A 型相同，在虺纹带和内外轮廓线之间各有一周由细阴刻线组成的斜线纹。无纹饰的一面外缘局部有细阴刻轮廓线。外径 15.8、内径 7.5、厚 0.5 厘米。

刻纹滑石杯4件。石质和纹饰与滑石壁相同。有纹饰的一面饰四组兽面纹，每组有两个兽面，上下反向相对。分二型。

A型：1件。上部兽面鼻间饰细网状纹。外径10、内径5.15、厚0.3厘米。

B型：3件，大小基本一致。上下兽面纹相同，鼻间无网状纹。无纹饰的一面又细阴刻内外轮廓线。外径9.7、内径5.1、厚0.3厘米。

素面滑石杯22件。两面磨制光滑。分二型。

A型：21件。大小形同，形制规整。呈灰褐色。外径4.1、内径2、厚0.4厘米。

B型：1件，浅赭色。厚薄不匀，器形不甚规整。外径3.9、内径1.9、厚0.3~0.65厘米。

滑石柱状饰3件。灰褐色。圆柱体，一端中间有一圆洞，另一端饰阴刻圆涡纹。圆柱表面饰九组S形纹，上下各有一周轮廓线，下部轮廓线之上饰一周细阴线网状纹。高6.5、直径3厘米。

石串饰147件。以方解石或钟乳石制成，质地较软，呈白色。柱状，两端有对钻穿孔。分二型。

A型：38件。横截面为不规则圆形或椭圆形。形体较大，一般长2.5~4、直径1.7~2.9厘米。长3.7、直径1.8厘米，长3.4、直径2.9厘米。

B型：109件。横截面多数为椭圆形或圆形，少数近似长方形。形体较小，一般长1.5~2.1、直径1~2厘米。截面为椭圆形。长2.1、直径1.4~1.9厘米，截面为圆形。长1.7、直径1.2厘米。截面近似长方形。长1.8、直径1.2~1.3厘米。

玛瑙环1件。半透明，乳白色泛灰。扁圆形、截面呈八棱形。直径6.5、厚1.2厘米。

玉燧环2件。乳白色。形状与玛瑙环相同。直径5.2、厚0.9厘米，直径5.5、厚0.9厘米。

玛瑙珠4件。呈乳白，红褐、墨绿诸色。球体、中部有对钻穿孔。乳白色。直径1.35厘米。

玉燧串饰2件。乳白色。枣形，中间较两端稍粗，有对钻穿孔。长2.8、直径0.75厘米。

水晶珠3件。无色通明。椭圆形，表面光滑，有对钻穿孔。长1.6、直径1.1厘米。

紫晶珠3件。扁圆体，中间有穿孔。直径0.9、厚0.6厘米。

紫晶串饰4件。柱状，有对钻穿孔。长1.9、直径0.85厘米,中间较两端稍粗。长1、直径0.6厘米。

（5）骨器

珠188件。形制相同，大小稍有差别。均扁圆形，中有穿孔，形如算珠。直径在1.5¯2.5厘米之间。直径2.5、厚1厘米，直径1.5、厚0.8厘米。

骨饰1件。形如手掌，刻出三指，手背稍鼓。器表光滑，黑色。长3.8、宽2.5、厚1厘米。

3、结语

南马坊一号墓由于历经盗掘，墓内重器全无，也没有发现任何文字资料可供参考。对于墓葬年代等问题，只能依靠墓葬形制和出土的小件器物作一初步推测。

南马坊一号墓发现于齐国腹地，北距齐国故城仅1.4公里。其墓葬形制具有春秋战国时期齐国墓葬的一般特征。例如，墓葬平面呈“甲”字形，有多级内收的台阶，台阶表面抹一层白灰面；墓室周围有宽大的生土二层台；以巨石垒砌石椁，石椁内用鹅卵石填充和铺底等等。这些特点在历年发掘的春秋战国时期的齐国大中型墓葬中非常突出。如临淄郎家庄一号东周墓①、临淄赵王村大墓②、淄河店二号战国墓③、临淄商王村三号和四号战国墓④等，均与此相类似。

墓内出土的玛瑙、玉燧、水晶和紫晶串饰及扁圆形骨珠等，在春秋战国之际的郎家庄一号墓就有大量出土，二者不但形状相似，而且加工和钻孔技术也比较一致⑤。所出滑石壁、环和柱状饰与战国中期章丘女郎山一号墓出土的同类器物更是十分相近⑥。壁和环同时还见于战国中期的山东长岛王沟一0号墓⑦、临淄东古一00九号墓内⑧。因此，南马坊一号墓的年代大致应在战国中期左右。

南马坊周围是全国重点文物保护单位之一“临淄墓群”的密集区，至今还保留有20余座封土墓。南马坊一号墓从发掘情况看，其形制规整，规模宏大，有一椁一棺，并出土精美的玉、石装饰品，这些都与以前所发掘的齐国卿大夫墓情况相似，可以推断，墓主应是卿大夫一级的齐国贵族。稍有不同的是，南马坊一号墓虽然也有宽大的二层台，但不象其他同期公卿大墓那样设有陪葬坑和器物坑，这或许与墓主的地位有一定的关系，也可能反映了齐国在埋葬制度上的变化。

南马坊一号墓出土的玉、石器、在春秋战国时期的齐国墓葬中十分常见。这些玉、石器实属两类：第一类是玛瑙、玉燧、水晶和紫晶串饰，制作精致，色泽亮丽，为死者生前的佩饰。由于齐国故城地近盛产天然水晶的江苏东海县，因此齐国的水晶制品无论在数量还是质量上都显得非常突出⑨，形成齐国独特的佩玉习俗和审美观念。第二类是墓中出土的石制品，据地矿部门鉴定为滑石和方解石。这些石制品常见于齐墓之中，制作粗陋，出土数量颇丰，应是专为随葬而做的冥器。其石质较软，易于雕刻，色泽和质地却去玉较远，大概为子贡所言“君子贵玉而贱珉”的珉。据了解，滑石矿和方解石在山东半岛埋葬十分丰富。因此就近取材，大量制作，形成了这时期齐国在埋葬制度和玉、石器制作上的另一个特色。

引自淄博市博物馆稿

七 古 碑

石经幢

南马寺石经幢，八棱柱形，顶径34厘米，高137厘米。宋代大中祥符五年（1012）刻立。1998年，在齐都镇南马坊村村南修建临淄城区北外环路时出土。石经幢为青石质，平顶，上细下粗。顶端中间刻一坐佛。佛像头饰螺髻，身着贴身薄衣，右手向上，自然放于胸前。左手心向下放于左膝之上，跣足结跏趺坐于莲花座上。两侧浮雕为缠枝牡丹花纹。

下部三面刻经文，中间为“佛说佛顶尊胜陀罗尼经”，经文九行。左边刻南马寺院的占地范围和寺的边界。

文曰：

青州临淄县南马寺地藏院主尼妙惠，生前

预于咸平四年十月二日，买置到天齐乡南马村税户李秀坟地壹所，计贰亩，道地半亩。其坟地贰亩，道地半亩。其坟南、北长贰拾肆步，东、西阔贰拾步。道地在坟西北，□至□西冢前脚下，东西长贰拾贰步，西至官道，南北平阔伍步半，其坟地并道地周围：自主。时大中祥符五年十月十八日，建造尊胜幢子记。

度具戒弟子六人，法真舍身法恩法净法通智遇法明智深。

重修土地祠记

原文（标点为译者所加）

重修土地庙记

国家稽杳定制，统理神人，凡山川里社咸封神以主之。用保釐社稷，奠抚苍黔，意盖殷殷盛也。既设以神，必立庙以祀之，所以妥神灵，崇报赛，靡非敬何？护一方，镇抚四境，则崇庙貌以隆祀典者，讵非今之急务哉？矧土神之设，最关鸿巨，鉴方社休咎，司里闬灾祥，捍灾御患，护境安民，则凡所以告处而妥神灵者，尤当汲汲也。

临淄西南隅曰南马方者，旧有土地祠。赫奕灵类，祈祷响应，邑人称为都土地，信然也。奈迁延日久，□□敝坏，殿宇摧残，榱桷剥落，垣墉倾欹，基址崩溃，神像颓然，□□露中。□□人贾君讳子秀，赵君讳学易等，往来视之，恻然隐痛，乃属众而告曰：本社土神乃捍卫吾人□□□□□□□□□□□□□□□设，竭诚修建，阅其规模，高其殿宇，培其基址，缭其周垣，饰以丹艧，塑其像而新之。庙貌森严，焕然改观，则神安其所，保护方社者，亦悠久无疆矣。然善士之功，当垂不朽，而福田之□宁有。既而落成之日，有贾生讳还初等，属余以记其事。吾不能文，姑述其迹，以载岁月。

旹

万历四十五年，岁次丁巳，春二月，吉旦

本□庠生　王□嗣撰

庠生　刘显烈书

施庙地善人　□□□

施地善人　李思秀一亩　贾子秀一亩　赵李易□□壹分贰厘

贾子秀　刘东□　董□□　高□□

刘天书　赵李易　刘东鲁　刘大岗

于执羔　□□□　王□善　孙克宽

刘天□　郑□甫　王世英　□□良

吴大林　刘世昌　郭□□　刘显□

刘显□　刘显□　□□□　□守□

□进忠　郭天友　刘一□　刘连礼

□□□　刘□祯　范有田　孙怀珍

吴　□　吴　桐　刘李孟　□一秋

□□忠　□□□　朱□□　郝□□

于承志　王□□　□效孟　朱□□

刘好讓　乔东海　□□□　国　□

□　□　□□□　□□□　□□□

吴□□　毕崇友　鲁可道　刘显要

刘进义　贾文选　刘守命　赵一魁

□承□　□守节

住庙道人　谢守道　李太禄

石匠：孙汝常　孙汝水　同立

译文

国家进行深入考证，制定了相关制度，来协调神和人的关系。凡大山、大河、乡村，都封给某个神灵来主宰，用来保佑国家吉祥，安抚百姓，用意可谓深远。既然设了神灵，就一定建立庙宇来祭祀它，这样就可以使神灵妥善安身，得到百姓崇拜，这不就是崇敬神灵吗？既然神灵有护佑一方百姓、保证社会和谐稳定的作用，那么给它盖好庙、隆重祭祀，就是现在急需做好的事情。（一般的神灵是这样），更何况土地神这么重要的神灵呢！土地神能评定一村民众的好坏，掌管着一村的吉凶，在抵御自然灾害、保护人民生命财产安全方面发挥着神奇的功用，所以想给土地神修庙的人，心情都很迫切。

临淄城西南郊，有南马方，过去有土地庙。土地神很灵，向它祈祷经常应验，村民都称他为“都土地”（各土地神的首领），对他推崇备至。怎奈时间久远，土地庙破烂不堪，殿宇残破，木构架脱落，围墙倒塌，地基崩坏，神像也灰尘满面。村民贾子秀、赵学易，天天从那里经过，痛心疾首，于是召集村民们，说：“咱村的土地神，是保护咱村老百姓的神灵……”村民们竭尽全力地重修土地庙，里面的建筑基本按照原来的规制，加高了大殿，加固了房基，周围重新修了院墙，用红色的涂料粉刷，重新塑造了神像。新建成的土地庙面貌肃穆，焕然一新，这样，神灵得以安居其所，会永远护佑一村百姓。贾子秀、赵学易等善士的功绩，当传颂后世，自己也能得到福报。土地庙快要落成之日，村民贾还初等人，嘱托我把善士们重修土地庙的事情记下来。我的写作水平不高，姑且写一写，把这善事记述下来，以流传后世。

明万历四十五年（1617年）农历二月，吉日，立碑

秀才王某某撰写碑文

秀才刘显烈书写碑文

（姜健　齐涛　贾宝胜）

修醮碑

原文（标点为译者所加）

新建白衣观音庙修醮序

旹

维仲夏盛暑，闲阅□□。方在怖中，忽有客征言於予。因询始末，云：淄邑系古齐都城，西南隅村名南马坊，亦系古迹。村中庠生贾公讳还初者，诵白衣经有验。因率同村同庠刘显烈、徐显、贾献策并道人袁常存，押缘化众，建庙塑神宅。忽有乔门贾氏，以塑神弗醮非敬也。愍然率领众村众信女等，共捨资财，修醮三年，同议立碑，以为后倡。予闻为之愕然。时下乱际，醮典不缺，诚哉！善男信女，善行可掬者也。因为之序。以志不朽云。

乡进士张俨然谨撰　庠生赵一庚书

善人

醮首　乔东海　贾氏

范门张氏　刘门高氏　刁门张氏

刘门孙氏　刘门于氏　每人千四十文

□门乔氏　贾门曹氏　赵门邢氏

王门栾氏　徐门吕氏　刘门王氏

贾门乔氏　刘门王氏　贾门李氏

徐门刘氏　徐门朱氏　刘门贾氏

刘门杨氏　贾门郭氏　赵门吕氏

石门李氏　丁门王氏　佐门孙氏

栾门匡氏　刘门朱氏　刘门路氏

毕门刘氏　宋门曹氏　毕门刘氏

范门李氏　毕门韩氏　刘门刘氏

刘门穆氏　每人千廿文
刘门高氏　王门贾氏　王门董氏
乔门刘氏　刘门相氏　王门张氏
刘门朱氏　王门李氏　王门刘氏
张门朱氏　刘门冯氏　刘门于氏
乔门穆氏　徐门梁氏　孙门丁氏
李门杨氏　相门郭氏　徐门石氏
王门刘氏　张门王氏　刘门刘氏
李门李氏　贾门齐氏　贾门李氏
董门陈氏　徐门李氏　朱门张氏
王门张氏　牟门李氏　相门丁氏
扈门耿氏　颜门李氏　边门杨氏
初门刘氏　贾门刘氏　王门刘氏
刘门国氏　刘门王氏　郭门李氏
郭门南氏　张门孙氏　贾门孟氏
张门苗氏　牟门张氏　董门孙氏
崔门徐氏　崔门张氏　崔门隋氏
王门崔氏　李门刘氏　王门郑氏
陈门孙氏　吕门孙氏　吕门李氏
韩门徐氏　□门李氏　李门孙氏
陈门刘氏　吴门贾氏　王门寇氏
王门李氏　□门韩氏　韩门邢氏
寇门李氏　李门赵氏　刘门付氏
刘门徐氏　刘门王氏　刘门徐氏
刘门李氏　董门于氏　吴门张氏
李门孙氏　刘门王氏　贾门张氏
陈门刘氏　初门□氏　董门路氏
董门刘氏　初门李氏　贾门闫氏
贾门戴氏　贾门闫氏　潘门孙氏
贾门潘氏　于门张氏　□门李氏
刘门李氏　张门朱氏　王门商氏
周门赵氏　贾门王氏　孙门郭氏
宗门李氏　赵门董氏　郭门李氏
孟门张氏　张门王氏　丁门孟氏
每人千十文
募缘道人袁常存，化买赡庙地大亩五亩三分
崇祯五年仲夏吉旦同立碑

译文

时值盛夏，酷暑难当，我在家中悠闲地读着经文。正热得烦人，忽然有客人来访，请我写篇碑文。我因此询问事情的来龙去脉。客人说：临淄在古时候就是齐国的都城，南马坊就坐落于齐国故城之城墙外西南角，是一个历史很久的古迹村。前些年，村中有一位秀才贾还初，他信奉佛教，经常在家中念诵白衣经，屡有应验。因此，他与同村秀才刘显烈、徐显、贾献策等人，以及道人袁常存，倡导大家捐钱修了白衣庙。乔东海之妻贾氏认为，仅仅修庙、塑神像，而不进行修醮活动，并不圆满。她诚心诚意，率领各村信佛的女信众，一起捐钱，连续 3 年组织了修醮活动。大家商议，为了倡导后世，决定立一座碑。

我听到后，感到非常惊讶。现在社会动荡之际，大家还能坚持修醮、不被时事所乱，太难得了！善男信女的善行，太让人敬佩了！由于这个原因，我写了此文，让后代永远记住他（她）们的功绩。

举人张俨然撰文，庠生赵一庚书写。

醮首是乔东海、贾氏。132 名信女进行捐资。

道人袁常存通过募化，购置了五亩三分庙地

明崇祯五年（1632 年）农历五月，吉日，立碑

（贾宝胜　齐涛　姜健）

白衣庙碑记

原文（标点为译者所加）

修建白衣大士两廊碑记

古人云："人有善，必记之；有一善，亦必记之。"非云誇盛美也，盖无善不传，则人皆乐趋于善，况乎以神道教天下哉！淄邑西南隅南马方，旧有白衣大士殿一座。广嗣种福，有功民社，其相传非一日矣。迩年以来，正殿虽庙貌不改，而两廊则榱题不固。善人董万生起而修之，而且抱独为善之耻，投袂振起，为一方领袖。一方之人，亦复群为効力。于是，土木鼎新，金碧辉煌，告厥成功。向之浸□於凄风雨者，而一旦无荆棘之叹矣。众人之功可记也，董氏之功不更是多哉？故援笔以志不朽，以见人之乐于为善尔。

淄邑举人朱作肃熏沐撰，邑人董□□沐手书

领袖　董万生　王氏　男　此世　持世　子□　子厚　子高　子登

生员　韩□和　韩文太　□采义

□　福　黄　□　□二庚　齐王铨

□□□　贾献广　□□□　相　旭　贾戬穀　董品方　徐良佐

领袖　齐□□

齐平枢　于　昇　尹文陛　徐　洪　徐□□
房之鼎　□同智　贾献明　徐至善　信德泰
朱文秀　谭自成　董盛世　齐延禄　国劝歌
于　□　□文□　齐王□　郭百□　刘　笃
□　山　□□□　刘才□　□景阳　□□□
牟廷德　□守□　贾文斗　相　铨　董万城
高其事　牟廷芳　吴必荣　齐子松　霍应魁
孙来志　□□□　□□□　牟全秀　□永盛
□□□　□□□　□□□　□□周　牟廷俊
王□□　□　策　于中立　刘洪□　周之□
吴向□　董正世　董□世　董上世　董平世
董明世　董□世　董□世　董□世　董　□
王寿山　陈方斗　吴文焕　毕□宗　□□□
□□□　□□□　□□□　□□□　□□□
□□□　□□□　□□□　□□□　□□□
□方节　牟廷□　牟　□　牟廷臣　于□旺
张□□　吴守业　刘□□　齐七俊　□方春
□有□　□□□　□文□　吴□□　□□□
□□□　□□□　牟廷献　□□春　□守信
赵　真　□大成　□有德　张旨习　马　珍
刘□□　赵有玉　□　珍　刘洪□　刘渭南
刘洪信　□应□　□□□　□□□　□□□
高□□　刘□□　吴□□　朱文番　□□□
□□□　□□□　□□□　□□□　□□□
□□□　□□□　朱文才　徐　端　贾眷初
王志隆　□□□　□□□　□□□　李□□
□□忠　□□□　□□□　崔□□　郑□□
□□□　□□□　□□□　□德□　□□□
□□□　王怀英　贾振宗　徐洪礼　赵□□
□□□　□□□　刘□□　刘永□　□□□
□□□　刘□□　□□□　□□□　王□成
付　嘉　□□□　□□□　□□□　□□□
□□□　林来旺　贾文典　张化龙　张国贞
吕一旺　徐胜昌　□□□　□□□　周曰□
□□福　□□□　□□□　贾□□　贾献□
相个臣　刘有太　贾□□　□□□　□□□
□□□　贾文燦　贾纯穀　朱　玉　边洪业
李才旺　于是荣　马世德　□□□　□□□

□□□　□才旺　曹□福　□彭年　□□□

□□怀　袁福随　万世荣　王文德　郭应乾

孟宗聖　商之解　庞□□　刘旺春　刘　□

□□□　□□□　□□□　□□□　□□□

刘有得　□□□　□□□　□□□　□□□

朱永禄

信女

董门路氏　董门张氏　董门相氏

董门李氏　董门于氏　□门于氏

□门王氏　王门关氏　王门刘氏

□门董氏　□门张氏　姜门□氏

王门赵氏　王门徐氏　孙门初氏

□门朱氏　□门王氏　李门马氏

李门董氏　任门糜氏　齐门李氏

□门李氏　□门王氏　刘门董氏

尹门□氏　徐门赵氏　徐门高氏

赵门郭氏　陈门宋氏　□门张氏

高门□氏　杨门杜氏　贾门冯氏

边门朱氏　□门□氏　于门□氏

鲁门王氏　鲁门□氏　田门刘氏

贾门栾氏　□门王氏　赵门刘氏

朱门吴氏　崔门□氏　吴门□氏

□门□氏　□门张氏　□门□氏

□门□氏　□门王氏　信门张氏

刘门相氏　王门张氏　□门□氏

周门孙氏　周门王氏　徐门于氏

于门丁氏　□门□氏　□门□氏

鲁门孟氏　　□门□氏

木匠　刘伯□　杨　□

油漆画匠　田才盛

石匠　宋守德　宋国栋　宋国臣

本庙住持道人　宋长清

旹　大清康熙八年，岁次己酉，仲春吉旦

译文

前人说过：“人做了好事，一定要给他记下来；哪怕是只做了一件好事，也必须给他记下来。”这不仅仅是为了夸奖某个人，而是因为好事记下来，能够引导大家都愿意做好事，使人心向善。一般好事必须这样，更何况是“以神道教育人们向善”这样的好事呢！

临淄城西南有一个南马坊庄，很早就有白衣大士庙。善男信女常来此求子祈福，非常灵验。白衣大士给一方百姓带来了很多福祉，有功于民众，由来已久，众口相传。

近些年来，大庙的正殿没有大的损坏，但是东、西两廊却出现了破损情况，椽子、屋檐很不牢固。善人董万生提议进行修缮，并且以仅仅自己做好事为耻，想号召大家一起做好事。于是，他立即行动，担起了负责人的重任。大家很受感动，纷纷为这次修葺出钱出力。不久，大功告成。修缮后的东、西两廊金碧辉煌，焕然一新。这是大家共同努力的结果，董万生更是立下了汗马功劳。现在将这些有功之士的名字记下来，让后人铭记他们，也为乐于做好事的人们做一个见证。

本县举人朱作肃恭敬地撰写了此文，本县人董□□恭敬地书写了此碑文。

清康熙八年（1669 年）农历二月，吉日，立碑

（齐涛　姜健　贾宝胜）

善士题名

原文（标点为译者所加）

韩文公曰：占小善者率以録，好善而至，

乐施末矣。然视悭吝为心相，心正不啻十倍。南马坊白衣大士庙、南海观音庙、关圣帝君庙及土地祠四庙宇，居人愿修葺。一时，近邻郇，远外府，闻风慕义者，咸不惜资财，邮致以勷盛举。厥惟艰哉！邑必有郇，郇必有庙，庙必有修。当郇邻持簿募化时，为情面所触，始出少许，以蒇事。至外郇，则概从谢之。俗情类然，何可胜道！今如众善士，萃土壤以成高，集众腋以成裘，殆所谓诚心乐善者与！居人白余曰：是不可不有以记之。余亦乐观其成，心慕其为人，从此。紫竹林中，莲花台上。大中观小，一粒可藏世界。小中观大，针锋受无量众。继长增高，必有为一乡之善士者矣。爰取其姓氏、里居，特勒诸石，以为乐善者劝。

善士

临淄汎　王绍远捐纹银二两、国学生姜维新三千、即选县丞李宗昂两千、受奉直大夫齐澧纹银五两、现任顺天府通判袁辉纹银五两、邑庠生张玉光三千、国学生崔陈书四千、国学生邹 㦝 如三千

孙承宗二千、朱大有三千五、邑庠生马青选三千、张恒谦五千、张明常五千、石平远二千、王克俭二千、韩存孝三千、杨丕显二千二、曹宗尧二千二、辛庆云一千、夏试训二千、王用中二千、袁景清二千、吴楠二千、王士英二千四、苏璟二千、刘福二千、邑庠生徐振一千五、国学生朱文燦一千五、恩赐九品徐常安一千五、恩赐九品袁重华一千二、周世华二千、苏槐林一千六、力潜修二千四、王宅丰一千、国学生李树声、国学生赵景和一千、国学生路麟英一千、王思温二千、张曰俞一千、石枝红一千五、国学周一千、刘玉璞一千、于又升一千、国学生郭玥一千、国钦一千、□□□、国士登、志诚号二千、国学生相天成、李美石一千、赵希孔五百、吴洁一千、胡儒五百、张文学一千三百五、于芳一千、王德广五百、郭宗孔一千

刻字匠　朱兴和

木作匠　李荣明

泥水匠　□□义　王乐庭　国　捷

范如松　李玉华　刘永清　马成麟

国曰礼　顾法均　王乐仁　韩永盛

郭清远　马世远　李相坤

共捐功夫一百个

油画匠　蔡　魁　张存信

大清嘉庆七年，岁次壬戌，荷月穀旦

译文

唐朝大文学家韩愈说过：再小的好事，也要记录下来。这样，就会引来真心做大好事的人，就会引导人们从小事做起，努力行善。如果把吝啬看成一个人的内心面貌，那吝啬离心正得差着十倍。

南马坊村的白衣庙、观音庙、关帝庙及土地庙，信众们想进行修缮。一时间，附近村庄的居民，外地的善士，听说这件事情后，都纷纷捐钱，来帮助完成这件好事。

这件事说起来容易，但实际做起来还是相当艰难啊！每个县都有好多村庄，哪个村里都有庙，时间久了就要修缮。但是当募捐时，还是遇到了困难。本村人碍于面子，不捐说不过去，只是稍微捐出一点，应付了事。到了外村，有时会遭到拒绝，很多人并不出钱。民间风俗都是这样，怎么能一句话两句话说得清楚呢！

现在通过募捐的情况看，有众多善士都参

与其中。每人资助一点，积少成多，这大概就是人们常说的“诚心乐善”吧！信徒们对我说：你写一写这件善事吧。我很高兴看到修庙募捐这件事大功告成，从心里对这些做了好事的人也非常敬仰，于是写了此文。

我想说，观音菩萨教诲我们，小的事物上往往包含着世界的道理。从修庙这件小事上，可以看出大的品德。传承行善美德，提升人们道德水平，一定是本乡本村善士们所希望做的事。所以我把善士们的姓名、官职学历记下来，刻在碑上，以褒奖、鼓励这些做了好事的人们。

清嘉庆七年（1802 年）农历六月，吉日，立碑

（姜健　齐涛　贾宝胜）

南马坊重修□□庙记

原文（标点为译者所加）

西南隅旧有间许一庙，不列亦不剪矣！规模虽近逼仄，而基址实属宏敞。白虎、青龙罗列于左右；元武、朱雀碁布乎后先。兼之两松遮天，□□之景色□□；□槐映日，□□之风光怡人。庄内士庶茗于斯，弈于斯，清谈薄饮亦于斯，开一方之胜境，全村之都会也。

原其所，自邑庠生贾公讳绍谊，施地基而创建之，历数十余年矣。风雨剥蚀，庙宇倾圮。厥孙全谋，恻然不忍斯庙之废，怂余倡修，己任都理。余虽不敏，何敢多辞？于是，鼓率领袖，鸠工庀材，筑南、东两岸石壁，立周围一带花墙，建造对殿，铺设月台。气象雄，体势壮，非复前日之猥陋矣。虽则费多用广，所颖一志同心。捐资则人人争先；趣事而家家勇跃。父老且来助工；童稚亦知效力。是非灵爽所感通，亦为能及此哉？

今日者建修落成，焕然改观。神灵得妥清雅之所；人并受无疆之恩，乌得不忻？记始末，以志不朽。（庙基东……七…尺…高…）

附贡生于汝澄薰沐谨撰

□□生于□□沐手敬书

道光二十二年岁次壬寅　穀旦

张学诗二千、贾锡祉二千三、韩奉章五百、崔锡爵一千、登仕郎初景唐千五百、张家庄王万年捐石一条、恩赐耆职赵盖臣一千、候选从九贾安太（泰）五千七、候选县丞于启源二千、张家庄监生孙以诚五千、候选从九徐化龙二千、刘绎志八百、太学生李振邦一千、代（戴）廷佐五百、董洛书二千五、孙琳一千、相永正一千

张学朱三千、贾为谋三千四、候选从九初本和一千、候选从九于汝渑二千、庠生于鼎元一千、候选从九于汝沂一千、候选从九于汝淇五百、廪生于兰亭一千、生员于汝晋一千、刑部司狱于汝渤八千、长官司史目于汝楫千三百、生员于汝璜二千、太学生于汝宽二千、贾全谋四千、信继业三千六、张象贤二千八、董毓文二千

刘大才三千、周宅镐三千、商保三一千、于霈三百、徐景龙三百、贾存礼一千五、贾存仁一千七、贾存智一千、候选从九于雯四百、候选从九于凌云一千、庠生于祥云一千、宗五典五百、贾椿一千七、贾檀一千七、董毓珍二千、贾忠谋千四百、刘龙图一千

张学彦一千、于嘉善五百、于本善五百、于道善三百、于乘鳌五百、贾青云七百、董毓

春一千五、刘琦一千六、刘奉章三百、贾兆荣一千五、贾振清一千三、贾振都一千四、刘玉京二千五、贾心清一千五、董来兴一千四、董义兴八百、董才兴七百

贾安□□□□、段文□□□□、李全孝□百、张二岭八百五、贾锡勇三百、贾锡洛二百、贾乐群三百、于玶五百、贾鑫三百、于河三百、贾薪传一千七、吴学孟四百、董毓秀一千、董毓琏七百五、贾永清六百五、高堂华二千、贺文清一千

刘振□□□□、张象正□□□、李万清五百、孙永和一千、董毓祥三百、张学孔三百、贾本立三百、董毓起一千四、贾振德一千五、于占鳌五百、于汝闽三百、李万秀三百

石匠：马清湖画匠：于寿民圬工：王登云贾锡祉信继业周宅镐刘大才

译文

南马坊村西南原来有一座庙。庙的规模虽然不大，但其地盘还是很宽敞的。庙内有青龙、白虎、朱雀、玄武列于四方。院内还有两棵高大的松树，景色很美。村内的百姓带着愉悦的心情，常来这里品茶、下棋、聊天、饮酒，是一个风景很美的地方，俨然成了一个百姓汇聚及活动的场所。

最初，此庙是由村里庠生贾绍谊捐资，买下土地而建设的。由于缺少修缮，经过几十年的日晒雨淋，庙内的房子有的已经坍塌。贾绍谊之孙贾全谋看到这个样子，心里感到非常悲伤，便邀请我一起，倡导大家共同捐资进行修缮。于是，他带头进行操理。本人虽然能力有限，但贾全谋和乡邻都很信任我，我怎么敢推辞呢？于是，我们带领大家召集工匠，准备材料，开始施工。在庙的东面和南面修筑了石墙，垒砌了周围的花墙，又在原殿对面建设了一座殿宇，并铺设了月台。经过整修，非常气派，十分壮美，一改原来简陋荒僻的模样。

这次重修，虽然耗费了不少的费用，但大家众志成城，团结一心。大家纷纷捐资，家家争先恐后。父老乡亲都来出义务工，连孩子们也来帮忙。如果不是神灵保佑，怎么能在短时间内完成这项工程呢？

现在，此庙经过修缮后，其面貌焕然一新。神灵有了一个清静幽雅的场所，村民也能得到无边的恩惠。大家怎能不欢欣鼓舞呢？现在，我将这件事的来龙去脉记下来，好让大家永远记住。

（姜　健　齐　涛　贾宝胜）

南马坊地保地亩碑记

原文（标点为译者所加）

（碑阳）

窃以催科之役，国课攸关，宜令应役之人争先踊跃，勿俾闻承斯任，畏缩不前。吾乡地方，旧系保长报充其规费，则派自户下，而绅衿不与焉。微论有苦楚而无利息，乡约寔难其人，而且受赔累更无穷期。乡民寔深其害。吾兄汝璜每与澄议及于此，未尝不抚膺而痛惜也。爰集父老公同拟议：不论绅民，共出资财，治大地四亩八分，又将庙地二亩六分亦入其中，共大地七亩四分。任斯役者，耕斯田焉。除催工食而外，丝毫不许额索。而今而后刑钱，一人庶免费乎！保举保地兼摄，不致分其盈余。向

之畏惧苦难者，今则乐得而为之矣。下而免闾阎赔累之患，上而急国课征收之公用。勒贞珉，永垂久远。

附贡生于汝澄撰；邑庠生韩奉璧书

买尖冢子坡大地四亩，典西南坡大地八分，价钱五十千。

国家凹子大地一亩正，系庙地。庄北大地一亩六分，系庙地。

道光二十五年　岁次乙巳　孟秋榖旦

（碑阴）

孙琳六千、董绅五千、韩奉珠三千七、宗瑞麟七百、恩赐耆职韩奉璋五千、州吏目徐化龙五千、乡饮介宾齐柼三千四、恩赐耆职赵书臣六千、候选县丞于启源十二千、恩赐耆职刘绎士二千五、州吏目贾安太十千、例封登仕郎初学□五千、太学生李振邦□千五、崔锡□六千、韩奉璐一千七、张学□二千三、戴廷佐三千

于汝德一千二、于汝忠一千二、于汝洁二千五、候选从九于汝渑二千、武庠生于鼎元一千、州吏目于汝沂一千、州吏目于汝淇三千、廪膳生于兰亭一千、邑庠生于汝晋二千、候选刑部司狱于汝渤九千、候选吏目于汝楫二千四、邑庠生于汝璜八千、例封武略骑尉、太学生于汝宽一千、附贡于汝澄三千、于汝政八百、于寿民四百、于安太二百

武庠生李华旦一千、州吏目初本和二千、太学生贾楷四千、癸卯科武举于汉云五百、太学生于会云一千、候选从九于凌云四千、邑庠生于登云一千、邑庠生韩奉璧一千六、候选吏目于雯一千一、武庠生于庆云一千、武庠生于祥云一千、议叙正八品于龙云一千、武庠生于沧云一千、邑庠生齐恩荣一千、武庠生徐麟阁一千一、太学生刘廉正二千、吏员宗五典三千三

刘琪三千五、齐镇两千、相存礼四千、吴学孟三千三、刘龙图四千、相存义四千、董洛书二千一、贾全谋三千六、齐冠儒三百、贾存智三千、贾椿三千、赵宝发一千、信继业六千、商保三六千五、张象贤四千、贾存礼三千、齐栋两千五、贾锡祉一千六、贾青云三千、林枝荣三千二

于心亮八百、林枝秀□百、于海二百、宗五礼一千八、胡宗鲁一千、刘大才四千、刘坦九百、胡清明一千、齐恩远六百、刘堦八百、董学仁二千六百三、董毓春五百、胡克信一千、董学让二千五、刘怀归一千四、徐无亭一千、贾振都一千二、徐梦龙五百、胡宗舜八百、张学孔三百

相敬典五百、贾心清六百、齐瑾二百、董毓琦一千、董才兴六百、刘宝山三百、刘青山一千、刘江一千、董学曾一千、周宅镐六百、齐鑑七百、徐辅清一千、代廷选六百、韩益臣九百、谭学朱四百、吴士成二百、胡大成八百、商保会三百、于海云二百、王守业一千

□河四百、谭学孟五百、王有德一千、李文元二百、徐良佐一千、董毓文二百、刘怀铎四百、齐汧一千、贾林清四百、贾檀三千、贾乐群二百、贾薪传三千、刘宪章三百、吴士亮六百、贾鑫五百、董毓松二百、谭致信□百、于江三百、李万秀三百、张学彦二百

张学朱二百、郭安太六百、相存仁六百、温三魁六百、赵起二百五、贺文清六百、高堂华七百、于平三百、张相正八百、王经纶二千、王富成六百、贾森三百、李全孝一千、张二岭七百、邢

善继二百、解太平二百、贾永清八百

译文

我认为收取国税，事关大局。所以，应让担任收税任务的人，踊跃向前，而不应让他们一听要去收税，就畏惧、退缩。

过去，我们南马坊村，原来都是由保长收税，收税时摊派给每一户普通百姓，但一些退休的官员、考取功名的秀才则不征收。这件事大家议论纷纷，很有意见。往往保长、各家百姓要为这些退休官员、秀才以及一些交不起税的贫困户垫付税款，而无利息。而且这些人不遵守乡间道德，不补交税款，这让收税的保长十分为难。这样的事，赔钱受累，遥遥无期，没人乐意干下去。百姓也深受其害。

汝璜兄每次与我（于汝澄）谈及此事，心中感到非常痛惜。于是，我们将村里的父老乡亲邀集到一起讨论，达成一致意见：不论退休的官员、考取功名的秀才，还是普通百姓，大家共同出资，购置了四亩八分大地。再将二亩六分庙地也划拨过来，总共七亩六分。把这些土地交给负责收税的保长，让他进行耕种管理，今后除催大家服工役的酬劳以外，其它一律不得额外向百姓索要酬劳。这样，从此以后，收税的保长所交税款就可以基本免除。保长既收税又负责征集劳役。原来觉得收税是苦差事，谁也不愿干，现在有经营土地的收入作工资，谁都愿意干了。这样，向下减轻了普通民众的负担，向上能很快地完成官府交给的税收任务，好处多多。

今将捐资者的姓名刻于石碑上，希望大家永远不要忘记。

清道光二十五年（1845年）农历七月，吉日，立碑

（姜健　贾宝胜　齐涛）

八　赴欧华工

1914年7月18日，第一次世界大战爆发后，战斗进行的十分惨烈，以英法为首的协约国伤亡惨重。为补充兵源，解决后方劳力不足，由英法两国与当时的中国政府协商，在中国招募华工，用“以工代兵”的形式参战。中国政府同意后，从1916年下半年至1918年两年多的时间，招募华工14多万。他们绝大多数来自山东，少量来自河南。之所以选择山东人，因山东人个子高大，能吃苦，且更能适应当地的气候。14多万人中，英国招募约10万，法国招募约4万。华工的待遇，在国内的工资每人每月10块大洋，由家属到青州移民局招工分部领取。到达法国后，另有工资可发。在当时这样的待遇非常丰厚，所以吸引大量家庭子女多，且贫苦的农民报名参加。南马坊有贾文鑑、贾青林、徐兆庆、徐兆麟、齐原田、齐在田、刘吉祥、许云照、韩敬修、韩大花、于疏泗、于荣绰、于大来、于世昌、崔炬光等十几人应募而去，且全部到达法国。

被招募的华工集中后，用铜片打上编号，制成手镯，戴在每位华工的右手上，并把手放在胸前拍照，贴在证件上，凭此领取工薪。等到返国时将铜手镯卸下。

赴欧华工，分批次由英法两国用轮船运送去欧洲，主要路线，由上海附近的港口出发，经印度洋，穿越苏伊士运河，经塞得港最后抵达马赛。或经非洲的好望角，然后越大西洋，经直布罗陀海峡，最后抵达马赛。1917年2月，德国派遣潜艇，用鱼雷击沉了运送华工的轮船，致使500多名华工丧身大海。法国人即改变路线，让华工由山东威海出发，经太平洋抵达温哥华，然后乘火车，横跨加拿大，在大西洋海岸，重新登陆，最后抵达法国，每批次运送时间约两个月。

进入法国后，很快开始工作，他们主要从事战地后勤，维修道路和营房、挖掘战壕、装卸弹药、救护伤员、掩埋尸体。华工们当时的生活很艰苦，首先要克服文化语言障碍，还要饱受政治上的歧视和生活上的虐待，有时还遭到德军的袭击，加上水土有异，身患疾病，不少人死在法国。

战争结束后，华工陆续回国，南马坊所去的徐兆庆在法国索姆省、努尔耶尔，战后1919年1月9日，清扫战场时被炸而死。他死后，当地政府为其立碑，以示纪念。贾文鑑从当地购得一无声电影放映机，回国后，在本村、西关、城里、辛店等地放映，开创了临淄电影史的先河。为纪念第一次世界大战的胜利。给每个华工颁发一枚纪念章。南马坊赴欧人员徐兆麟将纪念章传给后人，留存至今。纪念章为铜质，直径3.6厘米。边沿铸有编号，正面为英国国王头像，及“蒙神之恩大不列颠及北爱尔兰联合王国国王及印度皇帝乔治五世”英文字样。背面有1914—1918年份，一青年骑士，跨在战马上，马头上方有太阳，暗示英国为“日不落国”，马蹄下踏波浪，有鹰图案、盾牌，寓意“公理战胜强权”之意。

华工徐兆庆墓碑（法国）

赴欧华工纪念章，是“中国苦力”在欧洲战场流血、流汗的实物见证。从而唤起人们对那段历史的思索，国家贫穷落后，必遭欺侮与歧视。

九　辛亥革命烈士贾振琨纪念碑初考

贾振琨（1879—1912），字瑶廷，又为次瑶，临淄县端智乡南马坊庄人（今临淄区齐都镇南马坊村），清光绪年间附生。20岁时参加青州府考试以第一名入县学。1902年，山东大学堂首设师范馆，他又以优异成绩由青州府选送，进入山东大学堂师范馆就读，1905年毕业后被清政府选派以官费赴日本留学。先入弘文学院，后入早稻田大学，毕业后又入早稻田大学法政研究会继续深造。1905年加入同盟会，为早期同盟会会员，后任同盟会在日留学生山东分部书记。1911年秋，辛亥革命爆发，贾振琨中断学业回国，参加山东地区推翻封建帝制的辛亥革命。1912年2月11日，在诸城辛亥革命光复起义中牺牲。

1912年春，山东都督周子怡在省城为诸城殉难烈士召开追悼大会。稍后，时任临淄县长王谢陈也在临淄城西关的西阁子外戏台广场为辛亥革命烈士贾振琨召开追悼大会，国民政府追授六等嘉禾章。至者数千人，各界同仁纷致悼词。会后，挚友商议为贾振琨树立纪念碑事宜，但由于时局混乱未能如愿。1920年，时任临淄县知事舒孝先主修《临淄县志》，总编辑崔象毂为贾振琨纪念碑撰写的碑文记于其内。1921年夏，张介礼、李鉴绅、于明信等省内政要及各界名士，为贾振琨集资树龙帽碑楼于村西之贾氏坟茔。1936年6月，国民政府追赠其陆军少将衔。1997年淄博市人民政府将贾振琨墓公布为市级重点文物保护单位。但实是可惜，所勒贞珉，在“文化大革命”初期遭到损毁。

近期发现辛亥革命烈士贾振琨纪念碑残碑局部，经其亲属和知情人回忆，此碑概貌如下：

碑身用整块青石勒成。碑身上部有龙帽，高约80厘米，雕刻的两条盘龙呈二龙戏珠状，栩栩如生。碑首稍下碑阳自右至左镌刻“万古流芳”四个大字。之下，最右竖刻“辛亥革命烈士贾公次瑶之墓”字样。再左，纪有当时国民政府给予的褒奖和很多树碑人的姓名等。碑阴记载有贾振琨的主要生平事迹。

贾振琨墓碑局部

整座石碑坐落在厚约40厘米的青石碑座上，并由青砖碑楼镶砌。此碑原来立于南马坊旧村村西一里许的贾氏坟茔稍南。在上世纪60年代中期以前，有一条从临淄城西关通往国家庄的乡间大路，该碑就坐落在路北不远处，“文化大革命”初期破“四旧”时损毁。

经对发现的残碑实物进行初步测量和考证，并对照民国九年《临淄县志》所记碑文，可观其概貌如下：

1、碑阳右边可见“□次瑶之□”三个大字；其左，书“□六等嘉禾章临淄县□”字样。再左，镌刻有树碑捐助人姓名若干。现发现的残碑局部可见树碑人为27人，可辨姓名者为20人。分别为：于善良、王志洲、汪吾馨、崔文棨、曹学海、郑玉田、边凤歧、李有经、牛星斗、郭葆珍、熊梦宾、焦梅清、朱五丹、陈藻、李鉴绅、徐鸿策、徐昌言、于明信、张介礼、陈铭鼎。另有5人经初步考证应为张侃、王朝俊、赵同源、王世楷及王讷。其余2人姓名完全损毁，无法辨认。经考，可辨姓名者均为当时全省及地方各界社会名流。

2、碑阴勒其生平，残碑可辩认字数为99字。经与民国九年《临淄县志》所记碑文对照，勒碑时碑文添加2字，而添加的2字恰位于残碑可见之处，因此得以将碑文排列复原。其余碑文与民国九年《临淄县志》所记完全相符。

3、经测量残碑，碑厚为30厘米。参照民国九年《临淄县志》所记碑文对碑阴所勒生平进行了复原排列。碑文竖排17行，首行9字，末行11字，中间15行为满行。满行每行50字，共770字。首行正文之前记有树碑日期及原委，末行之后有“营”、“關”等字样。竖行字间距为4厘米，“關”字距边部实测为10厘米，横行字间距为3.5厘米。

据此推算，碑身阔当为95厘米，高为190厘米，碑顶龙帽高为80厘米，此碑通高当为270厘米左右。

贾宝胜

原载《齐文化》2015年第6期

附　贾振琨纪念碑碑文

古之所谓忠义之士，岂必有位于朝，有禄于国，然后为国死难也哉！虽在韦布，耻国之亡，犹或捐躯以明志。吾于淄陲得一人焉，曰王蠋。夫王蠋之死，诚为惨烈。然非有排除异族之雄图，创造共和之远志也。时历二千载。牛山时水间，复有翩翩儒素，仗剑从戎。以排满死，以革命死，死事惨烈。百倍前贤者，如吾友贾君是已。

贾君讳振琨，字次瑶，南马坊庄人。父新兰，夙以善行闻乡里。子四人，君于次为三。幼承家训，孝友恂恂。稍长，善属文，工书法。丰姿秀雅，而天性慷慨。弱冠以府试第一入邑庠，从余游者三载。时值满清末造，日与君以实学相切劘，国耻相砥砺。君亦心存经济，不屑为章句之学。旋肄业优级师范学校，以成绩优美，选送东洋，入早稻田大学法政科，前后六年。毕业伊迩，适武昌事起。山东独立，大喜，振棹归国。抵青岛，闻独立取消。同人或劝以归里，相时而动。慨然曰：“英雄造时势，使吾辈今日皆退缩，天下事尚可问乎！”乃由青岛西上。于汽车中，指其所居，语人曰：“老亲幼子，不见已三年矣！虽然，匈奴未灭，何以家为！”抵省垣，遍访同志，或死或归，无一在者。念青郡地势险要，或可大有为。与寿光赵魏等，谋袭广固。魏先至，被戕于车站。君后至，幸免。青郡官吏，遽下逐客令。于是偕诸同志，克复诸城。沪上议和，停战日久，众心稍懈，又以山城僻远不为备。君谓株守空城，势难深恃，请速为进取计。众莫之应。竟以民国元年二月十一日夜，清兵潜入，城陷死之。

配王氏，深明大义。既审噩耗，却粒痛哭，遂以身殉。家人求君尸不获，以某年月日，招魂合葬于村之西原。都督周公子怡、县长王公谢陈，先后开追悼会于省垣、于稷下，名士争献挽章。客岁，余辑县志，忠义传以君殿焉！

噫！人谁无死，不朽如君，夫复何憾！虽然君殁逾日，清帝退位，光复功成，未获目睹，吾为君悲者一也；王蠋获葬故里，画邑一坯土，英魂烈魄，有所凭依，今也大招徒赋，毅骨未返，吾为君悲者二也；君殁之后，鸳侣为殉，翎原寥落。椿闱皓首，痛玉树之云亡，忠裔青年，怅蓼莪之已废，吾为君悲者三也。

今岁春，同人议勒贞珉，藉彰先烈，以书抵余曰：“惟师知弟，敢以文请。”余谊无可辞，粗述崖略。回忆秋灯夜雨，相对谈经；曾几何时，关里西原，宿草离离。此情曷已！犹幸君功在民国，名在天壤。庶楮墨有光，获借君灵以俱传也。是为记。

原载民国九年（1920年）《临淄县志》

提供文字口碑实物资料者

（按姓氏笔画排序）

丁传芹　于立芬　于进海　于明忠　于泉孝　于振明
于海燕　于清芝　于清杰　于福田　于瑞环　于锦环
于锦璋　于锦瓒　于德国　于镜浩　王书聖　王金平
王金业　王秀云　王秀成　王树金　艾学民　田成才
田家福　史振西　刘中兴　刘兴国　刘兴春　刘光吉
刘光增　刘金元　刘明州　刘明信　刘明智　刘昭坤
刘昭忠　刘承善　刘清春　刘增元　齐永吉　齐永贵
齐永祥　齐兴华　齐兴林　齐兴春　齐红进　齐建仓
齐明海　齐爱元　齐银春　许凤林　许凤鸣　许汉章
许维勤　许登科　许富财　孙长吉　孙成吉　孙连祥
孙金柱　李光耀　李　亮　李廷贵　李振江　初光华
初宗和　张玉福　张兆秀　林廷元　周全成　宗云高
宗来沂　宗来宾　宗春辉　赵良解　胡长清　胡美华
胡献华　胡献军　胡澄清　相峰明　信月永　贾　新
贾　琳　贾文平　贾文华　贾文煜　贾言正　贾保顺
贾春德　贾桂书　贾福德　徐亢宗　徐学忠　徐泽香
高恩杰　桑希周　崔　超　崔中田　崔公田　崔荆春
崔香秋　商孝富　商孝荣　商传恕　寇玉平　董志勤
董锡任　董洪军　韩玉芬　韩玉松　韩培华　路俊平
解玉忠　解玉亭　褚文高　谭春林　谭春祥　谭新海
翟　波　戴长春　瞿杰宗

后 记

村志编纂，是一个村的一项重大的文化工程，《南马坊村志》填补了南马坊建村以来无有村志的空白。

随着新农村建设步伐的加快，群众举村搬迁，传统意义上的农村，离我们愈来愈远。村民居住了几千年的南马坊旧貌，将成为历史的记忆，留存于年长者记忆中的和村民世代口口相传的许多人文景观及史事，只有通过我们的记述才能传承下来，给村民留下一份珍贵的历史资料。所以这次编纂村志，既是第一次，也是抢救性的，是历史赋予我们的光荣使命。

我们写志是以南马坊不同历史年代的诸多资料为主线，记述实况，反映现实，写南马坊人、写南马坊人做的事。我们的态度是：实事求是，力求准确，凡事要经过多方考证，内查外调，还原事件的本来面目；公正对待，凡事站在历史的角度，客观的叙述，尤其对近现代所发生的事情，不以个人观点的不同而改变；全心全意力争写好，抱着能为南马坊做点贡献而后快的态度。

编纂村志，大致经过了以下几个步骤：制定编纂计划，设计框架，拟定提纲。发动群众召开座谈会，走访、查阅资料，做好素材的积累，依照提纲指定专人撰稿。每编写一个章节，先议论、凑情况，初稿完成再进行讨论、修改，最后定稿。可以说每篇文章都是集体智慧的结晶。2012年5月至2013年年底是本志编写的初始阶段，初稿形成后由于新村建设尚未完成，暂停一个时期。2014年年末，新村建成，村民入住，村志编写工作重新启动。

村志是一部百科全书，记载了南马坊的历史和现状、人文地理、风土民情、政治经济、文化教育等内容，包罗万象。我们在编写过程中坚持统筹兼顾，纲目分明，力求避免重复。文字的叙述开门见山，直截了当，叙完即止，用尽可能少的篇幅，讲清说透。

写村志的目的是让村民记住历史，不忘过去。知兴衰、懂本源，从而唤起村民的上进心，增强村民团结，激发村民的进取精神，齐心协力奔未来。在编写过程中，我们深知资料来源是写好村志的重要因素。南马坊的历史，还有很多个谜：如围墙修建的年代，现只能推断；南马坊的古村碑在何处；白衣庙存碑7座，现只发现了3座等等。希望旧村及土地开发建设时由专人查看碑铭、古迹的出土及文物的搜集等情况，以做资料的积累，为后续村志的编写提供可靠的素材。

南马坊村在几千年的发展变迁中，村民内徙外迁、离合聚散、繁衍生息，涌现出若干知名人氏，举不胜举，只能略古详今，择善而书。但也有些同志，因无法联系，加之种种原因，个人资料难以取得，无法进志，望请原谅。

在村志编写过程中，得到了淄博市地方史志办公室、临淄区史志办公室、临淄区文物管理局、临淄区齐文化研究中心等部门的悉心指导和帮助。淄博市地方史志办公室副主任徐杰、副科长张爱云亲自为我们修改志稿；临淄区史志办副主任刘华武，编辑张文灼、褚继友多次对志稿的编写给予指导；贾健、王会田为村志的编写提供了部分资料；姜健帮助我们对6通古碑的译文进行了校勘；吴立波、王德田帮助我们做了碑拓；志书采用了孙永行、王波等的部分照（图）片。本村一些老农如徐泽香、刘成善、刘昭中、解玉亭、刘明智、商传恕等，积极主动、热情详细的向我们叙述他们所知道的、听说的，有关南马坊的史事。商孝富把南马坊50多年电力发展的历程、设备增减等详细资料的记录提供给我们。还有许多为村志编纂提供帮助的人。在此，我们一并表示崇高的敬意和衷心的感谢！

编史修志，有益当代，惠及后世，是一项重要的文化建设工程。由于时间跨度大，资料难取，特别是编者水平有限，经验缺乏，难免有疏漏和错误之处，望诸位仁人志士及村民，读后不吝赐教。

编　者

2016年12月